Heinrich Brüning
Briefe 1946–1960

Heinrich Brüning
by
Hugo Burchop
1949 —

Heinrich Brüning
Briefe 1946–1960

Herausgegeben von Claire Nix
unter Mitarbeit
von Reginald Phelps
und George Pettee

Deutsche Verlags-Anstalt
Stuttgart

DD 247
B 7 A 29
1974

Übersetzung der mit einem * gekennzeichneten,
ursprünglich englischen Texte von
BRIGITTE WEITBRECHT

© 1974 Deutsche Verlags-Anstalt GmbH, Stuttgart
Gesamtherstellung: Deutsche Verlags-Anstalt GmbH, Stuttgart
Printed in Germany
ISBN 3 421 **01681** X

Aus der Ferne sieht man die Heimat als eine Einheit und wundert sich nur, wie heute die Parteipolitiker so gegeneinander hetzen, in einer Zeit, wo nicht nur der weitere Bestand des deutschen Staates, sondern auch des deutschen Volkstums noch immer in Frage gestellt ist.

H.B. an Reinhold Quaatz
Mai 1951

Inhalt

Vorwort

Was im Vorwort zu dem Buch Heinrich Brüning, *Briefe und Gespräche 1934–1945,* über Auswahl und Herausgabe der Texte gesagt wurde, gilt auch für den vorliegenden Anschlußband, der jedoch ausschließlich Briefe enthält. Brüning führte nach dem Krieg eine so umfangreiche Korrespondenz, daß anstelle der aufgenommenen Brieftexte ebenso andere, ähnlich oder gleichlautende Stellen aus den vielen nicht veröffentlichter. Briefen stehen könnten. Einige der in diesem Band abgedruckten Briefe verdanke ich den Empfängern, den weitaus größten Teil jedoch entnahm ich den (häufig unkorrigierten) Briefkopien in Brünings Akten.

Personen, die in *Briefe und Gespräche 1934–1945* vorkommen und zu denen dort bereits nähere Angaben gemacht wurden, werden nicht noch einmal erläutert; sie können anhand des Registers leicht nachgeschlagen werden. Wo es nötig erschien, werden die Aufenthaltsorte der Briefempfänger jeweils beim ersten Vorkommen oder bei einem Wechsel des Aufenthaltsorts erwähnt.

Der Band endet zehn Jahre vor Brünings Tod, denn nach seinem 75. Geburtstag im November 1960 trat ein deutlicher Rückgang seiner Korrespondenz ein. Er hatte sich bemüht, die vielen hundert Briefe, die er damals erhielt, einzeln zu beantworten, doch die Erwiderungen darauf gingen so rasch ein, daß es aussichtslos erscheinen mußte, den Berg unerledigter Post abtragen zu wollen. Abgesehen von dem einen oder anderen besorgten Brief an Heinrich Krone beschränkte Brüning nach 1960 seine Korrespondenz auf Geschäftliches und Persönliches. Das tägliche Leben im friedlichen Tal des Connecticut River änderte sich von einem Jahr zum andern wenig. Auch die deutsche Politik nahm ihren Fortgang in der einmal eingeschlagenen Richtung. Die öffentliche Meinung in Westdeutschland war für die Wiedervereinigung und noch mehr für die Liquidierung des Nationalstaats. Bis zu seiner schweren Krankheit im Winter 1966/1967 befaßte sich Brüning vorwiegend mit den ununterbrochen bei ihm ankommenden englischen, deutschen und amerikanischen Zeitungen und Zeitschriften, sah aber kaum eine Veranlassung, die Kommentare, die er viele Jahre lang abgegeben hatte, zu wiederholen. Er begrüßte zwar die Schritte, die Bundeskanzler Erhard und Außenminister Schröder schließlich Großbritannien gegenüber und im Osten unternahmen, doch er schrieb keine Briefe mehr darüber. Da auch diese Veröffentlichung ein Selbstzeugnis sein soll, konnten die Briefe, die Brüning erhielt, nicht mit aufgenommen werden. Es handelt sich dabei zum Teil um Briefe von Notleidenden und auch von mehr oder minder zurückgezogen lebenden Privatpersonen, die die schrecklichen Verhältnisse in den ersten fünf Jahren nach dem Krieg anschaulich schildern und nicht selten von außergewöhnlicher menschlicher Erfahrung zeugen. Wer „den Sinn der Geschichte" wie Leo Baeck darin sieht, daß sie Menschen hervorbringt, „in denen Erkenntnis, Gewissen und Glauben eins" geworden sind, muß es bedauern, daß solche Briefe in diesem Buch keinen Platz finden konnten.

Die Briefe, die Brüning nach 1949 von aktiven deutschen Politikern erhielt, bieten nicht viel Information. Andererseits berichteten alte politische Freunde, die nicht mehr parteipolitisch tätig sein wollten, wie zum Beispiel A. H. Berning, ausführlich über ihre Eindrücke.

Weil Brüning Kritik eigentlich für nutzlos, wenn nicht gar zerstörerisch hielt und sie deshalb meistens unterließ, wird die gelegentliche Schärfe seiner privaten Äußerungen vielleicht manchen überraschen. Dabei sollte bedacht werden, daß Brüning sich in Briefen an alte Parteifreunde spontan und unbefangen äußerte und vieles an gemeinsamen Überzeugungen voraussetzte. Sorgfältige Grundsatzerläuterungen waren im allgemeinen an Fremde gerichtet. Auch wirkt Geschriebenes oft härter als Gesprochenes.

Es bleibt unbestritten, daß Brüning die Probleme in Deutschland unter einer anderen Perspektive sah als die meisten seiner überlebenden politischen Freunde. Seine Aufmerksamkeit galt in erster Linie der mutmaßlichen künftigen Politik der Siegermächte und besonders dem Schwanken der Meinungen in Washington; in Deutschland mögen die Härten und die Unsicherheit der Besatzungszeit den Blick für andere, die Zukunft betreffende Faktoren überlagert haben.

Das Dokumentenmaterial für eine genaue Untersuchung der internationalen Politik seit 1945 ist nur für bestimmte begrenzte Zeitspannen zugänglich; noch immer sind zum Beispiel die tatsächlichen militärischen Kräfteverhältnisse zwischen den feindlichen Mächten umstritten. Dagegen sind die Ereignisse in groben Zügen sattsam bekannt. 1947 aber und 1948 waren der Marshall-Plan und die Entscheidung, West-Berlin zu halten, keineswegs selbstverständlich. Beim deutschen Leser darf die Kenntnis von Werken wie Gerhard Wettig, *Entmilitarisierung und Wiederbewaffnung in Deutschland*, München 1967, und Hans-Peter Schwarz, *Vom Reich zur Bundesrepublik*, Neuwied und Berlin 1966, vorausgesetzt werden. Bücher wie Wilhelm Cornides, *Die Weltmächte und Deutschland*, Stuttgart 1957, und Thilo Vogelsang, *Das geteilte Deutschland*, München 1966, die einen großen Überblick geben, sind ebenfalls vorhanden. Brünings einst unorthodoxe Befürwortung toleranterer Ost-West-Beziehungen ist für die jüngere Generation zum größten Teil längst zur gängigen Meinung geworden. Sowenig wie Lucius Clay oder George Kennan vertrat Brüning später die Ansicht, daß die dauernde Teilung Deutschlands für die Siegermächte spätestens 1947 feststand. Die Jahre 1950 und 1951 erschienen ihm nicht nur damals, sondern auch im Rückblick als die entscheidende Weichenstellung.

Weil Brüning bestrebt war, sich nach „dem geschichtlich Nüchternen" zu richten, stand er gewöhnlich den vorherrschenden Augenblicksstimmungen skeptisch gegenüber. Am Ende war er zu der Überzeugung gekommen, daß selten in der Geschichte die Bemühungen einer ganzen Generation so ergebnislos geblieben seien wie die seiner Generation in Deutschland. In seinem Nachwort zu diesem Buch behandelt George Pettee auch diese Frage.

Stuttgart,   *Claire Nix*
August 1974

1945 bis 1946

Nach dem Krieg lebte Heinrich Brüning (im folgenden H. B. genannt) weiterhin wie seit 1939 in Lowell House in Harvard; 1946 und 1947 verbrachte er den Sommer in Andover, Massachusetts. Im Winter 1945/1946 kamen die Studenten und Professoren wieder an die Universität zurück. Erst allmählich erhielt er Nachrichten über die alten Bekannten, die es in die verschiedensten Teile Deutschlands verschlagen hatte. Seine „einzige Möglichkeit, etwas zu unternehmen", sah H. B. darin, daß er seine amerikanischen Bekannten von den wirklichen Verhältnissen in Europa unterrichtete. Den Freunden in Deutschland, die seine Rückkehr in die Politik wünschten, erwiderte er, seiner Ansicht nach vermöge er in Deutschland nichts zu erreichen, und unter den wenigen älteren Deutschen, die sich noch an ihn erinnerten, seien zwar charaktervolle Männer, aber keine Persönlichkeiten, die bereit seien, „sich so zu exponieren, wie es nötig wäre".

Die Nachkriegsstimmung in den Vereinigten Staaten war von Enttäuschung und Furcht geprägt, noch ehe Winston Churchill im März 1946 vom „Eisernen Vorhang" sprach. Im Gegensatz zu der optimistischen Kriegsparole „One World" zitierte William Bullitt in seinem 1946 erschienenen Buch *The Great Globe* aus Shakespeares *Sturm*: „So werden einst . . . ja, dies große Rund und all sein Erb und Eigentum zunicht."

Die amerikanische Lend-Lease-Hilfe für die Verbündeten im Krieg lief mit Beendigung der Feindseligkeiten aus, doch die US-Anleihen und -Kredite für die früheren Verbündeten und die Unterstützung über die UNRRA beliefen sich in den zwei Jahren 1945 bis 1947 auf 15 Milliarden Dollar. Entsprechend der Voraussage Roosevelts in Jalta, sämtliche amerikanischen Streitkräfte würden zwei Jahre nach dem Krieg aus Europa zurückgezogen sein, wurden die amerikanischen Bodentruppen tatsächlich bis Ende 1946 auf 13 Prozent ihrer Kriegsstärke verringert. Die russischen Bodentruppen, die auf ungefähr 25 Prozent ihrer Kriegsstärke verringert worden waren, standen in Europa der US-Luftwaffe gegenüber. Angesichts der Unruhen im Iran und in Syrien und der Drohung der arabischen Regierungen, sowjetische Hilfe in Anspruch zu nehmen, hatte H. B. den Eindruck, „der Teufel selbst stelle die Zeitplanung für die Ereignisse auf", Ereignisse, die über das Begriffsvermögen der britischen wie der amerikanischen Öffentlichkeit hinausgingen. Trotz der unerwarteten Popularität der neuen christlich-demokratischen und volksrepublikanischen Parteien in Frankreich, Italien und Deutschland errang die Kommunistische Partei bei den Wahlen im Juni 1946 in Frankreich 26 Prozent und in Italien 19 Prozent der Stimmen. In der amerikanischen Reaktion gegen den Kommunismus sah H. B. „keinen Fortschritt zu einem Verständnis für die echten Probleme", bis der ungewöhnlich harte Winter 1946/1947 diese Probleme unverkennbar akut werden ließ.

Im Herbst 1944 hatte H. B. vergebens eine deutsche „Regierung von Sachverständigen" vorgeschlagen, die keinen Friedensvertrag abschließen, sondern „die Probleme der verschiedenen Zonen koordinieren" sollte. Dem Kompromißabkommen der Alliierten von Anfang 1945, demzufolge separatistische Tendenzen in Deutschland unterstützt werden sollten, folgte im Juli 1945 als weiterer Kompromiß die Vereinbarung, daß die Militärgouverneure in ihren Besatzungszonen uneingeschränkte Vollmacht im Bereich der Reparationsleistungen erhalten sollten, obwohl Deutschland auf die Dauer der Besetzung als „wirtschaftliche Einheit" verwaltet werden sollte. Ein amerikanisches Angebot vom Juni 1946, die „Entmilitarisierung" Deutschlands unter alliierter Aufsicht für 40 Jahre zu garantieren, wurde nicht angenommen.

18. Oktober, Lowell House, H. B. an Dale Clark[1], Berlin

. . . Selbstverständlich teile ich [Clemens] Lammers[2] Ansicht, daß es nicht klug wäre, wenn ich in nächster Zukunft nach Deutschland zurückginge. Dagegen sprechen so viele Gründe, daß ich sie jetzt nicht im einzelnen aufführen kann, aber es wäre sehr freundlich von Ihnen, wenn Sie, falls Sie Gelegenheit haben, Herrn [Jakob] Kaiser[3] sagen könnten, daß es mir derzeit schon das Geschrei, das linke Emigranten erheben würden, unmöglich macht, nach Deutschland zurückzukehren . . . Wenn Sie Herrn Kaiser sehen, sagen Sie ihm bitte, daß seine Teilnahme an der von den Russen eingesetzten Berliner Regierung von hier aus nicht sehr angebracht erschien. Er muß das selbst entscheiden, aber ich fürchte, er wird vom gleichen Geschick ereilt werden wie Dr. Hermes[4] und andere . . . Ich bin Ihnen auch zu großem Dank verpflichtet für die Nachrichten über Dr. [Peter] Pfeiffer und andere Münchener Freunde. Ich freue mich, daß Fabian von Schlabrendorff[5] am Leben geblieben ist und Goerdelers Familie und Herr [Hermann] Pünder und General [Alexander von] Falkenhausen . . . Im Sommer 1939 berichtete mir Graf [Helmuth von] Moltke, der letztes Jahr hingerichtet wurde, Falkenhausen plane einen Aufstand der Generäle gegen Hitler, falls er das Land in den Krieg treiben würde . . .

(1) Damals Korvettenkapitän der US-Kriegsmarine, ehemaliger Harvard-Student (vgl. seinen Beitrag zum Sammelband Carl J. Friedrich, *Military Government in World War II*, New York 1948). (2) Wirtschaftsberater, Reichstagsabgeordneter (Zentrum) 1924–1929, Vorsitzender des Enquete-Ausschusses. (3) 1881–1961. Gewerkschaftssekretär, Reichstagsabgeordneter (Zentrum) 1932–1933, Mitbegründer der CDU in Berlin 1945, Vorsitzender der CDU in der Ostzone von Ende 1945 bis Ende 1947. Bundestagsabgeordneter (CDU) 1949–1958, Bundesminister für gesamtdeutsche Fragen 1949–1957. Seit Juli 1945 gehörte die CDU zur ostzonalen „Einheitsfront der antifaschistischen Parteien". (4) Dr. Andreas Hermes (1878–1964), Reichsernährungsminister (Zentrum) 1920 und 1922, Reichsfinanzminister 1921–1922, Reichstagsabgeordneter 1928–1933. Bis Ende 1945 Vorsitzender der ostzonalen CDU und Leiter des Ernährungsamts Berlin, ab 1947 Präsident des Deutschen Bauernverbandes. Ab Mitte September 1945 stand er in auswegloser Opposition zu der sowjetischen Militärregierung (vgl. Werner Conze, *Jakob Kaiser 1945–1949*, Stuttgart 1969, S. 45f.; Anna Hermes, *Und setzet ihr nicht das Leben ein*, Stuttgart 1971). (5) Verhaftet nach dem 20. Juli.

18. Oktober, Lowell House, H. B. an Walter Lichtenstein, Berlin

. . . Ich weiß nicht, ob dieser Brief Sie noch erreicht, ehe Sie nach Berlin abreisen, aber ich hoffe, daß er Ihnen gegebenenfalls nachgesandt wird. Zuallererst möchte ich Ihnen meine aufrichtigsten Wünsche für einen guten Erfolg bei Ihrer Aufgabe[1] übermitteln, deren Schwierigkeit fast das Menschenmögliche zu übersteigen scheint. Möglicherweise hängt das Leben von Millionen Menschen im kommenden Winter von einer raschen, konstruktiven Lösung des Engpasses im deutschen Kredit- und Währungswesen so sehr ab wie von Lebensmitteln und Unterkunft. Die Briefe, die ich jetzt fast täglich erhalte und die mir vom Schicksal vieler Familien, insbesondere aus meinem früheren Wahlkreis, berichten, sind in ihrer Traurigkeit erschütternd . . .

(1) Als Leiter der Abteilung Banken und Kreditinstitute in der amerikanischen Militärregierung.

18. Oktober, Lowell House, H. B. an Johannes Quasten[1], Washington

. . . Die Lutheraner hier haben schon eine Summe von annähernd zwei Millionen Dollar gesammelt, um den Menschen in Deutschland zu helfen. Sie drängen auf die Genehmigung, Lebensmittel über ihre eigene Organisation zu verschicken. Ich möchte wissen, ob der katholische Episkopat die Zeichen erkennt. Ich machte kürzlich eine schreckliche Erfahrung im Zusammenhang mit einem der hervorragendsten katholischen Führer in Schlesien, der Anfang dieses Jahres starb. Seine Söhne sind im Krieg umgekommen, seine beiden Töchter arbeiteten ihr Leben lang mit religiösem Eifer als freiwillige Fürsorgerinnen bei den Bergleuten in Oberschlesien. Ein Vetter auf der tschechischen Seite der Grenze konnte seinem Bruder in New York telegrafieren; er bat um Erzbischof Spellmans[2] Vermittlung zur Hilfe für die Familie. Ich gab dem Herrn einen Empfehlungsbrief und eine Erläuterung, mit denen er schließlich bis zu einem Sekretär des Erzbischofs vordrang. Dieser warf ihn hinaus mit den Worten: „Wir können nichts für Deutsche tun, sie sind hier zu unbeliebt." . . .

(1) Professor für Alte Kirchengeschichte, Catholic University of America. (2) Francis Kardinal Spellman, Erzbischof von New York 1939–1967.

25. Oktober, Lowell House, H. B. an Johannes Quasten

... Soeben erhielt ich einen Brief von Professor Otto A. Piper vom Princeton Theological Seminary, in dem er von einer Zusammenkunft protestantischer Geistlicher und sozialistischer Emigranten letzte Woche in New York berichtet. Er schickt zusätzliches Material über das unterschiedslose Töten und Schänden von Frauen im Osten. Die Gruppe versendet Briefe mit wahren Einzelheiten an Geistliche und Kongreßleute. Sie ist sehr darauf aus, daß die Katholiken etwas Ähnliches unternehmen. Können Sie mir sagen, was für die Bischofskonferenz vorbereitet wurde? Konnten Sie erfahren, ob Erzbischof Rummel[1], Erzbischof Mooney[2] oder Erzbischof Rohlman[3] nach der Konferenz noch in New York bleiben? Ich bin gern bereit, am Freitag [9. November] zu kommen, um mit einem von ihnen oder mit allen zu sprechen ... Millionen Menschen werden in den nächsten zwei Monaten umkommen, wenn die amerikanische Regierung keine Maßnahmen ergreift, und Schritte werden erst unternommen, wenn sich die öffentliche Meinung der Katastrophe bewußt wird[4]. ...

(1) Joseph Rummel, Erzbischof von New Orleans 1935–1964, gebürtiger Deutscher, Geschäftsführer des German Relief Committee 1923–1924. (2) Edward Mooney, Erzbischof von Detroit 1937–1946. (3) Henry P. Rohlman, Erzbischof von Dubuque 1944–1957. (4) Am 23. Oktober hatte H. B. an Anna Herzog über „die erschütternden Nachrichten aus Deutschland" geschrieben: „Die Welt interessiert sich nicht dafür. Nur Machtfragen und Geschäftsinteressen sind im Vordergrund."

26. Oktober, Lowell House, H. B. an Otto Piper, Princeton, N. J.

... Ich freue mich sehr, daß protestantische Geistliche und Sozialisten unter den deutschen Emigranten nun zusammengekommen sind, um über die Möglichkeit zu beraten, der amerikanischen Öffentlichkeit die Wahrheit über die Geschehnisse in Deutschland zu sagen. Es ist ausgezeichnet, daß Sie Beschreibungen wirklich verübter Greueltaten an Senatoren, Redakteure und Regierungsmitglieder verschicken. Sie werden merken, daß es nicht einfach ist, die Haltung dieses Landes zu ändern ... Natürlich sind die meisten Tatsachen in Washington und Whitehall sehr gut bekannt. Ein Kongreßausschuß war kürzlich in Berlin und Moskau, und seine Mitglieder haben klar erkannt, was sich ereignet. Regierungen, die bestrebt sind, eine friedliche Verständigung

mit Rußland zu erzielen, können nicht plötzlich einen Propagandafeld-
zug gegen Rußland aufziehen. Sie erinnern sich vielleicht, daß Mr.
Churchill nach der Jalta-Konferenz [4.–11. 2. 1945] öffentlich erklärte,
Deutschland brauche seine Ostprovinzen nicht mehr, da weitere sechs
oder sieben Millionen Deutsche im nächsten Jahr umkommen würden.
Die Londoner *Times* hat einen mutigen Brief des Bischofs von Chichester
und – an weniger auffälliger Stelle – eine Predigt veröffentlicht, die in
Mr. Attlees[1] Anwesenheit vom Bischof von London[2] gegen die
Greuel aller Nationen gehalten wurde. Sie bringt auch kurze Notizen
über die Zahlen der sogar aus Ungarn und Rumänien vertriebenen
Deutschen, während sie zugleich täglich zwei Spalten den Belsener
Prozessen widmet ... Sie haben gewiß Mr. Hoovers mutige Rede von
vor drei Wochen gesehen[3], der sich Mr. Landon[4] jetzt anschloß. Ich
weiß, wie entsetzt die Offiziere sind, die aus Berlin hierher zurückkehren. Wenn diese Leute von einem starken, unparteiischen, nicht deno-
minationell gebundenen Feldzug unterstützt werden, hoffe ich, daß in
nächster Zukunft etwas getan werden kann ...

(1) Clement Earl Attlee (1883–1967), Vorsitzender des Geheimen Rats (Labour Party)
1943–1945, Premierminister Juli 1945–1950. (2) J. W. C. Wand. (3) 18. September (siehe
Heinrich Brüning, *Briefe und Gespräche 1934–1945*, Stuttgart 1974, S. 438). (4) Alfred
Landon, früher Gouverneur von Kansas, republikanischer Präsidentschaftskandidat 1936.

* *14. November, Lowell House, H. B. an Johannes Maier (Hultschin), London*

... Aus den Berichten, die in der CIP[1] und anderswo veröffentlicht
werden, werde ich nicht klug; ich begreife nicht mehr, was meine alten
Freunde in Westdeutschland tun. Wenn Dr. Hamacher[2] auf nichts
anderes sinnt als auf eine Wiedereinführung der Zentrumspartei wie sie
sich nach dem letzten Krieg entwickelte – im Gegensatz zur Tradition
Windthorsts – als eine überwiegend katholische Partei, so würde ich das
sehr bedauern. Das ganze Unglück mit der Zentrumspartei nach dem
letzten Kriege war, daß sie sich selbst in Zeiten, in denen ihre Politik
populär war, nicht ausweiten konnte, weil sie sich praktisch – wenn
auch nicht grundsätzlich – auf katholische Wähler beschränkte. Wie Sie
wissen, zeitigte das 1933 verhängnisvolle Folgen. Mein ganzes Bestreben
seit 1933 ging dahin, dies zu ändern. Die Leute sollten Stegerwalds
Essener Rede von 1920, die ich geschrieben habe[3], wieder lesen und sich
mit der Zusammenarbeit mit dem Christlichen Volksdienst[4] befassen.

Damals hatten wir jahrhundertealte Hindernisse zu überwinden, aber
jetzt ist die Zeit reif, und die Leute sollten sich nicht gegen neue Mitglieder, die früher den rechtsstehenden Parteien angehörten, stellen.
Nazis können natürlich nicht zugelassen werden.

Ich verstehe, warum sich der Herr, der kürzlich von London nach
Deutschland gegangen ist [Karl Spiecker], der Mitgliedschaft früherer
protestantischer Konservativer widersetzt. Ich würde es sehr bedauern,
wenn eine Partei nach den Richtlinien geführt würde, die er der Zentrumspartei während Marx' erster Kanzleramtszeit [1923–1925] aufzu-
zwingen versuchte, die so unglückselige Konsequenzen hatte, obwohl
Marx den Dawes-Plan durchführte, und trotz der Konsolidierung der
Währung. Sie kennen mein altes Mißtrauen diesem Herrn gegenüber.
Als er in Kanada war, reiste er überall herum und sagte, ich versuchte,
die Nazis an die Macht zu bringen. Daraus können Sie sich ein Bild von
seiner Einstellung machen . . .

(1) Informationszentrum Pro Deo, eine Nachrichtenagentur, die 1941 von Anna Brady
und dem belgischen Dominikaner Felix Morlion gegründet worden war und der H. B.
sehr skeptisch gegenüberstand. (2) Wilhelm Hamacher, Oberstudienrat, Generalsekretär
der Zentrumspartei des Rheinlandes 1920–1933, Vorsitzender der neuen Zentrumspartei
und Fraktionsvorsitzender im Bundestag 1949–1951. Die neue Zentrumspartei wurde am
14. Oktober 1945 gegründet. (3) Adam Stegerwald, *Deutsche Lebensfragen*, Vortrag, gehalten auf dem Kongreß der christlichen Gewerkschaften am 21. November 1920, Berlin
1921. Nach Stegerwald hat H. B. an dem Vortrag „nachdrücklichst mitgearbeitet" (vgl.
Adam Stegerwald, *Wohin gehen wir?*, Würzburg 1946, S. 29). Der Vortrag ist voller
Aussagen, die H. B.s Sicht zu jeder Zeit kennzeichnen: „Der Krieg hat das seelische
Gleichgewicht in einem so starken Maße erschüttert, daß wir uns als Miterlebende nie
eine klare Vorstellung davon machen können . . . Die in der Stille in den einzelnen
Menschen sich vollziehende Umwandlung ist es, worauf es ankommt . . . Der Versailler
Vertrag, der die Welt vom Militarismus erlösen sollte, ist in Wirklichkeit weiter nichts als
die Kodifizierung des militaristischen und mechanistischen Denkens einer vergangenen
Epoche . . . Verfassungen wie die des Jahres 1919 können nur Notverfassungen sein. Die
Geschichte wird über sie nur dann günstig urteilen, wenn sie die naturgemäßen Entwicklungen nicht hemmen und andererseits auch die nötigen Umwandlungsprozesse nicht so
beschleunigen, daß sie zur vollen Auflösung führen . . . Die Parteien sind es tatsächlich,
die – besonders in einem Lande wie dem unseren, das trotz der häufigen Betonung des
Gemeinschaftsideals so abgrundtief individualistisch ist – so viele Menschen auf eine Linie
bringen, daß man vom Durcheinanderreden aller wenigstens zu bestimmten Entschlüssen
und Handlungen kommt . . . Ich halte alle Parteikombinationen in Deutschland für
[aussichtslos], die sich ausschließlich auf bestimmte wirtschaftliche und berufspolitische
Forderungen oder auf die Geschicklichkeit und Fähigkeit einzelner parlamentarisch sehr
erfahrener Persönlichkeiten gründen. Die große gemäßigte Partei, zu der wir unbedingt
kommen müssen, kann sich nur aufbauen auf der Grundlage positiv christlicher Gesinnung . . . Der Werte schaffende Kaufmannsstand ist für jede Volkswirtschaft unentbehrlich. Aber mit dem ausschließlich spekulativen Großkapital, das heute in Deutschland,
morgen in Holland und Amerika domiziliert, und mit all denen, deren Denken restlos in
der Berechnung spekulativer Gewinnmöglichkeiten aufgeht, gibt es heute und nie eine

Verständigung. Wie sollen wir sonst die Auseinandersetzung mit dem Marxismus zu einem erfolgreichen Ende bringen? . . . Es ist kein Naturgesetz, daß die deutsche Arbeiterbewegung für alle Zeiten marxistisch-klassenkämpferisch und antichristlich orientiert sein muß . . . Unter denen, die bei Wahlen sozialdemokratisch stimmen, gibt es Millionen, die noch nicht völlig dem positiven Christentum entfremdet sind . . . Man verstehe mich nicht falsch! Ich will nicht, daß die positiven Kräfte, die in der Sozialdemokratie lebendig sind, wieder in grundsätzliche Opposition zum Staate gedrängt werden . . . Ein einheitliches Volkstum ist auf die Dauer in Mitteleuropa bei der Charakterveranlagung der Deutschen nur möglich auf dem Boden der sozialen Gerechtigkeit, des tiefgreifenden Gemeinschaftsgefühls." (4) Württembergische Partei, seit 1934 unter der Führung von Wilhelm Simpfendörfer.

Zum 26. November (60. Geburtstag), Friedrich Stampfer an H. B.

. . . Sie und ich sind wohl fast immer verschiedener Meinung gewesen. Wir waren es in Deutschland. Wir sind es im Exil. Sie haben die Lippen zusammengepreßt und geschwiegen, wenn ich der Meinung war, man könnte gar nicht laut genug schreien. Solche Differenzen habe ich um so härter empfunden, als Sie für mich niemals nur einer von den „Gegnern" waren, die zu haben zum Beruf des Politikers gehört, sondern stets und vor allem ein Mann, dessen charakterliche und geistige Gaben ich außerordentlich hoch schätzte. Ich stelle das Charakterliche bewußt vor das Geistige, denn mit zunehmendem Alter ist mir immer klarer geworden, daß es das Entscheidende ist. Alle Meinungsverschiedenheiten lassen sich ertragen, wenn man in letzten Fragen des Rechts und der Menschlichkeit einer Meinung ist.
Ein Wunsch für persönliches Wohlergehen scheint mir in seiner Selbstverständlichkeit banal. Ich wünsche Ihnen die Kraft – in der Weise, die Sie für die richtige halten, als Lehrer oder als Staatsmann – zu tun, was ein Mann tun kann gegen die maßlosen Übel dieser Zeit . . .

* 25. November, Lowell House, H. B. an Johannes Maier

. . . Die Soester Zusammenkunft[1] hat, so fürchte ich, eine einmalige Gelegenheit, Protestanten und Katholiken zu vereinen, verstreichen lassen . . . Hamacher hat Mut und feste Überzeugungen, aber er hegt eine nicht zu verwirklichende Auffassung von der Stellung einer mehr oder weniger katholischen Partei . . . Mit wenigen Ausnahmen neigen die meisten Emigranten hier einer SPD-Regierung in der britischen

Zone und vielleicht später auch im übrigen Deutschland zu. Ich beneide sie nicht; es tut mir nur leid, daß die alte Parteifeindseligkeit immer noch so stark ist. Daraus kann nichts Gutes entstehen. Ein amerikanischer Offizier übersandte mir einen Artikel zu meinem 60. Geburtstag aus der Berliner Zeitung *Der Tagesspiegel*. Ich weiß nicht, welcher Partei sie angehört. Der Artikel zeugt von freundlicher Absicht, aber erst als ich ihn las, wurde mir voll bewußt, wie oberflächlich und kindisch das Verständnis der Jahre vor der Machtübernahme der Nazis ist. Man kann den Leuten keinen Vorwurf machen, aber etwas mehr politisches Urteil sollte doch vorhanden sein. Sie haben vielleicht recht, daß die Wohltätigkeitsarbeit jetzt entscheidend ist und daß politische Aktivität nur etwas für Geschaftlhuber ist . . .

Ich freute mich sehr, aus Ihrem Bericht zu entnehmen, daß Pünder wieder in Deutschland ist[2]. An seiner einzigartigen Erfahrung gemessen ist seine Stellung ziemlich armselig; er ist der einzige Mann, den ich kenne, der noch imstande ist, eine echte Koordinierung der deutschen Verwaltungsangelegenheiten in Berlin zu bewerkstelligen, sobald dies möglich ist. Eine sechsjährige Tätigkeit als Staatssekretär in der Reichskanzlei vermittelt eine Erfahrung, die man in einer anderen Position nicht erwerben kann. Er arbeitete unter vier Kanzlern, auch unter dem hervorragenden Sozialistenführer [Hermann Müller] . . .

(1) Gründungsversammlung der neuen Zentrumspartei (vgl. Hans Georg Wieck, *Die Entstehung der CDU und die Wiedergründung des Zentrums im Jahre 1945*, Düsseldorf 1953. S. 146–149). (2) Pünder war im Juli nach Münster zurückgekehrt, nachdem er von amerikanischen Streitkräften auf Capri festgehalten worden war. Im November war er Oberbürgermeister von Köln geworden, nachdem Oberbürgermeister Adenauer und der Oberpräsident der Rheinprovinz, Dr. Hans Fuchs, von der englischen Militärregierung entlassen worden waren. Weitverbreitete Gerüchte jener Zeit besagten, die britischen Behörden hätten Anstoß daran genommen, daß sich Adenauer und Fuchs privat mit französischen Politikern trafen.

Zum 26. November, Arnold Brecht[1] an H. B.

. . . Hitler, Himmler und Goebbels sind ins Nichts vergangen, . . . Schleicher, Planck[2] und Popitz[3] haben mit dem Tode im Kampf gegen Hitler gesühnt, Papen sitzt vernichtet auf der Nürnberger Anklagebank. Gottes Mühle hat gemahlen und mahlt weiter, die Siegermächte sind schon selber in die Mühle geraten, haben sich selber hineinbegeben, ehe die Mühle gegen Deutschland ausgemahlen hatte, und werden sich sehr

anstrengen müssen, um nicht immer tiefer hinein in die mahlenden
Räder zu rutschen.

Sie sind nicht froh an Ihrem 60. Geburtstag, und wir können nicht froh
mit Ihnen sein, Sie nicht ermuntern, froh mit uns zu sein, weil wir selbst
nicht froh sind. Die Ruinen unseres geliebten Deutschlands und das
Elend der Überlebenden, die Zahl der Toten – welche verehrungsvolle
große Liste allein die Hinrichtungen nach dem 20. Juli 1944 – und die
herzens- und vernunfttote Wüste der Politik bedrücken uns im Wachen
und im Traum.

Wir sehen und hören Gottes Mühlen mahlen und sind doch schlechte
Christen, denn wir sind nicht freudig in dem Hören. In Neanders Kir-
chenlied „Der Tag ist hin" heißt es: „Lob, Preis und Dank sei Dir, mein
Gott, gesungen; Dir sei die Ehr', daß alles wohl gelungen nach Deinem
Rat, ob ich's gleich nicht versteh'; Du bist gerecht, es gehe, wie es
geh'!" Ich wünsche Ihnen an Ihrem 60. Geburtstag, daß Sie zu dieser
letzten Weisheit freudig vordringen, wenn auch nur für wenige Minuten.

. . . Ihr Kampf war gut und auf der guten Seite, es war ein unbeschreib-
lich arbeitsreicher Kampf, und er war dem Erfolg sehr, sehr nahe. Nur
Verrat – aus Niedrigkeit oder Torheit – hat den Erfolg vereitelt. Nach
einiger Zeit werden Sie, wenn ich recht menschlich mir die nächsten
Jahre für Sie durchdenke, nach Deutschland zurückgehen und werden
die schönste Ernte Ihres Lebens ernten, wenn Sie es kaum erwarten –
Liebe. Ich begleite Sie im Geiste schon auf dieser Reise und freue mich
an dem Lächeln unter Tränen, das sie Ihnen bringen wird . . .

(1) Dr. Arnold Brecht, Vertreter der preußischen Regierung beim Staatsgerichtshof 1932,
emigrierte 1933, Professor an der New School of Social Research in New York. (2) Erwin
Planck, Staatssekretär in der Reichskanzlei 1932–1933, nach dem 20. Juli hingerichtet.
(3) Johannes Popitz, Staatssekretär im Reichsfinanzministerium 1925–1929, preußischer
Finanzminister 1933–1944, nach dem 20. Juli hingerichtet.

* *29. November, Lowell House, H. B. an Fritz Kühr*[1], *Gütersloh*

. . . Was mich am meisten bekümmert, ist, daß ehrgeizige Intriganten
nach Deutschland zurückgekehrt sind und versuchen, unser gutes Volk
für ihre eigenen selbstsüchtigen alten Pläne einzuspannen. Sie erwähnen
in Ihrem Brief den Mann, an den ich dabei besonders denke [Karl
Spiecker]. Er wird die Politik fortsetzen, die er 1924/25 verfolgte, und

unsere alte Partei den Berliner Typen in der SPD völlig unterwerfen . . .
Ich bedaure, Brockmann[2] bei dieser Gruppe zu sehen. Ich nehme an, es
handelt sich um das frühere Mitglied des preußischen Landtags, einen
sehr ehrbaren Mann. Zu weiteren Persönlichkeiten möchte ich mich
nicht äußern; nur eines möchte ich sagen: Einen Mann wie Prälat
Georg Schreiber[3] zu beauftragen, die Universität Münster zu „säu-
bern", ist ein Skandal für sich . . .
Ich bin jetzt sehr bestürzt darüber, daß der gute Anfang in Richtung
auf eine interkonfessionelle Partei gemäß den frühen Traditionen der
Zentrumspartei durch die Soester Zusammenkunft, an der Hamacher
und Spiecker teilnahmen, vereitelt wurde. Die natürliche Reaktion war,
daß Schlange eine rein protestantische Partei in Schleswig-Holstein
gründete und daß in Hannover eine Welfenpartei mit übertriebenen
Regionalzielen entstand. Ich weiß sehr wohl, daß das alles teilweise auf
den mangelnden Gedankenaustausch unter den führenden Persönlichkeiten zurückzuführen ist und darauf, daß die Besten . . . hingerichtet
wurden. Trotzdem erkennt man aus der Rückkehr zu den gleichen
törichten Ideen und Entwicklungslinien wie nach dem letzten Krieg
eine geistige Verwirrung und einen Mangel an Phantasie, die mich
zutiefst betrüben . . .

(1) 1938–1943 im KZ, folgte später seiner emigrierten Frau nach Brasilien. (2) Johannes
Brockmann, preußischer Landtagsabgeordneter (Zentrum) 1925–1933, Mitbegründer der
neuen Zentrumspartei. (3) Ordinarius für Kirchengeschichte an der Universität Münster,
Rektor der Universität Münster 1945–1951, Reichstagsabgeordneter (Zentrum)
1920–1933.

30. November, Lowell House, H. B. an Friedrich Stampfer, New York

. . . Ihr freundliches Gedenken und Ihre guten Wünsche gelegentlich
meines 60. Geburtstags haben mir eine besondere Freude bereitet, weil
es von einem alten Kampfgenossen kam. Als solchen habe ich Sie immer
betrachtet seit 1930, und da spielen Verschiedenheiten im Temperament und in der Auffassung für mich nie eine Rolle. Ich bin nun einmal
ein Westfale, hasse das Reden und liebe das Schweigen, solange wie ich
nicht handeln kann. Ich glaube, ich habe es niemals fertiggebracht, eine
parteipolitische Rede zu halten. Anscheinend ist das auch das Bild, das
die meisten Ausländer sich von mir machen. Darum wird jede Äußerung, öffentlich oder privat, die ich mache, übel aufgenommen und

bewirkt leicht das Gegenteil von dem, was ich beabsichtige. Ich bin nun einmal ein Stein des Anstoßes auch und besonders für die vielen, die ein schlechtes Gewissen haben, von Vansittart bis zu bis vor kurzem hier mächtigen Leuten. Von meinem ersten öffentlichen Auftreten hier, im Februar 1936, begann der wohlorganisierte Kampf gegen mich. Menschen, besonders die heutigen, lieben nicht, gewarnt zu werden. Wenn die Warnungen sich bestätigen, kommt der Haß. Wir leben in einer durchaus verkommenen Welt, die ihre Parallele im dekadenten römischen Kaisertum hat. Dessen bewußt, bin ich doch nicht, wie Sie vielleicht glauben, ein Stoiker geworden. Ich will, nach zwölfjähriger bedrückender Erfahrung, nur eines nicht: durch Äußerungen meinerseits Möglichkeiten verschütten . . .

Eines nach meinem Rücktritt habe ich mir zum Gesetz gemacht, und das hat mir das Leben möglich gemacht: „Nichts zu sagen und nichts zu tun, was dazu führen könnte, daß meine Person ein Hindernis auf dem Wege zu etwas Besserem ist." Und daran halte ich fest, auch wenn gelegentliche Explosionen besser für meine Gesundheit wären. Daß mich diese Haltung nicht daran hindert, die Ihre zu verstehen und Ihre Äußerungen in der Öffentlichkeit hoch zu schätzen, habe ich, glaube ich, schon wiederholt zum Ausdruck gebracht. So scheiden sich oft Auffassungen und Wege von Männern, die politisch dasselbe erstreben. In einem aber weiß ich mich eins mit Ihnen: Diesem taktischen und politischen Mißbrauch aller ewigen sittlichen Werte, der dieses Zeitalter charakterisiert, muß der Kampf gelten bis zum äußersten. Diesmal gibt es sonst keine Rettung mehr, weder hier noch drüben . . . Es gibt wenige Emigranten, die sehen, daß es jetzt um mehr geht als nur um das deutsche Volk. Es geht um die letzten Reste eines objektiven Rechts . . .

8. Dezember, Lowell House, H. B. an Arnold Brecht, New York

. . . Im Gegensatz zu den vielen wichtigtuenden Emigranten sind Sie, Stampfer und Sollmann die einzigen hier, die die Probleme und Schwierigkeiten der Zeit von [19]19–[19]33 intim miterlebt haben. Das, was in diesen Jahren geleistet [wurde], hat wenige Parallelen in der Geschichte. Es war das Werk vieler Männer, teils bekannt, teils unbekannt . . . Nur Vertrauen hält die Menschen zusammen. Daß dieses Vertrauen systematisch . . . zerstört wurde, war ein Verbrechen. Man

brauchte nicht das Vertrauen zu einem einzelnen Mann, sondern unter-
einander.

Die Republik hat nicht das Problem der Selbstdisziplin und gegenseiti-
gen Vertrauens gemeistert. Es fehlte die gute monarchische Tradition
Wilhelms I., die schon seit den neunziger Jahren brüchig wurde ... Mit
der Nähe greifbarer und entscheidender Erfolge wurde daher der
Kampf um so heftiger ... Das Winken mit Deutschlands allgemeiner
Aufrüstung entgegen meinem Abrüstungsprogramm, von ausländischer
Seite ernst genommen von vielen, gab beim alten Herrn den Ausschlag
neben vielen anderen Gründen ...

So sehe ich heute mit Mißvergnügen, daß die größten Schuldigen für
das Scheitern der Abrüstungspolitik nicht auf der Anklagebank sitzen.
Den Nebenschuldigen habe ich lange verziehen. Wenn es mir nicht
gelungen wäre, mich von persönlichem Haß frei zu halten, so hätte ich
in Voraussicht der endgültigen Katastrophe das Tragische des Schick-
sals nicht überstehen können. Gehaßt habe ich nur die Lüge und den
Rechtsbruch, vor allem wenn er mit Notwendigkeiten ewiger morali-
scher Prinzipien begründet wird. Jetzt kommt auch die formale „Um-
wertung aller Werte" nach der ethischen Seite, und eine vielhundertjäh-
rige Tradition wird vernichtet. Dieses miterleben zu müssen, ist tragisch.
Lassen [wir] uns hoffen, daß langsam aus dem Übermaß des Bösen die
Wiedergeburt des Guten kommt ...

* 6. Januar, Lowell House, H. B. an Friedrich Stampfer

... Vor vier Wochen kam Mr. Edmund Stinnes vom Haverford College mit Studenten aus fast allen Bundesstaaten zu Besuch zu Kongreßmitgliedern. Die Studenten waren angewiesen, politische Themen zu vermeiden und nur die Frage nach Lebensmitteln und Post für Deutschland vom Quäkerstandpunkt aus zu erheben. Sie sprachen etwa mit der Hälfte der Kongreßmitglieder. Einer oder zwei Studenten aus dem Staat des betreffenden Kongreßmitglieds sprachen für die Gruppe. Dies hatte eine erstaunliche Wirkung. Einige Kongreßmitglieder, die zuerst überhaupt nicht von Deutschland sprechen wollten, mußten schließlich auf den scharfen Angriff der jungen Studenten hin freundlichere Erklärungen abgeben. Einer, der sagte, es sei ihm einerlei, ob alle Kinder in Deutschland sterben oder nicht, wurde daraufhin von den Freunden der Studenten in seinem Wahlkreis mit Briefen bombardiert und schrieb nach vierzehn Tagen einen sehr reumütigen Brief.

Ich schreibe Ihnen davon, weil mir in den Sinn kam, daß einer oder zwei von Ihnen etwas Ähnliches mit Mitgliedern der A[merican] F[ederation] of L[abor] unternehmen könnten. Wenn Sie mit Mitgliedern von Mr. Wolls Gewerkschaft[1] und anderen den Kongreßmitgliedern auseinandersetzen könnten, daß der fortdauernde Hunger in Deutschland ganz Europa ruinieren wird, daß er den Exportmarkt schädigen und schließlich wegen des in ganz Europa niedrigen Kurses der ausländischen Währung im Verhältnis zum Dollar hier in Amerika katastrophale Auswirkungen auf Preise und Löhne zeitigen wird, wäre das sicher nicht wirkungslos. Ich weiß von Freunden, die ihr Bestes getan haben, daß es Mangel an Information und Überlegung ist, was die Kongreßmitglieder dazu bringt, daß sie jeder Entscheidung zustimmen, die von einem kleinen Kreis hinter den Kulissen in Washington getroffen wird ...

Ich war sehr bestürzt darüber, daß ein Mann wie DeWitt Poole von einer sechsmonatigen Europareise, vor allem durch Frankreich und Rußland, zurückkehren und vorschlagen konnte, alles, was östlich der Elbe liege, solle Rußland überlassen werden, und der Rest von Deutschland solle in einen westeuropäischen Staatenbund unter französischer Führung eingegliedert werden. Wenn ich mich nicht irre, dachte er ganz anders, als ich ihn vor 14 Monaten in New York sah. Dieser Meinungsumschwung führt mich zu der Annahme, daß jeder in diesem Lande, welche außenpolitische Ansicht er auch verfechte, sehr rasch in

die entgegengesetzte Richtung beeinflußt werden kann ... Ich wollte
Sie auch darauf aufmerksam machen, daß der einstige Senator [Henry
Cabot] Lodge von Massachusetts jetzt prorussisch geworden ist, ein
Beweis dafür, was er für die vorherrschende Einstellung hält ...

(1) Matthew Woll war führend in der American Federation of Labor; Mitglied des
National War Labor Board.

* *26. Januar, Lowell House, H. B. an Hendrik Poels, Venray, Niederlande*

... Offenbar erkennen die Deutschen in all dem Elend, das die Nazis
und die Alliierten herbeigeführt haben, noch nicht, was ihre Zukunft ist.
Wie gewöhnlich herrscht die Parteipolitik im Denken vieler Menschen
vor. Schlimmer ist der egoistische Ehrgeiz von Leuten, die nie positive
Verantwortung getragen haben. Mir war voll bewußt, welche Tragödie
auf die Hinrichtung von Leuten wie Letterhaus, Groß, Mgr. Müller[1],
[Eugen] Bolz und Hunderten von beherzten, erfahrenen, einsichtsvollen
Mitgliedern meiner Partei und der gemäßigten Konservativen folgen
würde. Ich weiß nicht, ob Ihnen klar ist, daß zwischen Herbst 1943 und
Frühjahr 1945 über 1000 Mitglieder meiner Partei im ganzen Land
hingerichtet wurden ... Außerdem wurden mit ihnen fast alle jungen,
progressiven Konservativen hingerichtet, auf die ich in all diesen Jahren
meine Hoffnung gesetzt hatte ... Sehr wenige Personen mit dem richtigen Verständnis, im passenden Alter und mit politischen Fähigkeiten
haben von all diesen Gruppen überlebt. An ihrer Stelle versuchen
Leute, die alle diese Qualifikationen nicht besitzen und denen es vor
allem an Charakterfestigkeit fehlt, mit Hilfe der Besatzungsmächte
Einfluß zu gewinnen ...
Kardinal [Francis] Spellman [N. Y.] berichtete amerikanischen Ge-
heimdienstbeamten von einem Gespräch, das er mit Dr. [Ludwig] Kaas
nach der Einnahme Roms [1944] geführt hatte. Kaas meinte bei diesem
Gespräch, der nicht von Rußland besetzte Teil Deutschlands solle unter
französische Vorherrschaft kommen. Das war vor fast zwei Jahren. Nun
trägt der Herr, der der Dienststelle vorsteht [DeWitt Poole], den gleichen Vorschlag öffentlich vor[2] ... Schließlich besteht kein Zweifel
daran, daß die Mehrheit der Sozialisten innerhalb und außerhalb von
Deutschland in Religions- und Erziehungsdingen nichts gelernt hat ...
Sozialistische Lehrer in Schulen ohne obligatorischen Religionsunter-

richt brachten die Nazijugend hervor. Jetzt soll der Vorgang anscheinend wiederholt werden. Die sozialistische Emigrantenzeitung in New York verkündete vor zwei Monaten: „Nach dem Kampf gegen die Braunen der Kampf gegen die Schwarzen!"[3] . . . Ist den Menschen in Holland und anderswo klar, was geschieht, wenn ein Vakuum an Deutschlands Statt entsteht? . . . Ich kenne den entsetzlichen Haß auf die Nazigreuel, [aber] Europa muß in seinem eigenen Interesse in die Zukunft denken. Frankreich kann die Rolle der Gluckhenne nicht spielen. Wenn nicht im nächsten halben Jahr in diesem Lande ein starker Widerstand gegen die russischen Forderungen entsteht, werden sich die Vereinigten Staaten ganz aus Europa zurückziehen und es im Schutz der Briten lassen, die aber wahrscheinlich eine Generation lang geschwächt sind.

Dies sind meine Sorgen und die Gründe, die mich jetzt an der Heimkehr hindern. Ich selbst gehöre nicht mehr zu den Kräftigsten, und die kleinlichen Parteihändel in Deutschland machen mich nervös. Als einzige Möglichkeit schwebt mir vor, vielleicht in einem halben Jahr zu Besuch nach Deutschland zu gehen. Ich glaube aber nicht, daß ich die Genehmigung zu einem Besuch in Deutschland erhalten werde . . . Mit großem Bedauern erfuhr ich von Friedrich Muckermanns Krankheit. Wenn es Ihnen möglich ist, übermitteln Sie ihm doch bitte meine besten Wünsche für baldige Genesung . . .

(1) Otto Müller, Verbandspräses der katholischen Arbeitervereine; nach dem 20. Juli verurteilt, in Haft gestorben. (2) H. B. konnte später im Jahr 1946 an Poole eine schriftliche Erklärung von Pater Robert Leiber senden, daß Spellmans Bericht auf einem völligen Mißverständnis beruht haben müsse. (3) Noch im Frühjahr 1947 schrieb H. B. an Friedrich Dessauer: „Die Sozen zweiter Garnitur betreiben hier offen Kulturkampf mit den Phrasen von 1890."

* *Januar, Littauer Center, H. B. an Friedrich Stampfer*

. . . Stegerwalds Rede vom 7. Dezember 1945 wurde mir in vollem Wortlaut übersandt, und ich schrieb ihm – allerdings hat ihn mein Brief wahrscheinlich nicht vor seinem Tode [10. 12. 1945] erreicht –, er habe frühere Unterredungen mit meinem letzten Gespräch mit Hindenburg verwechselt[1] . . . Tatsächlich war, wie Sie vielleicht von Hilferding wissen, die Krise Ende Mai 1932 nur der Höhepunkt der Schwierigkeiten, die seit August 1931 ständig zugenommen hatten . . . Verfassungsmäßig gesehen blieb mir nichts anderes übrig, als zurückzutreten. Politisch gesehen wurde mein ganzer Plan, den 1930 gewählten Reichstag während seiner normalen Amtszeit zusammenzuhalten, vereitelt. Das war nur eine Seite der Krise.

Als ich mich weigerte, mit der Rechten ein Kabinett zu bilden, schickte der Reichspräsident an alle Generäle im Dienst und außer Dienst ein Rundschreiben, das ich nie zu Gesicht bekommen habe, das ihnen aber zweifellos den Eindruck vermittelte, ich hätte absichtlich eine Chance zur deutschen Wiederaufrüstung in der Luft verspielt. Daß der französische Botschafter [François-Poncet] bei Gesellschaften im Frühjahr 1932 häufig bemerkte, meine Dickköpfigkeit hinsichtlich der Abrüstung habe eine Übereinkunft unmöglich gemacht, wußten Sie vielleicht, denn ich erwähnte es Hilferding gegenüber in jenen kritischen Wochen mehrmals und gestattete ihm, Mitglieder Ihrer Parteiführung davon zu verständigen.

Ich wollte Ihnen diese Informationen vertraulich übermitteln, um in Zukunft die Veröffentlichung irreführender Aussagen zu vermeiden. Vielleicht könnte ich in einer späteren Phase des Nürnberger Prozesses einen Artikel schreiben und auf Stegerwalds Bemerkungen zurückkommen . . .

(1) Auch in anderen Reden Stegerwalds im Herbst 1945 werden Ereignisse vom Oktober 1931 mit denen vom Mai und November 1932 verwechselt.

* *13. März, Lowell House, H. B. an Johannes Maier*

. . . [Ihr] Brief vom 3. Februar mit der Beilage von [Paul] Simon hat mich nach genau fünf Wochen erreicht, während der Brief vom 25. Februar nach vier Tagen ankam . . . Ich verstehe die Schwierigkeiten nicht, von denen Simon berichtet, und vor allem begreife ich nicht, warum Hermes und Vockel nicht an der CDU-Versammlung in Herford[1] teilnehmen durften. Unsere Freunde im Westen müssen bald eine Vereinbarung mit denen in der russischen Zone treffen, trotz den Schwierigkeiten dort. Von hier aus gesehen scheint sich Kaiser ziemlich gut zu schlagen, wie sogar ab und zu in den Zeitungen anerkannt wird. Ich glaube nicht, daß er Erfolg haben wird, aber es ist für die Zukunft wichtig, die Fahne in der russischen Zone hochzuhalten, selbst wenn jetzt die Versammlungen von Kommunisten gestört werden.

Ich erhalte zahlreiche Nachrichten und viele Grüße von zurückkehren-
den Veteranen . . . Vielleicht haben Sie recht, wenn Sie meinen, die
Leute hätten mich zurückerwartet wegen der von der Air Force abge-
worfenen Flugblätter mit der Erklärung, die Alliierten wollten die Nazis
beseitigen und eine Regierung wie meine einsetzen. Das bedeutet nicht,
daß diese Absicht tatsächlich bestanden hätte . . . Die Kräfte hier im
Lande, die danach trachteten, Deutschland von der Europakarte zu
streichen, waren stärker, als daß ich auch nur einen Augenblick gehofft
hätte, sie überwinden zu können . . . Diese Dinge und vieles andere
wissen die Menschen in Deutschland nicht, und man kann es ihnen
vorläufig auch nicht sagen. Es wird alles von selbst ans Licht kommen . . . Trotzdem würden die Einwände gegen meine Rückkehr in
irgendein Amt – ganz zu schweigen von meiner Gesundheit – bestehen
bleiben . . .

(1) Zu der ersten CDU-Versammlung für die gesamte britische Zone in Herford am
22. Januar 1946 erschienen Hermes und Vockel aus Berlin. Sie wurden nicht zugelassen
(vgl. u. a. Hermes, *Und setzet ihr nicht das Leben ein*, S. 233f.).

* *März, Lowell House, H. B. an Paul Simon, Paderborn*

. . . Stalin wurde auf ein Podest gestellt wie ein Heiliger in einem goti-
schen Dom. Die Menschen hier sind jetzt etwas ernüchtert, weil er unter
den Emblemen des Märtyrertums so tatkräftig ein Weltreich errichtet,
aber der Glaube an Stalin und Rußland ist hier immer noch fast religiös. Wir haben in Deutschland erlebt, wie schwierig es ist, die Leute zu
veranlassen, daß sie einen solchen pseudoreligiösen Glauben aufgeben . . . Der einzige echte Widerstand gegen die extremsten Maßnahmen kommt von der britischen Regierung, und sie hat keine Handlungs-
freiheit, da Englands internationale finanzielle und wirtschaftliche Position sehr schwach ist[1]. Da Du England gut kennst, wirst Du verstehen,
daß das Bewußtsein ihrer Schwäche den Engländern einen Haß ein-
flößt, den sie gegen keine andere Nation als Deutschland zu richten
wagen. Die Ausdrucksweise, in der sogar in gemäßigten Zeitungen über
Deutschland berichtet wird, ist unerträglich geworden . . . Man sollte
sich darüber klarsein, daß die CDU den hiesigen Zeitungen äußerst
verdächtig ist und daß sie von deren überseeischen Korrespondenten
verleumdet wird. Leider schüren die unbedeutenderen Sozialdemokra-

ten – nicht ihre alten Führer – die Agitation . . . Meine alten Freunde sollten wissen, daß die Antipathie gegen mich außerhalb von Deutschland so stark ist, daß ich jetzt keine Heimkehrgenehmigung erhielte, wenn ich darum einkommen würde. Hätte ich die Rolle übernommen, die mir vor drei Jahren angetragen wurde, so wäre ich jetzt schon der unbeliebteste Mensch in Deutschland, und die hiesige Presse würde mich täglich als Knecht des Vatikans bezeichnen. Ich hätte mehr Schaden angerichtet als Gutes getan . . . Trotz ihrer Begabung für Verwaltung und Organisation sind die Deutschen hinsichtlich der Feinheiten politischer Operationen immer noch sehr naiv. Was noch schlimmer ist: Ihr politischer Instinkt wird leicht von persönlichem Ehrgeiz oder Eifersucht und von Denunzierungssucht beherrscht. Dies gilt natürlich besonders für Intellektuelle, keineswegs nur in Deutschland, wie ich erlebt habe. Es beruht weitgehend auf einem extremen Individualismus und in Deutschland auf Utopismus. Ich stieß bei den westfälischen Kumpeln und den armen Textilarbeitern meines Wahlkreises [Breslau] auf mehr gesunden Menschenverstand als bei anderen Gruppen.
. . . In diesen Jahren mußte ich die Wege meiner einstigen Studien noch einmal abschreiten, und ich bin zu dem Schluß gekommen, daß besonders nach 1871 unsere Historiker mit sehr wenigen Ausnahmen, teils wegen unserer verhängnisvoll exponierten Lage im Herzen Europas, den Sinn für den Wert einer langfristigen, konstruktiven Politik verloren. Eine völlig neue Art der Erziehung ist nötig, nicht nur in den Schulen. Natürlich muß sie von Deutschen entwickelt werden, die in Deutschland geblieben sind und dort die ganze Tragödie miterlebt haben, nicht von Ausländern oder Emigranten. Aber ohne sie kommt es zu keiner Wiedergeburt der Nation, auch nach zwei Generationen nicht. Diese Fragen belasten mich so sehr wie die materielle Tragödie . . . Ich möchte gern, daß Du meinen Freunden eines sagst: Es ist nicht wichtig, wer einer Zentralregierung in Deutschland angehört, falls eine solche zustandekommt, oder ob die CDU darin überhaupt vertreten ist. Wichtig ist eine langsame Veränderung der politischen Auffassungen auf der Grundlage einer tausendjährigen christlichen Tradition. Ich kann mir vorstellen, daß meinen Freunden eine sehr große Mission aufgetragen ist . . .

(1) Im Dezember 1945 erhielt Großbritannien von den Vereinigten Staaten einen 4-Milliarden-Dollar-Kredit mit 50jähriger Laufzeit unter der Bedingung, daß die britischen Handels- und Devisenkontrollen modifiziert würden.

* 22. März, Lowell House, H. B. an Patrick Barry, Huntington, L. I.

... Ich bin sehr pessimistisch geworden im Blick auf die Möglichkeit, viel an den Geheimabkommen über Deutschland zu ändern oder auch an der Politik der amerikanischen Militärverwaltung, die kommunistische Schriftleiter sogar in Teilen Bayerns und Württembergs einsetzt, wo es nie kommunistische Wähler gab. Das Schlimmste ist natürlich, daß die Russen die Sozialdemokraten in ihrer Zone zwingen werden, sich mit den Kommunisten zusammenzutun, und daß sie dann die anderen Parteien zwingen werden, eine gemeinsame Liste mit ihnen aufzustellen, so daß effektiv eine kommunistische Regierung eingesetzt werden wird, die langsam auf das übrige Deutschland übergreifen wird. ... Die ganze Gefahr scheint eine Reihe einflußreicher Leute in der Welt nicht zu kümmern ...

* 24. April, Lowell House, H. B. an Ulrich Biel[1], Berlin

... Was man auch über Präsident Roosevelt sagen mag, eines ist mir klar: Dadurch, daß er nur vage, mündliche internationale Vereinbarungen schloß, hielt er sich die Möglichkeit offen, später den russischen Forderungen größeren Widerstand entgegenzusetzen und das schlimmste Unheil zu verhüten[2]. Sein plötzlicher Tod war eine Katastrophe, da seine Nachfolger nicht in seine langfristige Politik eingeweiht waren. In diesem Lande herrscht ein entsetzliches Gefühl der Enttäuschung ... Die Sitzungen [der Vereinten Nationen] in den letzten paar Wochen[3] haben sogar denen die Augen geöffnet, die sich normalerweise nicht für internationale Politik interessieren. Die Ernüchterung hat bis jetzt noch keine Kristallisierung der Politik bewirkt. Ich fürchte, im Volk überwiegt derzeit die Ansicht, daß der Friede um jeden Preis geschlossen werden sollte, sogar unter Aufgabe der östlichen Hälfte Deutschlands und unter weitgehender Befriedigung der französischen Ansprüche in Westdeutschland. Zwei Gedanken sind vorrangig: 1. Der Friede muß geschlossen werden, damit man hier das gewohnte Leben wieder aufnehmen kann; 2. eine strategische Sperre gegen Rußland sollte durch die Mitte Deutschlands aufgebaut werden. Es tut mir leid, daß ich keine optimistischeren Ansichten vertreten kann; ich glaube, meine Freunde sollten sich auf diese Möglichkeiten gefaßt machen ...
Es besteht die Gefahr, daß die Führer beider Parteien ihre Taktik ganz

auf der Beibehaltung der Einheit, einschließlich der russisch besetzten
Zone, aufbauen werden. Dieser Versuch muß unternommen werden,
aber man sollte sehr skeptisch an ihn herantreten und sich in jeder
Phase fragen, ob nicht wichtige Interessen der anderen Zonen diesem
Ziel zum Opfer fallen. Ich wünschte, meine Freunde stünden in enger
Beziehung zu [Jakob] Kaiser. Er besitzt den großen Vorzug, daß er
tapfer, ja wagemutig ist, aber er braucht freundschaftlichen Rat, um
nicht den Überblick zu verlieren. So war es sein ganzes Leben lang. Aus
diesem Grund wünschte ich, sie wären einander alle in aufrichtiger
Freundschaft verbunden, damit sich die verschiedenen Temperamente
ergänzen könnten.

Keiner meiner Freunde sollte vergessen, daß Großbritannien in seiner
Außenpolitik in der Defensive steht und noch lange stehen wird . . .
Derzeit können die Briten niemanden leiden, aber sie brauchen die USA
und fürchten Rußland . . . Ich bin überzeugt, daß einige bedeutende
Engländer mehr als nur eine verschwommene Vorstellung von der
Beibehaltung eines Glacis in West- und Süddeutschland haben . . .

Gibt es eine Möglichkeit, Hermann Muckermann im russisch besetzten
Teil von Berlin Pakete zu schicken? Ich stehe tief in seiner Schuld, denn
er und Tennstedts waren die einzigen, die es wagten, mir in den letzten
Tagen meines Untertauchens in Deutschland Zuflucht zu bieten . . .

(1) Emigrant in der amerikanischen Militärregierung, der eine Reihe der Überlebenden
des 20. Juli überprüfte und mit Lukaschek und van Husen in Verbindung blieb. (2) Von
den vielen späteren Behauptungen, Roosevelt habe in den letzten Monaten seines Lebens
seine Europapolitik revidiert, stammen die neuesten von W. Averell Harriman, *America and
Russian in a Changing World*, New York 1971, und Charles Bohlen, *Witness to History*, New
York 1973. Roosevelts „Ambivalenz" sollte jedoch im Zusammenhang mit seinem körper-
lichen Zustand gesehen werden, der sehr offen beschrieben wird in Charles Baron Moran,
Churchill, München, Zürich 1967. (3) Auf der Gründungssitzung der Vereinten Nationen
in New York im April war der russische Delegierte Gromyko bei der Interpretation der
Charta der Vereinten Nationen zu keinem Kompromiß bereit. H. B. schrieb am 5. Mai in
sein Notizbuch: *„Da die Amerikaner unbedingt etwas vollbringen müssen, werden sie
zuerst durch die russische Obstruktion in wichtigen Problemen und dann durch den
Widerstand gegen die kleinsten Änderungen in geringfügigen Fragen hingehalten."

* 25. April, Lowell House, H. B. an Friedrich Stampfer

. . . Die Befürchtung, die ich Ihnen gegenüber vor zwei Monaten aussprach, daß nämlich die hiesige Regierung – um für die Wahlen freie
Hand zu haben – versuchen würde, um jeden Preis eine Friedensverein-

barung zu erzielen, hat sich bewahrheitet. Es scheint, daß Washington
und London übereingekommen sind, die russische Besatzungszone für
immer zu opfern und sogar die französischen Ansprüche in Westdeutschland weitgehend zu befriedigen. Es versteht sich von selbst, daß
die Kommunisten in Westdeutschland das Schlagwort „Wiedervereinigung" aufgreifen werden . . .

* 4. Mai, Lowell House, H. B. an E. A. Bayne[1], Maryland

. . . Die Einführung der britischen Form der Lokalverwaltung halte ich
für die bis jetzt verhängnisvollste Einmischung in der britischen oder
amerikanischen Besatzungszone . . . Die deutsche Lokalverwaltung war
besser geschützt gegen das Eingreifen der Zentralbehörden als jede
andere in Europa. Sie entwickelte wahrhaft demokratische Initiative
und Verantwortung. Die hohe kurzfristige Verschuldung vieler Gemeinden in den Jahren 1930 und 1931 ist kein Argument gegen die Verwal-
tungsform . . . Das deutsche System der örtlichen Selbstverwaltung
brachte eine große Zahl bedeutender Männer hervor, die häufig später
als Kabinettsminister ihre außergewöhnliche verwaltungsmäßige und
politische Erfahrung bewiesen. Dies traf sowohl vor als auch während
der Weimarer Republik zu. Ich brauche nur Namen wie [Hans] Luther[2], Goerdeler, [Wilhelm] Külz[3] und Adenauer zu nennen, dem
zweimal das Reichskanzleramt angetragen wurde, von Ebert[4] und von
Hindenburg . . . Der größte Vorteil der deutschen Form der lokalen
Verwaltung war vielleicht, daß sie die Kontinuität der Städteplanung
über viele Jahrzehnte hinweg wahrte und private Bodenspekulationen
verhinderte . . .
Herr Erich Kordt[5] hat völlig recht, wenn er sagt, die Situation habe
sich durch die Millionen Ostflüchtlinge stark verändert. Ich bezweifle,
daß irgendein Wahlsystem eine radikale Spaltung zwischen diesen
Flüchtlingen und den alteingesessenen Bewohnern West- und Süd-
deutschlands verhindern kann. . . . Ich würde selbstverständlich kleinere
Wahlkreise befürworten. Herrn Kordts Vorschlag, ein Kandidat solle
eine bestimmte Gebühr verlieren, wenn er nicht eine Mindestzahl an
Stimmen erhalte, ist gut, aber ich glaube, es wäre besser, mindestens
3000 Unterschriften in einem Wahlkreis zur Annahme einer Nominierung zu verlangen. Das würde . . . die Menschen zwingen, ihre Ansichten zu öffentlichen Fragen öffentlich auszudrücken . . . Soviel ich weiß,

zog die Gruppe um Moltke nach den Gesprächen, die ich hier im Jahr 1939 mit Trott zu Solz führte, den Schluß, es sei besser, den Reichstag durch Länder- oder Provinzparlamente zu wählen. Das würde die Möglichkeit einer demagogischen Bearbeitung des ganzen Landes durch eine totalitäre Partei ausschließen ... und dazu verhelfen, die größte derzeitige Gefahr für Deutschlands politische Zukunft zu bannen, daß nämlich die zwölf Millionen mittellosen Flüchtlinge stets das radikalste Programm der Eigentumsverteilung, das man ihnen vorlegt, unterstützen werden ...

(1) Amerikanischer Offizier, kurz zuvor aus Deutschland zurückgekehrt. (2) 1879–1962. Oberbürgermeister von Essen 1918–1922, Reichskanzler 1925–1926, Reichsbankpräsident 1930–1933, Botschafter in Washington 1933–1937. (3) Oberbürgermeister von Zittau 1912–1918, Reichsinnenminister (Demokratische Partei) 1926–1927, Oberbürgermeister von Dresden 1930–1933, Führer der ostzonalen Liberal-Demokratischen Partei 1945 bis Anfang 1948. (4) Friedrich Ebert, Reichspräsident (SPD) 1919–1925. (5) Professor Dr. Erich Kordt, 1928–1945 im auswärtigen Dienst tätig.

* 9. Mai, Littauer Center, H. B. an Maria Brüning, Münster i. W.

... Seit 13 Jahren kann ich nun zum ersten Mal direkt an Dich schreiben, und Du wirst Dir vorstellen können, wie bewegt ich es tue. Meine Gedanken waren täglich bei Dir, und ich bangte jedesmal um Dein Leben, wenn ein Bombenangriff auf unsere geliebte alte Stadt gemeldet wurde. Deshalb war es eine außerordentliche Erleichterung für mich, als ich 1945 von Heinrich Klasen[1], der als Kriegsgefangener hier war, erfuhr, daß er Dich kurz vor seiner Gefangennahme gesehen hatte ... Mrs. Anderson schrieb, Du habest Dich kaum verändert, nur seien Deine Züge den meinen noch ähnlicher geworden. Ich bin sehr dankbar, daß die Stadt dafür sorgte, daß Du in eine kleine Wohnung nach Münster zurückkehren konntest, wenn es auch schlimm sein muß, täglich die Ruinen der schönen, historischen Gebäude zu sehen. Ich wollte, ich könnte Dir Lebensmittel schicken, und ich hoffe, daß es binnen kurzem möglich sein wird, wenn der Kongreß hier eine Resolution über die Erlaubnis der Paketpost nach Deutschland verabschiedet. Ich war in großer Sorge um Tennstedts. Letzten Sommer schickte mir ein amerikanischer Soldat, der in Friedrichroda gewesen war, einen Brief mit einer Nachricht von Hertha, aber ich konnte nicht antworten, weil der Soldat nach dem Pazifik unterwegs war ... Wenn sich die Dinge so entwickeln, wie ich es befürchte, hoffe ich, daß Hertha und ihre Eltern es irgendwie

bewerkstelligen werden, zu Dir zu kommen, und daß auch ihr Mann eines Tages heimkehrt. Ich bemühe mich, Nachforschungen nach ihm anzustellen, aber ich habe nicht viel Hoffnung, daß es mir gelingt. Hertha schrieb, Du habest mir mehrere Briefe geschickt. Ich habe keinen einzigen bekommen . . .
Gesundheitlich geht es mir jetzt besser als im Winter 1944/45, als ich viel mit dem Herzen zu tun hatte und fast ein Vierteljahr bettlägerig war. In wenigen Sommerwochen erholte ich mich erstaunlich gut in dem kühlen Gebirgsklima des Staates New York mit den Treviranus, die mir stets die gleiche alte Freundschaft erzeigen, aber meine Arbeitskraft ist noch nicht wieder so, wie sie vorher war. Ich hoffe sehr, daß Du alles unternimmst, um gesund zu bleiben, so daß wir uns vielleicht einmal in Holland treffen können, wo sich mein alter Freund Dr. Poels, mit dem Du so oft zusammenwarst, schon jetzt bemüht, ein Wiedersehen zwischen uns zu ermöglichen. Er ist wirklich einer der lautersten Charaktere, denen ich je in meinem Leben begegnet bin. In diesem Fall könnte ich mit einem holländischen Schiff direkt nach Holland fahren; allerdings besteht vorläufig keine Aussicht, daß ich die Ausreisegenehmigung bekomme. Dies wird sich aber in einem oder zwei Jahren ändern; wenigstens hoffe ich es . . .

(1) Vetter von Brünings aus Leer, Ostfriesland.

* 9. Mai, Lowell House, H. B. an Clemens Lammers, Berlin

. . . Die Gerüchte über meine Rückkehr nach Deutschland sind weit von der Wahrheit entfernt. In den vergangenen zwölf Jahren habe ich in dieser Beziehung stets den gleichen Grundsatz vertreten. Nie habe ich die Möglichkeit ausgeschlossen, eines Tages als Privatmann heimzukehren. Es gibt viele Gründe für meinen Entschluß; aber ein Grund, der mir irrtümlich von Deutschland vorgeworfen wurde, hat mich nie motiviert: Ich war nie verbittert, und all mein Denken richtete sich nur darauf, was für mein Land das beste wäre . . .
Ich verstehe Kaisers Einstellung und Politik sehr gut und billige sie. Ich möchte ihn nur davor warnen, nicht so weit zu gehen, daß er das übrige Deutschland aufs Spiel setzt für die geringe Chance, das zu retten, was im Osten noch bleibt. Die evolutionäre oder revolutionäre Tendenz in der europäischen Politik – wie man sie auch nennen mag – ist noch

nicht statisch geworden. Es fiel mir zwar bei Gesprächen in England und hier ziemlich leicht, die Geschehnisse an sich und den Zeitpunkt ihres Eintreffens vorherzusagen, aber jetzt wäre ich nicht bereit, auch nur die Möglichkeiten abzuschätzen, die sich nach Ablauf eines weiteren halben Jahres bieten werden . . .

Eines, was mich entsetzte, war die Information über gewisse Leute, die früher der Zentrumspartei angehörten und die sich, um Stellungen von den Besatzungsbehörden zu bekommen, dazu verstanden, Aussagen zu machen, von denen sie genau wußten, daß sie unwahr sind . . . Ich begreife allerdings, daß dies eine Folge des ungeheuren Unglücks ist, das über sie hereingebrochen ist . . .

* 11. Mai, Littauer Center, H. B. an Horst Michael, Schlachters, Krs. Lindau

. . . Vorläufig ist Deutschland nur ein strategisches Gebiet, nichts sonst. Seine politischen Möglichkeiten können sich je nach den strategischen Plänen oder Auffassungen der Machthabenden ändern . . . In all diesen Jahren schleppte ich mich durch eine Wüste mit einer klaren Vorstellung von den Möglichkeiten zur Umgehung der drohenden Gefahren. Sie stellten sich immer als Luftspiegelungen heraus, nicht, weil sie auf Illusionen begründet gewesen wären, sondern weil ihre Verwirklichung von anderen vereitelt wurde. So großen Gleichmut man sich auch zu bewahren sucht – dieses Schicksal geht einem ans Mark. Vor drei Wochen sprach ich zum ersten Mal seit vier Jahren vor einer ziemlich großen Versammlung[1], und ich hatte nicht geahnt, wie anstrengend es sein würde. Der einzige Trost, den ich Ihnen gegenwärtig geben kann, ist, daß die Leute hier im Blick auf die Gegenwart und die Zukunft fast so unsicher sind wie die Menschen in Europa . . .

(1) H. B. hielt einen Vortrag über das Thema „The Statesman" innerhalb einer Vortragsserie an der University of Chicago „Works of the Mind", die unter demselben Titel 1949 in Chicago veröffentlicht wurde. Die deutsche Veröffentlichung des Vortrags erschien in der *Politischen Vierteljahresschrift*, Berlin 1965.

* 5. Juni, Lowell House, H. B. an Johannes Maier

. . . Die Wahlergebnisse in den Städten mit mehr als 25 000 Einwohnern[1] haben mich etwas überrascht. Ich hatte einen solchen Erfolg der

CSU nicht erwartet. Erfreulicherweise kann ich berichten, daß die
sozialistische Zeitung in New York – seit ich mich zweimal mit Stampfer
unterhielt – eine freundlichere Haltung der Partei gegenüber eingenommen und mit ihren groben, antireligiösen Angriffen aufgehört hat. Sie
wurde durch die Wahlergebnisse endgültig ernüchtert. Die für Emigranten typischen Illusionen der unbedeutenden Leute sind verschwunden,
und das ist für eine spätere Zusammenarbeit sehr vorteilhaft. Ich merke,
daß auch Schumacher[2] gemäßigter geworden ist . . . Adenauers Rede[3]
war hervorragend. Es war das Maximum, das er im Augenblick sagen
konnte, und es war staatsmännisch und mutig. Wenn nur die katholischen und protestantischen Arbeitervereine sofort wieder aufgebaut
werden könnten! Nachdem die besten Führer hingerichtet sind, wird es
schwierig sein, aber es ist wesentlich . . .

(1) In der amerikanischen Besatzungszone fanden am 28. April Gemeindewahlen statt. In
Groß-Hessen und Württemberg-Baden wurde die CDU knapp von der SPD überrundet;
in Bayern errang die CSU mehr als doppelt so viele Stimmen wie alle anderen Parteien
zusammen. (2) Kurt Schumacher, Reichstagsabgeordneter (SPD) 1930–1933, im KZ
1933–1945, Vorsitzender der SPD 1946–1952. (3) Vermutlich im Zonenbeirat.

8. Juni, Lowell House, H. B. an Hermann Muckermann, Berlin

. . . Die schrecklichen Vorgänge im deutschen Osten und in Berlin sind
hier amtlich und auch privat bekannt, finden aber keine Beachtung
angesichts der Einzeldarstellungen über die Konzentrationslager. Die
Welt ist übersättigt mit Greueln und will keine weiteren hören. Eine
moralische Reaktion, tief genug, um gewaltige Umwälzungen des Denkens herbeizuführen, sehe ich nirgendwo auf der Welt. Sie ist abge-
stumpft. Das ist sehr schlimm angesichts der Gesamtlage, deren Entwicklung niemand voraussehen kann . . .

* 10. Juni, Lowell House, H. B. an Emmi König[1], Gießen

. . . Ihr Karfreitagsbrief hat mich heute morgen erreicht . . . Viele alte
Bekannte haben mir am Karfreitag geschrieben. Ich verstehe nur zu
gut, wie sie alle diesen Tag wählten. Einmal folgt dem Karfreitag ein
Ostern, aber es wird ein langer, schwerer Abstand zwischen beiden sein.
Ich werde dieses Ostern nach menschlicher Berechnung nicht erleben.

Trotzdem gebe ich den Glauben nicht auf . . . In dieser neuen Welt, die
aus Chaos sich entwickelt, müssen viele Menschen Masken tragen, um
ihr Leid zu verhüllen . . .

(1) Frau von H. B.s Studienfreund Friedrich König.

* 8. Juli, Lowell House, H. B. an Fritz Kern, Fribourg

. . . Man muß klar sehen, daß ein Aufstieg von der militärischen Seite
her für unser Land für immer unmöglich ist. So war es uns 1931/32
schon klar angesichts der technischen Entwicklung der Waffen . . . Man
muß die Lage unseres Volkes so düster wie nur möglich sehen und es
allen daheim klarmachen; aber nicht die Hoffnung aufgeben. Hoffnung
ist der Glaube an das Walten eines Höheren und muß erwachsen aus
dem demütigen Gefühl, daß der menschliche Verstand, wenn er totale
rationale Kalkulationen zu machen versucht, noch immer in der Geschichte durch die Ereignisse widerlegt wurde . . .

* 8. Juli, Lowell House, H. B. an Friedrich Stampfer

. . . Es ist unbedingt notwendig, daß die anständigen Emigranten zu
einer besseren Arbeitsteilung und Systematisierung ihrer Aufklärungsar-
beit kommen. Wenn man eine völlig überparteiliche Veröffentlichung,
wie nach dem letzten Kriege im Schutzbund[1], aufziehen könnte, so
könnte man viel mehr leisten . . . Von den Engländern ist nicht viel zu
erwarten. Einmal können sie nicht aktiv werden. Zweitens spielen sie
noch immer mit dem Gedanken, das Zünglein an der Waage zwischen
den USA und Rußland innerhalb eines Bündnisses werden zu können
. . . Das Schlimme ist, daß die Labour-Leute noch weniger Ahnung von
den wirtschaftlichen und politischen Dingen in Deutschland haben als
die Tories. Bevin[2] und Attlee sprachen beide in der großen Unterhaus-
debatte von den Überschußgebieten in der russischen Zone westlich der
Oder und dem rein agrarischen Gebiet in der russischen Zone[3]. Dabei
reicht die Produktion dort nicht einmal aus, Berlin, Sachsen und Thüringen zu versorgen. Bevin ist ziemlich deutlich geworden in anderer
Hinsicht: Er will hauptsächlich die Fertig- und Veredelungsindustrie
abbauen und einen Teil der Kohlen- und Eisenproduktion als Repara-

tionszahlungen den Alliierten zur Verfügung stellen . . . [Die Engländer] sind unglaublich phantasielos. Aber jeder Unsinn wird durchexerziert, wie nach 1919 . . .

(1) Verband aller Vereine deutscher Minoritäten, 1919 gegründet. (2) Ernest Bevin (1881–1951), Generalsekretär der Transport and General Workers' Union 1921–1940, Arbeitsminister (Labour Party) 1940–1945, Außenminister 1945–1951. (3) Debatte im Unterhaus am 5./6. Juni 1946.

* *Juli, Lowell House, H. B. an Paul Simon*

. . . Je mehr sich in mir Ansichten zur Gegenwart und zur Zukunft bilden, um so weniger sehe ich in absehbarer Zeit die Möglichkeit fruchtbarer Arbeit, außer hier. Meine Lage hier, die Du Dir kaum vorstellen kannst, hat sich gebessert. Viele Leute, die früher kühl waren, sind zu mir gekommen und erklärten, meine Vorhersagen, die sie mir all die Jahre verübelten, seien richtig gewesen. Leider hilft das Euch drüben nichts, außer, daß es die allgemeine Stimmung ändert. Bis jetzt erkenne ich noch keine Aussicht auf einen grundlegenden Wandel, außer in Wirtschaftsfragen, in den bereits festgelegten Bedingungen. Der heftige Streit in Paris zwischen den Mächten[1] ist bei allen Beteiligten in erster Linie für die Öffentlichkeit im eigenen Lande gedacht . . . Die Abneigung gegen Rußland nimmt rasch zu. Die Kommunisten und ihre Freunde befinden sich schon in der Defensive. Gleichzeitig – so fürchte ich – verbreitet sich jedoch die Tendenz, alle erdenklichen Bedingungen anzunehmen, falls nur die amerikanischen Truppen nach Hause kommen. Dann ist natürlich der wahre Gefahrenpunkt erreicht, denn die westeuropäischen Mächte sind zu schwach, als daß sie die russische Infiltration hindern könnten . . . Könntest Du nicht die Adresse der Witwe von Lejeune-Jung herausfinden? . . . Eine Frage, die mir große Sorge bereitet, ist, ob sich die Geistlichen beider Konfessionen um die Familien der Hingerichteten kümmern und ihnen zu helfen versuchen . . .

(1) Die Konferenz der alliierten Außenminister tagte in Paris mit Unterbrechungen vom 25. April bis 12. Juli.

* 14. Juli, Andover, Massachusetts, H. B. an Patrick Barry

. . . Die Leute, bei denen ich hier wohne [Mr. und Mrs. Robert Brown], sind sehr nette, freundliche, fleißige Neu-Engländer. Von 8 Uhr morgens bis 8 Uhr abends habe ich das Haus für mich. Überall stehen schöne Bäume, besonders Ulmen, die sehr gepflegt sind. Zwei Minuten entfernt ist ein wunderbares Vogelparadies . . . Für Sie und Father [John] Holland[1] wäre es ein idealer Aufenthaltsort. Ich brauche kaum je aus dem Schatten der Bäume herauszutreten. Im Städtchen habe ich ein einfaches Restaurant entdeckt, viel billiger als in Cambridge . . . In Huntington verbrachte ich wieder eine sehr schöne Zeit. Der Aufenthalt hat mir gutgetan; auf der Rückkehr von Mr. [Hugh] Gibson zum Hotel ging ich zehn Blocks zu Fuß. Es ist ihnen gelungen, Hoover vom Elend in Deutschland fernzuhalten[2] . . . Molotows Schlag gegen den Morgenthau-Plan[3] hat den New Yorker Zeitungen den Atem verschlagen. Wenn nicht alles so traurig wäre, könnte ich mich darüber amüsieren . . .

(1) Consultator der Diözese Brooklyn. (2) Herbert Hoover hatte Deutschland im Februar und wieder kurz im April besucht und am 13. Mai einen Bericht über den Weltmangel an Lebensmitteln veröffentlicht. (3) Der russische Außenminister Molotow hatte am 9. Juli die Ausmerzung des deutschen Kriegspotentials verlangt, um am 10. Juli stark gegen die Morgenthau-Politik Stellung zu nehmen und die Wiederherstellung der deutschen Schwerindustrie zu fordern.

Juli, Andover, H. B. an Luise Ruffini[1], Köln

. . . In den langen Jahren der Verbannung, wo man nur leben kann, wenn man alles Bittere vergißt, und sich nur der guten Menschen erinnern darf, war Ihres Mannes Andenken bei mir immer besonders lebendig . . . So vermisse ich Ihren Gatten besonders schmerzlich und weiß auch, wie hart sein Verlust für Sie und Ihre Kinder sein muß. Vielleicht hat Gott es gnädig mit ihm gemeint, daß er ihn all das Traurige, was über Deutschland gekommen ist und noch kommen wird, nicht mehr erleben ließ. Es hat mich sehr gerührt, als ich in [Franz] Thediecks[2] Briefe las, wie freundlich Ihr Mann noch kurz vor seinem Tode über mich gesprochen hat. Es ist für mich hart, daran zu denken, daß, wenn man mir schließlich einmal gestatten wird, in meine Heimat zurückzukehren, die, die ich am liebsten wiedersehen möchte, fast alle nicht mehr unter den Lebenden weilen . . .

(1) Witwe des Anfang 1946 gestorbenen Josef Ruffini. (2) Ab 1924 Leiter der Abwehrstelle des preußischen Innenministeriums für die besetzten Westgebiete, ab 1933 preußischer Beauftragter für die abgetrennten Gebiete im Westen, ab 1949 Ministerialdirektor und Staatssekretär im Bundesministerium für gesamtdeutsche Fragen.

* *Juli, Andover, H. B. an Johannes Maier*

. . . Herzlichen Dank für die erste Nummer der *Deutschen Rundschau.* Ich habe einen der Artikel mit besonderem Interesse gelesen, aber wie gettomäßig sind doch immer noch viele Ansichten, die in anderen Artikeln zum Ausdruck kommen! Es bekümmert mich sehr, daß ich hie und da auf die Annahme stoße, der Untergang sittlicher Werte beschränke sich auf Deutschland . . . Ich erkenne [hier] keine feste Meinung, besonders im Blick auf Rußland. Die gleichen Leute reden am einen Tag von der Notwendigkeit, mit Rußland Krieg anzufangen, und sind am nächsten Tag bereit, den Russen das Rheinland zu überlassen . . . Die Andeutungen gewisser englischer Blätter und Redner, England werde das alte Spiel des Gleichgewichts der Mächte mit Rußland und den USA spielen, verärgern die Leute. Vielleicht sind sich die Europäer nicht darüber im klaren, wie machtbewußt dieses Land, besonders Washington, geworden ist . . . Ich würde so sehr gern von Helene Weber direkt etwas hören. Wenn sie sich noch guter Gesundheit erfreut, ist sie eine große Stütze. Alle Berichte, die ich erhalte, stimmen in einem überein: Die Leute sagen, unsere Kölner Freunde seien in ihren Reden und in ihrer Auswahl örtlicher Führer ein bißchen zu bürgerlich. Das wäre genau das Gegenteil von dem, was ich für erforderlich halte . . . Die Briefe, die ich von Unbekannten erhalte, sind sehr ergreifend, atmen aber entweder Verzweiflung oder äußerste Resignation . . .

Juli, Andover, H. B. an August Winkelmann[1]*, Marienthal bei Wesel*

. . . Es ist erstaunlich, wie reich in einer so entsetzlichen Zeit das künstlerische und geistige Leben allenthalben in Deutschland ist. Wenn unsere lieben Landsleute auch nur ein Prozent dieser Begabung auf politischem Gebiete hätten, so wäre vieles anders gelaufen. An dem endgültigen Ausgange konnte kein Zweifel bestehen. Je größer die anfänglichen Erfolge waren, desto schwerer wurden die Bedingungen für nachher. Seit 1943 standen mehr oder minder die jetzigen Bedingungen

fest. Mitleid gibt es nicht. Man muß schon froh sein, wenn der größere
Teil der Bevölkerung die nächsten Jahre ohne dauernde gesundheitliche
Störungen übersteht . . .

(1) Jugendfreund H. B.s, Pfarrer in Marienthal.

* 16. August, Andover, H. B. an Otto Friedrich[1], Hamburg

. . . Ich stimme ganz mit Ihnen darin überein, daß ich, je länger ich mit
der Rückkehr zuwarte, um so mehr Einfluß – oder was davon geblieben
ist – verliere, aber ich habe versucht, kurz die andere Möglichkeit zu
schildern. Das Schlimme ist, daß die, die ich stets als die geeignetsten
Führer eines Oppositionsregimes empfahl, fast alle hingerichtet wurden.
Stets habe ich zu Goerdeler, Moltke und anderen, die mich besuchten,
gesagt, ich sehe meine zukünftige Rolle nur als die eines Beraters und
Mittlers, die Rolle, die ich zwischen 1920 und 1930 für so viele Regierungen gespielt habe . . .

(1) Dr. phil., bis 1939 als Verbandsleiter in der Kautschukindustrie viel im Ausland, hatte
H. B. zuletzt im Sommer 1939 in London getroffen; Vorstandsmitglied und ab 1949
Vorsitzender der Hamburger Gummiwaren-Fabrik „Phoenix AG", Rohstoffberater der
Bundesregierung 1951.

18. August, Münster, Maria Brüning an H. B.

. . . Professor [Johannes] Qu[asten] erzählte mir von Euren gemeinsamen schönen Wanderungen in der Einsamkeit von Long Island, und ich
hoffe, daß Du Dich auch in diesem Jahr recht gut erholt hast und mit
frischen Kräften Deine Lehrtätigkeit wieder aufnehmen kannst. Ich
hoffe nun ganz bestimmt auf unser Wiedersehen im nächsten Jahr in
Holland . . . Wenn es nur nicht zum Kriege kommt! Die Situation ist
doch oft sehr kritisch, und die Russen möchten unbedingt auch unseren
Westen besetzen und beherrschen, indes besteht die Gefahr, daß ein
großer Teil des Volkes nichts dagegen einzuwenden hat, falls die Russen
größere Lebensmittelmengen wie Brot, Kartoffeln und Fett ausgeben
. . . Die Stimmung ist ja überhaupt so gedrückt, die Schreckgespenste
des Hungerns und Frierens stehen vor der Tür, der Hunger ist schon da
in den Großstädten im Industriegebiet . . . Im vergangenen Jahr hatten

wir noch die Möglichkeit, Holz aus den Trümmern zu holen, auch das
ist heute nicht mehr vorhanden. Ernährungsmäßig hatten und haben
wir persönlich es noch besser als viele andere, denn durch Frau Schulte-
Berge in Einem, wohin ich Oktober 1944 geflüchtet war, bekam ich
Kartoffeln und auch oft Gemüse. Das füllt wenigstens den Magen . . .
Nun muß ich Dir leider sagen, daß ich schon früh – viel zu früh – Mit-
glied der Zentrumspartei geworden bin. Damals hörte man in Münster
nur ganz wenig von der CDU, und mit dem Führer der hiesigen Zen-
trumspartei, Rechtsanwalt Dr. [Bernhard] Reismann, war ich seit 1933
sehr befreundet. Mit ihm und seiner Schwester konnte ich in all den
Jahren immer ein offenes Wort sprechen, denn beide waren die größten
Nazigegner und machten in keiner Weise irgendwelche Zugeständnisse.
Als Rechtsanwalt war er mir immer ein hilfsbereiter, uneigennütziger
Berater in manchen schwierigen Situationen. Er ist ein sehr intelligenter
Kopf mit einer schnellen Auffassungsgabe und ein anständiger Charakter. Als echter Westfale hält er aber auch ganz fest an seiner einmal
gefaßten Meinung und Überzeugung und ist darin ganz radikal. Es
wird darum auch schwer sein, eine Einigung zwischen CDU und Zentrum herbeizuführen. Das scheitert allerdings nicht an ihm allein; aber
bis vor einiger Zeit hoffte ich es immer noch. [Wilhelm] Hamacher, mit
dem ich längere Zeit gesprochen (ich hatte ihn damals [1936] in Rom
kennengelernt), sprach in seiner Rede hier im vorigen Herbst mit einer
wirklich treuen und anerkennenden Verehrung von Dir, die mich gerührt hat. Ich glaube kaum, daß an ihm eine Verständigung scheitern
würde, wenn nicht Spiecker im Hintergrund, vielleicht – leider – jetzt
sogar im Vordergrund stehen würde. Auch [Hermann] Pünder meinte,
daß Hamacher, der kürzlich bei ihm gewesen, sehr einsichtig und verständnisvoll sei . . . es wäre ja auch ganz ungeheuer bedauerlich, wenn
das einzige Plus aus der Nazizeit, die Verständigung und Zusammenarbeit beider Konfessionen nach vielen Richtungen hin, nun wieder verloren ginge . . . Am meisten aber bedaure ich, daß ich ganz gegen meine
Gewohnheit einmal zu schnell gehandelt habe in einer etwas schwierigen Situation. Schlaflose Nächte habe ich darum gehabt, zumal die
Zentrumspartei meine Mitgliedschaft ausnützt, so wie die CDU Teile
aus Deinen Briefen veröffentlicht[1] . . .

(1) Als Antwort schrieb H. B. am 24. September: *„Wegen Deiner Mitgliedschaft in der
Zentrumspartei solltest Du Dir keine Sorgen machen. Laß die Angelegenheit auf sich
beruhen. Du hast ja sowieso nicht viel mit ihnen zu tun."

* 20. August, Andover, H. B. an Wilhelm Sollmann, Pennsylvania

. . . Ich habe nicht wie Sie Briefe von prominenten Persönlichkeiten erhalten[1] . . . Mein einziger Brief von einem früheren Parlamentsmitglied ist über einen amerikanischen Offizier von Schlange zu mir gekommen, der jetzt Ernährungskommissar in der britischen Zone ist. Offenbar werden Briefe von solchen Personen zurückgehalten. Soeben habe ich von früheren Mitgliedern der Zentrumspartei eine Mitteilung bekommen, die am 12. Februar Mitgliedern der Besatzungsverwaltung in der britischen Zone übergeben wurde und sechs Monate brauchte, bis sie mich erreichte[2].

Ich glaube, Sie haben recht, wenn Sie meinen, daß viele ältere Leute aller Parteien anzunehmen scheinen, es sei möglich, ohne wesentliche Veränderungen die Zustände wiederherzustellen, die vor Hitlers Machtübernahme herrschten. Das gilt auch für frühere Mitglieder meiner Partei. In Süddeutschland ist ihnen gelungen, was ich immer tun wollte, nämlich die de facto bestehende konfessionelle Begrenzung auszuschalten, die sich allmählich in der Zentrumspartei entgegen den Wünschen und der Tradition Windthorsts entwickelte. Dies scheint nicht in gleichem Maße zuzutreffen in Nordwestdeutschland, wo Spiecker die „neue alte Zentrumspartei" aufgebaut und religiöse Auffassungen mehr oder weniger aus ihren politischen Ideen verbannt hat. Spiecker wollte offenbar Mitglieder der Zentrumspartei in Ihre Partei [SPD] bringen und somit eine neue, der Labour Party ähnliche Partei bilden[3]. Wäre das möglich, so wäre es längst geschehen . . .

Der wirkliche Unterschied, der auf einer langen geschichtlichen Entwicklung beruht und den wir nicht in einer Generation ändern könnten, selbst wenn wir in Deutschland wären, besteht, so glaube ich, darin, daß Sie und andere prominente Mitglieder Ihrer Partei, die immer größeres Verständnis für die Religion zeigen, sich nie mit der Institution Kirche einverstanden erklären können. Das wäre vielleicht anders gewesen, und damit auch die ganze politische und soziale Entwicklung in Deutschland, wenn nicht die protestantischen Kirchen 400 Jahre lang Staatskirchen gewesen und vor allem im Osten eng mit Regierungsansichten verbunden gewesen wären, die man im sozialen Bereich nicht fortschrittlich nennen konnte . . . Jetzt waren Jesuiten und führende evangelische Kirchenmänner in den gleichen Konzentrationslagern und haben es gelernt, einander zu verstehen. Das muß natürlich in der Politik seinen Ausdruck finden, aber es darf nicht so weit gehen, daß es

die ausschließliche Basis der Parteipolitik wird . . . Keiner von uns kann
zwar verhindern, daß sich in Deutschland politische Fronten bilden –
dies ist ohnehin eine Zwangsläufigkeit des politischen Lebens –, aber wir
sollten zusammenstehen, um zu verhindern, daß die Aufhetzung der
Fronten gegeneinander Formen annimmt, die für die Zukunft unseres
armen Volkes verhängnisvoll sein könnten . . .

(1) Nachdem der Briefverkehr zwischen den vier Besatzungszonen bereits seit dem 15. November 1945 erlaubt war, wurde seit April 1946 auch der Briefverkehr zwischen Deutschland und dem Ausland wieder gestattet. Sollmann hatte ,,viele direkte Briefe'' aus
Deutschland erhalten von führenden Sozialdemokraten und von alten Bekannten in
anderen Parteien im Rheinland. (2) Eine Ergebenheitsadresse von einer Tagung der
neuen Partei in Soest. (3) Über diese Absicht schrieb Spiecker ausdrücklich an Treviranus,
ehe er Kanada verließ. (Siehe auch Wieck, *Die Entstehung der CDU und die Wiedergründung
des Zentrums im Jahre 1945.*)

28. August, Andover, H. B. an Bernhard Reismann, Münster i. W.

. . . Nur solche Emigranten hier, in Kanada und anderswo, erhalten
Rückreiseerlaubnis, die sich aktiv in den Dienst der Alliierten während
des Krieges gestellt haben. Das gilt für alle, ohne Rücksicht auf ihre
frühere Parteizugehörigkeit. Daß ein solcher Weg für mich ausgeschlossen war, brauche ich Ihnen nicht auseinanderzusetzen . . . Wie oft habe
ich versucht, vor diesem Kriege von einem Hügel in Holland nordwest-
lich von Ahaus die Türme meiner Heimatstadt noch einmal zu erblik-
ken! Das letztemal, im Sommer 1939, lag das ganze Münsterland klar
vor meinen Augen. Münster selbst war verhüllt durch schweres Gewitter, das nach kurzer Zeit herüberkam und mich vom Aussichtsturm mit
schwerem Hagelschlag vertrieb . . . Ich habe es immer abgelehnt, mich
von hier aus in die innerpolitischen Verhältnisse Deutschlands einzumischen . . . Niemand kann mir allerdings das Recht verwehren, alten
Freunden meine persönlichen Auffassungen mitzuteilen, die auf Erfahrungen und anderen nicht zur Verfügung stehenden Kenntnissen beruhen . . .
Die Schwierigkeiten, die der Zentrumspartei in steigendem Maße trotz
aller unvergleichlichen Leistungen erwuchsen, beruhten letzten Endes
auf Gründen, die Windthorst[1] immer befürchtet hat und über die ich
mit den beiden einzigen, seinerzeit noch lebenden Vertrauten Windthorsts, den verehrten Senioren der Partei, Herold[2] und Porsch[3], in ihren
letzten Lebensjahren so oft gesprochen habe. Windthorst hat immer

gesagt, daß die Partei sich so lange halten würde, wie es ihr gelänge, die gläubigen Protestanten in größerer Zahl zu erfassen . . .
Diese wenigen Gedanken wollte ich Ihnen und Ihren Freunden doch bei dieser Gelegenheit unterbreiten. Es liegt mir fern, im einzelnen ein Urteil zu fällen. Alle Parteien bedürfen noch der Reinigung, manche an den Häuptern und andere an den Gliedern. Auch muß man vermeiden, Irrende und Unwissende durch eine zu starre Haltung von einem Wiedergewinn eines festen Verhältnisses zu den christlichen Kirchen abzuschrecken. Alte Freunde sollten sich nicht gegenseitig bekämpfen . . .
Man muß in Deutschland in der Politik vieles vergessen und verzeihen, was aus Irrtum geschehen ist. Das deutsche Volk kann es sich nicht erlauben, noch jahrelang sich in Verfolgung einzelner zu erschöpfen . . .
Sagen Sie allen alten Freunden, daß das Leben in so vielen Ländern während meines Exils mich davon überzeugt hat, daß der Zusammenbruch aller sittlichen Lehren des Christentums sich nicht auf Deutschland beschränkt, sondern ein allgemeiner ist. Überall herrscht eine Unzufriedenheit mit sich selbst, eine Unsicherheit über die Dauer gegenwärtiger politischer Anschauungen und eine Furcht vor dem Kommenden. Man sucht nach neuen sittlichen Grundlagen für die menschliche Gesellschaft und hat den Glauben an den dauernden Schutz durch noch so sorgfältig überlegte Verfassungsbestimmungen verloren. Man sieht wohl die Notwendigkeit, zu der großen christlichen Tradition Europas zurückzukehren und sie wieder lebendig zu machen, aber man hat noch nicht den Mut, . . . danach zu handeln, weil das voraussetzt, daß man die eigene Schuld auch eingestehen und sie nicht allein bei den Besiegten suchen muß . . .

(1) Ludwig Windthorst (1812–1891), Justizminister in Hannover 1851–1953, 1862–1865, Reichstagsabgeordneter seit 1867, nach 1871 Führer der Zentrumspartei. Siehe Eduard Hüsgen, *Ludwig Windthorst*, 3. Aufl., Köln 1911. (2) Carl Herold, Reichstagsabgeordneter (Zentrum) 1898–1931, Vorsitzender der westfälischen Zentrumspartei seit 1906. (3) Dr. Felix Porsch, Mitglied des preußischen Abgeordnetenhauses und Landtags (Zentrum) 1884–1930, Wahlkreis Breslau.

31. August, Lowell House, H. B. an Maria Brüning

. . . Die Leute in Deutschland machen sich keine Vorstellungen, welche Schwierigkeiten zu überwinden waren, um überhaupt etwas zu erreichen . . . Wie immer geben für allgemeine Sammlungen die ärmeren

Leute verhältnismäßig viel mehr als die reichen Amerikaner deutscher
Herkunft, die nicht das geringste Interesse zeigen. Es war rührend, wie
nach dem großen Konzert in New York[1], dessen Vorbereitung fast ein
Jahr gedauert hat und wo die beiden führenden Quäker kurze Ansprachen hielten, einfache Arbeiter kamen und ihren ganzen Wochenlohn
brachten, weibliche Angestellte sogar ein halbes Monatsgehalt. Aber
alles, was jetzt geschieht, ist ja nur ein Tropfen auf den heißen Stein.
Die Leute in Deutschland müssen sich darüber klarsein, daß der Preis
der Pakete sehr hoch ist, in größerem Umfange unerschwinglich, da die
Lebensmittelpreise in Dollar hier gewaltig gestiegen sind, nicht aber das
Einkommen des Mittelstandes... Ich hatte den Besuch eines Freundes
von Paul Simon, der herübergefahren war, [Thomas] Plassmann
[O.F.M.]... Es hat mich unendlich gefreut, als er mir sagte, daß in
Münster und Paderborn unsere Landsleute den festen Willen haben,
alles wieder aufzubauen. Das gibt mir mehr Hoffnung als alles andere.
Er sprach mit höchster Anerkennung von dem Arbeitswillen, den er in
Westfalen gefunden hat, wenn man den Leuten nur erlauben würde,
Hand anzulegen, und ihnen ausreichende Nahrung geben würde...
Ich gehe noch für acht Tage nach New York und Huntington. Dann
beginnt das Semester wieder...

(1) 21. Mai 1946, Madison Square Garden, Wohltätigkeitskonzert für das German Relief
Work, brachte $ 100000 ein.

* 2. September, Andover, H. B. an John Wheeler-Bennett, Oxford

... Ich mache mir weniger Sorgen über die Beschwichtigung, von der
Sie in Ihrem Brief[1] sprechen, als um wesentliche christliche sittliche
Werte und um das Naturgesetz. Sie scheinen drüben mehr und mehr
darauf aus zu sein, Ihr Gewissen in dieser Hinsicht zu beschwichtigen.
Ich glaube nicht, daß mir jemals etwas einen größeren Schock versetzt
hat als die Tatsache, daß die britische Richterschaft ihr Prestige für all
diese Prozesse hergab. Zu meiner Freude stellte ich fest, daß die hervorragendsten Richter hier, auch der frühere Chief Justice [Stone], gleichermaßen entgeistert waren ... Die Nachricht in der *Times*, daß Sie
zum offiziellen Geschichtsschreiber der Nürnberger Prozesse bestellt
wurden, war für mich natürlich die größte Überraschung...
Ich wünschte, Ihre Landsleute würden eines aus der Palästina-Affäre[2]
lernen – daß nämlich jede Maßnahme und jedes Versprechen, das man

in einer Krisenzeit aus taktischen Gründen abgibt, ohne es später erfüllen zu können oder zu wollen, sich gegen seine Urheber wendet . . . Mit sehr großer Freude beobachte ich, daß es in England noch mutige Leute gibt, deren Gewissen noch nicht vom Krebsgeschwür der taktischen Wertung aller sittlichen und christlichen Grundsätze angekränkelt ist. Ich bin gespannt, wie weit sie sich durchsetzen können; wenn sie jetzt nicht die Oberhand gewinnen, wird der Prozeß fortdauern, den ich Ihnen vor fünf Jahren, als wir mit Gerald Palmer und Sir Frederick White[3] sprachen, vorhersagte. Sie werden mir verzeihen, wenn ich in dieser Hinsicht ganz offen rede. Nie habe ich etwas so sehr gehaßt wie den Mißbrauch sittlicher und naturgesetzlicher Grundsätze für taktisch-politische Zwecke. Damit fängt der Verfall einer Nation an . . .

(1) Wheeler-Bennett befürchtete ein Wiederaufleben der „Beschwichtigungspolitik" gegenüber Deutschland. (2) Illegale Einwanderung nach Palästina, Verhaftungen durch britische Streitkräfte, Proteste der Terroristen, Vergeltungsmaßnahmen waren im Sommer und Herbst 1946 an der Tagesordnung. (3) Physiker, Leiter der Commonwealth Scientific and Industrial Research Organization.

9. September, Lowell House, H. B. an Anna Herzog

. . . Langsam lichtet sich in tragischer Form das Dunkel, das über dem Geschick so vieler anderer treuer Freunde schwebte . . . Leider sind auch ganze Familien einschließlich Säuglingen im Osten ausgerottet. Auch der gute Neide, der jedes Jahr nach Melide kam, um mir über die Freunde in Schlesien zu berichten, ist mit seiner 80jährigen Mutter von den Polen erschossen. Die ganze Familie Trendelenburg – ein Mitglied meines Kabinetts – hat nach den Russengreueln in Berlin Selbstmord verübt. Heroisch sind die Abschiedsbriefe so vieler, von denen mir Abschriften gesandt werden, die von den Nazis hingerichtet wurden. Es ist erschütternd. Vorläufig sind die Opfer alle vergebens. Solange die Welt nicht den Mut hat, Grausamkeit und biologische Massenausrottung überall zu verdammen, ist keine Hoffnung auf moralische Gesundung. Von der Politik kommt sie sowieso nicht mehr.
Die Stimmung hier hat sich allerdings rapide geändert. Hier und da werden auch schon eigene Schuldbekenntnisse laut . . . Die Lage in den nächsten Jahren *kann* noch schlimmer werden. Es liegt viel gefährlicher Zündstoff in der Luft. Kommt es zur Explosion, so sind die Leute daheim einem noch stärkeren Massenuntergange geweiht . . .

28. September, Lowell House, H. B. an Gottfried Treviranus

... Ich bin mir noch nicht klar bei allen drei Hauptspielern, wie weit
bei jedem die Taktik allein geht ... Jedenfalls hat Stalin einmal wieder
gerade im rechten Augenblick den Mund aufgetan und in einer fanta-
stisch geschickten Form ...[1] Lesen Sie Lippmann regelmäßig und seine
fantastischen Bemühungen, die neuen Churchillschen Pläne[2] definitiv
im Sinne einer dauernden Aufgliederung Deutschlands und Eingliederung der Gliedstaaten in eine Föderation zu deuten. Daß Churchill und
die eine Gruppe der Engländer damit spielen, geht aus der hier klein
aufgemachten Vansittart-Kundgebung hervor. Manches spricht dafür,
daß diese Gedanken sich zur Zeit festsetzen. Hier wird man dann wieder
zum Schluß nachgeben, da man zwar eigene Pläne auf dem Papier
fertig hat, aber keine festen Überzeugungen und keinen festen Willen ...
Lesen Sie Wheeler-Bennetts Artikel[3] in der Oktobernummer der *Foreign
Affairs* ebenso wie DeWitt Pooles Artikel in der gleichen Nummer.[4] Ich
habe hier bei Beginn des Terms mit ihm schon eine Auseinandersetzung
gehabt. Er ist für ein slawisches und ein angelsächsisches Weltreich
(England nur noch Glacis). Wenn die Engländer das hören, werden sie
noch mehr versuchen, sich mit den Russen anzulegen, was auch immer
die Militärs beider Länder planen. Selbst Mona [Anderson] schreibt,
daß Winston anscheinend jetzt alles sehr leicht findet, nachdem er nicht
mehr in der Verantwortung ist. Überhaupt werden viele Leute alt und
pompös ...
Die Franzosen führen in den drei Universitäten in ihrer Zone Französisch als Pflichtfach ein. Die Russen haben Lukaschek[5] und alle CDU-
Beamten in Thüringen und Sachsen abgesetzt oder verhaftet. Also
offenbar dauernde Festsetzung bei allen dreien (England eingeschlossen)
in ihren Zonen. Langer Brief von Pünder – sehr aktiv, scharf und hoff-
nungsvoll. Ich hätte nie gedacht, daß er solche scharfe parteipolitische
Reden in seinem Leben halten könnte ... Pünder schreibt, Spiecker
kriegt in Köln kein Bein auf die Erde ...

(1) Stalin erklärte am 24. September einem englischen Journalisten gegenüber, er sehe
keine reale Kriegsgefahr, die „kapitalistische Einkreisung" der UdSSR sei eine Unmöglichkeit, und „Sozialismus in einem einzigen Land" sei durchaus möglich für Rußland.
(2) In seiner berühmten Rede vom 19. September in Zürich hatte Winston Churchill die
„Vereinigten Staaten von Europa" vorgeschlagen. Die europäische Einheit wurde häufig
als Mittel für die permanente Teilung Deutschlands aufgefaßt. Als im Januar 1947 in
London ein „United Europe Committee" gebildet wurde, gehörte Vansittart zu den

Gründungsmitgliedern. (3) John Wheeler-Bennett, „Twenty Years of Russo-German Relations 1919:1939". (4) DeWitt Poole, „Light on Nazi Foreign Policy". (5) Dr. Hans Lukaschek (1885–1960), Oberpräsident von Oberschlesien (Zentrum) 1929–1933, Landwirtschafts- und Forstminister (CDU) in Thüringen 1945 bis September 1946, Bundesvertriebenenminister 1949–1953.

* 29. Oktober, Lowell House, H. B. an Kurt von Fritz[1], New York

. . . Ich glaube, es ist besser, daß Sie keine Briefe von mir mitnehmen, aber es wäre mir sehr lieb, wenn Sie mit meinem Freund, Dompropst Paul Simon in Paderborn, Verbindung aufnehmen und ihm mitteilen könnten, daß Sie Botschaften für ihn haben. Er kann mit dem Auto nach Münster kommen und Sie treffen. Er steht auch in enger Verbindung zur evangelischen Kirche. Ich werde einige Gedanken diktieren und würde mich sehr freuen, wenn Sie sie ihm mündlich übermitteln könnten . . .

Ehe Pastor Niemöller seine Rundreise durch die Vereinigten Staaten[2] beginnt, möchte ich ihn privat sprechen, ohne daß es in die Öffentlichkeit dringt. Sein Feldzug in bezug auf die Schuldfrage war ganz richtig, soweit es moralische Schuld betrifft, denn diese beschränkt sich nicht auf das deutsche Volk. Zu wenige Menschen erinnern sich an die internationalen Umstände, die dazu führten, daß zumindest zwei große Fremdmächte die Nazis förderten. Da heute die Menschen hier nicht zwischen sittlichen und juristischen Auffassungen unterscheiden, wird wahrscheinlich alles, was Niemöller sagt, zur Rechtfertigung der Politik der biologischen Ausrottung aufgegriffen werden. Man sollte ihm jedenfalls sagen, daß er sich sehr gründlich auf eventuelle Interviews vorbereiten muß, sonst könnte er, wenn er einer gewissen Art von New Yorker Journalisten gegenübergestellt wird, großen Schaden anrichten, wenn er sich mit ihren Methoden nicht auskennt.

Die Aussichten für die deutschen Grenzen stehen gegenwärtig schlechter als vor einem halben Jahr. Byrnes' Rede in Stuttgart[3] wurde lediglich aus taktischen Gründen gehalten, um die Russen zu zwingen, ihre wahren Ziele zu offenbaren. In Wirklichkeit machte er kurz vor oder kurz nach seiner Rede den Russen ein geheimes Angebot, alles was sie jetzt beherrschen, unter ihrem Einfluß zu lassen, und auf dieser Grundlage werden geheime Unterhandlungen weitergeführt.

Die britische Labour-Regierung steckt in Schwierigkeiten. Sie fürchtet sich a) vor der ungeheuren zionistischen Agitation in diesem Lande; b)

vor dem rußlandfreundlichen Flügel der Labour Party, der mit einem
Block von etwa 50 Stimmen im Parlament sehr gut organisiert ist. Deshalb ist die britische Regierung zur Zeit geneigt, Rußland in Ostdeutschland zu belassen und sich sogar mit der Verwaltungsgrenze der
Ostzone einverstanden zu erklären. Sie möchte keinen scharfen Konflikt
mit Rußland riskieren, weil sie der Politik dieses Landes nicht traut und
die Opposition in der eigenen Partei fürchtet.
Der derzeitige Drang nach irgendeiner Form der Zentralregierung in
Deutschland entsteht lediglich daraus, daß eine Regierung benötigt
wird, die aufgezwungene Friedensbedingungen annimmt. Die Haltung
beider Parteien hier im Lande wird in den kommenden zwei Jahren von
den taktisch-politischen Erwägungen der Präsidentschaftswahlkampagne von 1948 bestimmt sein. Die Army und ebenso die weitblickenderen
Mitglieder des State Department verlieren zunehmend an Einfluß . . .
Das freundliche, höfliche Verhalten gewisser Franzosen dient der Vorbereitung für die bleibende Besetzung von Südwestdeutschland. In diesem Lande ist man noch nicht damit einverstanden, aber in England
besteht in der Konservativen Partei eine starke befürwortende Tendenz.
Sie würde natürlich mit dem Schlagwort der europäischen Föderation
verwirklicht . . . Die CDU sollte darauf achten, daß sie nicht zu stark
gegen Rußland auftritt. Kaisers diesbezügliche Politik ist richtig. Geistliche beider Konfessionen sollten in der Agitation der CDU nicht zu
stark hervortreten . . .
Weder die Katholiken noch die prostestantischen Kirchen hier verbrei-
ten offiziell Informationen über die wahren Verhältnisse in Deutschland, wenn auch einzelne sehr vieles tun. Zurückkehrende Kapläne zeigen sich seltsam unbeeindruckt vom Elend und glauben an die völlige
Überlegenheit ihrer theologischen und seelsorgerlichen Ausbildung über
alles, was in Europa geleistet wird . . .

(1) Deutscher Emigrant, Professor für griechische und lateinische Literatur. (2) Als erster
Deutscher nach dem Krieg hielt Niemöller im Winter 1946/47 Vorträge in mehreren
amerikanischen Städten. (3) James F. Byrnes (1879–1972), amerikanischer Außenminister
(Demokratische Partei) von Juli 1945 bis Januar 1947. Er forderte in seiner berühmten
Rede vom 6. September die Bildung einer provisorischen deutschen Zentralregierung, sah
aber bereits die Bildung einer bizonalen Regierung voraus. Es folgten amtliche Ver-
sicherungen, daß eine baldige „politische Vereinigung" nicht beabsichtigt sei (vgl. John
Gimbel, *Amerikanische Besatzungspolitik in Deutschland 1945–1949*, Frankfurt 1971).

29. Oktober, Münster, Maria Brüning an H. B.

... Es ist ja heute leider so, daß jeder mit sich selbst zuviel zu tun hat u[nd] darum kaum an andere denkt. (Das gilt aber nicht für Frl. [Helene] Weber[1], im Gegenteil.) Die Not u[nd] Sorge um Existenz u[nd] Unterhalt ist ja auch riesengroß. Nur ganz wenige Menschen bleiben davon verschont. Ich war sehr froh, Frl. W[eber] wieder einmal bei mir zu haben u[nd] alle möglichen Dinge mit ihr besprechen zu können. Zu 30 Fürsorgerinnen waren wir in meinem Dachzimmer versammelt, allerdings in drangvoll fürchterlicher Enge. Aber alle waren begeistert über den ganz ausgezeichneten Vortrag ...

(1) Helene Weber (1881–1962), Mitglied der Weimarer Nationalversammlung (Zentrum), des preußischen Landtags 1921–1924 und des Reichstags 1924–1933, führend in der katholischen Frauenbewegung, seit 1949 Mitglied des Bundestags und des CDU-Vorstandes.

* 4. November, Lowell House, H. B. an Stephanie von Raumer, Post Schaffhausen

... Der Verlust all ihrer schönen Sammlungen muß Sie sehr betrüben. Ich entsinne mich noch so vieler Gegenstände aus der Chinoiserie Ihrer Frau Mutter. Der Umfang des Verlustes von solchen und anderen privaten Besitztümern ist kaum vorstellbar ... Gestern sah ich Frau Hilferding und richtete ihr Ihre Grüße aus ... Alle waren äußerst nett zu ihr. Sie verbrachte den Sommer in Kalifornien, wo sie tout Berlin traf. Ich bin froh, daß ich diesen Leuten nicht begegne; merkwürdig, sie leben ihr eigenes Leben, als seien sie auf einer Insel. ...

Die ganze Zeit über war ich den Angriffen einer gewissen Art von Emigranten ausgesetzt, die sogar bis zu der Beschuldigung gingen, ich erhielte von Hitler eine Pension! Als die Vereinigten Staaten in den Krieg eintraten, begann eine hemmungslose Propaganda, und von da an lebte ich sehr zurückgezogen hier in einem der Collegegebäude ... Alle Hausbewohner waren reizend zu mir, besonders der Master[1], der Sohn von Mr. [Thomas N.] Perkins, den Ihr Gatte kannte und der mit dem Dawes Committee in Berlin war. Die Hauptsache in angelsächsischen Ländern ist, daß man nicht krank wird. Das ist die große Bedrohung für alle Emigranten, da die Behandlungs- und Krankenhauskosten im Verhältnis zu den relativ niedrigen Einkünften übermäßig hoch sind ... Boston und Cambridge gefielen mir auf den ersten Blick, als ich 1935 mit dem Auto durchkam . . . Ich halte hier keine Vorlesungen, sondern leite Forschungsseminare, die mich sehr befriedigen. . . . Eine Schwierigkeit hier ist das Klima, das zwar sehr anregend, aber sprichwörtlich wechselhaft ist. Bei bestimmten Wetterlagen fühlt man sich ungeheuer aktiv und rege, und dann schreite ich gern aus, als wäre ich noch ein junger Mann, was unvermeidliche Folgen für mein Herz hat . . .

(1) Elliott Perkins, Professor für englische Geschichte.

November, Littauer Center, H. B. an Ernst Eisenlohr[1], Badenweiler

. . . Ich bin sehr dankbar dafür, daß ich gezwungen war, die ganzen Jahre mich auf meine Tätigkeit hier zu konzentrieren und alte, unterbrochene Lieblingsstudien wieder aufzunehmen, mit einem Ausblick, wie man ihn in normalen Zeiten und Lebensläufen nicht haben kann. Aber man ist und bleibt ein gespaltenes Wesen. Den Tag über ist man bei seiner Arbeit. Der Abend und die Nächte sind erfüllt mit Trauer und Sorge um die geliebte Heimat, für die auf dem Höhepunkt der Krise ein Wort, selbst in persönlicher Unterhaltung, zu sagen fast immer die umgekehrte Wirkung als die beabsichtigte hatte. Das war und ist das Schmerzlichste. Überall während der vergangenen zwei Jahrzehnte hatten sich die Menschen so verbissen in festgewurzelte fanatische Auffassungen, daß es schon mehr ein allgemeiner Krankheitszustand war und heute noch mehr ist . . . Besonders habe ich mich mit der verschiedenartigen Entwicklung der angelsächsischen, französischen und deutschen Rechtsauffassungen auf allen Gebieten beschäftigt und einiges Licht gebracht in die unbefriedigenden Auffassungen, die ich vor vielen Jahren an der Universität hörte, deren Unhaltbarkeit ich instinktiv fühlte. Wie schwer hat doch die Generation der Professoren damals an dem deutschen Volke gesündigt! Ihrer Phantasielosigkeit und reinem Spezialistentum verdanken wir es zum großen Teile, daß wir als Volk so wenig verstanden wurden und daß es zu einer so kleinlich positivistischen Auffassung in Recht und Verfassung kam und man alle Tradition vergaß. Ich glaube, daran leidet auch etwas das Büchlein[2] des von mir hochverehrten [Friedrich] Meinecke, meines alten Lehrers in Straßburg . . . Gewiß sind die Jahre 1930/31 die tragischen Jahre gewesen; aber die Verknüpfungen, die zu der Tragik führten, gehen viel weiter zurück. Das war meine Schwierigkeit während und unmittelbar nach meiner

Amtszeit, daß so wenige dieses alles sahen, vor allem nicht die engsten Berater Hindenburgs, und ich gleichzeitig mehr Optimismus zeigen mußte, als ich für gerechtfertigt hielt . . .

(1) Dr. Ernst Eisenlohr, deutscher Gesandter in Athen 1931–1936, in Prag 1936–1938, Bürgermeister von Badenweiler 1946–1955. (2) *Die deutsche Katastrophe*, Wiesbaden 1946.

* 6. November, Littauer Center, H. B. an Friedrich Stampfer

. . . Ich las den Artikel in der *Neuen Volkszeitung* über die holländischen Ansprüche auf Teile des Niederrheins, Hannovers und Westfalens. Sie sind nicht neu. Die Briten hatten sie schon im Juli aufgegriffen . . . Gestern sprach ich mit einem Herrn aus Washington, der für die Lebensmittelexporte mitverantwortlich ist. Er betrachtet die psychologische Möglichkeit, hier irgend etwas zu unternehmen, äußerst pessimistisch. Er selbst sieht die Lage vollkommen klar. Jedesmal, wenn der Versuch gemacht wurde, die Regierung zur Einführung eines durchdachten Programms zu veranlassen, kam es zu einer neuen Welle der Hetze in Washington und in gewissen populären Zeitungen. (Diesen Monat sogar in *The Lady's Home Journal*!) Vielleicht haben Sie in der Londoner *Times* die Meldung gelesen, daß die britischen Beamten im Ruhrgebiet und in Westfalen die Lebensmittelversorgung nicht länger als eineinhalb Tage vorausplanen können, daß das jetzt in der britischen Zone vorhandene Getreide nur 15 Prozent des Bedarfs deckt und daß Wuppertal zehn aufeinanderfolgende Tage lang kein Brot hatte . . . Schlange schreibt in einem in England aufgegebenen Brief, die Lage sei katastrophal, und er verliere den Mut . . .

* 12. November, Lowell House, H. B. an Patrick Barry

. . . Die protestantische Synode von Brandenburg und Berlin lud ein Mitglied des Domkapitels von St. Hedwig zur Teilnahme an ihrer ersten Zusammenkunft nach zehn Jahren ein. Dieser Domkapitular, Dr. [Peter] Buchholz, war der geistliche Beistand von über 3000 Personen, darunter vielen protestantischen Geistlichen, die zum Tode verurteilt waren und hingerichtet wurden. Zehn Jahre lang setzte er stündlich sein Leben aufs Spiel . . . Heute erhielt ich einen wunderbaren Brief von

einem der jungen Führer der Bekennenden Kirche, der einen hohen
Verwaltungsposten innehatte und unter ständiger Lebensgefahr zwölf
Jahre lang beide Kirchen von Naziplänen unterrichten konnte[1] . . .

(1) Dr. Günther Bergemann leitete bei Kriegsende als Ministerialdirektor das Seeschiff-
fahrtsamt des Reichsverkehrsministeriums. Er schrieb am 23. Oktober 1946 an H. B.:
„Nach unserer letzten Begegnung am Portman Square habe ich weiter versucht, a) mich
möglichst anständig zu benehmen, b) dabei, einschließlich Frau und Tochter, am Leben
zu bleiben. Da ich nicht in der Lage war, den Lauf der Dinge entscheidend zu beeinflussen, habe ich meine Arbeits- und Nervenkraft sowie meinen dienstlichen Einfluß im
wesentlichen darauf verwandt, möglichst vielen Menschen zu helfen und wenigstens
einiges Unheil zu verhüten . . . Es war ja wirklich nicht leicht, die Grenzen zwischen
Vernunft und Amtspflichtverletzung, zwischen Anstand und Landesverrat, zwischen
Charakterstärke und Selbstmord zu finden . . . Von dem üblichen Vorwurf, daß wir im
Dritten Reich zu viel stillschweigend hingenommen hätten, fühle ich mich nicht getroffen;
ich möchte ihn aber auch heute nicht rechtfertigen. Daher kann ich mich jetzt von denen
nicht distanzieren, die in der Vergangenheit Erstaunliches geleistet haben und ohne deren
kameradschaftliche Hilfe ich heute gar nicht mehr vorhanden wäre oder meine Amtsführung unter dem NS-Regime nicht so hätte gestalten können, daß sie mir heute nützlich
ist . . . Andererseits habe ich den beruhigenden Eindruck, daß zahlreiche „Fähigkeiten",
die ich bisher zu unseren Stammeseigenschaften gerechnet hatte, durchaus internationalen
Charakter haben . . ." Dr. Bergemanns Behörde war noch nicht behelligt worden, aber er
erwartete mit Recht „erhebliche Schwierigkeiten, wenn jetzt die innerpolitischen Einflüsse
auf die Zusammensetzung der Behörden zunehmen".

24. November, Münster, Maria Brüning an H. B.

. . . Man kann nicht mehr froh werden, wenn man an all diesen Kummer u[nd] dieses Leid u[nd] an bestimmte Einzelschicksale von Bekannten denkt . . . Wenn doch endlich einmal alle *diese* Sorgen u[nd] Nöte
ein Ende haben würden! . . . Ich wollte auf meinem Grundstück einen
großen, aber etwas angebrannten Birnbaum schlagen lassen. Als ich nun
endlich einen Mann dafür gefunden, war d[er] Baum schon abgesägt,
u[nd] nun habe ich auch den Kirschbaum schlagen lassen, damit wir
doch wieder etwas Holz für den Küchenherd haben . . . Bei den Aufräu-
mungsarbeiten in der Stadt sieht man jetzt aber immer mehr Fortschritte, seit acht Tagen fährt sogar wieder eine Linie der Straßenbahn
von Mauritz bis zur Münsterlandhalle . . . Nur das Südviertel bis auf
die Hammerstraße ist noch vollständig tot, viele Straßen unpassierbar.
Die meisten Menschen muß man aber doch bewundern in ihrem Mut
zum Wiederaufbau und Instandsetzung auch von Ruinen, die dann im
Innern trotz aller Primitivität doch wieder einen Schimmer von Wohn-

lichkeit haben, und das nach all den Rückschlägen u[nd] Enttäuschungen in vielfacher Hinsicht . . .

* 7. Dezember, Lowell House, H. B. an Paul Simon[1]

. . . Ich habe gewartet, bis ich Dir meine Eindrücke von der Hauptstadt nach meinem ersten Besuch dort in vielen Jahren wiedergeben kann. Ein alter Freund und seine Gattin sorgten dafür, daß ich viele Menschen gesellschaftlich treffen konnte[2]. Sie waren sehr freundlich zu mir, nachdem ich ihre etwas ängstliche Neugier hinsichtlich meiner Rückkehr in die Politik befriedigt hatte. Als ich klarmachte, daß ich kein Konkurrent der SPD bin, waren sie spürbar erleichtert. Daraus erkennst Du besser als aus allem anderen ihre Einstellung. Ein entschiedener Fortschritt ist eingetreten, und es ist mir gelungen, einigen Leuten eine Anzahl wichtiger, drängender Fragen vor allem im Blick auf den Osten nahezulegen. In dieser Hinsicht habe ich die Lage vielleicht ein ganz klein wenig verbessert . . .

In der Londoner *Times* habe ich gelesen, es werde ein Massentransport von Deutschen nach Südamerika organisiert – eine Wiederholung der dreihundertjährigen Irlandpolitik. Nächsten Sommer werde ich, wie man mir sagte, wahrscheinlich eine rein private Reise nach Europa unternehmen dürfen. Ich stieß auf weniger antikatholische Tendenzen als anderswo im Lande. Dagegen ist die New Yorker Presse erfreut über den Erfolg der Linken in Rom[3] und über Bidaults Mißerfolg[4]. Es liegt klar zutage, daß die Labour Party in England eine strikte Pro-SPD-Politik treiben wird, solange sie an der Macht ist. Die Versöhnlichkeit der Russen verwirrt die Leute hier mehr denn je, obgleich noch ein leichter, instinktiver Argwohn herrscht[5]. Ich vermute, daß alle denkbaren Friedensbedingungen angenommen würden, falls ein Waffenkontroll-Abkommen, vor allem hinsichtlich der Atomwaffen, zustande käme . . .

Der Beginn von Niemöllers Reise verlief sehr gut. Alles war hervorragend geplant, so daß er nur wenige Stunden am Flughafen in New York war, ehe er nach Westen weiterreiste . . . Mrs. Roosevelt griff ihn trotzdem in der Presse an, wurde aber zu meiner großen Befriedigung vom [nationalen] Kirchenrat zurechtgewiesen.

. . . Weihnachten werde ich in Huntington verbringen, um mich etwas auszuruhen. Die umfangreiche Korrespondenz und die zunehmende Arbeit mit den an die Universität zurückgekehrten Studenten beanspruchen meine ganze Zeit, so daß ich nicht dazu komme, die privaten Briefe und Memoranden zu schreiben, die vielleicht im letzten Augenblick noch etwas ändern könnten. Ich werde Dir regelmäßig Pakete schicken, damit Du über den Winter kommst. Leider werden der hiesige Kohlenstreik und seine Folgen das Lebensmittel- und Brennstoffproblem in Europa verschärfen . . .

(1) Schon im November gestorben. H. B. schrieb am 28. Januar 1947 an Horst Michael: „Ich bin untröstlich über seinen Tod." (2) Bei einem Essen für H. B. am 26. November hatten die Bruce Hoppers auch die Luftwaffengeneräle Spaatz und Vandenberg zu Gast sowie Robert Murphy, George Kennan, Carmel Offey (der kurz zuvor politischer Berater der amerikanischen Militärregierung in Frankfurt gewesen war) und den Journalisten Joe Alsop. (3) Bei den Gemeindewahlen vom 11. November hatten Kommunisten und Sozialisten fast zweimal soviel Stimmen bekommen wie die christlichen Demokraten. (4) Die französische Regierung stürzte am 28. November. Ihr folgte eine sozialistische Regierung. Georges Bidault war 1944–1946 und 1947–1948 Außenminister (Republikanische Volksbewegung) und Juni bis November 1946 Premierminister. (5) Das britisch-amerikanische Abkommen über die Verschmelzung der britischen mit der amerikanischen Besatzungszone wurde am 2. Dezember in Washington geschlossen, ohne Protest von Molotow, der am 4. Dezember in den Vereinten Nationen einer amerikanischen Abrüstungsresolution zustimmte. Am 6. Dezember erzielte der in New York tagende Rat der Außenminister endgültige Übereinstimmung über die Friedensverträge mit Italien, Ungarn, Bulgarien, Rumänien und Finnland und bereitete sich auf die Erörterung eines Friedensvertrags mit Deutschland vor.

* 8. Dezember, Lowell House, H. B. an Bruce Hopper, Washington

. . . Ich kann Ihnen nicht sagen, wie sehr ich die Zeit bei Ihnen genossen habe, und ich muß Ihnen – wie ich Effie [Mrs. Hopper] schon geschrieben habe – ein Kompliment machen für Ihre wirklich idealen Arrangements und für das Einfühlungsvermögen, mit dem Sie bei dem Herrenessen wie ein Dirigent die Leitung übernahmen. Ich hoffe sehr, daß ich Sie bald wieder einen oder zwei Tage besuchen kann, da die kritische Zeit jetzt begonnen hat. Es wäre mir sehr lieb, wenn Sie – falls es Ihnen möglich ist – mit George Kennan[1], den ich sehr schätze, über folgendes Problem sprechen könnten.

Bei meiner Unterredung mit Murphy[2] berichtete ich ihm von unseren vorfühlenden Gesprächen mit Zaleski im Jahre 1932 und von den Folgen, die der Verlust Pommerns und Schlesiens, vor allem Oberschlesiens, nach sich ziehen würde. Murphy erregte sich über die Feststellung, daß die Polen selbst einst zu einer Lösung bereit gewesen seien. Er

unterbrach mich und sagte: „Wenn Pommern und ein Teil von Oberschlesien bei Deutschland blieben, hätten Sie dann etwas dagegen einzuwenden, daß die Polen Zugang zur Oder erhalten?" Wie Sie wissen,
war Schlesien mein Wahlkreis, und jeder Ort steht mir in lebhafter
Erinnerung. Ich entgegnete, wenn sie einen kleinen Zugang zur Oder
durch Niederschlesien erhielten, könne ich keine Einwände erheben.
Dann wurden wir unterbrochen, und als wir das Gespräch wieder aufnahmen, hatte ich plötzlich das Gefühl, Murphy lege meine Bemerkung
so aus, daß ich auf die deutschen Ansprüche auf das ganze Ostufer der
Oder in Schlesien verzichten würde. Das ist natürlich keineswegs der
Fall. Könnten Sie Kennan davon unterrichten? ... Ich könnte ihm
schreiben, wenn er es wünscht, doch wäre es selbstverständlich besser,
wenn er einmal einen Sonntag nach Cambridge käme, wie er es erwähnte.

Ich arbeite an den Schriftstücken, die ich [Joseph] Alsop[3] versprochen
habe, und ich werde [Herbert] Hoover eine ähnliche, allerdings ausge-
feiltere Erklärung abgeben. In vieler Beziehung beginnt jetzt das Eis zu
schmelzen; allerdings glaube ich, daß die Leute die russische Taktik
nicht begreifen. Ich fürchte, die Russen benutzen die ganze Diskussion
um die Atombombe lediglich dazu, Zeit zu gewinnen, das heißt Zeit,
um sich dagegen zu schützen, daß sie gegen sie eingesetzt wird ...

(1) Leiter der politischen Planungsabteilung im State Department 1946–1950, Botschafter
in Moskau 1952, in Belgrad 1961–1963. (2) Botschafter Robert Murphy, politischer
Berater des amerikanischen Militärgouverneurs in Deutschland 1945–1949, war Mitte
November mit General Clay von Berlin nach Washington geflogen. (3) Gemeinsam mit
seinem Bruder Stewart Verfasser einer einflußreichen Zeitungsartikelserie. Die Alsops
befürworteten im Dezember eine weltweite Ausdehnung der beträchtlichen amerikanischen Wirtschaftshilfe, die man damals für Griechenland in Erwägung zog (vgl. *New York
Herald Tribune*, 22. Dezember 1946).

9. Dezember, Lowell House, H. B. an Hermann Dietrich, Stuttgart

... Ich freue mich sehr, nun endlich unmittelbar von Ihnen und Ihrer
verehrten Gattin zu hören. Vor Monaten hörte ich von einem amerikanischen Offizier, daß Sie auf Ihrem Gut [bei Allensbach] lebten, aber
nichts weiter, bis ich in den Zeitungen zu meiner Freude Ihre Tätigkeit
verfolgen konnte[1] ... Ich bin dann noch einmal einen Monat vor Ihrer
Ernennung zum Ernährungskommissar eingehend befragt worden über

Ihre frühere Tätigkeit. Ich bat um Ihre Anschrift, leider vergebens. Die betreffenden Persönlichkeiten wechselten zu oft . . .
In Deutschland hat man anscheinend vielfach eine völlig falsche Vorstellung über meine Stellung hier. Es wäre Wahnsinn gewesen, wenn ich mich herausgestellt hätte. Die Mächte mußten erst selbst die nötigen Erfahrungen machen. Ich habe nie einen Zweifel gehabt, daß das bei der schnellen Auffassungsgabe der wirklichen Amerikaner nicht viel Zeit [in Anspruch] nehmen würde . . .

(1) Dietrich wurde im Februar 1946 Vorsitzender des Koordinierungsausschusses der französischen Besatzungszone; von September 1946 bis Juli 1947 war er Vorsitzender des Ausschusses für Ernährung und Landwirtschaft der Bizone.

15. Dezember, Lowell House, H. B. an Hermann Pünder, Köln

. . . Sie selbst zeigen natürlich die Spuren des Leidens und der Sorgen, aber ich finde, Sie sehen erstaunlich frisch und energisch aus. Im übrigen bestätigen mir das auch Ihr Wirken und Ihre Rede, die ich dank Ihren Aufzeichnungen und den Zeitungsausschnitten, die mir von amerikanischen Freunden regelmäßig zugeschickt werden, genau verfolge. Alles macht mir eine große Freude. Ich kann mir vorstellen, wie schwer die Aufgabe ist. In meiner Klause hier, über den Zahlen brütend, erscheint sie mir unlösbar. Das will man hier aber nicht sehen, auch nicht, daß, wenn diese Aufgabe nicht lösbar ist, alle anderen auch nur vorübergehend „gelöst" werden können . . .
Ich habe eine Bitte. Mein liebes Patenkind, das mir alle vierzehn Tage in der Paretzerstraße solche Freude machte, möchte ich gerne aus der russischen Zone heraushaben. Sie wurde 1937 vom Lyzeum verjagt und ihr der Besuch einer Universität für immer unmöglich gemacht, weil sie sich weigerte, eine Darstellung des Professors über meine politische Tätigkeit zu wiederholen. Ich habe sie nach England zu meinen Freunden kommen lassen, wo sie ihre Ausbildung abschließen konnte, und sie wurde dann trotz ihrer Antinazi-Gesinnung mit Hilfe alter Freunde an der Staatsbibliothek angestellt. Sie heiratete einen Referendar [Werner Vollmar] 1944, der 1945 in russ[ische] Gefangenschaft fiel und natürlich noch nicht zurück ist. Als die Amerikaner einrückten, war sie in Friedrichroda bei ihrem Schwiegervater, dem letzten Präsidenten der Reichsanstalt für Landesaufnahme. Dann ging sie zu ihren Eltern, die

auf dem großväterlichen Gut in Thüringen waren, und wurde dann in Weimar an der Bibliothek angestellt auf Grund ihrer Verfolgung durch die Nazis . . . Lukaschek schreibt mir besorgt, sie müsse aus der russischen Zone heraus . . . Können Sie nicht einmal mit meiner Schwester darüber korrespondieren und sehen, ob sich etwas für das Kind tun läßt? Ich wäre Ihnen sehr dankbar . . .

Einer, der besonders herzlich grüßen läßt, ist der gute Tre[viranus]. Er hat es unendlich schwer gehabt all diese Jahre im Exil. Die Frau meistens krank. Das bedeutet, neben der Sorge, in angelsächsischen Ländern auch, daß unsereins dagegen nicht anverdienen kann. Er hat sich bis zu Tode abgerackert und fängt an, sein Herz häufiger zu spüren. Aber er bringt immer wieder nach einiger Zeit den alten schlagfertigen Humor wieder auf. . . .

* 16. Dezember, Lowell House, H. B. an Friedrich Stampfer

. . . Ich werde anderthalb Tage in New York sein und komme am Sonntagabend, 22. Dezember, an . . . Wie Sie wissen, fanden meine Gespräche [in Washington] am Vortag und am Tag der wichtigen Unterredung zwischen Byrnes und Molotow[1] statt. Wie ich jetzt höre, sind viele Leute so glücklich über den scheinbaren Wandel in der russischen Politik, daß sie bereit sind, auf Kosten Deutschlands jedes Opfer zu bringen . . . Ich glaube, ich werde Ende Januar wieder nach Washington gehen, nachdem der neue Kongreß zusammengetreten ist . . . Das scheint der einzige Weg zu sein, jetzt noch etwas zu erreichen. Sie müssen wissen, daß ich wie in den letzten anderthalb Jahren ständig an der Arbeit bin mit Briefen und Memoranden an Einzelpersonen. Ich hoffe, vor oder nach Weihnachten einige führende Republikaner in New York zu sprechen. Haben Sie eine Meldung gehört, daß Bob LaFollette[2] vielleicht der Leiter der Zivilverwaltung in Deutschland werden soll? Das wäre ausgezeichnet. Sein Vater war mit meinem Bruder sehr befreundet und schrieb meiner Mutter einen sehr teilnehmenden Brief, als mein Bruder im Januar 1924 starb, auf dem Weg nach New York nach einem Gespräch mit LaFollette und Senator Borah[3] in Washington . . .

(1) Wjatscheslaw Molotow, sowjetischer Außenminister 1939–1954, stellvertretender Ministerpräsident 1954–1957. Von einem privaten Gespräch zwischen Byrnes und Molotow am 25. November vermutete man, es habe die Hindernisse für eine Übereinstimmung in den Vereinten Nationen und der Außenministerkonferenz beseitigt. (2) Robert LaFollette Jr.,

Senator aus Wisconsin (Progressive Party) 1925–1946. Sein Bruder Charles wurde Berater des amerikanischen Hohen Kommissars in Deutschland 1950–1952. (3) William Borah, Senator aus Idaho (Republikaner) 1907–1943, seit 1924 republikanischer Vorsitzender des Ausschusses für auswärtige Angelegenheiten.

* *16. Dezember, Lowell House, H. B. an Freya von Moltke, Johannesburg*

. . . Vor kurzem unterhielt ich mich in Washington ausführlich mit Mr. Felix Morley. Er möchte die Briefe von Graf Moltke zusammen mit Auszügen aus den politischen Plänen des Kreisau-Kreises veröffentlichen. Ich hatte eine Einführung entworfen, die ich für zu lang hielt, die er aber noch erweitert haben möchte, so daß mit den Briefen und Dokumenten eine ganze Broschüre für die Reihe „Human Events" entsteht, die Mr. Morleys neuer Verlag herausgibt . . . Einige der Broschüren in der Reihe „Human Events" haben weite Verbreitung gefunden; ein Büchlein von Professor [Karl] Brandt über die Ernährungslage in Deutschland wurde in 75000 Exemplaren verkauft. Bei einem anderen Verleger hätte ich kaum einen Verkauf von 1200 bis 1500 Exemplaren einer solchen ernstzunehmenden historischen Untersuchung erwartet. Außerdem soll das Buch über den Widerstand in Deutschland, das Mr. Allen Dulles ausarbeitet, in ein paar Wochen erscheinen. Obwohl ich mit einem großen Teil des Inhalts nicht übereinstimme und Mr. Dulles nicht zu einer Änderung bewegen konnte, ist es doch für einen Amerikaner eine mutige Aussage. Ich hoffe, es wird einen anderen Eindruck hervorrufen als das Buch von Gisevius, das zwar für jeden, der mit dem Thema vertraut ist, faszinierend ist, jedoch wie gewöhnlich die Persönlichkeiten, die eine Rolle in der Tragödie spielten, zu kritisch betrachtet. Das ist ein alter Charakterzug der Deutschen. Die Leute verstehen nicht, daß derartige Bücher nur wirksam sein können, wenn sie Vertrauen und Wärme ausstrahlen . . .

* *16. Dezember, Lowell House, H. B. an Wilhelm Sollmann*

. . . Bitte entschuldigen Sie, daß ich mich nicht schon früher für den Durchschlag des Briefes, den Sie Ihrem alten Freund in Deutschland geschrieben haben, bedankt habe. Zu meiner Freude sah ich ihn wenigstens teilweise in einer süddeutschen Zeitung abgedruckt. Ich kann nur sagen, daß Ihr Brief mich mit der größten Befriedigung erfüllte, die mir

in all den Jahren meines Exils jemals von einer Emigrantenquelle zuteil
wurde ... Wenn Ihre großen alten Führer noch lebten, wären die
Dinge in Deutschland jetzt schon anders. Als ich Wels, Breitscheid und
Hilferding 48 Stunden, ehe sie verhaftet werden sollten, benachrichtigte,
sie müßten sofort Deutschland verlassen – damals informierte mich die
Opposition in der Nazipartei noch von solchen Plänen, wenn es möglich war –, dachte ich nicht nur an die persönliche Freundschaft, sondern wollte auch ihre Erfahrung und ihren Verstand für eine spätere
Zeit retten.

Obwohl mich Schumachers Rede über die deutschen Grenzen[1] mit
Freude erfüllt, fürchte ich, daß er schwerwiegende Fehler macht. Bei
einem halboffiziellen Besuch ausgerechnet in England sollte man nicht
andere Parteien des eigenen Landes kritisieren, ganz gewiß nicht in der
Art, wie es Schumacher getan hat[2] ... Ich wollte, Sie könnten nach
Deutschland gehen. Streng vertraulich möchte ich Ihnen sagen, daß ich
nach Washington ging, um auf Umwegen zu erfahren, ob mir wohl im
nächsten Sommer gestattet wird, meine Schwester zu besuchen, da ihr
Arzt durchblicken läßt, ihr Herz sei zu schwach, um eine weitere Bron-
chitis auszuhalten. Wie ich befürchtet hatte, wurde die Frage juristisch
und technisch schwierig, weil ich kein amerikanischer Staatsbürger bin.
Aus dem Optimismus vieler Leute am Tag nach der „entscheidenden"
Zusammenkunft zwischen Byrnes und Molotow erkannte ich, daß sie so
sehr darauf aus sind, sich aus Europa zurückzuziehen, daß sie glauben,
ein Friedensvertrag mit Deutschland sei vor dem Sommer möglich;
dann dürfte ich als Besucher reisen ... Aus all dem schließe ich, daß Sie
als amerikanischer Staatsbürger im Frühjahr zweifellos eine Reiseerlaubnis erhalten würden. Sie sollten wirklich reisen, um eine Verständigung zwischen der CDU und Ihren Leuten herbeizuführen ...

(1) Vom 29. November bis 9. Dezember 1946 besuchten Schumacher und andere Sozialdemokraten England als Gäste der Labour Party. Die französische Botschaft in London
protestierte dagegen, daß die deutschen Sozialdemokraten von britischen Regierungsmit-
gliedern empfangen wurden und daß Schumacher mehrfach erklärte, die deutschen
Grenzen könnten nicht als „endgültig" angesehen werden. (2) Bei einem Gespräch mit
deutschen Sozialisten in London kritisierte Schumacher den „Mißbrauch der Bezeichnung
christlich durch Kapitalisten und Großgrundbesitzer" (vgl. *Times*, London, 9. Dezember
1946).

1947

Das Jahr 1947, in dem Indien und Pakistan die Unabhängigkeit erlangten, brachte eine Hungersnot über Europa, wie man sie seit hundert Jahren nicht mehr erlebt hatte. In den nordwestdeutschen Städten war sie am schlimmsten. Die offizielle Tagesration, die nicht immer voll erreicht wurde, betrug Ende 1945 in der amerikanisch besetzten Zone Deutschlands 1550 Kalorien; bis April 1947 war sie in der Bizone auf 1040 Kalorien gesunken. Ein trockener Sommer folgte auf den kalten Winter, und erst im April 1948 war die 1550-Kalorien-Ration wieder gewährleistet. Im März 1947 sicherten Großbritannien und Frankreich einander gegen eine etwaige deutsche Aggression durch den Vertrag von Dünkirchen. Britische Diplomaten sehen darin die Anfänge der NATO. Präsident Truman kündigte eine amerikanische wirtschaftliche und militärische Unterstützung für Griechenland und die Türkei an nach dem Grundsatz, daß die Vereinigten Staaten ,,den freien Völkern helfen müssen, ihr Geschick selbst zu gestalten". Die Hoffnungen bestimmter offizieller amerikanischer Kreise, Frankreich zur industriellen Großmacht Europas und zum Bollwerk gegen die kommunistische Expansion zu machen, erreichten 1947 ihren höchsten Stand. Zu gleicher Zeit argumentierten französische Diplomaten, wie zum Beispiel Dumaine: ,,Le morcellement de l'Allemagne n'est possible qu' avec le consentement et le ferme propos des allemands".
Im Juni führte Außenminister Marshall öffentlich das European Recovery Program ein, das mit dem Auslandshilfegesetz von 1948 bestätigt und als Marshall-Plan bekannt wurde. H. B. schrieb im Juli 1947, sein Glaube an ,,die Unfähigkeit der eingesessenen Amerikaner, eine rein negative und destruktive Politik längere Zeit zu ertragen," sei gerechtfertigt.
Während der vierjährigen Laufzeit des Marshall-Plans von 1948 bis 1952, erhielten die beteiligten Länder Subventionen und Darlehen in Höhe von 13 Milliarden Dollar. Westdeutschland, das zuerst als Rohstofflieferant galt, wurde im Juni 1948 schließlich in die OEEC aufgenommen. In Übereinstimmung mit den Zielen des Marshall-Plans, zu denen auch die Inflationskontrolle gehörte, wurden Fonds in Landes-

währung für Investitionen bereitgestellt; in Westdeutschland belief sich
dieses Sondervermögen der Bundesregierung auf eineinhalb Milliarden
Dollar im Jahr 1951 und auf drei Milliarden Dollar im Jahr 1970.
Einige alte Bekannte H. B.s knüpften unbestimmte politische Erwartungen an seine frühzeitige Rückkehr nach Deutschland. Persönlichkeiten, deren politisches Urteil er am höchsten einstufte – wie zum Beispiel August Wegmann –, legten ihm nahe, in den Vereinigten Staaten
zu bleiben. Dort wurde die Politik der wirtschaftlichen Unterstützung
Europas durch intensive offizielle und private Propaganda unterstützt.
Die rasch in der Öffentlichkeit um sich greifende Meinung, daß der
sowjetische Einfluß eine Bedrohung für die Vereinigten Staaten darstellte, führte dazu, daß 1947 im Etat 50 Millionen Dollar zur Ent-
larvung sowjetischer Agenten in der amerikanischen Verwaltung vorgesehen wurden und daß ein Loyalty Review Board für die Verwal-
tungsangehörigen geschaffen wurde. H. B. machte jedoch im Lauf der
Monate die Erfahrung, daß kaum jemand erkannte, daß das fortdauernde Stagnieren der Wirtschaft und der Schwarzmarkt in Deutschland zwangläufig die kommunistische Expansion förderten. Im November 1947 schrieb er: ,,Europa kann nicht mit Dollars allein wiederaufgebaut werden.''

3. Januar, Huntington, Long Island, H. B. an Hendrik Poels

. . . Trotz allem Leid in Deutschland mußte man so manövrieren, daß der Frieden so lange wie möglich hinausgeschoben würde, und auch die Bildung einer Zentralregierung. Natürlich habe ich niemandem gegenüber diese meine Ansichten ausgesprochen. Was ich wollte, war, daß die amerikanischen Militärs in eigener Regie und Verantwortung sich der Unmöglichkeit der Ausführung der Jalta- und Potsdam-Beschlüsse bewußt würden. Das ist auch gelungen und wird noch mehr gelingen. Die Friedensverhandlungen kommen noch zu früh im März . . . Hoffnung auf die gegenwärtige engl[ische] Regierung sollen sich die Freunde besser nicht machen. Alles muß von hier aus durchgedrückt werden . . . Ich schreibe alles dieses ebensosehr für meine Freunde, die Sie besuchen kommen, wie für Sie selbst[1]. Ich möchte gern, daß eine Abschrift dieses Briefes in die Hände von Adenauer und Hermann Josef Schmitt gelangt. Nach dem Tode meines lieben Freundes Simon habe ich keine Möglichkeit mehr, andere als kryptische Bemerkungen auf Umwegen an die Freunde gelangen zu lassen . . . Ich habe nun zum ersten Male im November gewagt, mich in Washington wieder zu zeigen . . . So haben einige Pressevertreter in D[eu]tschl[and] die Sache aufgegriffen, um mich als Hungerkanzler und Gegner der Arbeiterschaft zu denunzieren. Mir wurde dadurch bestätigt, was ich immer erwartet habe, daß, sobald ich nach D[eu]tschl[and] zurückkehren würde, diese Kampagne linksgerichteter Presseleute in den hiesigen Zeitungen wieder einsetzen würde. Man versucht jetzt schon, einen zweiten Fall Dr. Müller-München[2] vorzubereiten. So wird es weitergehen noch für ein oder zwei Jahre, sobald ich in der Öffentlichkeit heraustrete oder nach D[eu]tschl[and] zurückkehre . . .
Ich freue mich über Adenauers Erklärungen, daß die CDU keinen Frieden unterzeichnen würde, der Ostgebiete an Polen oder Rußland abtreten würde. Schumacher hat einen schweren taktischen Fehler gemacht, indem er in London auf Ostpreußen ohne weiteres verzichtete. Man muß ihn dafür angreifen. Ich rate meinen Freunden, in ihrer

Haltung in bezug auf die Grenzen festzubleiben, im Westen wie im Osten, und gegebenenfalls es abzulehnen, den Friedensvertrag zu unterschreiben . . . Sonst werden sie eines Tages zu viel an eine spätere Rechte verlieren. Diese Überlegung ist bei mir in all den Jahren dominierend gewesen. Dafür habe ich große persönliche Feindschaften ertragen und Mißdeutungen. Man muß auch verhindern, Hals über Kopf eine Zentralregierung zu bilden, die nur den Zweck hat, den Friedensvertrag zu unterschreiben . . . Zusammenfassend sind dies meine Pläne: Ich werde versuchen, im Sommer auf Besuch nach D[eutschland] zu kommen, vielleicht ein Visum erzwingen, indem ich einen Ruf für eine Gastvorlesung, wie ihn die Uni[versität] München an mich gerichtet hat, annehme. Ich werde dann sehen, welche Reaktion das hier und in Rußland und D[eu]tschl[and] selbst hervorruft. Ich könnte vielleicht für die erste Zeit regelmäßig zwischen Harvard und d[eu]tsch[en] Universitäten hin und her pendeln. Das würde mir die große Chance bieten, jedesmal nach meiner Rückkehr hier Aufklärung zu schaffen und mit den entscheidenden Leuten als Privatmann zu sprechen, in welcher Eigenschaft man erfahrungsmäßig immer mehr sagen kann als in einer offiziellen Stellung. Um gerade nach dieser Richtung erfolgreich wirken zu können, sollte man meinen Namen nicht zu stark für die CDU ausnutzen . . .

(1) Poels hatte die Einladungen an mehrere CDU-Mitglieder zu einem Besuch der Niederlande befürwortet und bemühte sich sehr um die nötigen Aus- und Einreisegenehmigungen. (2) Josef Müller, erster Landesvorsitzender der CSU, bayerischer Justizminister 1947–1952, während des Jahres 1946 wegen Beziehungen zur deutschen Abwehr als nazifreundlich verdächtigt.

9. Januar, Münster, Maria Brüning an H. B.

. . . Ich muß so viel daran denken, wie wenige von den alten, getreuen Freunden Du bei Deiner Heimkehr wiedersehen wirst. Es ist alles eine ganz große Tragik. Aber Simon wirst Du besonders schmerzlich vermissen. Heute bekam ich einen Brief vom Grafen [Franz von] Galen, der Deinen ihn so sehr interessierenden Brief gern ausführlich beantworten möchte[1], aber z[ur] Z[eit] wieder sehr elend ist, nachdem er im De-z[ember] die Nachricht vom Tode seines ältesten Sohnes bekam, der schon 1945 in russ[ischer] Gefangenschaft verhungert u[nd] dort gestorben ist. Das ist der dritte Sohn, der in diesem Krieg gefallen ist . . .

Durch Tausch mit den amerik[anischen] Zigaretten, die in Deinen
Paketen waren, bekomme ich nun noch fünf Z[entner] Kohlen. Unsere
Zuteilung besteht nur aus wenig Schlamm, der keine Hitze erzeugt, und
etwas frischem Holz. Die Kohlenfrage hat sehr viel Verbitterung in der
ganzen Bevölkerung hervorgerufen, u[nd] mit Recht. Wir sitzen doch
sozusagen auf den Kohlen. Es ist so schade, daß auf diese Weise auch
das Vertrauen „einfriert", selbst bei denen, die allen möglichen Mär-
chen keinen Glauben schenken u[nd] an den guten Willen mancher
Kreise glauben möchten . . . Soviel ich weiß, bekommen die früheren
KZ-Häftlinge doppelte Lebensmittelrationen u[nd] werden auch sonst
bei Wohnungen, Bezugsscheinen usw. bevorzugt. Aber die innerlich
feinen Menschen sind eben zurückhaltend, u[nd] diese Menschen sind
heute alle benachteiligt. Diese ganze Atmosphäre heute ist direkt wider-
lich, Schiebertum u[nd] Schwarzhandel blüht u[nd] mästet sich. Wann
u[nd] wie soll da eine Wendung zu geordnetem Leben und Moral kommen? . . .

(1) H. B. hatte von Möglichkeiten geschrieben, die neue Zentrumspartei in die CDU
einzugliedern.

25. Januar, Lowell House, H. B. an Irmgard von Willisen, Vilshofen

. . . Ihr Brief und Ihre guten Wünsche waren eine große Freude für
mich, zumal ich gerade im Hospital war, wo man sich besonders gern
alter guter Freunde erinnert, zumal in der Fremde . . . Sie haben recht.
Die Korrespondenz mit Deutschland hat mich in den vergangenen
Monaten einfach überwältigt. Es wird immer schwieriger, Briefe selbst
nach zwei Monaten zu beantworten. Das schlimmste ist, daß man so
wenig helfen kann . . .
Sie fragen mich nach meinem Leben hier. Während des Krieges habe
ich sehr einsam gelebt, mußte jedesmal für ein Verlassen von Boston
eine besondere Erlaubnis bekommen, die anstandslos erteilt wurde, wie
denn die Behörden sehr wohlwollend mir gegenüber gewesen sind.
Weniger ein großer Teil der Emigranten und gewerbsmäßigen Propa-
gandisten, die mich in Broschüren und im Radio angriffen. Das führte
langsam zur Zurückhaltung vieler alter Freunde. Manche kommen jetzt
wieder . . . Ich sitze den ganzen Tag auf meinem Büro oder in meiner
kleinen, aber sehr netten Suite in Lowell House, wo die Möbel stehen,

die Sie in Dolphin Square gesehen haben. Ich gehe noch mehr oder
minder regelmäßig alle Monate in zwei Clubs zu einem Vortrag und ab
und zu abends zu den einzigen Familien in Boston, die während des
Krieges die alten Beziehungen aufrechterhalten haben. Während eines
Krieges in einem Lande leben zu müssen, gegen das die eigenen Machthaber in der unsinnigsten Weise den Krieg erklärt haben, ist für jemanden, der in einer Position war wie ich, natürlich nicht ganz leicht. Mit
England habe ich keine Beziehungen mehr außer mit den Andersons,
die unvermindert herzlich sind . . .

* *Januar, Lowell House, H. B. an Johannes Maier*

. . . Friedrich Wilhelm Foerster hat nun offen die früheren sozialistischen Reichstagsmitglieder angegriffen, die einen Brief veröffentlichten,
in dem sie verlangten, zu den Friedensverträgen gehört zu werden. Ich
hatte sie gewarnt, sie würden nur eine heftige Gegenhetze hervorrufen,
und diese ist jetzt in vollem Gang. Die Society for the Prevention of
World War III[1] muß eine Menge neues Geld bekommen haben . . .
Wie ich Ihnen schon vor über einem Jahr schrieb, gibt es hier und
anderswo einflußreiche Gruppen, die tatsächlich die deutsche Bevölkerung um 15 bis 20 Millionen vermindern und den Rest in Sklaverei
halten wollen. Ich war so froh, daß Hoover in seiner Rundfunkrede[2]
freimütig sagte, Deutschland sei schon jetzt ein einziges, großes Belsen
. . .

(1) 1943 gegründet, aktiv bemüht, die öffentliche Meinung für die französische Politik
einer permanenten Trennung des Rheinlands und des Ruhrgebiets von Deutschland zu
gewinnen. (2) Am 22. Januar kündigte Hoover einen weiteren Besuch in Deutschland an.
Er traf am 10. Februar ein. Am 18. März legte er Truman die dringende Notwendigkeit
einer Wiederherstellung der Produktionskapazität Deutschlands und Europas dar.

* *4. Februar, Lowell House, H. B. an Fritz Kern*

. . . Ich selbst habe nie an die Möglichkeit geglaubt, ganz Europa zu
einem gemeinsamen Feldzug zusammenzufassen, um die Bolschewisten-
herrschaft in Rußland zu stürzen . . . Ein solches gemeinsames militärisches Vorgehen gegen das bolschewistische Rußland wäre nur möglich
gewesen, wenn zu gleicher Zeit die russische Expansion Englands Stel-

lung im Mittleren Orient und Frankreichs Verbindungen auf dem Balkan sowie seine Beziehungen zur Tschechoslowakei und zu Polen bedroht hätte . . . Jeder Versuch Deutschlands, mit einem Teil Europas zusammen gegen den anderen Teil zu kämpfen, war zum Scheitern verurteilt, denn wir allein hätten den Anprall des Kampfes aushalten müssen und wären sehr wahrscheinlich zum Schlachtfeld geworden. Unsere geographische Lage im Verein mit der Angst der Westmächte, wir könnten dem Bolschewismus anheimfallen, und der Angst der Bolschewisten, wir würden endgültig in das Lager der Westmächte getrieben, war unsere Stärke, solange die Verantwortlichen in Deutschland kühlen Kopf bewahrten. Hitler und viele im Heer übersahen diese ständige, in unserer geographischen Lage wurzelnde Gefahr und waren sich nicht darüber im klaren, daß England, selbst wenn es an einem Krieg gegen Rußland teilgenommen hätte, keine Skrupel gehabt hätte, das Ruder herumzuwerfen, sobald Rußland soweit geschwächt gewesen wäre, daß es keine Bedrohung für England mehr dargestellt hätte . . . Das Problem der Abrüstung war im Grunde vor 15 Jahren nicht anders als heute. Weitblickende Militärs, die sich bewußt waren, daß ein neues Zeitalter der technischen Kriegführung angebrochen war, fanden sich bereit, einen großen Teil ihrer Kriegsausrüstung zu verschrotten oder doch die Rüstungsausgaben einzuschränken, da sie wußten, daß die zukünftige Kriegführung ganz andere Erfordernisse stellen würde. Deshalb verlangte ich mit Ausnahme von Jagdflugzeugen keine Luftwaffe für Deutschland, unter der Bedingung, daß, wenn die anderen Mächte einschließlich Rußland die schweren Bombenflugzeuge in den nächsten fünf Jahren nicht abschafften, auch Deutschland ein Anrecht auf schwere Bombenflugzeuge haben sollte. Diese Forderung stellte ich in voller Übereinstimmung mit den Heereskommandeuren und einigen wenigen weitblickenden Männern in der Marine. Groener und Hammerstein sahen klar voraus, daß ein Wettrüsten mit schweren Bombern Deutschland früher oder später in die Situation einer belagerten Festung bringen würde. Vom rein politischen Standpunkt aus dachte ich, solange wir weder eine Bomberflotte noch eine sehr starke Kriegsmarine hätten, würde uns England nie als potentiellen Feind betrachten und uns unterstützen, falls wir in der Luft angegriffen würden . . . Die Revolution von 1848 ist ein fest verwurzelter Mythos in diesem Lande . . . Ich habe immer größeres Verständnis gewonnen für die Haltung der bismarckfeindlichen Konservativen, die die preußische Monarchie ohne Zentralparlament in Berlin erhalten wollten. Der

Monarch wäre – wie es in offiziellen Dokumenten festgehalten wurde –
gleichzeitig Herzog von Ülich-Cleve-Berg, Herrscher von Preußen,
Pommern usw. gewesen, und in allen Provinzen wären Parlamente
gewählt worden, und zwar nach Stimmrechtsverhältnissen, die sich je
nach den wirtschaftlichen und sozialen Umständen der Provinzen unter-
schieden hätten. Das hätte viele spätere Schwierigkeiten erspart. Was
die Liberalen in ihrer Unbestimmtheit schließlich zustande brachten,
war ein großes, zentralisiertes Preußen. Es lohnt sich, die Haltung des
preußischen Adels im ostpreußischen Landtag und die Resolutionen des
Landtags von Posen, der sich dem zentralen preußischen Landtag widersetzte, zu untersuchen.

... Wenn uns unter der Schirmherrschaft der Vereinten Nationen
durch einen Friedensvertrag eine Charta aufgezwungen werden soll, ist
es um so nötiger, daß das deutsche Volk aus der Erfahrung der Vergangenheit echte Politik lernt, das heißt, daß es sich eine Vorstellung von
seiner Zukunft aneignet, ohne hinsichtlich der Mittel zu ihrer Verwirklichung dogmatisch zu sein ... Was die schöpferische Phantasie betrifft,
so haben wir uns vor anderen Nationen hervorgetan. Wir müssen uns
nur davor hüten, daß diese Phantasie in Sackgassen führt zu einer Zeit,
in der die Menschen abgeschnitten leben und deshalb dazu neigen,
egozentrisch zu werden ...

9. Februar, Lowell House, H. B. an Rudolf Pechel, Basel

... Ihr Brief war für mich eine große Freude, vor allem weil er aus der
Schweiz kam ... Ich werde schnell einige Gedanken niederschreiben,
die mir in den Sinn kommen und über die ich nach Berlin nichts schreiben könnte ... Der literarische Teil [der *Deutschen Rundschau*], vor allem
ein Teil der Gedichte, ist hervorragend, wie ich denn überhaupt erstaunt bin über das tiefe Geistige, das sich an vielen Stellen in Deutschland kundgibt ... Hier ist man von außerordentlich leichter Auffas-
sungs- und Nachahmungsgabe, aber wenig schöpferisch. Seitdem nicht
mehr wie früher jeder Professor an einer europäischen Universität nach
harter Arbeit seine Dissertation zu schreiben braucht, sehen auch viele
in der älteren Generation ein, was verlorengeht. Auch in England ist ein
erschreckender Mangel an stabilen Auffassungen zu verzeichnen ...
Ich habe nie geglaubt, daß der Charakter der Menschen in der Emigration sich, mit wenigen Ausnahmen, so ändern könnte. Oder vielleicht

war gar kein Charakter vorhanden, waren diese Menschen nur in ihrer rücksichtslosen Auswirkung gehemmt durch die Furcht vor der Kritik. Allerdings muß ich sagen, daß das Berliner Milieu, in dem die meisten dieser Emigranten lebten, nach meinen intimen Erlebnissen von 1929 bis 1934 so faul war, daß es mich seit Juni 1931 mehr Arbeit als irgendeine andere Aufgabe gekostet hat, die schlimmsten Auswirkungen zu vertuschen. Lieber Herr Pechel, in diesen Dingen lag der Kern des Übels . . . Da das Ausland in Wirklichkeit, mit Ausnahme ganz weniger Menschen, nicht die geringste Ahnung von deutscher Geschichte, deutscher Literatur und deutscher Politik hat, so ist man immer unsicher, wem man folgen soll. Im Durchschnitt behält der letzte Besucher immer recht . . . Die Russen haben für eine Zeit hier tatsächlich die ganze Politik entscheidend beeinflußt. Das ist jetzt vorüber . . . Nur eines habe ich 1944 erreicht, daß man in der amerikanischen Zone sofort Kommunalwahlen und Länderparlamentswahlen durchgeführt hat. Die Emigranten hatten sich gedacht, lange Zeit als Paschas mit unbeschränkter Gewalt zu herrschen.

. . . Was mich betrifft, so wie die Dinge heute liegen: Rückkehr nach Deutschland hat nur Zweck, wenn ich nicht amtlich gebunden bin und von Zeit zu Zeit wieder hier als Privatmann herüberfahren kann und in der Lage bin, in dieser Eigenschaft meinen Mund aufzumachen. Ich weiß nur noch nicht, wie ich es finanzieren soll.

Die Aussicht auf Friedensverträge hat sich seit November verschlechtert. Das Günstigste, was passieren kann, ist, daß in Moskau[1] noch nichts herauskommt. Aber dann besteht eine gewisse Gefahr, daß man selbst die russische Zone abschreibt, ganz zu schweigen von Pommern und Schlesien. Die Engländer werden nicht scharf in Moskau auftreten. Die Labour-Leute müssen alles tun, um ihren linken Flügel zu beruhigen. Außerdem ist England kein Machtfaktor mehr, wie es früher war. Frankreich geht rücksichtslos auf die Verwirklichung alter Richelieu-Pläne hinaus. Die kleinen Staaten haben alle ungefähr den Gedanken einer losen Föderation für Deutschland angenommen. England neigt zum gleichen Gedanken in der Hoffnung, auf friedlichem Wege eine Abspaltung der Tschechei vom russ[ischen] Block auf diese Weise allmählich erreichen zu können . . . Der dilettantische Gedanke, so viel Industrie im Rumpfdeutschland aufzuziehen, daß all diese Millionen davon leben und Deutschland der größte Exporteur von Fertigwaren werden können, scheitert schon an der Ansicht der Engländer, den früheren deutschen Export möglichst für sich zu gewinnen. So herrscht

im Augenblick folgender Gedankengang vor: Man will Deutschland
Kredite geben bis 1950, um die Industrie auf die Höhe zu bringen.
Dafür soll Deutschland möglichst viel Reparationen in Form von Sach-
leistungen machen. Dann wäre Rußland vielleicht willens, einen Teil
Schlesiens und Pommerns zurückzugeben. Ich zweifle, ob das gelingt.
... Im Mittleren Westen ist die Stimmung in bezug auf die Außenpolitik schon „vermiest". Engländer und Russen sind nahezu gleich unsym-
pathisch ... Schweren Herzens halte ich noch an meiner alten These
fest, daß man versuchen soll, den Friedensvertrag weiter aufzuschieben.
Aber mir ist manchmal nicht geheuer dabei. Nur überlege ich, daß, falls
ein Friedensvertrag zustande kommt, man sich vielleicht ganz zurückziehen wird. Das wäre einfach die Hungerkatastrophe ...
Von hier aus gesehen haben die Wahlen und die Parteienbildung einen
guten Eindruck gemacht ... Ich glaube nicht an ein dauerndes Überge-
wicht der sozialistischen Bewegung in Europa. Sie wird in die Zwickmühle kommen zwischen Kommunisten und anderen ... Es ist tragisch,
daß es leitende Leute in Bayern gibt, die mit den Franzosen verhandelt
haben und sich rücksichtslos auf ihren eigenen partikulären Vorteil
einstellen. Es ist besser, dann sich nicht als christlich zu bezeichnen ...
Was mir am meisten am Herzen liegt, ist, daß sich das gute Verhältnis
zwischen den beiden christl[ichen] Konfessionen befestigt. Dazu gehört,
daß man die Ziele nicht zu weit steckt, vor allem nicht auf dogmati-
schem Gebiete. Ich freue mich, daß die *Rundschau* auf diesem Gebiete
auch so taktvoll und weitsehend ist ...
Ich habe mich in den vergangenen Jahren sehr intensiv wieder mit der
Geschichte des ausgehenden römischen Kaiserreiches beschäftigt, die
mich immer interessiert hat. Manchmal in bangen Nächten der vergangenen Jahre habe ich mich nicht des Eindrucks erwehren können, daß
mit Ausnahme der modernen Verkehrsmittel, die ja nicht zur Ruhe
kommen lassen, und damit, trotz Vernichtung der Besinnlichkeit, vielleicht doch Gutes wirken, es beängstigende Parallelen zwischen heute
und damals gibt. Um so mehr und stärker muß die religiöse Erneuerung
aus den tiefsten Urgründen des Christentums vor den Augen aller als
das Wichtigste stehen. Wie soll man sonst Hoffnung wider alle Hoffnung
bewahren können? ... Nun habe ich schon zuviel niedergeschrieben,
was mir gerade in den Sinn kommt. Eine Unterhaltung würde wahrscheinlich ganz andere Fragen berühren ...

(1) Die Außenministerkonferenz tagte vom 10. März bis 24. April 1947 in Moskau.

* *21. Februar, Lowell House, H. B. an Friedrich Stampfer*

... In Washington konnte ich dieses Mal die höchste Ebene erreichen[1]. Alle waren außerordentlich nett zu mir, vor allem ein Kabinettsmitglied [Handelsminister W. A. Harriman] und Senator [Robert] Taft[2]. Der letztere scheint die ganze Situation zu sehen. Um meine Eindrücke zusammenzufassen: Die Leute an der Spitze – auch in der Army – scheinen zu der Einsicht gelangt zu sein, daß es wahrscheinlich unmöglich sein wird, die Russen aus dem Gebiet, das sie jetzt besetzen, hinauszudrängen. Sie scheinen sich Mr. Bevins Politik[3] anzuschließen, die er natürlich nicht freiwillig verfolgt, sondern unter dem Druck des linken Flügels seiner Partei. Sie stellen sich vor, Deutschland werde „in den nächsten 50 Jahren" sämtliche Ostprovinzen zurückgewinnen. Das Unheil ist, daß diese Leute die wirtschaftlichen Verhältnisse Deutschlands nicht begreifen können ...

(1) In der dritten Februarwoche veranstaltete Bruce Hopper auch ein privates Frühstück für H. B. mit Kriegsminister Robert Patterson und ein Essen mit Botschafter William Bullitt. (2) Sohn von Präsident und Oberrichter William H. Taft, Senator aus Ohio (Republikaner) 1939–1953. Bei den Kongreßwahlen vom November 1946 errangen die Republikaner in beiden Häusern die Mehrheit. Als Vorsitzender des republikanischen Steering Committee im Senat wurde Taft praktisch Führer der Mehrheit. Taft, ein Politiker von anerkannter Intelligenz und Integrität, aber begrenzter Popularität, war „ein Individualist, der in institutionellen Begriffen dachte". Seine Gattin Martha war aktive Pazifistin und Mitglied der linksstehenden internationalen Frauenliga für Frieden und Freiheit. (3) Das britische Kabinett befürwortete zu jener Zeit eine „Verständigung" mit der Sowjetunion und war bereit, eine Vermittlerrolle zwischen der Sowjetunion und den USA zu spielen.

* *Ende Februar, Memorandum für Robert Taft*

Faktoren der Regelung in Europa:

1. Die Föderation von West- und Mitteleuropa ist wünschenswert,

a) wenn sie nicht zur Unterdrückung der politischen Freiheit in irgendeinem Mitgliedsstaat ausgenutzt wird;

b) wenn sie nicht in erster Linie den Zweck verfolgt, das strategische Vorfeld gegen Rußland zu vergrößern (was nach zehn Jahren zum Krieg führen könnte);

c) wenn alle Mitgliedsstaaten gleiche wirtschaftliche Rechte auf der Grundlage des freien Wettbewerbs innerhalb eines integrierten Wirtschaftssystems haben.

2. Die Einstellung der Westmächte:

a) Eine solche Föderation wurde in westlichen Ländern offen befürwortet als Mittel zur Errichtung eines politischen und strategischen Blocks gegen Rußland (John Foster Dulles' Rede).[1]

b) Alle Westmächte neigen zum Aufbau einer eigenen Planwirtschaft rein nationalistischer Ausrichtung ohne Rücksicht auf die Anforderungen eines allgemeinen, integrierten, in sich auf freiem Wettbewerb begründeten Wirtschaftssystems außerhalb Rußlands. (Die derzeitigen britischen und französischen Pläne für Planwirtschaftssysteme gründen sich lediglich auf Erwägungen, die die Wiederaufbauperiode nach dem Krieg betreffen. Noch einige Zeit wird die Industriekapazität dieser beiden Länder kaum der Nachfrage nach notwendigen Gütern gewachsen sein. Nach der Wiederaufbauperiode werden sie überschüssige Kapazität haben, genau wie von 1929 an . . . Die überschüssige Kapazität Westeuropas war eine Hauptursache für das Scheitern der Allgemeinen Abrüstungskonferenz von 1932. Wenn die Westmächte bei der Wirtschaftsplanung die Produktionskapazität ganz Deutschlands, Österreichs, Italiens, später Polens und der Tschechoslowakei nicht berücksichtigen, wird in den westlichen Ländern wieder Überschußkapazität vorhanden sein, sobald die Wiederaufbauperiode vorüber ist.)

c) Ein großer Teil der geplanten Einschränkung der deutschen Produktionskapazität beruht nicht auf militärischen Erwägungen, sondern auf den kurzfristigen Interessen der nationalen Planwirtschaftssysteme der Westmächte.

3. Die Einstellung Rußlands:

a) Rußland wäre gezwungen, sich einer solchen Föderation von West- und Mitteleuropa zu widersetzen, falls deren offenkundige politische und strategische Ziele tatsächlich diejenigen sind, die von westlichen Sprechern in den letzten Monaten genannt wurden.

b) Rußland würde deshalb versuchen, seine westlichste Stellung, die 150 Kilometer vom Rhein entfernt ist, zu halten. Die Rote Armee kann aus der Stellung, die sie jetzt besetzt, bereits Raketenbomben auf Großbritannien abschießen. Die Entfernung zwischen Thüringen und der Saar ist so klein, daß die Rote Armee bei einem kommunistischen Aufstand in Frankreich sehr leicht eingreifen könnte . . .

c) Nominell unterstützt Rußland die Bildung einer zentralen deutschen Regierung nur in der Hoffnung, den Patriotismus in den drei anderen Besatzungszonen für seine eigenen Zwecke zu gewinnen. Die

Russen sind sich bewußt, daß das deutsche Volk stets nach Wiedervereinigung streben wird; ist keine zentrale deutsche Regierung vorhanden, so können sie hoffen, sich diese Tendenz zunutze zu machen . . .

d) Offene Versuche westlicher Staatsmänner, die Tschechoslowakei und Polen aus dem russischen Einflußbereich herauszulocken, werden zu einer beschleunigten Vernichtung der Intelligenz und der Mittelschichten in diesen beiden Ländern sowie in der russischen Besatzungszone Deutschlands führen . . .

e) Rußland wird sich bemühen, den Krieg mindestens in den nächsten zehn Jahren zu vermeiden. Seine Expansionsmethode wird darin bestehen, daß es aus den infolge des Krieges und der Friedensverträge permanent ungeregelten Verhältnissen vor allem in Italien und Deutschland politischen Vorteil schlägt. Die 14 Millionen Deutschen, die aus den Ostgebieten vertrieben wurden, werden fruchtbaren Boden für die kommunistische Agitation bilden, die bessere Lebensbedingungen verheißen wird, falls Deutschland in den russischen Einflußbereich eintritt[2].

4. Die Aussichten, wenn Rußland an der Elbe-Thüringen-Linie bleibt:

a) Wenn Rußland in Ostdeutschland bleibt und die Hoffnung auf eine nationale Vereinigung Deutschlands unter seiner Führung schürt, wird seine Position ständig stärker werden. Alle europäischen Gebiete, die landwirtschaftliche Überschüsse erzeugen, werden unter russischer Herrschaft stehen. Die Industrie in Ostdeutschland wird der russischen Industrie komplementär werden. Die Auferlegung von [russischen] Reparationslasten auf Westdeutschland wird dort allmählich eine ähnliche Anpassung bewirken. (. . . Mit der direkten Herrschaft über Ostdeutschland und der indirekten Herrschaft mittels der Reparationen über Westdeutschland und die Tschechoslowakei kann Rußland ein industrielles Kriegspotential entwickeln, das dem der Vereinigten Staaten gleich ist. Wenn es seine landwirtschaftliche und industrielle Organisation zu wirksamem Funktionieren bringt, wird es in allen wesentlichen Materialien autark sein.)

b) Wenn Großbritannien und Frankreich ihre Volkswirtschaft nach rein nationalistischen Richtlinien planen, wird Rußland wegen seines Außenhandelsmonopols Nutzen daraus ziehen.

c) Nur ein totalitärer Staat kann eine Planwirtschaft für den Zweck wirtschaftlicher und politischer Expansion voll ausnützen. Er kann die Hungersnot im eigenen Volk außer acht lassen . . .

d) Auf längere Sicht werden die Ernten in der übrigen Welt nicht immer ausreichen, um dem jährlichen Nahrungsmittelmangel im größten Teil Mittel- und Westeuropas abzuhelfen. Dann wird Rußland in der Lage sein, die Menschen in Westeuropa mit dem Angebot von Nahrungsmitteln in seinen Bannkreis zu ziehen . . .

e) Selbst wenn seine Industrie wieder auf den Stand von 1936 gebracht wird, wird West- und Süddeutschland nie eine ausgeglichene Zahlungsbilanz haben. Das gesamte Eisenerz, fast alles Kupfer, Zink, Zinn und alle Legierungen werden eingeführt werden müssen, und diese Notwendigkeit wird durch die Begrenzung der Aluminium- und Zementproduktion noch verschärft werden. (Eine alliierte Kontrolle der deutschen Eisenerzimporte würde schon genügen, um jede Wiederaufrüstung in Deutschland zu verhindern . . .)

Die Ostvertriebenen werden ernährt werden müssen in einem Teil Deutschlands, der in der Vergangenheit trotz sehr intensivem Anbau 40 Prozent seiner Nahrungs- und Futtermittel (ausgenommen Fleisch) aus dem Ausland oder aus Ostdeutschland beziehen mußte . . .

Da England mit dem Commonwealth und Frankreich heute danach streben, sich zu autarken Wirtschaftseinheiten zu entwickeln, wird ein Exporthandel zwischen Westdeutschland und diesen Ländern kaum möglich sein. Auf weite Sicht zeigt ein Überblick über die derzeitige Wirtschaftsplanung dieser Länder einschließlich der Zeit nach dem Wiederaufbau, daß Deutschland keinen bedeutenden Exportmarkt außerhalb der Ostgebiete und des übrigen Osteuropa haben wird . . .

Die Westmächte werden dann vor der Alternative stehen, entweder die deutsche Bevölkerung durch Aushungern allmählich zu eliminieren oder jährlich große verlorene Ausgaben zu machen, um diese Bevölkerung am Leben zu erhalten . . .

f) Wenn also Rußland die Herrschaft über Ostdeutschland einschließlich Sachsen, Brandenburg und Thüringen behält und wenn die Westmächte ihre derzeitige Planung für nationale Autarkie fortsetzen, wird eine westeuropäische Föderation auf lange Sicht weder Deutschland wirtschaftlich helfen noch für die westlichen Länder in Deutschland einen Markt schaffen.

g) Angesichts all dieser Vorteile und besonders seines Staatshandelssystems könnte Rußland nach Belieben jede denkbare Zahlungsbilanz nicht nur in Westdeutschland, sondern auch in jedem anderen mittel-

oder westeuropäischen Land umstürzen, wodurch es diesen Ländern die Möglichkeit, stabile Währungen beizubehalten, rauben und permanente politische Unruhe erzeugen würde.

5. Zufriedenstellendere Verhandlungsziele:

a) Man könnte anfänglich starken Druck ausüben gegen die Annexion der deutschen Ostgebiete durch Polen und Rußland und für die Gewährung von freiem Handel und freier Produktion in Polen und der Tschechoslowakei.

b) Eine Föderation West- und Mitteleuropas sollte nicht zu Beginn vorgeschlagen werden, sondern erst als letzter Ausweg.

c) Man könnte weitere Reparationszahlungen von Deutschland an Rußland von der Aufgabe der polnisch-russischen Ansprüche auf die deutschen Ostgebiete abhängig machen.

d) Diese Ziele sind nur innerhalb der nächsten fünf Jahre zu erreichen, nicht später, denn Rußlands Herrschaft über alle europäischen Getreideexportgebiete ist ein sicherer Weg zur Beherrschung ganz Europas.

e) Eine europäische Föderation einschließlich der Tschechoslowakei und später vielleicht Polens hätte nur dann Überlebenschancen, wenn das ganze Gebiet einschließlich des Vereinigten Königreichs zu einer Wirtschaftseinheit wie die Vereinigten Staaten mit freiem Wettbewerb im Innern zusammengeschlossen würde.

(1) Am 17. Januar in New York hatte Dulles, republikanischer Berater des Außenministers, gegen das Ziel der wirtschaftlichen Einheit Deutschlands und für die wirtschaftliche Einheit Europas, eines „aufblühenden Westeuropa", gesprochen. In einem privaten Memorandum von Ende 1944 befürwortete Dulles die permanente Eingliederung von Ost-, West- und Süddeutschland in die Nachbarstaaten, wobei „ein kleiner preußischer Kern" übrigbleiben würde (vgl. Townsend Hoopes, *The Devil and John Foster Dulles*, Boston 1973, S. 68). Vom Frühjahr 1946 an sprach und schrieb er eindringlich gegen sowjetische Weltbeherrschungspläne. Nach amtlicher Schätzung waren 1950 von insgesamt 17 Millionen Ostflüchtlingen acht Millionen in Westdeutschland.

* *7. März, Stillman Infirmary, H. B. an Rudolf Pechel, Berlin*

... Zum zweiten Mal innerhalb von zwei Monaten bin ich mit einem Infekt im Krankenhaus ... und werde vielleicht noch zwei Wochen hierbleiben müssen, solange sich die Ärzte bemühen, der Krankheit Herr zu werden ... Der Wunsch nach einem konstruktiven Frieden ist sehr stark, und die Hysterie ist in Washington selbst abgeflaut, wenn

auch noch nicht in gewissen Bereichen der Presse . . . Was mir in den
letzten vier Wochen hier besonders auffiel, ist das Gefühl der Schuld,
die die Menschen nicht gern eingestehen, nicht einmal sich selbst gegenüber. In den letzten zwei Jahren habe ich so etwas erwartet, und alle
meine Berechnungen stützen sich darauf. Sie wissen ja: Eine Kollektiv-
reaktion auf Schuld ist nicht sehr viel anders als die Reaktion auf Schuld
im Gewissen des Durchschnittsmenschen. Vergessen ist der leichteste
Weg für Leute, die das Leben genießen wollen und nicht an Kinder und
Enkel denken . . . Die puritanische Strenge ist allmählich einer moralisch gleichgültigen Betrachtungsweise der öffentlichen Angelegenheiten
gewichen. Humanitäre Phrasen verfangen bei den Leuten immer noch,
aber sie entstammen zumeist der Überzeugung, ein „auserwähltes
Volk" müsse der Welt sagen, wie sie handeln soll. Humanitäres Gerede
war in den vergangenen 100 Jahren überall eine der größten Gefahren,
besonders aber in diesem Lande. Eine wunderbare Formulierung dafür
findet sich im 6. Kapitel von Dickens' *Edwin Drood;* vielleicht könnten
Sie es verwenden[1] . . .

(1) Eine Persiflage auf „gunpowderous philanthropy".

April, Lowell House, H. B. an Gustav Olef, Wiesbaden

. . . Was mich bedrückt, ist nur das völlig unpolitische Niveau: auf der
einen Seite, wo man sich auf Schimpfen auf andere und reine Parteiagitation beschränkt; und auf der anderen Seite, wo man sich, nach dem
Schrifttum zu urteilen, in rein theoretischen Erörterungen erschöpft, die
zu nichts führen. Der arme Hegel ist doch längst tot. Nur der Pseudo-
Hegel lebt noch in der Karl Marxschen Fassung weiter. Aber keiner,
der über Hegel schreibt, scheint ihn gelesen, viel weniger studiert zu
haben. Hegel war für den Rechtsstaat – das heißt, alle Rechtsprinzipien
müssen gleich bindend für alle sein. Davon sehe ich in der Welt nicht
mehr viel . . . Man sieht auch hier allgemein ein, daß eine vernünftigere
Wirtschaftspolitik getrieben werden muß. Aber man hat sich zu weit
festgelegt vor Ende des Krieges . . .

29. April, Lowell House, H. B. an Eugen Klee, Meisbach, Obb.

. . . Heute sind die meisten Menschen hier von den katastrophalen
Folgen von Jalta und Potsdam überzeugt. Aber von da zu einer wirklich
konstruktiven Politik ist noch ein langer Weg. Man kann die Völker
nicht innerhalb von zwei Jahren in ihren Anschauungen völlig herumwerfen, namentlich nicht, wenn man vor entscheidenden Wahlen im
nächsten Jahre steht. Jeder berechnet schon heute, wie sich alle seine
Schritte auf die Wahlen auswirken werden. Es war, an diesem Maßstab
gesehen, schon eine sehr kühne Politik, als Präsident Truman[1] sich für
die Unterstützung von Griechenland und der Türkei aussprach . . .

(1) Harry S. Truman (1884–1972), amerikanischer Präsident (Demokratische Partei)
1945–1953. Um die von ihm im März vorgeschlagene Hilfe für Griechenland und die
Türkei bewilligt zu bekommen, wollte er „das Land in höllischen Schrecken versetzen‟.

30. April, Littauer Center, H. B. an Hans Steinacher[1], Frankfurt

. . . Über Ihren Brief vom 16. Februar habe ich mich besonders gefreut.
Ich erinnerte mich wehmütig der gemeinsamen Arbeit vor 24 Jahren
und später. Es gibt wenige Beispiele in der Geschichte, daß in gleichem
Maße die gewaltige Arbeit einer ganzen Generation in wenigen Jahren
vernichtet wurde. Dahinter müssen neben den Fragen des anomalen
Generationswechsels, die Sie erwähnen, und den außenpolitischen und
wirtschaftlichen Schwierigkeiten noch wesentlichere Gründe stecken,
über die ich in den Jahren meines Exils sehr viel nachgedacht habe . . .
Wer eine lebendige und schnelle Einbildungskraft besitzt, braucht ein
besonderes seelisches Gleichgewicht. Das war uns lange vor dem letzten
Kriege genommen. Die Gründe dafür sind zu mannigfaltig, als daß ich
sie in einem kurzen Briefe auseinandersetzen könnte. Manche sind
ähnlich den Ursachen des Zerfalls in der griechischen Geschichte. Die
griechischen Philosophen wollten eine total gebrochene Tradition durch
Abstraktion wiederherstellen. Sie sind dadurch ein Gut für die ganze
Welt geworden, ohne für die Heimat etwas zu retten . . .

(1) Ehemaliger Leiter des Volksbunds für das Deutschtum im Ausland.

* 30. April, Lowell House, H. B. an Egbert Munzer, Quebec

. . . Ich gebe den Brief von Pater [Gustav] Gundlach [S. J.] zurück, den
Sie mir übersandt haben. Ich werde ihm schreiben, wie auch Pater
[Oswald] Nell-Breuning [S. J.]. Mehrere von Pater Gundlachs Artikeln
habe ich gelesen. Ich habe eine hohe Meinung von ihm, doch haben sie
offenbar alle vergessen, wie die Nazis wirklich an die Macht kamen, und
welche Unterstützung ausländischer Regierungen sie an der Macht
hielt. Vom taktischen, psychologischen Gesichtspunkt her verstehe ich,
warum sie eine äußerst scharfe, kritische Haltung zur Vergangenheit
einnehmen müssen, aber man sollte nicht zu weit gehen, denn das de-
moralisiert die Menschen auf die Dauer. Die Gefahr der Demoralisierung ist jetzt in Deutschland größer als alle anderen, auf lange Sicht
sogar größer als die Hungergefahr. Kein Volk, dem täglich eingehäm-
mert wird, wie vollkommen verderbt und unmoralisch es gewesen ist,
kann überleben. Der Vorgang ist besonders ausgeprägt in der US-Zone,
wo frühere Kommunisten und ähnliche Typen jetzt in amerikanischer
Uniform alles in der deutschen Geschichte schmähen . . . Sogar ein
Mann wie Professor [Hermann] Strathmann in Erlangen, der 1929 aus
Hugenbergs Partei austrat und seinen Sitz im Reichstag verlor, weil er
sich Treviranus' Partei angeschlossen hatte, wurde wegen Zugehörigkeit
zu einer „militaristischen" Partei entlassen . . .

* 1. Mai, Lowell House, H. B. an Hermann Muckermann

. . . Was Sie über mich schreiben und über das freundliche Gedenken
vieler Menschen an mich, rührt mich sehr. Leider steht jetzt endgültig
fest, daß ich dieses Jahr keine Genehmigung zum Besuch der US-Zone
erhalten werde. Die einzige Möglichkeit wäre, daß ich hier alle Verbindungen abbreche und für immer zurückzukehren versuche, doch das
würde die hiesigen Behörden beleidigen und mir jede Gelegenheit rauben, in Zukunft etwas zu unternehmen. Vielleicht stünden mir noch
ernstere Schwierigkeiten bevor. Darüber habe ich mir nie Illusionen
gemacht. Ich mache es keinem Deutschen zum Vorwurf, wenn er die
Lage nicht begreift. Es muß für die Menschen in Deutschland fast unmöglich sein, sich darüber klarzuwerden, daß sie – was auch geschehen
mag – noch lange Zeit politisch kein freies Volk sein werden und daß es
jetzt nur um das bloße körperliche und moralische Überleben geht . . .

Ich fürchte eben, daß die derzeitigen kleinlichen politischen Streitigkeiten die Lage keineswegs verbessern werden, ebensowenig die gutgemeinten Diskussionen über die theoretische Grundlage der Politik oder eine von purer Resignation geprägte Frömmigkeit . . .

* 6. Mai, Lowell House, H. B. an Jakob Goldschmidt, New York

. . . Zu meiner Verblüffung erfuhr ich gestern von Tre[viranus], daß die Hearst-Presse eine Erklärung veröffentlichte des Inhalts, Sie hätten die Nazis finanziell unterstützt. Tre schrieb mir auch, Sie hätten eine Verleumdungsklage eingereicht, und ich solle mich in diesem Zusammenhang darauf gefaßt machen, daß ein Rechtsanwalt von Mr. [William Randolph] Hearst an mich herantrete. Selbstverständlich werde ich ihm nur zu gern sagen, daß man Sie mit den Direktoren von zwei anderen Berliner Banken verwechselt haben muß und daß niemand, der während meiner Amtszeit und vorher die Nazifinanzen untersuchte, irgendeinen Hinweis auf eine Mithilfe von Ihnen fand. Darf ich Sie aufmerksam machen auf die Veröffentlichung des britischen Außenministeriums der *Documents on British Foreign Policy, 1919–1939*, 2. Serie Band 1, . . . [London] 1946 (auch erhältlich bei British Information Services, 30 Rockefeller Plaza)? Der Bericht Nr. 324 [Berlin, 25. September 1930] von Sir Horace Rumbold an Mr. Henderson hält „aus bester Quelle" folgendes fest: „Einer der prominentesten jüdischen Bankiers in Berlin erhielt die Zusage persönlicher Sicherheit von Herrn Goebbels, dem Führer der Nationalsozialisten im Reichstag. Ein anderer jüdischer Bankier soll regelmäßig Beiträge an den Fonds der Nationalsozialisten leisten, aus Abscheu oder Furcht vor dem Finanzgebaren der Sozialdemokraten." Der vorhergehende Bericht Nr. 323 [Berlin, 18. September 1930] zitiert [Staatssekretär Robert] Weismann wie folgt: „Die Nationalsozialisten müssen acht bis zehn Millionen Mark für ihre Wahlkampagne ausgegeben haben. Die Großindustriellen waren nicht in der Lage, diese Gelder bereitzustellen. Vielleicht haben einige Juden dazu beigesteuert, obwohl die Nationalsozialisten ihnen sehr feind sind. Ich kann mir keine andere Quelle denken, aus der die Nationalsozialisten ihre Mittel schöpfen." Ich möchte Sie auf diese kürzlich veröffentlichten Erklärungen hinweisen, da sie vielleicht der Anlaß zu dem Angriff auf Sie sind. Es gibt noch andere mögliche Ursachen; darüber sprachen wir vor Monaten . . .

8. Mai, Lowell House, H. B. an Paul von Husen[1], Berlin

. . . Was das Angebot von Lehrstühlen angeht, so bin ich einer Meinung mit Ihnen[2]. Es ist so schwer für mich, die Ablehnung zu formulieren, da eine Reihe von guten Leuten in Deutschland sofort Abschriften meiner Briefe zirkulieren läßt . . . Ich glaube, Lukaschek sollte noch nicht fortgehen, noch ist nichts geregelt. Er hat ja vorläufig zu tun, wenn es auch uninteressant ist. Das Schreckliche ist ja nur, wenn man überhaupt keine Bleibe hat und sich auf nichts konzentrieren kann, wie es mir in meinem Wanderleben die ersten zwei Jahre meines Exils erging. Jede Tätigkeit in einer Zeit des ewigen Wartens ist besser als das Hoffen auf andere Lösung[en] . . . Man muß sich nur nicht auf das Denken an die eigene Generation beschränken, es wird ein langes Auf und Ab der Stimmungen geben . . .

(1) Dr. jur., bis 1934 Mitglied der Gemischten Kommission für Oberschlesien. Nach dem 20. Juli zum Zuchthaus verurteilt; später Präsident des Oberverwaltungsgerichts von Nordrhein-Westfalen. (2) Der bayerische Ministerialdirektor Dr. Süss hatte H. B. im Oktober 1946 eine Gastprofessur angeboten, und andere Angebote folgten. Van Husen hatte H. B. am 19. März geschrieben, daß seine Rückkehr nach Deutschland nur „eine leere Zeitungskampagne" eröffnen würde.

* 10. Mai, Lowell House, H. B. an Horst Michael, Frankfurt/M.

. . . Ich halte Ihre derzeitige Arbeit [Evangelisches Hilfswerk für Großhessen] für ebenso wichtig wie die Mission. Ich erhalte so viele Briefe von Flüchtlingen aus meinem alten Wahlkreis, die mehr unter der Einstellung der Leute um sie herum leiden als unter dem Verlust ihres Besitzes und unter den schrecklichen Bedingungen ihres jetzigen Lebens . . . Ich wäre überglücklich, wenn es Ihnen gelänge, die Franziskaner und Kapuziner für Ihre Arbeit zu gewinnen . . . Ich freue mich sehr, daß Sie mit Bischof Kaller[1] zusammenarbeiten. Zuletzt sah ich ihn 1933 im Hedwigs-Hospital . . .
Mein Zorn auf den größeren Teil der Emigrantenliteratur wächst von Tag zu Tag. Sie hat nicht nur in den letzten 14 Jahren die hiesige öffentliche Meinung stark gegen das deutsche Volk beeinflußt, sondern sie hat auch die kommunistischen Versuche der Machtergreifung in den ersten fünf Jahren nach dem letzten Krieg verdunkelt und damit das Verständnis der Öffentlichkeit für die heutige Bewegung verwirrt . . . In

den *Frankfurter Heften* las ich einen Artikel von Walter Dirks, in dem er schreibt, der Marxismus müsse mit „christlichem Marxismus" überwunden werden. Das erschreckte mich mehr als alles andere, was ich gelesen habe. Wenn die Menschen nicht begreifen, daß man dem Marxismus nur durch Ablehnung seiner ganzen Methode und seines Geistes und durch ein Neuaufleben des Geistes der christlichen Liebe Widerstand leisten kann, fürchte ich, daß die Welt vielleicht nicht marxistisch, aber unempfänglich für jene Auffassungen wird, die eine primitive Anbetung der Macht verhindern könnten . . .

(1) Maximilian Kaller, Bischof von Ermland, der für sämtliche katholische Ostflüchtlinge in Westdeutschland verantwortlich war. Er starb im Juli 1947.

* *Juni, Lowell House, H. B. an Hermann Pünder*

. . . Seit letzten Herbst kann ich allmählich hier und dort Rat erteilen. Ich bin nicht mehr verdächtig. Natürlich hatte ich früher Gelegenheit, Leuten, die zu jener Zeit nicht sehr einflußreich waren – darunter auch Hoover –, es aber heute sind und sehr konstruktiv arbeiten, die Folgen des Jalta-Abkommens deutlich vor Augen zu führen. Ich darf dieses Land nicht verlassen, ehe die lebenswichtigen Beschlüsse des nächsten halben Jahres gefaßt sind. Ich bin nicht optimistisch, aber ich wäre mein Leben lang sehr unglücklich, wenn ich nicht die letzte Möglichkeit, das Schlimmste zu verhindern, ausnutzen würde . . .
Zur Information von Kaiser, Adenauer und einem oder zwei weiteren Männern, die den Mund halten können, sage ich Ihnen meine Ansicht zur derzeitigen Lage. Zuerst wiederhole ich die gestrige Erklärung eines alten amerikanischen Freundes, der in engem Kontakt zu Leuten in Washington steht. Ein Mitglied einer alten Bostoner Familie sagte vor drei Monaten fast wörtlich das gleiche zu mir: „Wir wissen nicht genug über Fakten und Menschen in der übrigen Welt, um uns zu einer definitiven, langfristigen Politik entschließen zu können. Militärisch planen wir für jede Eventualität, aber wir wissen, daß die ganze Nation der fortdauernden Unbeständigkeit in der Welt müde ist. Obwohl man diese vorhersehen konnte, unternahm man nichts, um unser Volk darauf vorzubereiten. Deshalb sollten Sie noch ein Jahr in diesem Lande bleiben. Es werden sich Gelegenheiten ergeben, da man Sie nach Ihren Ansichten fragt, allerdings nur, wenn Ihr Name nicht im Zusammenhang mit irgendeinem Amt genannt wird . . ."

... Es besteht kein Zweifel, daß Präsident Truman sofort nach den
Wahlen im letzten Herbst eine sehr mutige und konstruktive Politik
einführte. Ich glaube, selbst wenn er bereit wäre, sich noch weiter vor-
zuwagen und härtere Maßnahmen zu ergreifen, würde er von der De-
mokratenparteimaschine gehemmt, die natürlich vor allem auf die
öffentliche Reaktion bei den Präsidentschaftswahlen nächstes Jahr sieht.
Die Republikaner, die mit allen Mitteln versuchen, der Anschuldigung
des „Isolationismus" zu entgehen, werden alles Denkbare unternehmen,
um eine Außenpolitik aufzubauen, die weder den Demokraten ermöglicht, sie als Abtrünnige der Zweiparteien-Außenpolitik zu bezeichnen,
noch der Öffentlichkeit den Eindruck eines großen Risikos und hoher
Ausgaben vermittelt, im Gegensatz zu dem Programm der Steuerbe-
schränkung, mit dem die Republikaner letztes Jahr das Land überfielen.
Dies ist ein Faktor von Mr. Hoovers Anregung eines Separatfriedens mit
der englischen und der amerikanischen Besatzungszone in Deutschland[1]. Ein weiterer Grund seines Vorschlags war der Gedanke, dies sei
ein Druckmittel, mit dem man Rußland zu einem Kompromißfrieden
bringen könne. Ich fürchte, diese letztere Erwartung ist vollkommen
unberechtigt ... Zweifellos könnte dieses Land mit der Verweigerung
weiterer Anleihen Frankreich dazu zwingen, daß es seine Zone mit der
englischen und der amerikanischen Zone verbindet. Doch Sie und Ihre
Freunde sollten wissen, daß französische Generäle und Damen der
Gesellschaft hier eine sehr intensive und geschickte Propaganda für den
Gedanken betreiben, daß nur Frankreich Europa retten könne und daß
de Gaulle[2] der einzige geeignete Mann dafür sei. Sicher ist diese Ansicht
der Grund für die Position zum Beispiel von Mr. Foster Dulles[3]. Ich
glaube kaum, daß weitblickende Militärs, die keine hohe Meinung von
de Gaulle und vom französischen Heer haben, diese Ansicht teilen, aber
ich bin nicht sicher, ob General Marshall darin ganz mit ihnen übereinstimmt. Jedenfalls werden die Russen bleiben, wo sie sind, wenn ein
solcher Separatfrieden zustande kommt. Leute, die hier Einfluß haben,
erkannten die militärische Lage in Europa erst dann voll und ganz, als
sie mit unseren besten Stabsoffizieren gesprochen hatten ...
Selbst Leute, die an der Spitze stehen und hohe ethische Prinzipien
vertreten, glauben noch nicht, was in Deutschland unter der Besatzung
vorgeht und vorging ... Trotz möglicher Rückschläge glaube ich, daß
Sie unter allen Umständen den Gedanken der CDU verfechten sollten ... Es ist auch nötig, mehr über unsere Freunde im Widerstand zu
schreiben; auch hier wieder besteht bei den Sozialisten die Neigung,

durchblicken zu lassen, daß nur ihre Leute aktiv gewesen seien. Ich weiß von Moltke, der mich seit 1936 jedes Jahr besuchte, und von Trott, daß die Sozialisten, mit denen sie in Verbindung standen, nicht gegen die Kirchen eingestellt waren. Es interessiert Sie vielleicht, daß ich drei Kapitel eines Buches hier habe, das Hilferding während seiner Gefangenschaft in Arles zu schreiben begann. Darin legt er unmißverständlich dar, daß ohne religiöse Grundlage selbst der Sozialismus zum Scheitern verurteilt ist[4]. Unheilvoll ist natürlich, daß generationenlang viele Protestanten, die keine starke kirchliche Bindung hatten, nur eine politische Ausrichtung kannten – gegen den Katholizismus. Es wird sehr schwer werden, dies zu überwinden . . . Sie müssen so bald wie möglich Vertreter der Deportierten in sämtliche Länderparlamente bekommen, sonst sind sie alle verloren.

Zum Schluß noch ein Punkt von den vielen, die ich aus Zeitmangel nicht in diesem Brief behandeln kann. Falls die Ruhrindustrie sozialisiert wird, ist kein amerikanisches Kapital für sie zu erwarten. Man kann nur auf Privatkapital mit Regierungsgarantie hoffen, da die hiesige Regierung ihr Budget nächstes Jahr noch stärker reduzieren wird. Es ist klar, daß solches Privatkapital keinem riesigen staatlichen Trust zur Verfügung gestellt werden wird. Deshalb freue ich mich sehr, daß sich Adenauer für gemischtwirtschaftliche Unternehmen einsetzt. Ich schreibe gerade ein Memorandum über die Entwicklung dieser Idee, um hierzulande Verständnis dafür zu wecken. Als wir Herrn von Flotow[5] [zur Prüfung des Stahlvereins] beriefen, verfolgten wir, wie Sie wissen, die Absicht, alle Firmen für Fertigwarenfabrikation aus dem Stahlverein zu entfernen. Vögler widersetzte sich dem nicht, denn schon 1929 hatte er begonnen, seine Anteile an diesen Firmen zu verkaufen. Die künftige Entwicklung im Ruhrgebiet muß von Einzelfirmen gewährleistet werden, nicht von einem großen, staatlich geführten Konzern für Kohle, Eisen und Stahl. Das ist erfolglos. Sie wissen aus unserer Erfahrung von 1931 und 1932, wie hilflos die Generaldirektoren der Konzerne waren und wie wenige konstruktive Gedanken sie zur Neuorganisation ihrer Firmen hatten. Es ist durchaus möglich, Direktorien für jede Firma mit einer Dachorganisation für den ganzen Bezirk einzurichten sowie verschiedene horizontale Organisationen für die einzelnen Erzeugnisse; in diesen sollten die Verbaucherfirmen und -organisationen sowie die Gewerkschaften vertreten sein. Wir können die Expansion der kommunistischen Ideologie nicht mit einer rein kapitalistischen Theorie vom freien Unternehmertum eindämmen, sondern nur mit erfolgreichen

Organisationen, die im Gegensatz zur staatlichen Betriebsführung sämtliche Vorteile des freien Unternehmertums, verbunden mit einem mehr genossenschaftlichen System, in sich vereinigen . . .
Die ideale Lösung wäre für mich das Pendeln [zwischen Amerika und Deutschland]. Solange es meine Gesundheit zuläßt, könnte ich dann Gastvorlesungen an deutschen Universitäten während des einen Semesters im Jahr annehmen und im anderen Semester hier lesen. Soweit ich es beurteilen kann, sollte ich mich deshalb jetzt nicht mit einer Parteipolitik identifizieren, außer insofern, als ich versuche, die anständigen Menschen in der neuen Zentrumspartei mit der CDU zusammenzubringen . . .

(1) Am 29. Mai hatte Hoover Friedensregelungen mit Deutschland und Japan ohne Rußland vorgeschlagen. (2) General Charles de Gaulle (1890–1971), französischer Ministerpräsident September 1944 bis Januar 1946, 1958–1959, Staatspräsident 1944–1946, 1959–1969. (3) In mehreren Briefen schrieb H. B. in diesen Monaten ähnlich wie am 1. Mai an Prälat Seppelt: „Zur Zeit steht der Gedanke im Vordergrund, Frankreich stark zu machen als Bollwerk gegen den Kommunismus." In einer bezeichnenden Erklärung vom 29. April zu der Gefahr der sowjetischen Infiltration politischer Parteien und Arbeitsorganisationen in anderen Ländern hob Dulles die Intensivierung der Beziehungen zu Frankreich als Ausgleich für das Scheitern einer Verständigung mit Rußland hervor (vgl. *Times*, London, 30. April 1947). (4) Siehe Brüning, *Briefe und Gespräche 1934–1945*, S. 323. (5) Dr. Hans von Flotow, Geheimer Oberregierungsrat im preußischen Ministerium für Handel und Gewerbe bis 1921.

16. Juni, Lowell House, H. B. an Klemens Baeumker, München

. . . Ich bewundere Deine Mutter, wie sie alles erträgt. Daß Du mit Deinem Arbeitseifer über vieles hinwegkommst, habe ich nie bezweifelt. Nun ist der schreckliche Winter herum, und Ihr braucht wenigstens nicht zu frieren. Daß es in dieser Beziehung im nächsten Winter besser wird, ist kaum zu erwarten. Die Nahrungsmittellage für den kommenden Winter macht mir noch mehr Sorge als im vergangenen. Denn die Vorräte alter Ernte schwinden hier und anderswo früher als normal, und die Ernte in Westeuropa wird ebenfalls hinter der vorigen zurückbleiben wegen Mangel an künstl[ichem] Dünger, vor allem Phosphorsäure, deren Produktion mit der Eisen- und Stahlproduktion zurückgeht. Man beginnt hier, die Lage als sehr ernst anzusehen, nicht nur die Ernährungslage. Aber die Einsicht als solche ist schon ein Fortschritt. Was ich sonst aus Deutschland höre, ist sehr deprimierend: Denunzie-

rungssucht, Postenjägerei unter Aufgabe jedes Ehrgefühls und das Hervortreten von Leuten im politischen Leben, deren Charakterlosigkeit
schon vor zwanzig Jahren gerichtsnotorisch war. Aber so ist es in anderen europ[äischen] Ländern ja auch, ein allerdings sehr schwacher
Trost . . .

20. Juni, Lowell House, H. B. an Gustav Olef

. . . Vorige Woche habe ich einen ganzen Tag mit Kardinal Frings [von
Köln] verbringen können an der kanadischen Grenze. Ich erhielt vielfa-
chen Aufschluß und konnte manches berichten. Er sieht alles klar und
nüchtern. Das Zusammentreffen war mir um so wertvoller, als mir die
Reiseerlaubnis dieses Jahr versagt wurde . . . Es tut mir sehr leid um
meine Schwester, daß ich die Reise auf nächstes Jahr verschieben muß.
Aber aus anderen Gründen ist es besser . . .

* 3. Juli, Littauer Center, H. B. an William Averell Harriman[1], Washington

. . . Wie ich versprach, als ich die Ehre hatte, Sie zu sehen, füge ich eine
kurze Übersicht über die Probleme der Ruhrindustrie im Zusammenhang mit der Frage der Sozialisierung bei[2]. An den Schluß setzte ich
eine Zusammenfassung der Folgerungen, zu denen ich im Jahr 1931
kam, als die Regierung gezwungen war, den Wiederaufbau der Ruhrindustrie in die Hand zu nehmen . . . Sollten Sie Fragen haben, so be-
nachrichtigen Sie mich bitte. Ende dieser Woche fahre ich nach Andover, Massachusetts, wo ich den Juli und August verbringen werde . . .

(1) Nach der Verkündigung des Marshall-Planes Anfang Juni wurde Harriman Vorsitzender eines Executive Committee on Foreign Aid, dem Geschäftsleute und Ökonomen aus
von der Regierung unabhängigen Kreisen angehörten. Am 12. August berichtete er
Truman über die dringliche Notwendigkeit größerer Lieferungen an Deutschland: „Wir
können ohne ein gesundes Deutschland keine selbständige westeuropäische Wirtschaft
ankurbeln." Nach der Gründung der Economic Cooperation Administration in Europe
wurde Harriman der Vertreter der USA bei dieser neuen Stelle. (Siehe u. a. Herbert Feis,
From Trust to Terror, New York 1970.) (2) 45 Seiten mit der Beschreibung der Organisation der Schwerindustrie im Ruhrgebiet und insbesondere des Ausmaßes der Beteiligung
der öffentlichen Hand an Privatbetrieben. Durch die oberschlesischen Beteiligungen seiner
Familienfirma war Harriman einigermaßen mit der deutschen Schwerindustrie vertraut,
und 20 Jahre lang hatte er den Abbau der Handelsgrenzen in Europa befürwortet.

* 3. Juli, Lowell House, H. B. an Bruce Hopper für William Averell Harriman

Betrifft: Demontage deutscher Fabriken.
Ihrer Bitte folgend lege ich meine Ansichten in wenigen Sätzen dar.
Selbstverständlich kein Einwand gegen die Demontage von Fabriken,
die nur der Rüstungsproduktion, zum Beispiel dem Flugzeugbau, die-
nen, oder von Maschinen, die aus besetzten Ländern geholt wurden. In
Wirklichkeit werden zumindest in der britischen und in der französischen Besatzungszone Fabriken demontiert, die nicht in die beiden
obigen Kategorien fallen und auch nichts mit dem alten oder neuen
„Industrieniveauindex"[1] zu tun haben. Die Demontage findet mehr im
Hinblick darauf statt, Deutschland für immer auf dem Weltmarkt wett-
bewerbsunfähig zu machen (Beispiel: Demontage einer Kammfabrik).
Der neue Demontageplan, der in der Londoner *Times* veröffentlicht
wurde, zeigt ein Ansteigen dieser Tendenz. (Die Stahl- und Eisenwerke
der Ruhr mit der besten Transportgrundlage, die einzigen, die auf dem
Weltmarkt wettbewerbsfähig sind, wurden auf die Liste gesetzt. Dasselbe gilt für die Farbenfabriken in der britischen Zone, die von der *Times*
genannt werden.)
Dies wird dazu führen, daß jede Möglichkeit für Deutschland, eine
günstige Zahlungsbilanz zu erzielen, vereitelt wird. Darauf bestand
schon vorher wenig Hoffnung, weil die neuen Grenzen und die Vertreibung von Millionen Menschen aus dem Osten in den drei westlichen
Zonen eine höhere Industriekapazität als früher erfordern. Nach dem
neuen Plan wird die Wahl zwischen den zwei Möglichkeiten, mehr
Dollar nach Deutschland hineinzupumpen oder mehr Menschen dem
Hungertod zu überantworten, noch dringlicher. Nach Inkrafttreten des
[Marshall-]Plans wird der einzige Ausweg sein, daß man Westeuropa
zu einer Zolleinheit zusammenschließt und alle in Frage stehenden
Länder die Opfer auf sich nehmen läßt, die aus der künstlichen Unter-
minierung einer stabilen Handels- oder Zahlungsbilanz in Deutschland
folgen. Dies kann man nur ganz erreichen, wenn man gleichzeitig ein
einheitliches Währungssystem für alle diese Länder einführt; erst dann
werden die Konsequenzen von hastig ergriffenen, engstirnig erwogenen
Maßnahmen in ihrem vollen Ausmaß fühlbar.
Dies wiederum zieht eine Stabilisierung der Budgets dieser Länder als
Bedingung für amerikanische Anleihen nach sich. Sonst besteht für die
Marshall-Plan-Anleihen die große Gefahr, daß sie verwendet werden:
a) um notwendige Angleichungen in den öffentlichen Ausgaben zu

vermeiden; b) um künstlichen Wettbewerb zu schüren und den Wirtschaftsapparat jedes Landes auf eine nationalistische, aber wirtschaftlich ungesunde Produktion einzustellen, was wiederum wie in den dreißiger Jahren und 1923/24 zu der verspäteten Erkenntnis führen wird, daß in keinem westeuropäischen Land ein wirtschaftlicher Aufschwung möglich ist ohne einen aktiven Abnehmermarkt in Deutschland.[2]

(1) Nach dem Potsdamer Reparationsabkommen sollten diejenigen deutschen Industriebetriebe demontiert werden, die über die zur Wahrung eines von den Besatzungsmächten festzulegenden Lebensstandards notwendige Kapazität hinausgingen. Die Definition des zulässigen Industrieniveaus war Gegenstand endloser Auseinandersetzungen zwischen den Besatzungsmächten sowie zwischen der amerikanischen Militärregierung und dem State Department in Washington. Im Sommer 1947 wurde das zulässige Industrieniveau in der britischen und der amerikanischen Zone auf 60 Prozent der Produktion von 1936 angehoben. (2) Am 12. August übersandte Hopper an Harriman weitere Kritiken am Entnazifizierungs- und am Demontageprogramm sowie eine Empfehlung, daß die drei Westmächte den Kriegszustand mit Deutschland durch einfache Erklärung beenden sollten.

21. Juli, Andover, H. B. an Fritz Kuhnen[1], Eisenach

... Was die Sozialisierung angeht, so bin ich dagegen, und zwar im Interesse der Arbeiterschaft. Die Engländer sehen jetzt schon ein, wie schwer es ist, all die schönen Gedanken in der Praxis durchzuführen; andere auch. Aber ich stimme mit Ihnen überein, daß das Zusammenballen in großen Konzernen rein spekulativer Art während der Inflation der Krebsschaden gewesen ist ... Vor mir schwebte das Bild der Gemeinwirtschaft, unsere eigentümliche deutsche Lösung dieser Fragen, die einzige, die sich bewährt hat: Kapitalbeteiligung seitens der Regierung, der Vereinigungen und Genossenschaften, die jeweils dafür in Frage kamen, und des privaten Publikums; dann wieder Zerlegung der zu großen Unternehmungen ... Dabei bleibt die freie Initiative und Organisationsgabe gesichert, ohne die die Schwerindustrie nicht bestehen kann. Die Engländer denken schon kaum noch daran, die Eisen- und Stahlindustrie zu sozialisieren, weil sie eingesehen haben, daß das eben nicht funktioniert[2] ... Also gemeinwirtschaftliches Prinzip, wie beim Kali, beim Rhein[isch-]Westf[älischen] Elektrizitätswerk, wo die große Mehrheit der Aktien den Gemeinden gehörte. Das andere macht die Arbeiter zu Hörigen ...

(1) Christlicher Gewerkschaftsführer aus dem Saarland. (2) Der britische Kohlenbergbau wurde Anfang 1947 verstaatlicht. Die Verstaatlichung der Eisen- und Stahlindustrie wurde 1948 vom Parlament angenommen, aber nicht durchgeführt.

28. *Juli, Andover, H. B. an Robert Pferdmenges*[1]*, Köln*

. . . Eine besondere Genugtuung war es für mich, vor wenigen Tagen in einem mir zugesandten Zeitungsartikel zu lesen, daß Sie zum Mitglied der „Zonen"-Wirtschaftskommission gewählt wurden. Das ist der richtige Platz für Sie, trotzdem man natürlich nicht sofort von der Tätigkeit dieser Kommission große Lösungen erwarten kann. Was Sie im Februar schrieben über die [Misere der] Lage, war leider nur zu zutreffend. Aber inzwischen ist das Eis gebrochen . . . Das Glück ist, daß dieses Volk hier nicht allzulange in einer rein negativen Haltung stehenbleiben kann . . . Natürlich besteht noch immer die Gefahr, daß Europa selbst wieder in einen kleinlichen Kampf kurzsichtiger Interessen verfällt; dann würde hier der Mittlere Westen die Geduld verlieren und Europa abschreiben. Ich hoffe, daß die engl[ische] Regierung das klar sieht; ich habe nicht verfehlt, es schon gewissen Herren im vergangenen Oktober klarzumachen. Es kommt auf eine Milliarde Dollar mehr oder minder hier nicht an, trotz allen Geschreis (das immer wieder hier erhoben wird), wenn etwas Großzügiges geschieht und die europ[äischen] Nationen mutig und ohne kleinliche Eifersucht oder politischen und wirtschaftlichen Doktrinarismus an die Arbeit gehen . . .

(1) Dr. Robert Pferdmenges, Kölner Bankier, Bundestagsabgeordneter (CDU) 1949–1962, 1950 Vorsitzender des wirtschaftstechnischen Ausschusses für Angelegenheiten des Schuman-Plans.

28. *Juli, Andover, H. B. an Heinrich Neuerburg*[1]*, München*

. . . Wir werden ja alle für eine oder zwei Generationen im ungewissen zu leben haben. Niemand kann mögliche Verwirklichungen in ihrem Zeitpunkte und ihrer Tragweite auf längere Frist voraussehen. Aber in Deutschland muß man wieder so arbeiten wie nach dem letzten Kriege: als ob alle Fragen, auch die als unlösbar erscheinenden, auf die Dauer gelöst werden könnten. Dazu braucht man Rohstoffe und eine wirtschaftliche Freiheit, um die große schöpferische Phantasie und die Initiative, die im deutschen Volk immer latent vorhanden sind, zur vollen Geltung zu bringen. Ich hoffe, daß das unter dem Einfluß der hiesigen Regierung trotz aller Widerstände in Europa für die westlichen Zonen möglich sein wird. Damit wäre viel gewonnen, wenigstens in den Augen derer, die im Auslande beobachten konnten, wie jahrelang der völlige Vernichtungsgedanke überwog . . . Ich weiß, daß selbst in schwierigster Zeit in der Vergangenheit Sie immer wieder nach Rückschlägen und unter dauernd wechselnden Bedingungen, die die Grundlage Ihres Geschäfts zu gefährden drohten, mutig und mit neuen Ideen weitergeschafft haben. Ich glaube, das können Sie bald wieder tun, unbekümmert um die großen Fragezeichen, die bleiben werden, nicht nur für Deutschland, sondern für die ganze Welt. Wenn man diese Fragezeichen sich immer vorhalten würde, so könnte man sich nur in die Einsamkeit zurückziehen . . .

(1) Inhaber der Tabak-Firma „Haus Neuerburg KG".

* 31. Juli, Andover, H. B. an Gottfried Treviranus, Toronto

. . . Für Ihre Reise und Ihre Kontakte in der Heimat möchte ich die folgenden Punkte unterstreichen: Erstens, lassen Sie sich nicht zu eng mit der SPD ein. Die SPD-Leute werden jetzt, da ihre Hoffnung auf eine überwältigende Mehrheit schwindet, immer mehr zu Intriganten . . . Vor Spiecker warne ich Sie zum letzten Mal. Gewissenlos hat er jedes Wort, das er in früheren Jahren von Ihnen bekam, verwendet . . . Es ist ihm bereits gelungen, vor allem in Essen, die Katholiken in eine antiprotestantische Haltung zu treiben, indem er ihnen vorredete, Protestanten und Deutschnationale seien noch das gleiche. Er besiegte Steltzer[1] dadurch, daß er den alten Mitgliedern der Zentrumspartei in Schleswig-Holstein telegrafierte, sie sollten die Sozialisten wählen . . . Bitte sagen Sie Adenauer, ich hielte es nicht für klug, nur CDU-Leute in den bizonalen Wirtschaftsrat aufzunehmen – wenn man der Londoner *Times* glauben kann . . . Sagen Sie auch Dietrich, er solle ein Auge auf Kempner[2] haben, der die ganze Geschichte der Vergangenheit entstellt . . . Wenn Sie Pünder sehen, sagen Sie ihm, er möge dem Kardinal mitteilen, Mitglieder von religiösen Orden, die Einkehrtage in Deutschland abhielten, hätten den Leuten gesagt, ich könne sie mit Lebensmitteln versorgen, und die Bitten, die ich erhielte, nähmen kein Ende . . .

(1) Dr. Theodor Steltzer, 1920–1933 Landrat in Rendsburg, nach dem 20. Juli zum Tode verurteilt, dem er jedoch durch einen glücklichen Zufall entging; arbeitete 1945 vier Monate mit den Russen in Berlin zusammen, Oberpräsident von Schleswig-Holstein (CDU) 1945–1946, Ministerpräsident 1946 bis April 1947. (2) Dr. jur. Oberregierungsrat

im preußischen Innenministerium bis 1932, nach 1933 Dozent in Firenze, Nice, Philadelphia, arbeitete ab 1942 für den OSS, stellvertretender Hauptankläger in Nürnberg.

* 5. September, Lowell House, H. B. an William Yandell Elliott, Cambridge, Massachusetts

. . . In Andover ging es mir sehr gut, insofern als ich intensiv und ungestört arbeiten und die Geschichte der Ereignisse im Lichte meiner persönlichen Erfahrungen von Oktober 1918 bis Ende 1924 fertigstellen konnte. Das Jahr 1923, für das ich in früheren Jahren aus Zeitungen und anderen Veröffentlichungen sehr genaue Notizen gemacht hatte, bereitete mir die größte Mühe mit seiner vielschichtigen Verflechtung von wirtschaftlichen und rein politischen, internationalen, internen und parteimäßigen Faktoren. Ich glaube, es ist mir gelungen aufzuzeigen, daß sich schon 1923 die gleiche Situation ergab wie heute, mit russischen und französischen Versuchen, um jeden Preis eine Herrschaft über die Ruinen Mitteleuropas aufzurichten, und daß die kritischen Beschlüsse das Werk weniger entscheidender Tage waren. Tatsächlich tritt die Parallele zwischen der damaligen Taktik der Russen und ihrer heutigen Taktik noch deutlicher hervor, als mir vorher bewußt war . . . Gewisse Emigranten führten dieses Land mit ihrem Rat in seine derzeitige Lage angesichts der drohenden russischen Gefahr, und von ihren Positionen in Deutschland aus versuchen sie jetzt, sogar die amerikanische Militärverwaltung zu beaufsichtigen. Ich möchte Sie rechtzeitig warnen: Wenn dies fortdauert, wird Amerika in Europa bald ganz ausgespielt haben[1] . . . Natürlich ist es nicht tunlich, die Rolle deutscher Emigranten, die jetzt als amerikanische Offiziere oder Beamte fungieren, an die Öffentlichkeit zu zerren. Vor Jahren warnte ich damals einflußreiche Leute in Washington vor dieser Gefahr, und als ich im vergangenen Frühjahr zum letzten Mal in Washington war, sagte ich, es sei höchste Zeit, das F[ederal] B[ureau of] I[nvestigation] nach Deutschland zu schicken, damit es einige untergeordnete Beamte der Militärregierung beobachte und Informationen von Deutschen einhole, die das ganze Spiel durchschauen. Ich sagte auch – und Sie werden das verstehen –, ich könne keine Adressen von Deutschen angeben, die aufklärende Informationen erteilen könnten, wenn ich keine Garantie dafür hätte, daß sie nicht zur Vergeltung als Nazis oder Kriegsverbrecher verfolgt würden, obwohl sie möglicherweise keinerlei Verbindung zur Nazipartei hatten und die Kriegsjahre in Konzentrationslagern verbrachten . . .

Ich zögere, Informationen nach Washington weiterzugeben, weil ich annehme, daß der Geheimdienst alles viel früher erfährt als ich. Sie werden gehört haben, daß [Marschall Friedrich von] Paulus ein paar Tage in Berlin war, um die Lage zu untersuchen, und daß die Russen erwägen, die von Kommunisten beherrschte SED aufzugeben. Selbst in einer der traditionsgemäß radikalen Industriestädte Sachsens nahmen vor zwei Monaten nur siebzehn Personen an einer von den Russen für die SED veranstalteten Massenversammlung teil. Meine Freunde schreiben, Paulus habe seine Reise auf Ersuchen der russischen Regierung unternommen mit dem Zweck, eine spätere national-bolschewistische Befreiungspartei vorzubereiten . . .

(1) Die sechs Wochen vorher ergangene Entscheidung der Militärregierung, diejenigen Personen aus dem Dienst zu entlassen, die nicht seit mindestens zehn Jahren die amerikanische Staatsbürgerschaft besaßen, war H. B. offensichtlich nicht bekannt.

6. September, Lowell House, H. B. an Hermann Dietrich

. . . Die Erkenntnis über die wirkliche Lage ist viel schneller erwachsen hier, als ich es noch vor einem Jahre annahm, aber bei weitem noch nicht ausreichend. Herr George Pettee, der Ihnen diesen Brief überbringt, ist ein alter Bekannter von mir hier an der Harvard-Universität. Ich hoffe, daß er Sie zusammen mit den Kongreßmitgliedern[1] sprechen kann. Sie können dann sehr offen und deutlich sein . . . Viele Krisen schwerer Art werden noch kommen, bevor man weiß, wer Europa beherrschen wird. Die Engländer sind sehr kurzsichtig zur Zeit und die Franzosen auch. Das macht es hier den Leuten sehr schwer, ihre positiven Pläne durchzuführen . . .

(1) Pettee war wie Elliott dem Stab des Ausschusses für auswärtige Beziehungen des Repräsentantenhauses beigetreten.

* 12. September, Lowell House, H. B. an Horst Michael

. . . Hoffentlich teilt Niemöller nicht die Illusionen der Leute, mit denen er hier in Berührung kam, hinsichtlich ihres eigenen Einflusses und der prachtvollen Hochzeitsgeschenke, die im Falle einer N[iemöller]-Sch[u-macher]-Verbindung zu erwarten wären. Hätte ich ihn doch nur 24 Stunden vor seiner Abreise sprechen und ihn ermahnen können, nicht den Bodensatz einer Ideologie, die hier keinen Einfluß mehr hat, mit nach Hause zu nehmen! In einem Punkt unterscheidet sich dieses Volk von allen andern: In allem, was seiner lebendigen Tradition fremd ist, kann es sich so rasch wandeln wie Chlodwig, als der heilige Remigius ihm befahl: „Incende quod adorasti, adora quod incendisti." Diese Neigung hat ihre großen Nachteile, in entscheidenden Zeiten aber auch erhebliche Vorzüge . . . In den vergangenen zwei Monaten habe ich nachts, wenn es zu heiß war zum Schlafen, nach vielen Jahren wieder einmal [Ferdinand] Gregorovius' *Geschichte der Stadt Rom* gelesen. Das sollten Sie auch lesen . . .

23. September, Lowell House, H. B. an Hermann Ullmann in Genf

. . . [Treviranus] brachte mir das Echo des Aufsatzes [„Brief an Rudolf Pechel", *Deutsche Rundschau*, Juli 1947]. Die meisten alten Freunde waren gegen die Veröffentlichung. Man will mich als „Legende" konservieren, die man nach Bedarf, ohne mein Wissen und Zutun, variieren kann, über die ich aber die „Urheberrechte" nicht besitzen soll . . . Tres sarkastischer Eindruck war, daß auch frühere intime Mitarbeiter alles „gemacht" haben, ich eigentlich nur ein netter und liebenswürdiger Mann war, der zum Schluß alles verpfuscht hat. Wir haben uns beide unendlich amüsiert, als er alles das in Einzelheiten wiederholte . . .
Eines nur ist sicher: Der Zweck meines Briefes war nicht verstanden. Ich wollte und werde nicht alles sagen, sondern nur dem armen Volke klarzumachen versuchen, daß nun nicht jedermann und nicht ganze Schichten Lumpen und Intriganten waren, daß vielmehr – trotz aller Schwierigkeiten, die zehnmal so groß waren wie die des heutigen Englands – wir es alle zusammen geschafft hatten, bis daß der alte Herr „tatterig" wurde, ein Jahr eher, als Groener es 1929 vorausgesagt hatte. Wenn ich wieder etwas veröffentliche, so werde ich es nur in einem Ganzen tun[1] . . . Darin liegt die ewige Tragik der Deutschen in der Politik, daß sie sich gleichberechtigt anderen gegenüber betrachten, aber nicht – wie in Demokratien mit aristokratischer Tradition – auch andere sich gleichwertig ansehen können . . .

(1) Im August 1952 schrieb H. B. an seinen jungen Vetter Hans Joachim Baumann:
„Mein Brief an Herrn Pechel 1947 hatte den Zweck, eine Reihe von Zeugen im Nürnberger Prozeß zu warnen, in ihren Aussagen vorsichtig zu sein."

* 26. September, Lowell House, H. B. an Claire Nix, St. Louis, Missouri

. . . Haben Sie Tafts Rede[1] gelesen? Sie ist wunderbar vernünftig und mutig, vor allem was Deutschland betrifft. So war mein Gespräch schließlich doch nicht umsonst, obwohl er damals außer der großen Freundlichkeit in seinen Zügen keine Reaktion zeigte . . .

(1) Schon am 1. August hatte Taft in Ohio erklärt: „Unsere Politik in Deutschland hat die Wirtschaft Europas zugrunde gerichtet." Am 25. September sagte er in Tacoma, Washington: „Wir hätten unsere Außenpolitik gar nicht schlimmer vermasseln können, als wir es getan haben." Die Hauptaufgabe der Vereinten Nationen solle auf die Errichtung eines internationalen Rechts verlagert werden. Der Bedrohung durch den Kommunismus solle jedes einzelne Land selbst gegenübertreten. „Gewiß kann unser Geld nicht die Völker der Welt regieren. Unsere Politik sollte, soweit es praktisch durchführbar ist, auf die Hebung des Lebensstandards aller Nationen einschließlich Deutschlands und Japans gerichtet sein . . . Wir wollen keine Ära des amerikanischen Imperialismus fördern. Wir können den Imperialismus nie zum Erfolg führen."

28. September, Lowell House, H. B. an Hertha Vollmar, Münster i. W.

. . . Ich hoffe, daß Du bei Deinen Schwiegereltern zwei Wochen guter und schöner Erholung gehabt hast. Ich erinnere mich des Taunus so gut vom Sommer 1932 her, wo der gute Dr. [Friedrich] Dessauer mich tagelang jeden Tag in seinem Wagen herumgefahren hat, damit ich mich etwas erholen konnte, bevor die Wahlkampagne anfing. Ich hoffe, daß Ihr beiden[1] Euch nicht über die Zeitungen[2] ärgert. Solche Angriffe kamen hier seit 1942 über das Radio und in den Zeitungen . . .
Sehr gefreut habe ich mich über die Beschreibung Deiner Wanderung nach Rüschhaus. Alles wurde mir wieder so sehr lebendig in der Erinnerung; merkwürdigerweise konnte ich mich aber des ersten Teils des Weges aus den Toren der Stadt heraus nicht mehr entsinnen. Ich glaube, Tante Maria erzählte mir, daß der schöne Heckenweg, der von der Roxelerstraße am alten Koesfelder Kreuz abgeht, nicht mehr besteht. Dort ging ich immer, um Geißlaub für meine gute Mutter zu pflücken, wenn ich jedes Jahr einmal mit dem Nachtzug über Osna-

brück nach Münster fuhr, als die Linden blühten. Wenn der Zug aus dem Tunnel bei Tecklenburg herauskam, schlug mir schon der bezaubernde Lindenblütenduft entgegen, der über der ganzen Ebene lag . . .

(1) Hertha Vollmar und Maria Brüning. (2) Der Berliner *Tagesspiegel* und andere linksstehende deutsche Zeitungen.

16. Oktober, Lowell House, H. B. an Kurt von Priesdorff[1]*, Freyburg/Unstrut*

. . . Das Tragische ist ja, daß man daheim die schreckliche Zukunft erst heute erfassen kann; hier stand alles schon im Herbst 1944 fest . . . Einen Trost kann ich Ihnen geben – daß man auch in der Resignation leben kann. Für unsere Generation ist eben nicht mehr viel zu erhoffen, selbst nicht was den Dienst am Volke angeht . . . Aber man lernt doch, die Gegenwart sehr nüchtern zu sehen; um so mehr wächst die Hoffnung für die auf uns Folgenden. Es gibt ja keinen Beharrungszustand in der Geschichte, selbst wenn man, wie bei uns, den Begriff Macht völlig ausschließen muß. Die Menschen ändern sich von einer Generation zur andern . . .
Niemand weiß wirklich eine andere Lösung, als sich mit dem Bestehenden abzufinden und vorläufig zu warten, was nicht immer eine weise Politik ist, aber der Müdigkeit dieser Tage entspricht. Inzwischen prasseln die Memoirenbücher herunter und zeigen, wie klein die Menschen in der Entscheidung gegenüber ihrer jeweiligen Aufgabe sind . . .

(1) Geheimer Regierungsrat und Major a. D., Bürgermeister von Freyburg/Unstrut.

17. Oktober, Lowell House, H. B. an Hans Peters, Berlin

. . . Es ist die alte Eigenschaft der Deutschen, alles daheim zu benörgeln und sich dann zu wundern, wenn es ihnen in vergröberter Form nachher in der antideutschen Propaganda vorgehalten wird . . . All mein Sinn war darauf gerichtet, zu der Stabilität der Regierung und der Verf[assung] v[on] 1871 zurückzukehren, ohne die Möglichkeit des Umsturzes einer Regierung durch das Parlament auszuschalten. Ich habe darüber hier eine öffentliche Vorlesung gegeben, die ich aber wegen [der Gefahr] der Ausnützung seitens gewisser Emigranten nicht veröffentlicht habe. Diese Gefahr ist für mich maßgebend gewesen für mein langes Schweigen . . . Es wird natürlich sehr schwer sein, den im Auslande geschaffenen und dann daheim importierten Mythos wieder zu beseitigen, aber es muß langsam versucht werden . . . Im Grunde ist ja das Verfassungmachen seit der Franz[ösischen] Revolution eine große Tragik. Man macht immer eine neue Verfassung, um Gefahren zu bannen, die temporär waren. Die eingebauten Sicherungsmaßnahmen machen es dann einer klugen, radikalen Gruppe möglich, diese Sicherungen als Krücken zu benutzen, um an die Macht zu kommen. So geht es weiter ad infinitum. Weil man sich allein auf den Buchstaben der Verfassung verläßt, sinkt das tägliche Verantwortlichkeitsgefühl des Parlamentes und der Mut, schwere Verantwortungen kollektiv zu übernehmen . . .

18. Oktober, Lowell House, H. B. an Hermann Ullmann

. . . Daß die Londoner Konferenz[1] scheitern wird, nimmt man hier meistens auch an, aber man weiß noch nicht wie . . . Es ist unrichtig, anzunehmen, daß man hier den Krieg mit Rußland will. Man weiß nur nicht, wie man die Russen aus ihrer jetzt schon dominierenden Stellung, die in fünf bis zehn Jahren unangreifbar sein wird, wieder herausmanövrieren soll. Wallace[2] hat sehr große Erfolge bei der akademischen Jugend. Wieviel das bedeutet, wage ich nicht zu sagen nach den Erfahrungen 1932–1940. Ich sehe eher die Lage so an, daß man die Rüstung für alle Fälle auf das Höchstmaß technischer Vollendung schnell bringen will, aber eine stärkere Einstellung von Mannschaften würde kaum erreicht werden ohne größere politische Kämpfe, die man bestimmt nicht vor den Wahlen haben möchte. Daraus ergibt sich zum mindesten zeitweilig eine taktische Schwäche. Änderungen im Besatzungsregime kann man nicht durchführen, so gerne man möchte . . .

(1) Die Außenministerkonferenz tagte vom 25. November bis 15. Dezember in London.
(2) Henry Wallace, amerikanischer Landwirtschaftsminister (Demokratische Partei) 1933–1940, Vizepräsident 1941–1945, Handelsminister 1945–1946, trat im September 1946 zurück und gründete eine neue Partei.

22. Oktober, Lowell House, H. B. an Maria Brüning

... Ich habe mich natürlich unendlich gefreut, daß ich von Tre[viranus] einen unmittelbaren Bericht über Euch alle hatte. Er fand Dich sehr gut aussehend, aber ich fürchte, der Eindruck war etwas hervorgerufen, weil Du durch den Besuch sehr animiert warst ... Ganz besonders freute ich mich, von ihm zu hören, daß Du nach Freudenstadt gehen würdest; inzwischen sehe ich aus Deinem Brief, wie wohl es Dir dort geht. Waren wir nicht zuletzt zusammen dort Weihnachten 1932, als Gregor Strasser mich dort besuchte und mir die bevorstehenden Verhandlungen zwischen Papen und Hitler in Köln mitteilte und ich ihn bat, schleunigst nach Berlin zu Schleicher zu fahren, um ihn zu unterrichten?

... Ich kann mir vorstellen, wie sehr nervös die Raumbeengung macht; das würde für mich das Schlimmste sein. Lebensmittel brauche ich nicht viel. Hier betreibt die Regierung seit einigen Wochen eine großzügige Propaganda, um die Bevölkerung zur Einschränkung des Genusses an Lebensmitteln zu bringen, damit möglichst viel nach Europa, vor allem nach Deutschland, geschickt werden kann. Sie hat schon große Mengen Weizen auf dem freien Markt aufgekauft, damit die Farmer ihn nicht wegen der Mißernte an Mais verfüttern. Montags gibt es kein Brot mehr zu kaufen; dienstags dürfen die Restaurants kein Fleisch mehr servieren; am nächsten Tage keine Eier usw. Die verschiedenen Volkskreise reagieren darauf nicht gleichmäßig, soweit ich beobachten kann ... Ist es wahr, daß schon vier Häuser am Markt aufgebaut sind, wie Tre berichtet? Mir geht es unberufen weiter sehr gut. Das Entscheidende ist, daß ich seit den Monaten im Hospital wieder meinen alten Schlaf gefunden habe. Das hat mich wie umgewandelt, denn seit 39 ging es nicht mehr, in der Erwartung des schrecklichen Endes ...

23. Oktober, Lowell House, H. B. an Clara Schmidt[1], Ahlen i. W.

... Ich habe heute Ihren [Dankes-]Brief an Frau [Louise] Elliott [Mrs. W. Y. Elliott] geschickt; sie wird sich sicher freuen. Sie ist ein mitfühlender Charakter wie wenige, was Not der Menschen angeht ... Die Haßpsychose ist leider unbewußt ein Bestandteil des normalen Denkens geworden. Das macht alles sehr schwer, hier wie anderswo. Trotz der von mir nicht so schnell erwarteten Änderung der allgemeinen Stimmung kommt die frühere Einstellung oft und plötzlich wieder leidenschaftlich zum Durchbruch. Man kann das im einzelnen nicht in einem Briefe genauer auseinandersetzen. Außerdem hat man in Deutschland, wie ich aus Hunderten von Briefen sehe, eine völlig falsche Vorstellung von dem Leben in diesem Lande, hervorgerufen durch das reichliche Geld im Besitze der Soldaten. Es gibt hier unendlich viel Armut trotz der hohen Löhne, und der Mittelstand leidet sehr unter den unerhört hohen Preisen . . .

(1) Fürsorgerin in Ahlen, mit Maria Brüning befreundet.

24. Oktober, Lowell House, H. B. an Johannes Maier

. . . Ich möchte warnen, die Bedeutung der unangenehmen Eindrücke zu übertreiben. Eifersucht und Neid sind immer ausgesprochene Züge in der deutschen Politik gewesen. (Natürlich nicht nur bei uns, hier liegen viele Ähnlichkeiten vor.) . . . Darum muß man das nicht als ein neues Charakteristikum ansehen. Durch die Not und die Unsicherheit wird das nur verschärft. Früher habe ich dem Ehrgeiz und der Eitelkeit als dominierenden Faktoren immer wohl eine gewisse Bedeutung beigelegt – aber nicht genügend . . . Ich sehe erst aus den Prozeßverhandlungen Nürnberg usw., wie sehr ich Leute, ohne zu ahnen, welch geheimen Ehrgeiz sie hatten, [mir] zu Feinden gemacht hatte.
. . . Da das deutsche Volk keine Verantwortung hat, so sinkt es auf den Krähwinkler Standpunkt zurück, genau wie nach dem Dreißigjährigen Kriege. Das bedeutet Kleinlichkeit, Dickköpfigkeit und beschränkten Horizont. Ich tadele es nicht für einen Augenblick . . . Wenn man einem Volke klarmacht, daß es nur aus Lumpen besteht, . . . was kann dann anderes herauskommen? . . . Der Kampf um Stellungen mit den kleinlichsten Mitteln war immer da. Die Beförderung eines Regierungsrates konnte eher zu einem Konflikt im Kabinett führen als die Vierte Notverordnung, wo alles mir ohne weiteres folgte. Lieber Herr Maier, Sie haben keine Ahnung, wie unser Vorstand Abende sitzen mußte, um Schwierigkeiten zwischen den drei studentischen Verbänden auszubügeln, wenn es um eine Beförderung ging. Gegen [Paul van] Husen wurde immer Sturm gelaufen, weil er ein absolut unabhängig denkender Mann war und allen Leuten gegenüber seinen Standpunkt maßvoll, aber beharrlich vertrat. Darum seien Sie nicht zu bedrückt über Eindrücke ähnlicher Art.

... Ich freue mich über Ihr Urteil betreffend Arnold. Aber man schreibt mir, daß der Rest der erfahrenen christl[ichen] Gewerkschaftler überall in Ämtern ist und die Mitglieder langsam SPD werden. Über solche Sachen müßten Sie genaue Feststellungen machen; da liegen die Entscheidungen in der Zukunft ... Die Aufsätze in der *Welt* und der *Zeit* sind besser als die hiesigen. Also müßte es bei unseren Leuten auch gehen. Ich rate Ihnen dringend, das *Deutsche Zeitarchiv*, Ausgabe A und B, 24 Hamburg 1, Burchardstraße 22, zu abonnieren – ausgezeichnet für die Übersicht aller Strömungen. Alles junge Leute von Habermann und Dr. Jahn[1]! Unsere Kurse beim Deutschen Gewerkschaftsbund tragen doch noch ihre Früchte, wie denn jetzt die jüngeren Leute, die ich nur flüchtig kannte, zu denen ich nur in den Kursen gelegentlich sprach, sich sammeln und ausgezeichnet arbeiten, ohne Ehrgeiz und Intrigen. Es macht mir viel Freude, wie sie alle langsam schreiben und sich in nichts geändert haben ...

(1) Dr. Josef Jahn, Schriftleiter des deutschen Gewerkschaftsbundes bis 1933, Redakteur der *Frankfurter Zeitung* bis 1943.

27. Oktober, Lowell House, H. B. an Helene Weber, Essen

... Langsam fängt man hier an, für das materielle Leid in D[eutschland] Verständnis zu haben, aber nicht für das seelische, wie denn überhaupt die ganze Welt gröber und unempfindlicher wird. Ich stelle darüber viele Betrachtungen an und finde, daß das Christentum noch sehr viel arbeiten muß, vor allem unsere Kirche bei ihren eigenen Leuten, um das zu bessern ...
Die Aufzeichnungen *[Memoiren]* werden erst veröffentlicht, wenn es Zweck für unser Vaterland hat und die Aufnahmefähigkeit vorhanden ist. Ich will nur alles fertig haben ... Was haben mir die Nürnberger und andere Prozeßakten an Gedächtnisfehlern und Entstellungen enthüllt! Unsere Leute wissen offenbar gar nichts oder haben alles vergessen. Ich möchte nicht zu einer Legende werden, die jeder nach seinem Gusto weiterspinnt ...

28. Oktober, Lowell House, H. B. an Jakob Kabus[1], Osnabrück

... Ich wußte nicht, daß Sie mit Hirtsiefer[2] im gleichen Lager waren, aber ich hörte von Ihrer Verhaftung. Es gab nur einen Mann in Deutschland damals, der die Möglichkeit und den Mut hatte, sich für die Verhafteten einzusetzen, vor allem auch für die Gewerkschaftler. Das war der alte Feldmarschall von Mackensen, der Hindenburg keine Ruhe ließ, bis daß er von Hitler die Entlassung der Verhafteten forderte, und auch später, nach dem Tode Hindenburgs, noch immer tätig war[3]. So hat er es auch durchgesetzt, daß die entsetzlich mißhandelten Führer der Freien Gewerkschaften, Leipart und Graßmann, aus dem Polizeiverlies am Alexanderplatz befreit wurden. Ich weiß von mehr als 100 Menschen, die Mackensen auf diese Weise gerettet hat. Politisch war er beschränkt, aber er war ein aufrechter und ehrenwerter Mensch und hatte keine Angst vor der SS-Wache vor dem Hause des Reichspräsidenten ...

(1) Bis 1933 Verbandssekretär der christlichen Gewerkschaften in Niederschlesien.
(2) Heinrich Hirtsiefer, christlicher Gewerkschaftler, preußischer Volkswohlfahrtsminister (Zentrum) 1921–1932. (3) Kabus antwortete: „Der war der Letzte, an den wir dachten!"

29. Oktober, Lowell House, H. B. an Ernst Eisenlohr

... Es ist gut, daß Sie einen praktischen Wirkungskreis, er mag noch so klein sein, haben, der täglich neue Aufgaben stellt. Ich habe in der Emigration beobachtet, daß diejenigen, die sich nicht einen neuen Wirkungskreis mit festen Pflichten suchten, fast alle das Gleichgewicht verloren haben. Der Mensch ist nun einmal so veranlagt, daß er, solange er nicht seinen Blick völlig vom Irdischen abwendet, nicht allein vom Warten und vom Betrachten der Welt leben kann.
Ihr Urteil ist, wie immer, ein absolut klares und realistisches, was die Gesamtlage angeht ... Eine Politik, die von Mitleid und noch mehr von der Furcht vor etwas noch Schlimmerem diktiert wird, kann nicht konstruktiv sein. Mit der Verteilung von Brosamen und Polizeimaßregeln allein hat man noch in keinem Lande der Welt das Bettlertum abschaffen können. Eine genaue Analyse des Marshall-Plans wird Ihnen genauso wie mir gezeigt haben, namentlich im Zusammenhange mit dem großen Demontageplan, daß die westeuropäischen Länder noch weit entfernt sind von einer konstruktiven Gesamtlösung[1] ...

(1) Ein vorrangiges Ziel des Marshall-Plans war die Förderung der wirtschaftlichen Zusammenarbeit und einer gemeinsamen Planung der europäischen Länder gewesen. Als die Unterausschüsse des europäischen Ausschusses für Zusammenarbeit Mitte September 1947 ihre Berichte vorlegten, setzte in Amerika scharfe Kritik an den nationalistischen Zielen und ein Druck in Richtung auf freieren Handel ein. Ein amerikanischer Beamter schreibt dazu: „Die europäischen Länder erschienen so klein, so zerstritten, so erstarrt in Tradition und Hierarchie. Die Versuchung war groß, ihre Schwierigkeiten auf Charakterfehler zurückzuführen." (vgl. Richard Mayne, *The Recovery of Europe*, London 1970, S. 122). H. B.s Enttäuschung war groß. Im Januar 1948 schrieb er an Kabus: „Viele Hoffnungen, die ich auf solider Grundlage im Sommer hatte, sind inzwischen wieder stark vermindert worden."

29. Oktober, Lowell House, H. B. an Curt Hoff[1], Bad Oeynhausen

. . . Die armen Geschichtsschreiber der Zukunft! Ich habe die Protokolle der Prozeßverhandlungen gelesen. Welche Gedächtnisschwäche und welche chronologische Verwirrung bei den Zeugen und Angeklagten! Das soll für diese Leute kein Vorwurf sein. Anders ist's schon mit dem Herrn François-Poncet, dessen Buch *[Als Botschafter in Berlin[2]]* Sie gelesen haben. Ich kann mir das Schmunzeln in Ihrem Gesicht vorstellen, als Sie es lasen. Er hat es verstanden, Schleicher beizubringen, daß Herr von Papen eine bessere Lösung sei, namentlich wegen seiner Verwandtschaft mit der französischen Schwerindustrie. Seine geflügelten Worte haben mir immer viel Spaß gemacht, so vor allem das eine, das auf Schleicher so tiefen Eindruck machte: „Keine Regierung in der Welt, vor allem aber nicht in Frankreich, kann es wagen, ihr Offizierskorps zu reduzieren. Daher ist Abrüstung Unsinn, und man muß sich anders verständigen und einen Weg finden, der gleichzeitig zur Vollbeschäftigung der europäischen Schwerindustrie führt." Es hat aber immerhin ein halbes Jahr gedauert, bis Schleicher darauf hereinfiel . . .

(1) Reichstagsabgeordneter (DVP) 1924–1933. (2) Mainz 1947.

31. Oktober, Lowell House, H. B. an Paul Kudrass[1], Warstein i. W.

. . . Mit vielen der alten Freunde in Schlesien und auch in der Grafschaft war es mir möglich, schon im vergangenen Jahre Verbindung aufzunehmen. Ich hatte mich auch nach Ihnen erkundigt, aber anscheinend sind die Flüchtlinge so verstreut, daß niemand mir Auskunft über

Sie geben konnte . . . Sie werden es kaum glauben, daß ich mich der
Gesichter aller Bekannten in Neurode ebenso wie der Häuser am Markt-
platz noch genau erinnere, einschließlich des Restaurants, wo Sie und
die anderen Herren, vor allem der von mir hochverehrte Rektor
J[ünschke], Anfang Mai 1924 bis zum frühen Morgen auf mich warte-
ten, als ich auf der Rückkehr von Schlegel in einen schweren Schneesturm geraten war. Ich entsinne mich noch des Bildes von Moltke, das
an der Wand hing über dem Billard. So sind meine Erinnerungen an
Schlesien und die Grafschaft lebendig geblieben, und ich habe im Geiste
all das schreckliche Geschehen miterlebt; aber dies Nacherleben steht ja
in keinem Verhältnis zu der Wirklichkeit . . .

(1) Kaufmann aus Neurode, Schlesien, vor 1933 in der Zentrumspartei tätig.

13. November, Lowell House, H. B. an Rudolf Ferbers[1] *, Karlsruhe*

. . . Ich kann mir so gut vorstellen, was alles durch Ihr Denken und Ihr
Fühlen in der Zeit nach der schweren Verwundung gegangen ist . . . Es
ist eine nur im ersten Augenblick merkwürdig erscheinende Tatsache,
daß der Blinde viel ausgeglichener ist als andere, die an einem dauernden Übel leiden, und häufig auch als völlig Gesunde. Das Innenleben
wird reicher und tiefer. Viele zerstreuende Eindrücke fallen weg, die
Fähigkeit zur Konzentration und das Gedächtnis wachsen. Nicht umsonst konnten die Griechen, die wie kein anderes Volk alles tief empfan-
den und das Empfundene künstlerisch symbolisieren konnten, Homer
sich nicht anders als erblindet vorstellen. Schließt man doch auch unwillkürlich die Augen, wenn man sehr scharf nachdenken will!
Die Fächer, die Sie gewählt haben, sind, glaube ich, ausgezeichnet für
Sie. Die Schönheit der Sprache wird mit dem Ohr erfaßt. In der Geschichte ist das Nachdenken und sozusagen das Zusammendenken entscheidend. Ich habe immer gefunden, daß man nicht im Augenblick, wo
man Bücher liest oder Urkunden, den vollen Sinn der Geschichte begreift, sondern in ruhigen, einsamen Stunden, wenn man glaubt, schon
alles Gelesene vergessen zu haben. Dann kommen die verbindenden
Ideen und das kritische Urteil, beides unerläßlich nicht nur für den
Historiker, sondern für den Menschen überhaupt – leider so selten in
unserem Vaterlande. Gewiß ist alles für Sie schwerer zu lernen, aber nur
das schwer Erlernte und kritisch in der Einsamkeit Durchdachte hat

einen wirklichen Wert. Alles kommt auf das innere Gleichgewicht an. Leiden allein gibt einen Ausblick und ein Gleichgewicht, die ein maßvolles Urteil in allem ermöglichen, und bannt die Kleinlichkeit und Gehässigkeit, die Sie mit Recht im öffentlichen Leben des heutigen Deutschland tadeln . . .

Mit großem Interesse habe ich den Vortrag über das Collegium Academicum gelesen. Nach dem Ersten Weltkriege haben ich und viele andere uns sehr stark mit der Einführung des engl[ischen] College-Systems in Deutschland beschäftigt. Wie alle Gedanken, die die Kriegsteilnehmer von damals mit sich brachten von dem Nachdenken im Felde, ging der Gedanke im Spekulationsfieber der Inflationszeit unter. Es wäre schön, wenn diesmal der Gedanke wenigstens vereinzelt durchgeführt werden könnte. Es ist ja jetzt vielfach die Möglichkeit in Universitätsstädten, alte, schöne, zerstörte Bauten wieder aufzubauen und sie dem College-Gedanken dienstbar zu machen, wie zum Beispiel in meiner Heimatstadt die alten schönen Adelshöfe, die die früheren Besitzer schon nach der Inflationszeit kaum mehr halten konnten . . .

(1) Sohn eines Fabrikanten und Zentrumsmitglied aus Waldenburg, Schlesien.

14. November, Lowell House, H. B. an Theoderich Kampmann[1]*, Paderborn*

. . . All die vergangenen Monate hat es mich sehr bedrückt, daß es mir nicht möglich war, Ihnen zu danken für Ihren gütigen Brief, der mir das Hinscheiden meines Freundes Paul Simon mitteilte . . . In einer Freundschaft, die von der Jugend an ohne Trübung fortdauert, werden die Vorzüge und der edle Charakter des Freundes als etwas Selbstverständliches hingenommen. In den Jahren des Exils . . . habe ich viel an Paul Simon denken müssen; seine seltenen Eigenschaften wurden mir dabei erst völlig klar. In den Jahren meiner politischen Tätigkeit und in den langen Jahren des Wanderns von einem Lande zum andern habe ich wenig Menschen gefunden, die ein solch schnelles und klares Verständnis auch für Fragen zeigten, die an sich ihrer Tätigkeit fernlagen, und eine solche Verschwiegenheit und Takt, wie sie Paul Simon besaß. Seine Intuition war erstaunlich, was Menschen angeht sowohl wie für Probleme . . . Sein kritisches Urteil wurde immer aufgewogen durch seine große Güte und Menschlichkeit. Daher wohl das große und unbedingte

Vertrauen, das ihm von Menschen der verschiedensten Gesinnungsart in politischen und religiösen Fragen entgegengebracht wurde[2] . . .

(1) Schüler von Paul Simon, Leiter des christlichen Bildungswerks Die Hegge, Warstein i. W.; ab 1956 Ordinarius für Religionspädagogik und Kerygmatik an der Universität München. (2) Der lange Brief, aus dem dieser Absatz stammt, erscheint in Josef Höfers Beitrag in: *Ecclesia Paderbornensis*, Paderborn 1973.

* *14. Dezember, Lowell House, H. B. an Theodor Steltzer*[1]

. . . Briefe wie die Ihren lassen sich auf die übliche Weise schwer beantworten, besonders da manche Leute stets darauf aus sind, die Briefe zu lesen, die ich nach Deutschland schicke. Die meisten Briefe, die ich an prominente Politiker schreibe, kommen nie in ihre Hände . . . Um einige Ihrer Bemerkungen zu beantworten: Ich muß hier das deutsche Problem vollkommen realistisch angehen. Ich muß die Parteien gelten lassen, und ich muß aus finanziellen und wirtschaftlichen Gründen eine zentralisierte Regierung befürworten, sonst besteht keine Überlebenschance. Ich sage dies bewußt und ohne Übertreibung. Währungs- und ähnliche Probleme können nur von einer Zentralregierung gelöst werden, die in anderen Bereichen – vor allem im Bildungswesen – so dezentralisiert sein kann, wie man sich nur wünschen mag. In dieser Beziehung besteht keine Meinungsverschiedenheit zwischen Ihnen und mir. Für die vagen Ideen unseres gemeinsamen Freundes in Oxford[2] habe ich nichts übrig. Er ist ein sehr netter und interessanter Mann, aber wie die meisten seiner Landsleute faßt er unbewußt den Föderalismus als modifizierte Spielart der Kolonialherrschaft auf. 1938 und 1939 warnte ich Moltke vor dieser Gefahr . . . Man weicht nicht von einer Routine ab, die Teil des [britischen] Charakters geworden ist. Sie möchten nichts von ihrer Weltherrschaftstradition um einer größeren, konstruktiven Lösung willen opfern. Deshalb wurde der Gedanke einer west- und mitteleuropäischen Zollunion mit einheitlicher Währung und leichter Beschneidung der Budgetsouveränität diesen Sommer in Genf ad kalendas Graecas verschoben.[3] Seither hat sich meine Einstellung geändert. Ob ich mit gewissen Ideen Erfolg haben werde, weiß ich nicht . . .

(1) Steltzer hatte im November nach einem Besuch in England geschrieben, daß „ein Reststaat im Westen", den er selbst ablehnte, die von den Briten bevorzugte Lösung sei. (2) Lionel Curtis befürwortete eine europäische Konföderation mit den verschiedenen deutschen Ländern als Mitgliedstaaten. (3) Die Mitte September in Genf veröffentlichte

Charta der Internationalen Handelsorganisation gab protektionistischen und nationalistischen Maßnahmen einen weiten Spielraum.

* 16. Dezember, Lowell House, H. B. an Hertha Vollmar

. . . Ich hoffe, daß Du in der Zwischenzeit einen Brief von Werner bekommen hast. Ich erhalte immer mehr Briefe von Rußlandheimkehrern, die unter anderem von russischen Zivilisten berichten, die stets dann, wenn sie sich unbeobachtet glaubten, den deutschen Gefangenen zu essen gaben . . . Viele Leute, die mir schreiben . . ., sind zu optimistisch hinsichtlich meines Einkommens und meiner Ersparnisse. Kürzlich erhielt ich einen Brief von einem Unbekannten, der zehn Care-Pakete für die nächsten drei Monate bestellte. X. bat mich im Brief um eine Aussteuer, einschließlich zwei Dutzend Wolldecken, zwei Dutzend Laken usw. Ein dritter will eine Saxtuba . . . Das alles beruht nur darauf, daß die Menschen so viele Jahre lang von der übrigen Welt getrennt waren und sich nicht darüber im klaren sind, daß der Krieg für niemanden ein Segen ist, auch nicht für den Sieger. Hier leben ebenfalls verheiratete Studenten – ehemalige Kriegsteilnehmer – in Kellern; die Wohnungsknappheit ist entsetzlich, ebenso die Lebenshaltungskosten . . .

* 20. Dezember, Lowell House, H. B. an Irene Heaton, Oxford

. . . Obwohl freundliche Menschen hier meiner Sekretärin große Mengen von Kleidungsstücken geben, kann man die Bedürfnisse auch nur eines Zehntels der Menschen ohne Schuhe und Mäntel, die sich direkt an mich wenden, nicht befriedigen. Da mein Wahlkreis in Schlesien lag und die Menschen dort sehr treu zu mir hielten, ist es äußerst deprimierend, daß ich nicht mehr tun kann . . . Wenn fünf Millionen arme Inder aus den Heimstätten ihrer Ahnen vertrieben werden, füllen die hiesigen Zeitungen damit ihre Schlagzeilen, während die Vertreibung und Ausplünderung – um nicht Deutlicheres zu sagen – von 14 Millionen Deutschen im Osten und die Beschränkung der Kalorien – in der britischen Zone in diesem Jahr einige Wochen lang auf 300 pro Kopf und Tag – als durchaus zu rechtfertigen gelten. So war mir gerade unter diesem Gesichtspunkt eine große Freude, was Sie über ein Treffen in Oxford schrieben, wo der Bischof von Chichester [Bell] mit Barbara Ward[1] und Victor Gollancz[2] über die Notwendigkeit sprach, den echten Geist christlicher Liebe wiederzugewinnen. Selbst wenn die Welt diesem Geist ferner ist, als sie ihm jahrhundertelang war, ist es äußerst wichtig, daß Menschen aller Denominationen den Mut haben, offen darüber zu reden . . .

(1) Lady Robert Jackson, englische Volkswirtschaftlerin, Redakteurin beim *Economist*. (2) Englischer Verleger, veröffentlichte 1933 Einzelheiten des Nazi-Terrors und 1946 Berichte über die Zustände in westdeutschen Städten; Vorsitzender der Jewish Society for Human Service, gründete 1945 die Gesellschaft „Save Europe Now".

22. Dezember, Lowell House, H. B. an Hermann Dietrich

. . . Jetzt fährt Tre[viranus] in ein paar Tagen herüber und wird drei Monate dort bleiben. Daher schreibe ich heute abend noch an Sie . . . Als ich Sie und Schlange wenigstens hier durchsetzen konnte, war ich natürlich der Hoffnung, daß eine mehr konstruktive Politik in Deutschland seitens der Behörden verfolgt würde. Leider haben sich die meisten wirklich fähigen Leute – auch der Herr, der mir Ihre Grüße überbrachte – aus Ekel von den Dingen zurückgezogen . . . Das war eine unsagbar traurige Entwicklung. Sie hat allerdings den einen Vorteil, daß diese anständigen Leute hier den Mund sehr weit aufmachen und die Verbreitung der Wahrheit unendlich gefördert haben, mehr als irgendeine andere Form der Propaganda es je hätte tun können[1] . . . Auch jetzt kommt nach jedem schwer errungenen Fortschritt immer wieder leise eine Propagandawelle, um das Volk wieder gegen die Deutschen aufzubringen, aber diese Wellen werden schwächer und schwächer. Nur eine Gefahr besteht: Die Leute glauben allmählich nichts mehr, werden müde des Gezänkes und wollen aus den „Verbindlichkeiten" heraus. Das wäre unser Ende.

Wie ist es zu erklären, daß die Deutschen, die in allen anderen Dingen so ungeheuer begabt und methodisch sind, in der Politik allein sich völlig von Stimmungen, Ressentiments, Selbstüberschätzung und Utopismus beherrschen lassen? Ich habe sehr viel darüber nachgedacht, weiß aber keine befriedigende Antwort als die, daß unsere geographische Lage uns immer wieder zurückgeworfen hat in maßloses Elend und die Leute daher an Politik mit einem aus Pessimismus rührenden Wunderglauben herangehen[2] . . .

Über die Zukunft ist hier wohl kaum ein klarer Plan vorhanden. Man will das, was man von Europa noch hält, weiter halten und stärken. In mil[itärischen] Kreisen ist man sich über die Zukunftsgefahren sehr klar . . . Langsam beginnen einige Leute hier einzusehen, daß eine totalitäre Macht wie Rußland, die sich über zwei Kontinente erstreckt, wenn sie nicht von innen zermürbt wird, in einigen Jahren unbesiegbar sein wird . . . Nach den vielen Briefen, die ich von jungen Leuten erhalte, besteht bei diesen sehr viel guter Wille und große Besinnlichkeit; aber keiner glaubt an den Parteistaat. Ich glaube, das ist nicht ein Erbteil der Nazi-ideologie. Je mehr ich in den vergangenen Jahren mich wieder in die Geschichte vertieft und vor allem vergleichende Rechts-, Verfassungs- und Verwaltungsgeschichte betrieben habe, desto mehr glaube ich, daß der Gedanke einer objektiven Rechts- und Staatsgewalt aus der deutschen pol[itischen] Geschichte nie völlig verschwinden wird und daß diese Auffassung etwas Eigenartiges ist und wertvoller als alles, was andere Völker haben. Wenn nur die Deutschen gleichzeitig lernen würden, daß Politik selbst etwas Praktisches, auf Erfahrung Begründetes ist und man sich dabei nicht in Theorien verlieren darf . . .

Tre wird mündlich alles nach seiner mehr optimistischen Richtung hin ergänzen. Wenn er aktiv sein kann, und das ist jetzt für ihn möglich, so hat er einen unbegrenzten Optimismus, um den ich ihn oft beneide . . .

(1) Siehe als Beispiel das 1947 erschienene Buch von B. U. Ratchford und W. D. Ross, *Berlin Reparations Assignment*, Chapel Hill, North Carolina. Die Verfasser leiteten ihre detaillierte wirtschaftliche Untersuchung mit der Feststellung ein, daß „die ganze Situation wie Maden am Charakter aller Menschen fraß. Niemand konnte sich den vorherrschenden, völlig desillusionierenden Verhältnissen entziehen." (2) Dietrich hatte kurz zuvor geschrieben: „Die Franzosen sind doch ein Volk. Wir sind ein Haufen."

1948

Am 9. Februar 1948 wurde ein deutscher Verwaltungsrat für die britische und die amerikanische Besatzungszone in Deutschland eingesetzt, und im April 1949 wurde die französische Besatzungszone mit den beiden anderen zusammengeschlossen. Vom 23. Februar bis 5. März und vom 20. April bis 7. Juni trafen sich in London Vertreter der USA, Großbritanniens und Frankreichs – gewöhnlich unter Teilnahme von Vertretern der Benelux-Staaten – zu Gesprächen über die künftige Organisation Deutschlands. Der 23. Februar war auch der Tag, an dem die tschechische Kommunistische Partei die Kontrolle über die Regierung in Prag konsolidierte. Durch den Vertrag von Brüssel wurde am 17. März das französisch-britische Bündnis um die drei Benelux-Länder zu einer westlichen Union erweitert; britisch-amerikanische Besprechungen über einen weiteren Ausbau zu einem atlantischen Bündnis schlossen sich unmittelbar an. Am 20. März trat der russische Militärgouverneur vom Alliierten Kontrollrat in Berlin zurück; die russische Blockade des militärischen Verkehrs von und nach Berlin begann am 31. März. H. B. bezeichnete den amerikanischen Entschluß, Berlin nicht zu evakuieren, als „kühne Tat von Clay".
Im Frühjahr 1948 stieg die Industrieproduktion in den westlichen Besatzungszonen von Monat zu Monat an. Sie erreichte 50 Prozent der Produktion von 1936. H. B. schrieb am 12. Juni an einen Vetter in München: „Zur Zeit ist Tiefstand – politisch, wirtschaftlich, moralisch. Es darf nicht lange so bleiben." Am 20. Juni wurde in Westdeutschland die Währungsreform durchgeführt, am 23. Juni wurde eine neue ostzonale Währung geschaffen. Die totale Blockade Berlins setzte am 26. Juni ein. Am 27. Juni wurde Jugoslawien aus der Komintern ausgeschlossen. Am 1. Juli schlugen die drei westlichen Militärgouverneure vor, eine westdeutsche verfassunggebende Versammlung einzuberufen. Die offiziellen Verhandlungen über den Nordatlantikpakt wurden am 4. Juli in Washington eröffnet.
Als H. B. im Juli zum ersten Mal seit 1939 wieder nach England kam, sah er zu seiner großen Freude viele Freunde wieder, stellte aber auch eine „fast unglaubliche Misere" in der britischen Verwaltung fest und

kam zu dem Schluß, daß „die Bürokratie des Foreign Office noch immer sich auf den gleichen Geleisen bewegt wie während des Krieges". Im August kehrte H. B. zum ersten Mal seit 1934 nach Deutschland zurück. Der Parlamentarische Rat zur Erarbeitung eines provisorischen Grundgesetzes sollte am 1. September in Bonn zusammentreten. H. B.s Optimismus und seine große Bewunderung für „das gute Volk" wurden kaum beeinträchtigt von der „Eifersucht und Eigenbrötelei unter den Politikern", die er beobachten konnte.

Im November setzten die westlichen Alliierten ihre Besprechungen über die künftige Kontrolle der westdeutschen Produktion und Ausfuhr fort. In den Plänen der Länder, denen die Marshall-Plan-Hilfe zugute kam, sah H. B. „eine Überspitzung des Zentralismus in Friedenszeiten, die einer dauernden Kriegsbereitschaftsorganisation gleichkommt". Immer stärker befürchtete er, daß die westlichen Alliierten „viel zu sehr rein militärisch" dachten. Er bezweifelte, daß man die Deutsche Mark halten könne, sofern nicht die Besatzungsmächte bereit wären, westdeutsche Exporte bis zu 170 Prozent der gesamtdeutschen Vorkriegsexporte zu gestatten. Besondere Sorge bereiteten ihm die rasch steigenden Lebensmittelpreise. Im Dezember äußerte er, daß „man in der abstrakt ‚liberalen‘ Konzeption zu weit gegangen" sei und daß „ein Mindestmaß an sozialer Gerechtigkeit" ausbleibe. Beim Überblick über die internationale Lage sah er für die deutsche Außenpolitik „nur die eine Linie: möglichst viel in der Schwebe zu lassen. Was auch kommen wird, jedes Jahr weiter bringt uns eine bessere internationale Atmosphäre".

6. Januar, Lowell House, H. B. an August Lipp

... Ich konnte natürlich nicht im „Brief an Rudolf Pechel" die Ereignisse in umfassender Weise berichten ... Außerdem wollte ich dazu beitragen, daß das deutsche Volk diesmal nicht, wie so oft in seiner Geschichte, sich durch Generationen hindurch zerfleischen sollte in dem Streit, ob die eine oder die andere Seite hundertprozentig im Recht war. Eine absolut fehlerfreie Politik gibt es in der Weltgeschichte überhaupt nicht. Politik ist eine sehr menschliche Sache. Es gibt keinen dogmatischen Maßstab für ein sicheres Urteil, ob ein gewisser entscheidender Schritt in der Politik richtig war oder nicht. Wohl aber gibt es ewige Maßstäbe, um zu beurteilen, ob eine Politik moralisch gerechtfertigt war oder nicht. Diese ewigen Maßstäbe können nicht durch Gewalt geändert werden, weder durch einen Diktator noch durch ein Diktat der Sieger. Das ist ein Grundsatz, für den wir alle kämpfen müssen und der den Traditionen des Naturrechtes entspricht ...

* 17. Januar, Lowell House, H. B. an Friedrich Dessauer, Fribourg

... In einem Punkt, fürchte ich, ist [Heinrich] Vockel zu optimistisch, und zwar hinsichtlich einer „Union" mit Deutschland, von der die Franzosen reden. „Union" bedeutet in der Tradition des Quai d'Orsay Beherrschung. Zu meiner großen Freude hat die *New York Times* dies kürzlich zum ersten Mal ausgesprochen, und ich weiß, daß in Washington manche Leute anfangen, sich über die Kleinlichkeit des Quai d'Orsay zu ärgern. Es ist für weitblickende Menschen in diesem Lande natürlich sehr schwierig, ihr Gefühl zum Ausdruck zu bringen, daß Deutschland das einzige Bollwerk gegen Rußland war und sein wird. Wer dies öffentlich durchblicken ließe, würde immer noch gesteinigt. Selbstverständlich gibt es Kreise in Frankreich, die die Lage sehr klar sehen. Selbst in de Gaulles Umgebung sind realistische Menschen. Da in der modernen Demokratie überall alles taktisch ist und niemand den

Mut hat, offen zu sagen, was er denkt, kann man im Augenblick nicht
zuviel erwarten . . .
Wie Sie wissen, ist dieses Jahr das Jahr der Präsidentschaftswahl. Das ist
Rußlands große Chance. Es gibt zumindest einige Menschen hier und
allmählich auch etwas mehr in England, die sich keine Illusionen mehr
machen über den Ernst der Lage, der von der Schwierigkeit des recht-
zeitigen Handelns in den Vereinigten Staaten in einem Präsidentschafts-
wahljahr herrührt . . .

19. Januar, Münster, Maria Brüning an H. B.

. . . Tres Besuch mit Geheimrat Dryander[1] hat uns ganz besonders
gefreut. Für solche Gelegenheiten hebe ich immer etwas aus Deinen
Paketen auf und bin froh und dankbar, wenn ich die Gäste einigermaßen, wenn auch bescheiden und zeitgemäß, bewirten kann. Die Ernährungslage ist zur Zeit wirklich katastrophal. Wir müssen tatsächlich
größere Unruhen befürchten. Es kann kein Mensch damit auskommen,
geschweige denn dabei arbeiten. Nicht einmal die drei Gramm Fett pro
Kopf und Tag sind verfügbar . . . Nicht einmal die notwendigste Milch
für Säuglinge ist vorhanden, von Krankenmilch überhaupt nicht zu
reden. Wo bleibt alles? . . . Dazu haben sehr viele Familien keine Kartoffeln einkellern können. Die Kartoffelernte war in hiesiger Gegend
gut. Wo liegt die Schuld?
. . . Vielleicht hast Du inzwischen Nachricht von Wandel[2] selbst erhalten. Er weiß glücklicherweise noch nichts von der ihm drohenden Gefahr. Der Staatsanwalt Willbrand sagte mir nämlich in diesen Tagen,
daß die Polen seine Auslieferung verlangen und die englische Militärregierung höchstwahrscheinlich ihn ausliefern wird. Da das Bielefeld-
Urteil aufgehoben ist, würde Wandel bei dem erneuten Spruchverfah-
ren voraussichtlich freigesprochen, da nachträglich noch Berichte eingegangen sind von Menschen verschiedenster Berufe und aus allen Gegen-
den, zum Teil unaufgefordert, die beweisen, daß er niemals verbreche-
rische Handlungen begangen, sondern seine Stellung benützt hat, um
gefährdete Menschen vor KZ und Hinrichtung zu bewahren. Auch
Polen und Juden hat er geholfen. Willbrand ist wirklich zur Überzeugung seiner Unschuld gekommen und versucht, ihn zu retten . . . Er
setzt nun seine Hoffnung auf Deine Intervention . . .

(1) Dr. Gottfried von Dryander, Geheimer Regierungsrat im Zivilkabinett 1914–1918, im preußischen Staatsministerium 1919, Reichstagsabgeordneter (DNVP) 1924–1930, trat 1930 der Konservativen Volkspartei bei. (2) Kriminalrat Lothar Wandel.

20. Januar, Lowell House, H. B. an Carl Ulitzka, Berlin

... Wenn auch meine Glückwünsche verspätet kommen zu Deinem fünfzigjährigen Priesterjubiläum, so sind sie darum nicht minder herzlich und aufrichtig. Kaum kann ich fassen, daß Du schon dieses Alter erreicht hast. Für mich blieben die Menschen in der Erinnerung in den nahezu 14 Jahren meines Exils genau so, wie ich sie das letzte Mal gesehen habe ... Für Dich ist der Ausgang dieses Krieges und der Verlust Deiner schönen Heimat sowie die Austreibung von Millionen von Menschen schwerer als für viele andere. Und doch stand schon während des Krieges der Verlust von Oberschlesien fest, vielleicht schon 1939. So hatte ich mich unter unendlichen Schmerzen und mit tiefer Trauer jahrelang auf diese schreckliche Entscheidung vorbereiten müssen, aber ich werde ebenso wie Du den Schmerz darüber nie verwinden ...

20. Januar, Lowell House, H. B. an Gustav Olef

... Wenn ich die Summe aus den wöchentlich einlaufenden etwa 100 Briefen ziehe, so stelle ich fest, daß selbst die intelligentesten Leute bei uns nicht die geringste Ahnung haben, wie die Dinge in anderen Ländern sind. Die Leute nehmen an, sie müßten so sein, wie sie es wünschen. Darin liegt die Schwäche des deutschen Volkes, wenn ich auch dazu neige, anzunehmen, daß diese Naivität auf der anderen Seite dazu beigetragen hat, daß die Deutschen alles Tragische in ihrer Geschichte immer doch wieder überlebt haben ... Sie schreiben etwas skeptisch über Kaiser[1] und Adenauer. Ich glaube nicht, daß irgend jemand anderes hätte mehr erreichen oder eine wesentlich andere Taktik einschlagen können ...

(1) Kaiser wurde im Dezember 1947 aus der sowjetischen Besatzungszone ausgewiesen. Seine Versuche, von Berlin aus eine organisierte Opposition in der Ostzone lebendig zu erhalten, wurden in Westdeutschland viel kritisiert, von H. B. stets gelobt. Er schrieb z. B. im Mai nach Anfang der Berlin-Blockade an Maria Sevenich: „Ich glaube nicht, daß Sie heute Ihre Kritik und Ihren Zweifel wiederholen würden. Kaiser hat nicht nur den

eigenen Leuten Mut gemacht, sondern auch den Alliierten. Wäre niemand in Berlin gewesen, der gesagt hätte: ‚Ich bleibe und führe den Kampf weiter', so hätten die skeptischen Gruppen im Auslande vielleicht eine weniger starke Haltung der Alliierten herbeigeführt."

27. Januar, Münster, Maria Brüning an H. B.

... Ich sehe nämlich sehr schwarz bezüglich einer Fahrt ins Ausland für Hertha und mich. Es ist alles mit enormen Schwierigkeiten verbunden, die wahrscheinlich Monate in Anspruch nehmen. Falls sich ein rein privater Besuch für Dich in der Heimat ermöglichen ließe, wäre das Wiedersehen viel, viel schöner ... Deine alten Freunde, und deren Zahl ist groß, würden auch sehr enttäuscht sein, Dich nicht sehen und sprechen zu können ... Ich verstehe sehr gut Deinen Standpunkt und Deine Bedenken bezüglich eventueller politischer Tätigkeit, glaube aber, daß Du darin ... zu schwarz siehst ...

* 16. Februar, Lowell House, H. B. an Walter Lichtenstein, Chicago

... Vielen Dank dafür, daß Sie mir die Kopie Ihrer Rede vor dem Council of Foreign Relations in Chicago übersandt haben ... Ich freute mich besonders über Ihre überzeugende Kritik an Foster Dulles. Ich verstehe ihn einfach nicht, wenn ich mich an mein Gespräch mit ihm in Cold Spring Harbor im September 1943 und an die Rede erinnere, die er danach vor dem Rat der Kirchen[1] hielt. Wenn ich aber an die von der Columbia University veröffentlichten Dokumente über die Reparationendiskussionen von 1919[2] und insbesondere an die Einführung zu dem Band mit Dulles' verhülltem Eingeständnis des Versagens denke, verstehe ich sein Temperament besser.
Nur in einem Punkt stimme ich nicht mit Ihnen überein; vielleicht erlauben Sie mir freundlicherweise, ein paar Worte dazu zu sagen ...
Der Gedanke, daß ein großer Prozentsatz der Bevölkerung in den preußischen Ostprovinzen slawischer Herkunft war, wurde natürlich im letzten Jahrhundert von deutschen Historikern gefördert. In den Jahren, in denen ich Schlesien im Reichstag vertrat, führte ich gründliche Untersuchungen an Ort und Stelle durch. In den zwei Grafschaften Frankenstein und Münsterberg zum Beispiel, am Fuß der Berge westlich der Oder, ersah ich aus den Akten und den Flouraufteilungsplänen für den

sehr guten Boden, daß nicht einmal fünf Prozent des Landes landwirtschaftlich genutzt wurden, ehe die Zisterziensermönche nach Heinrichsau und Kamenz kamen; es war Urwald. Wie Sie wissen, brachten die Zisterzienser Bauern aus Deutschland, Holland und Flandern sowie Bergleute aus Westfalen und Thüringen ins Land. Interessant ist, sich mit den Schutzheiligen von Gemeinden im ganzen Osten zu beschäftigen. Wo Kirchen der heiligen Anna geweiht oder ein Berg Annaberg genannt wurde, waren thüringische und westfälische Bergleute. Anna war bis in die erste Hälfte des 15. Jahrhunderts ihre Schutzheilige; als das Pulver erfunden wurde, trat die heilige Barbara an ihre Stelle . . .

(1) Siehe auch J. F. Dulles, *War and Peace*, New York 1943. (2) *Reparations at the Paris Peace Conference*, New York 1940. Als Vertreter der USA war der junge Dulles zutiefst schockiert über das Vorgehen der Reparationskommission in Paris 1919 (vgl. Hoopes, *The Devil and John Foster Dulles*, S. 31 f.).

* 16. Februar, Lowell House, H. B. an Johannes Maier

. . . [Thomas] Dewey[1] und Foster Dulles haben mit einem Feldzug begonnen, um Frankreich mit einer „Internationalisierung" der Ruhr zufriedenzustellen. Leider machte Dewey mit seiner Rede hier in Boston großen Eindruck. Beide ermuntern Belgien und Holland, Forderungen wie die Franzosen zu stellen. Was im Kongreß auch geschieht – die Morgenthau-Politik ist immer noch wirksam . . . In den letzten 14 Tagen erhielt ich drei Briefe von Männern, die kürzlich in Berlin waren und sofort nach der Ankunft von russischen Generälen eingeladen wurden. Diese versprachen ihnen die Grenzen nicht von 1919, sondern von 1914, wenn sie für Rußland stimmten. Ich glaube zwar nicht, daß es den Russen damit ernst ist, aber es beeindruckt selbst vernünftige Leute . . .

(1) Gouverneur des Staates New York, strebte in Opposition zu Taft nach der Ernennung zum republikanischen Präsidentschaftskandidaten. Dulles hatte Deweys Laufbahn sehr gefördert und galt als sein Hauptberater.

* 18. Februar, Lowell House, H. B. an Fritz Kern

. . . Es erscheint mir gefährlich, zu weit vorauszuschauen, aber ich fürchte, ich sehe immer noch weiter voraus als diejenigen, die derzeit tatsächlich Politik machen ... Wegen des anhaltenden Defizits der Zahlungsbilanz muß überall eine deflationistische Politik betrieben werden, die man heute euphemistisch „Disinflation" nennt. Trotz der zeitweilig starken Reaktion in Washington gegen das Demontageprogramm gilt es weiter als Bestandteil des Marshall-Plans ... Die Tatsache bleibt jedoch, daß die Regierung das allgemeine Interesse für eine Außenpolitik geweckt hat, die vielleicht eine weitere russische Expansion aufhalten könnte. Die Stimmen derer, die erkennen, daß Rußland zum jetzigen Zeitpunkt nicht wagen würde, eine neuerliche bewaffnete Expansion zu beginnen, und darauf aus ist, die Wunden der Welt offenzuhalten und neue zu schlagen, um während der nächsten zehn Jahre seine Rüstung wenn nötig für eine endgültige Machtprobe voranzutreiben, finden noch kein starkes Echo ...

* 24. Februar, Lowell House, H. B. an Mona Anderson, East Grinstead

... Das Gestapomitglied, das mir 1934 rechtzeitig mitteilte, ich müsse Deutschland innerhalb von 48 Stunden verlassen, da mein Haftbefehl für Himmlers Unterschrift vorbereitet sei, steht jetzt in Gefahr, an Polen ausgeliefert zu werden, wo er selbstverständlich nach einem „Prozeß" gehängt werden wird. Auf Anraten meines Anwalts, Dr. Etscheit, trat er der Gestapo bei, um zu erfahren, was vorging. Er warnte mich regelmäßig über meinen Anwalt, wenn die Gestapo wieder eines meiner Verstecke ausfindig gemacht hatte. Dasselbe tat er für einige andere, vor allem in Polen, wohin er nach der Besetzung entsandt wurde und wo er mehreren hundert Juden durch private Warnungen das Leben rettete ... Letztes Jahr kam er vor ein deutsches Entnazifizierungsgericht. Meine Schwester und ein Freund[1] von Dr. Etscheit, die von der Sache wußten, traten als Zeugen auf ... Meine eidesstattliche Erklärung für das Entnazifizierungsverfahren kam erst nach den Verhandlungen an. Lothar Wandel wurde zu fünf Jahren Gefängnis verurteilt; zwei Jahre hatte er schon seit Kriegsende abgesessen ... Er legte Berufung beim höheren Gericht in Westfalen ein, das das Urteil der Entnazifizierungskammer aufhob. Erst dann drohten die britischen Besatzungsbehörden, ihn an Polen auszuliefern. Meine Schwester setzte sich mit dem zuständigen britischen Oberst in Verbindung. Er empfing sie nicht, ließ ihr aber durch einen Adjutanten sagen, eine Intervention sei nicht notwendig, da die Auslieferung sicherlich verzögert werde. In Wirklichkeit jedoch wurden alle Vorbereitungen für die Auslieferung getroffen. Vielleicht könnten Sie oder Ian diese Angelegenheit einer Persönlichkeit wie Lord Packenham[2] vortragen, der in der Lage wäre, die Auslieferung zu verhindern, wenn er die Fakten wüßte. Ich überlegte auch, ob Ian vielleicht seinen Freund vom CVJM bitten könnte, die britischen Behörden in Bielefeld aufzusuchen und den Fall direkt mit dem zuständigen Offizier zu besprechen[3] . . .

(1) Dr. Carl Egbring, Ministerialrat a. D. (2) Francis A. Packenham, parlamentarischer Staatssekretär im Kriegsministerium (Labour Party). (3) Das Ergebnis war ein Urteil des Spruchgerichts auf dreieinhalb Jahre Gefängnis unter Anrechnung der Internierungshaft.

* *10. März, Lowell House, H. B. an Theodor Steltzer, Lübeck*

. . . Ich habe stets an den letztlich durchbrechenden gesunden Menschenverstand dieses Landes geglaubt und tue es heute noch. Es sind auch Anzeichen einer besseren Auffassung in England vorhanden, aber mir drängt sich der Eindruck auf, daß die Engländer sehr erschöpft und phantasielos sind. Sie haben sich vom Ersten Weltkrieg nie erholt. Wie wird es nach diesem sein? . . . Ich habe sehr prominenten Leuten hier, die es auch voll und ganz begriffen, gesagt, die Militärverwaltung werde den deutschen Verwaltungsapparat in Stücke zerlegen, wie ein Junge ein kompliziertes Uhrwerk auseinandernimmt, und ebensowenig imstande sein, ihn wieder zusammenzusetzen . . . Trotz Hungersnot, Leiden und Unzufriedenheit sind wir ein Jahr früher, als ich erwartet hatte, über den Berg.

Ich freue mich sehr, daß man Sie aufgefordert hat, bei dem Katholikentreffen[1] zu sprechen. Das Band zwischen Katholiken und Protestanten darf unter keinen Umständen mehr zerreißen . . . Wir müssen alle viel Geduld haben. Was wir alle ersehnen, wird nur wie Getreide wachsen, abhängig vom Boden, von Wind und Wetter; man kann es nicht zwingen. Deshalb darf man nicht zu kritisch sein . . . Mit einem Satz im Programm von ,,Mundus Christianus"[2] bin ich nicht einverstanden – daß die humanistische Bildung zusammengebrochen sei. Dr. Johannes Quasten, ein Schüler von Dölger[3], gibt das Jahrbuch *Traditio* heraus, das eine Qualität aufweist, wie sie früher in diesem Lande unbekannt war. Werner Jaegers[4] Einfluß beschränkt sich auf wenige Menschen, ist aber sehr tiefgreifend. Erich Franks Vorlesungen hatten nach ihrer Veröffentlichung[5] eine ähnliche Wirkung. Die intelligenten, jüngeren Studenten hier wollen nicht mehr hören, was man ihnen in der letzten Generation gesagt hat . . . Wir müssen nur lernen, hinsichtlich der Verwirklichung politischer Theorien bescheiden zu sein und zu erkennen, daß die Tradition die Summe der tiefsten Erfahrung vieler Generationen und deshalb eher richtig ist als politische Theorien, die gewöhnlich das Ergebnis eines zeitweiligen politischen Notstands sind . . .

(1) Steltzer setzte sich als evanglischer Laie sehr für die „christliche Gemeinsamkeit" ein; er besuchte im März ein katholisches Jugendtreffen in Bayern. (2) Eine eben gegründete interkonfessionelle, parteipolitisch nicht gebundene Gesellschaft. (3) Dr. Franz Dölger, Ordinarius für mittel- und neugriechische Philologie an der Universität München. (4) Ordinarius für klassische Philologie an den Universitäten Kiel, Berlin, Chicago, seit 1939 in Harvard. (5) *Philosophical Understanding and Religious Truth*, London 1945.

15. März, Münster, Maria Brüning an H. B.

. . . Hast Du inzwischen einen Brief von [Bernhard] Raestrup[1] bekommen? Er hatte eine gewisse Hemmung, Dir zu schreiben, weil er noch zum Schluß Parteimitglied werden mußte, um zu verhindern, daß seine Fabrik geschlossen wurde. Ich habe ihn darüber beruhigt und hoffe, daß er Dir inzwischen geschrieben hat. Er hat so vernünftige Ansichten über die ganze politische Lage . . . Nur ein Bedenken habe ich bezüglich Deines Herkommens. Das ist die außerordentlich gespannte politische Lage; sowohl im Volke als auch in den Parlamenten wird ganz offen von der akuten Kriegsgefahr gesprochen. Gleich nach dem Kriege wären unsere Soldaten mit Freuden gegen die Russen gezogen, jetzt heißt es: Ohne uns, es ist gleich, ob wir von den Russen oder den „andern" ausgehungert werden. Es ist so schade, daß die Siegermächte vielfach dieselben Fehler machten wie nach 1918, daß zum Teil sehr unfähige Leute viel versiebt haben. Das Vertrauen ist dahin bei dem größten Teil des Volkes, und nicht nur wegen der unzureichenden Ernährung, denn England selbst muß rationieren und sich einschränken . . .
Kürzlich war auch Ludger Westrick[2] hier. Er ist, wie immer, sehr aktiv und trotz aller Schwierigkeiten in der russischen Zone voller Mut und Zähigkeit . . . Von befreundeter amerikanischer Seite – nach einer sehr heftigen, offenen Aussprache mit dem maßgebenden Amerikaner hat

sich eine wirkliche Freundschaft zwischen den beiden entwickelt – ist Ludger schon mehrmals geraten worden, Berlin und die russische Zone zu verlassen. Er kann sich noch nicht dazu entschließen; er meint, wenn alle in gleicher Lage so handeln würden . . .

(1) Vorsitzender der Zentrumspartei Westfalens 1931–1933, Bundestagsabgeordneter (CDU) 1949–1956. (2) Dr. jur., Treuhänder des VIAG-Konzerns, Staatssekretär im Bundeswirtschaftsministerium 1951–1963, Bundesminister für besondere Aufgaben (CDU) 1964.

* 28. März, Lowell House, H. B. an Mona Anderson

. . . Die internationale Lage hat einen Punkt erreicht, an dem sie de facto nicht mehr kontrollierbar ist und die Menschen nicht mehr kühl überlegen[1]. Es ist etwa so wie im November 1938, und irgendein unvorhergesehener Zwischenfall kann der Funke für das Pulverfaß sein . . . Die Ausscheidung Deutschlands als politischer und militärischer Faktor hat den Russen den Weg bis zu den Pyrenäen geöffnet. Ich zweifle nicht daran, daß sie letzten Endes durch überlegene Luftstreitkräfte besiegt werden, aber auch darin kann eine gewisse Illusion stecken . . . Sie können sich denken, mit welcher Bewegung ich erwarte, Europa und meine alten Freunde wiederzusehen. Wahrscheinlich werde ich, wenn der Dampfer in den Golfstrom einfährt, das gleiche Gefühl haben wie damals, als ich jedes Jahr nach England zurückkam: daß ich hier nur Gast bin . . .

(1) Obgleich z. B. Truman im März 1946 schrieb: „Möglicherweise geraten wir wegen des Irans in Krieg mit der Sowjetunion", und Acheson glaubte, die amerikanische Note an Rußland wegen der Türkei vom August 1946 „könne Krieg bedeuten", blieb Clays Auffassung, daß der Krieg auf mindestens zehn Jahre unwahrscheinlich sei, maßgebend, bis Clay selbst am 5. März 1948 nach Washington telegrafierte, daß „der Krieg mit dramatischer Plötzlichkeit kommen könne". Daraufhin entstand eine allgemeine Panik (vgl. Herbert Feis, *From Trust to Terror*, New York 1970; *The Forrestal Diaries*, hrsg. von Walter Millis, New York 1951; George Kennan, *Memoirs*, Boston 1967, deutsch: *Memoiren eines Diplomaten*, Stuttgart 1968).

8. April, Lowell House, H. B. an Wilhelm Simpfendörfer[1], Stuttgart

. . . Ich hatte zwar erwartet, daß das deutsche Volk sich seiner alten Gewohnheit folgend nach dem Ende des Krieges in gegenseitigen Anklagen ergehen würde, aber nicht, daß manche Parteien daraus einen Hauptbestand ihrer politischen Tätigkeit machen würden . . . Unsere Zusammenarbeit in den kritischen Jahren vor 1933 war von einem solchen gegenseitigen Vertrauen getragen, daß man meinen sollte, daß doch dauernde Früchte daraus reifen werden . . . Denn es gibt keine Mäßigung im politischen Kampf und keine dauernden Erfolge, wenn nicht jeder einzelne sich darüber klar wird, daß er nicht für eine Partei ausschließlich zu wirken hat, sondern für das Gemeinwohl und für ein Reich sittlicher Werte. Aber weder hier noch in Europa scheint man das volle Ausmaß der Erschütterungen zu verstehen . . .

(1) Reichstagsabgeordneter 1930–1933, Vorsitzender des Christlichsozialen Volksdienstes, Vorsitzender der CDU Nord-Württemberg 1949–1958.

14. April, Lowell House, H. B. an Karl Knaup[1]*, Paderborn*

. . . Ich bin Ihnen zu großem Danke verpflichtet für Ihren ausgezeichneten, klaren, präzisen Bericht über Ihre Eindrücke in der russischen Kriegsgefangenschaft . . . Ich habe eine Übersetzung durch einen Freund an einflußreiche Stellen hier im Lande verteilen lassen, die alle sehr beeindruckt waren. Am meisten waren diese Herren, genau so wie ich, erschüttert über Ihre Zahlen für die deutschen Kriegsgefangenen, die in Rußland zugrunde gegangen sind. Bis dahin hatten diese Herren, sowohl wie ich, noch immer die Auffassung, daß die Nachrichten über den Tod von vielen Hunderttausenden von deutschen Kriegsgefangenen übertrieben waren. Zwar bekomme ich von Zeit zu Zeit Nachrichten aus Deutschland von Bekannten, daß sie plötzlich nach vier Jahren zum ersten Mal eine Postkarte aus Ostsibirien von als vermißt gemeldeten Verwandten erhalten haben. Ich hatte daran große Hoffnungen geknüpft, die aber nach Ihren Darlegungen leider irrig sind . . .

(1) Soldat an der Ostfront ab 1942, in Gefangenschaft im Kaukasus 1944–1947.

18. April, Lowell House, H. B. an Hermann Katzenberger[1]*, Düsseldorf*

. . . Sie haben so recht, wenn Sie sagen, daß das politische Leben in Deutschland in einer Zwitterstellung ist und sich ein wirkliches Verantwortungsgefühl bei den Parteien nur schwer bilden kann. Darüber hinaus muß man allerdings feststellen, daß die Mehrzahl der Parteien in Deutschland, vor allem die großen, immer unter der Furcht vor der Verantwortung gelebt haben. Wenn ihre Führer den Mut dazu hatten, wurden sie von ihren Parteien verlassen. Ich denke so oft an das tragische Geschick von Hilferding und Hermann Müller und, unter veränderten Umständen, auch von Helfferich. Im Grunde will das deutsche Volk eine starke Regierung haben, die fest zugreift und auf die die Presse und das Parlament weidlich schimpfen können. Aber die unendlich tragische Geschichte des deutschen Volkes macht alles das verständlich, ebenso wie die große natürliche Begabung, die immer in der Geschichte leicht in umgekehrtem Verhältnis zum politischen Instinkt steht . . .

(1) Dr. phil. et jur., Direktor des „Germania"-Verlags seit 1922, Oberregierungsrat im preußischen Staatsministerium 1927, Legationsrat im Auswärtigen Amt 1928–1933, Mitbegründer der CDU in Berlin, Pressechef der Landesregierung Nordrhein-Westfalen 1947–1949, Direktor des Sekretariats des Bundesrats 1950–1951, Gesandter in Dublin 1951–1956.

21. April, Lowell House, H. B. an Bernard Schröer[1], Emden

. . . Ihre Bemerkungen über die heutigen Parteien stimmen mit den vielen Briefen überein, die ich von Ihren Altersgenossen erhalte. Parteien können heute in der Heimat nicht viel erreichen. Trotzdem sind sie unvermeidbar; man muß hineingehen, um seine Ansichten durchzusetzen . . . Die alten pol[itischen] Führer, soweit sie noch leben, sind für eine längere Zeit noch unentbehrlich wegen ihrer Erfahrung. Praktische Politik besteht nun einmal wesentlich in Erfahrung. Sie haben ja in Ihrer jetzigen Stellung schon Gelegenheit, solche zu sammeln. Die Gemeindeverwaltung ist gerade als erster Schritt besonders wichtig, weil man dort mehr lernen kann als anderswo. Es ist die erste Stufe in der Politik und die wichtigste . . .

(1) Persönlicher Referent des Oberbürgermeisters.

6. Mai, Lowell House, H. B. an Hermann Pünder, Frankfurt/M.

... Ich habe immer seit 1943, wenn man gelegentlich von Washington kam, um sich mit mir hier über die Zukunft Deutschlands zu unterhalten, vorgeschlagen, eine Regierung von früheren Staatssekretären zu bilden unter Hinzunahme von zwei erfahrenen parlamentarischen Ministern, für die ich Dietrich und Schlange vorschlug. Das Schicksal dieses meines Vorschlags hat unter dem Einfluß gewisser Emigrantenkreise sehr geschwankt. Diese Leute – von denen sich Herr [Wilhelm] Sollmann zu meiner Freude immer fernhielt – kämpfen immer für ein „orthodoxes" Linkskabinett. Zu ihrer Erziehung hätte ich manchmal gewünscht, daß sie voll erfolgreich gewesen wären und nicht nur halb. So hätte ich auch von manchen Gesichtspunkten aus vorgezogen, wenn Sie der Chef des Obersten Gerichtshofes geworden und Ihr Platz von einem Mann der Linken eingenommen worden wäre, die sich, plötzlich getragen von einer neuen Gefühlswelle, hier besonderer Sympathien wieder erfreut. Aber in ruhiger Abwägung aller Gesichtspunkte komme ich zu dem Ergebnis, daß Sie vom Standpunkt des Vaterlandes aus recht gehandelt haben, das schwere Amt[1] anzunehmen ...

(1) Im Februar 1948 wurde Pünder Oberdirektor des bizonalen Verwaltungsrats in Frankfurt.

9. Mai, Lowell House, H. B. an Adolf Knakrick[1]

... Was die Parteiverhältnisse angeht, so fürchte ich, sehen Sie etwas zu schwarz. Ich hatte viel radikalere und unsinnigere Rückschläge erwartet. Neue Parteien brauchen lange Zeit, um sich zu konsolidieren. Alte Parteien können nach einer so tiefgreifenden Revolution wie bei uns nie wieder zu ihrer alten Geltung gelangen. Das ganze Problem ist bei uns in Deutschland besonders schwierig wegen des großen Ausfalles in der mittleren Generation und der Depolitisierung der jungen Generation. Im übrigen wanken überall in der Welt die traditionellen Parteien und politischen Institutionen. Die Kritik zwischen den Parteien und innerhalb der Parteien ist hier zum mindesten ebenso stark wie in Deutschland. Das will etwas heißen, weil es ja kein Volk in der modernen Geschichte gibt, das gleichzeitig so überspitzte Kritik mit Leichtgläubigkeit und politischer Romantik verbindet wie das deutsche. Darin liegt immer wieder unsere historische Tragik. Einmal müssen wir sie überwinden. Trotz des Bewußtseins der Verzweiflung und der entsetzlichen Not in Deutschland und trotzdem ich ebensowenig wie ein anderer Mensch einen klaren Ausweg aus den unendlichen Schwierigkeiten sehe, ist mein Glaube an das deutsche Volk eher gewachsen als gesunken . . .

(1) Früher in der Zentrumspartei in Schlesien tätig.

11. Mai, Lowell House, H. B. an Maria Bolz

. . . Ich habe mich sehr gefreut über die Männerkundgebung zum Gedächtnis Ihres verewigten Gatten. Ihr Bericht über seine Zusammenarbeit mit Goerdeler hat mich sehr interessiert. Tief beeindruckt war ich durch Ihren Oktoberbrief mit dem Bericht über seinen Aufenthalt im Gefängnis und Ihren und Ihrer Tochter Besuch bei ihm. Sie müssen sich immer trösten mit den letzten Worten, die er zu Ihnen sprach. Er ist so gestorben, wie nur ein Mann mit starkem Charakter und tiefer religiöser Überzeugung aus diesem Leben scheiden kann . . .
Ich bin überzeugt, daß Herr Dr. Frey zunächst alles Material sammeln muß[1]. Für mich besteht kein Zweifel, daß er in der Lage sein würde, die Tätigkeit Ihres Gatten in Württemberg darzustellen. Für seine Stellung in der Reichspolitik könnte ich später im Jahre einiges zusammenstellen. Aber das Wesentliche ist die Würdigung Ihres Gatten als Mensch und Charakter. In dieser Beziehung besteht leider bei uns in Deutschland nicht viel Fähigkeit. Es fehlt an dem feineren Verstehen, vor allem von Charakteren, die nicht gern über sich selbst sprechen. So gibt es auch zum Beispiel noch keine gute Windthorst-Biographie . . .

(1) Das Ergebnis war die Biographie *Eugen Bolz* von M. Miller, Stuttgart 1959.

13. Mai, Lowell House, H. B. an Thomas Röhr[1], Düsseldorf

. . . Ich freue mich, daß Du nun ordentlich im Studium sitzt. Ich weiß, wie schwer die Verhältnisse an den deutschen Universitäten sind. Aber es gilt, mit den primitivsten Mitteln durchzuhalten. In den Napoleonischen Kriegen waren die Verhältnisse an unseren Universitäten ebenfalls erschütternd. Man braucht nur Schillers Briefe aus der Zeit der

Schlacht von Jena zu lesen; und doch ist aus der Generation der Studenten von damals eine Flut großer Männer der Wissenschaft erwachsen, um die uns die ganze Welt beneidet hat. Es kommt eben alles auf Konzentration des Verstandes an und auf hartnäckiges Verfolgen der einmal eingeschlagenen Laufbahn . . .

(1) Patenkind H. B.s, Sohn von Dr. Franz Röhr, Herausgeber der Zeitschrift *Deutsche Arbeit;* in Röhrs Berliner Wohnung traf sich H. B. im Mai 1933 mit Goerdeler und Leuschner.

18. Mai, Lowell House, H. B. an Hans Peters

. . . Eine große Freude hatte ich am Ostermontag. Rabbi [Leo] Baeck hat mich aufgesucht. Ich hatte eine wunderbare zweistündige Unterhaltung mit ihm, diesmal allein, im Gegensatz zu meiner Unterhaltung mit ihm vor zwei Jahren, wo sein Schwiegersohn anwesend war. Wir sprachen viel von Ihnen und unserem letzten nächtlichen Treffen in Ihrem Hause in Berlin 1934. Er ist im Unglück eher gewachsen: gütig, objektiv, weitschauend, voll Sorge für sein eigenes Volk. Es war für mich eine große Freude, festzustellen, daß das, was ich Herrn Landau im Winter 1937/38 gesagt habe, natürlich pointiert, sich wieder bestätigt hat. Ich sagte damals: ,,Rabbi Baeck ist im Sinne der Bergpredigt der einzige Christ, den ich je gefunden habe.'' Wir sprachen lange mit Trauer über die Gegenwart und mit fester Hoffnung über die Zukunft, über die Tatsache, daß alle gemeingültigen, natürlichen, sittlichen Grundsätze – vor allem in rechtlicher Beziehung, ob national oder international – so verlorengegangen sind wie zur Zeit, wo die Stoiker das äußerlich machtvolle, innerlich morsche römische Imperium langsam zu ersetzen begannen durch eine Weltkonzeption, die mit der ewigen Wahrheit der Bergpredigt und des Johannesevangeliums zusammen die Grundlage für eine nahezu zweitausendjährige Entwicklung aufwärts gewesen ist, bis zu dem Wahnsinn der Französischen Revolution und ihren dekadenten Nachäffern . . .

18. Mai, Lowell House, H. B. an Werner Bergengruen[1], Zürich

. . . Ich bewundere Ihre frühzeitige und entschiedene Haltung gegenüber den unheilvollen Menschen, die so lange die Geschicke Deutschlands in Händen hatten. Die Zahl derer, die sich immer klar waren, ist weder in Deutschland noch im Ausland sehr groß gewesen. Es gehört sehr viel Mut und tiefe sittliche Überzeugung dazu, um nie, auch in den schwersten Stunden, in seiner Haltung gegenüber dem Dämonischen und der gleichzeitigen moralischen Zersetzung in der ganzen Welt zu wanken. Ich hoffe, der Tag wird kommen, wo die Welt erkennen wird, daß es in Deutschland mehr unbedingte Gegner eines unmoralischen politischen Systems gegeben hat als sonst auf der Welt. Ein Widerstand, der nur erfolgte, weil ein solches Regime . . . bestimmte konfessionelle, politische oder wirtschaftliche Interessen verletzt, ist keine Grundlage für die tiefe sittliche Erneuerung, deren die ganze Welt bedarf. Ihr Wort in dem Gedicht „Die Lüge", „Lüge atmeten wir", trifft leider auf die ganze Welt zu. Und die anderen Worte: „Abel – das bist Du", können heute an viele außerhalb Deutschlands gerichtet werden; „Die Nacht" hat noch kein Ende genommen . . .

(1) Mit Theoderich Kampmann befreundet, hatte H. B. seinen Band *Dies Irae*, München 1946, geschickt.

* 19. Mai, Lowell House, H. B. an Robert Pferdmenges

. . . Alles, was Sie in Ihrem Brief schrieben, war sehr interessant für mich, und ich teile Ihre Ansichten voll und ganz . . . Es wird dieses Mal Jahre brauchen, bis private langfristige Anleihen verfügbar werden . . . Die Öffentlichkeit ist sehr skeptisch geworden im Blick auf die Zeichnung ausländischer Anleihen. Erst nachdem ich jahrelang hier gelebt hatte, wurde mir klar, in welchem Umfang das einstige Investitionspublikum im Jahr 1929 und später permanente Kapitalverluste erlitten hatte . . . Nachdem der Herter-Ausschuß im Februar seinen Bericht veröffentlichte[1], hatte ich einen Anflug von Optimismus für unser armes Vaterland, der jedoch bald verschwand, als ich die ersten Anzeichen der alten, gegenläufigen Einflüsse beobachtete. Wie es bei den meisten Parlamenten geschieht, wenn über eine wichtige Angelegenheit monatelang diskutiert wird, wurde schließlich die für Deutschland bestimmte Summe hastig reduziert. Ich persönlich fürchte, daß der jetzt gewährte Betrag – es sei denn, eine zusätzliche Anleihe der Internationalen Bank oder einer der Institutionen der US-Regierung käme zustande – die Stabilisierung der deutschen Währung zu einem gewagten Unterneh-

men machen wird. . . . Ich stimme Ihnen zu, daß Skepsis hinsichtlich
der „Sozialisierung" der Produktion zunimmt . . . Ich habe hier stets die
Ansicht vertreten, daß ein Fortschreiten auf dem von uns eingeschlagenen Wege mit begrenzter Überwachung der Industrie und Teilnahme
der Regierung bei gewissen Industriezweigen auf die Dauer die einzige
Möglichkeit ist, auch die Arbeiter zu befriedigen, die so sehr wie jedermann sonst gegen eine bürokratische Lenkung sind, stamme sie von
privater Hand oder von der Regierung . . .

(1) Christian Herter, Geschäftsführer des European Relief Council 1920–1921, Kongreßmitglied von Massachusetts (Republikaner) 1943–1953, Staatssekretär im State Department 1957–1959, Außenminister 1959–1961, war Vorsitzender des Unterausschusses für
Europa im Joint Congressional Foreign Aid Committee.

28. Mai, Lowell House, H. B. an Carl Josef Görres, Stuttgart

. . . Jede öffentliche Propaganda für Deutschland hat heute noch nur die
Wirkung, die Gegenpropaganda wieder auf den Plan zu rufen. Zwar ist
man sich klar über die russische Gefahr, aber niemand hat auch nur
eine Ahnung, wie das Wiedereinsetzen der jahrhundertelangen Politik
Frankreichs indirekt den Russen in die Hände spielt. Es fehlt zur Zeit
überall in der Welt, besonders hier, ein tiefes geschichtliches Wissen und
Verständnis und, was viel schlimmer ist, eine feste sittliche Tradition.
Selbst die Katholiken hier sehen nicht, wie die Basis der großen europäischen christlichen Tradition völlig unterwühlt ist . . . Alles ist hier emo-
tional eingestellt, in Europa kurzsichtig und egoistisch . . .
Viele andere Briefe beweisen mir, daß die von Ihrer Gattin aufgeworfe-
nen Fragen[1] eine große Anzahl von denkenden Menschen beschäftigen.
Unter diesen Briefen sind manche – und da fängt für mich das Bedenk-
liche an –, die unbedingt notwendige tiefe religiöse Einstellungen mit
politischen verwechseln . . .
Eine Politik ohne religiös-sittliche Grundsätze als Grundlage ist sicherlich unendlich verderblich; aber die Formulierung rein abstrakter Po-
stulate vom religiös-sittlichen Standpunkt aus kann auch deswegen
verderblich wirken, namentlich auf jüngere Leute, weil man übersieht,
daß Politik – soweit sie konstruktiv ist – immer auf Kompromissen
beruhen muß und nur Schritt für Schritt im günstigsten Falle eine
Annäherung an ideale Ziele, aber nie die volle Erreichung solcher Ziele
bringen kann. Vielleicht haben auch Geistliche oft ein besonderes Ver-

ständnis dafür, weil sie immer in dem Zwiespalt zwischen unbedingten Idealen und sehr bedingten Möglichkeiten bei den Gläubigen stehen. Die Gabe solcher Geistlicher, die vom Standpunkt der Politik nicht immer, aber oft, günstig wirkt, kann allerdings sehr böse Folgen haben, wenn sie in gleichem Maße auf das kirchliche Leben angewendet wird – und so zu einem geschäftigen, aber nicht tiefen religiösen Leben der Gläubigen führt ... Ich sehe große Ansätze zu einem erheblich vertieften religiösen Leben in Deutschland, mehr als anderswo in der Welt ... Da ich sehr bescheiden geworden bin mit meinen Anforderungen, so freue ich mich über solche Gedanken, wie Ihre Gattin sie ausgesprochen hat, aber glaube doch, zur Geduld mahnen zu müssen ... Man muß sich nur hüten, auf einmal zuviel zu erwarten. Es besteht immer die Gefahr, daß eine so schnelle Blüte, die aus den Ruinen hervorwächst, leicht wieder verdorrt, weil sie aus einmaligen Bedingungen gewachsen ist und nicht die Kraft hat, widrige Bindungen auf lange Zeit zu tragen ...

(1) Ida Friederike Görres, ,,Der Heilige in der Kirche", in: *Frankfurter Hefte*, Mai 1948.

* 30. Mai, Lowell House, H. B. an George Kennan, Washington

... Hätte ich Beweise für Ihr Verständnis des Elends in Deutschland und für Ihr großherziges Mitleid mit den Leidenden dort und anderswo in der Welt gebraucht, so hätte Ihr Brief sie mir erbracht. Ich glaube nicht, daß man einen anderen Mann in vergleichbarer Stellung in irgendeinem Außenministerium findet, der sich so große Mühe macht, um sich zu unterrichten ... Die jüngere Generation wurde infolge der mehr oder weniger ständigen Mobilisierung der ganzen Jugend seit 1938 daran gehindert, die politische und wirtschaftliche Geschichte und Theorie gründlich zu studieren. Ich korrespondiere deshalb unermüdlich – ich könnte sagen: allabendlich – mit solchen jungen Menschen, um ihnen Verständnis für ihre Schwierigkeiten zu zeigen und ihnen zum Bewußtsein zu bringen, daß all ihre harte, geniale Denkarbeit nur tote Früchte trägt, wenn sie sich nicht die Geduld aneignen, in einer Partei andere zu überzeugen und den ständigen Hohn und Spott berufsmäßiger Demagogen zu ertragen ...
Die Erfahrung früherer Zeiten, zum Beispiel der Metternich-Ära, zeigt, daß eine Generation, die gezwungen war, im Untergrund zu arbeiten,

nicht leicht ihre politischen Auffassungen und Methoden aufgeben
kann, wenn diese durch die Wiedereinführung der Redefreiheit unnötig
geworden sind. [Ihr Korrespondent]¹ erkennt natürlich, daß es unter
dem Besatzungsregime keine Redefreiheit gibt... Jede scharfe Kritik
an zweifellos vermeidbaren Fehlern der Besatzungsbehörden führt nur
zu erzwungenem Widerruf oder Rückzug von der Szene. Selbst ich, der
ich doch Geduld erworben habe und die Schwierigkeiten der Besatzungsbehörden völlig verstehe, fand es grotesk, daß Amerikaner bester
Art, die ihren Ehrgeiz darein setzten, in der Besatzung gute Arbeit zu
leisten, von deutschen Emigranten begleitet wurden, die sich nach 1919
als moralische und politische Nihilisten erwiesen hatten... In den
Redaktionen von Zeitungen, die von den Besatzungsbehörden die Li-
zenz erhalten haben und mit Papier versorgt werden, sitzen Individuen,
deren persönliche Führung gesunde sittliche und demokratische Auffassungen nur unterhöhlen kann und die mit geringschätzigem Zynismus
über die Kräfte schreiben, die sich dem Kommunismus in Deutschland
widersetzen... Viele hervorragende amerikanische Offiziere, die während der letzten drei Jahre ihre Posten in Deutschland aufgaben, erklärten mir, sie hätten dies namentlich deshalb getan, weil sie mit Individuen in Fühlung gekommen seien, mit denen sie nicht zusammenarbeiten konnten... Bis Lord Pakenham vor kurzem eingriff, sahen die
Deutschen, daß Engländer in den Streitkräften Verbrechen begehen
und durch Quittierung des Dienstes dem Urteil jedes Gerichts, eines
zivilen oder militärischen, entgehen konnten... Was ich befürchte, ist
der Untergang jedes Gefühls für sittliche Grundsätze, die ihrer Natur
gemäß zu allen Zeiten und für alle Menschen gültig bleiben und keiner
politischen oder utilitaristischen Veränderung für einzelne oder Nationen unterliegen. Ich glaube, das ist derzeit die größte Gefahr für
Europa. Dies wird jeden denkbaren Widerstand gegen den Bolschewismus schwächen. Werden die sittlichen Säulen des baufälligen Gebäudes
entfernt, so kann sie kein materieller Pfeiler ersetzen...

---

(1) Ein ehemaliger Offizier der Waffen-SS hatte einen scharfen Protest gegen die Zustände drei Jahre nach Kriegsende an Kennan, H. B. und andere gerichtet, und Kennan
hatte ihm ausführlich geantwortet.

2. Juni, Lowell House, H. B. an Ewald Link[1]*, Frankfurt/M.*

... Man kann sich hier und in England immer helfen mit der Interpretation der Verfassung und der Gesetze seitens der Gerichte, meistens auf Grund irgendeines Präzedenzfalles, auch wenn man, wie die Engländer, bis auf ein Gesetz Edwards des Dritten aus der Mitte des 14. Jahrhunderts zurückgehen muß[2] ... In beiden Ländern läßt man mit Vorliebe viele alte Gesetze weiterbestehen, obwohl sie manchmal mit neuen Gesetzen in Widerspruch stehen und sicher nicht mit der im Augenblick herrschenden Rechtspraxis übereinstimmen. Man lehnt aus gesundem politischen Instinkt, genau wie das ursprüngliche römische Recht, jedes Prinzip ab. In Deutschland müssen sich die Regierungen und Parlamente abquälen, die aus dem Kreise der Theoretiker kommenden weltanschaulichen Forderungen so weit praktisch zu gestalten, daß man mit den Verfassungen und Gesetzen überhaupt etwas machen kann ... So sehr ich immer stärker in meinem Leben die unbedingte Notwendigkeit anerkenne, scharfe und feste theoretische Anschauungen ... zu haben als ein Ideal, so sehr muß ich mahnen, daß man nicht starr die Verwirklichung von Idealen auf einmal durch die Politik erhoffen soll ... Schließlich liegt die Sicherung ethischer Prinzipien allein in der Seele der verantwortlichen Staatsmänner und Richter. Es gibt Augenblicke, wo man eine letzte moralische Prüfung zu bestehen hat; da hilft keine Kasuistik und keine Theorie, weil es sich immer um Fälle handelt, die von beiden nicht vorausgesehen waren oder vorausgesehen werden konnten ...
Sie irren sich, wenn Sie annehmen, daß ich hier über Staatsethik lese; so etwas gibt es in angelsächsischen Ländern mit Ausnahme Schottlands nicht, kaum an einigen wenigen katholischen Instituten ... Meine Ausführungen sollen Sie nicht entmutigen in der Fortsetzung Ihrer Studien. Ich hatte aber den Eindruck aus Ihrem Briefe, daß Sie nach theoretischen Grundlagen für einen Föderalismus suchen, der meines Erachtens nur dann einen Sinn hat, wenn alle anderen Mächte einschließlich Rußlands und der angelsächsischen Staaten ernsthaft ihn bei sich zuerst einführen. Der Föderalismus, der Deutschland aufgezwungen wird, ist derselbe wie im Westfälischen Frieden von 1648, mit dem man dauernd Deutschland zu einem Objekt der Politik und Strategie des Auslandes herabdrücken wollte ...

(1) Student von Oswald Nell-Breuning. (2) Wie bei dem damals sehr bekannten Fall des gebürtigen Iren William Joyce („Lord Hawhaw").

12. Juni, Lowell House, H. B. an Hertha Vollmar

... Falls es glückt, so werde ich am 6. Juli mit Rektor Mommersteeg in derselben Kabine auf einem holl[ändischen] Dampfer unmittelbar nach Rotterdam fahren ... Ich würde also im günstigsten Falle gegen den 15. Juli ankommen, aber ich warne vor vorzeitigem Optimismus. Falls ich die Erlaubnis nicht bis zum 4. Juli hier habe, muß ich zu meinem großen Bedauern die Reise aufgeben, da ich sonst den ganzen Sommer mit Warten verliere und die nun alsbald einsetzende unerträgliche Hitze mich zwingt, aufs Land zu gehen; außerdem ... werde ich in meiner Arbeit wieder hoffnungslos zurückgeworfen. Ich kann es mir auch wirklich nicht leisten, auf insgesamt drei Wochen nach Europa zu fahren und dafür $ 1000 allein für die Schiffsreise auszugeben. Ich habe diese Schwierigkeiten immer vorausgesehen und darum Euch geraten, mich in Holland zu treffen ... Im nächsten Jahre werden die Verhältnisse wahrscheinlich günstiger liegen ...

13. Juni, Lowell House, H. B. an Albert Vollmann

... Man muß bedenken, daß die Zukunft aller europäischen Währungen eine unsichere ist ... Auf der anderen Seite kann man die künstliche und rein theoretische Festsetzung von Preisen und Löhnen und vielen Staatsausgaben einfach auf längere Zeit nicht mehr aufrechthalten; das Chaos würde sonst immer größer werden. So muß man, um dem Schleichhandel und einer völligen Demoralisierung in Deutschland zu begegnen, schon einen Sprung ins Dunkle wagen. Die Maßnahmen mögen sehr hart erscheinen, aber andere Länder haben ähnliche Maßnahmen treffen müssen ... Was notwendig ist zur Gesundung Europas ist eine freie, von äußeren Einflüssen unbehinderte Entfaltung der Arbeitskraft unter Mitwirkung von amerikanischen, von der Regierung bereitgestellten Anleihen. Von einer solchen freien Entwicklung der Arbeitsfähigkeit und Arbeitsmöglichkeit jeder europäischen Nation sind wir noch weit entfernt. Daher werden viele Maßnahmen, die jetzt getroffen werden, nur einen Übergangscharakter besitzen. Ich glaube, daß es wenige wirkliche Fachleute gibt, die ernsthaft wagen würden, Prophezeiungen über die wirtschaftliche Entwicklung auch nur der nächsten fünf Jahre zu machen. Aber es wäre falsch, wenn man keine Versuche zur Stabilisierung einer geeigneten Währungsgrundlage machen würde; nur muß man bei diesen Versuchen dafür sorgen, daß der Gesichtspunkt einer sozialen Gerechtigkeit ebenso eine Rolle spielt wie der einer finanziellen, wirtschaftlichen Zweckmäßigkeit . . .

28. Juni, Lowell House, H. B. an Franz Josef Schöningh, München

. . . Unsere katholischen Kreise scheinen sich überhaupt nicht mehr zu erinnern, daß nur die Liberalen (Nationalliberale und Freisinnige) in Preußen den Kulturkampf mitgemacht haben, der doch im Grunde nichts anderes war als ein Nachgeben Bismarcks gegenüber den Liberalen und Demokraten in Süd- und Westdeutschland. Sind nicht damals die preuß[ischen] Altkonservativen aufgestanden und haben einer heulenden Mehrheit im preußischen Landtag Bismarcks gesagt, daß sie keine Gesetzgebung gegen die katholische Kirche mitmachen würden? Ich erinnere mich so vieler Ansätze im früheren *Hochland* und glaube mich auch eines . . . zu erinnern, wo so viel von dem Mangel an Formtradition der Deutschen gesagt wurde. Das ist nun einmal charakteristisch für Süd- und Westdeutschland, wo Demokratie mit absolutem Individualismus identifiziert wird. Aber der Norddeutsche hat Sinn für traditionelle Form, und zwar nicht in der äußerlichen Art wie in England, sondern in vollem Verständnis der sachlichen, wirklichen Bedeutung traditioneller Formen. Bismarcks Tragik war, daß er es fertigbrachte, in den Augen der Deutschen und der Welt Preußentum mit den Neureichen d[es] Nationalliberalismus und der Freisinnigen zu identifizieren, die wegen ihrer kurzen Geschichte nicht nur keinen Sinn für Traditionen, sondern geradezu einen Horror davor hatten . . .

* *1. Juli, Lowell House, H. B. an Walter Lichtenstein*

. . . Hinter mir liegen über zwei Monate hartnäckigen Kämpfens um eine Reisegenehmigung zum Besuch meiner Schwester, um deren Gesundheit es nicht gut steht. Wie Sie wissen, läuft der Antrag zweimal, am Anfang und am Ende seines Weges, durch das Justizministerium, das mit erstaunlicher Schnelligkeit handelte. Vier Wochen lang lag der Antrag im Schreibtisch eines Herrn in der Visumabteilung des Außenministeriums, und ich mußte alle meine Freunde in Washington aufbieten, um den Antrag ausfindig zu machen und zu veranlassen, daß er

dem Chef der Abteilung für Mitteleuropa vorgelegt wurde. Der Herr in
der Visumabteilung hatte ihn vier Wochen lang behalten, ohne ihn
einem für die politische Entscheidung verantwortlichen Beamten weiterzugeben. Als der Antrag endlich losgeeist war, ging er an einen Assisten-
ten in der Abteilung für Mitteleuropa, der beschloß, ihn zu übersehen.
Als er von seinem Chef in Mr. [Bruce] Hoppers Gegenwart zur Rede
gestellt wurde, brachte er als Entschuldigung vor, meine Anwesenheit in
Deutschland könne zu Sympathiekundgebungen für mich führen, die in
Washington unerwünscht wären. Schließlich rief mich der Chef der
Abteilung für Mitteleuropa an und fragte, ob ich mit jemandem in
Verbindung stehe, der jetzt in der deutschen Politik tätig sei, ob ich in
Deutschland öffentlich auftreten werde, ob ich mit jemandem zusam-
menkommen werde, der in der deutschen Politik aktiv sei. Ich erwiderte, ich betrachte meine Reise als völlig privat und wünsche, alles
Aufsehen in der Öffentlichkeit zu vermeiden. Auf die dritte Frage entgegnete ich grob, wenn mich alte politische Freunde besuchten, würde
ich sie nicht hinauswerfen. Nach vierzehn Tagen wurde mir mitgeteilt,
der Antrag sei ans Kriegsministerium weitergeleitet worden. Als Tre
dort zum zweitenmal nachfragte, wurde er ans Außenministerium zu-
rückverwiesen, wo er den Antrag wiederum wohlverwahrt im gleichen
Schreibtisch in der Visumabteilung ruhen fand. Nun wurde ihm gesagt,
wenn mein Antrag ans Kriegsministerium weitergeleitet werden solle,
müsse ich Telegramme des Arztes meiner Schwester und des Kreisarztes
an den für militärische Reisegenehmigungen zuständigen Offizier vorlegen mit der Erklärung, daß ich meine Schwester nächstes Jahr vielleicht
nicht mehr lebend antreffen würde. Glücklicherweise hatte ich die
Röntgen- und EKG-Berichte meiner Schwester da, und Dr. [Siegfried]
Thannhauser schrieb auf Grund dieser Unterlagen ein sehr ernstes
Gutachten. Tre drohte, er werde dieses Gutachten General Draper[1]
vorlegen. Inzwischen hatte ich natürlich drei mögliche Überfahrten
versäumt. Als nächstes kam eine Benachrichtigung, da die Einwande-
rungsabteilung des Justizministeriums gerade im Umzug von Philadelphia nach Washington zurück begriffen sei, könne ich ihre Einwilligung
nicht eher als in drei Wochen erwarten. Da Tre und andere Freunde
immer weiter intervenierten und mit Senatoren sprachen, gingen plötzlich die Genehmigungen des Außen-, Kriegs- und Justizministeriums
mit jeweils vierundzwanzigstündigem Abstand bei mir ein. Ich begreife
jetzt erstmals, warum das Parlament die Regierung überwachen muß;
nach den Kämpfen in Ausschüssen dachte ich in Deutschland, die Re-

gierung müsse das Parlament zur Beschleunigung der Geschäfte anhalten. Abgesehen vom holländischen Visum, das ich in New York erhalte, und einem letzten Dokument, das man nur bei der „Boarding Division, Barge Office" in New York abholen kann, habe ich jetzt alle notwendigen Papiere beisammen . . .

(1) William H. Draper, Bankier, Staatssekretär im Heeresministerium 1947–1949, Sondervertreter der amerikanischen Regierung in Europa 1952–1953.

* *23. Juli, Old Surrey Hall, H. B. an Claire Nix, Cambridge, Mass.*

. . . Am Donnerstag werde ich mit [Waldorf] Astor und [Robert] Brand zu Mittag essen; beide telegrafierten, als sie in der *Times* die Nachricht von meiner Ankunft lasen. Am Mittwoch werde ich mit dem [US]Botschafter [Lewis] Douglas speisen, der ebenfalls sehr freundlich versuchte, mich sofort zu erwischen, und am Donnerstagabend werde ich mit einigen führenden Leuten der City essen. Alle bemühen sich, sehr freundlich zu mir zu sein; ich bin ganz überrascht . . . Eine Stockung gab es: Lord Perth[1] hatte bereits die Andersons davon unterrichtet, daß das Außenministerium versuchen werde, mich zu überreden, nicht nach Deutschland zu gehen, sondern meine Schwester herkommen zu lassen. Sie hatten es mir nicht gesagt, um mich nicht aufzuregen. Als Lord Henderson[2] mich bat, ihn zu besuchen, ging ich hin, ohne etwas von seinen Wünschen zu wissen, aber mit einem unguten Gefühl. Schließlich überzeugte ich ihn, daß ich meine Pläne nicht ändern könne, daß ich aber meinen Aufenthalt in Deutschland abkürzen würde, falls es zu „Demonstrationen" komme . . .

Ich hatte das Gefühl, ich sei nur kurz von England weggewesen. Die Downs waren jedoch schöner als je zuvor. Ich finde nicht die richtigen Worte, um den Unterschied in der hiesigen Atmosphäre und Beleuchtung zu beschreiben . . . Am meisten fiel mir hier das langsamere Lebenstempo auf; selbst in London gibt es nur „Dorftempo". Nach 21 Uhr sind die Londoner Straßen leer, abgesehen von Leuten, die unter der Haustüre stehen und schwatzen. Ich kann mich nicht an den Gegensatz gewöhnen – jedermann scheint Zeit und Muße zu haben . . .

(1) Eric Drummond, Earl of Perth, Generalsekretär des Völkerbunds 1920–1933, britischer Botschafter in Rom 1933–1939, Führer der Liberalen Partei im Oberhaus, Schwie-

gervater von John Anderson. (2) William Henderson, parlamentarischer Staatssekretär (Labour Party) im Foreign Office, besonders für deutsche Angelegenheiten, 1948–1951.

* 29. Juli, London, H. B. an Claire Nix

... Natürlich ist die Gefahr eines Konflikts jetzt sehr zurückgegangen ... Vielleicht wundern Sie sich, daß ein BBC-Bericht von einer Massenevakuierung Berlins[1] spricht ... Zu meiner Überraschung erinnerte sich Lewis Douglas noch an den Inhalt unserer langen Unterredung 1936 im Plaza [Hotel]. Er hat die klarste und realistischste Auffassung der Probleme, die ich bis jetzt vernommen habe[2] ... Die Hitze in London war in den letzten drei Tagen entsetzlich, ein Rekord für Kew Gardens seit 75 Jahren. Ich konnte nicht so viele Besuche machen, wie ich wollte. Heute kommt Gerald Palmer auf eine Stunde, und bei der Rückkehr werde ich ihn aufsuchen. Das Gespräch mit Sir Arthur Street[3] war sehr interessant. Wir trafen uns im Dorchester, wo plötzlich auch Sir Louis Greig erschien und begeistert in der Runde verkündete, wir hätten uns zum letzten Mal 1939 mit Lord Halifax am gleichen Ort gesehen. Er sagte: ,,Alles, was Sie vor neun Jahren gesagt haben, war richtig!`` ...

(1) Der Höhepunkt der Berliner Luftbrücke war von Ende Juni bis Ende Juli. (2) Lewis Douglas, Kongreßmitglied (Demokratische Partei) für Arizona 1927–1933, Bankier, war US-Botschafter in London 1947–1950 und führte die amerikanische Delegation in den Londoner Verhandlungen über Deutschland im Frühjahr 1948; 1945 zum Finanzberater des amerikanischen Militärgouverneurs in Deutschland ernannt, trat zurück, als es ihm nicht gelang, eine Revision der Direktive JCS 1076 zu erreichen. Im Frühjahr 1948 betonte er eindringlich, die Spannung zwischen Rußland und den Vereinigten Staaten sei nicht vorübergehend, sondern werde ,,während der nächsten zehn Jahre`` andauern. Im Frühjahr 1952 warnte er Eisenhower vor ,,der schrecklichen Macht des Pentagons über die Exekutive und die Legislative``. Douglas war der Schwager von John McCloy (vgl. *The Forrestal Diaries*, S. 400; Dwight D. Eisenhower, *Die Jahre im Weißen Haus*, Bd. 1, Düsseldorf 1964). (3) Staatssekretär im Luftfahrtministerium 1939–1945, Tätigkeit im Londoner Control Office für Deutschland und Österreich 1946, wo er sich für deutsche Selbstverwaltung, wirtschaftliche Vereinigung Deutschlands, Beendigung der Entnazifizierung einsetzte.

* 1. August, Imstenrade bei Heerlen, H. B. an Claire Nix

... Ich sitze neben Dr. Poels' Krankenzimmer und habe einen wunderbaren Blick über das hügelige Land, die Stadt Heerlen und das Berg-

werk. Zweimal durfte ich meinen guten alten Freund sehen, jedesmal
fünf Minuten, und vor der Abreise werde ich mich noch kurz verab-
schieden. Die Schatten des nahen Todes liegen auf seinem Gesicht . . .
Wenn er einen deutlichen Satz gesprochen hat, ist er erschöpft. Beim
ersten Mal sagte er: „Die Nacht kommt über diese Welt." Beim zweiten
Mal: „Ich war stets Ihr treuer Freund." Ich wollte, ein Bildhauer
könnte sein Antlitz sehen und es aus dem Gedächtnis modellieren;
Ausdruck und Proportionen haben etwas wahrhaft Großes und Maje-
stätisches . . .
Die Holländer schieben jetzt den Briten und Franzosen die Schuld für
alles und jedes zu und bereiten sich stoisch auf eine russische Invasion
vor – die nicht kommen wird, da die Alliierten, wie ich fürchte, nach
einigen Winkelzügen, um ihr Gesicht zu wahren, nachgeben werden . . .
Am Samstagmorgen rief das Foreign Office in Old Surrey Hall an, um
mir zu sagen, ich müsse eine zusätzliche britische Militärgenehmigung
haben. In den britischen Büros in Den Haag war niemand. Schließlich
stöberte Vlekke[1] den britischen Presseattaché in Wassenaar auf; dieser
versuchte fünf Stunden lang vergeblich, einen britischen Beamten zu
finden. [Wir] konnten den obersten Offizier des amerikanischen Militär-
genehmigungsbüros erreichen; um 23 Uhr kam er zu den Vlekkes,
bewaffnet mit der ganzen Stempelausrüstung und jedermann verflu-
chend, insbesondere die Briten. Er gab mir ein neues Visum, das genau
gleich war wie das des Kriegsministeriums, und sagte: „Jetzt bekommen
Sie von mir ein Visum für alle Zonen." In lebhafter Unterhaltung blieb
er sitzen bis 2.30 Uhr morgens und fluchte auf die ganze Welt wegen
der Todesurteile[2] für Jodl und Keitel. Als ich gestern von Heerlen aus
bei den Andersons anrief, sagten sie mir, das neue Visum genüge nicht;
Vlekke solle sofort einen Mr. Richards bei der britischen Botschaft
aufsuchen. Heute morgen berichtete Vlekke, der US-Major habe sich
mit den Briten angelegt und sie angeschrien, sie hätten keine Gewalt
über einen Mann, dessen ständiger Wohnsitz in Amerika sei, und
schließlich hätten die Briten nachgegeben.
Ich bin eben von Poels zurückgekommen. Er sagte: „Sie können noch
viel tun. Verlieren Sie nicht Ihren Glauben an die Zukunft." Dann sank
er langsam im Stuhl zurück und schien sich zu freuen, daß er diese
wenigen Worte auszusprechen vermocht hatte. Ich drückte ihm die
Hand und ging hinaus, denn dieses Mal konnte ich die Tränen nicht
zurückhalten . . .

(1) Dr. Bernhard H. M. Vlekke, Leiter des Königlich-Niederländischen Instituts für internationale Angelegenheiten, später Professor an der Universität Leyden, befreundete sich mit H. B. in Cambridge während des Kriegs und nahm ihn 1948 und 1950 im Haag sehr gastfreundlich auf. (2) Vom Oktober 1946.

* 5. August, Münster, H. B. an Claire Nix

... An der Paßkontrolle waren drei Polizisten noch in ihren Felduniformen. Ihre Gesichter waren hager mit tiefen Furchen, doch sie wirkten ruhig und optimistisch ... Über der Grenze drüben blickte ich mich natürlich gespannt um. Die Eichen sind wirklich höher als in den USA oder England und meist auch wunderbar gerade gewachsen, aber sie sind doch nicht so groß, wie ich sie in Erinnerung hatte. Die Bauernhäuser sind alle repariert. Rinder und Pferde sehen gesund aus. Es gibt viel Heu, aber wenig Getreide; der Mangel an Kunstdünger ist offenkundig ... Ich sah die liebliche Silhouette der Baumberge und im Osten die Umrisse des Teutoburger Waldes. Die Landschaft ist sehr anziehend, wie ein nichtangelegter Park. Von Nienberge führte die Straße gerade nach Süden, und fünf Kilometer weit hatte ich den unversehrten Turm der Überwasserkirche vor Augen. Langsam tauchten die verstümmelten Türme des Doms auf, dann St. Ludger und St. Moritz und St. Martin. Ich dachte, um den schrecklichen Eindruck zu überwinden sei es am besten, möglichst viele Ruinen anzusehen und nur den Prinzipalmarkt und den Domplatz zu meiden ... Hertha erspähte mich sofort, und Karla folgte ihr. Beide sehen gut aus, Karla besser als Hertha. Meine Schwester sieht leider gar nicht gut aus. Aber sie bewegt sich flink im Haus. Ihre Wohnung ist sehr hübsch, und allmählich hat sie zu den besten Möbeln, die sie nach dem ersten Bombenangriff verlagert hatte, einige nette Möbelstücke geschenkt bekommen ...
Hejo [Schmitt] und Thedieck waren gestern hier. Morgen fahren wir mit dem Auto ins Sauerland, um Dietrich, Königs, Richthofens[1] und Frau von Willisen zu treffen. Ich hoffe, daß ich vom 16. bis 20. in Köln sein kann, um dort viele Leute zu treffen, und anschließend möchte ich nach Bethel fahren, um mit anderen zusammenzukommen, dann einen Tag nach Oldenburg und von dort auch nach Münster zurück. Der nicht abreißende Strom von Besuchern und Anrufen ermüdet meine Schwester sehr ...

(1) Praetorius und Charlotte von Richthofen.

* 5. September, Old Surrey Hall, H. B. an Claire Nix

. . . Ich habe mit einem langen Bericht für Sie begonnen und möchte Sie bitten, so freundlich zu sein und ihn systematisch zu ordnen. Ich kann nur mit vielen Unterbrechungen daran arbeiten . . . In Münster gab es 70 800 Kubikmeter Schutt. Ein Fünftel davon wurde bereits aus der Stadt forttransportiert oder zum Wiederaufbau verwendet. Als ich um Mitternacht durch die Altstadt ging – mit dem Oberbürgermeister [Franz Rediger] und dem Oberstadtdirektor [Karl Zuhorn], nach der Sonderzusammenkunft des Stadtrats im Anschluß an das Abendessen zu meinen Ehren –, war der Eindruck über alle dantische Vorstellung hinaus gräßlich. Aber man gewöhnt sich daran; bei Tag sind die Ruinen belebt. In Deutschland gehen die Menschen 50 Prozent rascher als sonstwo in Europa.

Ich traf mich mit den Direktoren der Caritas in Norddeutschland und mit zweien aus der russischen Zone in dem einzigen Haus, das am Domplatz noch steht und in dem der mit der Caritas betraute Domherr lebt. Weil das Haus auf einem niedrigen Hügel steht, kann man durch Lükken in den drei schmalen Straßen bis zur alten Stadtmauer und fast bis ins freie Land hinaus sehen. Alles, was dazwischenlag, wurde dem Erdboden gleichgemacht. Kaninchen leben um das Haus herum und sogar in den Ruinen des Doms! Nach der letzten Bombardierung fand der Domherr endlich einen alten Mann, der ihm half, die Toten beim Dom zu begraben. Tag und Nacht bestatteten sie sie im Kreuzgang. Aber der Domherr wirkte entschlossen und ruhig, als könne ihn nichts mehr innerlich bewegen. Er erläuterte im einzelnen, wie weit der Dom zu seinen Lebzeiten, wenn er 75 Jahre alt würde, wiederaufgebaut werden könne. Der Rest, so meint er, könne in den zehn darauffolgenden Jahren aufgebaut werden. Er sprach ganz sachlich darüber und verlor kein Wort zuviel. Der älteste Teil von Paderborn ist fast so schlimm zerstört wie Münster. Nur das Kirchenschiff hat nicht so sehr gelitten; das Dach wurde repariert, und das ganze Schiff kann für Gottesdienste benützt werden . . . Die Alliierten warfen Minenbomben, die in der Krypta explodieren sollten, so daß das ganze Gebäude einstürzte, wie in Münster. Die Absicht unterliegt keinem Zweifel . . .

Meine Erinnerung an die Ruhr war sehr düster, da ich sie zuletzt beim Februarwahlkampf 1933 gesehen hatte, grau und dunkel in Nebel und Ruß. Jetzt sieht sie erstaunlich grün aus. Jedes Stückchen Land bis zu den Grubeneingängen ist bestellt, und überall sind Baumgruppen verstreut. Viele Bergleute können sich selbst etwas ziehen und halten eine Kuh oder zwei Schweine. Überall in Deutschland gibt es Schafe, und die Frauen verspinnen die Wolle. Wo sie nicht durch Vorschriften oder Mangel an Rohstoffen, Transportmitteln und Werkzeugen behindert wird, ist die ganze Bevölkerung von den Zehnjährigen aufwärts voller Energie und Unternehmungsgeist. Ihr Erfindungsreichtum ist sagenhaft. Überall sieht man Leute in Kniestrümpfen aus ungefärbter, selbstgesponnener Wolle, immer sehr sauber. Sogar die Kinder sind auf ihre Weise fleißig.

Der Anblick Kölns von der anderen Rheinseite aus ist gespenstisch. Ich finde nicht die richtigen Worte, um diesen Eindruck wiederzugeben. Wir hatten große Schwierigkeiten, das Arbeitervereinshaus zu finden, da nur wenige Menschen, die wir fragten, uns weiterhelfen konnten. Man muß den Namen der zunächstliegenden Kirche angeben, wenn man eine Richtung erfahren will; Straßenbezeichnungen haben keine Bedeutung mehr. Bonn ist furchtbar zerstört. Nichts steht mehr von dem schönen Universitätsgebäude, der früheren Residenz der Kurfürsten. Als ich das älteste Mitglied meiner Partei[1] aufsuchen wollte, einen Mann, der zuerst Drucker war, dann Führer der Zentrumspartei im Kölner Stadtrat wurde und heute 93 ist, konnte Pünders Fahrer sein Haus fast nicht finden, das zwischen Ruinen halb aufgebaut ist. Mit zwei ältlichen Töchtern bewohnt er zwei kleine Zimmer. Die Küche teilen sie mit einer Familie, die unten in zwei kleinen Zimmern wohnt. Er liest noch täglich die *Neue Zürcher Zeitung* . . .

Ich machte mir größere Sorgen denn je wegen der Haltung der Ostflüchtlinge. Die Kudrass-Töchter sind extrem radikal und mißverstanden sogar eine Maßnahme im Zusammenhang mit der Währungsstabilisierung, die zum Wohl der Flüchtlinge ergriffen wurde. Ihre Klagen waren zum Teil ungerechtfertigt. Der Sohn, der aus russischer Kriegsgefangenschaft zurückkehrte, war viel vernünftiger. Der alte Mann beklagte sich nicht, aber die Währungsreform bringt große Schwierigkeiten für sein neugegründetes Geschäft – eine Firma, die im Juni Bestellungen für 12000 RM aufgegeben hatte, bestellte im Juli fast nichts, und die Sparkasse kann ihm keinen Kredit von 3000 DM einräumen ohne Ausfallbürgschaft der Landesbank, die er nicht erhalten kann.

In Gesprächen auf höherer und niederer Ebene versprechen die Russen die Rückgabe der Ostgebiete, wenn Deutschland eine kommunistische Führung annimmt. Kabus, der sehr realistisch ist, sieht dies auf die Dauer als große Gefahr an, obgleich er im Lauf einer langen Unterhaltung sagte, die Reaktion der Flüchtlinge schwanke erheblich. Aus Angst vor der Herrschaft der von Rußland unterstützten Kommunisten zögern die Leute, einer politischen Partei beizutreten; sie sagen, sie wollten nicht noch einmal die gleiche Erfahrung machen wie mit den Nazis, die die Mitgliedslisten anderer Parteien einfach konfiszierten . . . Alle Deutschen verfolgen besorgt die Haltung der Alliierten im Berlinkonflikt; sie wären zum Kämpfen bereit, aber sie befürchten, daß die Alliierten sie letztlich im Stich lassen würden. Fast überall, wo ich hinkam, war die erste Frage: „Gibt es Krieg mit Rußland?"

Frau Klönne[2] hatte für die Tage, die ich in Warstein verbrachte, alles aufs beste vorbereitet; meine Schwester konnte sich ausruhen, ich konnte in der Waldhütte mit meinen Besuchern sprechen, und Hertha konnte mitschreiben. Dietrich ist ein bemerkenswerter, hellwacher Kopf. Wenn er über Wirtschaftsprobleme spricht, so stets mit konkreten Einzelheiten – in Baden, in Oberschwaben usw. Er denkt sich sofort die Wirkungen vorgeschlagener Maßnahmen auf typische Firmen aus, die er sehr gut kennt. Zur Zeit beschäftigt er sich stark mit der Frage der Immobilienkredite und der Länderbank. Dr. Semler[3] und seine Frau sind beide sehr verständnisvoll. Ich halte ihn für einen in Wirtschaftsdingen sehr fähigen Mann. Er meinte, er sei mit seiner Kritik an den Besatzungsbehörden zu weit gegangen, aber ich sagte, er solle sich deswegen keine Sorgen machen, es sei notwendig gewesen, daß jemand ein offenes Wort gewagt habe. Semler setzt große Hoffnungen auf eine Verständigung mit gewissen französischen Industriellen; ich bedaure sehr, daß wir diese Frage nicht eingehender besprechen konnten.

Frau von Willisen kam mit Dietrich im Auto. Sie sprach mit vielen Menschen über die Krise von 1932 . . . Klemens Baeumker war frisch und munter. Er wiederholte [Erich] Raeders Rede an die 4000 ehemaligen Offiziere, die bei Kriegsausbruch wieder einberufen wurden: „Die Marine hat nichts. Wir müssen arbeiten, damit wir in fünf Jahren entscheidend zum Krieg beitragen können." Er erzählte, wie er erst am Ende des Krieges durch die russischen Linien schlüpfen konnte . . . Richthofens haben nach der Währungsreform nichts mehr, und er konnte den kleinen Hof, den er gepachtet hatte, nicht halten . . .

Fonk[4] ist wieder gesund. Er berichtete sehr interessant von seiner Zeit in einem russischen Kriegsgefangenenlager. Er hatte die Erhebung in den Offiziersrang abgelehnt und wurde deshalb verhältnismäßig bald entlassen. Er fuhr mich nach Köln. In Köln sprach ich mit etwa 50 Abgeordneten des katholischen Arbeitervereins der Ruhr und traf mich mit den

überlebenden Führern der alten christlichen Gewerkschaften im Rheinland und Ruhrgebiet . . . Leider mußte ich wegen Herzbeschwerden das
Bett hüten und konnte die alten christlichen Gewerkschaftsführer nur
ein paar Minuten in meinem Zimmer empfangen . . .
Ich führte lange Gespräche mit Adenauer und Kaiser; beide sind sehr
gewachsen. Adenauer ist in der Außenpolitik etwas naiv; er setzt große
Hoffnung auf einen Wandel der französischen Politik, falls Schuman[5]
Außenminister wird; er glaubt, der Quai d'Orsay habe sich bereits
grundlegend geändert! Ich besuchte Frau [Elisabeth] Groß, traf aber
die Schwestern von Mgr. [Otto] Müller nicht an. Nach einem kurzen
Empfang im provisorischen Rathaus speiste ich mit den Größen der
Stadtverwaltung. Pferdmenges sah ich nicht; er besuchte mich später in
Münster. Frau [Magda] Pünder lud Frau Weber, Frau Teusch[6] und
Frau [Anna] Hermes ein, deren Mann ich sehr gern gesehen hätte.
Selbst seine früheren Kritiker achten ihn jetzt hoch. Er mußte in Süddeutschland sein, wo es ihm eben gelungen war, die Landwirtschaftsge-
nossenschaften der drei Zonen in einer Dachorganisation zusammenzufassen. Bei Pünders traf ich auch den Postdirektor [Josef] Baumhoff,
früher in Hagen. Ich erkannte seine Stimme wieder, aber sein Gesicht
zuerst nicht – die Monate in Belsen ließen ihn altern . . . Frau Weber
sah ich zwei Tage später einen ganzen Abend bei meiner Schwester. Sie
ist ungebrochen und kämpferisch geblieben. In Berlin sprach sie mit Dr.
Heinemann[7] vor einer großen CDU-Versammlung in derselben aufrüt-
telnden Weise wie vor 25 Jahren im passiven Widerstand.
Pater [Ivo] Zeiger versäumte ich um eine Stunde. Er schickte Nell-
Breuning, mit dem ich nach Godesberg fuhr, um den alten Dr. Mönnig[8]
und seine reizende Gattin zu besuchen. Er ist noch sehr rüstig, aber
leider blind . . . Das Gespräch mit [Oswald von] Nell-Breuning war viel
angenehmer und interessanter, als ich erwartet hatte. Ich war insgesamt
fünf Stunden mit ihm zusammen. Wir unterhielten uns über die Reli-
gionsgespräche zwischen Protestanten und Katholiken, und er versicherte, der Papst [Pius XII.] sei sehr für diese Gespräche und die
Entscheidung der Kongregation[9] richte sich nur gegen „Exzesse", wie
sie in Holland und Frankreich vorgekommen seien . . . [Alois] Dempf
kam vom Philosophenkongreß in Amsterdam, und wir verbrachten viele
Stunden zusammen . . . [Otto] Rippel[10] fuhr Dempf und mich durch
das schöne Bergische Land nach Hagen, aber wir trafen Schwester
Apollonia[11] und [Wilhelm] Ferbers nicht an. [A. H.] Berning und
[Theodor] Abele konnte ich kein zweites Mal besuchen, auch [August]

Winkelmann sah ich nicht, und ein Klassentreffen mußte ich absagen, aber ich besuchte Ferdinand Weseners Witwe und Sohn und sprach lange mit meiner Schwester über Ferdinand und seine Mutter. An der Kleinwohnung von [Athos von] Schauroth und seiner Tochter klingelte ich und rief: „Alarm! Abmarsch 9 Uhr!" Tre und ich nahmen ihn auf unserer Fahrt mit dem Sohn von Professor [Friedrich] Brunstäd mit nach Paderborn und Driburg zu Gronowski[12], wo uns [Johannes] Bell und seine Frau schon erwarteten. Der Besuch war sehr erheiternd; Bell erzählte nämlich eine Menge lustige Geschichten vom Reichstag aus den 35 Jahren seiner Mitgliedschaft . . . Nach 21 Jahren verwirklichten Tre und ich unseren alten Plan, zusammen zur Schaumburg zu wandern. Es war ein herrlicher Tag, die Hügelketten beiderseits der Weser waren klar . . .

In Herford speisten wir mit [Max] Habermanns Freund, dem Bürgermeister [Friedrich Holzapfel[13]]. Dann fuhr ich mit Pünder nach Rietberg, wo der arme, alte Hermann Thoma eine letzte Flasche hervorragenden Weins für einen solchen Anlaß aufgehoben hatte. Das Gut ist seit über 100 Jahren im Besitz der Familie, und ich bin vielleicht der einzige, der nie dort war. Hermann Thoma ist sehr gebrechlich; er verlor zwei Finger der rechten Hand, als ein betrunkener Soldat seine Frau überfiel . . . Von Rietberg fuhr mich Pünder nach Münster. Wie ich erwartet hatte, ist Pünder sehr optimistisch und läßt sich von seiner übermenschlichen Aufgabe nicht entmutigen.

Am nächsten Tag kam Dr. [Curt] Hoff, und wir verbrachten sehr schöne Stunden zusammen . . . Er wollte gerade [Arthur] Zarden besuchen, als dieser verhaftet wurde; in letzter Minute wurde er von einer Telefonzelle aus angerufen und gewarnt, er solle aus Berlin verschwinden. Am gleichen Tag kamen auch Hedwig Jahn und Thomas Röhr, beides sehr nette, intelligente junge Leute. Die Jahn-Tochter gleicht ihrem Vater, der Röhr-Sohn seiner Mutter. . . . Von Thomas Röhr erfuhr ich die erstaunliche Geschichte der deutschen Truppen, die in den kurländischen Wäldern bis September 1945 kämpften und sich erst den Russen ergaben, als sie nichts mehr zu essen hatten. Kein Wunder, daß er eine geringe Meinung vom russischen Heer hat! Er konnte aus einem Gefangenenlager bei Wilna fliehen. In einem verlassenen Haus fand er alte Zivilkleidung, und mit litauischen Partisanen kam er durch Polen nach Deutschland . . . Ludger Westrick kam mit seiner Tochter Monika, die ich noch nie gesehen hatte; sie ist ein reizendes Mädchen. Er war mit einem amerikanischen Flugzeug aus Berlin herausgekommen

wie auch Frau [Annemarie] Tennstedt, die sehr tapfer ist, aber schwer-
krank aussieht . . .

Willisens Sohn[14] hat ein neues Mikrophon entwickelt, das erstmals für
die Rundfunkübertragung der Achthundertjahrfeier des Kölner Doms
verwendet wurde und das er bald exportieren möchte. (Von 1936 an
baute er Radargeräte, aber 1940 befahl Hitler, er solle damit aufhören,
denn das deutsche Radar sei so weit fortgeschritten, daß die Alliierten es
niemals einholen könnten!) Ich hatte ein langes Gespräch mit Otto
Friedrich, der für einen sehr guten Artikel in der Hamburger *Zeit*[15]
verantwortlich war . . .

Ausführliche Unterredungen hatte ich mit den Bischöfen von Aachen
[Johannes van der Velden] und Münster [Michael Keller]. Den ersteren
kenne ich schon sehr lange; der letztere ist knapp 40 Jahre alt und sehr
energisch . . . Es ist ein großer Verlust, daß von den Geistlichen unter 50
ein Drittel im Krieg oder in Konzentrationslagern umkam; in Ostpreußen kam die Hälfte der Geistlichen beider Kirchen ums Leben. Ich war
vor den Zentralisierungstendenzen des Bischofs von Münster gewarnt
worden, besonders im Blick auf die Katholische Aktion, aber ich fand
diese Befürchtungen ganz ungerechtfertigt; wir hatten in dieser Beziehung keine Meinungsverschiedenheiten. Eines fiel mir besonders auf:
Da die Menschen den Politikern nicht viel Vertrauen schenken, setzen
sie all ihre Hoffnung auf die Bischöfe. Damit erhalten die Bischöfe eine
Bedeutung, auf die sie weitgehend nicht vorbereitet sind.

Ich sprach eine Zeitlang über Simon mit Prof. [Theoderich] Kampmann und dem Generalvikar [Friedrich-Maria Rintelen], seinen Lieb-
lingsschülern . . . Sein Haus war Treffpunkt vieler führender Männer
des 20. Juli 1944. Max Habermann und Kettembeil[16] kamen regelmäßig. Er traf sich mit Graf Stauffenberg und vielen der Generäle. Der
belgische Herr, über den ich [1946] mit ihm korrespondierte, erwies sich
als anfechtbarer Zwischenträger. Durch seine Vermittlung konnte Simon heimlich nach Baden-Baden fahren, um General Pierre Koenig zu
sprechen. Diese Unterredung muß ihm einen schweren Schock versetzt
haben; er kehrte völlig niedergeschlagen wegen der Ziele des französischen Generalstabs zurück . . .

Einen der schönsten Tage verbrachte ich in Bethel. Ich traf dort Dryander und [Felix von] Kameke, die später den Erzbischof [Lorenz Jaeger
von Paderborn] aufsuchten und sehr zufrieden waren. In Bethel sah ich
auch von Baltz[17], der sehr munter ist; [Günther] Gereke, der bei
schlechter Gesundheit ist, aber hochintelligent und immer noch ein

bißchen zu subtil; Dr. [Fritz] Berger, der von Schwerin-Krosigks merk-
würdiger Haltung berichtete und von seinen eigenen Versuchen,
Schacht und Krosigk für die Opposition zusammenzuhalten; [Fritz]
König und seine Frau, die wieder sehr elsässisch geworden sind; [Gün-
ther] Bergemann und Frau Bergemann mit meinem Patenkind[18], das ein
sehr nettes Mädchen geworden ist, so groß wie ich, und einige andere.
Abends kam Dr. Holzapfel, als alle Führungskräfte von Bethel versam-
melt waren. Ich erhielt einen wunderbaren Eindruck des Optimismus
und der praktischen Nächstenliebe ohne das geringste Anzeichen religiö-
ser Enge.
Am folgenden Tag aßen Tre und ich mit dem Erzbischof [Jaeger] zu
Mittag; er ist sehr ruhig, hat aber feste Ansichten zu allen wichtigen
Fragen. Unter seinem Vorsitz findet alle sechs Monate eine Zusammenkunft der führenden protestantischen und katholischen Theologen statt
... In Warstein führte ich auch lange Gespräche mit [Franz Josef]
Schöningh, der später einen kurzen Bericht darüber in der *Süddeutschen
Zeitung* veröffentlichte[19]. Er ist ein sehr fähiger Mann, hängt aber etwas
der antipreußischen Tendenz an, die in katholischen Kreisen allgemein
stark ist. Der Pfarrer von St. Lamberti macht Friedrich den Großen für
alle Übel der letzten zwei Jahrhunderte verantwortlich – darüber habe
ich mich doch etwas aufgeregt.
Die derzeitige Verwaltung, die deutsche wie die alliierte, ist katastrophal ... Es besteht die Neigung, den „Provinzialismus" vollends durchzuführen, ohne an eine starke Zentralregierung auch nur zu denken.
Andererseits scheint die Verwaltung in den Großstädten und Städten
sehr tüchtig zu sein ... Die Länderregierungen sind nicht sehr wir-
kungsvoll, und auch hier besteht die Neigung, alles in engen, lokalen
Grenzen zu beurteilen. Es gibt eine riesige Bürokratie in den Ländern,
aber sehr wenige erfahrene, tüchtige Beamte ... Innerhalb aller Parteien mißtrauen die Führer einander ... Severing, den ich in Bielefeld
sah, sagte mir offen, er sei von den Emigranten an die Wand gedrückt
worden ... Die „Reichsgründer" in allen Parteien versuchen, durch
Denunzierung anderer Führer ihrer Parteien bei den Besatzungsbehörden Macht zu gewinnen und sie zu halten. Natürlich neigen sie zu
verschiedenen Mächten ..., und insgeheim treffen viele Parteimitglie-
der der unteren Ränge „Rückversicherungsvereinbarungen" mit den
Kommunisten ...
Es gibt Ausnahmen bei den politischen Führern, und es gibt auch weitblickende, fortschrittliche Geschäftsleute und ältere Staatsbeamte, die

ihre Sache verstehen. Nell-Breuning schickte [Heinrich] Dinkelbach,
den Planer für das Ruhrgebiet, nach Münster. Er ist ein fähiger Mann
und führt teilweise das aus, was wir vor meinem Rücktritt mit den
Vereinigten Stahlwerken begonnen hatten. Bis jetzt hat er den Weg für
drei sehr verschiedene Lösungen gebahnt. Andere Ansichten fand ich
auch bei älteren Menschen wie Gronowski und [Franz] Graf Galen und
erfahrenen Bürgermeistern. Es war ein großes Vergnügen, mit Lübke[20],
dem Landwirtschaftsminister für Nordrhein-Westfalen, und mit Wegmann[21] in Oldenburg zu sprechen. Beide sind energiegeladen, äußerst
tüchtig und verrichten hervorragende Arbeit. Sie brauchen um ihre
kleinen Throne nicht zu fürchten, und außerdem sind sie äußerst loyal.
Ich halte Wegmanns Verwaltung für die derzeit beste in Deutschland.
Er hat Autorität, und seine Befehle werden sofort ausgeführt. Oldenburg
hat den höchsten Stand im Wohnungsbau und die besten Sätze der
Lebensmittellieferungen der Bauern. Ich bat Wegmann, engere Fühlung
mit Gereke zu halten, um diesen ein wenig zu festigen.
Die örtlichen SPD-Führer sind trotz ihres ideologischen Radikalismus
weitgehend Kleinunternehmer, vor allem im Baugewerbe, und ganz
gute Kapitalisten für sich selbst. Da die Kommunisten keine Aussicht
haben, ihren Stimmanteil bei den Wahlen erheblich zu steigern, haben
sich viele der aktivsten Kommunistenführer von der Parteiagitation
zurückgezogen und sind in den Untergrund gegangen. Sie stehen in
Verbindung mit einer gewissen Zahl ehemaliger Offiziere, die ohne jede
materielle Unterstützung ein sehr elendes Leben führen und kleine, sehr
radikale „nationalbolschewistische" Gruppen gebildet haben. Richthofens sind sehr aufgebracht darüber, daß jüngere Mitglieder ihrer
Familie solchen Gruppen angehören, und sie warnten mich nachdrücklich vor einem möglichen Mordanschlag auf mich unter dem Einfluß
der russischen Propaganda. Ich glaube, sie übertreiben stark.
Adenauer ist nicht sehr beliebt, aber er ist der einzige fähige Parteiführer. Der bayrische Ministerpräsident [Hans Ehard] ist sehr gut, aber er
hat keine politische Zugkraft. Ich hörte großes Lob auf ihn und auf
Hundhammer[22]. Überall wurde Dr. [Gustav] Heinemann (Essen)
gerühmt. [Thomas] Eßer, der im Sterben liegt, konnte ich nicht besuchen, obwohl ich es sehr gern getan hätte. . . . Der frühere Verleger
[Lambert] Lensing berichtete mir, wie die Leute von den Besatzungsbehörden Lizenzen zur Veröffentlichung von Zeitungen erhielten und
riesige Gewinne machten . . .
Der Mann auf der Straße hat sich sein politisches Weltbild zurechtge-

legt: Er will eine Demokratie mit einem Diktator an der Spitze. Keiner glaubt an die derzeitige Regierungsform ... Die Jugend ist sehr wach, wartet aber skeptisch, was geschehen wird. Man sagte mir, es sei sehr schwierig, sie für Parteipolitik zu interessieren, weil sie den gegenwärtigen geschäftigen Politikertyp nicht leiden könne. Was ich 1943 zu Ray Atherton über meine Aussichten, in die Politik zurückzukehren, sagte, scheint ganz richtig zu sein. Die Führer in der CDU und anderen Parteien waren aufgebracht wegen der sehr freundlichen Reaktion der Leute auf meinen Besuch; von vielen Seiten hörte ich, daß manche Leute versucht hatten, die Alliierten gegen meinen Besuch einzunehmen. General Clay[23] wollte in Frankfurt ein Essen geben, aber ich habe geantwortet, daß ich nur für die britische Zone eine Besuchserlaubnis beantragt hätte.

Ich erhielt überraschend Besuch von [George] Shuster und John Elliott[24], der seine Ansicht über mich geändert zu haben scheint, ebenso von [Dale] Clark und einem seiner Freunde in der Abwehr. Wir führten sehr interessante Gespräche, an denen auch [Josef] Müller (München) einige Stunden lang teilnahm, und später fuhren sie mich von Utrecht nach Den Haag. Müller berichtete von seinen Gefängniserlebnissen. Obwohl er vor dem 20. Juli 1944 verhaftet wurde, lag seine Zelle später neben Goerdelers Zelle. Beide Zellen standen offen, SS-Männer hielten Tag und Nacht mit Maschinenpistolen unter der Tür Wache. Beiden Männern waren die Arme so gefesselt worden, daß sie ihr Gesicht nicht vor dem fürchterlich blendenden Licht der großen Glühbirnen abschirmen konnten. Um sich Erleichterung zu verschaffen, bat Goerdeler von Zeit zu Zeit um Papier und Feder, um „Bekenntnisse" niederzuschreiben, die aber keine Bekenntnisse waren, sondern später vom Staatsanwalt für unvermutete nächtliche Befragungen, wenn Goerdeler halbwach war, benutzt wurden. Der Staatsanwalt pflegte Goerdelers „Bekenntnisse" von vor mehreren Tagen vorzulesen und Namen einzufügen, die Goerdeler nicht erwähnt hatte, und der arme Goerdeler konnte sich nicht erinnern, was er geschrieben hatte. Das alles hörte Müller in seiner Zelle ...

Gereke und Müller berichteten mit allen Einzelheiten über ihre Unterredungen mit den russischen Generälen, die zum Teil sehr arrogant drohten, Deutschland werde gezwungen, die russische Führung anzunehmen, während andere in sehr höflicher Weise alles versprachen, was die Deutschen wünschten. Wir alle hatten den Eindruck eines gut einstudierten Spiels. Ich bezweifle, ob Müller die russischen Methoden ganz durchschaut. Ich warnte ihn und Clark und sagte, alle solche Gespräche und Berichte müßten von einem fähigen Mann gelesen und geprüft werden, so wie es der alte Dr. Kriege[25] einst für uns tat . . .

(1) Johannes Rings, Robert-Koch-Straße, Köln. (2) Aenne, Frau von Dr. Moritz Klönne, Inhaber der Firma August Klönne, Reichstagsabgeordneter (DNVP) 1924–1930, dann in der Konservativen Volkspartei. (3) Johannes Semler, Vorsitzender des wirtschaftlichen Ausschusses der CSU, Wirtschaftsdirektor in der bizonalen Verwaltung, wurde im Januar 1948 mit großem Aufsehen aus diesem Posten entlassen (vgl. Gimbel, *Amerikanische Besatzungspolitik in Deutschland*). Semler hoffte auf rasche Ausweitung des Handels zwischen den kontinentaleuropäischen Ländern. (4) Dr. Wilhelm Fonk, Reichstagsabgeordneter (Zentrum) 1931–1933, Vorstandsmitglied der Merkur AG, später bei Horten & Co. (5) Robert Schuman (1886–1963), französischer Finanzminister (Republikanische Volksbewegung) 1946 und 1947, Außenminister Juli bis August 1948 und September 1948 bis Dezember 1952, Ministerpräsident November 1947 bis Juli 1948 und August bis September 1948, Justizminister 1955–1956. Schumans Beziehungen zu den Beamten im Quai d'Orsay waren nie sehr eng (vgl. Jacques Dumaine, *Quai d'Orsay*, Paris 1955, S. 193f.; Dean Acheson, *Present at the Creation*, New York 1969, S. 271). (6) Christine Teusch, Mitglied der Nationalversammlung und des Reichstags (Zentrum) 1919–1933, Kultusministerin von Nordrhein-Westfalen (CDU) 1947–1954. (7) Gustav Heinemann, 1946–1949 Oberbürgermeister von Essen. (8) Justizrat Dr. Hugo Mönnig, bis 1933 Vorsitzender der rheinischen Zentrumspartei. (9) Monitum des Heiligen Offiziums vom 5. Juni 1948 gegen Teilnahme von Katholiken an ökumenischen Gottesdiensten und Gesprächen (vgl. P. Thomas Sartory, O.S.B., *Die ökumenische Bewegung und die Einheit der Kirche*, Meitingen b. Augsburg 1955). (10) Verleger in Hagen, vor 1933 für die Zentrumspartei tätig. (11) Ursulinenschwester, die H. B. bis 1934 im Hedwigshospital in Berlin betreute. (12) Johannes Gronowski, Oberpräsident von Westfalen (Zentrum) 1922–1933, Landtagsabgeordneter (CDU) in Nordrhein-Westfalen 1947–1950, „ein rührend anständiger Mann", wie H. B. im Dezember 1948 schrieb. (13) Dr. jur., stellvertretender Vorsitzender der westfälischen CDU, Bundestagsabgeordneter 1949–1953, Gesandter, dann Botschafter in der Schweiz 1952–1958. (14) Hans-Karl von Willisen, 1966 gestorben. (15) „Brüning unter Quarantäne", in: *Die Zeit*, Hamburg, 19. August 1948. (16) Ernst Kettembeil, Verleger in Osnabrück, bis 1933 im deutschnationalen Handlungsgehilfenverband. (17) Walter von Baltz, früher Referent bei Goerdeler im Reichskommissariat für Preisüberwachung, nach Kriegsende Bürgermeister von Wiesbaden. (18) Renate Bergemann, heiratete später Dr. Christoph Bertram. (19) Und einen langen Bericht, „Gespräch mit Brüning", in: *Rheinischer Merkur*, 28. August 1948. (20) Heinrich Lübke, Abgeordneter im preußischen Landtag (Zentrum) 1931–1933, Minister für Ernährung, Landwirtschaft und Forsten (CDU) in Nordrhein-Westfalen 1947–1952. (21) Dr. August Wegmann, Ministerialrat im oldenburgischen Finanzministerium 1923–1933, Reichstagsabgeordneter (Zentrum) 1924–1933, Innenminister und stellvertretender Ministerpräsident (CDU) in Oldenburg 1947–1953. (22) Dr. Alois Hundhammer, vor 1933 Sekretär des Christlichen Bauernvereins, Bezirksvorsitzender der oberbayrischen CSU 1946–1970, bayrischer Kultusminister 1946–1951, Landwirtschaftsminister 1957, 1960 und 1964. (23) Lucius Dubignon Clay, Oberbefehlshaber der US-Streitkräfte in Europa und Militärgouverneur der US-Besatzungszone 1947–1951 (stellvertretend 1945–1947). (24) Shuster war 1948–1951 Vorsitzender des amerikanischen Institute for International Education, von Mitte 1950 bis Ende 1951 amerikanischer Landeskommissar für Bayern. Elliott war Korrespondent der *New York Herald Tribune*. (25) Johannes Kriege, Geheimer Legationsrat, Direktor der Rechtsabteilung des Auswärtigen Amtes 1911–1918.

8. September, Old Surrey Hall, H. B. an A. H. Berning, Werl

... Es hat mich überhaupt gewundert, daß man in Deutschland annimmt, daß das Ausland ein erhebliches Interesse an dem deutschen Parteiwesen nimmt. Wo solches besteht, ist es künstlich von Emigranten geschaffen worden, die auf diese Weise glaubten und noch glauben, sich die Rolle der „Unentbehrlichen" zu schaffen. ... Ich habe gestaunt, was für Leute sich unter Herabsetzung selbst ihrer eigenen nächsten Bekannten ein besonderes Relief zu schaffen suchten. Das geht heute noch weiter; in dieser Beziehung sind meine Eindrücke sehr negativ. Sonst sind sie unerwartet gut. Das Volk ist ausgezeichnet, hat einen unerhörten Arbeitswillen. Aber wenn es an die Politik geht, hört man nur kleinliche Kritik, die meistens aus Eifersucht geboren ist. Das alte deutsche Erbübel! ...

Was das Ergebnis des K[rupp]-Prozesses[1] angeht, so halte ich es für unerhört ... Alle Industriellen, die Geld für die Hindenburgwahl reichlich gegeben hatten, wurden nachher von den Nazis sehr bedrängt und mußten sich von der drohenden Anklage auf unrechtmäßige Verwendung von Geldern ihrer Gesellschaften durch reichliche Hingabe von Geld an die Nazis freikaufen ... Ich glaube, Schuman ist wegen seiner guten Absichten gestürzt worden[2], denn die Drahtzieher in Frankreich haben sich nicht geändert ...

(1) Die gerichtlichen Verfahren gegen die Krupp-Direktoren vor einem amerikanischen Militärgericht in Nürnberg endeten am 31. Juli 1948 mit schärferen Urteilen (bis zu zwölf Jahren Gefängnis und Konfiskation des Vermögens) als bei anderen deutschen Industriellen. (2) Schuman trat am 8. September vom Amt des Ministerpräsidenten zurück.

* 16. September, Old Surrey Hall, H. B. an Patrick Barry

... Ich hätte nie gedacht, welche Wirkung die Rückkehr in das zerrissene, alte Europa auf mich haben würde. Als ich mit Andersons durch die Downs fuhr, fühlte ich zehn Jahre von mir abfallen. Alle Leute hier und in Deutschland hatten mich viel älter und versorgter in Erinnerung. Lady Astor sagte sogar ein wenig boshaft: „Sie und Winston sind die einzigen, denen der Krieg guttut." ... Natürlich wäre der Empfang vielleicht ganz anders gewesen, wenn ich letztes Jahr gekommen wäre ... In den Ostprovinzen Hollands gibt es keinen Haß auf Deutschland, nur in Amsterdam und Den Haag, und ich fürchte, daß der Haß dort mehr aus dem Verlust Ostindiens herrührt; da man die Japaner nicht zu fassen bekommt, braucht man einen Ersatz ... Ich kann hier nur wenige Eindrücke [aus Deutschland] wiedergeben. Der erste war ein kleines Mädchen, das sein Brüderchen auf dem einen Arm trug und mit der anderen Hand einen Kinderwagen voller Kartoffeln schob. Das Kind war sauberer als sogar die Kinder in Holland und marschierte in einem Tempo, das ich nicht einmal in den Vereinigten Staaten gesehen habe. Als ich den Fahrer bat, ganz langsam an ihr vorbeizufahren, war ihre einzige instinktive Reaktion, das Brüderchen abzusetzen und nachzusehen, ob sein Gesicht auch sauber war. Dann schob sie weiter, in geflickten Kleidern und Schuhen, die aus der Entfernung wie neu aussahen ... Eine Energie, die man nicht beschreiben kann, liegt in den Bewegungen und Gesichtern kleiner zehnjähriger Jungen. Selbst ältere Leute gehen, als liefen sie den Bomben davon. Alle sind geschäftig, es ist wie ein Ameisenhaufen. Man sieht zwar tiefe Linien des Leidens und Hungerns in den Gesichtern, aber nicht das geringste Zeichen der Verzweiflung, ganz im Gegenteil – den Willen, um jeden Preis zu überleben. In einem völlig zerstörten Viertel von Köln sah ich Kinder spielen und grobes Spielzeug aus Trümmern fertigen mit einer Phantasie, die mir ans Herz griff. Ich schaute ihnen zehn Minuten lang zu und mußte sie unwillkürlich bewundern und viele Vorstellungen von Erziehung revidieren. Der Ausdruck in den Gesichtern von fünfzehn- bis achtzehnjährigen Jungen ist besonders faszinierend; sie mußten beim Feuerlöschen und beim Bergen von Verschütteten helfen ...

* 24. September, Old Surrey Hall, H. B. an Claire Nix

... Ich führte zwei lange Gespräche mit Lord Pakenham und war bei einem Essen mit Sir John Anderson[1] auf dem Land. Morgen besucht mich Sir Arthur Street hier. ... Zu einem Abendessen traf ich mich mit David Astor und einigen Redaktionsmitgliedern des *Observer*. Victor Gollancz habe ich gesehen. Ich fuhr nach Oxford, um John Wheeler-Bennett zu besuchen, und kam mit Bowra[2] zusammen, der im nächsten Semester in Eliot House sein wird ... John [Wheeler-Bennett] stimmte völlig mit mir überein, daß Winstons erster Band schlechte Arbeit ist[3]. Lady Anderson, die ich 1931 in Paris als Mrs. [Ralph] Wigram zufällig traf, zeigte immer noch Vansittart-Tendenzen. Das Essen mit Arthur Greenwood[4] war wirklich eindrucksvoll; ich war auf diese Herzlichkeit überhaupt nicht gefaßt. Zwei Kabinettsminister und einige parlamentarische Staatssekretäre, die ich teilweise vor Jahren kennengelernt hatte, waren da. Ich sah Attlees Privatsekretär, Megan Lloyd George[5], [Philip] Noel-Baker[6]. Stokes[7] traf ich nicht an, aber ich beobachtete ihn im Parlament, wie er den Kriegsminister [Immanuel Shinwell] wegen des Rundstedt-Prozesses[8] in sehr geistreicher Weise angriff; kaum jemand hier heißt den Prozeß gut . . .

(1) Später Viscount Waverley. (2) Sir Cecil Maurice Bowra, Vorsteher des Wadham College, Oxford. (3) *The Gathering Storm*, deutsch: *Der Sturm zieht auf*, Hamburg 1950. (4) 1880–1954, britischer Gesundheitsminister (Labour Party) 1929–1931, Minister ohne Geschäftsbereich 1940–1942, 1947, Lordgeheimsiegelbewahrer 1945–1947. (5) Parlamentsmitglied (Liberale Partei) seit 1929. (6) Luftfahrtminister (Labour Party) 1946–1947. (7) Richard Stokes, Parlamentsabgeordneter (Labour Party) seit 1938. (8) Das amerikanische Militärgericht, das die Prozesse gegen die deutschen Generäle in Nürnberg führte, verlangte, daß Rundstedt und Brauchitsch, die als Kriegsgefangene in England festgehalten wurden, als Zeugen erschienen. Dies wurde von den Briten abgeschlagen. Sie brachten die Feldmarschälle im Juli 1948 in die britische Besatzungszone, um sie vor ein britisches Gericht zu stellen. Dies rief in englischen Militärkreisen lebhafte öffentliche Proteste hervor.

* 7. Oktober, Lowell House, H. B. an Erwin Brettauer, Santa Barbara

. . . Ich kann bestätigen, daß [in London] viel guter Wille für Deutschland vorhanden ist, aber kein großes Verständnis für die grundlegenden wirtschaftlichen und sozialen Probleme. Es tat mir deshalb sehr leid, daß das geplante Treffen mit [Finanzminister] Sir Stafford Cripps wegen seiner Reise nach Kanada und Washington nicht stattfinden konnte.

Mein Eindruck vom Lebenswillen, vom Erfindungsreichtum, von der Sauberkeit und vom Arbeitseifer der Deutschen war überwältigend. Weniger ermutigend war mein Eindruck von den politischen Parteien und Parteiführern . . . Nach dem großen psychologischen Aufschwung im Gefolge der Währungsreform stieg die Skepsis hinsichtlich der Stabilität der neuen Währung, als ich wegfuhr. Die Abwertung aller Ersparnisse im Verhältnis zehn zu eins führte zu unbeschreiblichem Elend, vor allem bei älteren Leuten . . . Alle Menschen, mit denen ich zusammenkam, waren reizend zu mir. Natürlich wunderten sie sich über die mir auferlegte „Quarantäne" . . . In Köln stattete mir zu jedermanns Überraschung der Kardinallegat [Micara] einen höchst offiziellen Besuch ab. Sein verschmitztes Lächeln sagte mir, wie sehr er es genoß, eine Lektion in Höflichkeit zu erteilen ... Sie können sich vorstellen, wie es mich bedrückte, die Witwen so vieler, von den Nazis hingerichteter Freunde zu besuchen. Selbst die sonst so beherrschte Witwe von Erwin Planck brach in Tränen aus, als wir uns sahen ... Das Elend in vielen Familien, in die ich Einblick bekam, war bedrükkend. Sie müssen zwei Monate lang von 40 DM leben. Angestellte und Beamte erhielten 40 Mark pro Familienmitglied und volle Monatsgehälter im voraus in der neuen Währung. So hatten einige Arbeiter vielleicht 500 Mark zur Verfügung; da sie die notwendigen Schuhe und Kleider nicht kaufen konnten, begannen sie, Luxusgüter zu erwerben, während Geschäftsleute keinen Kredit für Materialien oder Waren bekommen konnten. Der Währungsplan verfolgt wie der Demontageplan die Absicht, jede mögliche Konkurrenz zu andern westeuropäischen Ländern auf dem Weltmarkt auszuschalten ...

18. Oktober, Lowell House, H. B. an Franz Buchholz[1]*, Heide, S.-H.*

... Wenn ich nicht durch die Vernehmungen in den verschiedenen politischen Prozessen fünf Tage von meinen insgesamt zur Verfügung stehenden 24 Tagen verloren hätte[2], so wäre ich nach Osnabrück, Bremen und Hamburg gefahren ... Die Lebenskraft und der Arbeitswille des deutschen Volkes, zusammen mit dem Widerstand der Berliner Bevölkerung gegen die Russen, haben allmählich hier einen völligen Umschwung der öffentlichen Meinung hervorgerufen. Leider hat man noch kein Verständnis für die Frage der Ostprovinzen, vor allem nicht in katholischen Kreisen. Das liegt an der wahnsinnigen Hetze der emigrierten Polen, die immer ihren engstirnigen Nationalismus mit der katholischen Kirche identifizieren ... Ich habe eine Reihe von Ostflüchtlingen gesehen und bin sehr gedrückt über ihre Lage, aber manchmal auch über die Forderungen, die sie stellen. Der Lastenausgleich, der doch einen weiteren starken Aderlaß für die übrigen Deutschen bedeutet, geht ihnen nicht weit genug. Es ist genau so, wie in den Jahren 24 und 25, wo jeder nach der Inflation glaubte, daß er sein volles früheres Vermögen in neuer Goldmark wieder erhalten müßte ... Ich fand überhaupt, daß die Menschen in Deutschland so stark mit ihrer eigenen Not absorbiert sind, daß sie oft nicht wissen, was in ihrer nächsten Umgebung geleistet wird ...

(1) Studienrat aus Braunsburg, Ostpreußen, Studienfreund H. B.s. (2) Über sein Verhalten in solchen Prozessen schrieb H. B. am 12. Februar 1951 an Johann Platzmann: „In allen den vielen eidesstattlichen Erklärungen, die ich für frühere politische Gegner abgegeben habe, habe ich nach reiflicher Überlegung jeweils das Günstigste ausgesagt, das ich mit meinem Gewissen vereinbaren konnte." Und am 13. Februar 1950 an Fritz Berger: „Nachher habe ich sehr bedauert, daß meine Erklärungen Leuten wie Papen und Schacht helfen konnten, aber nicht Leuten wie Jodl".

20. Oktober, Lowell House, H. B. an Ernst Brandenburg[1]

. . . Es war für mich eine große Freude, Sie wiederzusehen. Es tat mir so leid, daß ich im Bett lag und nur ganz kurz mit Ihnen sprechen konnte . . . In den Jahren wo ich im Amte war, habe ich niemals Zeit gehabt, mich mit Menschen wie Ihnen persönlich auszusprechen. Die ständige Notwendigkeit, auf dem Quivive zu sein . . ., rief eine fast verkrampfte, dauernde Spannung in mir hervor. Sie wissen ja auch, wie eifersüchtig darüber gewacht wurde, daß der Kanzler nicht rein persönliche Besprechungen mit Beamten, außer vielleicht mit den Staatssekretären, haben sollte. Die Nervosität, die meine gelegentlichen Unterhaltungen unter vier Augen mit Zarden bei den anderen Beamten im Finanzministerium hervorriefen, war charakteristisch . . . Was mich besonders in Ihrem Brief und in Ihren Worten tief beeindruckt hat, ist Ihre religiöse Einstellung. Letzten Endes ist die echte religiöse Einstellung das eine, was not tut in dieser Zeit . . . Schließlich sind in der ganzen Geschichte des Christentums die großen Reformen, die die Menschheit aufrüttelten (mit Ausnahme Gregors VII.), nicht von Rom und der kirchlichen „Bürokratie" ausgegangen, sondern von einzelnen Menschen, wenn „die Fülle der Zeiten gekommen war". Diese Männer sind sich der Tragweite ihres Auftretens meist nie bewußt gewesen; sie haben eben im wesentlichen ein Beispiel vorgelebt und so den Stein ins Rollen gebracht. Darum geht immer eine stille, aber dauernde Kraft aus von Menschen, die sich entschließen können, unbedingt einem Ideal zu folgen. So hoffe ich, daß das schwere Geschick, das unser liebes Vaterland betroffen hat, und die tief gläubigen Menschen eine Bewegung auslösen werden, deren Wirkung und Ausmaß sie selbst kaum erkennen können. Vielleicht werden Sie erstaunt sein, wenn ich trotz vielen üblen Erscheinungen zu dem Ergebnis gekommen bin, daß ich allein von Deutschland die notwendige tiefe religiöse Erneuerung erwarte, nicht in Form von theoretischen Schriften, sondern in der Überwindung des

größten und tiefsten Leides, in einer tieferen christlichen Haltung, als sie
anderswo besteht . . .

(1) Ministerialdirektor a. D., leitete vor 1933 die Abteilung Luftfahrt im Reichsverkehrs-
ministerium.

* 2. November, Lowell House, Memorandum für William Yandell Elliott

Zur Demontage in Deutschland. Die Demontage ist jetzt bei 220 Fabriken in der britischen Zone im Gang und soll demnächst bei weiteren 115
beginnen. Der Pariser Korrespondent der Londoner *Times* empfiehlt
nachdrücklich, die britische Politik solle Konzessionen an die „öffentliche Meinung in Amerika" machen, bis die Bestimmungen für das
nächste Marshall-Jahr feststehen . . .
Nur auf Grund genauester Kenntnis der Stahlproduktion konnte die
Auswahl bestimmter Betriebe der Stahlindustrie zur Demontage getroffen werden. An den lebenswichtigen Stellen der Stahlproduktion ist die
Demontage am intensivsten . . . Ähnlich wird in der Textilindustrie in
der britischen Zone ein ganzes Produktionsstadium ausgeschieden, so
daß deutsche Hersteller in Zukunft Halbfertigwaren zur Bearbeitung
ausführen und Fertigwaren wieder einführen müssen . . . Gesellschaften,
deren Aktien ganz oder teilweise im Besitz von Ausländern waren,
werden nicht demontiert, selbst wenn sie Rüstungsgüter produzierten.
Aktien in ausländischem Besitz werden in der neuen Währung zu ihrem
Goldwert von vor 1939 bewertet; jegliche Abschreibung von Aktienka-
pital geht zu Lasten der deutschen Aktionäre . . . Die Bedingungen der
Währungsreform, nach denen die Obligationen von Deutschen entwer-
tet wurden, während die Obligationen von Ausländern unberührt blieben, werden dazu führen, daß die meisten Großbetriebe in Deutschland
in ausländischem Besitz sind, wenn das Demontageprogramm beendet
ist . . . Die Franzosen erklärten sich mit der Einführung der neuen
Währung in Deutschland nur unter der Bedingung einverstanden, daß
sämtliche Angehörige der französischen Besatzungstruppen den vollen
Nennwert ihres wertlosen, alten deutschen Geldes in neuen DM erhalten würden. Ein bekannter französischer General kaufte Reichsmark in
großen Mengen auf, tauschte sie zum vollen Nennwert in Deutsche
Mark um und verkaufte dann seinen DM-Bestand in der Schweiz,
wodurch die neue Währung auf dem Schweizer Markt sofort im Wert
sank . . .

3. November, Lowell House, H. B. an Hans von Raumer

. . . Ihren Ausführungen[1] stimme ich völlig bei – nur nicht in bezug auf Adenauer. Er hat natürlich seine Grenzen, aber er ist sehr gewachsen und arbeitet fleißig. Er ist ein einsamer Mann. Er sagte mir, daß der Tod seiner Gattin für ihn eine „Amputation" gewesen sei, er habe eigentlich keine Wurzel mehr in dieser Welt . . . Adenauer ist der einzige, der in guter Form, aber mit präzisen Daten den Besatzungsbehörden die Meinung sagt. Er hat den Vorteil, Robert Schuman seit 16 Jahren gut zu kennen, mit dem er auch jüngst zweimal gesprochen hat. Die Kritik gegen ihn richtet sich gegen seine Überlegenheit. Diese Überlegenheit beruht nicht nur auf seiner taktischen Befähigung oder seiner großen Erfahrung, sondern vor allem auf seiner restlosen Hingabe an die Arbeit. Das Volk spürt das sehr gut. In der Massenversammlung gelegentlich der Kölner Domfeier, wo mehr als 150000 Menschen anwesend waren, war er der einzige, einschließlich der Kardinäle, der mit spontanem, überwältigendem Beifall von den Volksmassen begrüßt wurde. Selbst seine Kritiker haben mir so berichtet . . . Aber Sie haben recht, es liegt über allem eine Lähmung, die von der Tatsache kommt, daß das Volk die deutschen Politiker verantwortlich macht für das, was die Besatzungsbehörden verordnen . . .

(1) Wie manche andere überlebende Politiker der Weimarer Republik übte Raumer zunehmend Kritik an der „Überheblichkeit des Mittelmäßigen".

4. November. Lowell House, H. B. an Hans Peters

. . . Was die Auseinanderreißung Deutschlands angeht, so teile ich Ihre Befürchtungen. Mit Ausnahme von Kaiser fand ich für das Problem unter den Politikern im Westen sehr wenig Verständnis . . . Daß die Parteien nicht allen Wünschen entsprechen, war vorauszusehen. Die Wahlen in Nordrhein-Westfalen haben alle gezeigt, daß es dem taktischen Geschick von Adenauer und dem guten Willen der Bevölkerung doch gelungen ist, die CDU zu einem Achtungserfolge zu bringen[1]. Ich bin mir in meinen Unterhaltungen mit einfachen Leuten wohl bewußt geworden, daß eine gewisse Skepsis gegenüber führenden Politikern besteht. Für mich ist es immer ein Rätsel gewesen, weshalb die Mehrheit des deutschen Volkes, die an sich einen gesunden kritischen Sinn dafür hat, ob Politiker sich selbst überschätzen oder nicht selbstlos sind,

nie die Kraft hat, daran etwas zu ändern. Die rücksichtslosesten Leute
tauchen immer auf, weil eine gewisse Scheu besteht, gegen sie öffentlich
aufzutreten . . .

(1) Bei den Gemeindewahlen in Nordrhein-Westfalen am 17. Oktober. Mit 37,6 Prozent
bekam die CDU mehr Stimmen als die SPD.

* 8. November, Lowell House, H. B. an Hermann Ullmann

. . . Trumans Erfolg[1] war für die meisten eine Überraschung, aber am
Sonntag vor der Wahl wettete ich mit Dr. Brettauer, daß Truman
gewählt würde. Die Persönlichkeiten in Washington und New York und
die dortigen Zeitungen stehen der Bevölkerung so fern, daß sie nicht
mehr wissen, was vorgeht. Es war etwa so wie im Sommer 1930, als das
Berliner Tageblatt und die Ullstein-Presse einen großen Erfolg für die alte
demokratische Partei vorhersagten. Man rätselt immer noch sehr an den
Ernennungen, die Truman für sein Kabinett aussprechen wird, besonders da hier und in England plötzlich ein neuer Versuch unternommen
wird, deutschfeindliche Gefühle aufzustacheln. Heute erhielt ich einen
Brief von einem der klügsten und einflußreichsten Männer in England,
mit dem ich mich im Juli und September mehrmals unterhielt. Er
fürchtet jetzt die Möglichkeit eines Wiederauflebens des Nazismus in
dem Streit zwischen Ost und West in Deutschland[2]. Da er Schacht gut
kannte, war er vielleicht entsetzt, daß Schacht sofort nach seinem Frei-
spruch[3] nach Frankfurt ging und dort führende Beamte besuchte.
Schacht besaß nie ein Gefühl für Mäßigung und bleibt seinem Charakter treu . . .

(1) Truman wurde am 2. November als Präsident wiedergewählt, und die Demokratische
Partei errang in beiden Häusern des Kongresses die Mehrheit. (2) Robert Brand. Er
plante im Oktober einen ausgedehnten Besuch in Deutschland, den er aber verschob;
Anfang November äußerte er Befürchtungen hinsichtlich der möglichen Folgen von
Deutschlands „äußerst starker Position zwischen dem Osten und dem Westen". Im
Februar 1949 schrieb H. B. an Steltzer: *„Ich bin sehr enttäuscht von dem Wandel in der
englischen Politik seit Mitte Oktober. Die Leute haben ihre Ansicht geändert, als auf dem
Weltmarkt wieder deutsche Waren auftauchten." (3) Er war im September von einer
deutschen Spruchkammer endlich freigesprochen worden.

10. November, Lowell House, H. B. an Willi Volmar[1]*, Bad Schwalbach*

. . . Ich wünschte Hertha und Ihnen nur, daß Ihr Sohn bald zurück-
kehrt. Ich wage nicht mehr, einen Termin zu setzen. Die Russen haben
sich verrechnet, da sie hofften, die Alliierten im Oktober aus Berlin
herausgedrängt zu haben. Aber ich glaube noch nicht an einen baldigen
Krieg. Man ist auf keiner Seite dafür gerüstet. Zunächst wird wohl ein
„Appeasement"-Versuch kommen, wobei die Großmächte sich zurückhalten und den kleineren Mächten die Vermittlerrolle zuschanzen
werden. Außerdem sind sich die Militärs und Politiker hier und anderswo nicht einig. Allerdings hat die Tatsache, daß man jetzt einsehen
muß, wie man durch die Schaffung eines militärischen Vakuums in
Mitteleuropa sich selbst die schwersten und gefährlichsten Bürden auf-
geladen hat und auf die Dauer nur eine Umwerbung von Deutschland
herbeigeführt hat, hier und auch in England eine neue Haßwelle in
bestimmten einflußreichen Kreisen gegen uns hervorgerufen. Das wird
man vor allem von engl[ischer] Seite für eine Weile zu fühlen bekommen . . .

(1) Generalleutnant a. D. Willi Vollmar, Präsident des Reichsamts für Landesaufnahme
1934–1945, Schwiegervater von Hertha Tennstedt.

12. November, Lowell House, H. B. an A. H. Berning

. . . Ich muß Ihnen offen sagen, daß die Zeit, die ich in Bethel mit den
Führern der protestantischen Kirche verbrachte, mir gezeigt hat, daß
sie das Problem einer Politik, die auf christlich-sittlicher Weltan-
schauung aufgebaut ist, in vielen Beziehungen sehr viel tiefer erfaßt
haben als manche Leute der Zentrumspartei und auch der CDU . . . Es
ist unmöglich, für die katholische wie für die protestantische Kirche, die
kirchenfremden Massen und die sogenannten liberalen Schichten mit
den bisherigen Methoden wieder für die Kirche zu gewinnen. Der erste
Schritt muß sein, daß Leute, die dem positiven Christentum ohne Haß
und Fanatismus ferngestanden haben, durch Zusammenarbeit lernen,
daß ein tief erfaßtes Christentum bestimmte unwandelbare Grundsätze
darbietet, die in entscheidenden politischen Krisen der einzige Anhalts-
punkt zu einer klaren Entscheidung sein können . . . Man sollte ja nicht
glauben, daß die Tätigkeit in den kirchlichen Vereinen allein ein Maß-

stab für die Beobachtung fester religiöser Prinzipien ist . . . Das
schlimmste wäre, wenn der Katholizismus in Deutschland sich heute aus
einer integralistischen Einstellung heraus isolieren und so hoffnungslos
jeden Einfluß auf das öffentliche Leben verlieren würde. Das ist die
latente Gefahr seit 15 Jahren; sie ist nicht auf Deutschland beschränkt . . .
Nirgendwo in der Welt neigt der Katholizismus in gleichem Maße dazu,
sich der Illusion hinzugeben, als könnte man auf dieser Welt eine Gemeinschaft der Heiligen mit abstrakten Formulierungen begründen, wie
bei uns. Darin liegt große Begabung und großer Idealismus. Aber gerade deswegen werden die deutschen Katholiken so oft mißverstanden
und als lästig empfunden . . . Kaas war römischer als irgendein Kardinal; die deutschen Ankläger Luthers orthodoxer als der Papst . . . Das
ist die eine Klippe. Die andere ist die Neigung der Deutschen, gleich
eine praktische Zusammenarbeit zwischen beiden Konfessionen dogmatisch zu behandeln. Vor der letzteren hat wohl Pater Zeiger warnen
wollen[1] . . . Ich fürchte, gewisse Leute im Vatikan hatten eine unend-
liche Angst vor dem Zusammenschluß aller protestantischen Gruppen
(in Amsterdam)[2] . . . In der Tat haben in den vielen Unterhaltungen in
Amsterdam die deutschen Protestanten die skeptischere Stellung eingenommen, wie ich von einem hochgestellten schottischen Theologen
hörte. Man war erstaunt, wie weit sich der deutsche Protestantismus
schon in seiner Dogmatik dem Katholizismus genähert hatte. Diese
einzige Feststellung mag Ihnen genügen, um meine Auffassung klarzumachen und mich vor Mißverständnissen zu schützen . . .
Sie schreiben über die liberale Einstellung eines Teiles der CDU-
Presse . . . Wenn ich denke, was noch alles unserem armen Volke bevor-
steht, so würde ich wünschen, daß man keine offiziell kath[olischen]
Zeitungen hätte, wohl aber Zeitungen mit durchgebildetem Stab, der
weiß, worum es sachlich geht, und ebenso auch, daß bis zu einem gewissen Grade alles von wenigen Prinzipien – zum Beispiel ausgleichender
Gerechtigkeit für alle – bestimmt werden muß. Aber man soll nicht
immer für jede Nuance seiner eigenen Meinung den Katholizismus
ausspielen . . .

(1) In einer vielbeachteten Rede auf dem Mainzer Katholikentag am 6. September 1948
hatte Zeiger außerdem die Trennung zwischen Christen und Nichtchristen „quer durch
alle Parteien" betont und Deutschland ein „Missionsland" genannt. (2) Die konstituie-
rende Versammlung des Weltkirchenrats in Amsterdam, August bis September 1948.

27. November bis 3. Dezember 1948, Lowell House, H. B. an Helene Weber

... Ich habe Gelegenheit, einen Brief durch einen Herrn der CDU [Müller-Hermann, Bremen] nach Deutschland zu schicken. Es lag mir sehr daran, nachdem ich meine in der Heimat, in Holland und in England erhaltenen Eindrücke in Ruhe überdacht habe, einiges davon jemandem, der Einfluß hat, mitzuteilen. Ich hatte einen Brief an Adenauer geschrieben in diesem Sinne, zog aber vor nach reiflicher Überlegung, an Sie zu berichten. Sie können einiges von diesen Eindrücken bei Adenauer, Kaiser und Hejo Schmitt verwenden, ebenso bei Pünder. Sie können den ganzen Brief dem Inhalt nach Wegmann erzählen ... Ob es zweckmäßig ist, mich als Subjekt dieser Eindrücke außer bei Wegmann und Hejo Schmitt zu erwähnen, bezweifle ich ...

Lassen Sie mich zunächst ein Wort sagen zur Verwaltungsorganisation. Ich bin entsetzt gewesen über die Auffassungen von Stadtdirektoren und Bürgermeistern über die Neuorganisation der Verwaltung. Man will alle Zwischeninstanzen, wie die Regierungspräsidien, auflösen, ebenso wie die Selbstverwaltung der früheren Provinzen. Zwischen, zum Beispiel, der Landesregierung Rheinland-Westfalen und den Stadtkreisen und Landkreisen soll nichts mehr stehen. Es ist ja keine Frage, daß in mancher Beziehung die bisherigen Regierungspräsidien zu klein waren, ebenso die Kreise. Man hätte in vielen preußischen Provinzen, so wie es in Schleswig-Holstein seit langem geschehen ist, die Funktionen der Regierungspräsidenten auf die Oberpräsidenten übertragen können. Aber man muß doch an ein zukünftiges Deutschland denken, wo die Einheit durch eine Zwischeninstanz, die von der Zentrale aus ihre Instruktion bekommt, gesichert werden muß. Ich habe bei vielen Stadtoberhäuptern und Landräten die Tendenz gefunden, die schon in unserer Geschichte ... vorherrschend war, daß sich jeder Machthaber ein eigenes Fürstentum schaffen will mit größtmöglichen Machtbefugnissen. Ich muß dabei hinzufügen, daß die verwaltungsmäßigen Leistungen in den Städten und Landkreisen, wo ich einen Einblick haben konnte, noch heute höher sind als anderswo. Aber zum mindesten in drei mittleren und kleinen Städten fand ich, daß sich der Bürgermeister und der Stadtdirektor in den Haaren liegen und sich gegenseitig sabotieren, zum Schaden der Gemeinden und der politischen Entwicklung ... Bei aller Anerkennung der Leistungen der Stadtverwaltungen unter so übermenschlichen Schwierigkeiten kann ich doch den Eindruck nicht verheimlichen, daß der Horizont der leitenden Leute in den Stadtverwaltungen ein sehr enger ist. Ich fand die phantastischsten Auffassungen über das Ausland und im Zusammenhange damit eine Überheblichkeit im Urteil über alles, die mich geradezu erschüttert hat. Dabei ist man sehr weich den Besatzungsbehörden gegenüber und bittet sie um ihre Zustimmung auch in Dingen, die die Besatzungsbehörden nichts angehen. Das führt bei den Engländern zum mindesten zu einer Tendenz, die sonstigen Fähigkeiten dieser Leute zu unterschätzen und sich noch mehr auf eine Beschränkung der Selbstverwaltung analog ihrem eigenen Lande zu verbeißen. In der amerikanischen Zone sind die Dinge anders, aber in beiden Zonen intrigieren die obersten Verwaltungsspitzen der Städte und Kreise gegeneinander bei den Besatzungsbehörden.

Was die Parteipolitik angeht, kann ich meine kritischen Auffassungen nur aussprechen unter gleichzeitiger Zubilligung von mildernden Umständen. Ein großer Teil der jüngeren Leute in der deutschen Politik, vielleicht die besten, sind eben tot. Die wenigen mit wirklicher verantwortlicher Erfahrung, die noch da sind, verdanken ihr Leben dem Zufall oder der Vorsehung . . .

Es gab hier und in England Gruppen, die eine Exilregierung aufrichten wollten, die dann nach Rückkehr in Deutschland sofort einen Vernichtungsfrieden unterzeichnen sollte . . Demgegenüber habe ich immer dafür gekämpft, daß man in Deutschland überhaupt keine normale Regierung einsetzen solle, um so den Plan eines schnellen Friedensvertrages auf Grund der Jalta- und Potsdamer Beschlüsse zu zerstören. Es gelang mir, hier bei der Armee durchzusetzen, daß ein Kabinett der Staatssekretäre für ganz Deutschland gebildet werden sollte aus früheren höheren Beamten, unter Hinzuziehung von zwei oder drei Fachleuten mit parlamentarischer Erfahrung. So wollte man Pünder damals schon auf meinen Vorschlag zum Leiter einer „stellvertretenden Beamtenregierung" machen. Er lehnte damals ab, weil er den Sinn nicht verstand und ich ihn nicht orientieren konnte. Dagegen wurden Dietrich und Schlange auf meinen Vorschlag mit ihren damaligen Aufträgen betraut. Dietrich hat sehr gut gearbeitet; Schlange nicht so gut . . . Solange Dietrich da war, um ihm·die Waage zu halten, konnte kein Unglück entstehen. Jetzt haben wir das Unglück, daß die landwirtschaftlichen Preise erhöht wurden, während gleichzeitig die Massen der kleinen Sparer durch die Währungsreform enteignet wurden und kaum in der Lage sind, die rationierten Lebensmittel zu kaufen. Schlange glaubte, sich auf meine Kosten bei den Alliierten empfehlen zu können . . . Das ist leider auch meine Erfahrung gewesen mit vielen anderen Leuten, die

ich in Deutschland gesehen habe und deren Namen ich meinen hiesigen Freunden vor Ende des Krieges gegeben hatte. Die Liste dieser Namen hatte nur als Ganzes einen Sinn . . .
Ich war sehr bedrückt über das Mißtrauen zwischen den Arbeitervereinen und früheren Gewerkschaftlern, das ich in Köln fand. *Sie* müssen darauf drängen, daß Hejo Schmitt, Gockeln und Kaiser in ein enges vertrauensvolles Verhältnis kommen. Sonst ist es zu spät. Daß sich etwas machen läßt, zeigt das langsame Wachsen des Einflusses unserer alten Leute in der Angestelltenbewegung in Westdeutschland, mit Ausnahme von Hamburg, wo besondere Gründe vorliegen. Ich habe darüber eingehend mit Frau Gerig[1] gesprochen und ihr geraten, die Führung der Angestelltenbewegung im Kölner Gau zu übernehmen. Da sehr viel mehr Frauen in der Zukunft als Angestellte tätig sein müssen, so besteht eine große Chance, wenigstens in Westdeutschland, die Führung in der Angestelltenbewegung für unsere Leute wieder zu erobern. Es kommt hinzu, daß auch sozialistische Mitglieder der Angestelltenbewegung erbittert sind über das Bestreben der SPD, die Angestelltenversicherung zu beseitigen . . .
Im Zusammenhange mit den Gewerkschaften möchte ich Sie bitten, darauf zu drängen, daß möglichst bald Schulungskurse nach dem Muster des Volksvereins oder Königswinters eingerichtet werden. Ich habe darüber Unterhaltungen gehabt, unter andern mit dem Bischof von Aachen [van der Velden], der Räume in Kornelimünster zur Verfügung [gestellt] hat. Aber hier wirkt die Eifersucht und die Absonderung der einzelnen Gruppen hemmend. Die einen wollen reine Arbeiterkurse haben, die anderen reine Gewerkschaftskurse und die alten Volksvereins-Leute Kurse für alle Stände. Jeder Wunsch hat seine Berechtigung; es sollte wirklich nicht schwer sein, eine Einigung zu finden. Besondere Kurse für Gewerkschaften sind notwendig, da man ja auch die evangelischen Mitglieder schulen muß. Einige von Röhrs alten Mitarbeitern sind noch am Leben, aber sie sitzen isoliert.
Von Adenauer habe ich den Eindruck erhalten, daß er ebenso wie Kaiser sehr gewachsen ist. Taktisch und an sachlichen Kenntnissen ist er allen anderen überlegen. Wie ich schon erwähnte, habe ich ihn hier und in England dauernd verteidigt. Er müßte nur eine größere Wärme zeigen und ebenso eine größere Bereitwilligkeit, mit den Mitgliedern der Parlamente sowohl wie mit andern sich öfters offen auszusprechen. Da steht etwas die alte Oberbürgermeistertaktik bei ihm im Wege; aber er wird trotzdem noch lernen können und wollen, wenn man die Dinge

richtig an ihn heranbringt. Sehr große Sorge habe ich, daß er heute noch stark alles von einem zu ausschließlich rheinischen Gesichtspunkt aus ansieht und daß er in der Außenpolitik nicht kritisch und skeptisch genug ist, vor allem gegenüber Frankreich. Er sprach mir gegenüber von gewissen Unterhaltungen mit französischen Politikern, die inzwischen in der Presse erwähnt sind. Ich habe ihn gewarnt, darauf zu große Hoffnung zu setzen[2] ... Den Franzosen gegenüber muß man immer sehr höflich und in der Form entgegenkommend sein, in der Sache aber festbleiben. Die Franzosen werden trotz des Schwankens der Engländer von hier aus gezwungen werden, nachzugeben – wenn auch nie in dem vollen Maße, wie man es hier zunächst versprochen bekommt.

Nur ein paar Worte zu Arnold. Ich habe ihn selbst Kardinal Frings bei unserem Zusammentreffen an der kanadischen Grenze [1946] vorgeschlagen, und zwar im Vorzug zu Gockeln[3]. Vielleicht war das ein Fehler. Ich hatte Gockeln zu jung in der Erinnerung; er ist sehr gewachsen. Arnold war in meiner Erinnerung nächst Strunk[4] der loyalste Kartellsekretär der christlichen Gewerkschaften, auf den man sich in jeder schwierigen Lage verlassen konnte. Er hat viele stürmische Versammlungen durchgehalten und immer auf der Linie gekämpft, die ihm von Berlin vorgeschrieben wurde. Ich dachte daher, er würde mit Adenauer gut auskommen und seine Ernennung zum Ministerpräsidenten würde auf die alten christlichen Gewerkschaftler günstig wirken. Ich habe mein Urteil nach meiner langen Unterhaltung mit ihm nicht wesentlich geändert, obwohl er wie alle christlichen Gewerkschaftler, vor allem Herr Albers[5], mir gegenüber sehr zurückhaltend war ... Englische Kreise, die Einfluß auf die Politik in Deutschland haben, wünschen ihn als ersten Kanzler oder Präsidenten Westdeutschlands an Stelle Adenauers. Ich habe mich nicht dazu geäußert. Aber ich muß sagen, daß er den Vergleich mit Adenauer nicht bestehen kann ...

Sehr große Sorge habe ich wegen der wachsenden Kritik in Westfalen an dem „Kölschen Klüngel“. Das ist ein Nährboden für das instinktive Festhalten weiter Kreise an der neuen Zentrumspartei. Dazu kommt eine gewisse, gleichfalls gefühlsmäßige Abneigung gegen Adenauer und ferner, daß eine große Anzahl von Leuten, namentlich in Münster, die Zusammenlegung der beiden Provinzen und die Entfernung so vieler Verwaltungsbehörden von Münster selbst bedauern. Ich habe mich genau nach dem Rektor Vorholt in Mecklenbeck erkundigt, der den größten Einfluß unter den Kleinbauern im Landkreis Münster und in den benachbarten Kreisen hat. Wenn Adenauer ihn besucht hätte, so würde er für die CDU gewonnen sein, aber er hat ein Mißtrauen gegen die Kölner. Dazu kam das geschäftige Hervortreten des Prälaten [Georg] Schreiber für die CDU, das nicht nur bei ihm, sondern auch bei vielen anderen Leuten abstoßend gewirkt hat . . .

Nach dem Tode von Letterhaus, den ich für den einzigen Mann hielt, der das entsetzliche Erbe übernehmen könnte, habe ich in erster Linie an Kaiser und Adenauer gedacht. Beide haben mich im allgemeinen nicht enttäuscht. Adenauer hat die große Gabe der sachlichen Arbeit, Tradition und taktische Geschicklichkeit. Es wird gegen ihn im Auslande maßlos gehetzt. Ich habe einem der einflußreichsten Engländer gesagt, daß Adenauers sachliche Kenntnisse, sein Fleiß und seine Konzentrationsfähigkeit ihn allen andern überlegen machten, daß er schon einmal, nach dem ersten Weltkriege, eine hervorragende Rolle gespielt habe. Kaiser genießt viel größere Sympathien und hatte durch seine Berliner Tätigkeit viel Anerkennung in der Weltpresse. Je mehr ich aber über meine Eindrücke nachdenke, desto mehr komme ich zu dem Ergebnis, daß es viel wichtiger wäre, wenn Kaiser mehr ausschließlich als der Führer der Arbeiterschaft hervortreten würde . . .

Mit der christlichen Arbeiterbewegung sieht es sehr traurig aus. Die alten Empfindsamkeiten und Intrigen zwischen Arbeitervereinlern und Gewerkschaftlern gehen weiter. Ich habe mit einer Reihe früherer Gewerkschaftler, die niemals in leitenden Stellungen waren, gesprochen, einfachen Arbeitern sowohl wie mit Leuten wie [August] Heeke[6], der eine dominierende Stellung in seinem Bezirk hatte. Alle haben mir gesagt, daß sie bereit wären zu kämpfen, wenn ein wirklicher Führer aufstände – Heeke fügte hinzu, „wie Stegerwald". Wenn das nicht bald geschehe, würde es zu spät sein, auch für die Arbeitervereine. Heeke sagte mir, daß mit Ausnahme der Kreise Münster, Coesfeld, Borken die Führung auch bei den Textilarbeitern völlig in den Händen der Sozialdemokraten innerhalb der Gewerkschaften sei. Er erzählte mir, daß in der Osnabrücker Gegend, in den wenigen dort bestehenden katholischen Arbeitervereinen, selbst frühere christliche Gewerkschaftler gegen irgendeine Kritik vom religiösen Standpunkt aus an die Sozialdemokratie und ihr Programm protestiert und mit dem Austritt gedroht hatten.

. . . Ich nehme an, daß Spiecker sich mit der verfehlten Wirth-Versammlung in Stuttgart [Oktober 1948][7] bei der Zentrumspartei in Westfalen endgültig unmöglich gemacht hat. In meiner Unterhaltung mit Hamacher und Brockmann merkte ich heraus, daß Brockmann über das Techtelmechtel Spieckers mit Arnold informiert und leidenschaftlich

erbost gegen Sp[iecker] war. Hamacher und Brockmann haben mir versprochen, nicht die frühere Schärfe in der Agitation gegen die CDU für die Herbstwahlen zuzulassen . . . Wie Sie wissen, war die sogenannte [Soester] Gründungsversammlung des Z[entrums] rein aus Anhänglichkeit zur alten Partei entstanden . . . Es kommt nun alles darauf an, daß trotz der bösen Vorgänge bei den Bürgermeisterwahlen, namentlich im Sauerlande, man eine freundliche Haltung annimmt zu den Führern der Z[entrums] p[artei]. Ich bin der festen Überzeugung, daß sich ein gemeinsamer Weg finden läßt. Wenn ich erwarten darf, daß Sp[iecker] sich nunmehr endgültig erledigt hat, so kann ich, auf lange Sicht gesehen, die vorübergehende Existenz der Z[entrums]p[artei] nicht als ein Unglück ansehen. Es sind eine ganze Reihe von Leuten, namentlich in der Arbeiterschaft, auf diese Weise davor bewahrt geblieben, sich dauernd der SPD anzuschließen. Ich habe mich genau in einer Reihe von Städten nach den Verhältnissen erkundigt. Es sind tatsächlich von der CDU Leute aufgestellt worden, die nicht dort hingehören und die einen großen Teil unserer älteren treuesten Leute abstoßen mußten. Die muß man langsam entfernen. Natürlich bleiben noch Zentrumsleute übrig, die, genau wie früher, temperamentmäßig einem verschwommenen Radikalismus nachjagen. Alles das ist menschlich verständlich. Man muß nur Geduld haben. Wie mir Dr. Föhr berichtete, haben sich in der CDU in Südbaden und Südwürttemberg Leute in führenden Stellungen betätigt, die einfach unmöglich sind . . . Andere sind nicht mehr als gerissene Geschäftsleute, die unter jeder politischen Konstellation verdient haben. Schließlich gibt es Leute, die dumm und eigensinnig sind und in ihrem kleinen Ländchen Politik machen wie ein Dorfschulze, dem das Geschick des Vaterlandes völlig gleichgültig ist . . .
Ich bekam im Anfang gerade aus Oberschwaben eine besonders große Zahl von Briefen von jüngeren Leuten, die sich zunächst begeistert der CDU zur Verfügung stellten. Es waren meistens Neu-Deutschland-Leute. Nach zwei Jahren, wie ich aus erneuten Briefen ersehen konnte, war die Stimmung bei ihnen völlig negativ geworden; sie wollten nichts mehr mit der Politik zu tun haben . . . Die Neu-Deutschland-Generation ist viel zu abstrakt eingestellt. Sie wollen Aufgaben der Kirchen in der Politik verwirklichen . . . Nicht nur in Neu-Deutschland, sondern allgemein neigt man dazu, ein theoretisches soziales und religiöses Programm aufzustellen, gegen das an sich bestimmt nichts einzuwenden ist, das aber nie auf dieser Erde völlig verwirklicht werden kann. Wenn man sich darüber klar bleibt, daß es ein Ideal ist und bleibt, so ist keine

Gefahr vorhanden; im anderen Falle verwirrt man die andern und sich selbst; man wird zum Kritiker und Nörgler der praktischen Politik. Das ist der beste Boden für den Integralismus, der die gläubigen Katholiken in allen Ländern immer wieder um jeden Einfluß gebracht hat ...
Über den Vatikan will ich nur ein Wort sagen. Man will dort „große" Politik machen und gleichzeitig die Welt religiös und moralisch wandeln. Das wäre möglich, wenn man nicht alle acht Tage eine Rundfunkrede hielte und sich in alle Tagesfragen einmischte. Wenn man keine andere Macht hat als religiöse und moralische Autorität und einen klugen voraussehenden Verstand, muß man alles genau verfolgen und sich jede Äußerung in bezug auf die Wirkung im Augenblick und auf eine spätere Wirkung sorgfältig überlegen. Sonst verstrickt man sich in seinen eigenen Netzen. In diesem Falle sind es die Netze der äußerlich glatten, sachlich nichtssagenden Formulierungen. Nur ein Beispiel: Vor Monaten wurden starke Bedenken gegen die Austreibung der Deutschen aus ihren alten Heimatstädten im Osten ausgesprochen; vor vier Wochen konnten die polnischen Bischöfe in einem Hirtenbriefe[8] feststellen, daß der Papst sie ermächtigt habe, mitzuteilen, daß der Vatikan kein Interesse an politischen Grenzen zeige. Man will eben mehr scheinen, als die eigenen Fähigkeiten und die Zeitumstände es erlauben. So eilt man von einer Niederlage zur andern, vom Konkordat angefangen bis zu dem Hereinfall auf Roosevelts Schmeicheleien, die nur den Zweck hatten, hier die Katholiken einzufangen. Für den billigen Weihrauch, der der Stellung des Papstes gestreut wird, gibt der Vatikan die größten Chancen und manchmal sogar elementare Grundsätze auf ... Es ist höchste Zeit, daß die deutschen Bischöfe ein deutliches Wort im Vatikan sprechen. Wenn auch der jetzige Papst persönlich wiederholt sein volles Verständnis für den Versuch der Annäherung der Protestanten und Katholiken in Deutschland ausgesprochen hat, so gehen die Intrigen von französischer, polnischer und anderer Seite dagegen immer weiter. Das neu zu verkündende Dogma [Mariä Himmelfahrt], das immer schon in der Tradition der Kirche anerkannt wurde, muß natürlich den Protestantismus in der ganzen Welt wieder in Aufruhr bringen ...
Ich halte es für ein Unglück, wenn unsere Bischöfe in diesem Augenblick sich offen in die Parteipolitik einmischen ... Die Dinge sind so dunkel und so in der Schwebe, daß die Bischöfe nur durch eine klare prinzipielle Haltung und durch gleichzeitige praktische Schulungsarbeit, die sich auch parteipolitisch auswirken kann, und durch eine Vertiefung der Seelsorge unserem armen Volke helfen können ... Vor

allem geht es nicht, daß der Kardinal von Köln seine Zugehörigkeit zur
CDU verkündet und drei Monate vorher der Bischof von Münster den
Arbeitervereinen verbietet, Parteipolitik zu betreiben. Die Bischöfe
müssen dauernd in viel engerer Fühlung miteinander sein; aber ich
kann dieses Thema nicht weiter ausspinnen.

... Man muß sich besonders hüten, dem immer größer werdenden
Wunsch nachzugeben, rein katholische Tageszeitungen zu gründen. In
den furchtbaren Jahren, die noch kommen werden, muß eine Tageszeitung jeden Tag Stellung nehmen zu Dingen oder zu Entscheidungen,
die die jeweilige Regierung doch nur unter dem Zwang der Verhältnisse
treffen muß. Wenn man diese im einzelnen zu verteidigen versucht, so
bringt man die kirchliche Gesinnung in Schwierigkeiten. Meines Erachtens haben wir darunter schon seit dreißig Jahren gelitten ... Wir
haben jetzt mit den CDU-Zeitungen die Möglichkeit, in vorsichtiger
Form katholische Prinzipien Andersgesinnten verständlich zu machen.
Das ist nicht nur vom religiösen Standpunkt aus wertvoll, es ist auch
unbedingt notwendig, um den Riß langsam zu schließen, der so viel
Elend in der politischen Entwicklung unseres Vaterlandes in den letzten
vier Jahrhunderten über uns gebracht hat. Es gehört zu alledem eine
klare Überzeugung, aber gleichzeitig menschliches Verständnis und
Takt. Diese Gaben scheinen viele unserer Verleger und Redakteure
nicht zu haben. Es ist so unbedingt notwendig, daß der Augustinus-
Verein[9] wiederauflebt und unter weitschauender Führung regelmäßig
Konferenzen und Schulungswochen abhält ...

Ich komme nun zur politischen Lage ... Mein Hauptpunkt ist, für den
ich immer gekämpft habe: Der endültige Friedensvertrag muß, solange
wie es geht, hinausgeschoben werden; sonst bedeutet er den dauernden
Verlust des Ostens und ein dauerndes Einmischen der Alliierten in alle
Einzelheiten unseres politischen und wirtschaftlichen Lebens. Ich habe
schon hervorgehoben, daß die ganze Rechnung, die die Regierungen
der Westmächte im stillen gemacht haben, auf dem Wunsche beruhte,
eine Überkapazität in ihrer Produktion mit Hilfe des Marshall-Plans
aufzubauen. Kluge Leute, namentlich unter den Beamten und Fachleuten dieser Mächte, sehen natürlich ganz klar, daß eine solche Überkapazität in vier bis fünf Jahren zu einer viel schärferen wirtschaftlichen
Krise führen muß als zu Anfang der dreißiger Jahre. Aber sie wollen
nicht einsehen, daß diese Krise auf alle Fälle kommen wird, wenn die
deutsche Produktionskapazität künstlich gedrosselt wird ... Die Franzosen und auch die Engländer wollen eben nicht ihre eigene Zukunft

realistisch betrachten. Darum ist die Arbeit hier so schwer. Die Amerikaner, die herübergehen, haben zum Teil ausgezeichnete Pläne und Ansichten . . . Die Militärs sind schon seit zwei Jahren absolut realistisch in bezug auf die russische Gefahr. Seit einigen Monaten sind sie es in England auch. Aber die Politik ist noch nicht realistisch. Man muß damit rechnen, daß Truman einen Versuch macht, mit Rußland unter allen Umständen zu einem Ergebnis in Friedensverhandlungen über Deutschland zu kommen. Das hat gestern Senator [Tom] Connally, der der Nachfolger von [Arthur] Vandenberg in der Leitung des Auswärtigen Ausschusses des Senats ist, ganz klar ausgesprochen. Er hat dabei General Clay und seine Politik scharf angegriffen. Sollten solche Verhandlungen scheitern, so wäre vom taktischen Gesichtspunkt aus ein solcher Versuch natürlich nützlich; aber ich fürchte, daß die Russen die Verhandlungen endlos hinziehen und Schritt für Schritt einen ihrer Wünsche nach dem anderen durchsetzen werden – alles natürlich auf Kosten Deutschlands und zu dem Zwecke, ein Wirtschafts- und Währungschaos auf dem Kontinent zu schaffen, das die Leute zur Verzweiflung bringt und sie für den Kommunismus reif macht . . .

Ich wünschte so sehr, daß unsere Leute, die im Auslande reisen oder in Deutschland mit Mitgliedern der Besatzungsbehörden sprechen, weniger vertrauensselig und weniger eitel und selbstsüchtig wären. Sie müssen nicht andere Deutsche kritisieren, die in der schwersten Arbeit stehen. Die Engländer, die nach den Vereinigten Staaten kommen, geben mit wenigen Ausnahmen ein großartiges Beispiel. Wenn viele von ihnen daheim auch kritisch sind – sobald sie hier ankommen, preisen sie die Leistungen ihrer Regierung und ihres Volkes. Bei uns ist das leider nicht der Fall . . . Ich fürchte sehr, daß im Frankfurter [Verwaltungs]-rat wieder dieselben Zustände herrschen wie in dem Reichskabinett, bevor ich ins Amt kam. Jeder Minister kündigte eine Vorlage für eine Kabinettssitzung an, ohne vorher die Konsequenzen für die gesamte Politik zu durchdenken oder mit den andern Kabinettsministern zu besprechen . . . Adenauer muß mit Pünder sprechen und ihn unterstützen, daß an einem einmal gefaßten Plan, der alle möglichen Entwicklungen für Monate voraus in Betracht zieht, nachträglich nichts geändert wird . . .

Dies sind einige Gedanken. Ich habe noch so vieles, aber es steht nur noch ein Tag bis zum Abgang dieses Briefes zur Verfügung. Ich möchte nur noch betonen, daß man trotz aller bewußten Angriffe seitens der SPD-Leute immer wieder betonen muß, daß die Parteien sich nicht zu weit voneinander in der Agitation auseinanderreden, daß alle Parteien zusammenstehen müssen, weil sonst das deutsche Volk auf Generationen erledigt ist . . .

(1) Hanna Gerig, seit 1945 Mitglied des Kölner Stadtrats, Witwe von Otto Gerig, Reichstagsabgeordneter (Zentrum) 1923–1933, der nach dem 20. Juli in der Haft starb. (2) Am 18. Februar 1949 schrieb H. B. an Steltzer: *„Adenauer ist in London verhaßt, hauptsächlich weil man seinen Gesprächen mit den Franzosen mißtraut. Im August hatte er große Hoffnung, durch solche Gespräche eine etwas bessere Behandlung für Deutschland zu erreichen, aber ich glaube, daß er inzwischen etwas skeptischer geworden ist . . . Seine Endziele sind sicherlich sehr patriotisch." Am 6. März 1950 schrieb er an Josef Horatz: *„Ich warnte Adenauer im Jahr 1948, daß M. Schuman nicht der Quai d'Orsay sei und daß der Quai d'Orsay die Politik Richelieus nie aufgeben werde." (3) Josef Gockeln, bis 1933 Bezirkssekretär der katholischen Arbeitervereine in Düsseldorf, 1946 Sozialminister (CDU) in Nordrhein-Westfalen, seit 1947 Oberbürgermeister in Düsseldorf. (4) Heinrich Strunk, Essen. (5) Johannes Albers, Sekretär der Christlichen Gewerkschaften in Köln 1919–1933, nach dem 20. Juli zu Zuchthaus verurteilt; 1947 Landtagsabgeordneter (CDU) in Nordrhein-Westfalen, Vorsitzender der Sozialausschüsse der christlich-demokratischen Arbeiterschaft. (6) Bis 1933 Verbandsleiter der Christlichen Textilarbeiter, seit 1947 Landtagsabgeordneter (CDU) in Nordrhein-Westfalen. (7) Josef Wirth kehrte im September 1948 nach Deutschland zurück, und im Oktober gründete er in Stuttgart eine neue Gruppe, die „Union der Mitte". (8) 1. November 1948. (9) Berufsverband katholischer Journalisten.

1. Dezember, Lowell House, H. B. an Konrad Adenauer, Rhöndorf

. . . Ich nehme an, daß Sie über das Schicksal von Prof. [Friedrich] Grimm, der, soweit ich mich erinnere, auch Ihr Verteidiger war, unterrichtet sind . . . Ich wende mich an Sie in dieser Angelegenheit, da ich selbst meine Möglichkeiten einer weiteren Intervention erschöpft habe[1] . . .

Darf ich diese Gelegenheit benützen, um Ihnen zum Ausfall der Gemeindewahlen in Nordrhein-Westfalen meine Glückwünsche auszusprechen, da der Erfolg der CDU angesichts der Preissteigerung und der übrigen schwierigen Verhältnisse, von hier aus gesehen, ein guter ist. Das Ergebnis im Münsterlande ist allerdings unerfreulich. Zu meinem großen Bedauern war es mir vor meiner Abreise nicht möglich, Sie über meine Unterhaltung mit Dr. Hamacher und Herrn Brockmann zu orientieren, die in freundschaftlichem Tone geführt wurde. Ich selbst habe kaum Bemerkungen gemacht, außer daß ich den beiden Herren empfahl, die Gegensätze zwischen den beiden Parteien nicht durch eine gehässige Agitation unüberbrückbar zu machen. Mein Eindruck war damals schon, daß die bekannten Gegensätze zwischen diesen beiden Herren und der anderen führenden Persönlichkeit in der Zentrumspartei sich stark verschärft hatten. Ich selbst lege großen Wert darauf, nicht aktiv in irgendeiner Form in den Streit der beiden Parteien hineingezogen zu werden[2]. Falls ich eine Gelegenheit habe, werde ich jemandem einen Brief mitgeben mit weiteren Einzelheiten auch über die Eindrücke meiner vielen Unterhaltungen in England, besonders mit Rücksicht auf das Parteiwesen in Deutschland[3] . . .

(1) Rechtsanwalt, verteidigte Franzosen und Belgier vor deutschen Militärgerichten 1914–1918, Deutsche vor französischen Militärgerichten 1921–1928, bekannte deutsche Juristen, Beamte, Industrielle u. a. vor Sondergerichten des Naziregimes. Grimm wurde am 13. Dezember aus französischer Internierungshaft entlassen. (2) Im Januar 1951 schrieb H. B. an Emil Dovifat: „Ich habe dem Kanzler schon vor zwei Jahren erklärt, daß ich es für falsch hielte, wenn ich irgendeine Stellung im Kabinett oder Ähnliches übernehmen würde, weil mir das meine sehr vorsichtige und stille Wirksamkeit hier unmöglich machen würde." (3) Siehe oben, S. 159.

8. Dezember, Lowell House, H. B. an Josef Ruffini[1], Köln

. . . Gerade nach meinem Besuche in Deutschland habe ich mich überzeugt, daß Männer wie Ihr Vater unersetzlich sind; es gibt nicht viele und hat nie viele gegeben in der Politik, die so selbstlos und gleichzeitig so weitschauend waren . . . Was das Volk angeht, so bin ich doch sehr viel optimistischer als Sie. Sie müssen bedenken, daß ich die Dinge in der Heimat mit meinen Erfahrungen im Auslande vergleiche; da kommt Deutschland sehr gut weg. . . . Wir stehen jetzt vor einer sozialen Revolution und einer moralischen Erschütterung auf der ganzen Welt, nicht nur in Deutschland. Das kann man in Deutschland nicht klar sehen, weil man so sehr abgeschnitten ist . . . Irgendwo im Benediktinerbrevier gibt es ein sehr altes Gebet, das mir einmal mein Freund [Hermann] Platz 1919 gezeigt hat. Der Inhalt war ungefähr so: Gott möge verhüten, daß die Menschen weiter sinken. Es steht nichts darin, daß Er sie heben möge. Das ist ein sichererer Maßstab als irgend etwas anderes für die Kirche und für die Menschheit in der Vergangenheit. Es ist die große Aufgabe jeder jungen Generation, vor allem unter den schrecklichen Bedingungen in Deutschland, sich bedingungslos einem Ideal hinzugeben. Aber man darf nicht enttäuscht sein, wenn man am Ende des Lebens sieht, wie wenig man erreicht hat[2]. Man sollte oft bedenken, wie viel man doch vielleicht hat verhindern können.

. . . In einem Punkt gebe ich Ihnen völlig recht. Viele unter der älteren Generation der Priester verstehen die Welt nicht mehr. Ihr mutiges Ausharren im Kampf gegen die Nazis ist längst vergessen. Aber man muß sich vor zwei Dingen hüten: Das eine ist, zu glauben, daß man durch Massenversammlungen, wie bei der Kölner Dombaufeier und dem Mainzer Katholikentag, eine tiefe und längerwährende Wirkung erzielen könne. Der Beweis dafür wurde durch die Wahlen sowohl in Köln wie in Mainz unmittelbar darauf erbracht. Auf der anderen Seite muß man sich vor „Integralismus" hüten, gegen den alle unsere großen sozialen Führer – und auch Mgr. Poels, der Ihren Vater so sehr schätzte, in Holland – haben kämpfen müssen. Man kann nicht alles ablehnen, was nicht hundertprozentig einem strengen katholischen Standpunkt im öffentlichen Leben entspricht. Dadurch verwehrt man sich Wirkungsmöglichkeiten. In der Politik hat man immer nur mit dem jeweils Möglichen zu rechnen. Nur darf man in keinem Augenblick religiöse und sittliche Ideale aus dem Auge verlieren. Wenn man etwas erreicht hat, muß man sich immer bewußt werden, wie wenig es ist im Vergleich zu dem Ideal, das einem vorschwebt, und gleich an die Arbeit gehen, um noch mehr zu erreichen. Nur so hält man sich frei von der Selbstgenügsamkeit, die auch eine Folge eines „Integralismus" sein kann. Wenn Ihr Vater noch lebte, so würde er Ihnen aus seiner reichen Erfahrung erzählen können, wie viele Katholiken die letzten religiösen und sozialen Ideale . . . sozusagen als sanftes Ruhekissen benützten . . . Sie redeten ungeheuer scharf „katholisch" und verstanden dabei gleichzeitig, ausgezeichnete Geschäfte zu machen.

. . . Es ist gut, dem Volke zu sagen, wie weit die Demoralisierung geht; aber man muß sich hüten, das als eine spezifisch deutsche Krankheit hinzustellen . . . Das Schrecklichste in der Welt, was mich am meisten bedrückt, ist, daß die Katholiken in allen Ländern so selbstzufrieden sind, wozu gar keine Ursache vorhanden ist, während man bei uns alles kritisiert. Es gibt zwei Arten von Kritik: Die eine kommt aus einer inneren Unzufriedenheit und ist verwirrend. Die zweite kommt aus einer tiefen religiösen Grundauffassung; diese Art ist nötig; aber sie wirkt nur, wenn man sie verbindet mit den beiden Tugenden der Hoffnung und der Liebe. Dazu bedarf es einer großen Selbsterziehung und eines Verständnisses der Schwäche der menschlichen Natur, die leider dem Integralismus abgehen.

Ich glaube, ich sehe die Schwierigkeiten für unser armes Vaterland von hier aus schärfer als irgend jemand in der Heimat, auch für die Zukunft; aber mein Glaube an das deutsche Volk ist nicht gesunken, sondern ist immer weiter gewachsen . . . Ich lese oft das Alte Testament abends. Es gibt kein Dokument so voll von menschlicher Verworfenheit, Mangel an Glauben; trotzdem war es das auserwählte Volk, das die tiefsten religiösen Wahrheiten über die Jahrhunderte hinweg gerettet hat . . .

(1) Studienrat, Sohn des verstorbenen Zentrumspolitikers Josef Ruffini. (2) Im Mai 1948 schrieb H. B. an die idealistische Maria Sevenich, sie solle bedenken, ,,daß 90 Prozent alles Wollens in der Politik sich nicht verwirklicht zu Lebzeiten des Wollenden".

9. Dezember, Lowell House, H. B. an Hertha Vollmar

. . . Die Notschreie kommen aus Deutschland von alten Leuten, Ostflüchtlingen und älteren Offizieren mit jeder Post stärker als selbst in dem Hungerwinter. Das liegt an gewissen Maßnahmen, die bei der Währungsreform den Frankfurter Herren auferlegt waren, und auch an mangelnder Zusammenarbeit in Frankfurt. Mich wundert nur, daß die Wahlen bei Euch noch so gut ausgefallen sind – wenigstens verhältnismäßig gut. Sehr bedrückt hat mich die Nachricht über Werner. Aber Du darfst Dich nicht der Hoffnungslosigkeit hingeben. . . . Du wirst sehen, im April, wenn nicht eine schwere internationale Verwicklung in Europa kommt, wird er auf einmal auftauchen . . .

1949

Wegen eines komplizierten Beinbruchs, den er sich bei einem Sturz im Februar 1949 zugezogen hatte, mußte H. B. bis Juni liegen, in einem New Yorker Krankenhaus und zwischendurch in Lowell House. Er nahm daraufhin eine Einladung von Ilse Bischoff – eine Bekannte der Familie Hopper – an, den Sommer in Hartland, Vermont, zu verbringen, und bald konnte er auf Feldwegen und ungepflasterten Straßen wieder richtig gehen. Schon nach wenigen Wochen erschien ihm die Einladung als „eine große Fügung", und er schrieb: „Wenn ich das Geld dazu hätte, würde ich immer hierbleiben." Hartlands zurückhaltende, aber hilfsbereite Bewohner erinnerten ihn an „die unverfälschten Norddeutschen", und die ländliche Stille gefiel ihm so gut, daß er bis zum Anfang des Harvard-Semesters im Januar 1950 in Hartland blieb.

Der April 1949 brachte den Nordatlantikpakt. Am 12. Mai wurde die Aufhebung der Berlin-Blockade beschlossen. Im September erfolgte die Meldung von der ersten sowjetischen Kernexplosion und die Ausrufung der Volksrepublik China, im Dezember floh die chinesische Nationalregierung, und im gleichen Monat wurde die formelle Unabhängigkeit von Indonesien, Vietnam, Laos und Kambodscha verkündet. Das Jahr 1949 endete, wie der *Economist* schrieb, mit „allgemeiner Zukunftsangst im Leben der Normalmenschen". Obgleich die Vereinbarungen, die 1945 bei den Konferenzen von Jalta und Potsdam getroffen oder auch nicht getroffen worden waren, der Öffentlichkeit nicht im einzelnen bekannt waren, machte die amerikanische Wahlkampagne von 1948 „Jalta und Potsdam" zu Symbolen für alle Enttäuschungen nach dem Krieg. Die Anklage der Spionage, die 1948 gegen einen Beamten des State Department, der Roosevelt nach Jalta begleitet hatte, erhoben worden war, und der darauffolgende, das ganze Jahr währende Prozeß steigerten das Mißtrauen im Volk gegenüber Sowjetrußland. H. B. schrieb im Dezember: „Die Weltlage ist heute so, daß unserem Land durch ‚force majeure' auf die Beine geholfen werden wird, ohne daß irgendein Politiker auch nur einen Finger rührt."

Das Grundgesetz der Bundesrepublik Deutschland trat am 23. Mai in

Kraft; die erste Bundestagswahl fand im August statt; am 12. September wurde Theodor Heuss zum Bundespräsidenten gewählt, und Konrad Adenauer bildete ein Koalitionskabinett von CDU, FDP und Deutscher Partei. Die Verfassung der DDR trat am 7. Oktober in Kraft; der langjährige Kommunist Wilhelm Pieck wurde Präsident und Otto Grotewohl Ministerpräsident eines Kabinetts des „Nationalen Blocks". Im November trat die Bundesrepublik der Internationalen Ruhrbehörde bei, die im April 1949 von Großbritannien, den USA, Frankreich und den Benelux-Staaten geschaffen worden war.

Wie in den vorhergehenden Jahren verfocht H. B. auch weiterhin mit Nachdruck die Ansicht, daß man den sowjetischen Forderungen nach Teilnahme an der Verwaltung der Ruhr und den westlichen Angriffen auf die Verbundwirtschaft am besten durch eine gemischte Wirtschaft begegnen könne: „Beteiligung von Staatskapital, deutschem und amerikanischem Privatkapital mit Gewerkschaftsgeldern wird nicht nur verwaltungsmäßig, sondern auch psychologisch die beste Lösung sein." Er bedauerte sehr, daß „das Verhältnis der SPD zu den anderen Parteien sich verschärfte", und befürchtete, daß „eine Kombination der FDP mit der CDU doch sehr einseitige politische und soziale Folgen haben" könnte. Als die neue deutsche Regierung aufgestellt wurde, bedauerte er die große Zahl offizieller permanenter Ernennungen; er hätte provisorische Ernennungen vorgezogen. Die Organisation innerhalb der neuen Regierung bereitete ihm ebenfalls Sorge; an alte Parteifreunde schrieb er: „Die oberste Verwaltungsstufe muß so durchorganisiert sein, daß sie in Notfällen von selbst läuft."

Januar, Lowell House, H. B. an Hermann Pünder

. . . Lage nicht so günstig wie vor drei Monaten. Übergroßer Optimismus bei deutschen Regierungsstellen beängstigend. Ruhr-Statut[1] als ein voller Sieg Frankreichs und der negativen Kräfte im State Department über Clay[2] in Deutschland und die Militärs hier allgemein angesehen. Schuman hatte schon Ende November in Paris mit Marshall sich über die Ruhr- und verwandte Fragen, einschließlich der Frage der „Remilitarisierung" Deutschlands geeinigt, wie hier jetzt offen zugegeben wird. Hoffman und Harriman[3] mußten nachgeben, nachdem eine Lösung gefunden wurde, die es England erlaubt, seine langfristigen Strangulierungspläne für die deutsche Industrie zu sichern. Bevin hat keinen Überblick über die wirtschaftlichen und finanziellen Folgen, die aus der Politik der Londoner Bürokraten sich auf die Dauer auch für England ergeben werden. Dazu kommt auch bei anderen einflußreichen Persönlichkeiten in England die Besorgnis, daß die am[erikanischen] Mil[itärs] D[eu]t[schland] allzu schnell wieder aufbauen und es militärisch wieder relativ stark machen wollen. Selbst [Senator Robert] Taft ist für diese Auffassung während seiner Europareise gewonnen worden. Jeder amerikanische politische Führer, mit Ausnahme der reinen Militärs, ist bei längerem Aufenthalt in Paris und London noch immer, wenigstens vorübergehend, den geschickten Einflüssen unterlegen, die auf ihn fast unbemerkt ausgeübt werden. Dieses läßt sich leicht erklären aus der Tatsache, daß die Amerikaner, obwohl sie leicht zu gefühlsmäßigen Haßausbrüchen gebracht werden können, im Grunde doch allen Menschen helfen wollen. Genauso, wie die Eur[opäer] selten lernen, wie groß die wirtschaftlichen und politischen Gegensätze in den USA sind, so geht es den Amerikanern mit Europa.

. . . Quai d'Orsay und Generalstab wollen die Rolle als erste militärische Macht auf dem Kontinent heute ebensowenig aufgeben wie früher. Allein können sie das nicht erreichen; daher Gedanke einer militärischen Allianz mit Deutschland, wobei praktisch Deutschland unter den militärischen Oberbefehl Frankreichs kommt. Auf die Dauer, möglicherweise in vier bis fünf Jahren, wird das England nicht genehm sein; im Augenblick ist es damit zufrieden . . .

Frankreich will den Vermittler spielen zwischen USA und Rußland und sich dabei diplomatische Vorteile sichern, die es ihm erlauben werden, dafür zu sorgen, daß Rußland in die weitere Schwächung Deutschlands einwilligt, denn die franz[ösische] Propaganda hier ist ebenso stark wie die polnische Emigrantenpropaganda auf Anerkennung der jetzigen de-facto-Grenzen im deutschen Osten als Dauergrenzen gerichtet . . . Frankreich und auch gewisse Kreise in England wollen einen schnellen Friedensschluß. Käme er, so würde schließlich auch dieses Land zustimmen, daß Ostpreußen und Schlesien den jetzigen Besatzungsmächten dauernd überlassen blieben und Rußland eine ähnliche Stellung für die Industrie seiner Besatzungszone erhalten würde wie sie die anderen Mächte, vor allem England, jetzt für die Ruhr haben.

Solch ein früher formaler Friede würde nichts anderes bedeuten als weitere zusätzliche schwere Bedingungen über die jetzigen Vereinbarungen hinaus. Deutschland müßte ihn annehmen und hätte keinen locus standi später, um aufgezwungene Bedingungen abzulehnen. Außerdem würde man hier anfangen, sich an Deutschland zu desinteressieren. Falls durch Senatsbeschluß und präsidentielle Proklamation der Kriegszustand zwischen USA und Deutschland als beendigt erklärt würde, wie nach dem Ersten Weltkriege, und gleichzeitig die amerikanischen Truppen als Besatzungsmacht drübenbleiben mit voller Verantwortung für die Vermeidung von Unruhen, die durch schlechte wirtschaftliche und soziale Bedingungen hervorgerufen werden könnten, bleibt hier das Interesse an Deutschland . . . Denkende Ausländer, die durch Deutschland reisen, sprechen ihre Verwunderung darüber aus, daß so viele Deutsche einen ungesunden Optimismus über ihre Zukunft haben. Deutsche, die hierherkommen, verstärken diesen Eindruck noch und machen lächerliche Figuren, sobald sie sich auf das Gebiet der ,,hohen" Politik begeben . . . Was die Leute hier reizt, ist die Geschwollenheit dieser Menschen, gepaart mit einer unwürdigen Selbsterniedrigung, wenn ihnen einmal scharf entgegengetreten wird . . .

Zusammenfassend ergibt sich folgendes realistisches Bild: England und Frankreich sind entschlossen, mit Hilfe der USA eine Überkapazität in der Produktion aufzubauen, für die in drei bis vier Jahren kein Absatz vorhanden sein wird, wenn Deutschland – so ist die Kalkulation – sich selbst nur bis 75 Prozent der Produktion von 1936 erholt. Jede Leistungsfähigkeit und jedes Zeichen von Arbeitswillen, das man in

Deutschland wahrnimmt, bestärkt diesen Willen weiter. Was Schuman und Bevin und ihre Ratgeber nicht sehen, ist, daß sie ohne große, mit USA-Geld bewerkstelligte Aufrüstung in vier bis fünf Jahren keinen Markt . . . finden und daß dann die „Marshall-Krise" kommen wird, die dann erst die USA zu einer selbständigen Politik zwingt. Dann kann man über dauernde bessere Regelungen erfolgreich reden, da dann die große Stunde der Russen in Europa herannaht. Macht man jetzt einen formalen Frieden und schiebt der deutschen Regierung die Verantwortung für menschlich und wirtschaftlich unerfüllbare Bedingungen zu, dann wird man später wenig ändern können; dann kann es sogar hier zu einer emotionellen Politik des Versackenlassens Deutschlands kommen. Daher langsichtige, vorsichtige Politik! . . . Man muß die Tore nach allen Seiten ohne Ausnahme offenhalten. Deutschland, weil es schwach ist und das Herz Europas ist, wird wieder „begehrt" werden, weil die anderen Mächte es wieder brauchen werden. Kühle Nerven, lange Sicht, Geduld und Bescheidenheit sind nötig . . .

(1) Veröffentlicht am 29. Dezember 1948. (2) Vom Herbst 1945 an bestanden Spannungen zwischen der amerikanischen Militärregierung in Deutschland, die durch den Widerstand der Franzosen gegen eine Zentralregierung in Deutschland behindert wurde, und dem State Department in Washington, das befürchtete, diplomatischer Druck in Paris könne die kommunistische Partei Frankreichs stärken. Wenn das State Department seine vorläufige Zustimmung zu Erhöhungen des bewilligten Industrieniveaus erteilte, machte es wiederholt die Einschränkung, „insofern als dies nicht mit der Aufrechterhaltung der konstitutionellen Regierung in Frankreich unvereinbar ist". (Siehe u. a. Lucius Clay, *Decision in Germany*, New York 1950, deutsch: *Entscheidung in Deutschland*, Frankfurt 1950; A. W. DePorte, *De Gaulle's Foreign Policy 1944–1946*, Cambridge, Mass., 1968; US Department of State, *Foreign Relations of the US 1947*, Bd. II, *1948*, Bd. II, Washington 1972, 1973.) (3) Paul G. Hoffman von der European Recovery Administration und Averell Harriman als amerikanischer Vertreter bei der European Recovery Organization befürworteten die Wiederherstellung der deutschen Produktionskapazität.

20. Januar, Lowell House, H. B. an A. H. Berning

. . . Otto Strassers Bedeutung dürfen Sie nicht überschätzen. Er ist ein anständiger Mann. Ich höre ab und zu von ihm über seinen Bruder [Bernhard], der Benediktiner in Minnesota ist. Ich selbst habe Otto Strasser immer freundlich abgewehrt. Er drohte, mir Unannehmlichkeiten zu bereiten, da er Illusionist ist. Sollten die Franzosen wirklich dahinterstecken, ihn nach Deutschland zu bringen, so kann das nur den Zweck haben, der Welt zu beweisen, daß der deutsche Nationalismus noch nicht tot ist. Die Franzosen haben im Jahre 1920 auch Alfred

Rosenberg nach Deutschland geschickt, dessen Bruder ein Geheimagent der Nachrichtenabteilung des französischen Generalstabs war. Alfred Rosenberg hat dann den finanziellen Kontakt zwischen Hitler und dem französischen Geheimfonds für die folgenden Jahre aufrechterhalten, was ich einmal in einer Reichstagsrede im Februar 1932 angedeutet habe . . .

27. Januar, Lowell House, H. B. an Franz Josef Schöningh

. . . Es sollte nicht jeder Bischof gleich nach Frankreich reisen, um jedes kleine Fünkchen eines sich neu regenden religiösen Lebens zu studieren, um dann vielleicht etwas Ähnliches in Deutschland einzuführen. Bei aller Loyalität gegen Rom hatte der Kardinal von Galen seine eigenen Auffassungen, die auf 30 Jahre schwierigster praktischer seelsorgerlicher Tätigkeit in Berlin gegründet waren. Was er dadurch gelernt hatte, gab er nicht auf. Sehr gut ist der Erzbischof von Paderborn, der die interkonfessionellen Besprechungen auf rein theologischer Bahn vorsichtig weiterführt und sonst sich hütet, Dinge zu ändern, die sich bewährt haben, und neue Formen der Seelsorge hier und da versucht, ohne Aufsehen davon zu machen . . .

29. Januar, Lowell House, H. B. an Katharina Müller[1], Berlin

. . . Von den unendlichen Leiden der Berliner Bevölkerung berichten allerdings die Zeitungen hier sehr wenig, obwohl sie voller Anerkennung für die Widerstandskraft und die Disziplin der Bevölkerung sind. Aber es ist ja immer so, daß man sich nicht in Dinge hineinleben kann, die man nicht unmittelbar miterlebt und die in dieser Form, wie der Berliner sagt, „noch nicht dagewesen" sind. Zudem ist die Welt auch zu sehr durcheinander. Es fehlt den Menschen daher an der Zeit und an der Ruhe, um sich in alles hineinzudenken. Aber im großen und ganzen sind die „wirklichen" Amerikaner doch sehr viel mehr mitfühlend, wenn man ihnen die Sache klarmacht, als – zu meinem Bedauern – die westeuropäischen Nationen . . . Ich danke Ihnen vielmals für das schöne Gedicht von Gertrud von Le Fort [„Die Heimatlosen"]. Es ist das eindrucksvollste, was ich aus Deutschland erhalten habe . . .

(1) Fürsorgerin, vor 1933 im Deutschen Gewerkschaftsbund tätig.

29. Januar, Lowell House, H. B. an August Wegmann, Oldenburg

... Was die außenpolitische Lage angeht, so hat sie sich, wie Du selbst weißt, seit Ende Oktober erheblich verschlechtert, zum Teil durch eigene Fehler. Die Dinge drohen sich auf dem ungünstigsten Niveau im Westen und Osten zu konsolidieren. Es ist überhaupt ein Unding, daß die Verfassungskommission sich in dem weltfernen Bonn monatelang von den wirklichen Ereignissen abgekapselt hat. Hier will man eine viel günstigere Lösung für Deutschland, aber schließlich gibt man immer dem ewig bremsenden Frankreich nach, wenn auch oft unter heftigen Ausbrüchen des Mißvergnügens. Man hätte nicht so schnell versuchen sollen, „normale" und dauernde Zustände zu schaffen. So ist das Ruhr- und Besatzungsstatut[1] unter ganz engen, auf nur zeitweiligen Stimmungen basierenden politischen Erwägungen zustande gekommen. Ich glaube nicht an eine Gefahr einer baldigen russ[ischen] militärischen Aktion. Die Russen müssen erst ihre Erfolge im Fernen Osten ausweiten und konsolidieren ...

Schreibe mir doch einmal über die Steuerverwaltung, über die ich mich nicht habe orientieren können. Während der Papiermarktzeit konnte man natürlich keine genauen Veranlagungen machen; aber ich habe etwas den Eindruck, daß auch darüber hinaus nicht mehr die alte Genauigkeit und Korrektheit und das Verantwortungsbewußtsein in der Steuerverwaltung bestehen. Die Überweisung der Veranlagung und Erhebung der Steuern an die Länder halte ich für ein großes Unglück, wenn ich mich der Erfahrung mit Bayern erinnere, das immer seine Landessteuern niedriger hielt und laxer veranlagte, um ein Defizit aufweisen und dann Sonderforderungen an das Reich stellen zu können. Außerdem besteht die Gefahr, daß, wenn die Steuerverwaltung von den Länderregierungen abhängig wird, die Beamten sich nicht mehr so sicher und unabhängig von parlamentarischen Einflüssen fühlen ...

(1) Das Besatzungsstatut wurde erst im April 1949 als Vereinbarung zwischen den drei Westmächten veröffentlicht. (Zu Clays Opposition siehe Gimbel, *Amerikanische Besatzungspolitik in Deutschland*, S. 252 f.)

1. Februar, Lowell House, H. B. an Heinz Pentzlin[1], Stuttgart

... Alle diejenigen, die [vor dem Kriege] im Auslande für die von Ihnen geschilderte [nazifreundliche] Politik verantwortlich waren, sind in den vergangenen Jahren besonders eifrig gewesen, Steine auf das deutsche Volk zu werfen, um sich so ein nachträgliches Alibi zu schaffen. Ich brauche nur an die besonders scharfe Haltung der Londoner *Times* gegenüber Deutschland zu verweisen, die im absoluten Gegensatz zu der Politik steht, die Geoffrey Dawson in der *Times* bis zum Ende des Jahres 1938 verfolgt hat. Aber auch hier haben Sie die gleiche Erscheinung und auch in manchen andern Ländern, zum Beispiel in Holland. So verächtlich eine solche Haltung ist, so muß man mit ihr noch für eine Zeitlang, weniger hier als in den europäischen Ländern, als einem bestimmten Faktor rechnen . . . Es geht natürlich nicht, wie es jetzt der Fall ist, daß die große Mehrzahl aller heutigen Politiker weder die entscheidenden Fronterlebnisse . . . noch eine Auslandserfahrung wie Sie gehabt haben[2] . . .

(1) Dr. rer. pol., Redakteur bei der *Deutschen Zeitung* 1946–1953, bei der *Welt* seit 1953. (2) Eine Woche vorher schrieb H. B. an Fritz Kühr: ,,Was mir auffiel, war die gänzliche Unkenntnis der Vergangenheit, auch in London. Der Horizont ist überall sehr eng geworden; daraus ergibt sich nicht nur gehässige Kritik, sondern auch verfehlte Planung für die Zukunft, national und international."

2. Februar, Lowell House, H. B. an Maria Brüning

. . . Hierher [von Huntington] zurückgekehrt, mußte ich sehr viel Arbeit nachholen; auch bin ich noch nicht fertig mit der Beantwortung aller Briefe, die in Münster eingingen, und inzwischen sind noch Hunderte angekommen. Ich weiß nicht, wie ich das durchhalten soll . . . Ich werde auch plötzlich nach neun Jahren wieder eingeladen, Vorträge zu halten, namentlich in kirchlichen Gruppen jeder Art. Es ist schwer zu sagen, woher die plötzliche Stimmungswandlung kommt . . .
Ich hoffe, daß Brockmann und Dein Anwalt [Reismann] . . ., nachdem Sp[iecker] erledigt ist[1], den Weg mindestens zu einer Arbeitsgemeinschaft [mit der CDU] finden. Ich werde durch die Werler Freunde [Theodor Abele und A. H. Berning] auf dem laufenden gehalten . . .

(1) Spiecker, der im Dezember 1948 Vorsitzender der Zentrumspartei geworden war, wurde am 13. Februar 1949 aus der Partei ausgeschlossen wegen seiner eigenmächtigen Unterhandlungen mit Arnold über einen Zusammenschluß des Zentrums mit der CDU. Am 13. Februar schrieb H. B. an Helene Weber: ,,Ich bin überzeugt, daß bei richtiger Behandlung die Leute aus dem Münsterland die Z[entrums]partei geschlossen herüberbringen werden . . . Diese Leute sind trotz gelegentlichem Fanatismus hundertmal wertvoller als Sp[iecker] und Stef[fensmeier]."

17. Februar, Lowell House, H. B. an Hans Lukaschek

... Ich freue mich sehr, daß Sie neue und schwere Aufgaben übernommen haben, vor allem im Interesse der Ostflüchtlinge. Ich kenne keinen Menschen, der so geeignet dafür ist und so viel Erfahrung hat. Ich kann Ihnen nur sagen, wie dankbar ich bin, daß Sie das Amt des Präsidenten des Hauptausgleichsamtes für den Lastenausgleich übernommen haben. Ich weiß, daß es eine fast übermenschliche Aufgabe ist. Aber gerade wenn man die Schwierigkeiten eines Amtes voll zu Beginn erkennt, kann man wirklich etwas leisten ...
Ich fürchte nach der Erfahrung meiner wohlwollenden Aussagen für Schacht, daß man im Interesse des deutschen Volkes in Zukunft die vielen wankelmütigen Gestalten in der deutschen Politik sehr scharf anfassen muß. Zum Schluß kommt es sonst noch so, daß die Leute, die Hitler in den Sattel gehoben haben oder prompt zu ihm übergegangen sind, als einwandfreie Männer dastehen, während Männer wie Rundstedt und ähnliche, die von Anfang an den Kampf gegen Hitler geführt haben, als Kriegsverbrecher verurteilt werden. Zu diesem Spiel werde ich mich nicht hergeben. Es gibt eben eine Reihe von minderwertigen Charakteren und hat solche gegeben in allen Parteien einschließlich unserer eigenen, die niemals eine wirkliche politische Überzeugung hatten, sondern sich immer schnell im entscheidenden Augenblick der herrschenden Strömung angepaßt haben. Solche Typen existieren im politischen Leben aller Völker. Aber nur bei uns bekommt man es dann fertig, nachdem man sich auf Kosten anderer in Sicherheit gebracht hat, sich noch als reiner und unbewegter Anhänger von politischen Idealen zu gebärden ...

19. Februar, Lowell House, H. B. an Hermann Pünder

... Lebhafte Diskussion über Sinken der Preise und Arbeitslosigkeit absorbiert zum großen Teil das Interesse in der Öffentlichkeit. Kein unmittelbarer größerer Preissturz zu erwarten. Regierung wird versuchen, ein weiteres Fallen landwirtschaftlicher Preise künstlich zu verhüten. Ein Schritt in dieser Richtung könnte eine größere Menge von Getreideexport nach Deutschland sein, ohne daß ein höherer Prozentsatz der Marshall-Gelder dafür in Anspruch genommen würde.
Arbeit gegen Demontage hat gestern insoweit Erfolg gehabt, daß das

Congressional Joint Committee (über Marshall-Hilfe) vorgeschlagen hat, die Reparationsforderungen der Westmächte gegen Westdeutschland seitens der USA „aufzukaufen". Das Komitee hat abgelehnt, gleichzeitig ungekürzte Marshall-Gelder zur Verfügung zu stellen und den Demontageplänen der Westmächte zuzustimmen. Durch einen solchen „Aufkauf" der Reparationsforderungen der Westmächte würden in Zukunft die USA allein entscheiden, wie weit die Demontage gehen wird. Natürlich hat der Kongreß selbst endgültig darüber zu entscheiden . . .

Die Stimmung für eine Wiedergewinnung der Ostprovinzen für Deutschland ist hier zur Zeit flau. Unter französischem und englischem Einfluß hält man es taktisch für unklug, überhaupt davon zu reden. Man hofft, daß, wenn man den Polen und Tschechen läßt, was sie de facto haben, eines Tages eine gewaltsame Erhebung in diesen Ländern gegen die Russen kommen wird, was ich bezweifle.

Damit stimmt die ganze Washingtoner Auffassung überein, daß Rußland keinen Krieg in Europa will, daß der Krieg überhaupt vermieden werden kann, wenn der Atlantic Pact zustande kommt. Diese Auffassung wird stark basiert auf der Tatsache, daß Stalin dem russischen Professor [Jewgeni] Varga trotz der Angriffe der Dritten Internationale gegen ihn erlaubt, seine Auffassungen weiter zu veröffentlichen, daß für die westliche Welt keine große Wirtschaftskrise zu erwarten sei, die zu einer politischen Umwälzung führen müsse . . .

Auf der anderen Seite hat sich jetzt die Meinung hier endgültig durchgesetzt, daß man mit strategischen Bomben Rußland überhaupt nicht auf die Knie zwingen kann, daß man daher die Widerstandskraft Westeuropas zu Lande stärken müsse; daher die Idee, äußerstenfalls Gebrauch von den deutschen Kriegsteilnehmern unter französischer Führung auf dem linken Rheinufer zu machen. Ich rate dringend, aus taktischen Gründen die deutsche Presse weiter zu beeinflussen gegen eine solche Idee . . . So kann man, falls es wirklich zu einem Ernstfalle kommen würde, den Preis der eigenen Leistungen erhöhen. Bisherige Äußerungen in der deutschen Presse gegen Teilnahme von deutschen Soldaten an der Verteidigung des Westens haben gute Wirkung hier gehabt und die Gemüter hier beruhigt . . .

Wenn der Weststaat in Deutschland offiziell verkündet wird, muß unbedingt deutlich gesagt werden, daß es sich um eine Übergangslösung handelt und kein offizieller Friedensvertrag gemacht werden darf, bevor „der Osten Deutschlands" wieder mit dem Westen vereinigt ist. Man muß dabei das Wort „der deutsche Osten" gebrauchen statt östliche oder russische „Zone"[1] . . .

(1) Noch 1955 war der offizielle Sprachgebrauch der Alliierten nicht eindeutig. „Ostdeutschland" konnte die östlichen Provinzen oder die sowjetische Besatzungszone oder beides bedeuten, mit „Teilung" konnte die Oder- oder die Elbegrenze gemeint sein.

April, Lowell House, H. B. an Rudolf Pechel, Stuttgart

. . . Ich habe noch mein Bein im Gipsverband, der erst in der zweiten Maiwoche abgenommen werden kann. Dann werde ich wohl noch ein paar Wochen mit Schienen laufen müssen. Es sind jetzt siebeneinhalb Wochen, seitdem ich den Unfall hatte[1] . . . Adenauer muß nur lernen, daß man sofort von neuen Möglichkeiten Gebrauch machen muß. Mit seiner zähen Arbeit an der Aufrichtung eines westdeutschen Staates hat er unbewußt den Stein bei den Russen ins Rollen gebracht. Jetzt kommt es darauf an, ob er einsieht, daß es besser ist, mit der Errichtung des Weststaates zu zögern, um einen indirekten Druck auf den Westen auszuüben. Aber ihm wird solche Arbeit unmöglich gemacht, weil unbedeutende Sozen ihn hier und vor allem in London dauernd denunzieren, ebenso wie Pünder. Arnolds englische Beziehungen sind nicht stark genug, um dagegen etwas auszurichten. Außerdem ist zwischen den beiden keine enge Fühlung. Ich fürchte, daß Arnold stark von Spiecker beeinflußt wird. Außerdem habe ich bei meinem Aufenthalt in Deutschland gesehen, daß die leitenden Politiker alles besser wissen und nicht mal Wert darauf legen, sich über Möglichkeiten zu unterhalten. Das kann man alles menschlich leicht erklären . . . Es zeigt mir aber alles das, daß die Leute von allen meinen Schwierigkeiten seinerzeit nicht die geringste Ahnung haben. Es ist natürlich unmöglich, neue Parteien zu bilden, wie es geplant ist. Man muß sich eben durchsetzen und nicht davonlaufen. Sonst fällt alles in sich zusammen. Die Alliierten werden außerdem die sich insgeheim bildenden Parteien nie zulassen. Aus der sich daraus entwickelnden chaotischen Stimmung können letzten Endes nur die Kommunisten Erfolg haben, zumal die Russen eingesehen haben, daß ihre bisherige Politik dumm war. Sie werden sicherlich in Deutschland andere Saiten aufziehen und aufziehen müssen . . .

(1) Wegen eines schlimmen Kniescheibenbruchs lag H. B. wochenlang in einem Krankenhaus in New York.

* *20. April, Lowell House, H. B. an Robert Pferdmenges*

... Aus meiner großen Korrespondenz erkenne ich, daß das Murren über die Politik in Bonn besorgniserregend um sich greift, sogar bei CDU-Mitgliedern. Ich habe zwar stets A[denauer]s außergewöhnliches Talent für Verhandlung und Kompromiß bewundert, hoffe aber, daß er sich davon nicht zu sehr mitreißen läßt und nicht grundlegende Tatsachen aus den Augen verliert, die letztlich für die Zukunft unseres Landes entscheidend sein werden ... In Auslandsbeziehungen sollte die Politik niemals dogmatisch oder statisch sein. Kein Land wird so schwierige beständige Probleme mit Auslandsbeziehungen haben wie unseres. Wir müssen uns bemühen, einigermaßen annehmbare Beziehungen zu allen Nachbarn zu unterhalten, ohne uns darüber die Gelegenheit entgehen zu lassen, dauerhafte gute Beziehungen mit unseren westlichen Nachbarn zu pflegen. Unser Land hat stets nur verloren bei einer Politik, die dogmatisch zum Bündnis mit einer Macht oder Mächtegruppe führte. Dies würde heute besonders gelten. Früher oder später braucht die Welt ein befriedetes, wirtschaftlich gesundes Deutschland. Man muß Geduld haben und sich darüber im klaren sein, daß wohl keiner aus unserer Generation die guten Ergebnisse einer vorsichtigen, friedlichen, langfristigen Politik erleben wird ...

22. April, Lowell House, H. B. an Käthe Mönnig, Bad Godesberg

... Herr Schuman hat hier einen vollen Erfolg erzielt mit allen Forderungen des Quai d'Orsay[1]. So wird es weitergehen. Bei mir wächst die Überlegung, ob es nicht weiser wäre, Herrn Schumacher die verantwortliche Führung der Verhandlungen zu überlassen. Dann müssen die Engländer Farbe bekennen mit ihrer SPD-Freundlichkeit. Jetzt wird der CDU die ganze Verantwortung zugeschoben für Dinge, für die zum großen Teil das Gerede der Sozialdemokratie in Deutschland und im Auslande verantwortlich ist. Sehr erstaunt bin ich über die anscheinend guten Beziehungen zwischen François-Poncet und führenden Leuten der CDU ... Sie erwähnen die Verhandlungen CDU und Zentrum. Ich muß sagen, daß ich die Politik von Herrn Arnold und Herrn Adenauer in bezug auf Herrn Sp[iecker] nicht verstehen kann. Die CDU hat jetzt gerade die Leute herübergenommen, deren Vergangenheit und Charakter höchst bedenklich sind, und dadurch die anständigen, aber vielleicht etwas verrannten anderen Leute abgestoßen . . . Man kann Politik nicht allein mit Taktik machen. Es scheint mir, daß im Westen Deutschlands bei einzelnen führenden Leuten eine umgekehrte Auffassung herrscht. Wohlwollende Leute hier haben mir schon wiederholt gesagt, sie könnten nicht verstehen, weshalb manche politische Führer in Deutschland dem Auslande nicht schon längst öffentlich klargemacht hätten, daß es für sie eine Grenze des Nachgebens gäbe . . .

(1) Der Atlantikpakt und das Besatzungsstatut für Deutschland wurden in der ersten Aprilwoche in Washington unterzeichnet.

28. April, Lowell House, H. B. an Otto Friedrich

. . . Haben deutsche Zeitungen die kürzlich hier veröffentlichte Tatsache gebracht, daß Stalins Interview im Februar, bei dem ein Treffen mit Präsident Truman vorgeschlagen wurde, nur einer unter mehreren russischen Versuchen jener Zeit war, die Verhandlungen über eine Aufhebung der Blockade zu eröffnen? Obwohl ich die Notwendigkeit größter Vorsicht im Hinblick auf solche Unterhandlungen voll und ganz einsehe, kann ich mich doch des Verdachts nicht erwehren, daß manche europäischen Mächte gegen die Wiedervereinigung des östlichen mit dem westlichen Deutschland sind und lieber ein schwaches westliches Deutschland hätten als Mitglied einer westeuropäischen Union, in der es keine Rolle spielen könnte . . .

Anfang Mai, Lowell House, Memorandum für Hermann Pünder

Zeitpunkt der Verabschiedung der Verfassung[1] in Bonn ausgezeichnet. Inhalt der Verfassung wird in Washington und in der Presse mit Recht als „provisorisch" bezeichnet . . .
Militärische Kreise in US nicht erfreut über russisches Angebot betreffend Vier-Mächte-Konferenz und Aufhebung der gegenseitigen Blockade[2]. Im State Department Meinung geteilt. Erste Reaktion war, in der Vier-Mächte-Konferenz Forderungen zu stellen, daß Russen alles frühere deutsche Gebiet räumen müßten. Am nächsten Tage sogar weitergehende Forderungen der Presse, daß russische Armee auch Polen und Tschechoslowakei völlig zu räumen habe . . .

Bewilligung der im Marshall-Plan für das nächste Jahr vorgesehenen
Gelder seitens des Kongresses wahrscheinlich unmöglich. Wenn nicht
privates Kapital an die Stelle tritt, wird die Lage wirtschaftlich vor
allem für England und Deutschland kritisch. Größere Wahrscheinlichkeit einer USA-Bereitschaft zur privaten Investition in Deutschland als
in England, solange die englische Sozialisierungspolitik weiter betrieben
wird . . . Wirtschaftliche Gegensätze zwischen Frankreich und England
werden wie seit 1930 die gefühlsmäßigen und politischen Bande zwischen den beiden Ländern fortschreitend lockern, nicht so sehr wegen
der wirtschaftlichen Konkurrenz Frankreichs, sondern wegen der Möglichkeit Frankreichs, wieder das kapitalstärkste Land Europas zu werden.

(1) Am 25. April wurde zwischen der CDU und der SPD und den drei Militärgouverneu-
ren Übereinstimmung erzielt, und am 8. Mai wurde das Grundgesetz vom Parlamentarischen Rat angenommen. (2) Am 4. Mai wurde bekanntgegeben, die vier Mächte hätten
vereinbart, die Berliner Blockade am 12. Mai aufzuheben und die Außenministerkonferenz in Paris am 23. Mai zu eröffnen.

* *Mai, Lowell House, Memorandum für George Kennan*[1]

Für die Verhandlung mit den Russen in Paris über irgendeine Form der
föderativen Regierung für ein vereinigtes Deutschland möchte ich vorschlagen, daß die Vereinigten Staaten, wenn es im Verlauf des Gesprächs taktisch opportun erscheint, für alle Deutschen, die aus den
deutschen Ostgebieten ausgewiesen und jetzt vorläufig in den westlichen
Besatzungszonen angesiedelt wurden, das Recht verlangen, bei allen
Abstimmungen in der östlichen Besatzungszone mitgezählt zu werden.
Meine Gründe für diese Anregung sind [die folgenden]: 1. Die Heimatvertriebenen würden dann hundertprozentig antikommunistisch stimmen und die antikommunistische Mehrheit stärken, die ohne jeden
Zweifel aus einer einigermaßen freien Wahl in der Ostzone hervorgehen
wird. 2. Diese US-Initiative würde den zunehmenden Radikalismus der
Millionen Flüchtlinge aus Ostdeutschland in eine antirussische, antikommunistische Richtung lenken. 3. Die russische Ablehnung eines
solchen Verlangens würde die kommunistischen Agitatoren unter den
Heimatvertriebenen in Westdeutschland demaskieren, die in Gesprächen durchblicken ließen, Stalin beabsichtige, Deutschland im Lauf der
Zeit die Ostgebiete zurückzugeben. 4. Die Stimmung für die West-

mächte würde Aufschwung erhalten in den westlichen Besatzungszonen, wo die Heimatvertriebenen heute in jedem Dorf und in jeder Stadt Anlaß zu größter Unzufriedenheit sind. Wenn die Westmächte keinen solchen Schritt unternehmen, wird die um sich greifende Radikalisierung der Heimatvertriebenen in den westlichen Zonen eine ständige Ursache innenpolitischer Schwäche werden, die sich die russische Taktik später eventuell erfolgreich zunutze machen könnte.

(1) Kennans damalige Ansichten finden sich in dem Kapitel „Deutschland" seiner Memoiren. Am 31. Mai schrieb er an Bruce Hopper, er habe H. B.s Vorschlag weitergeleitet, aber die Pariser Gespräche seien für einen solchen Vorschlag noch nicht weit genug fortgeschritten.

Ende Mai, Misericordia Hospital, Memorandum für Hermann Pünder und Konrad Adenauer[1]

Eine Regierung in Deutschland hat ungeheuer schwere Aufgaben vor sich. Aber im Vergleich zu dem Plan der Alliierten während des Krieges und nach dem Kriege hat sich die Lage Deutschlands in den letzten zwei Jahren, von hier aus gesehen, unendlich gebessert. Worauf es ankommt, ist zweierlei.

1. Man darf sich in der Heimat nicht Illusionen hingeben, daß die Marshall-Hilfe und die dadurch erzielte Befruchtung der deutschen Arbeitskraft und des deutschen Arbeitswillens eine dauernde ist. Es war unbedingt notwendig, nach Jahren der Zwangswirtschaft, zur Wiederbelebung der Energie des deutschen Volkes, eine freie Wirtschaft einzuführen. Aber diese Politik darf nicht so weit gehen, daß, wie ich befürchte, nach Aufhören der Marshall-Hilfe, auch wenn in anderer Form noch weitere Hilfe gewährt wird, der Weg zu einer gemäßigten Planwirtschaft verbaut wird. Es kann sein, daß die Weltmarktpreise gewaltig steigen oder aber, daß Mangel an Rohstoffen sich in Deutschland herausbildet; beides würde über kurz oder lang zu der Notwendigkeit eines wirtschaftlichen Planes führen, der um so schwerer einzuführen wäre, je höher Preise und Löhne gestiegen sein würden. Aus eigener Kraft kann Westdeutschland keine ausgeglichene Zahlungsbilanz haben, auch bei der größten Arbeitsleistung in gewaltigsten Anstrengungen und [der] schöpferischen Phantasie, die dem deutschen Volke eigen ist.

2. Außenpolitisch kommt es darauf an, sich nach keiner Seite hin festzulegen, aber doch eine klare Konzeption über die weitere Entwicklung zu

haben, um Schritte zu vermeiden, die eine unerwartet günstige Entwicklung der Zukunft hemmen würden. Wenn eine solche Politik befolgt wird, so glaube ich, heute schon sagen zu können, daß über kurz oder lang ein Wetteifer aller Mächte um Deutschland entstehen wird. Alle Mächte werden aus rein geographisch-militärisch-politischen Gründen versuchen müssen, sich die Gunst Deutschlands zu erwerben, denn mehr als je zuvor ist Deutschland das Herz der Welt. Es kommt darauf an, die Mächte gegeneinander auszuspielen, nicht des Intrigierens wegen oder aus Unaufrichtigkeit, sondern in kühler Ausnützung der sich entwickelnden Chancen. Man wird gezwungen sein, Konzessionen bald der einen, bald der anderen Seite zu machen. Das ist notwendig und nicht bedenklich. Solange wie man sich nicht nach einer Seite so festlegt, daß man überhaupt keine Freiheit des Handelns wiederbekommt.

Deshalb ist es auch notwendig, dauernd in Verhandlung mit dem Osten zu bleiben, wobei man den Westen immer loyal auf dem laufenden halten muß. Die Westmächte können solche Verhandlungen nicht führen; dazu fehlen ihnen die Erfahrung und die Fähigkeit. Nur eine deutsche Regierung ist dazu in der Lage, wenn sie eine Konzeption hat und es vermeidet, in der Öffentlichkeit sich mit Erfolgen zu brüsten. Die Bonner Regierung sollte sich die japanische Regierung als Vorbild nehmen, die sich selbst demütigt aus Liebe zu ihrem Vaterlande und solche Angebote ablehnt oder anscheinend nur widerwillig akzeptiert, die ihr großen populären Erfolg verschaffen könnten. Die Entwicklung in der Welt läuft automatisch zugunsten Deutschlands. Worauf es ankommt, ist, daß Regierung und Volk das Maß der Dinge behalten und nicht wegen ihnen von außen her zugeschobener Erfolge ihr realistisches Urteil verlieren.

Taktisch kommt es darauf an, daß man nicht dauernd fordert, namentlich nicht öffentlich, sondern auf Angebote wartet, die bestimmt von diesem Lande zunächst kommen werden. Ferner, daß man die größte Vorsicht übt in Unterhaltungen mit jedem Vertreter der Besatzungsmächte und sich nicht mit diesen offener ausspricht als mit seinen eigenen Mitarbeitern, so wie es leider schon reichlich der Fall gewesen ist. Es gibt Leute in Deutschland in der alliierten Verwaltung, die es ausgezeichnet verstehen, sich anzufreunden, die aber teils bewußt, teils aus Leichtsinn, „vertraulich" gemachte Mitteilungen gegen das deutsche Volk ausnützen.

(1) Als sich Ludwig Erhard im April/Mai in den USA aufhielt, besuchte er H. B. im Krankenhaus in New York. Am 12. Juli schrieb H. B. an Magda Pünder, daß der Postmi-

nister Schuberth „einige Notizen für Ihren Gatten als Ergänzung zu dem für Adenauer bestimmten Memorandum, das ich Erhard mitgab", überbringen würde. Im Rückblick erscheint es merkwürdig, daß H. B. eine enge, vertrauensvolle Zusammenarbeit zwischen Pünder, Erhard und Adenauer voraussetzte. Daß gelegentliche Äußerungen Adenauers im Sinne eines „Kerngebiets zwischen Loire und Weser" H. B. nicht bekannt waren, scheint ausgeschlossen zu sein. Wenigstens Egbring hatte im November 1948 anläßlich François-Poncets Ankunft als politischer Berater des französischen Militärgouverneurs geschrieben, daß er auf Grund von Adenauers allgemeinen Vorstellungen weitgehende Übereinstimmung zwischen ihm und François-Poncet erwarte, was „vielleicht" zu begrüßen sei. Botschafter Murphy hatte Ende November 1948 an das State Department berichtet, Adenauer „erwarte nicht und hoffe nicht darauf", daß Gebiete östlich der Elbe in den neuen deutschen Staat einbezogen würden (vgl. Department of State, *Foreign Relations of the US 1948*, Bd. II, Washington 1973, S. 445). Die Tendenz von H. B.s Vorschlägen war nicht neu. Anfang Mai hatte er geschrieben: „Deutschland kann das Risiko kommunistischer Agitation viel eher tragen als Italien und Frankreich. Darum darf man sich nicht an eine einzige Macht verkaufen, sondern muß aus den natürlichen Gegensätzen zwischen den Mächten, die wachsen werden, langsam die Chancen [sich] entwickeln lassen, das Gebiet von 1933 (vorläufig mit Ausschluß der Saar) wiederzugewinnen."

7. Juli, Hartland, Vermont, H. B. an Helene Weber

. . . Vor vier Wochen habe ich das Krankenhaus verlassen. Seit vier Tagen bin ich hier auf dem Lande unter sehr angenehmen Bedingungen. Die letzten vierzehn Tage haben große Fortschritte gebracht, aber das rechte Bein muß sich noch um weitere 25 Grad biegen, bis daß es normal ist. Ich kann aber schon auf den umliegenden Weiden allein spazierengehen und brauche einen Stock nur für die Notfälle. Die vergangenen vier Monate bedeuteten einen unwiederbringlichen Zeitverlust und haben mich ein ganzes Jahresgehalt, nach Abzug der Steuern, gekostet. Unsere Landsleute müßten einmal durch solche Erfahrungen gehen, um zu sehen, wie gut und billig Ärzte und Krankenhäuser in Deutschland waren und sind. Dann würden sie aufhören, alles daheim zu kritisieren . . .

* 8. Juli, Hartland, H. B. an Fritz Kühr, Rolandia, Brasilien

. . . Während meines Aufenthalts im Krankenhaus in New York bekam ich sehr viel Besuch aus Deutschland. Mehrere Gruppen wurden von der Militärregierung herübergebracht, damit sie „Demokratie" und amerikanische Bildungsinstitutionen studieren konnten, die, wie ich fürchte, von allen Institutionen dieses Landes die schlechtesten sind, ausgenommen ein paar gute Universitäten ... Professor Erhard besuchte mich, und ich führte zwei ausführliche Gespräche mit ihm. Er steht Ihrer und meiner Kritik nicht ablehnend gegenüber, aber es wurde ihm von den Besatzungsbehörden einfach untersagt, den Lastenausgleich und die Währungsreform gleichzeitig durchzuführen. Er konnte auch die einzelnen Länder nicht zu gleicher Behandlung der Rentner zwingen. Jetzt kommt der Lastenausgleich in den nächsten Wochen. Es ist höchste Zeit ...

Es interessiert mich sehr, von Ihren Gesprächen mit Schumacher in Dachau zu erfahren, aber ich hörte von Severing und anderen prachtvollen alten Sozialisten genug über die Methoden, mit denen die derzeitigen SPD-Führer jeglichen kirchlichen Einfluß aus dem öffentlichen Leben auszuschalten versuchen. Gegenwärtig ist die SPD zehnmal mehr ein Mischmasch aller möglichen Bekenntnisse als die CDU. Es ist schrecklich, mitansehen zu müssen, daß in der CDU unsere guten Leute keinen Widerstand leisten gegenüber dem Einfluß jener extremen, rücksichtslosen Kapitalisten, die früher der DVP angehörten, während sozial fortschrittliche Protestanten und die früheren Mitglieder von Tres Partei als „Deutschnationale" abgetan werden ...

Meine traurigste Erfahrung letzten August in Deutschland war, daß Feindseligkeit und Eifersucht zwischen den Arbeitervereinen und Gewerkschaftsführern noch schlimmer sind als vor 1933. Kaum einer von den jüngeren christlichen Gewerkschaftlern von früher hat heute auch nur die geringste Stellung in der neuen Einheitsgewerkschaft. Zwei sehr gute ehemalige christliche Gewerkschaftsführer, die mit ungefähr 60 Jahren noch sehr tatkräftig sind und mich in New York besuchten[1], waren sehr enttäuscht darüber, daß sich Kaiser die Gelegenheit entgehen ließ, die Einheitsgewerkschaft zu übernehmen. Jetzt hätte er noch einmal eine Möglichkeit, wenn er sich nur entschließen könnte, ob er ein politischer oder ein Gewerkschaftsführer sein will. Mit ihm ist es das gleiche Drama wie mit Stegerwald, aber er ist, soweit ich sehe, der einzige, der in Übereinstimmung mit den gemäßigten Sozialisten ein hervorragender Führer der Einheitsgewerkschaft sein könnte ...

(1) Eduard Bernoth und Wilhelm Schöningh.

11. Juli, Hartland, H. B. an A. H. Berning

. . . Ich habe hier viele Leute aus allen Teilen Deutschlands während der vergangenen Monate in New York gesehen. Alle Verständigen wollen ein Zusammengehen mit der SPD nach den Wahlen und haben konkrete Pläne auch für Personalien der kommenden Regierung in dieser Richtung . . . Ich habe hier 1947, und auch leitenden Leuten in Deutschland gegenüber, Vorschläge gemacht, die noch stärkeren Einfluß der Öffentlichkeit auf den Bergbau garantieren als der frühere Reichskohlenrat und die Vertretung der Arbeitnehmer im Aufsichtsrat der Kohlenunternehmungen. Wir haben in Deutschland in der Elektrizitätsindustrie und in der Kaliindustrie „gemeinwirtschaftliche" Formen gefunden, die das genossenschaftliche Prinzip soweit wie möglich durchführen. Das ist die einzige Form der Zusammenarbeit und Kontrolle auch seitens der Arbeitnehmer, die dem Deutschen liegt und in der er immer sehr große Erfolge erreicht . . . Selbst bei den Forsten hat es sich gezeigt, daß, wenn man nicht große private Waldgüter gehabt hätte, auf denen die Besitzer neue Methoden und Experimente eingeführt hatten, die staatlichen Forstverwaltungen nicht mit der Zeit mitgegangen wären . . .

Juli, Hartland, Memorandum für Herman Pünder

Seit meinem letzten, durch Professor Erhard übermittelten, kurzen Bericht hat sich hier manches geändert, nicht zu unseren Gunsten. Das bedeutet nicht, daß meine kurzen Darlegungen in der Sache eine Änderung erfahren müssen. Ich bleibe dabei, daß, wenn wir genug Geduld aufbringen und uns nicht einseitig einer Macht oder einer Gruppe von Mächten verschreiben, wir wiederum wie Anfang der dreißiger Jahre die meistumworbene Nation Europas werden. Geduld ist alles. Große Schwierigkeiten werden kommen, ebenso wie Rückschläge. Nachdem hier der Vertreter des französischen Generalstabs in kleinem Kreise eine beschränkte Aufrüstung Deutschlands unter deutschen Offizieren verlangt hat (unter der Voraussetzung, daß Frankreich dauernd in der Aufrüstung einen zehnjährigen Vorsprung vor Deutschland behält) und Herr Ramadier[1] etwas Ähnliches angedeutet hat, ist eine gewisse Festlegung der französischen Politik erfolgt . . . Man hofft in England noch zu sehr, durch Vermeidung des Aufrollens der Frage der deutschen Ostgrenzen Polen und Tschechoslowakei leichter und schneller wieder aus den Fängen der Russen herausziehen zu können . . . Man will in den USA weiter von Möglichkeiten eines Kompromißfriedens mit Rußland reden, da das Volk hier weniger einem Krieg geneigt ist als vor zwei Jahren. Daher auch die Verzögerung wichtiger organisatorischer Maßnahmen, die die USA in den Stand setzen würden, militärisch und wirtschaftlich sofort im Falle eines europäischen Konfliktes einzugreifen . . . Nur wenige Leute hier begreifen, daß der Kompromiß in Paris in bezug auf Berlin und Österreich[2] nur auf der Hoffnung der Russen beruht, das Volk hier einzulullen, bis daß die russische Herrschaft in Asien konsolidiert ist . . .

Im vergangenen Herbst habe ich mich [in England] vergeblich bemüht, einzelne Leute zu überzeugen, daß England und die City allein wieder hochkommen können, wenn Westeuropa und das Empire ein mehr oder minder einheitliches Zollgebiet werden, in dem die Wirtschaft auf freie Konkurrenz aufgebaut ist . . . Ich glaube, daß man in Deutschland statt des Geschwafels über westeuropäische Union immer deutlicher und schärfer auf eine Zollunion hindrängen sollte . . .

(1) Paul Ramadier (1888–1961), französischer Arbeitsminister (Sozialist) 1938, Justizminister 1946–1947, Ministerpräsident 1947, Verteidigungsminister 1948–1949, Wirtschaftsminister 1956–1957. (2) Kompromisse hinsichtlich sowjetischer Besitzansprüche in Österreich und hinsichtlich des Zugangs zu Berlin. Am 14. Juli wurde der Verkehr von und nach Berlin wieder normalisiert.

21. Juli, Hartland, H. B. an Theodor Steltzer

. . . Für die nächsten Jahre scheint es mir innenpolitisch entscheidend zu sein, daß die SPD und CDU sich nicht so weit bekämpfen, daß eine Regierungskoalition zwischen ihnen und der FDP unmöglich sein würde. Daß eine solche Koalition die „Abbröckelung von den Flügeln her" beschleunigen könnte, ist nicht abzustreiten. Aber zunächst muß Deutschland für einige Jahre von einer Regierung auf breitester Basis geleitet werden, damit man dem Auslande gegenüber energischer auftreten kann. Weiter kann sowieso niemand sich ein sicheres Bild machen über die internationale Entwicklung – weder daheim noch anderswo. Man muß nur innerhalb der geschlossenen Parteiengremien eine klarere und offenere Sprache dulden. Das „Schieben hintenherum", so beliebt in der deutschen Politik, hat sich nie auf die Dauer bewährt . . .

11. August, Hartland, H. B. an Walther Stennes[1], Hagen

... Ihr Brief, den ich gestern erhielt, war für mich eine große Freude
... Es gingen Gerüchte, daß Sie auf der Fahrt nach den USA von den
Japanern ermordet worden seien und ähnliche. Ich habe aber nie den
Glauben aufgegeben, daß Sie sich noch durchschlagen würden. Als
Quentin Roosevelt und sein Bruder Cornelius vor drei Jahren nach
China gingen, habe ich sie gebeten, nach Ihnen Erkundigungen einzu-
ziehen. Quentin schrieb mir kurz vor seinem Tode[2], daß er auf Ihren
Spuren sei und mit Ihnen in Verbindung treten werde ... Ihr Instinkt
war richtig, daß Sie nach Ausbruch des Krieges Ihren Plan, nach hier
zu kommen, aufgaben. Wahrscheinlich wären Sie gar nicht in dieses
Land hereingelassen worden ... Selbst der gute, 70 Jahre alte Dr.
[Walther] Dauch, der ein persönlicher Freund des Präsidenten von
Guatemala war und sich deshalb in Guatemala sicher fühlte, wurde im
Flugzeug nach Texas gebracht in ein Lagunenlager, wo er nach vier
Wochen am Herzschlag gestorben ist[3]. Wenn Sie über gewisse Leute
schreiben, denen Sie in Schanghai die Meinung gesagt haben, so müssen
Sie sich vergegenwärtigen, daß hier plötzlich jedermann Sachverständi-
ger über alles war. Es wurden Leute in Länder geschickt, wo sie vorher
nie gewesen waren ...
Was nun meine Aussage für das Entnazifizierungsverfahren angeht, so
müssen Sie ... mir genau formulierte Einzelfragen vorlegen ... Ich
glaube, ich habe in diesen Sachen mehr als 200 solcher eidesstattlichen
Versicherungen bereits abgegeben. Mit einer allgemeinen Formulierung
kommt man nicht weiter. Soll ich etwas zum Beispiel aussagen über Ihr
Verhältnis zur preuß[ischen] Polizei 1919/20 und über Ihre Verbindungen mit [dem] früheren Staatssekretär [Robert] Weismann im preuß[i-
schen] Ministerpräsidium? ... Mit Schulz[4] stehe ich wieder in Verbindung. Haben Sie je über das Schicksal des „Zebus"[5] gehört? Arbeitete
er später noch mit Canaris zusammen? Wie war die Stimmung der
Chinesen gegenüber Deutschland, als Sie Schanghai verließen? ...

(1) H. B. seit 1923 bekannt, führte 1931 als SA-Führer einen erfolglosen Putsch gegen die
Berliner NSDAP, 1933 im KZ, wanderte nach China aus und gehörte dem Stabe
Tschiang Kai-scheks an. (2) 1948 bei einem Flugzeugabsturz in China. (3) 1942. (4)
Oberleutnant Paul Schulz, Adjutant von Gregor Strasser. (5) Siehe Brüning, *Briefe und
Gespräche 1934–1945*, S. 447. Zebu überstand den Krieg und suchte später Verbindung zum
amerikanischen Nachrichtendienst.

20. August, Hartland, H. B. an Johannes Gronowski, Bad Driburg

... Es hat mich sehr amüsiert, daß die Vorsitzende der ältesten und
größten Frauenvereinigung zur Bekämpfung des Alkohols vor drei
Tagen die „Katastrophe von Jalta und Potsdam" auf die „Tatsache"
zurückführte, daß Stalin die Vertreter der Westmächte beide Male mit
Wodka zu reichlich behandelt hat, während er selbst nur Wasser aus
einer Wodkaflasche getrunken habe! So erklärt sich das Volk die Entwicklung der Politik, die es einfach nicht verstehen kann. Die Wahlen in
der Heimat sind ja sicher einigermaßen zufriedenstellend ausgefallen[1].
Es wird noch vier Wochen dauern, bis ich all die Zeitungen erhalte, aus
denen ich im einzelnen ersehen kann, wie die Arbeiterschaft gewählt
hat. Das sehe ich immer als das wichtigste an. Ein Vorteil ist, daß keine
einzelne Partei die Mehrheit hat. Gewiß sind Koalitionsregierungen
immer schwächer, aber unter den heutigen Verhältnissen ist es auch
dem Auslande gegenüber wichtig, daß eine Regierung zustande kommt
auf möglichst breiter Basis – rein von hier gesehen mit Einschluß der
SPD, die ja vor allem in England weitaus populärer ist als irgendeine
andere deutsche Partei ... Bei einer Koalition der CDU mit der FDP
und den „unentwegten" Bayern fürchte ich doch sehr, daß die an sich
zur Zeit begrüßenswerte „freie Wirtschaft" Ausmaße annehmen könnte,
die zu einer gefährlichen Reaktion nach der anderen Seite führen könnten ...
Ich stimme Ihnen völlig zu, daß Adenauer in der Verfassungsfrage
außerordentlich weitsichtig, klug und geduldig gearbeitet hat und daß
man ihm das aufrichtig danken soll. In der Außenpolitik soll man nicht
zu nervös sein, vor allem, weil sie letzten Endes entscheidend hier in
Washington gemacht werden wird, das ja den Brotkorb für ganz Westeuropa in der Hand hält. Man sollte sich bei uns nur hüten, sich jetzt
schon nach irgendeiner Seite dauernd festzulegen. Dafür ist es zu früh.
Die Erklärung der Franzosen in bezug auf die Saar[2] sollte eine Lehre
geben. Man muß Geduld von einem kaum vorstellbaren Ausmaß haben ...

(1) Bei der Bundestagswahl vom 14. August errangen die CDU und die CSU zusammen
31 Prozent, die SPD 29,2 Prozent und die FDP 11,9 Prozent der Stimmen. (2) Eine
Erklärung des französischen Außenministers vom 1. August verlangte für das Saargebiet
politische Abtrennung von Deutschland, Zoll- und Währungsunion mit Frankreich und
Autonomie in der Verwaltung.

25. August, Hartland, H. B. an Gustav Olef

... Adenauer wird, glaube ich, schon die CDU zusammenhalten. Er hat darin seit altersher ein großes Geschick. Seitdem er sich in seinen beiden Interviews[1] mit der derzeitigen Teilung Deutschlands abfand – hier ausgelegt: „mit der dauernden Aufteilung" –, hat er hier zum ersten Male, ebenso wie in England, eine freundlichere Presse. Ob er recht hat, kann erst eine spätere Entwicklung zeigen. Mich hat es – unter uns – im Augenblick stark erschüttert. Aber bitte sprechen Sie nicht darüber; die Politiker in der Heimat sind so empfindlich über jedes Wort, das ich ausspreche. Deswegen ist auch die Bemerkung am Ende Ihres Briefes[2] verständlich und sehr gütig, aber die Tendenz auch unter den leitenden Leuten der CDU ist anders. Es wurde mir vertraulich mitgeteilt, daß man in Bonn seitens der CDU in dem Verfassungsausschuß einen Antrag eingebracht hatte, der jeden, der in den letzten fünf Jahren nicht seinen Wohnsitz in Deutschland hatte, von der Wahl zu einem der Parlamente oder Wahlämter ausschließen sollte. Angeblich haben dann die Sozen in der Kommission gegen dieses „Lex Brüning", wie sie es ironisch nannten, protestiert ...

(1) In einem Interview vom 16. August soll Adenauer gesagt haben, wirtschaftliche Zusammenarbeit von Ost- und Westdeutschland werde erst möglich, nachdem der amerikanische Kapitalismus einen Weg zur Koexistenz mit der Sowjetunion gefunden habe, „aber nicht auf unsere Kosten" (vgl. *New York Herald Tribune*, 17. August 1949). (2) Olef glaubte, H. B. könne eine aktive Rolle in der deutschen Politik übernehmen.

* *25. August, Hartland, H. B. an Patrick Barry*

... Wenn es möglich ist, würde ich mich sehr über einen Anruf von Ihnen an irgendeinem Abend vor 21 Uhr freuen; zu dieser Zeit schließt nämlich die Telefonzentrale am Ort. Der Telefondienst von Hartland wird noch von einer unabhängigen Privatgesellschaft unter technischen Verhältnissen der neunziger Jahre des letzten Jahrhunderts besorgt. Zehn oder zwölf Teilnehmer sprechen über einen Draht, und jeder am gleichen Draht kann mithören. Zwischen 21 Uhr und 7 Uhr und sonntags zwischen 12 und 14 Uhr gibt es keine Anrufe. Es klappt aber ganz gut. Insgesamt ist es sehr interessant zu beobachten, was für einen robusten, unverdorbenen, individualistischen Menschenschlag es im hochgezüchteten Osten doch noch gibt. Obwohl sie nicht wohlhabend sind, scheinen sie viel glücklicher zu sein als die Leute in den Großstädten ...

15. September, Hartland, H. B. an Ulrich Noack[1], Würzburg

... Ich kann nicht eingehend Stellung zu Ihren Gedankengängen nehmen. Man kann vom Standpunkt einer praktischen Politik in bezug auf die deutsche Zukunft überhaupt nicht sagen, welches der richtige Weg sein wird. Das ergibt sich erst nach längeren Zeitläufen, und dann können Entscheidungen ganz plötzlich notwendig werden. Vorläufig wird man Deutschland keine eigene Außenpolitik erlauben. Der Gedanke der „Neutralisierung" ist im Rahmen der Machtverhältnisse eigentlich schon de facto verwirklicht – wenn auch nur negativ und nur für das nichtrussische Deutschland. Im diplomatischen Tauziehen haben die Russen vorläufig verspielt; ihre Machtstellung hat sie berauscht. Daher können sie nicht eine so realistische Außenpolitik in bezug auf Deutschland treiben wie nach dem Ersten Weltkriege. Ein weiteres militärisches Vorrücken der Russen bis zum Rhein würde doch wahrscheinlich zum Kriege führen. Ich glaube daher nicht, daß die Russen andere als politische Mittel gebrauchen werden für ihre politische Ausdehnung in Westeuropa, zum mindesten nicht, solange sie noch nicht völlig ihre Machtexpansion in Asien konsolidiert haben. Aus diesen Überlegungen und Tatsachen ergibt sich die faktische Neutralität Deutschlands, deren formelle Verankerung zur Zeit noch keinem der früheren Alliierten opportun erscheinen wird. Außerdem bin ich der Ansicht, daß die gegenwärtige Situation staatsrechtlich und völkerrechtlich für unser armes Vaterland das beste ist. Ein formeller Vertrag könnte unser Schicksal auf Generationen in einer Weise besiegeln, daß tatsächlich die Elbgrenze bleibt und Millionen der Verelendung anheimfallen würden. Niemand kann wissen, was nach dem Ende des Marshall-Planes kommen wird, vor allem auch deshalb nicht, weil in der engl[ischen] Politik zwei Strömungen miteinander ringen und der Ausgang dieses Ringens nicht sicher ist ...

(1) Ordinarius für mittlere und neuere Geschichte in Würzburg, gründete 1948 den Nauheimer Kreis für Neutralität Deutschlands und Österreichs, wurde im Juli 1951 aus der CDU ausgeschlossen.

17. September, Hartland, H. B. an Konrad Adenauer

... Zu Ihrer Wahl zum Bundeskanzler möchte ich Ihnen aus der Ferne meine aufrichtigen und herzlichen Glück- und Segenswünsche übersenden. Ich weiß, welche große Verantwortung und schwere Arbeit Sie mit Ihrem Amte übernommen haben. Aber angesichts Ihrer langen politischen Erfahrung, Ihrer politischen Einsicht und Ihrer persönlichen Eigenschaften habe ich die feste Überzeugung, daß es Ihnen gelingen wird, trotz der übermenschlichen Schwierigkeiten, die im Wege stehen, unser armes Volk durch weitsichtige und verantwortungsvolle Arbeit ein gutes Stück vorwärtszubringen auf dem Wege zu einer versöhnlichen politischen Entwicklung im Innern und zum wirtschaftlichen und sozialen Wiederaufstiege. Für diese schwere Arbeit wünsche ich Ihnen Gottes reichen Segen ...

29. September, Hartland, H. B. an Helene Weber

... Ich mache weiter gute Fortschritte, aber es wird noch dauern ... Aus meinen durch den langen Krankenhausaufenthalt hervorgerufenen finanziellen Nöten, die mich am meisten bedrückten, bin ich nun langsam durch den Aufenthalt hier auf dem Lande, wo ich keine Miete zu bezahlen brauche und alles sehr billig ist, glücklicherweise heraus, so daß ich meine Schulden bezahlen konnte bis auf eine kleine Summe. Das hat mich sehr erleichtert. Außerdem fühle ich mich hier auf dem Lande sehr wohl. Meine Herzbeschwerden haben sich hier sehr gebessert; ich war eben pflastermüde. Außerdem habe ich von hier aus nur ab und zu die Möglichkeit, etwas zu tun, während ich sonst immer das Gefühl habe, ich arbeite nicht genug für das, was uns allen am meisten am Herzen liegt. Jetzt besteht einfach die physische Unmöglichkeit, dauernd Leute zu bearbeiten. Im übrigen wäre auch in den vergangenen Wochen nicht viel zu machen gewesen ... Ich habe mit großem Bedauern verfolgt, daß man geglaubt hat daheim, man könne schon wieder die vollen Schleusen des nationalen Protestes öffnen gegen [die Demontage]. Die Reaktion ist da. Alle unsere früheren Feinde hier behämmern schon wieder die führenden Zeitungen mit Briefen derselben Art wie während des Krieges, und außerdem sind die Engländer jetzt wieder so intim mit den leitenden Leuten hier wie vor vier Jahren. Wenn unsere guten Landsleute doch einmal lernen würden, daß man, wenn man schwach ist, so arbeiten muß nach außen hin, als ob man noch viel schwächer wäre, und sehr bescheiden sein! Die parlamentarischen Körperschaften daheim sind ja kein Stadtverordnetenkollegium, wo man ohne Rücksicht auf die Wirkung alles sagen kann, was man auf dem Herzen hat . . .

4. November, Hartland, H. B. an Hermann Ullmann

. . . Ich sehe mit Schmerz, daß die heutigen Politiker mit wenigen Ausnahmen all die alten, verhängnisvollen menschlichen Schwächen zeigen wie früher. Nur war früher noch immer eine Tradition da, und es bestanden Freundschaftsbande über die Parteien hinaus. Die Kritik übereinander kommt hier in den Berichten der USA-Korrespondenten immer wieder zum Ausdruck . . . Was sich für Leute um die Stellen des Präsidenten und Kanzlers bemüht haben, ist erstaunlich. Dabei war doch nur Adenauer da, der die Rolle eines Kanzlers in dieser Zeit spielen konnte. Das sage ich, obwohl er nicht mein persönlicher „Freund" ist. Er weiß eben doch zu führen und sich durchzusetzen. Er hat einen starken Willen und kennt von seiner Oberbürgermeisterzeit her alle Schliche, ohne die bei uns eine Politik anscheinend unmöglich ist . . .

5. November, Hartland, H. B. an Maria Brüning

. . . Ich bleibe hier, wenn es irgendwie möglich ist, bis Anfang Februar; dann ist mein Urlaub herum . . . Adenauer ist der einzige Mann, der der Lage gewachsen ist, soweit man überhaupt etwas schaffen kann. Das meiste renkt sich von selbst wieder ein, wenn man in Bonn keine Dummheiten macht. Man muß nur Geduld haben. Mir tut Pünder sehr leid, der nun trotz seiner unendlichen Arbeit und wirklicher Erfolge einfach in der Versenkung bis auf sein Mandat verschwunden ist. Aber das ist A[denauer]s Art. A[denauer]s Prestige hier und in England ist sehr gestiegen. Das ist sehr wichtig . . .

5. November, Hartland, H. B. an Hermann Dietrich

... Daß Sie nicht nach Bonn gegangen sind, halte ich für richtig. Ich glaube nicht, Sie hätten dort so viel ausrichten können wie gelegentlich in einer entscheidenden Stunde als freier Mann. Der neue Herr versteht es außerdem, sich durchzusetzen und das zu tun, was er will. Ich sehe das als eine Notwendigkeit an, denn es gibt wegen des absoluten Bruches aller Tradition in der Politik daheim und der Massenexekutionen so vieler wertvoller Leute durch die Nazis leider viele weniger geeignete Leute, die sich als politische Genies betrachten. Es gehört eine feste Hand und auch Schlauheit dazu, um diese erste Phase zu überwinden. Das wird der Mann können, wenn er nicht, wie so viele frühere Oberbürgermeister, diktatorisch wird. Aber vorläufig sitzt er fest im Sattel[1], hat nach der ersten Überraschung hier eine ausgezeichnete Presse, auch langsam in England und Frankreich. Dazu kommt die politische Erfahrung und der ausgezeichnete Charakter von Heuss[2], so daß ich nicht zu schwarz sehe ...

(1) Am 19. Dezember 1949 schrieb H. B. an Rudolf Pechel: „Der Mann, der es verstand, mit einer Stimme Mehrheit gewählt zu werden, hat auf längere Zeit durch diesen günstigen Umstand seine Stellung mehr gefestigt als frühere Kabinette mit mehr als 100 Stimmen Mehrheit. Schwierigkeiten könnten sich nur aus inneren Spaltungen in den Parteien, die ihn jetzt unterstützen, ergeben." (2) Professor Theodor Heuss (1884–1963), Bundespräsident 1949–1959.

* 11. November, Hartland, H. B. an Robert Pferdmenges

... Kein Mensch in der Welt kann die Pariser Vereinbarung[1] der letzten Woche ändern ... Privatbriefe wären bei derart wichtigen, aber heiklen Angelegenheiten viel wirkungsvoller als öffentliches Aufsehen. Gewiß sehen die Leute hier den Unsinn der Demontage ein und haben ihn schon vor über zwei Jahren eingesehen, aber wenn zuviel Lärm gemacht wird, verbünden sich alle alten, geschworenen Feinde Deutschlands wieder mit dem Einfluß fremder Mächte hier, um die natürliche Entwicklung der öffentlichen Meinung in Amerika zu hindern[2] ... Wenn Winston Churchill schon seinen dritten Angriff auf die Demontagepolitik mit so begrenztem Erfolg startet, was kann dann ich sagen, um die Lage zu ändern? Die Politik Ihres Freundes in Bonn [Adenauer], direkt mit Frankreich und England in Unterhandlungen zu treten, wird zweifellos in Washington volle Unterstützung finden und sich vielleicht als Weg zu einem Teilerfolg erweisen . . .

(1) Die drei westlichen Außenminister hatten das wiederholte deutsche Ersuchen um Beendigung des Demontageprogramms abgeschlagen. (2) Am 29. Juli 1949 schrieb H. B. an Bruno Behr: „Es war ein großer Fehler, Dutzende von Telegrammen an viele Senatoren und andere zu schicken. Damit wurde die ganze Angelegenheit eine Prestigesache für das britische Foreign Office, das auf der Demontage deshalb besteht." Für Bevins Reaktion siehe Dean Acheson, *Sketches from Life*, New York 1961.

19. November, Hartland, H. B. an Hermann Pünder in Köln

. . . Die Organisations- und Beamtenfragen sind allerdings sehr viel wichtiger, als die meisten Menschen daheim, die nicht Ihre Erfahrung haben, es zu sehen scheinen. . . . Was sollen die zehn Millionen Vertriebenen und die vielen Millionen, die sonst alles verloren haben, sagen, wenn das, was sie jetzt erhalten oder was sie gesetzlich zu erwarten haben, so weit hinter dem Lebensstandard der öff[entlichen] Angestellten und derer, die jetzt zunächst von dem wirtschaftlichen Aufschwung Nutzen haben, zurückliegt? Erhards Politik war ausgezeichnet, um die Initiative und den Arbeitswillen des deutschen Volkes auszulösen, aber die Kaufkraft der vorgenannten Kategorien, schätzungsweise 25 Prozent der Bevölkerung, wird so weit nachhinken, daß in dem System ein Bruch entstehen wird – wie ich ihm hier schon im Sommer sagte. Ich will das nicht weiter ausführen, aber feststellen, daß sich überall in Europa, leider auch bei uns, Vorstellungen gebildet haben über einen in absehbarer Zeit möglichen Lebensstandard, vor denen ich dringend warnen muß. Gehälter in Kaufkraft gemessen liegen zum Teil bei uns schon höher als hier. Jedenfalls sollte der äußerlich getriebene Aufwand in Düsseldorf und anderswo vermieden werden; den sehen die Ausländer, aber nicht das Elend der anderen . . .

Ich schreibe Ihnen das alles, weil Sie jetzt freier sind, diese Dinge zu erwägen und zu warnen. Ich halte A[denauer] für den Posten, den er hat, bestgeeignet, sowohl wegen seines Temperaments, seiner Gabe der Menschenbehandlung und taktischen Geschicklichkeit, als auch weil er herrschen und ein starkes Ausmaß von Propaganda seitens seines Apparates für sich selbst ertragen kann. Heute, vor allem in der Wirkung hier, sind solche starken Worte nötig, um Interesse für einen Mann zu wecken . . . Was aber dabei wesentlich ist, ist, daß er selbst nicht das

Maß der Dinge verliert. Alles, was soweit geschehen ist, war hier vorher schon lange im Prinzip beschlossen; es hat harte Arbeit im stillen gekostet, es so weit zu bringen und in absehbarer Zeit auch noch weitere Hilfe, die schon geplant ist, durchzusetzen ... Alles muß durch Überzeugung einzelner im stillen geschafft werden ... Das Wort von dem Ausschluß aller Leute, die in der Schule der Wilhelmstraße aufgewachsen seien[1] – falls es nicht ausschließlich taktische Bedeutung hatte –, hat mir nicht gefallen. Leute mit alten Namen aus der alten Gesellschaft haben auch heute noch viel größere Chancen, zum mindesten in Washington, als andere ...

(1) Am 26. Dezember 1949 schrieb H. B. an Dryander: „Die Tradition, die sich nach 1918 zum mindesten in der Verwaltung und auch zum Teil im Parlament hat halten können, ist heute völlig gebrochen. Nichts hat mich mehr erschreckt als die Äußerung Ad[enauer]s, daß er keine Leute anstellen wolle aus der Schule der Wilhelmstraße. Mit wem glaubt er es denn schaffen zu können?"

4. Dezember, Hartland, H. B. an Klemens Baeumker

... Offen kann man nichts sagen[1] – wenigstens ich nicht. Jede Äußerung würde von dem amtlichen Presseapparat zerpflückt ... Im übrigen ist es ein gutes Zeichen für den guten Teil der deutschen Bevölkerung, daß man sich über das taktische Spiel in B[onn] noch aufregt. Hier würde man das nicht tun; man ist an solche und schlimmere Dinge gewöhnt. Ich habe auch in Wirklichkeit keine Zeit dazu, Aufsätze zu schreiben und dann vielleicht noch Polemik zu beantworten aus der Ferne. Ich kann allerdings nicht so weiterarbeiten wie in den vergangenen drei Jahren. Ich habe im Krankenhause ausgerechnet, daß ich allein vier Monate Tageszeit darauf verwenden mußte, um all die Zeugenaussagen für die pol[itischen] Prozesse rechtzeitig nach D[eutschland] zu schicken. Es ist nicht allein der erste Entwurf, den ich selbst schreiben muß, den dann meine Sekretärin abschreibt. Ich muß dann zu einem Notar und die Sache beschwören und dann nach Boston fahren, um das große Siegel des Staates Massachusetts für meine Aussage zu erhalten, weil sie sonst formal zurückgewiesen [werden] könnte ... Es warten jetzt wieder mehr als 1000 Briefe auf Antwort, davon zum mindesten fünfzig von Klöstern und ähnlichen Institutionen, denen ich hier einige Millionen Dollar verschaffen soll, wo hier die Katholiken überwiegend den ärmeren Teil der Bevölkerung darstellen und wegen des Aufschiebens aller Bauten während des Krieges jetzt zwei Milliarden Dollar aufbringen müssen, um Schulen und Krankenhäuser zu bauen, für die der Staat keinen Pfennig gibt. Dazu kommen die Leute, die auswandern oder ihre Söhne hier studieren lassen wollen. Die aus alledem sprechende Initiative ist bewundernswert, aber das meiste ist auf Illusionen gebaut . . .

(1) Baeumker war entsetzt über einige Ernennungen und über die Ausgaben der neuen Regierung.

5. Dezember, Hartland, H. B. an Johannes Maier

. . . Intrigen waren, als die alte Konservative-Zentrums-Mehrheit verschwand, schon vor dem Ersten Weltkriege eine Hauptbeschäftigung der Politiker; bloß machten sie es nicht so modern „demokratisch" deutlich . . . A[denauer] hat den Vorteil, daß er Intrigen geradezu riecht und sie mit Gegenminen unterhöhlt, bevor sie wirksam werden. Dazu liebt er das Herrschen . . . Theoretisch hatte der Reg[ierungspräsident] von Köln die etwas gewagten und rücksichtslosen Finanzen der Stadt Köln in der Krisenzeit zu kontrollieren; praktisch kontrollierte der Oberbürgermeister d[er] St[adt] K[öln], als Präsident des [preußischen] Staatsrates, über den preuß[ischen] Innenminister den Herrn Regierungspräsident . . . Ich habe mir das allerdings seit Jan[uar] 31 nicht länger gefallen lassen; so war keine Freundschaft zwischen uns . . . Es ist nicht richtig, daß er englandfeindlich ist. Im Gegenteil – 1919 bis 1925 wurde niemand so gut mit den engl[ischen] Besatzungsbehörden fertig wie er. Aber daß man ihn dann auf Grund der Emigrantenbezichtigungen 1945 als Oberbürgermeister v[on] K[öln] seitens der engl[ischen] Behörden wegen „Unfähigkeit" absetzte, das ging zu weit, als daß er das hätte sofort wieder vergessen können. Wer von den beiden, François-Poncet oder A[denauer], auf die Dauer der Klügere sein wird, das kann ich nicht sagen[1] . . .
Eins fällt mir auf auf Grund vieler Briefe und Berichte: Der erste Elan, der für mich überwältigend war nach 1945, ist vorbei. Zeitungen und Zeitschriften werden langweilig. Bauunternehmer und andere Händler werden rücksichtslos, zerstören auch das Bild der alten Städte . . . Jeder will so schnell wie möglich reich werden . . .

(1) Diese Frage untersucht Gerhard Wettig, *Entmilitarisierung und Wiederbewaffnung in Deutschland*, München 1967, S. 393f.

6. Dezember, Hartland, H. B. an Hertha Vollmar

... Nun wirst Du endlich glücklich sein nach all den langen Jahren des Wartens und der Sorge um Werner[1]. Ich freue mich so, daß Ihr glücklich zusammen seid ... Werner wird sicher nach einiger Zeit das Erlebte überwinden; es ist im Anfang sehr schwer. Ich kann mir es bis zu einem gewissen Grade auf Grund meiner eigenen Erlebnisse sehr gut vorstellen. Auch ich konnte mich kaum unterhalten in der ersten Zeit – der Wechsel ist eben zu groß. Schade, daß jetzt in Münster die schlimmste Jahreszeit ist. Spazierengehen ist nämlich die Hauptsache. Aber in drei Monaten kommt schon das Frühjahr; dann müßt Ihr jeden Abend am Schloßgarten entlang aufs Land wandern ... Nun wünsche ich Dir alles Glück und gute Gesundheit. Es wird das erste Weihnachtsfest seit langen Jahren sein, wo Du wirklich glücklich bist ...

(1) Werner Vollmar war aus sowjetischer Kriegsgefangenschaft zurückgekehrt.

9. Dezember, Hartland, H. B. an Hans Lukaschek, Bonn

... Wenige Nachrichten aus der Heimat in der letzten Zeit haben mir solche Freude gemacht wie die Ihrer Ernennung zum Minister für – wenn ich so sagen darf – alle Probleme, die sich aus der Katastrophe des deutschen Ostens ergeben ... Sie werden auf Grund Ihrer großen Verwaltungserfahrung noch besser wissen als ich, daß ein gleiches Problem wohl kaum in neuerer Geschichte in einem so eng besiedelten Staat zu lösen war wie dieses ...
Ich habe die Vorschläge gesehen, die vor der Bildung des Kabinetts in bezug auf Beamtenbesetzung und Etats ausgearbeitet waren, worin allerdings noch keine Rede von Ihrem Ministerium war. Ich fand diese Vorschläge durchweg vorsichtig und maßvoll. Trotzdem würde ich noch mit weniger Stellen angefangen haben, wenigstens was Daueranstellungen angeht. Denn die Tradition unseres höheren Berufsbeamtentums ist völlig zerbrochen ... Wenn ich mir die vielen Briefe vor Augen halte, die ich in den letzten Monaten erhielt, mit der Bitte, meine eigene

Empfehlung denen, die die Herren schon von anderer Seite hatten, noch
hinzuzufügen, so wird mir angst und bange. Diese Leute sind alle wertvoll, aber ohne eigentliche praktische Verwaltungserfahrung. Ich habe
dieses Elend gesehen in den Ministerien seit 1919, wo solche anständigen
Leute, ohne Erfahung, durch parteipolitische Beziehungen in die Ministerien hineinkamen und eigentlich nichts taten, als die Arbeit der alten
Beamten zu vergrößern oder schwieriger zu machen . . . Heute ist das
Problem ja noch viel schwieriger, weil man auch gar nicht weiß, ob die
Länderverwaltungen die Anordnungen der Bundesbehörden genau oder
überhaupt ausführen werden.

Es kommt hinzu, wie ich mich im vergangenen Sommer überzeugen
konnte, daß in einzelnen Ländern die Tendenz besteht, die staatliche
Verwaltung für die Provinzen und Regierungsbezirke und auch die
kommunale Selbstverwaltung der Provinzen ganz abzuschaffen. Die
Oberbürgermeister und Landräte möchten gerne unmittelbar beispielsweise mit der Regierung in Düsseldorf Geschäftsverkehr haben. Ich
habe mich sehr stark dagegen ausgesprochen, vor allem auf Grund
unserer Erfahrungen mit Bayern von 1919 bis 1933. Es besteht dann die
Gefahr, daß zweimal sich parlamentarische Einflüsse und Parteienge-
sichtspunkte zwischen Erlaß und Ausführung einschieben. Gerade wegen dieses, wie mir im vergangenen Sommer schien, schon etwas chaotischen Zustandes müßte doch irgendeine Form gefunden werden, durch
kommissarisch angestellte, nämlich praktische Leute, einen direkten
Kontakt mit den Flüchtlingen herzustellen und auf diese Weise zu
ermöglichen, schnelle Hilfe zu leisten. Ich habe in den vergangenen
Jahren sicherlich weit mehr als 1000 Briefe von Flüchtlingen bekommen, denen man ohne finanzielle Hilfe, sondern allein durch Anschließen von Kontakten hätte helfen können . . .

Alle diese Fragen sind eben nicht rein bürokratisch zu lösen. Da mir vor
allem das Los der Schlesier so nahe liegt, zerbreche ich mir den Kopf,
wie man den aus ihrem Milieu herausgeworfenen Menschen Verbindungen schaffen und ihnen praktische Anregungen geben kann. Daß man
den Leuten praktisch helfen kann, wenigstens einer gewissen Zahl von
ihnen, ist für mich zweifellos, denn es ist mir möglich gewesen, in ganz
bescheidenem Umfange einer Anzahl von schlesischen Vertriebenen zu
helfen, indem ich an Leute schrieb in der gleichen Gegend, die mir von
früher her bekannt waren . . . Aber wo die Leute mit der unteren Bürokratie vor allem zu tun hatten und allein von ihnen abhingen, war keine
Hoffnung . . .

11. Dezember, Hartland, H. B. an Annemarie Tennstedt, Berlin

... X.[1] muß eine sehr vorsichtige Antwort erhalten. Ich kann ihm offen
gar nicht auf seine Fragen antworten, auch nicht auf dem Umwege über
Dich .. Alle Anzeichen deuten auf weitere Verschärfung der Lage in
der Ostzone. Ein Widerstand der Parteien kann auf lange Sicht dort
nicht geleistet werden. Es ist nicht so, daß hier und anderswo die Leute
kein Interesse an den Ostgrenzen haben; im Gegenteil, es ist sehr gewachsen. Aber was sollen die Mächte tun – Krieg erklären? ... Bevor
diese tapferen und treuen Leute sich entschließen oder entschließen
müssen, sollten sie jemanden zu Jakob Kaiser schicken. Denn ich kann
die Verantwortung für ihr Leben und das Glück ihrer Familien nicht
übernehmen, vor allem nicht von hier aus. Ich persönlich glaube nicht,
daß sie noch politisch für längere Zeit aktiv sein können. Ich halte es
sogar für möglich, daß, wenn dieser Brief Dich erreicht, diese Möglichkeit dahin ist ... Ich würde von hier aus raten, langsam „abzubauen"
und sich zur Flucht bereitzuhalten, soweit sie pol[itisch] sehr offen aktiv
waren. Ich möchte aber nicht, daß solch ein Rat ihnen von mir gegeben
wird, bevor Kaiser, der jetzt die Verantwortung trägt, selbst dazu Stellung genommen hat ...

(1) Unterstützte bis 1933 aktiv die Zentrumspartei, nach 1945 die CDU in der sowjetischen Besatzungszone.

11. Dezember, Hartland, H. B. an Franz Josef Schöningh

... Wenn ich die vielen Briefe mir vergegenwärtige, so fühle ich ein
Sichverlieren in die eigene Not und die eigenen Pläne ... Die Bischöfe
müssen sich auf Formulierungen einer christlichen Politik einstellen,
... die dem Volke zeigen, daß es einen ewigen Gegensatz gibt zwischen
einer brutalen Macht- und Ausnützungspolitik und einer christlich
verpflichtenden Politik ... Wenn man von einer christl[ichen] Politik
und Parteien spricht, die einer solchen Politik dienen, und an das Gewissen appelliert, so hat man auch die Pflicht, gegen Mißbräuche des
Gedankens einer christl[ichen] Politik offen und scharf aufzutreten.
Denn sonst erzeugt man Antiklerikalismus ... Was ich verstehe unter
christl[icher] Politik, ist der Kampf um eine christliche Gesinnung, ein
sehr scharfes Absetzen von dem, ... was sich heute unter dem soge-

nannten „liberalen" Gedanken sammelt: Geschäftemacher der rücksichtslosesten Art, die weder pol[itisch] noch religiös, noch allgemein
eine Überzeugung haben . . . Dieser Liberalismus . . . besteht nicht nur
in den sogenannten liberalen Parteien, sondern in allen . . .
Meines Erachtens haben wir deshalb mehr denn je gewisse Prinzipien in
die Politik hineinzubringen, die, obwohl nicht immer befolgt, jahrhundertelang als selbstverständlich angesehen wurden. Auf diese ohne
Furcht hinzuweisen, ist und bleibt die Aufgabe der beiden Kirchen, . . .
ebenso auch soziale Ungerechtigkeiten anzuprangern, wobei man sich
nicht auf die Arbeiter allein beschränken darf . . . Es gehört großer Takt
dazu, um zu wissen, wie weit man gehen soll und welchen Zeitpunkt
man wählen soll. Davon hängt es ab, ob man Erfolge im Sinne eines
lebendigen Religiösen hat oder Antiklerikalismus hervorruft . . .

* *16. Dezember, Hartland, H. B. an Fritz Berger, Hamburg*

. . . Die Geschwindigkeit, mit der die Roten Südchina überrannten, war
hier eine Überraschung[1]. Das wirkte sich auf Zeitpläne und andere
Pläne aus. Man kann nicht zulassen, daß in Europa das gleiche geschieht wie in China. Dies könnte für uns Grund zum Optimismus sein,
wenn nicht in Europa selbst so viele Hindernisse lägen und die Meinung
hier im Augenblick so verwirrt wäre . . . Die Stimmung im Kongreß ist
jetzt für eine Herabsetzung der Marshall-Plan-Summen, außer in
Deutschland und Österreich. Manche Leute wagten zu sagen, selbst
nach 1952 werde man diesen beiden Ländern noch etwas geben müssen,
aber solche Stimmen sind der allgemeinen Meinung weit voraus . . .
Selbstverständlich ist die Frage der Beschaffung des entsprechenden
Kapitals am dringlichsten. Aber dann erhebt sich die Frage, wie die
Kredite in Deutschland zu verteilen sind. Aus den Briefen, die ich hau-
fenweise erhalte, ersehe ich, daß sehr gute Firmen mittlerer Größe, die
unter den Nazis furchtbar gelitten haben, keinen Kredit bekommen . . .

(1) Die chinesischen Kommunisten überschritten im April 1949 den Jangtse, im September wurde in Peking die Volksrepublik ausgerufen, am 29. November wurde Tschungking
eingenommen, und Tschiang Kai-schek zog sich nach Formosa zurück.

17. Dezember, Hartland, H. B. an Hermann Josef Schmitt, Köln

... Ich habe an Herrn Even[1] geschrieben, daß ich keinen Aufsatz für die *Kettelerwacht* schreiben konnte. Ich bin nicht klar genug über die augenblickliche Lage in Deutschland und möchte unter allen Umständen vermeiden, daß ein Aufsatz von mir als eine Opposition gegen A[denauer] aufgefaßt werden könnte. Ich hatte schon bei meinem Besuch im vorigen Jahre den festen Eindruck, daß er für die jetzige Lage der einzig geeignete Mann ist. Das bedeutet nicht, daß man alles, was er redet und tut, zu bejahen braucht ... Ich fürchte, daß kleinere Leute in Bonn schon wieder das Gleichgewicht verlieren. Auf lange Sicht gesehen kommen die wirklichen Schwierigkeiten noch – außenpolitisch und wirtschaftspolitisch ... Aber wenn man in Bonn keine Fehler macht – das ist die einzige Aufgabe zur Zeit –, dann werden die Dinge weiter günstig laufen. Ich denke, es hat daher keinen Zweck, sich in irgendeiner kritischen Stellung zu verlieren ... Wie ich denn überhaupt mit traurigem Herzen feststellen muß, daß fast alle die vielen Briefe, die ich bekomme, Kritik und Unzufriedenheit äußern und zeigen, daß man nicht viel von der Politik wissen will ...

(1) Johannes Even, vor 1933 Kartellsekretär der Christlichen Gewerkschaften, Schriftleiter der *Kettelerwacht*, ab 1949 Bundestagsabgeordneter der CDU.

20. Dezember, Hartland, H.B. an Johannes Maier

... Was die Intrigen angeht und all das Üble um die Kabinettsbildung herum, so kann ich Ihr Entsetzen verstehen, da Sie in der Weimarer Zeit so etwas nie intim mitgemacht haben. Durch die ganze deutsche Geschichte geht dieser fatale Zug. Der Grund ist meistens, daß die Leute nie den Mut haben, offen zu sagen, was sie denken, und aus einem Verärgerungsgefühl über ihre eigene Feigheit hintenherum die anderen herunterreißen und Ränke schmieden ... Ich kenne Ad[e-nauer]s Schwächen sehr gut. Er ist und bleibt der Kölner Oberbürgermeister, der alle Parteien durch politische Geschenke in den Sack steckte, der sich zweimal nicht entscheiden konnte, Kanzler zu werden, und nachher unter seiner eigenen Weigerung innerlich litt ... Aber wenn er seine Tricks nicht hätte spielen lassen, dann säßen heute die Herren in Bonn noch und intrigierten gegeneinander, wer Kanzler werden sollte. Das muß man sich vor Augen halten ...

21. Dezember, Hartland, H. B. an Franz von Galen, Merfeld über Dülmen

. . . [Adenauers] Wahl war für das Ausland eine Überraschung, wenigstens was die Presse angeht; seit drei Jahren hatten die Emigranten Propaganda für Schumacher gemacht, so daß selbst in den Schulen er als der einzige Mann hingestellt wurde, der eine Regierung in Deutschland leiten könne . . . Jetzt ist Schumacher hier und vor allem in der engl[ischen] Presse erledigt. Damit sind auch die Hoffnungen vieler geschwunden, die seit Jahren alles auf seine Karte gesetzt hatten, um etwas zu werden. Diese krankhafte Selbstüberschätzung innerhalb der Emigration und in Deutschland wird Ad[enauer] noch viel zu schaffen machen . . . Bismarck hat schon das Wort geprägt über Leute, die in jedem Vordermann in der Karriere einen persönlichen Feind sähen. Das war in einer Zeit, wo noch Tradition herrschte und Leute nur aufsteigen konnten, wenn sie in praktischer Arbeit eine Mindestbefähigung bewiesen hatten. Heute, wo keine Tradition mehr besteht und es reiner Zufall ist, ob jemand in ein Amt gewählt wurde, ist das alles viel schlimmer. Ich weiß von mindestens dreißig Leuten, die hofften, Kanzler zu werden, denen ich nicht einmal die Qualifikation als Länderminister zusprechen würde . . . Wie vielen Menschen muß Sp[iecker] Ämter versprochen haben für den Fall, daß sie ihn bei seinem Bemühen für die Kandidatur Arn[olds] unterstützten! . . . Es ist daher jemand notwendig, der erst einmal bis zu einem gewissen Grad die Leute siebt – keine leichte Aufgabe!

Eine andere Sorge habe ich, die ich Ihnen gegenüber besonders nicht verhehlen möchte. Man soll nicht zuviel Katholiken anstellen als Beamte oder ins Kabinett nehmen. Zu meinem großen Bedauern sehe ich aus vielen Briefen, daß das Schlagwort von der rheinischen klerikalen Republik umgeht, besonders in Südwestdeutschland . . .

26. Dezember, Hartland, H. B. an Gottfried Ernst von Dryander, Schüchtern

. . . Ich stehe zu Tre[viranus] „durch dick und dünn", aber ich halte es für notwendig, daß alle seine Freunde, auch ich, ihn auf das Fruchtlose seiner jetzigen Tätigkeit in Deutschland[1] aufmerksam machen. Jedermann, der von hier kommt, ist dort ein „Onkel aus Amerika". Man soll deswegen noch weniger versprechen, als man sicher halten kann, jedenfalls nicht mehr! . . . Worauf es für Tre ankommt, ist, daß [er] seine

ungewöhnlichen Fähigkeiten in vieler Beziehung und die Güte und
Hilfsbereitschaft seines Charakters in die Bahn einer festen Tätigkeit
hineinzwingt, die schließlich nach so vielen Jahren ihm und seiner
Familie eine feste, wenn auch bescheidene Existenz sichert. Ich halte es,
rein vertraulich zu Ihnen gesprochen, nicht für gut, daß Tre immer
wieder in Bonn im Bundestag auftaucht. Wie mir einer seiner ältesten
Freunde [Bruno Behr] schrieb, der in Köln wohnt und von dort die
Verhältnisse genau verfolgt, macht sein Erscheinen dort bei den Mini-
sterkandidaten und Ministern nur den einen Eindruck, daß er auch
seine politische Erfahrung aktiv an leitender Stelle betätigen wolle . . .

(1) Er arbeitete für eine amerikanische Export-Import-Firma.

28. Dezember, Hartland, H. B. an Max-Paul Engelmeier[1]*, Telgte*

. . . Politik ist eine höchst praktische Sache. Man kann mit Politik nicht
die Menschen ändern. Man kann daher auch nicht mit der Politik ein
ideales Reich errichten. Politik in Deutschland wird zudem auf lange
Zeit zu einem stärkeren oder geringeren Grade von auswärtigen Mächten beeinflußt oder selbst bestimmt werden. Deshalb können die Parteien in Deutschland, auch wenn sie Ideale einer christlich-sozialen
Gerechtigkeit haben, nicht allzuviel von diesen Idealen in absehbarer
Zeit verwirklichen. Worauf es praktisch ankommt, ist, daß sie gegen
solche Ideale nicht verstoßen.
Außerdem ist Politik nicht so wie Geometrie, wo eine gerade Linie die
kürzeste Strecke zwischen zwei gegebenen Punkten ist. Ziele in der
Politik werden meistens nach mühseliger Vorbereitung auf Umwegen
erreicht. Die führenden Politiker können nicht einmal dem Volke offen
sagen, was ihre Ziele sind. Beispielsweise konnte ich in den Jahren
1930/31 nie offen sagen, daß die rigorosen finanziellen und wirtschaftlichen Maßnahmen, die ich dem deutschen Volke auferlegen mußte, um
die Reparationen zu erfüllen, in Wirklichkeit den Zweck hatten, die
Reparationen für immer zu erledigen. Deshalb ist das wichtigste in der
Politik, daß man zu den erprobten politischen Führern Vertrauen hat.
Das ist heute eine Forderung, die sich schwer erfüllen läßt, weil der
große Bruch unserer Geschichte durch die Nazizeit besteht. Daher
müssen neue Führer sich erst Vertrauen erwerben. Das können im
Anfang nur Männer sein, die von früher noch politische Erfahrung

hatten und trotz der dreizehnjährigen Naziherrschaft wenigstens noch Vertrauen in einem größeren Teil der älteren Generation besitzen. Die Pflicht dieser Männer ist, darauf zu drängen, daß möglichst bald jüngere Leute, die die Kriegsgeneration repräsentieren, aufrücken und langsam in die Parlamente kommen. Das müssen allerdings junge Leute sein, die die nötige Vorbildung und Veranlagung zur Politik haben und dazu etwas besitzen, was in der Politik wichtiger ist als alles andere, nämlich Geduld . . .

(1) Sohn des Kunsthistorikers Paul Engelmeier.

30. Dezember, Hartland, H. B. an Helene Weber

. . . Ein früherer Schüler von mir, der jetzt im Stabe von Blankenhorn ist und vor vierzehn Tagen in Cambridge war [Alexander Böker], hat dort erzählt, man plane in Bonn, ein Gesetz beschließen zu lassen, wonach ich eine Pension erhalten sollte. Wie Sie sich erinnern werden, habe ich keinerlei rechtlichen Anspruch auf eine Pension, denn ich habe mit der offiziellen Ernennung des Kabinetts 1930 zwölf Stunden gewartet, bis daß das neue Gesetz, welches die Ministerpensionen abschaffte, in Kraft war . . . Wenn ich mir überlege, daß die meisten Offiziere heute nur Wohlfahrtsunterstützung bekommen – und das zum Teil noch nicht – und zehn Millionen Ostvertriebene von der kleinen Unterstützung sich noch nicht einmal einen Anzug kaufen können, so würde der Eindruck, der durch ein solches Gesetz entstehen würde, geradezu verheerend sein. Ich möchte Sie deshalb bitten, doch sofort Schritte zu tun, um die Einbringung eines solchen Gesetzes zu verhindern. Ich habe mich die vergangenen 15 Jahre mühsam durchgeschlagen und werde das auch noch für einige Jahre, so hoffe ich, weiter tun.
Ich muß Ihnen sagen, daß ich geradezu entsetzt bin über die hohen Diäten und Spesen, die sich der Bundestag gleich bewilligt hat . . . Man hat die Beamtengehälter auf den Stand von 1927 erhöht, während die Arbeiterlöhne noch weit dahinter zurück sind und rund 25 Prozent der Bevölkerung von der Wohlfahrt leben . . . Sie werden sich aus Ihrer langen parlamentarischen Erfahrung erinnern, daß man mit dem „Kaufen" ganzer Wirtschaftsgruppen, der Beamten und einzelner Parteien in der Weimarer Republik die böseste Erfahrung gemacht hat. Das ist ein System verhüllter Korruption, das man zwar in einzelnen reicheren

Städten früher durchführen konnte, das sich aber das heutige Deutschland weder finanziell noch moralisch leisten kann . . . Ein Gesetz, das mir eine Pension verschaffen würde, würde meinem Ansehen hier sicherlich nicht zuträglich sein . . .

30. Dezember, Hartland, H. B. an Carl Schreck

. . . Der Bruch in der Tradition ist doch größer, als ich es unmittelbar nach dem Kriege erwartete. Ich sehe erst jetzt, nach der Bildung einer westdeutschen Regierung, wie skeptisch die jüngere Generation, die bewußt nichts anderes als Nazizeit und Krieg erlebt hat, dem Parlamentarismus gegenübersteht. Aber das ist eine Erscheinung, die nicht auf Deutschland beschränkt ist . . . Es ist zwar immer leicht, einen Krieg zu beginnen, schwieriger, ihn zu beenden, und unter den heutigen Verhältnissen fast unmöglich, nachher einen konstruktiven Frieden zu schließen.

. . . Das deutsche Volk – noch nicht die Politik – hat durch seine einzigartige Anpassungsfähigkeit, seinen Lebenswillen und seine Arbeitslust schon wieder ein großes Kapital an Vertrauen in der Welt gewonnen. General Clay, der in geschlossenen Versammlungen spricht, hat seinen Zuhörern in den letzten Wochen wiederholt auseinandergesetzt, daß die Deutschen das einzige Volk sind, das die russ[ische] Flut aufhalten könnte, wegen seiner Schaffenskraft und Schaffenslust. Wenn es nur lernen würde, Maß zu halten in der Politik und nicht von der Politik alles zu erhoffen! . . .

1950

1950 erreichte die Industrieproduktion in den Ländern, die in den Marshall-Plan einbezogen waren, den Vorkriegsstand; im dritten Jahr des Marshall-Plans überstieg die amerikanische Waffenhilfe aufgrund des gegenseitigen Sicherheitsvertrags die Wirtschaftshilfe. Im Januar brachen die Vereinigten Staaten die diplomatischen Beziehungen zum kommunistischen China ab, und die Sowjets zogen sich bis Ende Juli aus dem Sicherheitsrat der Vereinten Nationen zurück. Am 31. Januar wurde von der amerikanischen Regierung die Entwicklung der Wasserstoffbombe beschlossen. Die Überprüfung der internationalen politischen Lage führte im März zu dem Dokument 68 des National Security Council, das im Blick auf einen sowjetischen Angriff und einen künftigen „Höchstgefahrenpunkt" eine Verdreifachung oder sogar Vervierfachung des Militärbudgets der USA empfahl, um die amerikanische „Position der Stärke" zu erhöhen. Die amerikanische Politik wurde fortan mit der „Schwungkraft" großangelegter Vorausplanung und Organisation identifiziert. Einige Andersdenkende im State Department versuchten vergeblich, „das Bild Hitlers und seiner Zeitpläne" zu bannen.

Am 27. Juni unterstützten die Vereinten Nationen, hauptsächlich die USA, Südkorea gegen die Invasion kommunistischer nordkoreanischer Truppen. Am 15. September gelang die Landung von UN-Streitkräften in Südkorea, am 1. Oktober wurde der 38. Breitengrad, die Vorkriegsgrenze, wieder erreicht, und eine Neugestaltung ganz Koreas erschien möglich; Anfang November schlossen sich chinesische Truppen den Nordkoreanern an und warfen die UN-Streitkräfte weit zurück; von Mitte April 1951 an hielt sich die Front um den 38. Breitengrad. Die amerikanischen und sowjetischen Luftstreitkräfte waren im Koreakrieg gebunden. Im Jahr 1950 endete die Demontage der westdeutschen Industriebetriebe, die Wirtschaftseinheit der Saar mit Frankreich wurde offiziell bestätigt. Bei der Mai-Sitzung des NATO-Rates wurde der Schuman-Plan einer Europäischen Gemeinschaft für Kohle und Stahl, der von den Amerikanern begrüßt wurde, von den Briten abgelehnt. Am 20. Juni, ehe der Koreakrieg „die Gleichung veränderte", wurde in

Paris eine Kohle- und Stahlkonferenz eröffnet. Sie entwarf den Vertrag, der im April 1951 unterzeichnet und vom Bundestag im Januar 1952 ratifiziert wurde, und der im Juli 1952 in Kraft trat. Im August 1950 waren erstmals deutsche Parlamentarier beim Europarat in Straßburg anwesend, im September entstand die Europäische Zahlungsunion. Bei der September-Sitzung des Außenministerrats und des NATO-Rats in New York machten die Amerikaner den Vorschlag, die Besatzungstruppen in Deutschland zu erhöhen und die deutschen Divisionen einem „vereinigten Kommando" zu unterstellen; die Franzosen setzten sich dagegen für ein „europäisches Heer" ein.

H. B. schrieb anfangs des Jahres, er werde im Sommer nach Europa reisen, „wenn auch nicht so gespannt wie vor zwei Jahren". Er war noch so optimistisch, daß er an Johannes Maier, den neuen Pressechef in Düsseldorf, schrieb, seine „vordringliche Aufgabe" müsse es sein, „die Reibungen zwischen Arnold und Adenauer auszuräumen". Er gab zu bedenken: „Alles, was bislang für Deutschland erreicht ist, ist den anderen Besatzungsmächten von hier aus aufgezwungen." Über London und Den Haag kam er im Juni nach Münster und Köln. Im Juli machte er Besuche in Süddeutschland und Zürich, im August wieder in Westdeutschland, im September in der Normandie und in England. Am 20. September kehrte er in die Vereinigten Staaten zurück.

Im Lauf des Oktober wurde er „immer besorgter, daß alles außenpolitisch verpfuscht wird". An einen Freund, der ihn dringend um Rat bat, schrieb er im Dezember: „Konrad Adenauer nimmt von mir keinen Rat an – er tut das Gegenteil!"

3. Januar, Hartland, H. B. an René de Chambrun[1], Paris

. . . Schon zuvor hatte ich mit starker innerer Anteilnahme das Dokument gelesen, das M. Laval im Gefängnis kurz vor seinem Tode geschrieben hat. Ich habe M. Lavals Patriotismus niemals angezweifelt. Das Andenken derjenigen, die den Mut haben, aus reinem Pflichtgefühl in der größten Not ihres Landes die Unbeliebtheit zu riskieren, wird stets einige Zeit von Mißverständnissen getrübt. Ich zweifle nicht daran, daß sich die öffentliche Meinung hinsichtlich der Ereignisse der letzten 15 Jahre ändern wird; sie ändert sich bereits jetzt. Auch die Ansichten besonders über M. Laval werden sich wandeln . . . M. Laval war einer der wenigen mir bekannten europäischen Staatsmänner, die im Sommer 1931 die Drohung des aufsteigenden Nazismus in Deutschland richtig einschätzten, obgleich er dies nie dazu verwendete, für sich selbst Macht zu behalten oder zu gewinnen – wie es so viele andere prominente Politiker in Europa taten. Er zeigte auch niemals die Neigung, die Nazis zu umschmeicheln, wie so viele andere in Frankreich und anderswo, die, da sie in der Not keine Verantwortung getragen hatten, später stets behaupten konnten, sie hätten sich dem Nazismus widersetzt . . . Wären Sie so freundlich, Madame de Chambrun zu sagen, ich sei tief berührt von der Anhänglichkeit und dem Mut, mit denen sie die Ehre und das Gedächtnis ihres Vaters verteidigte . . .

(1) Schwiegersohn von Pierre Laval, hatte H. B. die Veröffentlichung von José de Chambrun, *Tout ce qu'on vous a caché*, Paris 1949, übersandt.

Januar, Hartland, H. B. an Theodor Steltzer, Wiesbaden

. . . Washington wartete nur auf eine einigermaßen verständige Regierung für Westdeutschland und auf das Überkommen des Widerstandes, vor allem der Franzosen . . . Gewiß ist es richtig, daß schon vor drei Jahren die Militärs hier, soweit sie weitdenkend waren, sich mit der

Frage der Aufrüstung Deutschlands beschäftigen[1]. Ich persönlich habe
abgeraten. Ich möchte nicht, bevor die Pläne für das Zurückweisen der
russischen Expansion definitiv Gestalt gefunden haben, daß man ein
deutsches Heer aufbaut, ohne zu wissen, wozu man es im entscheidenden Augenblicke gebrauchen kann. Nachdem es nunmehr feststeht, daß
man nicht die Elbe, sondern die Rhein-Linie halten wird im Ernstfalle,
muß man natürlich noch klarer überlegen, ob ein eigenes Heer im
modernen Krieg für das deutsche Volk von Nutzen oder Schaden sein
könnte[2] . . .

(1) Am 22. Januar schrieb H. B. an Ludger Westrick: „Eine gewisse deutsche Aufrüstung
ist hier von den Militärs schon Ende 1946 ins Auge gefaßt worden, aber sie haben vorsich-
tigerweise nie etwas darüber in der Öffentlichkeit verlauten lassen. Man hätte in Bonn mit
der Ventilierung der Aufrüstung in Westdeutschland noch ein Jahr warten und sich bitten
lassen müssen." Von Anfang 1948 an wurde in britisch-französisch-amerikanischen
Generalstabsunterredungen von zwölf verfügbaren deutschen Divisionen gesprochen (vgl.
Georgette Elgey, *La république des illusions*, Paris 1965, Kap. VI). (2) Acheson dagegen
hoffte, daß die Aufstellung von Truppen in Europa so lange dauern würde, „bis strategische Pläne für ihre eventuelle Verwendung entwickelt werden könnten" (vgl. *Present at
the Creation*). James L. Richardson in *Germany and the Atlantic Alliance*, Cambridge, Mass.,
1966, vermißte immer noch „einen klaren Begriff von der strategischen Funktion" der
europäischen Bodentruppen (S. 160).

Januar, Hartland, H. B. an Bernhard Reismann

. . . Über eins muß man sich klarwerden – daß Deutschland, vor allem,
wenn schon im nächsten Jahre die Marshall-Hilfe gekürzt wird, nur
durch eine gewaltig gesteigerte Ausfuhr sich halten kann. Die ist aber
nur möglich durch bessere Qualität, schnellere Lieferung und genaues
Studium der Bedürfnisse der ausländischen Kunden, an die man sich
schnellstens anpassen muß. Sollten langfristige Tarifverträge und wohl-
meinende Gesetze dem guten Willen der vernünftigen Arbeiter im Wege
stehen, so ist es besser, die Hoffnung aufzugeben. Ich habe mit einzelnen
Arbeitern in der Ruhr, die ich von früher sehr gut kannte, darüber
gesprochen. Sie sehen alle sehr klar, haben aber die Befürchtung, daß,
wenn sie freiwillig in dieser Beziehung Konzessionen machen, es von den
Unternehmen teilweise rein egoistisch ausgenützt wird. Diese Sorge ist
der entscheidende Punkt. Der gute Wille ist da, auch bei vielen Unter-
nehmern, die jetzt schon höhere Dividenden verteilen könnten, aber –
wie zum Beispiel in einer großen Hamburger Gummifabrik [Phoenix
Gummi AG] – es vorgezogen haben, die Hälfte ihres Reingewinnes den

Reserven zuzuführen und die andere Hälfte den Arbeitern freiwillig als Gratifikation zu geben. . . .

13. Januar, Hartland, H. B. an Herbert Baumann, Wiesbaden

. . . Was Du über die Gleichgültigkeit weiter Kreise und die Jugend schreibst, ist bedauerlich, aber es ist überall in der Welt so, wenn nicht schlimmer. Ein solcher Krieg hat lange Nachwirkungen; der Klerus hat natürlich eine besonders schwere Aufgabe. Aus den vielen Briefen, die ich erhalte, sehe ich, daß der ältere Klerus vielfach die Zeit nicht mehr versteht; so habt Ihr Jungen eine besonders große, wenn auch schwere Aufgabe. Man muß nicht pessimistisch sein. Der Klerus hier in den Großstädten hat zum Teil viel schwerere Aufgaben als selbst bei uns in den Trümmerstädten . . . Daß die Jugend kritisch in bezug auf die Politik ist, muß man nicht tragisch nehmen. Sie war es in Deutschland immer. Das Unglück nach dem ersten Kriege war, daß die Jugend ihre Jugend verewigen wollte, und damit auch die Kritik. So fiel sie Hitler in die Hände. Es war schon ein schreckliches Schauspiel, daß im Frühsommer 1933 die Jugendgruppe des Gesellenvereins mit Hakenkreuzwimpeln und Kolpingbannern zusammen in die Kirche ging. Das muß man sich vor Augen halten; dann wird man über die heutige Zeit nicht zu pessimistisch . . .

21. Januar, Hartland, H. B. an Hans Peters

. . . Ihre Auffassungen über die Lage in Berlin haben mich natürlich sehr interessiert. Es ist von hier aus schwer, die Dinge zu beurteilen. Vor allem auch deshalb, weil ich fürchte, daß man auch hier eine klare Politik nicht mehr hat. Das ist leicht verständlich, denn dieses Land hat es schwer, auf einmal eine geplante Weltpolitik zu machen und durchzuhalten . . . Man darf auch nicht vergessen, wie jetzt die Memoiren von General Clay[1] besonders klar hervorheben, daß die USA und England in den ersten zwei Jahren nach der Kapitulation eine für Deutschland sehr viel günstigere Politik planten als tatsächlich ausgeführt wurde. Im Anfang hatten die Russen bestimmte Ideen einer einheitlichen Regierung für Deutschland, so wie es die angelsächsischen Mächte forderten, angenommen . . . Da aber die Franzosen, weil sie nicht an diesen Beratungen teilgenommen hatten, es ablehnten, eine solche Politik mitzumachen, und jeden Versuch, wenigstens eine Regierung der Staatssekretäre für das ganze Deutschland einzuführen, stets mit ihrem Veto aufhielten, so ist man heute in der verzweifelten Lage in Mitteleuropa; außerdem weiß man hier nicht, wie man nachträglich die Dinge ändern soll . . .

(1) *Decision in Germany*, New York 1950.

23. Januar, Hartland, H. B. an Franz Thedieck, Bonn

. . . Natürlich muß dieses Land wie jedesmal, wenn etwas durchgesetzt werden muß für Deutschland, Konzessionen an die anderen Alliierten machen. So hat wohl Acheson auch in der Saarfrage gelegentlich seines Pariser Besuches[1] Konzessionen gemacht . . . Es war natürlich psychologisch sehr unglücklich, daß A[denauer] gleichzeitig oder kurz vorher die Aufrüstungsfrage angeschnitten hatte . . . Zwar haben [Feldmarschall] Montgomery[2] und auch der französische General [Georges] Revers[3] sich schon vor einem Jahre für die Aufrüstung Deutschlands ausgesprochen. Aber Herr A[denauer] hätte gleich in Betracht ziehen sollen, daß, nachdem General Revers hier in kleinem Kreise in Washington im Februar vorigen Jahres sich für die Aufrüstung Deutschlands ausgesprochen hatte, die Intrigen in Frankreich gegen ihn begannen, denen er zum Opfer gefallen ist. Schon November 1946 hatte ich Unterhaltungen hier mit entscheidenden Persönlichkeiten, aus denen hervorging, daß ohne eine Aufrüstung Deutschlands sie keine Möglichkeit für die Verteidigung Westeuropas im Ernstfalle sehen konnten. Aber diese Herren waren sich auch klar darüber, daß selbst das Sprechen darüber die Gefahr mit sich bringen würde, daß ein Rückschlag in der öffentlichen Meinung hier und anderswo von gefährlicher Art unmittelbar entstehen könnte. Das ist nun inzwischen geschehen . . .

(1) 1. bis 10. Oktober 1949. (2) Viscount Montgomery von Alamein, Vorsitzender des Verteidigungsrats der Westeuropäischen Union 1948–1951. (3) Stabschef des französischen Heeres, hatte sehr gute Beziehungen zur US-Botschaft. Im Frühjahr 1949 wohnte er den NATO-Gesprächen in Washington bei, dann besuchte er Indochina und berichtete Ende Juni sehr kritisch über die dortige französische Politik. Ungeklärte, skandalöse Beschuldigungen führten im Herbst zu seiner Entlassung, die zwölf Jahre später vom Staatsrat aufgehoben wurde (vgl. Elgey, *La république des illusions*).

12. Februar, Lowell House, H. B. an Walter Faltz[1]*, Bad Segeberg, S.-H.*

... Gewiß ist das Ziel eines föderalistisch geeinigten West- und Mitteleuropas unter allen Umständen erstrebenswert. Aber selbst Briand ... konnte sich ein geeinigtes Europa mit voller Gleichberechtigung Deutschlands nicht vorstellen. Daß man die Völker in West- und Mitteleuropa für den föderalistischen Gedanken gewinnen könnte unter voller Gleichberechtigung aller eingeschlossenen Nationen, bezweifle ich keineswegs. Leider gibt es auf dieser Welt, vor allem in den Auswärtigen Ämtern und auch in den Parlamenten, einflußreiche Leute, deren Herz nicht offen ist für solche Gedanken, obwohl mitunter ihr Verstand es ihnen sagt, daß es ohne Verwirklichung dieses Gedankens keine Rettung für Europa vom Bolschewismus gibt ...
Um das Verhängnis zu überleben und zu meistern, brauchen wir nicht nur politisch-technische, sondern viel mehr noch politisch-moralische Leistungen und eine Erziehung, die alles auf diesen Gebieten in unserer Geschichte weit übertreffen muß. Ich sehe bei allem meinem Glauben an die Arbeitsfähigkeit und schöpferische Phantasie des deutschen Volkes ... doch eine sehr starke moralische Erschütterung und einen hartherzigen Materialismus um sich greifen, der das deutsche Volk nicht in den Stand setzen wird, die schweren Proben zu überstehen, die noch kommen ...
Jede Nation hat einen Mythos, von dem sie lebt, vor allem in schweren Schicksalsstunden. Die meisten Völker leben von einem falschen Mythos. Das ist bei uns kaum eine Gefahr, weil der Deutsche zu historisch-kritisch ist. Aber es muß ein Weg für Ihre Generation gefunden werden, der über die Parteien hinweg das Gemeinsame unserer besonderen Traditionen wieder lebendig und für die Zukunft unantastbar macht ...

(1) Junger Historiker, H. B. nicht persönlich bekannt.

1. März, Lowell House, H. B. an Helene Weber

... Was die Politik angeht, so ist hier der Sturm, der durch die unsinnigen Schritte von Bonn in der Aufrüstungs- und anderen Fragen hervorgerufen wurde, glücklicherweise am Abflauen. McCloy[1] hat keine angenehme Zeit in Wash[ington] gehabt, aber er wird bleiben. Er meint es

gut mit Deutschland und ist Konrad sehr gewogen. Ich war sehr entsetzt, daß man so wenig Augenmaß in Bonn gehabt hat . . .

(1) John J. McCloy, Unterstaatssekretär im Kriegsministerium 1942–1945, Präsident der
Weltbank 1947–1949, amerikanischer Hoher Kommissar in Deutschland 1949–1952.

6. März, Lowell House, H. B. an Hermann Josef Schmitt

. . . Ich habe nun endlich eine Reihe von ins einzelne gehenden Vorschlägen über das Mitbestimmungsrecht, auch von industrieller Seite,
bekommen. Vor mir liegt auch die eingehende Beschreibung der Einrichtungen der Duisburger Kupferhütte im *Michael* vom 5. 2. Soweit ich
sehe, geht alles darauf hinaus, dem Betriebsrat größere Rechte zu geben
und die Entsendung von Vertretern des Betriebsrates in den Aufsichtsrat, wie ich seinerzeit Heinrich Brauns vorgeschlagen hatte, wieder
einzuführen. Das ist ein guter Weg . . . Die Form der Gewinnbeteiligung
ist ausgezeichnet. Als Habermann, Jahn und ich in der Mitte der zwanziger Jahre die Gewerkschaften zu einer ähnlichen Lösung bringen
wollten, haben sie es glatt abgelehnt, vor allem die Bauarbeiter. Grund
war die Befürchtung, daß die Gewerkschaften ihren Einfluß auf die
Lohntarife und auf ihre Mitglieder verlieren würden[1] . . .

(1) Weiter: „Hätte man im Jahr 1926 ein System der Gewinnbeteiligung eingeführt, so
wären die Stunden- und Akkordlöhne allerdings nicht über das Niveau von Mitte 1927
hinaus gestiegen. Man hätte die Lohnhöhe [1931/1932] etwa auf der Basis von Oktober
1927 halten können." H. B. schrieb ferner, die Notwendigkeit, ausländische Investitionen
hereinzuziehen, lasse eine fünfzigprozentige Arbeitnehmervertretung in den Hauptver-
sammlungen und eine Regierungsvertretung in den Aufsichtsräten unzeitig erscheinen,
wenngleich er diese Vorschläge grundsätzlich befürworte. In einigen langen Briefen aus
dem Jahre 1951 an H. J. Schmitt und Otto Friedrich verglich er die verantwortungsvolle
Tätigkeit der Betriebsräte Ende der zwanziger Jahre mit der Gewerkschaftsbürokratie, die
in der Weimarer Zeit „allmählich bürokratischer geworden war als die kleinen Beamten
der Staats- und Gemeindeverwaltung. Darum haben so viele Arbeiter für die NSDAP
gestimmt." „Eine direkte Beeinflussung der Ernennung aller Arbeitervertreter seitens der
Gewerkschaften" erschien ihm deshalb gefährlich. Anfang 1950 hoffte H. B. auf ein
Wiederaufleben der Facharbeitsgemeinschaften und der Zentralarbeitsgemeinschaft von
1918 und ermahnte Schmitt, sich nicht zu verfeinden mit den Industriellen guten Willens,
die „selbst große Schwierigkeiten mit ihren Kollegen haben, die nichts hinzugelernt
haben". Er setzte Anfang 1951 noch Hoffnungen auf „gemeinsame Schritte beider
Konfessionen bei den Gewerkschaften" und auf eine Zusammenarbeit zwischen den
katholischen Arbeitervereinen und den Sozialausschüssen der CDU.

8. März, Lowell House, H. B. an Helene Weber

... Ich muß Ihnen schon wieder schreiben, weil sich mir das Herz zusammenkrampft über den Mangel an Weitsicht in Bonn. Seit mehreren Wochen habe ich verschiedene Leute gewarnt, daß es dem Quai d'Orsay gelungen ist, hier Zustimmung zu finden für den Abschluß eines schnellen Friedensvertrages mit Westdeutschland, über dessen Einzelheiten in diesen Tagen bereits Verhandlungen in London stattfinden. Im Juni habe ich Erhard ein Memorandum mitgegeben für K[onrad], in dem die Gründe auseinandergesetzt wurden, weshalb ein möglichst langer Aufschub eines wirklichen Friedensvertrages die einzige Rettung für Gesamtdeutschland ist ... Ich habe Erhard mündlich auseinandergesetzt, daß die angeblichen verfassungsmäßigen Schwierigkeiten hier für eine Resolution des Senats, die das Ende des Kriegszustandes verkündet, genausowenig wie im Jahre 1920 bestehen ... Bonn hat offenbar keine Vorstellung, wie die Propaganda des Quai d'Orsay hier unter der Hand seit drei Monaten erfolgreich arbeitet ... Man müßte absolut auf der Hut sein und sich nicht für unfehlbar halten. Es nützt nicht unserem Vaterland, wenn die von der Bonner Presseapparatur beeinflußten Zeitschriften jetzt schon bei dem Bonner Herrn Gesichtszüge entdecken, die an Julius Caesar erinnern! ...

8. März, Lowell House, H. B. an Franz Thedieck

... Adenauers Weigerung, dem Europaausschuß[1] beizutreten, war richtig. Man muß sich zu allem bitten lassen und sich nicht dazu drängen. Worauf es jetzt ankommt, ist eine Volksbewegung wegen der Saar, die hier und in der Saar Eindruck machen wird ... Wie war es möglich, in Bonn die Warnung des kath[olischen] Klerus der Saar gegen Hoffmann[2] zu übersehen? Wenn ich hier die Dinge lese, so kann man das in Bonn auch und kann auch schließen, was sich anbahnt. An die Minister wende ich mich nicht mehr ...

(1) Adenauer hatte zwei Bedingungen für den Beitritt Deutschlands zum Europarat aufgestellt: 1. daß ein deutscher Beobachter zum Ministerrat zugelassen werden sollte und 2. daß der Beitritt der Saar zum Europarat als vorläufig bezeichnet werden sollte. (2) Der saarländische Ministerpräsident Johannes Hoffmann schloß am 3. März ein Abkommen mit der französischen Regierung.

8. März, auf der Reise nach New York, H. B. an Franz Thedieck

. . . Nachfolgend einige Stellen aus dem gestrigen Artikel von Walter Lippmann, sonst nicht mein Freund[1]. Man sollte sich auf eine solche letzte Rückzugslinie vorbereiten und sehr viel fordern; denn, wenn die Friedensvertragsverhandlungen weitergehen, wird in der jetzigen Lage von hier aus eine Konzession nach der andern unsern Nachbarn gemacht[2]. Wenn alles bis zum Oktober in dieser Beziehung aufgeschoben werden könnte, wäre hier die Stimmung besser. Wenn Sie wüßten, was hier die verschiedenen „Sachverständigen" in bezug auf den Friedensvertrag schon zusammenbrauen, würden Ihnen die Haare zu Berge stehen . . .

(1) Lippmann riet zum damaligen Zeitpunkt von einem Friedensvertrag ab, er empfahl einen unnachgiebigen deutschen Standpunkt gegen territoriale Ansprüche. (2) Wie H. B. am 3. Februar an Pünder schrieb, hielt er es „für besser, sobald eine Regierung in Bonn gebildet war, mich völlig von Interventionen und Antworten auf vertrauliche Fragen zu enthalten; es würde sonst leicht ein Wirrwarr entstehen. Außerdem bin ich oft anderer Ansicht als Bonn." Am 13. Januar schrieb er an seinen alten Freund Hopper: *„Wenn jetzt ein formeller, detaillierter Friedensvertrag abgeschlossen wird, haben die Russen zwei Vorteile. Zum einen werden sie einen Friedensvertrag mit Ostdeutschland abschließen. Zum anderen werden sie den früheren Verbündeten die Schuld daran geben, daß es notwendig ist, einen separaten Frieden mit Ostdeutschland zu schließen."

21. März, Lowell House, H. B. an Georg Fröhlich[1], Münster i. W.

. . . Angesichts der Tatsache, daß die Propaganda während des Krieges hier einen katastrophalen Eindruck über das deutsche Gerichtswesen und die deutschen Richter hervorgerufen hat, der noch immer festsitzt, wäre es von größter Wichtigkeit, daß von deutscher Seite etwas dagegen unternommen würde auf der Grundlage eines auf Tatsachen fußenden Vergleichs zwischen dem deutschen und dem hiesigen Gerichtswesen . . . Ich bin jetzt in einem Briefwechsel mit einem Richter des Supreme Court von Kanada, der sich über das deutsche Gerichtswesen vor der Nazizeit orientieren will und ebenso über die fundamentalen Änderungen während der Nazizeit. Dr. [Günther] Joël[2], der Sohn meines Kollegen im Kabinett, ist mir dabei sehr behilflich, vor allem mit Angabe der neuesten deutschen Literatur. Ich beantworte solche und ähnliche Anfragen natürlich sehr gern, da es für mich seit vielen Jahren immer klarer geworden ist, wie überlegen unser Gerichtswesen dem

angelsächsischen ist. Es ist auch erfreulich, daß immer mehr Briten um
Aufklärung über politische und historische Vorgänge in Deutschland an
mich kommen, aber allmählich übersteigt die Beantwortung solcher
Briefe meine physische Leistungsmöglichkeit. Ich möchte daher sehr
gern, daß diese Arbeit auf die Dauer von geeigneten Persönlichkeiten,
die in Deutschland leben, aufgenommen werden könnte. Nach dieser
Richtung hin ist so vieles seit dem Ersten Weltkrieg von unserer Seite
versäumt worden. Ich höre mit Entsetzen, daß jetzt auch in der Heimat
Darstellungen und Bücher von linksstehenden deutschen Emigranten
verbreitet und gelesen werden, die, nachdem sie die gewollte Wirkung
der absoluten Verdammung des deutschen Volkes und seiner Geschichte
während des Krieges erreicht haben, hier nur noch als Makulatur verkauft werden. Es scheint mir fast, als ob die Verwirrung in Deutschland
eher zu- als abnimmt . . .

(1) Landgerichtspräsident in Münster, ab 1951 am Bundesverfassungsgericht. (2) Ministerialdirektor im Bundesjustizministerium.

28. März, Lowell House, H. B. an Heinrich Vockel, Berlin

. . . Was Ihren Gedanken einer $ 100-Millionen-Anleihe für Westberlin
angeht, so halte ich seine Verwirklichung nicht für ausgeschlossen. Aber
die Verhandlungen und die Vorbereitungen müssen ausschließlich über
McCloy gehen . . . Da McCloy maßgebend in der World Bank war,
bevor er nach Deutschland kam, kann er die Sache einfädeln. Natürlich
müssen Sie mit Adenauer darüber sprechen, denn McCloy steht mit ihm
sehr gut. Sie kennen A[denauer] genügend, um zu wissen, daß eine
Umgehung seiner Person eine gute Sache zum Scheitern bringen
könnte. Ich selbst habe mich seit der Bildung der Bonner Regierung von
jeder Einflußnahme deswegen hier zurückgezogen. Aus der Rückschau
betrachtet, sehe ich jetzt ein, daß es besser gewesen wäre, mit der Bildung einer Regierung für Westdeutschland zu warten . . . Die sofortige
zu starke Betonung der engsten Zusammenarbeit mit Frankreich hat
den Russen alle Karten in die Hände gespielt. Wie Sie wohl aus den
Zeitungen sehen, ist hier die Lage sehr unsicher. Es hat ein starker
Personalwechsel stattgefunden in den entscheidenden Ämtern[1], fast alle
meine früheren Beziehungen sind damit abgeschnitten . . .

(1) Mit der demokratischen Mehrheit im neuen Kongreß von 1949–1950 wechselten die Vorsitzenden und mit ihnen auch die Berater der Ausschüsse. Gleichzeitig kehrten Personen, die im Krieg Regierungspositionen übernommen hatten, zu ihren privaten Geschäften zurück. Im Jahr 1949 wurde Acheson der Nachfolger Marshalls als Staatssekretär, McCloy löste Clay in Deutschland ab.

* 29. März, Lowell House, H. B. an Maria Brüning

. . . Ich werde zwar am 19. Mai fahren, wenn nichts Unvorhergesehenes dazwischenkommt, aber meine Pläne werden von den auf Mitte Juni angesetzten Wahlen in Rheinland-Westfalen einigermaßen gestört. Von der CDU in Essen erhielt ich schon einen Brief, mit dem sie mich um meinen Namen für ein Plakat bat, was ich scharf ablehnte. Ich darf unter keinen Umständen in die deutsche Politik hineingezogen werden. Deshalb überlege ich mir, wie ich es anstellen kann, daß ich vor den Wahlen nicht in Münster bin. Georges Olivier[1] schrieb mir von Elbeuf und bat mich dringend, ihn und andere alte Freunde zu besuchen, die mich, wie er sagt, sehr gern wiedersehen möchten. Vielleicht ist es am besten, ich gehe erst nach Holland und Frankreich und dann irgendwohin in Süddeutschland, wo Du zu mir kommen könntest, und nach Norddeutschland erst nach den Wahlen . . . Du könntest es sicher einrichten, einige Zeit mit mir zu verbringen, möglicherweise in Badenweiler; das würde auch in die Reisepläne von Mr. und Mrs. Terwilliger[2] passen, die so freundlich zu mir waren, als ich in Vermont war . . .

(1) Fabrikant in Elbeuf, Ornithologe, Jugendfreund H. B.s. (2) Harold G. und Carola Bischoff Terwilliger, die geschäftlich und privat öfters in Deutschland waren.

5. April, Lowell House, H. B. an Helene Weber

. . . Das neue Angebot von A[denauer], das Sie erwähnten[1], ist taktisch richtig, wenn er sich nicht mehr dabei denkt. Er muß wissen, daß eine so weitgehende, immer wieder zurückgewiesene „Liebe" jenseits des Kanals, unter der jetzigen Regierung drüben, weiter Versteifung bringt . . . Nur noch nicht festlegen! Alles arbeitet auf lange Sicht für uns; man kann ohne uns nicht Europa halten. Darum kann man, wenn man wartet und jeweils den geeigneten Zeitpunkt erfaßt, sehr viel verlangen.

Die Ministergehälter und Diätenhöhe gehen nicht in meinen Kopf. Das Parlament wird schon verachtet, wie ich aus vielen Zuschriften drüben sehe. Von Sp[iecker] erwarte ich alles mögliche; er hat einem Verwandten von mir gesagt, daß er bis zum Herbst Konrad zur Strecke gebracht haben würde. Ich werde, sehr vertraulich, im Juni herüberkommen, muß mich aber unter allen Umständen aus der Parteipolitik heraushalten . . .

(1) In einem Interview mit dem International News Service vom 22. März hatte Adenauer eine „allmähliche Verschmelzung" von Deutschland und Frankreich in bezug auf Zölle und Wirtschaft, die Bildung eines deutsch-französischen Wirtschaftsparlaments und ein gemeinsames Exekutivorgan beider Regierungen vorgeschlagen.

April, Lowell House, H. B. an Wilhelm Hamacher, Troisdorf

. . . Ich kann mich ja von hier aus nicht so stark an Parteigrenzen binden, wie es vielleicht selbstverständlich und notwendig innerhalb von Deutschland ist. Nach 16 Jahren Exil denkt man naturgemäß immer von einer größeren Distanz aus in diesen Fragen. Was mich nun dauernd beunruhigt, ist, daß die alten Neigungen der Deutschen zu Intrigen in der Politik anscheinend noch größer sind als in der Weimarer Zeit. Je mehr ich über die deutsche Geschichte nachdenke, . . . um so mehr komme ich zu der Auffassung, daß es ein Hauptfehler unseres Volkes immer war, überdemokratische Neigungen zu haben und sich nicht unterordnen zu können unter irgendeine dauernde Führung. Hier hat immer das zentrale Problem der deutschen Staatsführung gelegen. Niemand als Führer ist vollkommen. Auch wenn ein Führer vorübergehend Fehler macht, schadet es nicht immer dauernd. Man sollte ihn konstruktiv kritisieren und ihm vor allem unter vier Augen seine Auffassungen sagen; aber man darf ihn nicht nervös machen durch dauerndes Nörgeln. Was ich vor allem für gefährlich halte, ist, daß einzelne ehrgeizige Leute immer noch die Neigung haben, . . . mit ausländischen Korrespondenten „vertraulicher" zu sprechen als mit den eigenen Parteifreunden. Daraus kommt niemals etwas Gutes . . .

Wenn man warten kann, immer kühl bleibt, sich nicht zu früh festlegt und sich darüber klar ist, daß eine gewisse Macht im Westen zwar die Minister ändert, aber nie die Außenpolitik, so fallen einem die Früchte der Tatsache, daß alle Großmächte auf die Dauer sich um Deutschland reißen müssen, fast ohne eigene Arbeit in den Schoß. Man muß nicht zu früh Lorbeeren pflücken wollen[1] . . .

(1) Am 17. April hatte H. B. nochmals an Thedieck geschrieben: „Weshalb so stürmisch jetzt schon auf Lösungen dringen?"

3. Mai, Lowell House, H. B. an Ewald Löser

. . . Natürlich sind alle deutschen Anwälte, die noch vor keinem angelsächsischen Gericht plädiert haben, im Nachteil.

Man kommt hier im allgemeinen allein mit formalen Einreden weiter, falls es sich nicht um einen Prozeß handelt, der vor eine Jury kommt. Im übrigen wollte man die Verurteilung [im Krupp-Prozeß] . . . Jetzt ist eine Kommission von erstklassigen Richtern herübergegangen. Es kommt alles darauf an, daß man diesen Herren Ruhe und Zeit läßt, die ganzen Probleme zu studieren . . . Hier konnte man nur durch Freunde unter der Hand eingreifen, wobei man auf die Frage, ob solche Prozesse überhaupt in einer objektiven Rechtsordnung gestattet seien, aus taktischen Gründen nicht eingehen durfte . . . Die hier zu verfolgende Taktik konnte von den dortigen Anwälten nicht verstanden werden; schreiben konnte man nicht darüber, weil die Briefe natürlich alle gelesen wurden. Ich mußte besonders vorsichtig im Schreiben sein, weil ich mich aus prinzipiellen Gründen geweigert hatte, nach Nürnberg als Zeuge zu gehen. Es gab Leute, die mich gern deswegen ins Gefängnis gebracht hätten – eine Möglichkeit, die strafprozeßrechtlich gegeben war. Man hat sie doch nicht ausgenutzt, aber das Geschick hing lange über mir . . .

* 12. Mai, Lowell House, H. B. an Johannes Maier, Düsseldorf

. . . In den vergangenen 15 Jahren habe ich hier und in anderen Ländern festgestellt, daß das, was ein führender Politiker tut, wenig Bedeutung hat; wichtig ist für die Presse nur, daß sie täglich irgendeine Geschichte über ihn veröffentlichen kann. Das hat er [Adenauer] immer gewußt. Außerdem sollten Sie sich im klaren darüber sein, daß er viele Erklärungen abgibt und Vorhaben ankündigt, die er nicht ernst meint. Damit ruft er Reaktionen hervor, manchmal günstige und manchmal ungünstige. Er kann dann immer ein bißchen nachgeben, und die anderen werden glauben, sie hätten ihn überzeugt. Ich bin allmählich zu dem Schluß gekommen, daß es angesichts des verworrenen Zustands der öffentlichen Meinung und weil verantwortliche Staatsmänner nicht wissen, was sie tun sollen, unwichtig ist, ob Vorhaben ernst gemeint sind oder nicht . . .

15. Mai, Lowell House, H. B. an Robert Pferdmenges

. . . Ich freue mich, daß A[denauer] so elastisch bleibt, körperlich und politisch. Wir kommen ja wieder einen Schritt weiter. Ich hoffe, daß Sie persönlich jetzt scharf die Einzelbedingungen des möglichen Kohle-Stahl-Paktes prüfen. Hier kommt ja immer erst die Schwierigkeit mit den Franzosen, wie wir ja bei den Verhandlungen der Deutsch-Franz[ö-sischen] Kommission 1931/32 gesehen haben . . .

15. Mai, Lowell House, H. B. an Käthe Mönnig

. . . Heute erhielt ich die traurige Nachricht von dem Hinscheiden Ihres verehrten, lieben Gatten . . . Ihr Gatte war einer der wenigen führenden Männer in der deutschen Politik, der niemals nach einem Amt oder einer anderen öffentlichen Anerkennung seiner großen Verdienste gestrebt hat. Wenn ich an die vielen, manchmal beschämenden Kämpfe um Ministersessel und andere Stellungen während der Weimarer Zeit zurückdenke, so steht mir immer die völlige Selbstlosigkeit Ihres Gatten tröstend vor Augen und läßt mich andere, bedrückende Erinnerungen vergessen. Wir hätten viel mehr Männer nötig gehabt von der Art Ihres Gatten, die fortiter in re, suaviter in modo immer nur an ihr Vaterland und an ihre religiösen Überzeugungen dachten. Ihr Gatte hatte einen untrüglichen Instinkt in der Politik, der sich nur fruchtbar entfalten kann, wenn er nicht mit der Hypothek persönlichen Ehrgeizes und der Publizität belastet ist . . .

* 31. Mai, London, H. B. an Claire Nix

. . . Gestern unternahmen wir eine herrliche Fahrt von O[ld] S[urrey]
H[all] über die Downs nach Chichester, wo ich mit dem Bischof
[George Bell] und seiner Familie speiste – sehr angenehm, aber ich fand
ihn seltsam zögernd, „aktive" Unterhaltungen mit dem Erzbischof von
Paderborn [Jaeger] zu beginnen. Offenbar besteht hier einiges Mißtrauen gegenüber den Absichten des Vatikans und ich glaube auch ein
falscher Eindruck vom wahren Sinn des letzten vatikanischen Manifests
bezüglich der Wiedervereinigung[1]. Andererseits hofft der Bischof sehr,
eine gemeinsame Linie mit den katholischen Bischöfen für eine religiöse,
ethische Basis sozialer Reformen zu finden. Einer der besten deutschen
lutherischen Bischöfe, der an den Gesprächen in Paderborn teilnimmt,
wird ihn besuchen. England macht viel mehr als vor zwei Jahren den
Eindruck, zur Ruhe gekommen zu sein . . . Ich habe auch andere recht
günstige Eindrücke im Vergleich zu 1948. Die Menschen sind sich
gewisser dauernder Kriegsfolgen bewußt. Es herrscht nicht viel Haß auf
Deutschland, aber auch nicht viel Verständnis der wirklichen Lage in
Europa . . .

(1) H. B. hatte Anfang 1949 über seine Erfahrungen in Bethel und Paderborn an den
Bischof von Chichester geschrieben: *„Die Gespräche des Erzbischofs von Paderborn
haben die volle Unterstützung des jetzigen Papstes. Die Einstellung des Papstes in dieser
Beziehung hat sich seit meiner Unterhaltung mit Ihnen im Jahre 1939 gänzlich geändert."

* 20. Juni, Münster, H. B. an Claire Nix

. . . Meine Schwester und ich verbrachten das Wochenende bis Sonntag-
nachmittag bei den [Moritz] Klönnes, wo ich lange Gespräche mit
General [Franz] Halder hatte. Ich werde von ihm wertvolles Material
über Kleist bekommen. Auch viele andere Probleme der Vergangenheit wurden erörtert. Heute erhielt ich einen Brief von Pater [Robert]
Leiber [S. J.]; sein erster Brief ging verloren. Wir werden uns in der
Schweiz sehen. Morgen fahre ich nach Paderborn, aber leider wird der
Erzbischof nicht da sein. Gestern waren [Heinrich] Vockel und [Hein-
rich] Krone hier und auch Tre . . . Die Politiker haben sich sehr verändert; das spürte ich sofort, als ich [Robert] Pferdmenges sah. Diese
ganze Atmosphäre ist deprimierend, während die Leute selbst immer
noch den außergewöhnlichen Eindruck von Vitalität und Arbeitseifer

machen. Die Kinder sehen gesünder und sauberer aus als in Boston und sind viel weniger nervös. Anscheinend verstehen es die Mütter, sie mit weniger Essen als in den USA und in England aufzuziehen. Was mir in den Gesichtern der Jungen am meisten auffällt, ist der allgemeine Ausdruck der Wißbegierde. [Hans] Schäffer ist der inoffizielle Unterhändler bei Jean Monnet für den Eisen- und Kohlenplan! . . .

23. Juni, Münster, H. B. an Manfred von Brünneck[1], Bayerhof, Eifel

. . . Ich halte es nicht für richtig, in das Europakomitee zu gehen, ohne daß man vorher von Frankreich eine Kündigung des Bündnisvertrages, den de Gaulle seinerzeit mit Rußland geschlossen hat, durch den Frankreich de facto . . . die Oder-Neiße-Grenze anerkennt, verlangt. Wenn man es getan hätte, würde man dafür bereits in den USA volles Verständnis heute gefunden haben . . . Der ganze Eisen- und Kohlenplan ist mit Unterstützung von Emigranten gemacht worden, die schon bei den Rep[arations]verhandlungen immer eine verhängnisvolle Rolle gespielt haben durch Präjudizierung der offziellen Verhandlungen durch vorherige private, von der Regierung nicht autorisierte Verhandlungen. Ich bin daher sehr besorgt[2].
Über die weitere Entwicklung der Spannung mit Rußland kann kaum ein Mensch eine vernünftige Prognose machen. In den USA ist die Stimmung gegenüber Rußland sehr scharf geworden, viel schärfer als in Europa, aber es bedeutet an sich nicht viel mehr als noch stärkere Rüstung . . . Endlich hat die westliche Welt dem russ[ischen] Koloß keinen Glauben entgegenzustellen. Nur ein totalitäres Gebilde kann ohne religiöse und sittliche feste Prinzipien seine Macht erhalten oder ausbreiten – nicht aber die Demokratien. Das scheint man auch in Europa nicht klar zu sehen. Wir stehen eben in einer Weltrevolution ohnegleichen. Wir müssen uns daher in Demut vor dem Lenker der Geschicke neigen. Der einzelne kann nicht mehr viel ändern. Ohne einen Krieg wird der deutsche Osten unter der Herrschaft der Russen bleiben. Einen Krieg – in alter Art – wird aber Stalin zu vermeiden suchen. Er wird überall „Feuerchen" anzünden, vor allem in Syrien und Palästina, sowie im ganzen südlichen Asien, um die Alliierten zu zwingen, dorthin ihre zur Verfügung stehenden Truppen zu schicken. Auch das scheint man nicht einmal in der vollen Bedeutung in Washington zu sehen, mit Ausnahme der Militärs . . .

(1) Graf Brünneck-Bellschwitz, Landeshauptmann von Ostpreußen 1916–1928. (2) Diese Bemerkungen werden in späteren Briefen erläutert. Am 30. März 1951 schrieb H. B. an Johannes Maier: „1950 habe ich gleich nach meiner Ankunft Pferdmenges um eine Unterhaltung gebeten, um ihm die französischen Absichten, die hinter dem Schuman-Plan standen und die die Franzosen während meiner Anwesenheit in England den Engländern ganz offen mitgeteilt hatten, klarzumachen mit der Bitte, sie dem Kanzler weiterzugeben. Es war schwer, diese Unterhaltung zu arrangieren. Pferdmenges hatte unglücklicherweise einen der neuen jungen Herren im A. A. zum Essen mit eingeladen, was mich sehr hinderte. Er erzählte mir dann, daß A[denauer] beabsichtige, den früheren Staatssekretär im R[eichs] F[inanz] M[inisterium], Hans Schäffer, zum Staatssekretär für Außenpolitik zu machen . . . Ich habe Pferdmenges darauf aufmerksam gemacht, daß dieser Mann an dem ganzen Unglück des Young-Plans schuld sei und hinter dem Rücken von Stresemann, Curtius und Moldenhauer eigenmächtig mit den Franzosen verhandelte. Pferdmenges wollte nun, daß ich das dem Kanzler sage und nach Bonn fahre. Ich habe darauf erklärt, daß ich nicht nach Bonn fahren würde, weil ich nur nicht den Anschein erwecken wollte, aktiv in die deutsche Politik zurückzukehren. Er fragte dann, ob ich den Kanzler außerhalb Bonns sehen würde. Meine Antwort war: ‚Wenn der Kanzler den Wunsch ausspricht, werde ich ihn selbstverständlich besuchen.‘ Es dauerte vierzehn Tage, bis der Kanzler unter Druck von allen möglichen Seiten diesen Wunsch aussprach. Er verlangte, daß ich den Wunsch zuerst ausspreche! [Was H. B. einem der Zwischenträger, Josef Horatz, gegenüber zu der Antwort reizte: „Ich bin ein freier Mann!"] . . . So kam ich schließlich nach Rhöndorf. Nach zwei scharfen Bemerkungen über zwei andere führende CDU-Politiker fragte der Kanzler sofort, wann ich wieder abreise. Meine Antwort war, spätestens am 4. September." Am 8. September 1951 schrieb H. B. an Maier: „Ich habe Adenauer in der Unterhaltung im Juni vorigen Jahres gesagt, daß Monnet der klügste Mann war auf seinem Gebiete, dem ich im Leben begegnet sei, und daß im übrigen Herr Alphand die Politik machte, und nicht Herr Schuman." Und am 21. Januar 1951 an Graf Brünneck: „Ich habe den Kanzler schon im Juni wegen des Hintergrunds des Schuman-Plans und im August wegen seiner Form des Anfassens des Aufrüstungsproblems gewarnt."

23. Juni, Münster, H. B. an Walter von Baltz, Wiesbaden

. . . Also käme es zum Kriege, würde Deutschland überrannt werden auf alle Fälle, auch falls es neutralisiert würde. Die Neutralisierung auf der anderen Seite hätte *vielleicht* die radikale Abtrennung der Ostzone aufschieben können . . . Ich fürchte, daß, was man immer theoretisch in bezug auf Neutralisierung sagen kann, es praktisch dazu zu spät ist, zumal die USA im Augenblick wohl ihre finanziellen Unterstützungen an uns einstellen würden. Es sind geeignete Momente vielleicht unbenützt geblieben, aber in den USA würde man dafür auf alle Fälle kein Verständnis gehabt haben, sicherlich nicht mehr nach dem kommun[istischen] Sieg in China . . .

9. August, Münster, H. B. an Hans von Raumer

. . . Sie haben so recht, wenn Sie sagen, daß über allem in unserer Zeit stehen sollte: „. . . und hätte der Liebe nicht." Was ich in den vergangenen Wochen in der Politik gesehen habe, zeigt mir allerdings, daß dieser Grundsatz bei vielen der leitenden Politiker einfach nicht vorhanden ist. Aber Dr. Böckler[1] hat ihn, leider nicht die meisten der kleineren Leute unter den Gewerkschaftsführern. Wir haben viele Intrigen in der Weimarer Zeit gehabt, aber nichts gleicht dem, was ich jetzt festgestellt habe. Das steht alles in so krassem Gegensatz zu dem überwältigenden Arbeitswillen und der Anpassungsfähigkeit des deutschen Volkes . . .

(1) Dr. Hans Böckler, Präsident des Deutschen Gewerkschaftsbundes.

9. August, Münster, H. B. an Johannes Gronowski

. . . Was mich beunruhigt hat in den vergangenen Wochen, ist die Tatsache, daß der Herr [Adenauer] von allen kritisiert wird, auch von seinen engsten Mitarbeitern, ohne daß irgend jemand mir sagen könnte, wer an seine Stelle treten sollte . . . Er beraubt jedermann, der sein Nachfolger werden könnte, schon im voraus jeglicher Autorität auch gegenüber den Alliierten. Das letztere ist besonders gefährlich . . .
Ich habe nur einen gefunden, der, wenn er ein gutes Kabinett mit Initiative auf allen Gebieten bilden könnte, kraft seiner Loyalität, Sauberkeit und Fähigkeit zu kollegialer Arbeit dafür geeignet wäre: Das ist Min[ister-]Präs[ident] Ehard. Aber ich stehe nach reiflicher Überlegung noch immer auf dem Standpunkt, daß man an eine solche Lösung nur denken sollte, wenn es wirklich nicht mehr mit dem anderen Herren gehen sollte . . .

* 14. August, Münster, H. B. an Patrick Barry

. . . In weniger als drei Wochen werde ich Deutschland verlassen und über Frankreich und England in die Staaten zurückkehren, mit der „Niew Amsterdam", die am 20. September morgens von Southampton ablegt. Mein Aufenthalt war sehr hektisch, ich fuhr die ganze Zeit mit dem Auto herum und blieb kaum mehr als zwei oder drei Tage an

einem Ort, außer daß ich in der letzten Woche hier ein paar Tage mit
einer Erkältung zu Bett liegen mußte[1]. Das Wetter war ungewöhnlich –
täglich mehrere Gewitter mit sintflutartigem Regen und sofort danach
sehr hohen Temperaturen. Die Nächte sind jetzt schon kühl. Das alles
erinnert mich an 1910 . . .
Die Deutschen sind fleißig wie Ameisen. Man sieht keine unbeschäftig-
ten Jungen und Mädchen über sechs Jahre. In den Gesichtern der Leute
malt sich ihre Freude darüber, daß sie wieder tüchtig arbeiten können.
In dieser Hinsicht ist der Eindruck überwältigend. Auf dem Lande und
in den Kleinstädten wurden in zwei Jahren mehr Häuser gebaut als in
England in den vergangenen fünf Jahren, und sie sehen hübscher aus
und sind praktischer. Der Verkehr auf den Straßen vom Ruhrgebiet
nach Köln ist Tag und Nacht so stark wie auf den Ausfallstraßen von
New York. Das wirklich schreckliche Elend der 14 Millionen Flüchtlinge und all der anderen Millionen, die ihre Häuser und ihren ganzen
Besitz verloren haben, sieht man nicht. Alle sehen sauber und ordentlich
aus . . . Natürlich liegen noch ganze Stadtviertel in Ruinen, aber die
Leute sagen: „Warten Sie nur nochmal fünf Jahre, dann haben wir alles
wiederaufgebaut." Das alles scheint ans Wunder zu grenzen. Ganz
anders die Politik, in der man viel Kleinlichkeit und Intrige und kein
großes Zutrauen zu den Politikern findet. Die Presse hat sich leider
„amerikanisiert" und ist sensationell und ironisch geworden. Es herrscht
auch eine materialistische Tendenz vor, nicht stärker als in anderen
Ländern, aber doch unpassend für ein Land in Deutschlands Lage.
Es gibt viele Schwierigkeiten mit den älteren Geistlichen, die diese neue
Welt nicht mehr verstehen, aber unter den jüngeren Priestern herrscht
sehr großer Eifer. In Zürich verbrachte ich einen ganzen Tag mit Pater
Leiber, der trotz der 14 schweren Jahre seit unserer letzten Begegnung
jünger geworden zu sein scheint. Man würde ihn auf 55 schätzen, er hat
noch kein einziges graues Haar! Sein Denken [ist] bemerkenswert offen
und klar, er hat keine Illusionen über das, was geschehen wird, und er
spricht über alles mit echtem, christlichem Optimismus. Wir sprachen
ausführlich über alles, was ich auf dem Herzen hatte – angefangen mit
dem Apostolischen Delegierten in W[arschau] und dem polnischen
Konkordat[2] bis hin zu der Notwendigkeit der Dezentralisierung von
Rom, dem neuen Dogma und der sich langsam entwickelnden Umorga-
nisierung des Vatikans. All seine Antworten und Erläuterungen flößten
mir die größten Hoffnungen ein, inbegriffen ein vollkommener Wandel
der Ansichten von Mgr. [Alfredo] Ottaviani, der im Gegensatz zu sei-

nem berühmten Buch von 1923[3] jetzt ein Verfechter der „Dezentralisierung" geworden ist … Er wünschte, die Bischöfe würden mehr auf eigene Verantwortung handeln und nicht in jeder Angelegenheit Beschlüsse von Rom erbitten; eine solche Entwicklung ist notwendig wegen einer möglichen zeitweiligen Trennung der Verbindungen infolge politischer Ereignisse. Ich denke, das alles wird Ihnen Freude bereiten. Er brachte mir eine persönliche Erklärung des Oberhaupts [Papst Pius XII.], daß ich 1933 recht hatte, und das auf die herzlichste Weise. Leider wurde ich gegen meinen Willen die ganze Zeit über mehr oder weniger in die öffentliche Diskussion hineingezogen[4]. Die Universität Köln bot mir einen Lehrstuhl an für dann, wenn ich von Harvard weggehen muß, aber darüber und über verwandte Fragen habe ich noch keine Entschlüsse gefaßt …

(1) H. B. traf sich mit vielen alten politischen Freunden und besuchte außerdem Premierminister Bech in Luxemburg und Dr. Willy Staehelin, einen ehemaligen Harvard-Studenten, in der Schweiz. Er hielt Vorlesungen vor Studenten in Paderborn, Münster und Köln und stellte dabei die preußische Rechts- und Verwaltungtradition lobend heraus. Die Hörer waren sich im klaren darüber, daß „wesentliche Bewußtseinsverschiebungen" in Deutschland stattgefunden hatten während der 16 Jahre, die H. B. „fehlten". (2) Ein Abkommen zwischen der polnischen Regierung und dem Episkopat vom 14. August. (3) *Institutiones iuris publici ecclesiastici*, Rom 1925. (4) H. B.s Besuche veranlaßten die Presse zu phantasievollen Vermutungen, er werde Außenminister oder „Adenauers Nachfolger". Selbst als ihm eine Professur in Köln angetragen wurde, hielten sich diese Gerüchte in der Presse weiter.

15. August, Münster, H. B. an Jakob Kaiser, Bonn

… Für mich waren die Tage in Königswinter[1] sehr anregend und angenehm … Ich fahre morgen nach Hamburg, wo ich zwei bis drei Tage bleiben werde. Samstag werde ich über Bremen nach Oldenburg fahren und denke Sonntag und Montag Osnabrück und die Schlesier aus der Grafschaft Glatz in Wunsdorf zu besuchen. Dann werde ich nach Düsseldorf, Mülheim, Essen fahren und vielleicht auf einen Tag nach Köln, um dem Herrn Kardinal meine Aufwartung zu machen und gleichzeitig schnell alle die Bekannten in Köln zu besuchen, die ich noch nicht gesehen habe. Falls der Finanzminister [Schäffer] wieder da sein sollte, könnte ich dann vielleicht nach Königswinter kommen, um ihn dort zu sehen und ebenso den Bundesverkehrsminister [Christof Seebohm], der sich ausschließlich über technische Eisenbahnfragen mit mir unterhalten will. Ich habe allerdings die umfangreichen Denkschriften, die er mir hat zukommen lassen, noch nicht studiert. Ich müßte auch noch zwei Besuche in Godesberg machen und dann nach Fulda, Wiesbaden und Bruckenau fahren und sehen, daß ich alles so einrichte, daß ich am 29. August in Bethel bin, wo ich all die protestantischen Führer auf einmal sehen kann, mit denen ich mich gern unterhalten wollte. Dann bleiben mir noch zwei Tage für Ost-Westfalen und ein paar Tage in Münster . . . Ich fahre direkt nach Frankreich und von dort nach England, wo ich bis zu meiner Rückkehr nach den Vereinigten Staaten am 20. September morgens bleiben werde . . .

(1) Im früheren Haus der christlichen Gewerkschaften, heute Adam-Stegerwald-Haus.

3. September, Münster, H. B. an Johannes Maier

. . . Ich hatte Unterredungen mit Severing und Gronowski; keiner kannte die Konzeption, die Ihr Chef [Ministerpräsident Arnold] mir mitteilte. Es ist unbedingt nötig, daß Ihr Chef jetzt handelt im Sinne eines Konzentrationskabinetts, das über kurz oder lang doch kommen muß. Wenn er es jetzt nicht gleich versucht[1], ist er erledigt. Bitte sagen Sie ihm dieses. Sie können mich morgen abend noch tel[efonisch] im Adam-Stegerwald-Haus erreichen (Königswinter).

Bitte sprechen Sie mit Fr[au] Min[ister] Teusch über die Bedingungen für die Professur in Köln, vor allem, wieviel Vorlesungen ich im Semester zusätzlich zu einem Seminar zu halten habe . . .

(1) Bis Juli 1950 hatte Arnold den Vorsitz des Koalitionskabinetts mit Einschluß der SPD geführt, und 1949 hatte er eine Koalition mit der SPD in der Bundesregierung befürwortet. Von Juli 1950 bis 1954 umfaßte sein Kabinett nur CDU und Zentrum. Zu Arnolds Stellung schrieb H. B. am 31. Dezember 1950 an A. H. Berning: „Seine Angriffe auf Adenauer würden eine Wirkung haben, wären sie rein sachlich; aber, wie man mir schrieb, hatten viele den Eindruck, daß er der Nachfolger werden wollte. Dadurch kann er sich natürlich sehr schaden, denn man wird Arnold kaum als Kanzler schlucken. Er ist aber ganz gut an seiner gegenwärtigen Stelle. Wenn nur unsere Politiker endlich lernen würden, sich selbst und ihre Fähigkeiten nüchtern einzuschätzen!"

10. September, Münster, H. B. an Heinz Huber, Münster i. W.

... Daß meine Bemerkungen über die Generation der Frontsoldaten mißverstanden werden konnten, war mir klar. Aber ich war hier wie in Köln gebeten worden, zu der akademischen Jugend so zu sprechen, daß sie ihrer großen politischen Aufgabe bewußt wird ... Gewiß hat diesmal die ganze Bevölkerung unmittelbar unter den Schrecknissen des Krieges zu leiden gehabt, und ich hätte diese auch unter die Frontgeneration einbeziehen können. Aber von diesen sind viele schon im Parlament. Mir kam es darauf an, diejenigen, die jahrelang von der Heimat getrennt und allen möglichen politischen Beeinflussungen im Auslande oder in der Gefangenschaft ausgesetzt waren, daran zu erinnern, daß wir unsere eigene, große politische und Rechtstradition haben, die sich vor dem Auslande sehr wohl sehen lassen kann, daß wir auf dieser guten Tradition weiterbauen müssen, daß diese Jugend nicht dem aktiven pol[itischen] Leben fernbleibt oder sich ausschalten läßt; daß ferner sich doch im Felde besondere Eigenschaften entwickeln können wie selbstlose Hingabe an das Vaterland, Besonnenheit in schwierigen und nervösen Spannungen und vor allem eine treue Kameradschaft, die jedem sein Verdienst ohne Neid gelten läßt und über alles sonst Trennende für das Wohl des Vaterlandes zusammenhält ... Vor allem aber lag mir auch daran, daß die Politiker nicht wie nach 1919 diese Generation ganz vergessen ...

19. September, Old Surrey Hall, H. B. an Maria Brüning

... Jedenfalls war die Zeit unseres Zusammenseins trotz aller Anstrengungen für mich wirklich sehr schön. Ich hoffe, daß Du alles tust, um Dich völlig zu erholen. Mir selbst ging es nicht gut ... Ich mußte viele geplante Besuche aufgeben; erst seit gestern abend geht es mir wieder besser. Auf der Fahrt vom Rhein nach Elbeuf hatten wir dauernd stärksten Regen, ebenso wie während der ganzen folgenden Tage, einschließlich der Überfahrt von Dieppe, die sehr stürmisch war ...
Alle alten Bekannten in der Normandie lassen herzlich grüßen ...
Louviers hat ziemlich schwer gelitten; der Wiederaufbau macht aber gewisse Fortschritte. Wir waren auch im Euretal, wo ich Briands Grab besuchte ... Alle fragten nach Dir und Westricks und Hasebrinks[1] und hatten sehr lebendige Erinnerungen an alles in Münster ... Sehr viel

Anhängliches sagten sie über unsere gute Mutter . . . Oliviers waren rührend, und ich habe trotz des elenden Wetters sehr schöne Tage verlebt . . . Morgen geht es nun zurück nach N[ew] Y[ork]. Ich hoffe, das Wetter wird weniger stürmisch sein als in den vergangenen vierzehn Tagen. Die großen Dampfer hatten zum Teil zwei Tage Verspätung . . .

(1) Prälat Josef Hasebrink in Bottrop, Westfalen, und seine Schwester Ciss waren Jugendfreunde von Brünings.

29. September, Lowell House, H. B. an Maria Brüning

. . . Die Überfahrt war, mit Ausnahme eines etwas unruhigen Tages, ungewöhnlich ruhig. Die letzten drei Tage glitt das Schiff lautlos über das Meer, das weniger Wellen hatte als der Rhein. Ich habe eine so ruhige See noch nie miterlebt. Auf der Fahrt überfiel mich eine überwältigende Schlafsucht, die sich hier weiter fortsetzt. Ich merkte doch in London, daß ich den Bogen überspannt hatte. Ich konnte nur wenige Minuten ohne Schwindelanfälle auf den Füßen stehen. Leider ist das Wetter auch hier nicht gut; die wunderbare, warme Herbstsonne fehlt völlig und damit auch die einzig schöne Färbung der Blätter. Der Sommer ist ungewöhnlich kühl gewesen. In Vermont hat es schon vorige Woche geschneit, so daß meine Freunde dort schon nächste Woche nach N[ew] Y[ork] zurückkehren und ich sie leider nicht mehr dort besuchen kann . . . Ich komme erst jetzt zur Besinnung; alle die schönen Tage kommen mir erst jetzt zum Bewußtsein, nachdem das Gefühl der Hetze aus meinen Gliedern ist . . . Nur schade, daß ich nicht mit Dir in Ruhe nach Einem gehen konnte oder zu Habigs[1] . . .

(1) Werner und Maria Habig in Oelde, Westfalen.

29. September, Lowell House, H. B. an A. H. Berning in Aachen

. . . Ich freue mich sehr, daß Sie nun die Tätigkeit in Aachen[1] aufnehmen können. Für diese Tätigkeit eignet sich niemand in unserem Lager so gut wie Sie. Es ist von der größten Wichtigkeit, daß diese Verworrenheit der Begriffe, namentlich in der Jugend, endlich aufgedeckt und bekämpft wird. Auch der *Michael* ist unklar in seiner Zielsetzung. Überhaupt sieht es im kath[olischen] Lager nach dieser Richtung hin sehr trübe aus. Ich habe nach dieser Hinsicht auf der Rückfahrt mir meine Eindrücke in Ruhe gesammelt. Es ist alles weichlich und verschwommen – nebenbei verstehen viele sich gleichzeitig sehr gut auf das Geldverdienen. Alles das wird mit einer übermäßigen äußerlichen Betonung des Katholizismus überdeckt. Dahinter steckt nicht viel mehr als Mangel an klaren Ideen und ein gewisser Minderwertigkeitskomplex, der daraus resultiert. Über manche Beobachtungen bin ich geradezu erschrocken . . . Der rheinische Katholizismus ist immer in Gefahr, das ganze Deutschland zu vergessen. Deswegen hat Windthorst schon schwere Kämpfe ausstehen müssen, ebenso wie, aus dem gleichen Grunde, mit gewissen bayrischen Kreisen. Die Geschichtsschreibung über das Frankfurter Parlament und die ersten Jahrzehnte der Zentrumspartei ist immer über diese Dinge hinweggeglitten . . .

(1) Als Chefredakteur des Diözesanblatts.

10. Oktober, Lowell House, H. B. an Helene Weber

. . . Gefreut habe ich mich über Ihr Eintreten für die deutschen Kriegsgefangenen. Sonst erschien mir manchmal das Verhalten der deutschen Delegierten in Straßburg würdelos[1] . . . Die bedingungslose Annahme des Schuman-Plans war ein großer Fehler. Ich habe den Herren gesagt, daß man vorher die Franzosen hätte ersuchen müssen, ihre Bündnisse mit Rußland, Polen und der Tschechoslowakei aufzugeben, die de Gaulle 1944–1946 abgeschlossen hat und die direkt oder indirekt den Verlust Schlesiens und Ostpreußens für immer garantieren. Sie sehen aus den anliegenden Zeitungszitaten, daß die Franzosen, trotz einer anderslautenden Erklärung des Herrn Bérard[2] in Bonn vor einigen Wochen, die Rückkehr dieser Gebiete an Deutschland sicherlich nicht gern sehen. Der Direktor der französischen Propagandastelle in Washington hat noch im Frühjahr eine Reise durch die Vereinigten Staaten gemacht und überall die Auffassung propagiert, daß es ein Unglück für die Welt sein würde, wenn selbst die russische Zone wieder mit Westdeutschland vereinigt würde. Aber alles das will der Herr in Rhöndorf nicht wissen. Darum wird die deutsche Politik, trotz der Anstrengungen hier und der nunmehr wohlwollenden Haltung von London, in eine

Sackgasse eingetrieben . . . Aus dieser Sackgasse gibt es später keinen
Ausweg mehr . . .

(1) In den Sitzungen der Beratenden Versammlung des Europarats im August. (2)
Armand Bérard, stellvertretender Hoher Kommissar Frankreichs in Deutschland.

11. Oktober, Lowell House, H. B. an Leo Brengelmann

. . . Je mehr die Geistlichkeit sich vom parteipolitischen Gebiet fernhält,
desto besser ist es. Sie kann dann um so stärker und erfolgreicher die
ethischen Aufgaben der Politik und der Politiker öffentlich betonen. Das
ist allerdings heute vielfach sehr nötig . . . Im übrigen scheint man
daheim schon wieder den Bereich des Politischen zu überschätzen.
Heute ist wichtiger als alle Politik, daß alle Christen sich der ungeheuren Verantwortung im täglichen Leben bewußt sind gegenüber den
Millionen von armen Menschen, die Haus und Hof und oft die Familie
verloren haben . . .
Im übrigen, fürchte ich, hat weder die SPD noch manche „liberalen"
Kreise viel dazugelernt. Wenn nicht 1945/46 alles so plötzlich gegangen
wäre, würden heute manche der besten alten SPD-Führer bei einer
vielleicht etwas anders zusammengesetzten CDU im Parlament sitzen.
Das weiß ich bestimmt. Darum glaube ich auch nicht, daß heute schon
die bestehenden Parteien und ihre Zusammensetzung etwas Endgültiges
darstellen. Man muß nur verhüten, daß die Gegensätze sich zu sehr aus
eigennützigen Gründen verschärfen. Das hat den alten Parteienstaat
zugrunde gerichtet – daß man diese Binsenwahrheit des Parlamentarismus nicht erfaßte . . .

24. Oktober, Lowell House, H. B. an Gottfried Treviranus

. . . Es war sehr schade, daß wir uns nicht sehen konnten; aber wo waren Sie je zu erreichen? Ich war auch fast dauernd unterwegs . . . Ich
habe A[denauer] früher für viel schlauer gehalten, als er ist. Im übrigen
leiden die meisten unserer alten Bekannten an Selbstüberschätzung . . .
Einer der Besten ist [Finanzminister Fritz] Schäffer; Kaiser ist doch
gewachsen; Lukaschek tut mir leid. Ich hätte gern allein mit ihm gesprochen . . . Außerdem weiß man nie, ob nicht die Ehefrauen doch ihre

Männer beeinflussen, nichts zu wagen, um möglichst lange als „Frau Min[ister]" tituliert zu werden . . . In Bethel war ich todmüde, aber fühlte mich sehr wohl. Es ist mit die echteste und beste Atmosphäre, die ich fand . . . Philipp R[eemtsma][1] war wohl der klügste Mann in der Gesamtbeurteilung; die lange Haft hat ihn sehr weise gemacht. Wenn die Politiker nur etwas davon hätten! . . .

(1) Tabakfabrikant.

25. Oktober, Lowell House, H. B. an Hermann Pünder

. . . Ich sehe, daß unsere Ruhrindustriellen, die so Feuer und Flamme für den Schuman-Plan waren, daß man überhaupt nicht mit ihnen über einzelne Gefahrenpunkte in diesem Plane sprechen konnte, allmählich einsehen, was ihnen blühen *kann*. Der Schuman-Plan, den mein alter Freund Monnet gemacht hat, hat manche Vorzüge. Bei richtig geführten Verhandlungen hätte man sehr viel – soweit ich Monnet kenne – erreichen können. Aber der Quai d'Orsay betrachtet ihn nur als ein Glied in einer Gesamtkette, die . . . zusammen mit den von den Franzosen vorgeschlagenen Bedingungen für die Heranziehung von Einzelbataillonen von deutschen Soldaten[1] . . . Frankreich eine dauernde Hegemoniestellung auf dem Kontinent verschaffen soll, der als ein franz[ösischer] Block in der nordatlantischen Organisation auftreten kann. Dagegen war man hier absolut. Aber von Bonn aus ist den hiesigen Bestrebungen keinerlei Unterstützung zuteil geworden. Wenn man jetzt sich nicht spröder zeigt, so wird man hier nachgeben, es sei denn, daß es den Engländern allmählich . . . etwas ungemütlich wird . . ., namentlich nachdem es den Franzosen hier gelungen ist, eine so gewaltige Summe für ihre Aufrüstung herauszuschlagen[2], und sie das einzige Land sind, das bei der EPU [Europäischen Zahlungsunion] gleich einen gewaltigen Zuwachs seiner Goldbestände erzielt hat. Ich habe in den vergangenen vierzehn Tagen schon an eine Reihe von Herren geschrieben und gewarnt und auch Pressestimmen verschickt von hier[3], die drüben eine ganz klare Auffassung schaffen könnten . . . Jetzt wird es aber langsam tödlich ernst; wenn es so weitergeht, werden wir auf eine Generation festgelegt, vielleicht länger, und eine Wiedervereinigung mit unserem Osten kommt nicht mehr zustande, die vom Quai d'Orsay unter allen Umständen verhindert werden soll . . .

Die Sorge um unser Vaterland drängt mich, Ihnen dieses als altem Freunde und Mitarbeiter zu schreiben; andere Absichten habe ich weniger denn je . . .

(1) Der Pleven-Plan, der eine europäische Armee unter Einschluß von deutschen Einheiten mit je höchstens 1200 Mann vorsah, wurde am 23. Oktober in Paris verkündet und in Washington mit „Bestürzung und Schrecken" aufgenommen. (Vgl. Acheson, *Present at the Creation*, S. 458. Zu Achesons Gebrauch von Adenauers Angebot zwölf deutscher Divisionen siehe u. a. Robert McGeehan, *The German Rearmament Question*, University of Illinois 1971, S. 43.) (2) Eine Woche vorher erhielt eine französische Delegation in Washington die Zusage für eine finanzielle Unterstützung zur Abdeckung eines erwarteten Budgetdefizits von 1 Milliarde Dollar, das weitgehend von den militärischen Unternehmungen in Indochina verursacht worden war. (3) Zum Beispiel ein Artikel von Anne O'Hare McCormick zwei Wochen zuvor in der *New York Times* mit der Feststellung, der Schuman-Plan mache Frankreich „zu seiner eigenen Überraschung" zur ersten Macht in Europa.

29. Oktober, Lowell House, H. B. an Gerd Bucerius[1], Hamburg

. . . Es ist nicht der Schuman-Plan allein, der mich pessimistisch über die Führung der Politik macht. Die Franzosen haben schon am 12. Mai den Engländern zu verstehen gegeben, daß sie die ganze Sache nur unternehmen, um, wenn die Aufbauarbeit vorbei ist, die deutsche Rohstahlproduktion über die Haute Autorité zu drosseln[2] . . . Etwaige USA-Anleihen zur Modernisierung der Schwerindustrie sollen nach franz[ösischen] Forderungen über die Haute Autorité gehen – nachdem sie selbst aus den Marshall-Plan-Geldern die riesigen Summen für die beiden neuen Walzstraßen in Lothringen schon erhalten haben. Es kann kein Zweifel sein, daß der Quai d'Orsay über die hier seit anderthalb Jahren bestehenden Pläne, Deutschland unmittelbar auf die Beine zu helfen, besorgt wurde – und sehr gut gearbeitet hat . . . Man dürfte sich nicht begeistert auf die Aufrüstung stürzen, sondern so wie die Engländer und Franzosen müßte man sich lange bitten lassen – gegen finanzielle Gegenleistungen, wie diese beiden Länder es getan haben[3]. Es ist keine Gesamtkonzeption da und keine Koordinierung aller möglichen Forderungen unsererseits . . . Man sucht zu sehr sogenannte Prestige-Erfolge in Bonn; die sind immer verhängnisvoll. Die Zeit arbeitet für uns, wenn wir warten können und uns nicht drängen lassen . . .

(1) Bundestagsabgeordneter (CDU) 1949–1962, Herausgeber der *Zeit*. (2) Unter dem Monnet-Plan zur Modernisierung der französischen Industrie stieg die französische

Stahlproduktion rasch über das Vorkriegsniveau an. Im Herbst 1949 erwartete die OEEC, daß die europäische Stahlerzeugung bis 1953 die Nachfrage bei weitem überstiegen werde. Der Schuman-Plan sollte die Produktion einschränken, aber der Koreakrieg ließ die Nachfrage plötzlich in die Höhe schnellen (vgl. William Diebold, Jr., *The Schuman Plan*, New York 1959, S. 17 ff.; F. Roy Willis, *France, Germany and the New Europe*, Stanford, California, 1965, S. 82). (3) Auch der deutsche Volkswirtschaftler M. J. Bonn, der lange in England und Amerika lebte, schreibt von dem „plötzlich umworbenen" Deutschland von 1950: „Es hatte nichts anderes zu tun, als zu schweigen und abzuwarten. Statt sich bitten zu lassen, hat es sich angeboten; statt Vorschläge zu prüfen, hat es Forderungen erhoben." (Vgl. *So macht man Geschichte*, München 1953, S. 404.)

30. Oktober, Lowell House, H. B. an Käthe Mönnig

. . . Es war Zeit, daß ich vor allem aus der Bonner Atmosphäre im Näheren und Weiteren wieder verschwand, um nicht meinen Glauben an die Zukunft unseres Volkes zu sehr zu schwächen . . . Wenn man in Deutschland eine maßvolle Demokratie errichten will, so ist die erste Bedingung, daß die älteren Politiker ihre Grenzen erkennen und mit allem Eifer bestrebt sind, rechtzeitig junge Leute zwischen dreißig und vierzig heranzuziehen, um sie einzuführen in die Probleme und die pol[itische] Taktik . . . So vieles in Westdeutschland hat etwas Unwirkliches an sich, und das in einem Augenblick, wo ein falscher Schritt uns auf Generationen festlegen kann. Am schlimmsten ist, daß gewisse Leute jeden, der eine andere Meinung haben könnte, vor allem den offiziellen Ausländern gegenüber denunzieren. Was ich davon im Auslande, und vor allem auf dem Schiff, gehört habe, ist mir einfach unfaßbar . . .

16. November, Lowell House, H. B. an Katharina Müller

. . . Wenn ich nach meinen beiden Reisen in die Heimat einen Schluß ziehen soll, was das wichtigste in unserem armen Vaterlande ist, so bin ich der Ansicht, daß Ihre Tätigkeit und die Ihrer Mitarbeiterinnen zweifellos außerhalb des Lebens der Kirchen die wichtigste und erfolgreichste ist. Ich habe sehr viel Briefe von Fürsorgerinnen aus dem ganzen Lande bekommen (beider Konfessionen). Daraus entnahm ich, daß diese am klarsten die schweren Probleme des täglichen Lebens sehen und mir immer das beste Urteil über die pol[itischen] Strömungen übermittelt haben. Sie sind eben wirklich „volksnah", sehr viel mehr als die Mehrzahl der Politiker . . .

16. November, Lowell House, H. B. an Gerd Bucerius

. . . Man hält hier jetzt sogar deutsche Formationen unter Korpsstärke
für reinen Unsinn. Man traut den Franz[osen] nicht mehr viel
„Mumm" zu . . . Trotzdem haben die Franz[osen] es verstanden, hier
starke Zustimmung für den Schuman-Plan zu gewinnen. Meine Argumente gegen die jetzige Form wurden verstanden und gewürdigt; aber
man sagte, man könne dann nicht verstehen, wie Bonn alles von vornherein angenommen habe und auch jetzt noch sich dafür einsetze. Man
muß kurztreten, da man von den Franz[osen] noch sehr viele Verbesserungen erreichen kann; vor allem wird man die Zerschlagung der Verbundwirtschaft, auf die die Franz[osen] ausgehen, unter allen Umständen verhindern. Wir haben Zeit, nachdem die Dinge sich so entwickelt
haben. Man darf nur nicht mehr ein glattes „Nein" zum Sch[uman]-
Plan sagen; das wäre auch von Anfang an nicht richtig gewesen.
. . . Wie kommt es, daß Schumacher alle Argumente, die ich in Königswinter Graf Schwerin[1] gegenüber aussprach, gegen eine *sofortige* Bewaffnung jetzt im Lande wiederholt? . . . Das Angebot der Russen, Verhandlungen über Deutschland aufzunehmen[2], war von jedem Gesichtspunkt aus geschickt. Man kann kaum ablehnen, an solchen Verh[and-
lungen] teilzunehmen, zumal vor allem Frankreich darauf drängt.
Frankreich muß nun klar enthüllen, was das Ziel seiner Politik für
Ostdeutschland ist. Darum warten auch mit Sch[uman-]Plan! . . .

(1) General Gerhard Graf Schwerin wurde im Juni 1950 Berater des Bundeskanzlers in
Sicherheitsfragen. (2) Am 2. November schlug das sowjetische Außenministerium ein
neuerliches Zusammentreten der Außenministerkonferenz vor.

8. Dezember, Lowell House, H. B. an Heinrich Vockel

. . . Ich habe mich sehr über das Ergebnis der Wahlen in West-Berlin
gefreut[1]; es hat hier großen Eindruck gemacht. Auch Clays Besuch[2] war
groß aufgemacht in den Zeitungen . . . Leider verblassen hier solche
Eindrücke im Augenblick schnell, da man natürlich große Sorgen wegen des Rückschlages in Korea[3] und wegen der Langsamkeit der euro-
p[äischen] Verbündeten hat. Die Franzosen mit ihren Forderungen in
bezug auf deutsche Aufrüstung sind den Leuten hier doch auf die Nerven gegangen. Leider hat man das offenbar wieder nicht in B[onn]

verstanden. Ich war aus Sorge in W[ashington] am 11./12. November und habe meine Auffassungen auf Wunsch dargelegt⁴. Man fragte mich nur immer wieder, was denn eigentlich K[onrad] denke, man würde einfach nicht aus ihm klug. Jedesmal, wenn man von hier aus energisch werden wolle, käme eine Äußerung von ihm, die den Eindruck erwecke, er wolle gar nicht gegenüber den Fr[anzosen] gestützt werden . . . Aber K[onrad] scheint ja nun nach den Wahlergebnissen in Hessen und Nordwürttemberg-Baden⁵ etwas eindeutiger geworden zu sein. Sehr gefreut habe ich mich über die Wahlen in Bayern⁶. Briefe, die ich schon von dort erhielt, stimmen überein in der Auffassung, daß ein großer Teil der Bevölkerung doch Männer, die ruhig und sachlich arbeiten, wie der Bayr[ische] Min[ister]präsident [Ehard], allen anderen vorzieht . . .
Die Berliner sind doch eine einzigartige Rasse. Es gibt nichts Gleiches sonstwo in der Welt. Das sagen auch hier viele Leute. Ich glaube, daß man mehr aus der Marshall-Hilfe und auch sonst für Berlin bekommen könnte, wenn man nur von B[onn] aus mehr Druck ansetzte. Aber ich werde gewisse Besorgnisse wegen der Einstellung in B[onn] in bezug auf den Osten nicht mehr los seit meinen Sommerunterhaltungen und Erfahrungen in diesem Punkt . . .

(1) Am 3. Dezember 1950: SPD 44,7 Prozent; CDU 24,6 Prozent; FDP 23 Prozent. (2) 24./25. Oktober 1950. (3) Die chinesische Offensive hatte am 27. November begonnen. (4) In erster Linie Harriman gegenüber, der im Juni 1950 Sonderassistent für außenpolitische Angelegenheiten beim Präsidenten wurde. Am 26. März 1951 schrieb H. B. an George Shuster in München: *„Im November . . . fragte [Harriman] sofort nach meinen Beziehungen zu Adenauer, und aus dem weiteren Gespräch hatte ich den Eindruck, daß er irgendeine Information oder Warnung erhalten haben mußte . . . Wenn McCloy vor mir gewarnt haben sollte, müßte ich mich auf Schwierigkeiten mit meiner Reiseerlaubnis gefaßt machen . . .“ In seiner Antwort bedauerte Shuster lebhaft, daß McCloy H. B. „nicht kennengelernt hatte". (5) Ergebnisse der Landtagswahlen vom 19. November 1950: Hessen: SPD 44,4 Prozent; FDP 31,8 Prozent; CDU 18,8 Prozent. Nordwürttemberg-Baden: SPD 33 Prozent; CDU 26,3 Prozent; FDP/DVP 21 Prozent. (6) Am 26. November: SPD 28 Prozent; CSU 27,4 Prozent; Bayernpartei 17,9 Prozent; GB/BHE 12,3 Prozent.

11. Dezember, Lowell House, H. B. an Josef Horatz, Köln

. . . Der 65. Geburtstag in dem Menschenleben ist natürlich kein Festtag, vor allem nicht in einer solchen Zeit wie der heutigen. Außerdem ist der 26. November der übelste Tag im Kirchenjahr – nämlich das Ende, nach der alten Tradition, wo das Evangelium vom Untergange der Welt, Matthäus 24, 13-53, gelesen wird, das ausgezeichnet in die augenblickliche Lage paßt. Aber nach dem Ende des Kirchenjahres kommt der Advent. Er führte sich hier in der Nacht meines Geburtstages in Form eines Hurrikans ein, der auch den guten Tre verhinderte, von Toronto hier herüberzukommen . . . Ich lege den Kiplinger-Brief[1] bei, der im allgemeinen gut informiert ist, mit der Bitte, ihn sofort an Minister [Ludwig] Erhard weiterzuleiten. Die wirtschaftlichen Informationen könnten von Wichtigkeit sein, falls er sie nicht schon hat. Grüßen Sie ihn bitte vielmals von mir . . .

(1) Eine Agentur für Wirtschaftsnachrichten.

11. Dezember, Lowell House, H. B. an Friedrich Holzapfel, Herford

. . . Die Forderung, daß gleichzeitig, wenn Bonn für eine Bewaffnung seine Zustimmung gibt, die ja strenggenommen eine Änderung des Artikels 4, Absatz 3, der Verfassung nötig macht, eine neue Formulierung der Beziehungen zwischen den Besatzungsmächten und Westdeutschland in der Richtung größerer Freiheiten und Rechte notwendig ist, war richtig. Aber worauf es ankommt, ist, daß diese Forderung nicht von den Franzosen benutzt wird, um einen Friedenspakt zwischen den Westmächten und Westdeutschland abzuschließen. Es war und ist das dauernde Bestreben Frankreichs, eine Wiedervereinigung von Ost- und Westdeutschland zu verhindern. Ich habe das den entscheidenden Herren im Juni klargemacht . . .

12. Dezember, Lowell House, Memorandum für Jakob Kaiser

. . . Bewaffnungsfrage kommt nächste Woche spätestens in Brüssel zur Entscheidung. Man muß an Divisionseinheiten als Minimum festhalten. Man kann sich immer hinter Artikel 4, Absatz 3, der neuen Verfassung verschanzen, muß sich aber darüber klarwerden, daß das in vorsichtiger Form zu geschehen hat . . . Unter geschickter Ausnutzung des Artikels der Bundesverfassung kann man Verzögerung der Aufrüstung und der Ausführung einer annehmbaren Entscheidung der Brüsseler Konferenz erreichen . . .

Abhängigmachen deutscher Zustimmung zur Aufrüstung von der Ge-

währung von Rechten, die die staatsrechtlichen Bestimmungen Westdeutschlands auf die Basis voller Souveränität vom Gesichtspunkt des
Völkerrechtes bringen, war richtig und geschickt . . . Ausgang der Wahlen Nordwürttemberg, Baden, Hessen, obschon ungünstig für CDU,
günstig für unabhängige deutsche Politik. Starker Eindruck hier . . .

* 16. Dezember, Lowell House, H. B. an John Wheeler-Bennett

. . . Ich war außerordentlich stark beschäftigt und fühlte mich häufig
nicht sehr wohl. Das Wetter war sehr mild; die Flieder- und Magnolien-
knospen unter meinen Fenstern hier waren im November schon so weit
wie normalerweise im März, und dies geschah in England im Jahr vor
dem Beginn des Hundertjährigen Krieges, wie mir unser einziger Fach-
mann für Geschichte des Mittelalters sagt . . . Ich werde keinesfalls vor
Oktober nach Köln gehen . . . Bruce [Hopper] ist schon halb bei der Air
Force. [Professor W.L.] Langer ist für ganz nach Washington gegangen,
und ich vermute, daß die Wanderung von hier nach Washington in
größerem Umfang weitergehen wird. Im Januar und Februar wird eine
Masseneinberufung von Studenten stattfinden, und Harvard wird wieder ein sehr stiller Ort werden. Durch die Richtungsänderung des vorherrschenden Windes hat sich meine Position spürbar verbessert. So ist
das Leben . . .

17. Dezember, Lowell House, H. B. an Käthe Mönnig

. . . Da ich vielleicht die Möglichkeit habe, morgen einem Bekannten
einen Brief mitzugeben, so will ich noch heute abend spät Ihnen antworten[1] . . . Die schnelle Wiedererholung unseres Vaterlandes war kein
Wunder und auch nicht die Leistung eines Mannes . . . Das waren alles
Geschenke, die besonders fruchtbar wurden, weil nun einmal das
deutsche Volk das arbeitsamste und schöpferischste ist auf der Welt . . .
Ich habe die Berichte gesehen über die Unterhaltungen der Besatzungs-
offiziere mit den von mir vorgeschlagenen Herren. Dietrich war ausgezeichnet und noch einige andere. Herr A[denauer] dagegen sagte einem
kleinen Emigranten, der die Hälfte seines Namens in Deutschland zu-
rückgelassen hatte, unter anderem: „Wenn ich B[rüning] in d[er]
Kanzlei besuchte, hing dort immer die Mütze eines Generals." Schlei-

cher kam aber nie in Uniform, außer bei offiziellen Gelegenheiten; sonst
kam kein General in die Kanzlei. Das hatte sich Groener schon verbe-
ten ... Es tut mir leid, daß ich in Köln gesprochen habe. Ich weiß
genau, wer zwei Stimmen im Kuratorium gegen mich nachher aufgebracht hat. Alles gleichgültig, aber sehr deutsch ...
Sie kennen im Rheinland eben nur die nationalliberalen preußischen
Beamten, die mir ebenso auf die Nerven gingen wie manchen anderen.
Die waren schon nicht mehr echt, aber sie hatten immerhin noch etwas
von der Selbsthingabe gerettet, die die große Tradition war ... Was
Jakob Kaiser für sich persönlich will, weiß ich nicht; ich habe nie ein
Wort mit ihm gesprochen in dieser Beziehung. Mir ist im Grunde das
alles unsagbar gleichgültig. Ich will nur nicht, daß entscheidende Fehler
gemacht werden, die nicht nur den Untergang des Staates, sondern
auch diesmal des Volkes zur Folge haben würden ...
Wenn man mich manchmal an entscheidender Stelle hier fragt, so gebe
ich meine Auffassung, die in einem Punkte immer dieselbe ist, daß ich
versuche, den, der an der Spitze steht, zu verteidigen, und wenn er
Fehler macht, diese zu erklären und zu entschuldigen, gleichgültig, ob
der Mann Müller oder Maier heißt. Das habe ich mit aller Deutlichkeit
auch einigen Herren von Bonn gesagt, die ihre Befürchtungen mir gegenüber aussprachen ... Ich sage und schreibe jedem, der Sorgen hat
oder sich beschwert, man solle alles das dem Herrn offen ins Gesicht
sagen und nicht mir ...

(1) Frau Mönnig, mit beiden Herren befreundet, hätte es gerne gesehen, wenn H. B. in
Adenauers Kabinett eingetreten wäre.

18. Dezember, Lowell House, H. B. an Johannes Gronowski

... Ich glaube, ... daß es unbedingt notwendig ist, wenigstens für die
Außenpolitik, solange wie der jetzige Herr da ist, einen Protestanten zu
nehmen ... Wenn ein Mann als Außenminister gefunden würde, der
behutsam, aber fest in der Grundlinie ist, so wäre das die beste Lösung,
vor allem, wenn ich unter den nun immer schwerer werdenden Entscheidungen von hier aus – als Privatmann – mit ihm zusammenarbeiten könnte. Ich habe schon regelmäßig an ein oder zwei einflußreiche
Herren in Bonn kurze Ratschläge seit Oktober geschickt. Sie haben hier
und da gewirkt, da der entscheidende Herr nicht wußte, daß sie von mir

kamen. Aber das ist alles nur ein Behelf. Es geht nicht in meinen Kopf hinein, daß in einer Zeit, wo es nicht nur um Sein oder Nichtsein des deutschen Reiches, sondern auch des ganzen Volkes – selbst ohne staatliche Bindung – geht, der leitende Mann daheim es nicht einmal vertragen kann, daß ich im stillen hier arbeite; aber das muß man eben hinnehmen. Es hat keinen Zweck, und ich möchte Sie auch darum bitten, es nicht zu tun, mit dem Herrn über diesen Punkt zu sprechen. Ich werde nicht noch einmal wieder „einsteigen" in einen Zug, der in der falschen Fahrtrichtung sich bewegt . . . Ich wollte in meinem letzten Briefe den Namen von Dr. Lehr[1] nicht erwähnen, aber nachdem Sie es getan haben, möchte ich doch anheimgeben, ihn für das Außenministerium in Betracht zu ziehen. Arnold kann meines Erachtens weder Kanzler noch Außenminister sein. Ich glaube, er selbst hat auch gar nicht einen dahingehenden Ehrgeiz. Er wird nur durch andere Leute, vor allem Dr. Sp[iecker], dahin getrieben, der immer ein Unglück für jeden Politiker gewesen ist, der unter seinem Einfluß war . . .

(1) Robert Lehr, 1924–33 Oberbürgermeister von Düsseldorf, 1950 bis 1953 Bundesinnenminister (CDU), Kritiker des Schuman-Plans. Bis 1943 stellte er die Verbindung her zwischen General von Hammerstein und Jakob Kaiser.

18. Dezember, Lowell House, H. B. an Hermann Ullmann

. . . Die ganzen Schwierigkeiten über das verkündete Dogma [Mariä Himmelfahrt] rühren von dem nie völlig ausgetragenen Zusammenprall von griechischen Auffassungen über die Seele und jüdischen Auffassungen über die „Auferstehung des Fleisches" her . . . Schon in der Elementarschule lernten wir, daß es sich bei der Himmelfahrt um den „verklärten" Leib gehandelt habe. Das bedeutet doch ganz klar einen „geistigen" Leib . . . Im allgemeinen ist man in Rom durch die Jahrhunderte bestrebt gewesen, theol[ogische] Subtilitäten auf sich beruhen zu lassen. Hätte man den Streit um den spanischen Semipelagianismus entschieden, so wäre kein Luther, wenigstens als Dogmatiker der Gnadenlehre, möglich gewesen, und das deutsche Volk würde Europa beherrscht haben. Wenn damals nur einer in Rom gewesen wäre, der den entscheidenden Leuten klargemacht hätte, daß man so feine und zum Teil wunderbare Subtilitäten der deutschen Sprache überhaupt nicht ins Lateinische übersetzen konnte, so wäre alles gewonnen gewesen, unter

der Voraussetzung allerdings, daß Martin Luther sich damit zufrieden-
gegeben hätte – wenn auch gleichzeitig die notwendigen Reformen in
Rom und in der Kirche allgemein eingeführt worden wären ...
Allerdings ist die Verkündigung des Dogmas in diesem Augenblick auch
zum Teil auf Rücksichten betreffend östliche Kirchen zurückzuführen ... Rom hat sich geweigert, die Saar vom Bistum Trier abzuspal-
ten, obwohl keine deutsche Partei damals dagegen protestiert hat ...
Rom hat sich geweigert, der Forderung Konrad Adenauers nachzugeben, den Sitz des Internuntius nach Bonn zu verlegen ... Schicken Sie
doch einmal alle diese tobenden Pastoren zu einem Kursus für Intern[a-
tionales] Recht nach dem Germanicum; dann würden sie wenigstens
über etwas Bescheid wissen ... [Die] groteske Hoffnung, die SPD zur
Kirche durch „Politik" zurückgewinnen zu können, kann allerdings das
Grabgeläut für die protest[antische] Kirche ... bedeuten. Ich wünsche
aufrichtig, daß ich mit dem von mir hochverehrten Bischof Wurm hätte
reden können, der sich im württembergischen Wahlkampf so weit her-
vorgewagt hat ...

19. Dezember, Lowell House, H. B. an Erwin Brettauer

... Heute, nach Schluß des Semesters, komme ich endlich dazu, Ihnen
zu schreiben ... Ich war in jedem Winkel Westdeutschlands mit Ausnahme der Braunschweig-Hildesheim-Gegend, Würzburg und der Pfalz,
mußte oft die Nächte im Auto verbringen und hatte von morgens sieben
bis in die Nacht hinein angemeldete und unangemeldete Besucher ...
Die guten Deutschen haben manches noch nicht gelernt, eines aber
sicher nicht – daß ein einzelner nicht in all dem Unglück und Leid Hilfe
bringen kann und daß nicht die Not und Sorgen über Nacht behoben
werden können. Das Elend der Millionen Vertriebener übersteigt alle
Vorstellungen. Ich war in verschiedenen Lagern. In manchen Dörfern
und kleinen Städten ist die vierfache Einwohnerzahl von früher, obschon manche Häuser auch dort zerstört sind ... Oft hat man einfach
die schweren Bomber die Straßen entlang geschickt ... Nur in Rouen
habe ich wirklich großzügige Planung gesehen, unter größter Schonung
der historischen Bauten. Rouen wird schöner sein, als es früher war ...
Populär sind die Alliierten nirgendwo – das Geld ausgenommen, das die
USA unter dem Marshall-Plan hergeben, was man aber durchweg, auch
in England, als eine sittliche Pflicht der USA ansieht! ...

Erstaunlich ist der Wissensdurst und das Suchen nach einer objektiven Auffassung über das pol[itische] Geschehen in den letzten dreißig Jahren unter der akademischen Jugend . . . Parteipol[itisch] halten sie sich zurück; sie warten. Man fühlt das allgemein. Ich hatte sehr viele Einladungen, vor der Studentenschaft der Universitäten zu sprechen, was ich in drei Fällen getan habe, aber sehr viel öfter in kleineren Studentenkreisen . . . Es war sehr niederdrückend, all die Witwen meiner alten Freunde, die von den Nazis umgebracht wurden, wiederzusehen, um die sich niemand kümmert. Ich habe auch die Frau von Feldmarschall [Erwin] von Kleist besucht und die Frau von [Großadmiral Erich] Raeder, der immer so treu zu mir stand. Es geht beiden Frauen entsetzlich schlecht . . . Frau [Charlotte] von Richthofen wohnt mit ihrer Tochter und dem Sohn auf dem Heuboden eines kleinen Bauernhauses . . . Der gute Neide ist definitiv von den Russen umgebracht worden; das haben Leute von seinem Gut, die nach dem Westen vertrieben wurden, ausgesagt . . .

20. Dezember, Münster, Maria Brüning an H. B.

. . . Hast Du nun endgültig die Professur in Köln angenommen, wie es jetzt in den Zeitungen stand, und für wann? Endgültig wirst Du dann in der Heimat sein nach 17 Jahren! Wieviel Menschen freuen sich darauf, und ich mal erst! Heute sagte mir noch die frühere Leiterin einer höheren Schule, die noch viel Verbindung mit der intellektuellen Jugend hat, daß diese so ganz abseits stehe. Was wird aus unserem Chaos überhaupt werden? Die Menschen sind voller Angst und Sorgen, und doch herrscht ein nie gekannter Luxus und Genußsucht. Dabei allenthalben bittere Not und Armut . . .

20. Dezember, Lowell House, H. B. an Theodor Heuss, Bonn

. . . Deutschland würde in einer sehr viel günstigeren Lage gewesen sein, wenn man meinen im Frühjahr vorigen Jahres schriftlich übermittelten Rat befolgt hätte, sich möglichst jeder eigenen Initiative zu enthalten, weil so ein Wettkampf der verschiedenen Mächtegruppen um Deutschland, das noch immer der Angelpunkt der Weltpolitik ist, sich von selbst ergeben würde. Wenn man zu oft mit einer eigenen Initiative an die

Öffentlichkeit tritt, muß man auch für kleine Zugeständnisse schwer bezahlen. Wenn man von den anderen um etwas gebeten wird, kann man selbst den Preis festsetzen. Darin ist die Politik der japanischen Regierung mustergültig gewesen . . .

22. Dezember, Lowell House, H. B. an Franz Thedieck

. . . Ich habe für Herrn Minister Kaiser an die angegebene Adresse in Bonn in den vergangenen Monaten ab und zu kurze Situationsberichte geschickt[1]. Da ich aber nie eine Bestätigung erhalten habe[2], so weiß ich nicht, ob die Übermittlung geklappt hat . . . Noch ist in der Rüstungsfrage nichts verloren, wenn man in Bonn klarsieht und sich bitten läßt, statt immer jeden Tag mit neuen Forderungen und Vorschlägen herauszukommen . . . Die japanische Regierung hat geradezu klassisch auf der von mir für Deutschland vorgeschlagenen Linie gehandelt . . . Hier weiß man natürlich, was die Bündnisse Frankreichs mit Rußland, Polen und der Tschechoslowakei für die Aufrechterhaltung der Zerreißung Deutschlands bedeuten, aber die Franzosen . . . sprechen nie in der Öffentlichkeit über diese Bündnisse; in einer sehr intensiven mündlichen Propaganda bei der Presse und in den führenden Gesellschaftskreisen machen sie erfolgreich klar, daß der „Frieden Europas" die Aufrechterhaltung der Zerreißung Deutschlands erfordert . . .

(1) Zum Beispiel am 15. November 1950: „War über [das] Wochenende in W[ashington], wo ich viele Besprechungen hatte. Man muß unbedingt an größeren selbständigen Einheiten festhalten. Man darf nicht Schuman-Plan annehmen, bevor Forderung bewilligt ist, und auch dann nur auf [einige] Jahre . . . Französisches Prestige hier sehr gefallen." (2) Die Bestätigung folgte. Am 21. Januar 1951 schrieb H. B. an Fritz Berger: „Ich habe gewisse Leute in Bonn jetzt regelmäßig informiert, aber das ist ein Notbehelf, weil niemand dort ist, der aus der Vergangenheit die Erfahrung hat, um in solchen Sachen alles stichwortmäßig sofort zu verstehen. Ich habe hier in einem kritischen Augenblick eingreifen können, aber auch das hat man drüben nicht ganz verstanden. Wie sollen sie auch?"

28. Dezember, Huntington, H. B. an Josephina Blesch[1], Berlin

. . . Man hätte gewisse Entwicklungen in der Ostzone mindestens zeitlich aufhalten können; das würde auch eine andere Lage nach dem Westen hin hervorgerufen haben . . . Die Menschen sind geistig stehengeblieben; dann wird man eben auch überheblich und leidet an Selbstüberschätzung. So wie die Dinge zur Zeit sich entwickeln, sehe ich kaum eine Möglichkeit für eine ersprießliche Arbeit drüben. Es ist wahrscheinlich zu spät. Ich konnte nicht gleich 1945 kommen; dagegen waren hier die Widerstände zu groß, und ich hätte hier nicht arbeiten können, was wichtiger war – bis zum Sommer vorigen Jahres und jetzt auch wieder. Es geht allerdings überall ein wenig durcheinander. Die Demokratien haben es naturgemäß sehr schwer im Kampfe mit einem totalitären Koloß, der jeden Tag die Politik herumwerfen kann und ebenso die Propaganda. Das sieht man hier noch nicht klar genug und noch weniger in manchen europ[äischen] Ländern. Aber hier ist noch robuster Wille vorhanden, der in Europa vielfach fehlt . . .

(1) Dr. rer. pol., erstellte für Vockel Analysen der internationalen Lage.

28. Dezember, Huntington, H. B. an Josef Vögele, Stuttgart

. . . Das Entlassen von Schwerin als Sündenbock[1] wirkt lächerlich, wenn man sich erinnert, daß der Herr in Bonn schon kurz nach seinem Amtsantritt die Aufrüstungsfrage aufgerollt hat mit dem Ergebnis, daß es hier zu einem Wutausbruch seitens der alten Deutschenhasser kam . . . Die Franzosen wollen keine wirklich gleichberechtigte deutsche Armee, sondern so, wie sie die ihnen von Roosevelt ausgehändigten Veteranen zum Eintritt in die Fremdenlegion gezwungen und nach Indochina gesandt haben, wollen sie etwas Ähnliches jetzt auch wieder in Deutschland selbst versuchen – was man hier ablehnt, aber schließlich schlucken wird, wenn Bonn nicht energischer in der Ablehnung wird . . . Die Leute wissen nicht mehr viel von der Vergangenheit – viel weniger, als ich erwartete. Sie haben so recht mit Ihren Äußerungen über die Presse; was selbst die *Frankfurter Allgemeine* manchmal über die Vergangenheit berichtet, ist erstaunlich . . .

(1) Schwerin wurde Ende Oktober plötzlich entlassen und man wollte ihn, ohne daß dafür Beweise vorgelegen hätten, wegen verfrühter Verlautbarungen über die deutschen Streitkräfte wie auch wegen eigenmächtiger Maßnahmen zur Produktion von militärischen Versorgungsgütern zur Verantwortung ziehen (vgl. Arnulf Baring, *Außenpolitik in Adenauers Kanzlerdemokratie*. München, Wien 1969).

29. Dezember, Huntington, H. B. an Anton Vollmann

... Für mich bleibt es immer erstaunlich, was das deutsche Volk in kurzer Zeit geschaffen hat. Gerade heute werden hier in der N[ew] Y[orker] Presse Zahlen über den wirtschaftlichen Aufschwung Deutschlands veröffentlicht[1]. Man bemerkt dazu, daß das an ein Wunder grenze, was vor allem deshalb richtig ist, weil ja Deutschland den relativ kleinsten Anteil an der Marshallhilfe gehabt hat ... Man muß sich das immer vor Augen halten, wenn man betrübt ist über weniger gute Eigenschaften in der Politik ...

Rom hat nur die ethisch-rechtliche Begründung [des Mitbestimmungsrechts] beanstandet, nicht die Idee als solche ... Das hat zur Versteifung geführt, und nun versteifen auch die Gewerkschaften ihre Haltung, obwohl ihr Führer, mit dem ich lange gesprochen habe, sehr maßvoll war. Meine Auffassungen können Sie in einem Interview lesen, das im Juli in der Zeitschrift des Deutschen Gewerkschaftsbundes veröffentlicht wurde[2] ... Gesetze allein machen es nicht; es gehört dazu der richtige Geist. Der war nach diesem schrecklichen Kriege auf beiden Seiten vorhanden, hat sich jetzt aber anscheinend schon wieder verflüchtigt ...

Auch die Opposition des wegen seiner schweren Verletzungen wohl etwas reizbaren Herrn Schumacher hätte sich wohl durch eine andere Behandlung abmildern lassen. Aber man hat in einem gewissen Stadium das Gegenteil getan. Das rächt sich jetzt bitter ...

(1) Im Jahr 1950 betrug die Industrieproduktion im Bundesgebiet 113 Prozent des Standes von 1936 (1949: 89,8 Prozent; 1951: 134,8 Prozent). Die Exporte aus dem Bundesgebiet im letzten Vierteljahr 1950 waren mehr als zweieinhalbmal so hoch wie die Exporte im letzten Vierteljahr 1949. (2) *Welt der Arbeit*, Köln, 7. Juli 1950.

1951

Die Diskussionen in der CDU Anfang 1951 über die Ernennung eines Außenministers ließen in der Presse die Spekulation aufkommen, H. B. gehe nur zum Schein an die Kölner Universität, in Wirklichkeit jedoch ins Auswärtige Amt. Im März schrieb er verärgert: „Natürlich ist es ausgeschlossen, daß ich ein politisches Amt annehmen kann" und „über die Bonner Politik bin ich so deprimiert, daß ich am liebsten hierbliebe". Die Verhandlungen über die Gemeinschaft für Kohle und Stahl dienten H. B.s Meinung nach in erster Linie dem französischen Interesse an der Überwachung des deutschen Kohlenbergbaus zum Nutzen der französischen Stahlindustrie. Dannie Heineman und George Messersmith, die 1931 und 1932 H. B.s Bemühungen um eine bessere Zusammenarbeit zwischen der deutschen und der französischen Schwerindustrie unterstützt hatten, begrüßten den Schuman-Plan, und H. B.s letzte Gespräche mit ihnen Anfang 1951 verliefen unangenehm. An Josef Horatz schrieb er: „Es wäre viel besser gewesen, die ganze Ruhrindustrie zu sozialisieren, statt einen Plan anzunehmen, der unter dem Stichwort ‚freie individualistische Wirtschaft' einen Überbürokratismus und einen internationalen Etatismus verbirgt."

Im Vordergrund der internationalen Politik standen die Ereignisse im Fernen und Nahen Osten. Sensationelle Meinungsverschiedenheiten zwischen General Douglas MacArthur und der Regierung in Washington gipfelten im April in MacArthurs Abberufung. Anfang Mai verstaatlichte die iranische Regierung die Erdölindustrie, eine militärische Vergeltung der Briten drohte. Vergebliche britisch-amerikanisch-iranische Verhandlungen wurden das ganze Jahr und bis 1954 fortgesetzt. Ein Friedensvertrag zwischen Japan und seinen ehemaligen Feinden wurde im September geschlossen. Die steigenden französischen Militärausgaben in Indochina und Marokko und die steigenden Rohstoff-Weltpreise führten zu einem erheblichen Defizit in der französischen und britischen Zahlungsbilanz und zu einem Konflikt zwischen dem Ziel eines wirtschaftlichen Aufschwungs und dem militärischer Bereitschaft.

Änderungen des Besatzungsstatuts, die der westdeutschen Regierung größere Unabhängigkeit gewährten, wurden im September 1950 zwischen den westlichen Außenministern vereinbart und traten im März 1951 in Kraft. Im Juli erklärten die Regierungen der USA, Großbritanniens und Frankreichs den Kriegszustand mit Deutschland für beendet. Im September wurde der vorgesehene Deutschlandvertrag vom EVG-Vertrag abhängig gemacht. Im November 1950 und zu Beginn des Jahres 1951 drängten die Sowjets auf eine Viermächtekonferenz über Deutschland, und im November 1950, Januar 1951 und September 1951 schlug die ostdeutsche Regierung Verhandlungen mit der westdeutschen Regierung über die Bedingungen einer Wiedervereinigung vor. Die amerikanische Regierung ebenso wie die westdeutsche Regierung sahen in den russischen und in den ostdeutschen Vorschlägen „reine Quertreiberei". Vertreter der vier Siegermächte trafen sich in Paris vom 5. März bis 21. Juni, vertagten sich jedoch, ohne Übereinstimmung hinsichtlich einer Tagesordnung für eine Außenministerkonferenz zu erzielen.

Als H. B. Ende Oktober nach Köln reiste, um dort zu lesen, traf er an Bord amerikanische Delegierte auf dem Weg zur November-Sitzung der Vereinten Nationen in Paris, bei der die sowjetische und die amerikanische Regierung beiderseitig unannehmbare Abrüstungsvorschläge unterbreiteten.

1. Januar, Huntington, H. B. an Heinrich Vockel

... Ich halte es für unbedingt notwendig, daß Bonn mit Grotewohl[1] verhandelt, wenn man auch weiß, daß nichts dabei herauskommen kann. Zeit gewinnen ist jetzt die Hauptsache. Für solche Verhandlungen ist der Bonner Herr, wenn er will, sehr geeignet. Außerdem würde ich es für einen Fehler halten, wenn man den Alliierten, vor allem den Franzosen, die Verhandlungen allein überließe. Dabei könnten allerlei Überraschungen zum Schaden unseres Vaterlandes herauskommen, da gewisse Mächte zu allen möglichen und unmöglichen Konzessionen auf Kosten des gesamten deutschen Vaterlandes bereit sind und man hier ja auch nicht allein starke Saiten zu unseren Gunsten aufziehen kann ...

(1) Otto Grotewohl (1894–1964), Mitbegründer der ostzonalen SPD 1945, Ministerpräsident (SED) der DDR 1949–1964. Grotewohl hatte am 30. November 1950 einen gesamtdeutschen Rat zur Vorbereitung einer gesamtdeutschen Regierung vorgeschlagen.

9. Januar, Lowell House, H. B. für Jakob Kaiser

... De Gaulles Vertrauensmann war vierzehn Tage hier, wurde gut hier beeinflußt. Vergleiche de Gaulles Rede in Nîmes 7. Januar[1]; Rede wichtig für die Zukunft, aber im Augenblick ohne Einfluß. Stimmung hier verwirrt. Korea hat den von mir befürchteten Überschuß an Kritik der USA-Politik in den vergangenen Jahren gebracht ...
Kanzler muß sich unbedingt einschalten in Verhandlungen mit Rußland über Ostzone, weil Westeuropa unter französischem Einfluß willens ist, dauernde Trennung von Ost- und Westdeutschland anzunehmen, wenn dadurch vorzeitiger Kriegsausbruch verhindert werden kann ...
Empfehle Anregung, daß bei etwaigen Verhandlungen mit Ostzone Schumacher herangezogen wird, um ihn festzulegen. Wenn Dinge sich ungünstig entwickeln auf Vier-Mächte-Konferenz[2], müßte Rücktritt der Regierung erwogen werden und SPD Führung übernehmen statt CDU.

Innerer Zwiespalt, von hier aus gesehen, wird allmählich zu bedenklich. SPD-Demagogie kann nur entlarvt werden durch Angebot von Bildung einer neuen Regierung . . .
Unsere Generäle dürfen nicht selbst verhandeln. Haltung des Kanzlers in dieser Beziehung richtig, ebenso sein Warten, mit Ausnahme des Wartens mit einer Erklärung von Bereitwilligkeit für Verhandlungen mit Ostzone . . .

(1) Nach General Pierre Billottes Rückkehr aus Washington sagte de Gaulle in Nîmes, nationale Armeen seien einer integrierten europäischen Armee vorzuziehen. Billottes Meinung war, daß die europäische Armee „ein Witz" sei (siehe dazu Cyrus L. Sulzburger, *A Long Row of Candles*, New York 1969, S. 674). (2) Abgesandte der Außenminister der UdSSR, der USA, Großbritanniens und Frankreichs traten in Paris von Anfang April bis Ende Juni 1951 zu vollständig ergebnislosen Verhandlungen zusammen.

9. Januar, Lowell House, H. B. an Hermann Pünder

. . . Ich glaube, eine Bemerkung, die ich über Straßburg[1] gemacht habe, ist Ihnen mißverständlich übermittelt worden. Ich habe mich nicht über Sie geäußert, sondern über andere Mitglieder der Delegation, die Atmosphäreschaffen mit Politik verwechseln . . . Es darf keine kontinentale Armee geben, sondern nur eine nordatlantische. Wenn es eine kontinentale Armee unter Führung Frankreichs gäbe, könnte es passieren, daß gewisse Kreise hier noch skeptischer über die Verwendung von US-Truppen in Westeuropa würden. Die Kritik von Hoover und Taft[2] ist ja zu einem großen Teile geboren aus der Furcht, daß die Franzosen zwar den Willen zur Macht haben, aber nicht den Willen, genügend Opfer zu bringen.
Natürlich ist der Gedanke einer engeren Verbindung der europäischen Staaten ein guter, aber er kann nur Schritt für Schritt für ganz bestimmte Zwecke verwirklicht werden. Wenn das ganze Deutschland in seinen früheren Grenzen noch bestünde, so würden die Franzosen (womit ich immer den Quai d'Orsay meine) gar nicht darauf brennen, ein einheitliches europäisches Parlament oder eine Bundesregierung zu schaffen, denn dann könnte sich Deutschland zusammen mit einer Anzahl von kleineren Staaten gleich eine Mehrheit verschaffen. Der Quai d'Orsay will aber, umgekehrt, mit Hilfe eines westeuropäischen Parlaments Westdeutschland unter Kontrolle haben. Das sind nicht irgendwelche Phantasien meinerseits, sondern sehr klare Pläne . . . Die

Realitäten der Entwicklung liegen nicht in Straßburg, sondern hier. Darum kann man an diesen Straßburger Verhandlungen in freundschaftlicher Atmosphäre teilnehmen; man kann aber nicht, wie das eine oder andere Mitglied der deutschen Delegation getan hat, darauf drängen, mehr oder minder die Souveränität Westdeutschlands aufzugeben . . .

Im übrigen sind das Volk und die Regierung hier so enttäuscht über die United Nations Organisation, daß man sehr skeptisch geworden ist allgemein in bezug auf überstaatliche Organisationen. Das Volk wird hier auf die Dauer auch nicht dulden, daß der Quai d'Orsay seiner hegemonialen Absichten wegen ganz Europa in Gefahr bringt. Es wird daher Zeit, einen Standpunkt für Deutschland herauszuarbeiten, der im Prinzip eine engere Verbindung der europäischen Staaten nicht ablehnt, aber klarmacht, daß das nur möglich ist nach Wiedergewinnung von Ostdeutschland . . . Wenn es nicht gelingt, die europäische Sicherheit von hier aus zu schaffen, so wird sie nicht kommen. Herrn Spaak[3] gegenüber bin ich mehr als kritisch geworden. In der Mitte der dreißiger Jahre war er ein anderer Mann . . . Es ist ja für alle in Deutschland eine schwere und bange Zeit, aber es gilt, Zeit zu gewinnen, bis dann hier die Rüstung auf der Höhe ist. Das ist noch möglich. Es darf nur nicht auf Kosten einer dauernden Teilung Deutschlands geschehen . . .

(1) H. B. hatte den Ausdruck „Wandelhalle der Eitelkeit" auf die Beratende Versammlung des Europarats angewandt. (2) In einer Rundfunkrede am 20. Dezember 1950 sprach Hoover und im Senat am 5. Januar 1951 sprach Taft gegen eine Erweiterung der US-Landstreitkräfte in Europa oder Asien und für umfangreichere Selbstverteidigung der europäischen Länder mit Unterstützung amerikanischer See- und Luftstreitkräfte. Taft, der den Marshall-Plan unterstützt hatte, lehnte den Nordatlantikpakt als provokativ ab. Bei den Kongreßwahlen von 1950 war die Mehrheit der Demokraten im Senat auf zwei abgesunken, einschließlich der konservativen Südstaatler, die mit der republikanischen Opposition sympathisierten. Die Beziehungen zwischen dem Kongreß und Außenminister Acheson waren mehr als gespannt. (3) Paul Henri Spaak (1899–1972), belgischer Außenminister (Sozialist) 1936–1945, 1947–1949, 1954–1957 und 1961–1967; Ministerpräsident 1938–1939 und 1947–1949; Präsident der Beratenden Versammlung des Europarats 1949–1951 und der Versammlung der Montanunion 1953–1954; Präsident der Europäischen Bewegung; Generalsekretär der NATO 1957–1961.

16. Januar, Lowell House, H. B. an Edgar Salin[1], Basel

. . . Ich hatte mich doch nicht getäuscht, wie ich damals glaubte, als ich in Bonn beim Beginn der Korea-Affäre sagte, daß die Militärs hier sich nicht auf ein Abenteuer in Korea einlassen würden. Damals fühlte ich mich durch die Ereignisse beschämt. Jetzt ist einwandfrei festgestellt, daß [General Omar] Bradley wie [General Douglas] MacArthur beide gegen das Abenteuer waren ... In Bonn habe ich mich scharf gegen die Methode der Aufrüstung geäußert ... Die Russen sind sich insofern mit den Franzosen einig, daß beide keine Aufrüstung von Westdeutschland, wenigstens im Augenblick, wollen. Die französische Politik will aber letzten Endes auch nicht eine Wiedervereinigung der Ost- und Westzonen, während die Russen schon der Propaganda halber, aber auch aus machtpolitischen Gründen und Hoffnungen, eine solche Wiedervereinigung wollen ... Sollten die Russen vorrücken, so werden die Alliierten mit ihren Bomben versuchen, die Ruhr zu zerstören. Sollten die Russen gezwungen werden zurückzugehen, so werden sie auf ihrem Rückzuge auch die Ruhr zerstören, und zwar noch gründlicher als durch Bomben. Das groteske Ergebnis: die Beschränkung der deutschen Stahlerzeugung, obwohl die westliche Welt jetzt nicht genug Stahl hat ... Im übrigen fängt man endlich an einzusehen, daß die Atombombe für dieses Land gefährlicher sein könnte als für Rußland wegen der größeren Streuung der Industrie in Rußland und der Abhängigkeit der Alliierten von der Ölproduktion in Asien, Irak und Arabien ...

(1) Ordinarius für Staatswissenschaften, Basel.

17. Januar, Lowell House, H. B. an Hanna Solf[1], Berlin

... Es ist oft schwer zu fassen, weshalb ein gehäuftes Unglück einen einzelnen oder eine einzelne Familie trifft. Man muß einen starken Glauben an die Vorsehung haben, um in solchen Schicksalsschlägen einen Sinn zu finden. Ich bekomme fast jede Woche einen oder zwei Briefe von einsam gewordenen Menschen, die selbst oder deren Familien ich kannte. Alle anderen Familienangehörigen sind tot oder verschollen. Von diesem namenlosen Leid und Unglück hat das Ausland keine Kenntnis, und doch wäre es so wichtig, wenn auch diejenigen hier, die keine Verwandten oder Freunde in Deutschland haben, etwas näher davon wüßten. Gibt es in Deutschland keinen Schriftsteller von großer künstlerischer Begabung, der solche persönlichen Schicksale in einer Erzählung so darstellen könnte, daß sie in englischer Übersetzung hier große Verbreitung fänden? Das ist der einzige Weg. Die Mehrheit des

Volkes hier ist sehr mitfühlend, aber sie weiß nichts von all dem, was geschehen ist . . . Maiskij[2] sowohl wie Litwinow sind zur Zeit ohne jeden Einfluß. Nach allen meinen Erfahrungen hat es keinen Zweck, Gesuche an die Sowjetregierung zu richten; selbst die Herren hier, die als Botschafter früher gute persönliche Beziehungen hatten, erreichen nichts in solchen Fällen . . . Bemühungen seitens englischer Herren, die ich darum gebeten habe, bei Tito um Freilassung von Feldmarschall [Erwin] von Kleist [zu intervenieren], haben zu dessen Auslieferung an die Russen vielleicht beigetragen . . .

(1) Witwe des früheren deutschen Botschafters in Tokio, Wilhelm Solf, war selbst 1944–1945 von der Gestapo inhaftiert. Sie suchte Hilfe für ihren Schwiegersohn Hubert von Ballestrem, Gefängnisfürsorger, der im August 1949 in russischer Haft verschwand. (2) Iwan Michailowitsch Maiskij, sowjetischer Botschafter in London 1932–1943.

21. Januar, Lowell House, H. B. an Ruth von Bodenhausen[1], Glückstadt, Holst.

. . . Es besteht keine Möglichkeit für die Regierung hier oder für irgendeine andere Macht der Welt, die Russen zur Freilassung der Kriegsgefangenen zu zwingen oder zu veranlassen. Wiederholte Versuche sind gemacht worden, aber ohne jeden Erfolg. Ich bin sogar der Ansicht, daß wegen der gespannten Lage es im Augenblick nicht richtig wäre, von seiten der hiesigen Regierung weitere öffentliche Schritte zu tun. Die einzige Hoffnung, die besteht, ist, daß die Russen eines Tages aus außenpolitischen Gründen plötzlich die Gefangenen nach Deutschland zurücksenden. Vor kurzem sind alle die zwangsweise verschleppten Ingenieure, die den Wolga-Don-Kanal leiteten, plötzlich in die Ostzone zurückgekehrt. Daraus schließe ich, daß auch weitere Möglichkeiten dieser Art bestehen . . .

(1) Ihr Mann war damals seit Jahren in russischer Kriegsgefangenschaft; sie und ihre vier heranwachsenden Kinder lebten von DM 170,– im Monat.

21. Januar, Lowell House, H. B. an Leo Brengelmann

. . . Alles Theoretisieren in der Politik hat keinen Sinn. Es lähmt nur. Wenn man sich für die Politik interessiert, dann muß man sich einer

Partei anschließen und vieles in Kauf nehmen, was einem nicht gefällt. Man muß Kompromisse machen, bei denen man sein Gewissen nicht opfern darf. Man muß sich klarmachen, daß es unchristlich ist zu glauben, daß man mit Gesetzgebung, finanziellen und wirtschaftlichen Maßnahmen den Himmel auf Erden schaffen kann. Nur der, der dazu bereit ist, Opfer zu bringen, Enttäuschungen hinzunehmen und dabei doch nicht entmutigt wird, eignet sich für Politik. Ich kann Ihrer Generation nur raten, in die Parteien hineinzugehen und sich eine Stellung durch Arbeit und Charakter zu erobern. Wer diesen Entschluß nicht fassen kann, läuft Gefahr, sich in Kritik, Utopien und mangelnder Entschlußkraft zu erschöpfen. Dank gibt es in der Politik nicht und auch keine Erfüllung rein idealistischer Hoffnungen . . .

* 2. Februar, Lowell House, H. B. an Hermann Josef Schmitt

. . . Seit ich Ihnen schrieb, sind nun die Entscheidungen über das Mitbestimmungsrecht gefallen[1]. Von hier aus gesehen ist die Taktik des Kanzlers außerordentlich geschickt gewesen im letzten Augenblick und hat mir Freude gemacht . . . Man soll nunmehr etwas warten, bis man das Mitbestimmungsrecht auf andere Industrien ausdehnt. Die Arbeiter müssen erst zeigen, daß sie von dem neuen gesetzlichen Einfluß den richtigen Gebrauch machen können. Ich zweifle nicht daran, daß das möglich ist, wenn die Arbeiter selbst in jedem Werk entscheiden. Das ist um so wichtiger, als auf lange Sicht – nach einer Reihe von Jahren – wir doch wieder die fehlenden Kapitalien aus dem Auslande zur Neuinvestition bekommen können, sobald man sieht, wie in den nächsten drei Jahren die russ[ische] Politik weitergeht. Man bekommt solche Kapitalien aber nie hier, wenn es klarwerden sollte, daß die Arbeitnehmer kein richtiges Verantwortungsgefühl haben und extremen Theoretikern nachlaufen . . .

(1) Der Regierungsentwurf für ein Mitbestimmungsgesetz vom 30. Januar beruhte auf einer Vereinbarung vom 27. Januar zwischen DGB und Sachverständigen des Kohlenbergbaus und der Eisenindustrie. (Siehe Gerhard Boldt, *Mitbestimmungsgesetz Eisen und Kohle*, München, Berlin 1952.) H. B. meinte weiter, „es wäre allerdings besser gewesen, vorher etwas zu tun, wenigstens was die Ruhr angeht. Dann hätte man die Gewerkschaften einspannen können in dem Ringen um den Schuman-Plan." Schmitt gegenüber betonte H. B. die Notwendigkeit, die Arbeitervertreter besser für die Mitbestimmung vorzubereiten, und beschrieb seine Enttäuschung über einige Vorträge, die er in Königswinter im Sommer 1950 zufällig gehört hatte: „So was Blödes hätten Leipart, Graßmann und die anderen

nicht zehn Minuten lang anhören können." Am 27. Februar, nachdem er den Entwurf des Mitbestimmungsgesetzes gelesen hatte, schrieb H. B. etwas besorgter an Otto Friedrich über den Einfluß von „intellektuellen" Gewerkschaftsfunktionären bei der Ernennung von Arbeitervertretern; auch Anfang der zwanziger Jahre hätten diese „die Industrie bekämpft und die Spekulanten geschont".

5. Februar, Lowell House, H. B. an Franz Thedieck

... Pleven[1] und andere Leute haben Washington überzeugt, daß die Westmächte mit Rußland wegen Deutschland in allen Einzelheiten verhandeln müssen. Auch das ist ein großer Erfolg und in meinen Augen im Prinzip gut, aber nur dann, wenn Bonn sich in die Vorverhandlungen der vier Mächte unter sich einschalten kann und will ... Das kann Bonn natürlich nur in voller Aufrichtigkeit gegenüber den Westmächten; sonst wäre es falsch ... Hier rechnet man noch immer damit, daß man von den Russen das Versprechen auf spätere Revision der Oder-Neiße-Grenze erhalten könne. Ich zweifle daran, aber was verhindert werden muß, ist, daß die Westmächte diese Grenze endgültig anerkennen gegen gewisse Papierkonzessionen Rußlands ...

(1) René Pleven, französischer Finanzminister 1944–1946, Verteidigungsminister 1949–1950 und 1952–1954, Ministerpräsident 1950 bis März 1951 und August 1951 bis Januar 1952. Alter Geschäftsfreund von Jean Monnet, in den dreißiger Jahren bei der American Telephone and Telegraph Company tätig.

12. Februar, Lowell House, H. B. an Friedrich Holzapfel

... Natürlich ist es sehr schwer für Bonn, durch alle Klippen der Hohen Kommissare und der wechselnden Auffassungen bei den alliierten Regierungen zu steuern; aber Sie haben recht, wenn Sie von „Verrennen" sprechen. Das Schlimme ist, daß der betreffende Herr etwas unvorbereitet an die Dinge herangeht und Versprechungen macht, privat oder öffentlich, die er nicht halten kann ... Man muß die Situation [in Washington] genau kennen. Nirgendwo wechselt das „Wetter" so schnell wie dort. Man muß geduldig, aber zäh sein und auch nicht zu deprimiert über zeitweilige Rückschläge. Dieses Volk ist noch jung, kann schnell hassen, aber will nach einiger Zeit alles wiedergutmachen, wenn man es ihm selbst überläßt, sich durch Fragen über die Möglichkeiten des Wiedergutmachens zu orientieren. Argumentieren, wenn es ohne Humor geschieht, können sie nicht vertragen . . .

Wegen des Kompromisses über das Mitbestimmungsrecht bin ich nicht so bedrückt. Man hätte es allerdings im Sommer billiger haben können, aber irgendwo fehlt eine Gesamtkonzeption in Bonn. Man muß immer auch selbst Eisen im Feuer haben; wenn etwas von einem verlangt wird von einer bestimmten Gruppe, muß man von dieser Gruppe auch etwas verlangen auf einem anderen Gebiete. Man muß solche Dinge eben monatelang vorher sich überlegen und darf sich nicht überraschen lassen. Ich habe schon an eine Reihe von Herren geschrieben, daß man doch noch eine wichtige Verbesserung des Gesetzes durchsetzen könnte: der „Unparteiische" oder „Senat" müßte ausdrücklich im Gesetz die Vollmacht bekommen, die Interessen der ausländischen Gläubiger der in Frage kommenden Unternehmungen sicherzustellen. Denn ich weiß nicht, woher man in Deutschland das Kapital zur technischen Verbesserung der Betriebe finden soll. Sie werden wahrscheinlich in den deutschen Zeitungen schon gelesen haben, wie die National Association of Manufacturers den deutschen Generalkonsul öffentlich gewarnt hat wegen der Unmöglichkeit, später Kapital von hier in den Betrieben anzulegen, wenn das Mitbestimmungsgesetz nicht Garantien bietet für die bestmögliche technische und kaufmännische Betriebsform. Kommt aber von hier kein Kapital, so kann es später nur von Frankreich kommen. Was das bedeutet, brauche ich Ihnen nicht auseinanderzusetzen.

Die Koalition in Bonn scheint ja in einer etwas komischen Lage zu sein, wenn die FDP gegen das Mitbestimmungsrecht stimmt, aber nicht aus der Regierung herausgehen will, und die SPD für das Mitbestimmungsrecht stimmt, aber sich nicht entschließen kann, ohne die Bewilligung übermäßiger Forderungen in die Regierung hineinzugehen. Aber für solche Krisen war wenigstens früher der Kanzler der gegebene Mann . . .

* 12. Februar, Lowell House, H. B. an Georges Olivier, Elbeuf

. . . Politisch herrscht hier ein großer Wirrwarr. Viele Leute sind unzufrieden mit der Politik der westeuropäischen Regierungen und skeptisch hinsichtlich der Entsendung weiterer Truppen nach Europa, ehe die europäischen Völker ihren festen Willen, größere Opfer zu bringen, gezeigt haben. Pleven hatte großen persönlichen Erfolg, aber man sollte in Europa wissen, daß unter den derzeitigen Verhältnissen in diesem Lande persönliche Erfolge nicht dauerhaft sind. Ich bin immer noch der Meinung, daß die Wiederaufrüstung Deutschlands noch ein Jahr verschoben und dann in Form einer begrenzten Polizeitruppe durchgeführt werden sollte. . . . Andererseits war ich im Gegensatz zu der Meinung, die hier bis vor kurzem herrschte, stets für Vier-Mächte-Verhandlungen, mit Rußland, und ich bin mehr denn je dafür, seit François-Poncet Dr. Adenauer die offizielle französische Ansicht übermittelte, die Oder-Neiße-Grenze werde nie anerkannt. Ich halte dies für einen ungeheuren Fortschritt in den Beziehungen zwischen Deutschland und Frankreich. Aus Vier-Mächte-Verhandlungen wird zwar nichts Besonderes kommen, aber vielleicht gewinnt man Zeit . . . Für die Leute hier ist es sehr schwer, das zu verstehen. Ihnen ist nicht klar, daß die Entfernung von der Elbe bis Holland und zur Nordsee nicht größer ist als die zwischen Boston und New York . . .

15. Februar, Lowell House, H. B. an Otto Friedrich

. . . Wenn Sie Lord d'Abernons[1] Memoiren lesen, so werden Sie finden, daß Herr von Schubert immer die Dinge wieder in Ordnung bringen mußte. Streng vertraulich gesagt – es war nur möglich, Dawes-Plan und Locarno unter Dach und Fach zu bringen durch Einbauen eines Mikrophons in Stresemanns Empfangszimmer, so daß Schubert das Hin- und Herspringen seines Chefs nachher wieder auf eine gerade Linie bringen konnte[2]. Heute ist das alles noch viel schlimmer, weil wir überhaupt keine Freiheit haben und zum Spielball der Weltpolitik geworden sind . . .
Die Politiker und das Volk sind mehr als zehn Jahre völlig von der Welt abgekapselt gewesen. So fallen sie auf ein paar freundliche Worte herein . . . Die Staatsgesinnung ist fast völlig verlorengegangen. Sie ist ersetzt durch einen sentimentalen Idealismus den man, objektiv gesehen, eher als Unterwürfigkeit bezeichnen könnte. Jüngst war der Sohn eines bekannten Industriellen bei mir, dem es gelungen ist, sein Erbteil auf Kosten seines Bruders zu retten. Offenbar will er aber noch mehr und denunziert nun hier aus „sittlichen Gründen" frühere Wettbewerber seines Vaters. Manchmal könnte man glauben, [daß] die deutsche Nation sich in einem totalen Auflösungsprozesse befindet. Sie müssen sich ferner darüber klar sein, daß die neue, in Washington errichtete

Kriegsbewirtschaftungsbehörde, die über die Zuteilung von Rohstoffen
entscheiden soll, völlig unter dem Einfluß von England und noch mehr
von Frankreich steht, wobei Frankreich, im Gegensatz zu England,
aktiver, geschickter und in bezug auf die Gesamtentwicklung in Europa
bornierter ist als England. Frankreich will auf Grund zufälliger Konstellationen sich die Hegemonie in Europa für immer sichern, ohne daß es
noch dazu wirklich die physische Kraft hat . . .

(1) Edgar Viscount d'Abernon, britischer Botschafter in Berlin 1920–1926, veröffentlichte
An Ambassador of Peace, Bde. I–III, London 1929/1930, deutsch: *Botschafter der Zeitenwende*,
Bde. I–III, Leipzig 1929/1930. (2) Daß Stresemann keineswegs der letzte Minister war,
der im eigenen Amtszimmer abgehört wurde, zeigt schon die Erfahrung von Trumans
hoch angesehenem Verteidigungsminister Lovett (vgl. Joseph und Stewart Alsop, *The
Reporter's Trade*, New York 1958, S. 65).

15. Februar, Lowell House, H. B. an Alphons Nobel[1]

. . . Es war der größte Fehler, [das qualifizierte Mißtrauensvotum] in
die neue Verfassung hineinzubringen . . . Das Einbringen von Miß-
trauensvoten, nichtqualifizierten, hat jede Weimarer Regierung gerettet,
mit Ausnahme der von Luther – das war seine eigene Dummheit . . .
Der Kampf und das Risiko sind das Wesen der Politik, und nicht die
Oberbürgermeisterei! Wenn in den letzten Monaten das bourgeoise
Bonn in jeder Frage auf einem positiven Vertrauensvotum bestanden
hätte, wären wir heute nicht in der hoffnungslosen Lage, wo die Franzosen einen hundertprozentigen Sieg in der internationalen Politik erfoch-
ten haben. Herr Schumacher würde sich in alle Nesseln gesetzt haben.
Man hätte ihm plötzlich die Verantwortung zuschieben können. Jetzt
geht alles schief, und die CDU und der Katholizismus werden die Zeche
bezahlen müssen . . .

(1) Bis 1933 Redakteur bei den Tageszeitungen *Der Deutsche* und *Augsburger Postzeitung;* bei
der deutschen Delegation des EVG-Ausschusses in Paris 1952–1955.

27. Februar, Lowell House, H. B. an Otto Friedrich

. . . Ich habe zwei Ministern gesagt, sie dürften nicht hintenherum
„meckern" oder intrigieren – das habe noch nie einem Lande genützt –,
sondern offen im Kabinett sprechen und gegebenenfalls zurücktreten.

Aber hier liegt die ganze Tragik: Man ist zu gerne Minister und Abgeordneter und läßt sich daher in eine fast knechtische Hörigkeit herabdrücken ... Selbst in der schon traditionslosen Weimarer Zeit war der
Kanzler jederzeit für jeden Minister zu sprechen, außer wenn ein Botschafter oder der Präsident eine Unterhaltung mit dem Kanzler haben
wollte um die gleiche Zeit ... Ich bekomme durchschnittlich täglich
noch zehn Briefe aus der Heimat, heute noch. Ich bin oft tief gerührt
von der Gesinnung, die aus diesen Briefen spricht, fasziniert von den
Ideen, die oft ein alter, armer Neuroder Bergarbeiter, von Haus und
Hof vertrieben, naiv ausspricht. Aber politisch sind die meisten dieser
guten Leute rein utopisch ... Es gibt dem Menschen sicherlich Kraft,
Schweres zu ertragen, wenn er im Reiche der Phantasie sich Trost holen
kann, aber für die Politik in der Praxis ist sie sehr gefährlich. Anscheinend weiß die große Mehrheit unseres Volkes schon überhaupt nicht
mehr, daß unsere wirtschaftliche Existenz so weit auf den Marshall-
Geldern beruht ... Nachdem ich all die Jahre in der Emigration gesehen habe, wie sich Leute als politische Genies fühlten, die auch nicht die
geringste Erfahrung hatten, und dann sich wegen ihres vermeintlichen
Einflusses hier und in London noch gegenseitig denunzierten, hätte ich
auf alles das vorbereitet sein sollen. Aber ich nahm an, daß das eine
Emigrantenpsychose war, der Leute wie Hilferding, Braun, Wels nicht
unterlagen. Ich sehe jetzt, daß das daheim ebenso ist. Nachdem ich in
der Umgebung von Bonn viele der neuen Politiker gesehen habe, habe
ich öfters davor gewarnt, alle Schuld für vieles, was schief gegangen ist,
dem Kanzler zuzuschieben. Das ist nicht gerecht. Die Leute im Parlament, die das tun, arbeiten sich nicht genügend in die Schwere der
Probleme hinein.
... Das Volk ist völlig verwirrt und übt Kritik an Dingen, wofür die
Regierung nicht verantwortlich ist ... Wenn unsere Leute doch von
den Japanern etwas lernen wollten! Die haben sich vier Jahre tot gestellt; jetzt bietet man ihnen einen Vertrag an als Bundesgenossen,
Schutz- und Trutzbündnis[1] ... Ihnen wird eine bevorzugte Handels-
stellung in Südostasien zugesichert; die Handelsflotte wird schnellstens
wieder mit USA-Geld aufgebaut; sie haben im stillen eine Polizeitruppe
(mit allen Waffen) unter Leitung von MacArthur aufgebaut, sich aber
offiziell alles aufdrängen lassen ...

---

(1) Als die territorialen Bedingungen des Vertrags bekanntgegeben wurden, war H. B. weniger begeistert.

27. Februar, Lowell House, H. B. an August Wegmann

... Du hast, glaube ich, mit Deinem Urteil über die verwirrte Lage in der Heimat völlig recht. Niemand hat sie mir so drastisch geschildert wie Du ... Hier geht es auch hin und her. Man hat viel Wasser in den Wein der ersten Unternehmungslust in der Weltpolitik hineingegossen. Jetzt wird man wieder zu vertrauensselig. Die Note Stalins an England[1] war ein Meisterstück vom Standpunkt einer geplanten Verwirrung der Auffassungen in der Labour Party. Er versteht sein Geschäft. Man kann sich solche Meisterstücke allerdings nicht in einer normalen Demokratie leisten. Ich habe tiefes Mitleid mit unserem Volke; wie soll es auch all die schnellen Wechsel in der Politik der Alliierten begreifen! Das ist zuviel verlangt, aber bei den Politikern ist das schon anders. Die sollten doch etwas mehr Fingerspitzengefühl haben. Ich bestreite nicht, daß die Aufgabe ungeheuer schwer geworden ist, daß man dem Kanzler eine Verantwortung zuschiebt, die wohl sein System, aber er nicht immer selbst zu tragen hat ... Wirtschaftlich wird es auf der ganzen Welt schwierig. Hier ist schon aus dem angesagten Kampf gegen die Inflation eine neue Inflation auf Drängen der Arbeiter und Landwirte geworden ...

(1) Die sowjetische Antwort vom 24. Februar auf eine britische Note vom 17. Februar betonte die britischen „Verletzungen des sowjetisch-englischen Vertrags" von 1942.

27. Februar, Lowell House, H. B. an A. H. Berning

... Was von den A[denauer]-Freunden in der CDU gegen mich hier und anderswo erzählt wird, ist nicht viel verschieden von dem, was die Kriegspropaganda hier und in England sich leistete. Die anständigen Katholiken sind ängstlich und wagen nichts zu sagen in der Öffentlichkeit ... Das Gedächtnis der Menschen ist kurz, zum Guten und zum Bösen hin. Ihre Sorge wegen der Gewerkschaften teile ich sehr. Die Leute, die Sie erwähnen unter den früheren christl[ichen] Gewerkschaftssekretären, kenne ich, aber ich glaube nicht, daß sie viel schaffen können. Es ist ja auch noch immer nicht gelungen, ein enges Zusammenarbeiten zwischen den Arbeiterver[einen] und früheren Gewerkschaftlern herbeizuführen ...

Verhindern Sie doch die Bonner Pläne von [Prälat Wilhelm] Böhler[1].

Die Spannung gegenüber dem rhein[ischen] Katholizismus ist schon groß genug, ohne daß man noch solche demonstrative Einrichtungen einzuführen braucht. Was hat denn das überhaupt mit dem religiösen Leben zu tun? ... In dem Kampf gegen den Katholizismus finden sich alle leicht zusammen, mit Ausnahme der wirklich streng religiösen Protestanten, die höchstens 20 Prozent der nominellen Protestanten sind ...

(1) Leiter des Katholischen Büros in Bonn. (Zu seiner Rolle vgl. Baring, *Außenpolitik in Adenauers Kanzlerdemokratie.*)

20. März, Münster, Maria Brüning an H. B.

... Helene Webers 70. Geburtstag ist doch groß gefeiert worden. Adenauer, Lukaschek, sonst mehrere Minister, d[er] Weihbischof, d[er] Rektor unserer Universität, Prof. Beckmann, d[ie] Stadt Essen etc. haben sie sehr geehrt. Sie selbst gibt vielen Prominenten ein nachahmenswertes Beispiel d[er] Selbstlosigkeit u[nd] Anspruchslosigkeit. Im übrigen bin ich froh, nicht hingefahren zu sein, denn von allen Seiten werde ich Deines Kommens wegen u[nd] Deiner letzten Erklärung[1] wegen (falls sie echt ist) gefragt u[nd] kann u[nd] will keine Antwort darauf geben ... Vor vierzehn Tagen besuchte mich auch Gronowski, der gern etwas Bestimmtes wissen wollte wegen der Zeitungsnachrichten über Deine Berufung. Er ist lange krank gewesen u[nd] noch immer nicht ganz hergestellt. Er will Dich durch sein Schreiben auch nicht belästigen. Was er schreiben möchte, darf er ja wohl auch nicht. – François-P[oncet] hat den A[denauer] neulich ja direkt verherrlicht, fast übertrieben. schreibt d[ie] *[Neue] Zürcher Zeitung*. Vielleicht hatte er aber Grund dazu[2] ...

(1) H. B., der im Herbst 1951 Vorlesungen an der Universität Köln aufnehmen wollte, wurde in Verbindung mit Pressespekulationen über das deutsche Außenministerium wiederholt gefragt, wann er nach Deutschland zurückkehren werde. Am 31. Dezember 1950 hatte er an Josef Horatz geschrieben: „Meine Neigung zu kommen ist nicht gewachsen." (2) Ähnlich bedrückt schrieb H. B. am 27. März an Josef Horatz: „In einem Jahr hat Bonn alles für die Zukunft verdorben, nur für den Preis einer nominellen außenpolitischen Autorität." Und am selben Tag an Pünder: „Bonn hat allmählich mehr angenommen [gegen] Eintausch von Teilstücken nomineller Souveränität, als in Potsdam festgelegt wurde. Mir steht der Verstand still."

22. März, Lowell House, H. B. an Joachim von Ostau[1], Essen

... Wenn Parallelen zu den Jahren nach dem Ersten Weltkrieg auch heute bestehen, so besteht doch ein großer Unterschied, der zugunsten der heute in Verantwortung stehenden Politiker spricht. Unser Vaterland wurde nach dem Ersten Weltkriege zwar zerstückelt, aber es hatte doch eine gewisse Souveränität. Das ist bis heute nach dem Zweiten Weltkriege nicht der Fall. Heute, oder bis vor kurzem, wurde die Außenpolitik mehr oder minder von den Alliierten Hochkommissaren gemacht. Wer sich dafür hergab, unter solchen Bedingungen die pol[itische] Verantwortlichkeit zu übernehmen, mußte wissen, daß er nach einiger Zeit von allen Seiten angefeindet würde ...
Auch sind erhebliche Fortschritte auf einigen Gebieten durch die Aktivität der Bonner Regierung gemacht worden ... Es kann deshalb nur die Aufgabe einer späteren Geschichtsforschung sein, festzustellen, was das Verdienst der westdeutschen Regierung war und was ihr als ein Geschenk in den Schoß fiel. Wenn ich mich bemühe, eine gerechte Würdigung der Bonner Politik abzugewinnen, so bedeutet das allerdings keineswegs, daß ich mit allen Schritten ihrer Politik, auch bei Würdigung ihrer Zwangslage, einverstanden war. Aber man muß sich darüber klarwerden, daß ihr ja auch nicht die Möglichkeiten zur Verfügung standen, herauszufinden, was in jeder Phase der Weltentwicklung sich an Möglichkeiten ergab, die man hätte besser ausnützen können ...
Sicherlich habe ich volles Verständnis für eine solche Kritik, wie Sie sie üben. Ich habe auch Verständnis gehabt, daß mich 1930–1932 ein großer Teil des Volkes scharf bekämpfte, denn ich konnte ja die Endziele meiner Politik nicht aussprechen, ohne sie zu gefährden. Das ist nun einmal die Tragik eines Volkes, das durch eine Weltkombination von Nationen besiegt wurde ...

(1) 1932 für die Kandidatur des Kronprinzen Wilhelm zur Präsidentschaftswahl tätig (siehe Wolfgang Stribrny, „Der Versuch einer Kandidatur des Kronprinzen Wilhelm bei der Reichspräsidentenwahl 1932", in: *Geschichte und Gegenwart*, hrsg. von H. Heinen und H. J. Schoeps, Paderborn, 1972).

27. März, Lowell House, H. B. an Bernhard Reismann

... Was mich bedrückt, ist die Tatsache, daß heute noch in Bonn die Verhältnisse so sind wie in den ersten drei Jahren der Weimarer Re[publik] in bezug auf Personalien, während sie besser waren, solange wie die Frankfurter Verwaltung bestand. Wenn Pünder noch ein halbes Jahr als „Direktor" geblieben wäre, so hätten wir einen vorzüglichen Kern eines neuen, soliden Beamtentums in allen späteren Ministerien bekommen. Das muß ich zur Ehre von Pünder feststellen . . . Weil diese Herren alle von Pünder vorgemerkt waren, wurden sie von dem neuen Herrn in Bausch und Bogen abgelehnt[1] . . .

(1) Pünder erlebte es im Herbst 1949, daß die Tätigkeit des Frankfurter Verwaltungsrats „restlos verschwiegen" wurde.

31. März, Lowell House, H. B. an Otto Friedrich

. . . Soweit Rohstoffe in Frage kommen, hängt alles davon ab, daß schnellstens eine internationale Verständigung über die Verteilung herbeigeführt wird und auch eine Klarheit über das Verhältnis hier und vielleicht auch in England zwischen Stockpiling und unabweisbarem Konsum geschaffen wird. Dazu wäre allerdings die Garantie nötig, daß man hier die Auffassungen nicht alle drei oder sechs Monate ändert . . . Für Halbfabrikate und Fertigwaren kann man in bezug auf die Preisentwicklung auch nur etwas sagen, wenn es gelingt, bis zum Ende des Sommers in den USA die Preise einzufrieren, und wenn in England die unausweichliche Anpassung der Inlandspreise an die Pfundentwertung[1] sich voll durchgesetzt hat . . . Ich halte es auch für Deutschland für unbedingt notwendig, einen festen Punkt zu finden, über den hinaus Preise, Löhne, Gehälter, Wohlfahrtsunterstützungen und Mieten nicht steigen dürfen. Wie hoch dieser Punkt sein darf, wage ich von hier aus nicht zu beurteilen . . . Ich fürchte, man kann die Löhne schwer auf einer vernünftigen Höhe halten, solange wie die SPD nicht in der Regierung ist. Hier kommt Pessimismus in mir auf, denn Schumacher wird nicht in die Regierung hereingehen ohne vorhergehende Neuwahlen . . .

(1) Das Pfund wurde im September 1949 um 30,5 Prozent abgewertet.

2. April, Lowell House, H. B. an Hermann Josef Schmitt

... Hier fängt trotz des Besuches von Auriol[1] die Stimmung an umzu-
schlagen gegenüber dem Schuman-Plan; deshalb die Eile von Monnets
Besuch in Bonn[2]. Ihm liegt daran, das deutsche Interesse an der Saar –
das hier plötzlich, für mich überraschend, auftauchte und etwas Sympathien gewann – schnell zu „liquidieren". Man hätte so viel gewinnen
können, auch innenpolitisch ... Es kommt jetzt alles darauf an, daß
Deutschland möglichst viel aus dem neuen Marshall-Plan für die euro-
p[äische] Aufrüstung erhält[3], der jetzt im ersten Stadium der Diskussion
in W[ashington] ist. Ohne eine solche neue Hilfe sitzt Westdeutschland
in kurzer Zeit fest ...
Schreiben Sie doch an Ivo [Zeiger], daß R[om] fest bleiben müsse[4]. Die
Dinge ändern sich so schnell auf dieser Welt; in drei Monaten kann eine
ganz andere Situation bestehen, angesichts deren man in R[om] vorei-
lige Schritte bereuen würde – vor allem in bezug auf die Saar. Es ist
natürlich kein Zweifel, daß trotz der offiziellen Bemerkungen von François-Poncet über die Saar und die Ostgrenze hier Verhandlungen im
Gange sind, die hiesige Regierung auf die Oder-Neiße-Linie festzulegen
und ebenso auf die franz[ösische] Lösung der Saarfrage ...

(1) Vincent Auriol (1884–1966), französischer Staatspräsident 1947–1954, besuchte im
Januar 1951 New York und Washington. (2) Monnet kam am 5. April mit Hallstein und
Adenauer zusammen und gab seiner Hoffnung Ausdruck, eine „Formel" für die Saar zu
finden. (3) In der amerikanischen Auslandshilfe wurde das European Recovery Program,
das auf vier Jahre begrenzt wurde, vom Mutual Security Program abgelöst. (4) In bezug
auf die Verwaltung der Diözesen im Saarland und in den Ostgebieten, die Polen versprochen worden waren.

23. April, Lowell House, H. B. an Franz Thedieck

... Die unglaublich starken Reaktionen wegen der Entlassung MacArthurs[1] sind schon der Ausdruck von Stimmungen und Gefühlsreaktio-
nen, die aus einer gewissen Hoffnungslosigkeit entspringen, wie man auf
die Dauer das auf der ganzen Welt brennende oder glimmende Feuer
bekämpfen kann. Die MacArthur-Angelegenheit wird meines Erachtens
hier sehr bald hinter den Kulissen durch Verhandlungen beigelegt,
ebenso wie durch den Entschluß der Regierung, alles in bezug auf Formosa und die chinesische Blockade zu tun, was MacArthur verlangt

hat. Man wird aber keinen offenen Krieg mit China beginnen. Das ist
für Europa gut und entscheidend, denn für die nächsten drei Jahre kann
auch dieses Land keinen Krieg in Asien und Europa gleichzeitig in
größerem Maßstabe führen. Das Schlimme ist nur, daß in der Presse
jede Woche die Auffassungen in bezug auf Rußlands Absichten wechseln und dadurch das Volk völlig verwirrt wird. Es ist auch in vielen
Teilen des Landes eine starke Mißstimmung gegen England; die großen
Zeitungen hier an der Ostküste liegen wie gewöhnlich umgekehrt. Eines
nur ist sicher: Ostdeutschland spielt keine Rolle mehr in der Diskussion,
ob unter dem Einfluß der franz[ösischen] Besucher allein, kann ich
nicht sagen[2] . . .
Der einflußreichste Journalist hier im Lande, Arthur Krock, der eine
Reise durch Europa gemacht hat, berichtet von Bonn aus, daß der
entscheidende Mann kein Interesse an der Wiedervereinigung hat, da er
dann seine Mehrheit verlieren würde. Ich vermute, daß er diesen „Tip"
von der SPD hat, aber es richtet großen Schaden an. Irgend etwas muß
getan werden von Bonn, um diese Wirkungen zu beseitigen . . . Was den
Schuman-Plan angeht, so freue ich mich über viele erhebliche Verbesserungen gegenüber dem ursprünglichen Vorschlag. Aber es ist noch nicht
zu sehen, was England endgültig tun wird. Alle meine Mitteilungen von
dort zeigen mir, daß die *Stimmung* in England schlechter geworden ist
gegenüber Deutschland . . .

(1) Der US- und UN-Kommandeur im Fernen Osten, General Douglas MacArthur,
wurde am 11. April entlassen. Am 18. April wurden in den Vereinten Nationen wirtschaftliche Sanktionen gegen China vorgeschlagen. (2) Ähnlich schrieb H. B. am 19. April an
Fritz Berger: „Die Westmächte werden nichts tun zur Wiedervereinigung der Zonen; man
gewöhnt sich im Ausland an den Zustand. Nur die Russen drängen darauf in der Hoffnung, daß sie das Ganze bekommen. Wenn ihnen das nicht gelingt, so werden sie das
behalten, was sie jetzt haben. Ich schreibe über alle diese Dinge nicht mehr nach Bonn, da
es keinen Zweck hat."

12. Mai, Lowell House, H. B. an Friedrich König

. . . Ihre Äußerungen über Schiller haben mich sehr tief berührt. Ich
habe die Dramen oft in den Jahren meines Exils gelesen. Schade, daß
das Hochdeutsch, das so wunderbar für Lyrik und philosophische Definition ist, nicht die ganze politische Wucht des Englischen oder Nieder-
deutschen hat. Dann würden die Dramen noch viel tiefer wirken. Aber

die Zeit solcher politischen Konstellationen und Gegensätze, wie sie aus
Schillers edlem Charakter entsprangen, ist vorüber. Wir leben in einer
Welt, wo die Konflikte und die politischen Methoden mehr der Zeit des
absterbenden römischen Kaiserreiches entsprechen. Die „Ideen" haben
nur noch taktischen und propagandistischen Wert. Sie werden nach
Belieben in der chemischen Retorte gemischt und nach Bedarf geheizt
oder in den Kühlschrank gestellt. Die großen europäischen Traditionen
sind auf dem Wege des Zusammenbruchs . . .

26. Mai, Hartland, H. B. an Hermann Josef Schmitt

. . . Die deutschen Politiker sind ein merkwürdiges Völkchen, vor allem
aber, nachdem die Tradition in den Parteien völlig zerrissen ist . . . Ich
habe an mehrere Herren in Bonn geschrieben, daß die Regierung während der Pariser Verhandlungen der vier Mächte mit dem Verlangen
auf die Rückgliederung von Schlesien und Ostpreußen herauskommen
müsse, weil die Franzosen das klare Spiel betreiben, sich mit den Russen
zu verständigen auf der Grundlage einer dauernden Aufteilung von
Deutschland, auch westlich der Oder-Neiße-Linie. Eine solche Erklärung ist dann schließlich auch erfolgt. Aber ohne Krieg, fürchte ich,
werden wir auf lange Zeit nicht die Wiedervereinigung von Ost- und
Westdeutschland bekommen. Man hat eben meinen Rat, den ich im
Mai 1949 in einem Exposé durch Erhard nach Rhöndorf weiterleiten
ließ, glatt ignoriert. Statt dessen ist man weiter bereit, sich wirtschaftlich
völlig von Frankreich abhängig zu machen. Das bedeutet, daß man
nach zehn Jahren wirtschaftlich so an den Westen gebunden ist und
unter seiner De-facto-Kontrolle steht, daß die Rückgliederung wirtschaftlich nur noch sehr schwer möglich ist . . .

31. Mai, Hartland, H. B. an Maria Brüning

. . . Seit einer Woche bin ich wieder in dem „Studio"[1] in schönster
Umgebung und habe mich schon erheblich erholt . . . Frl. Weber läßt
nichts von sich hören, aber ich bin daran gewöhnt. Die ganze CDU ist
langsam gegen mich aufgebracht . . . Ich habe mir hier noch ein Jahr
geben lassen, aber so eingerichtet, daß ich im Oktober nach Köln fahren
kann bis Ende Januar und meine beiden Harvard-Seminare dann von

Februar 52 bis Juni geben kann. Dann hoffe ich, den Sommer wieder hier in Hartland zu verbringen, und dann, wenn alles gut läuft, im September nächsten Jahres ganz herüberzukommen . . . Herr von Brentano[2], der mit Pünder nach Boston fuhr, hat sich geweigert, mich zu besuchen. Auch Pünder fragte mich wiederholt: „Sie haben doch keine Absichten, in die Politik zurückzukehren?" . . .

(1) Das kleine Haus, das Ilse Bischoff H. B. zur Verfügung stellte, hatte sie ursprünglich als Atelier eingerichtet. (2) Dr. Heinrich von Brentano (1904–1964), Bundesaußenminister (CDU) 1955–1961.

10. Juni, Hartland, H. B. an Helene Weber

. . . Ich habe es erst einfach für unmöglich gehalten, daß irgend jemand einen solchen „Ausverkauf" in der Außenpolitik machen könnte. Ich freue mich, daß jetzt endlich – worum ich so lange gebeten habe – das „Weißbuch" mit den Forderungen der Wiederherstellung der Grenzen von 1935 hier eingetroffen ist. Es wurde von der Presse nicht ungünstig aufgenommen und kam im richtigen Augenblick . . . Der *Economist* hat A[denauer] den Rat gegeben, die Saarfrage[1] vor den Europ[äischen] Rat zu bringen; eine Lösung könne nur gefunden werden, wenn Deutschland nicht nur wirtschaftlich, sondern auch politisch dauernd mit Frankreich „integriert" würde . . . Hier ist niemand der leitenden Leute auf einen solchen Gedanken von sich aus gekommen; man hat sich solche Gedanken angeeignet, weil man glaubt, das sei der Wunsch der westdeutschen Regierung . . .

(1) „The Franco-German Saar", in: *The Economist*, 19. Mai 1951.

12. Juni, Hartland, H. B. an Theodor Heuss

. . . Ich habe Ihre Ausführungen mit dem größten Interesse gelesen und würdige alle die Schwierigkeiten bei der Verabschiedung des Grundgesetzes, die Sie erwähnen. Es ist immer schwer, nach einer so totalen Revolution die geeignete politische Atmosphäre für die Gestaltung einer neuen Verfassung zu finden . . . Je älter ich werde und je mehr ich mich in der Welt habe umsehen können, desto mehr komme ich zu der Überzeugung, daß eine lebendige verfassungsmäßige und rechtliche Tradition maßgebender ist für eine stabile politische Entwicklung als das geschriebene Wort der Verfassung. Die Tragik der heutigen Demokratien, auch der hiesigen, liegt darin, daß diese für jedes einzelne Volk anders gearteten Traditionen leider langsam geschwächt werden. Man macht immer neue Verfassungen oder Reformen der Verfassung, weil man einmal begangene Fehler beseitigen will oder weil sich völlig neue Lagen ergeben . . .

Die Sendung von Truppen nach Korea auf Beschluß der U[nited] N[ations] ohne Genehmigung des Kongresses[1] hat hier zu sehr heftigen Auseinandersetzungen geführt. Die Kritiker dieses Schrittes würden weniger scharf werden, wenn die Sprecher der Regierung nicht aus diesem besonderen Falle versuchten, ein Prinzip zu machen, das auf lange Sicht gesehen die Freiheit der Entscheidung dieses Landes sehr gefährden kann . . . In England selbst hat sich allmählich eine Entwicklung vollzogen in der Richtung einer Verstärkung der Macht der Bürokratie, die sicherlich der ganzen Tradition des letzten Jahrhunderts widerspricht und die zu einem völligen Schwinden der klaren Unterschiede zwischen parlamentarischer Gesetzgebung und Verfügungsgewalt der Bürokratie geführt hat, mit den schwersten Folgen für die Rechtssicherheit des einzelnen Bürgers . . .

Wenn ich aber in meiner Einsamkeit über diese Dinge nachdenke, so scheint es mir, daß viele dieser Entwicklungen fast unabweisbare Folgen von höchst komplizierten wirtschaftlichen und finanziellen Erscheinungen sind, und ferner, daß die russischen Gewalthaber in der Lage sind, mit ihrem System und mit ihrem dämonischen Genie die anderen Nationen zu zwingen, ihre eigenen verfassungsmäßigen Traditionen Schritt für Schritt weiter aufzugeben . . . Wenn ich recht haben sollte, daß diese Entwicklung weitergeht, solange der russische Koloß seine volle Macht behält, dann brauchen die Demokratien und ihre Führer ein viel größeres Verantwortlichkeitsgefühl, als es im 19. Jahrhundert in der Ära der theoretischen Verfassungen erforderlich war. Hier beginnt das Volk erst jetzt langsam zu merken, welchen Bruch mit aller Tradition das Regime des Präsidenten Roosevelt bedeutet hat. Aber wie man auf einen gemäßigten Weg, der der eigenen Tradition besser entspricht, zurückkehren soll, weiß niemand . . . Man sieht noch nicht, daß, wenn ein Land so weit ist, man dann eine viel stärkere ethische Auffassung von der Demokratie haben muß, einen Verzicht seitens der Opposition auf demagogische Ausnützung der Fehler einer Regierung und den guten Willen

einer Regierung, die Opposition möglichst stark durch freundschaftliche
Verhandlungen bis zu einem gewissen Grade an der Verantwortung
teilnehmen und unter Umständen ihr auch Erfolge zukommen zu lassen . . . Welches auch immer die verfassungsmäßige Stellung des Staats-
oberhauptes ist, ich glaube, es ist seine Pflicht, wenn eine Politik der
Augenblickserfolge einreißt, seine warnende Stimme zu erheben . . . Ich
habe die feste Überzeugung, daß Sie diese Auffassung von Ihrem Amte
haben und die Weisheit besitzen, in einem Augenblick und in einem
Zeitpunkt diese Gaben zu gebrauchen, um ein Auseinanderreden und
Auseinanderfallen unseres Volkes zu verhindern . . .

(1) Im Juni 1950.

19. Juni, Hartland, H. B. an Wilhelm Hamacher

. . . Ich bedaure ebensosehr wie Sie, daß wir uns in Königswinter verfehlt hatten; mündlich läßt sich sehr viel mehr klären als durch
Briefe . . . Man hat mit dem Schuman-Plan nicht das erreicht, was
eigentlich die notwendige Folge sein sollte, nämlich die Befreiung der
Ruhr von unwirtschaftlichen Fesseln. Hier und da hat man die Verbundwirtschaft bestehen lassen, auf der allein die Konkurrenzfähigkeit
der Ruhr beruht; aber wo solche Ausnahmen bestehen, handelt es sich
nicht um die für uns rein wirtschaftlich wichtigsten Betriebe. Außerdem
scheinen bei den Ausnahmen persönliche Beziehungen eine Rolle gespielt zu haben und nicht objektiv konstruktive. Die Sache berührt mich
sehr eigentümlich . . .
Die Engländer sind auch noch nicht soweit, uns Produktionsfreiheit auf
der Basis größter Wirtschaftlichkeit zu geben. Aber je länger man jede
Regelung aufschiebt, desto mehr wachsen unsere Chancen, denn dann
wird man einsehen, daß die ultranationalistischen Wirtschaftsgedanken,
die hinter all diesen schönen Plänen von europ[äischer] ,,Gemeinschaft''
stecken, auf die Dauer Europa nicht wieder hochbringen . . .
Worauf es ankommt, falls die Abstimmung[1] noch nicht gewesen ist, ist,
durch Monate hindurch Fragen zu stellen in Komm[issions]-beratun-
gen, um neue Dokumente und Auskünfte zu bitten und so die Entscheidung in der Schwebe zu lassen, bis daß die andere Seite sieht, daß der
Bundestag keine Stempelmaschine ist, und sich neue Lagen ergeben.
Man sollte, was ich schon einer Reihe von Abg[eordneten] geschrieben

habe, zum mindesten erreichen, daß eine fünfjährige Probezeit eingeführt wird in dem Gesetze, nach welcher es jedem Teilnehmer freige-
stellt wird, Änderungsbedingungen vor Verlängerung zu erreichen . . .

(1) Der Schuman-Plan, am 18. April 1951 unterzeichnet, wurde am 11. Januar 1952 vom
Bundestag ratifiziert.

25. Juli, Hartland, H. B. an Hermann Ullmann

. . . Die protestantischen Kirchenblätter, die ich im Anfang nach dem
Kriege mit größter Ergriffenheit und Interesse las, werden langweilig;
die kath[olischen] Kirchenblätter – in jeder Diözese ein anderes – sind
maßlos langweilig . . . Wenn die hess[ischen] und anderen protest[anti-
schen] Theologen sich auf die Entmythologisierung des Christentums
stürzen, so sollen sie das von mir aus tun; aber sie sollen dann besser den
schwarzen Rock ausziehen, denn in dem Gewande sind ihre Auffassungen allein gefährlich, sonst nicht. Die SPD- und andere Presse hat ja das
alles seit mehr als einem Jahrhundert den Massen verzapft . . .
Von Bonn wird jetzt am linken Rhein im Klerus verbreitet, daß ich all
die Dinge, die Kaas verschuldet hat, begangen hätte. Der jüngere Klerus glaubt das alles. Auf der anderen Seite ist ihnen im Seminar oder im
Kriege eine neue Auffassung von der Seelsorge beigebracht worden;
daraus kann noch etwas werden, soweit wie die Bischöfe jung sind und
genügend von dem pol[itischen] Handwerk verstehen, um sich nicht
damit zu beschmutzen . . . Ihre Bemerkung über die Jugend und ihr
Verlangen nach Verständnis und Verstehen ist sehr richtig. Aber was
bieten ihnen die Zeitungen und die ältere Generation? Mein Alpdruck
seit zwei Jahren wird nun zur Wirklichkeit – Fünfzig-Jahres-Vertrag mit
den Westmächten, in dem Deutschland völlig gefesselt bleibt, was eine
selbständige Außenpolitik angeht . . .

31. Juli, Hartland, H. B. an Franz Schürholz[1], Wangen ü. Radolfzell

. . . Sie fragen mich über unsere Auslandsvertretungen . . . Die diplom-
m[atischen] Vertreter werden zum großen Teil deswegen gewählt, um
sie aus der innerdeutschen Politik loszuwerden. Wenn es sich bestätigt,
daß [Max] Brauer der erste Botschafter in Wash[ington] sein soll, so

würde ich das für eine Übergangszeit sehr begrüßen. Brauer hat für die protest[antischen] Kirchen gearbeitet in den USA und hat größte Sympathie bei den USA-Gewerkschaften – beides von größter Bedeutung. Aber auf die Dauer müssen Leute herausgesandt werden, die gesellschaftlich geschickt sind, denn das entscheidet mehr als ein guter Verstand. Aber Brauer wird den Vorzug haben, daß er bescheiden auftritt; das ist sehr wichtig für den Anfang . . .

(1) Bis 1933 Mitarbeiter von Dr. Franz Röhr; Verfasser der beiden Bücher *Der Arbeitspartner*, Düsseldorf 1950, *Die deutschen Gewerkschaften seit 1945*, Düsseldorf 1955.

1. August, Hartland, H. B. an Wilhelm Hamacher[1]

. . . Weshalb muß Bonn nun auch noch auf einen Friedensvertrag drängen – das Gegenteil von dem, wofür ich hier von Anfang an gekämpft habe – in einem Augenblick, wo die Bedingungen für uns . . . am ungünstigsten ausfallen müssen, während drei, vier Jahre später die Lage eine ganz andere ist, aus mehreren Gründen? . . . Jeder neue Schritt einer einseitigen Verständigung mit Frankreich hat zu neuen Schlägen Rußlands gegen den deutschen Osten geführt . . . Ich leugne nicht die ungeheuren Schwierigkeiten, die jede Regierung in Westdeutschland zu überkommen hat. Aber wie die Dinge liegen, wäre es besser gewesen, wenn man in der ersten Zeit einen SPD-Mann als Kanzler gehabt hätte oder wenn man ab und zu wechselte. So wie es heute ist, kann sich die SPD alles erlauben: größten Nationalismus und extremste wirtschaftliche Forderungen zusammen mit den Gewerkschaften. Gewiß war die Weimarer Zeit in keiner Richtung mustergebend, aber durch häufigen Wechsel der Kabinette und Koalitionen wurden SPD und DNVP gezwungen, an der Verantwortung teilzunehmen, und konnten keine radikale Opposition mehr machen[2] . . .

(1) Am 29. Juli gestorben. (2) Am Tage vorher hatte H. B. an Helene Weber geschrieben: „Die Engländer kümmern sich einfach nicht um die Entscheidungen über die ‚Befreiung‘ der Ruhr, die vor Rhöndorf so gepriesen wurden, und verlangen die Schrottlieferungen auf Reparationskonto weiter. Da war doch Weimar etwas ganz anderes, trotz aller Mängel.“

6. August, Hartland, H. B. an Hermann Pünder

... Meine Bedenken gegen die Annahme eines fünfzigjährigen Schuman-Plans – inzwischen ist ja auch im „Entwurf" ein fünfzigjähriger
Rüstungsplan angenommen, mit zentraler Wirtschaftssteuerung[1] – rühren in erster Linie davon her, daß die Franzosen (das heißt im Quai
d'Orsay) eben auf dem Buchstaben eines Vertrages bestehen werden ...
Niemand kann voraussehen, wie die Dinge selbst in drei Jahren ausse-
hen in der Praxis ... Die Kapazität der zwei Monnetwerke habe ich
schon erwähnt. Neue Kapazitätserweiterungen sind geplant für Fran-
z[ösisch]-Nordafrika mit USA-Geld. Niemand kann England oder
Frankreich hindern, weitere Währungsdevalvationen zu machen, weil
die unsere festliegt, genau so wie unter dem Young-Plan. Wenn einer
der Stahlindustriellen einmal all das in einem Exposé ausarbeiten
würde, so würde man nicht so unkritisch sein ... Statt dessen konnte ich
in W[ashington] im vorigen Nov[ember] feststellen, daß man sich gerade auf A[denauer]s Anregung so stark für den Sch[uman]-Pl[an]
eingesetzt hat ... Totale Vereinheitlichungspläne Westeuropas impo-
nieren hier natürlich sehr; wollte Eis[enhower] sich mit seiner Rede
vom 3. Juli[2] eine Plattform für die Präsidentschaftskandidatur schaffen,
so hätte er keine bessere sich wählen können ...
Wir sind vom Atlantic Pact bewußt ausgeschaltet und kommen nur in
das europ[äische] Verteidigungsgremium hinein, so daß es zum mindesten möglich ist, daß wir nicht mehr die USA in all die Lebensfragen für
uns hereinbringen können ... Ich sehe zu meiner Freude, daß jetzt
auch Klepper[3] für eine vorläufige fünfjährige Dauer des Schuman-Plans
eintritt. Man kann sich doch nicht für 50 Jahre festlegen in einer Zeit,
wo niemand länger als ein Jahr überhaupt voraussehen kann, was in
Europa geschehen wird ... Ich würde deshalb raten, langsam mit der
Beratung des Schuman-Plans in der Kommission des Bundesrates vor-
wärtszumachen und immer wieder zu betonen, daß wir uns nicht auf
50 Jahre festlegen können, wenn wir nicht die Garantie der anderen
haben, daß wir in unserer Eisen- und Stahlproduktion und auf anderen
Produktionsgebieten keine Schwierigkeiten einer freien Entwicklung
haben. Daher Probezeit auf fünf Jahre! Das geht sehr wohl ...

(1) Acheson zufolge waren die EVG-Verhandlungen bis zum Sommer 1951 derart kompli-
ziert geworden, daß der einzige Amerikaner, der imstande war, ihren Fortgang zu verfolgen, ein Attaché des Finanzministeriums war, der sich dem Prinzip der Europäischen
Gemeinschaft verschrieben hatte (vgl. Acheson, *Present at the Creation*, S. 557). Die Vertei-

digungsproduktion im kontinentalen Gebiet der EVG-Mitglieder, aber nicht im französischen Nordafrika, sollte von einer zentralen Behörde gesteuert und finanziert werden, und verschiedene Arten der Verteidigungsproduktion sollten in „exponierten strategischen Gebieten" wie der Bundesrepublik verboten werden. (Siehe u. a. Edmond Giscard d'Estaing, *La France et l'unification économique de l'Europe*, Paris 1953.) (2) Eisenhower, damals NATO-Oberbefehlshaber, stand einer europäischen Verteidigungsgemeinschaft kritisch gegenüber und wurde erst im Laufe des Juni 1951 von McCloy und Monnet bekehrt (vgl. Wettig. *Entmilitarisierung und Wiederbewaffnung in Deutschland*, S. 433). Am 3. Juli sprach er vor der „English Speaking Union" in London über die europäische Einheit als Weg zu Sicherheit und Wohlstand. (3) Der frühere preußische Finanzminister Dr. Otto Klepper, seit 1948 Rechtsanwalt und Notar in Frankfurt.

13. August, Hartland, H. B. an Lorenz Jaeger, Paderborn

. . . Die Bemerkungen in Ihrem Briefe über den Mangel an Staatsbewußtsein und Verantwortlichkeitsgefühl gegenüber dem Staate sind mir aus dem Herzen gesprochen[1]. Das fast jubelnde Gefühl, das ich 1948 von meinem ersten Besuch in der Heimat über die Arbeitskraft, Anpassungsfähigkeit und Schaffenslust des deutschen Volkes mit mir zurückbrachte, machte bei meinem letzten Besuche Raum für eine sehr kritische und fast pessimistische Stimmung, nachdem ich das Leben und Treiben der Politiker und auch das rücksichtslose Benehmen fast aller Wirtschaftskreise beobachtet hatte. Die Geschäftsmoral ist tief gesunken, und die war früher für uns im Welthandel ein besonderes Aktivum . . . Allerdings haben die Leute daheim heute nicht mehr das Gefühl, daß der Staat gerecht und objektiv handelt. [Adenauer] läßt sich heute von dieser Gruppe, morgen von einer anderen durch Drohungen etwas abringen, auch weil er keine Gesamtkonzeption hat. Damit komme ich zu dem Punkte, der mir besonders am Herzen liegt: Ich höre, daß gewisse Kreise kath[olischer] Industrieller auf dem Katholikentage einen extremen Beschluß zugunsten des Eigentumsrechtes durchsetzen wollen. Dagegen habe ich zur Zeit die größten Bedenken . . . Meines Erachtens kann man unmöglich vom kath[olischen] moralischen Standpunkt aus einfach sagen, daß der Staat überhaupt nicht das Recht hat, durch irgendeine Form der Sonderbelastung die Sondergewinne – die gewisse Berufszweige und einzelne Personen durch die Währungsreform gemacht haben auf Kosten des größten Teils der übrigen Bevölkerung – für die Gesamtheit des Volkes und für den Ausgleich besonders harter Schäden heranzuziehen. Wieweit das in dem sogenannten Lastenausgleichsgesetz vorgesehen ist, kann ich im Augenblick nicht übersehen.

Auf alle Fälle kann man mit Erfolg gegen eine entschädigungslose Enteignung nur auftreten, wenn man dem Volke klarmachen kann, daß der Staat ebenso die Pflicht hat, dafür zu sorgen, daß bei einer solchen Katastrophe, wie sie unser Vaterland betroffen hat, jeder nach seinem Vermögen zu der Linderung der Folgen dieser Katastrophe beizutragen hat . . .

(1) Jaeger hatte im Juli geschrieben, daß das fehlende Verhältnis Staat – Kirche seines Erachtens nicht durch das Verhältnis Partei – Kirche ersetzt werden könne.

* *19. August, Hartland, H. B. an Gilbert Jackson[1], Toronto*

. . . Natürlich ist die Frage, ob die Expansion weitergehen kann ohne eine gesteuerte Inflation und ein Rüstungsprogramm. Es wäre nicht schön von mir, wenn ich an den Kreislauf von Krieg, Inflation, Arbeitslosigkeit, Krieg usw. im 18. Jahrhundert erinnern würde. Es würde mich interessieren, wie Sie die Rüstungsproduktion in Ihrer Produktionsvorausschau berücksichtigen. Das rasche Veralten der modernen Waffen – im Gegensatz zu den Waffen des 18. und 19. Jahrhundert – könnte sie allerdings unterstützen. Dieser Gedanke schreckt mich schon jahrelang. Die unvermeidliche Folge wäre eine mehr oder minder totalitäre Regierung, außer wenn alle Parteien stets über die Ausgabe eines gewissen Jahresbetrags einig wären. Das wäre in den meisten westeuropäischen Ländern nicht möglich; sie haben weder den Markt noch die Rohstoffe für die Massenproduktion in gleichem Umfang wie Nordamerika und Rußland . . .

(1) Kanadischer Volkswirtschaftler, bei der Bank of Nova Scotia tätig.

20. August, Hartland, H. B. an Katharina Müller, Berlin

. . . Irgend etwas stimmt nicht mehr mit der Beamtenschaft und der Verwaltung daheim, sonst bekäme ich nicht so viele Hilfeschreie. Das war in den ersten Jahren nach Ende des Krieges verständlich, aber nicht mehr heute. Die Beamten sind vielfach geneigt, alle komplizierten Fälle in die Länge zu schieben. Sie wollen keine eigene Verantwortung mehr übernehmen . . . Ihre sehr interessanten Beobachtungen in Bayern bestätigen das voll und ganz. Ich hatte mich doch getäuscht auf Grund meines Besuches 1948: Etwas ist in der Nazizeit von der alten Tradition auf lange Zeit zu Bruch gegangen. Man schickt mir den *Spiegel* und die *Münchener Illustrierte*. Entsetzlich! Kein Wunder, daß das Volk an nichts mehr glaubt im pol[itischen] Leben . . .

22. August, Hartland, H. B. an Helene Weber

. . . A[denauer] hat mir durch Min[isterial]-Dir[ektor] Blankenhorn 1000 DM für eine Kur angeboten und Nachprüfung meiner Pensions-möglichkeiten. Ich habe höflich, aber bestimmt abgelehnt und ihm klargemacht, daß ich die Ernennung des Kabinetts Ende März 1930 um zwölf Stunden verzögert habe, bis das Ministerpensionsgesetz in Kraft getreten war, das für die Zukunft die Ministerpensionen abschaffte . . . Die Aktionen und Reden von Blücher und Brentano werden in der Weltpresse lächerlich gemacht[1]. Ich habe selten etwas so Dummes erlebt. Den Schuman-Plan kann man nicht mehr völlig ablehnen, aber man kann die Abstimmung verschieben – genauso, wie das neue franz[ösische] Kabinett es beschlossen hat . . .

(1) Franz Blücher, Vizekanzler (FDP) 1949–1957, besonders beauftragt für Fragen des Marshall-Plans, und Brentano als Anwärter für das Amt des Außenministers gerieten gelegentlich in öffentlichen Widerspruch zum Bundeskanzler und wurden desavouiert.

9. September, Hartland, H. B. an Paul Sethe[1], Frankfurt/M.

. . . Kein Ministerpräsident und Außenminister – namentlich unter den heutigen Verhältnissen – kann allerdings die letzten Ziele seiner Politik rückhaltlos enthüllen . . . Auf der andern Seite ist es die Pflicht des Kanzlers, besonders zuverlässige und verschwiegene Mitglieder des Kabinetts und auch Parteiführer mit den gleichen Eigenschaften in großen Linien rechtzeitig über seine politischen Pläne zu informie-ren . . . Ich selbst habe Bülow oft gebeten, mir gegenüber den advocatus diaboli zu spielen und alle möglichen Gegenargumente aufzustellen gegen meine Auffassung, so daß ich mir völlig klarwurde, ob man mit einem Zuge warten oder vorgehen sollte. Eine solche Zusammenarbeit kann man nur haben, wenn einem die geeigneten Männer mit Erfah-rung zur Verfügung stehen . . .

In solchen Fragen wie dem Schuman-Plan und dem plötzlichen Verlangen nach deutscher Aufrüstung gibt es – wenn man schwach ist und nicht das Risiko auf sich nehmen will, die Zukunft der eigenen Nation auf Generationen festzulegen – nur zwei Möglichkeiten: entweder dilatorische Behandlung, wie ich es in der Aufrüstungsfrage zwar nicht dem Kanzler, aber anderen maßgebenden Herren vorgeschlagen habe; oder konstruktive Gegenvorschläge, deren Inhalt der Welt zeigt, daß man dem Zuge der Zeit folgend zu größeren wirtschaftlichen Einheiten kommen will, die aber gleichzeitig dazu dienen müssen, den „Pferdefuß" in dem Vorschlag der anderen Seite zu enthüllen . . .

(1) Redakteur und Mitherausgeber der *Frankfurter Allgemeinen Zeitung* 1949–1955.

3. Oktober, Hartland, H. B. an Walter von Baltz

. . . Es tritt jetzt durch das Angebot der Russen[1] eine Situation ein, in der Bonn die seit einem Jahre völlig verlorene Initiative wiedergewinnen kann. Fragt sich, ob Herr A[denauer] dazu die Konzeption und das nötige Geschick hat. Es kommt alles darauf an, Zeit zu gewinnen. Die Bedeutung der Atombombe wird vielfach überschätzt. Viel gefährlicher ist die neue Idee, kleinere taktische Atombomben im Falle eines russischen Vordrängens in Europa zur Störung von Truppenaufmärschen zu benützen. Das würde ein entsetzliches Massaker der Zivilbevölkerung in Norddeutschland herbeiführen . . .

(1) Neue Vorschläge zur Beratung über die Wahl eines gesamtdeutschen Rats kamen am 15. September von der DDR-Regierung, nachdem die russische Regierung im August einen neuen Vorschlag für das Verbot von Atomwaffen gemacht hatte.

4. Oktober, Hartland, H. B. an Reinhold Quaatz[1], Berlin

. . . Ich freue mich, daß die evangelische Kirche sich öffentlich für Verhandlungen mit der Ostzone über die Wahl eines gemeinsamen Parlamentes eingesetzt hat. Es gibt hier gewisse Militärs, die solche Verhandlungen nicht ungern sehen. Frankreich kommt in eine Zwickmühle, denn es hat ja immer gesagt, man dürfe keine deutschen Streitkräfte aufstellen, weil das die Russen provozieren könnte (das ist natür-

lich ein Fassaden-Argument nur). Es kommt jetzt alles darauf an, ob
Bonn geschickt und weitschauend die Chancen wahrnimmt. Wird ein
falscher Zug gemacht, ist er gemacht. So ist möglicherweise das Schicksal Deutschlands auf Generationen entschieden. Von England ist zunächst nichts zu erwarten. Das könnte sich ändern, aber nicht sofort,
wenn Winston Churchill in den Wahlen eine starke Mehrheit erringen
würde . . .

(1) Geheimer Regierungsrat, Dr. jur., Reichstagsabgeordneter 1920–1930 (DNVP
1924–1929).

15. Oktober, Hartland, H. B. an Johannes Maier

. . . Der Vorstoß der Russen in bezug auf die Wiedervereinigung der
beiden Zonen hat große Verwirrung und auch bei einzelnen hier Ärger
hervorgerufen. Der entscheidende Mann hat durch die Forderung nach
den östlich der Oder liegenden deutschen Landen in diesem Augenblick
wohl versucht, die ganze russische Initiative von Anfang an unmöglich
zu machen. Den Russen blieb nichts anderes übrig, um die Diskussion in
Gang zu halten, als nunmehr sich an die Franzosen direkt zu wenden
und ihnen den Vorwurf zu machen, daß sie den mit de Gaulle seinerzeit
abgeschlossenen Vertrag verletzt hätten. Tatsächlich hat A[denauer] die
Sache schon vorher abzubiegen versucht, indem er in Privatgesprächen . . . schon vor den Washingtoner Verhandlungen[1] erklärt hat, daß
er es vorziehe, wenn die Alliierten alle Verhandlungen mit Rußland
übernehmen würden . . .

(1) Am 14. September gaben die Außenminister der Vereinigten Staaten, Großbritanniens
und Frankreichs in Washington eine Erklärung heraus, mit der sie eine „vertragliche
Abmachung" über die Unabhängigkeit Westdeutschlands von dessen Zustimmung zur
Europäischen Verteidigungsgemeinschaft abhängig machten.

15. Oktober, Hartland, H. B. an Walter Hallstein[1], Bonn

. . . Ich bin etwas erstaunt, daß es Ihnen so schwerfällt, meine Bedenken
und Warnungen, vor allem auch in der Saarfrage, in bezug auf den
Schuman-Plan kennenzulernen. Sie können beim Herrn Bundeskanzler,

bei Herrn Dr. Pferdmenges und bei ein oder zwei andern engeren
Freunden oder Beratern des Herrn Bundeskanzlers ohne jede Schwierigkeit alles in Erfahrung bringen, was ich im Frühsommer vorigen Jahres
an Bedenken und Vorbehalten gegenüber dem Schuman-Plan ausgesprochen habe ... Leider habe ich im Augenblick nicht die Zeit, auf
andere Bedenken einzugehen, vor allem auf Pläne der Entwicklung der
europäischen Stahlindustrie, die hier im stillen großes Interesse finden,
aber verhängnisvoll für die Ruhr sein würden. Ich bin aber gerne bereit,
wenn ich in die Heimat komme, mich mit Ihnen eingehend darüber zu
unterhalten. Ich möchte auch gerne anerkennen, daß eine Reihe von
erheblichen Verbesserungen gegenüber dem ursprünglichen Entwurf –
wie ich annehme, durch Ihre Verhandlungen in Paris – in die endgültige Formulierung hineingekommen sind. Ich habe aber bisher keine
Garantie in dem Text gefunden gegen eine „competitive devaluation"
des Franc ... Zum Schluß möchte ich bemerken, daß ich den Presseäu-
ßerungen, die meinen Namen in die Debatte über den Schuman-Plan
hineingezogen haben, völlig fern stehe ...

(1) Professor Dr., damals Staatssekretär im Auswärtigen Amt.

21. Oktober, Hartland, H. B. an A. H. Berning

... Ihre Nachrichten über die Pläne betreffend die kath[olischen] Organisationen sind betrüblich, liegen aber auf der jetzigen Gesamtlinie
der von R[om] ausgehenden Zentralisationsgedanken; mit diesen ver-
dirbt man die großen Möglichkeiten, die an sich für den Katholizismus
bestehen. Überhaupt scheint man sich hier in Organisationsgedanken zu
erschöpfen und sieht darin das Wesen der Politik ... Ich sehe [auch]
sonst eine Flucht aus der Wirklichkeit. Der Herr, der mit den Kongreß-
leuten herumreist, ist ein Schüler von mir [Alan Moreland]. Er berichtete mir gestern, daß von Hamburg bis Basel alle Deutschen ihnen
gesagt hätten, sie wollten Paneuropa und keine eigene Souveränität.
Dabei waren diese Kongreßleute uns besonders wohlgesinnt, und man
hätte ihnen viel beibringen können ...

* *30. Oktober, „America", H. B. an Patrick Barry*

... Morgen werde ich zum ersten Mal in meinem Leben die Südküste von Irland sehen. Vielleicht legen wir in Cob (Hafen) an, da die „America" keine Gelegenheit hatte, in Staten Island Vorräte an Bord zu nehmen, und da sie alle Post aus Europa mit zurücknehmen mußte. Nur der Popularität von Mrs. Roosevelt ist es zu verdanken, daß die Streikenden das Schiff ablegen ließen, auf dem [von den Passagieren] etwa 100 Personen zur UN-Versammlung nach Paris fahren, darunter auch Acheson und Senator Warren Austin[1]. Bis jetzt war es die ruhigste Überfahrt, die ich je erlebt habe, mit warmer, frühlingsmäßiger Sonne. Man spürt nicht mehr Bewegung als auf einem Rheindampfer. Mein Deckstuhl steht zwischen denen von Mrs. Roosevelt und Senator Austin mit beiderseits einer großen Tür, so daß eine Art „cordon sanitaire" entsteht. Mrs. R[oosevelt] gibt sich sehr taktvoll und zurückhaltend. Natürlicher Charme ist ihr eigen. Wenn sie sich nur der Politik fernhielte! ...

Ich habe mit dem Buch *Enthusiasm*[2] von Mons[ignor Ronald] Knox angefangen ... Der Abschnitt über den Jansenismus ist sehr gut. Natürlich beruht alles auf französischen Quellen, und er scheint völlig falsche Vorstellungen zum Beispiel von Luther, Melanchthon und Zinzendorf zu haben. Aber für das Verständnis der Montanisten und Donatisten scheint es mir hervorragend zu sein ... Ich hoffe, daß ich in Deutschland nicht in die Parteipolitik verwickelt werde; das wäre mir äußerst zuwider. Hoffentlich sehe ich Sie bei meiner Rückreise Anfang Februar ...

(1) Senator von Vermont (Republikaner), 1946–1958. (2) Untertitel: „A Chapter in the History of Religion", Oxford 1950.

31. Oktober, „America", H. B. an Jakob Goldschmidt

... Ich bin jetzt auch mit dem sehr genauen Studium der Keynes-Biographie[1] fertig. Es ist ein ganz ausgezeichnetes Buch ... Für mich war das Wertvollste in dem Buch die Darstellung des Entwicklungsganges von Keynes in seiner Theorie. Einzelne Phasen waren mir völlig neu. Daß er in bestimmten Augenblicken an ähnliche Maßnahmen gedacht hat, wie wir sie in den Notverordnungen durchgeführt haben, war mir um so überraschender, als Keynes in der langen Unterhaltung mit mir im September 1931 für unsere Politik wenig Verständnis zeigte. Damals war ich allerdings überrascht, daß er offenbar die Bestimmungen des Young-Planes, vor allem über die Reichsbank, gar nicht im Bewußtsein hatte! Er sagte mir damals, ich solle mich doch einfach nicht darum kümmern! Das ist für die Angelsachsen allerdings charakteristisch . . .

(1) Henry Roy Harrod, *The Life of John Maynard Keynes*, London 1951.

* 31. Oktober, „America", H. B. an John Wheeler-Bennett

. . . Ich dachte ganz besonders an Sie, als ich in der Keynes-Biographie von Harrod las, welche Rolle Garsington Manor[1] in seinem Leben spielte. Ich halte es für ein höchst bemerkenswertes Buch, sehr gut geschrieben und inhaltsreich. Oft frage ich mich, warum in den letzten drei Generationen in Deutschland keine solche Biographien geschrieben wurden. Anscheinend ist die Kombination von Einfühlungsvermögen, gutem Stil und Objektivität unter den Deutschen äußerst selten geworden. Entweder ergehen sie sich in übertriebenen Lobsprüchen oder kritisieren sie ohne Mäßigung . . . Vor einigen Wochen erhielt ich die Reden von der Beerdigung [Hermann] Büchers, des Generaldirektors der AEG, den ich oft auch mit diplomatischen Missionen beauftragte. Alle Redner erwähnten nur, was sie Bücher gesagt und angeraten hatten, so daß der Eindruck entstand, er sei nur ein Lautsprecher für die Ideen anderer gewesen, während es sich doch in Wirklichkeit umgekehrt verhielt . . .

(1) Das einstige Haus des englischen Pazifisten Edmund Morel, mit dem Keynes während des Ersten Weltkrieges in Verbindung stand, gehörte nach 1945 Wheeler-Bennett.

* 7. November, Köln-Hohenlind, H. B. an Claire Nix

. . . Die Seminare sind sehr groß. Dieses hat 40 Studenten – es herrscht nicht mehr die gute alte Tradition, wie ich auch schon in anderer Beziehung bemerkt habe. Am Dienstag fange ich mit den Vorlesungen an, leider im größten verfügbaren Raum und zu ungünstiger Zeit. Heute

befaßte ich mich mit meinen Vorlesungen[1]. Ich werde sie so gestalten,
daß klar wird, welche Probleme vor den Staatsmännern standen, was sie
in jedem Augenblick des Handelns von zukünftigen Entwicklungen
erraten konnten und was sie von den komplexen internationalen Auswirkungen und Folgen der Probleme verstanden. Das halte ich für
meine Aufgabe . . . Die Rote-Kreuz-Angelegenheit[2] geht auf die Initiative der stellvertretenden Präsidentin Gräfin [Elisabeth] Waldersee
zurück; sie ist die Schwester des guten [Bernhard von] Bülow, den ich so
gern hatte. Ich werde die Position gewiß nicht annehmen, denn es ist –
wie bei allem hier – ein harter Kampf im Gange zwischen zwei Gruppen, von denen die eine jede Vorbereitung auf einen hypothetischen
Kriegsfall ausschließen und die andere Vorbereitungen für jeden Not-
fall, einschließlich der Atombombe, treffen will. Ich könnte eine solche
Stellung wirklich nicht noch zusätzlich zu meiner Arbeit hier übernehmen, obgleich jedermann ein halbes Dutzend Tätigkeiten hat und die
Bundes- und Staatsregierung berät, genau wie unsere Freunde in Harvard . . .

(1) Über internationale Politik. (2) Eine Aufforderung an H. B., die Präsidentschaft des
Deutschen Roten Kreuzes zu übernehmen.

* 12. November, Köln-Hohenlind, H. B. an Claire Nix

. . . Diese eine Woche hat mich gelehrt, daß die Einstellung des Durch-
schnittsbürgers zu Bonn etwa die gleiche ist wie derzeit in den Vereinigten Staaten Washington gegenüber. Auch hier reden sie meistens von
Korruption, innerhalb und außerhalb der Regierung. Ich fürchte, daß
die Lage in dieser Hinsicht schlechter ist als letztes Jahr. Die erste Vorlesung war heute. Bei mindestens 900 Menschen brauchte man einen
Lautsprecher, und das machte es schwierig, mit den Leuten in Kontakt
zu kommen. Ich konnte nur ein Drittel dessen sagen, was ich vorbereitet
hatte . . .
Ich unterhielt mich vier Stunden lang mit General [Alexander] von
Falkenhausen, sehr interessant. Er ist sehr wach und ungebrochen. All
meine Erinnerungen an ihn im passiven Widerstand und im Heer 1923
waren richtig, auch daß der öffentliche Angriff auf ihn im Jahr 1929
eine Woche, nachdem ich Schleicher gefragt hatte, was Falkenhausen
mache, erfolgte. Er hat eine sehr klare, ruhige Ansicht über die russi-

schen Pläne; er erwartet wie ich, daß sie verzögern werden, bis sie alles
ohne Kampf bekommen . . .

. . . Hier spricht kaum jemand von russischer Aggression. Alle arbeiten
schwer und versuchen, sich nicht um die Politik zu kümmern, was zweifellos für das Land nicht gut ist. Die Studenten sind lernbegierig, sie
bringen große Konzentration auf. Aber ich frage mich, ob sie jemals
Stellen bekommen werden. Die Dinge sind, fürchte ich, viel verworre-
ner, als die USA-Behörden hier und in Washington erkennen. Die un-
ausgeglichenen gesellschaftlichen Verhältnisse sind viel gefährlicher als
die russische Militärmacht . . .

9. Dezember, Köln-Hohenlind, H. B. an Jakob Goldschmidt

. . . Es war sehr schön, [meinen Geburtstag] in der Heimat verleben zu
können, zum ersten Mal seit 1933. Aber gerade dann gedenkt man der
Guten, „die vom Glück getäuscht von uns hinweggeschwunden". Dafür
habe ich es nun mit einer ganz neuen Generation zu tun. Mein Eindruck soweit ist ein sehr günstiger. Die Nazis haben doch nicht die
große kulturelle Tradition zerstören können; ob das den Bolschewisten
in der Ostzone gelingt, darüber sind die Meinungen verschieden . . .
Das Erstaunliche, was mir immer auffällt, wenn ich von drüben komme,
ist die Ruhe in den Gesichtern überall in Europa. Ob das mit dem
Klima zusammenhängt oder mit der älteren Tradition, kann ich nicht
sagen. Dabei könnten die Russen, wenn sie jetzt wollten, in drei Tagen
hier sein . . .
Anscheinend ist es Churchills Plan, unter allen Umständen durch Verhandlungen Zeit zu gewinnen . . . Seine Rede im Unterhaus am 6. Dezember scheint mir darauf berechnet zu sein, die Möglichkeit einer
Koalitionsregierung mit der Labourpartei sorgfältig offenzuhalten, was
auf eine ernste Auffassung der Lage hindeuten würde. Ich glaube, in
Bonn hat man über solche Dinge kaum Überlegungen . . .
Wirtschaftlich sieht es hier, äußerlich betrachtet, nach wie vor glänzend
aus . . . Aber ein Drittel der Bevölkerung lebt von öffentlichen Unterstützungen, die an sich völlig unzureichend sind . . . Eine große Anzahl

von Menschen lebt vom Detailhandel in kleinen Buden, meistens Obst, Tabakwaren und Süßigkeiten. Sie haben dann irgendwo in der Nähe aus Trümmern eine kleine Hütte gebaut und hungern sich wieder zu einigem Kapital herauf. Alle sind sehr erfinderisch . . . Steuermoral ist miserabel, zum Teil wegen des Schädigungsausgleichsgesetzes, durch das die Ungerechtigkeiten des Tenenbaumschen[1] Währungsschnittes wiedergutgemacht werden sollen. Der Entwurf ist noch unter Beratung in Bonn, aber die Diskussion darüber soll schon zu einer erheblichen Zunahme von „schwarzen" Konten geführt haben. Die SPD wird ganz radikal, ebenso die Gewerkschaften . . .

(1) Edward Tenenbaum war Finanzsachverständiger der amerikanischen Militärregierung bei der Einführung der Deutschen Mark 1948.

13. Dezember, Köln-Hohenlind, H. B. an Otto Friedrich

. . . Seit drei Wochen wohne ich hier sehr schön unmittelbar am Stadtwalde und behütet vor nicht angemeldeten Besuchern[1]. Ich bin aber noch nicht „organisiert"; das ist auch der Grund, weshalb ich nicht eher geschrieben habe. Ich habe noch keine Sekretärin und noch keinen Raum in der Universität . . . In Bonn bin ich noch nicht gewesen, beabsichtige auch nicht hinzugehen – außer einem Besuch bei Heuss als altem Bekannten, sobald Frau Heuss wieder aus dem Hospital entlassen ist . . . Ungefähr am 24. Januar muß ich hier abbrechen und nach England fahren, um dort dann den Dampfer zu besteigen zur Rückkehr nach Harvard für noch einmal sechs Monate. Dann werde ich dauernd zurückkommen . . .

(1) H. B. wohnte 1951 im Elisabeth-Krankenhaus Köln-Hohenlind. Im November 1952 kehrte er nicht in das Krankenhaus zurück. Am 17. Oktober 1952 schrieb er an H. J. Schmitt: „Die gute Frau Dr. Horatz hat Frau Geheimrat Eckert vorgeschlagen, mir die Zimmer ihres verstorbenen Mannes zur Verfügung zu stellen und außerdem mich sonst zu versorgen, einschließlich Auto. Das ist eine glänzende Lösung." Frau Eckert (später Heuwes) wohnte neben Horatz in Köln-Braunsfeld.

16. Dezember, Köln-Hohenlind, H. B. an Otto Friedrich

... Über die Notwendigkeit langzielender Pläne, basiert auf dem sorg-
fältigen Studium und der dauernden Beobachtung aller Änderungen in
der Weltwirtschaftslage, den mili[tärischen] und außenpolit[ischen]
Problemen, kann kein Zweifel bestehen. Über die Form einer solchen
Organisation kann man verschiedener Meinung sein, denn die Zweckmäßigkeit einer solchen Organisation auf der Kabinettsebene hängt von
den in Frage kommenden Persönlichkeiten und der menschlichen und
sachlichen Homogenität des Kabinetts ab. Wenn man die Organisationen der verschiedenen Länder während des letzten Krieges genau studiert hat, kommt man zu dem Ergebnis, daß trotz „wunderbarer"
Organisationen auf dem Papier die Sache nie funktioniert hat ...
Im Grunde müßten in der großen Linie die Aufgaben, die Sie umrei-
ßen, vom Kanzler selbst erst konzipiert sein, dann im Kabinett regelmäßig besprochen und eine gemeinsame Linie gefunden werden. Dann
müßten die Staatssekretäre der in Frage kommenden Ministerien im
einzelnen formulierte Vorschläge entwerfen, die dann dem Kabinett
nochmals zur endgültigen Beschlußfassung unterbreitet werden müßten.
Diese Methode hat sich früher bei uns als die einzig wirksame erwiesen ... Es wäre gut, wenn man ein kleines Wirtschaftskabinett unter
dem Vizekanzler einführen könnte. Aber ich wäre dagegen, ihm einen
großen Stab beizugeben, der aus den Beamten anderer Ministerien
bestehen soll. Das gibt schwere Reibungen dauernd mit allen Ministerien ... Wenn Herr Blücher[1] einen kleinen, aber erstklassigen Pla-
nungsstab hat, ... so hat er den Kopf frei und auch Zeit, sehr sorgfältig
sich auf die wesentlichen Punkte zu konzentrieren. Denn die Hauptsache ist doch, daß er selbst vorher klare Auffassungen sich schafft ...
... Ich lud regelmäßig Dietrich, Stegerwald und Pünder ein, gelegentlich unter Zuziehung von Bülow und Trendelenburg. Dann wurde
entschieden, was gemacht werden sollte, nachdem jeder Minister sich
auf solche Besprechungen vorbereitet hatte. Pünder bekam den Auftrag,
dann mit den Staatssekretären der Ministerien zu sprechen, so daß auch
sie unabhängig von den Ministern informiert waren und ihrerseits an
die Arbeit gehen konnten ... Auch Luther wurde oft zu den kleinen
Ministerbesprechungen eingeladen. Ich habe ihn vom ersten Tage der
Kabinettsbildung an immer zu Kabinettssitzungen eingeladen, manchmal unter Hinzuziehung von Dreyse[2], damit bei der Reichsbank keine
Mißverständnisse aufkommen konnten, und um zu verhüten, daß die

Reichsbank, wie es bei Schacht so oft der Fall war, auf eigene Faust
Außenpolitik machte . . .

(1) Dem Vizekanzler Franz Blücher oblag die allgemeine Koordinierung wirtschaftlicher
Fragen. (2) Friedrich Wilhelm Dreyse, früher Vizepräsident der Reichsbank.

30. Dezember, Köln, H. B. an A. H. Berning

. . . Ich war bei Kard[inal] Frings, kam aber nicht in eine mehr als
oberflächliche Unterhaltung mit ihm. Ich fürchte wie Sie seit langem,
daß die Politik der Kirche die Möglichkeiten nimmt, die sie sonst hätte.
Ich hörte auch von einem sehr starken Nachlassen des Kirchenbesuchs
in rein kath[olischen] Mittelstädten. Ich sah den Erzb[ischof] von Paderborn hier im Hause; er berichtete sehr interessant und realistisch von
seiner Firmungsreise in der Ostzone. Er hat keine Illusionen, was wird,
wenn die Dinge noch fünf Jahre so weitergehen. Der Mann in Bonn hat
ja kein Interesse am Osten trotz allen Getues. In London hat er unter
anderem in einer Rede erklärt, man müsse, was die Ostprovinzen angeht, aus Gerechtigkeitsgefühl auch die Ansprüche der Polen in Betracht
ziehen. Das wurde hier in der Presse unterschlagen . . . Aber es ist niemand da, der etwas dagegen tun kann. Im übrigen werden die Mitglieder der SPD auch kritisch gegenüber ihren eigenen Führern. Im
Grunde ist das Volk mißtrauisch gegen alle Politik . . .

31. Dezember, Köln, H. B. an Fritz Rettig[1], Hamburg

. . . Ich hoffe, daß der neue Verband dem Grundsatz treu bleibt der
unbedingten parteipolitischen und konfessionellen Neutralität. Es würde
in der Tat, wie Sie feststellen, ein großer geschichtlicher Fortschritt sein,
wenn die deutsche Gewerkschaftsbewegung strengste parteipolitische
und konfessionelle Neutralität einhalten würde. Ich habe gleich am
Ende des Krieges alten Freunden in der Heimat gegenüber meine Auffassung zum Ausdruck gebracht, daß einer der entscheidenden Faktoren
für den Wiederaufbau unseres Vaterlandes die deutsche Gewerkschaftsbewegung sein müsse, daß aber die Gewerkschaften nur dann ihre große
Aufgabe erfüllen könnten, wenn sie sich völlig frei hielten von irgendeiner politischen und konfessionellen Voreingenommenheit. Je mehr ich

in den langen Jahren meines Exils über die Entwicklung in Deutschland
in Ruhe nachdenken konnte, desto mehr bin ich zu der Überzeugung
gekommen, daß einseitige parteipolitische Orientierung der Gewerkschaften mit dazu beigetragen hat, eine scharfe Reaktion auf der äußersten Rechten allmählich hervorzurufen. Dabei habe ich aber stets mit
Dankbarkeit mich der Tatsache erinnern können, daß in den entscheidenden Jahren der Weltwirtschaftskrise von 1930 bis 1933 die Führer
aller Gewerkschaften ein hohes Maß von Verantwortungsbewußtsein für
das gesamte Vaterland gezeigt haben, trotzdem sie den bittersten Angriffen von der äußersten Rechten und der äußersten Linken dauernd
ausgesetzt waren . . .

(1) Bis 1933 in der Leitung des Deutschen Handlungsgehilfenverbands.

1952

H. B. kehrte für das im Februar beginnende und im Juni endende Semester zum letzten Mal nach Harvard zurück. Den Sommer und Herbst verbrachte er wieder in Hartland, Vermont, und im November fuhr er zum Wintersemester nach Köln. Zum großen Erstaunen amerikanischer Freunde schrieb er im August und September: „Das Scheiden von hier, besonders von dem schönen Vermont, fällt mir doch schwerer, als ich gedacht hatte."

Von Ende 1951 bis 1965 hatte Großbritannien ein konservatives Kabinett, und bis zum Frühjahr 1955 war Winston Churchill erneut Premierminister. In Frankreich blieb Schuman unter wechselnden Ministerpräsidenten bis Ende 1952 Außenminister. Im November wurde General Eisenhower zum Präsidenten der USA gewählt. Anfang 1952 zeigte sich, daß der amerikanische Außenminister Acheson und der Bundeskanzler die stärksten Fürsprecher für die vorgesehene europäische Verteidigungsgemeinschaft waren. Acheson bemühte sich, vor Ablauf seiner Amtszeit eine internationale „Stabilität" herbeizuführen, da er den Eindruck hatte, sowohl Adenauer als auch Schuman verlören an Popularität, und am Ausgang der kommenden Wahl in Amerika zweifelte, auch war er sich bewußt, daß die internationalen Beziehungen außergewöhnlich flexibel und offen waren. Im Februar nahm der NATO-Rat in Lissabon den Vorschlag zur Schaffung eines europäischen Heeres an und verabschiedete ein Programm, das 96 Divisionen in Europa vorsah, ein Ziel, das sich als unrealistisch erwies, unter anderem weil die französischen Streitkräfte in zunehmendem Maß gebunden waren, nicht nur in Nordafrika, wo sich Tunesien seit Januar 1952 im Aufstand befand, sondern auch in Indochina, wo die USA 1952 40 Prozent der Kosten des französischen militärischen Vorgehens als Teil des weltweiten Widerstandes gegen „kommunistische Eroberung und Subversion" übernahmen. Sowjetische Noten vom 10. März und 9. April mit dem Vorschlag einer Konferenz über ein blockfreies Deutschland wurden in Washington und Bonn abschlägig beschieden, da man vermutete, sie verfolgten nur die Absicht, die Wiederaufrüstung und Neuorganisation Westeuropas zu behindern. Im Mai wurde die Grenzbewachung der sowjetischen Besatzungszone verschärft. Der Deutschlandvertrag und das EVG-Abkommen wurden am 26. Mai in Bonn und am 27. Mai in Paris unterzeichnet. (Der revidierte Deutschlandvertrag trat erst am 5. Mai 1955 in Kraft; das EVG-Abkommen wurde im August 1954 von der französischen Nationalversammlung abgelehnt.)

H. B. schrieb am 19. Juni an Heinrich Vockel: „Man lebt genauso wie beim Young-Plan in der Illusion, daß man geschriebene Verträge im Handumdrehen wieder beseitigen kann, während Paris doch darauf besteht, daß die Bedingungen bis zum letzten i-Punkt erfüllt werden." Seiner Ansicht nach hätte man General Ridgways Erklärung von Ende April, daß nationale Einheiten unter Korpsstärke in einer internationalen Armee Unsinn seien, verwenden können, um die Bestimmungen des EVG-Vertrags zu verbessern, und er vermißte „das Wartenkönnen in der Außenpolitik, bis sich die günstigsten Bedingungen ergeben". Ende Juli schrieb er an Hermann Josef Schmitt: „So arbeitet die Zeit für uns, und Bonn arbeitet dagegen." Allerdings räumte er schon Anfang 1952 ein, daß eine Politik der Wiedervereinigung „auch von der Wirtschaft Opfer" verlangen würde, „wozu wenig Bereitschaft" zu merken sei.

8. Januar, Köln-Hohenlind, H. B. an Ewald Löser

. . . Die vergangenen Wochen waren überaus anstrengend für mich: eine Fülle von Besuchen, willkommen und unwillkommen; eine Flut von Briefen, meistens Verzweiflungsschreie von aus dem deutschen Osten Vertriebenen und alten Leuten, die durch den Währungsschnitt um alle ihre Ersparnisse gebracht wurden. Mein Eindruck vom Sommer 1950 hat sich noch verstärkt, daß hinter einer blendenden Fassade sich ein maßloses Elend verbirgt – vor allem entsetzliche individuelle Schicksale . . . Sie haben nur zu recht: Die Frauen in Deutschland haben das Schwerste durchgemacht[1]. Von ihnen hängt wirklich das Geschick der Nation ab . . . Ich konnte es einrichten, Frau Goerdeler am Todestag unseres gemeinsamen Freundes in Heidelberg zu besuchen . . . Die älteste Tochter scheint alle Qualitäten ihres Vaters geerbt zu haben; sie gleicht ihm auch äußerlich, vor allem was die Augen angeht. Frau Goerdeler ist noch leidend, aber so ruhig und gefaßt. Von da fuhr ich zu Frau Curtius[2], die ich immer so sehr geschätzt habe, und war mit ihren Kindern und Schwiegerkindern zusammen. Sie ist eine prächtige Frau . . .

(1) Hier ist der Einsatz von Frau Ilse Löser für die Verteidigung und die Pflege ihres Mannes während seiner Haft gemeint. (2) Adda Curtius, Witwe des Reichsaußenministers Dr. Julius Curtius.

25. Januar, Köln-Hohenlind, H. B. an Eric Voegelin, Baton Rouge

. . . Was die Russengefahr angeht, so kann niemand etwas über die Zukunft sagen. Die Meinungen der Militärs schwanken, noch mehr die der Politiker[1]. Ich persönlich glaube, daß die Russen auf die Ränder Asiens mit Hilfe der Chinesen drücken werden, um die Alliierten zu zwingen, möglichst viel Truppen dauernd dort zu halten. Wenn die Russen zehn Jahre diesen Druck und ihre Rüstungen fortsetzen können,

so werden allerdings die Demokratien in Schwierigkeiten kommen . . .
Daß durch Schuman-Plan und anderes eine Trennung zwischen Ost-
und Westdeutschland auf die Dauer von den Franzosen beabsichtigt ist,
kann man wohl nicht bezweifeln. Wenn die Russen aber Ostdeutschland
halten, dann haben sie in Europa ein sicheres Glacis und können versuchen, Westeuropa unter Spannungen zu halten, die die demokratische
Staatsform nicht auszuhalten vermag. Die Engländer werden sich dann
auch noch nicht auf einen Präventivkrieg einlassen, wie vielleicht
manche in den USA verlangen würden. Aber es kann auch sein, daß
nach Stalins Tode sich eine Zeitlang Schwierigkeiten in Rußland herausbilden. Wer vermag alles das vorher zu erkennen? Eine Ruhe wird es
auf der Welt in einer Generation nirgendwo geben . . .

(1) Die französische und die westdeutsche Regierung scheinen die Gefahr eines russischen
Angriffs lediglich als bedauerliche Begleiterscheinung der amerikanischen Wirtschaftshilfe
betrachtet zu haben, und in Großbritannien hielten viele einflußreiche Persönlichkeiten
die Gefahr eines ,,impulsiven" amerikanischen Vorgehens für größer als die eines russischen Angriffs (vgl. u. a. McGeehan, *The German Rearmament Question*, S. 177). Selbst in
Washington wurde das berühmte Dokument 68 des Nationalen Sicherheitsrats vom April
1950, das einen ,,Höhepunkt der Gefahr" für das Jahr 1954 und bald darauf sogar schon
für 1952 voraussah, nicht in allen Ministerien gleich ernst genommen.

1. März, Lowell House, H. B. an Josef Vögele

. . . Es ist geradezu tragisch, wenn man – wie ich hier vor wenigen
Tagen – von einem deutschen Austauschstudenten, in Gegenwart von
Amerikanern, hören muß, daß Paris oder Aachen die geeignetste
Hauptstadt für das geeinte Europa wäre . . . Dabei kam der junge
Mann aus einer der ältesten Familien im deutschen Osten; er hatte
völlig den Sinn für die Notwendigkeit der Wiedervereinigung Ost- und
Westdeutschlands, auch vom wirtschaftlichen Standpunkt aus, verloren.
Man lebt in Deutschland zu einem großen Teile wieder von ähnlichen
Illusionen wie in der Mitte der zwanziger Jahre, als die ausländischen
Anleihen nach Deutschland hereinströmten . . . Wenn man solche Dinge
in Unterhaltungen in gewissen politischen Kreisen in Deutschland
mahnend hervorhebt, so kommt man natürlich sofort in den Verdacht,
daß man ein Gegner des vereinigten ,,Europas" wäre. Ein vereinigtes
Europa kann sich nur herausbilden, wenn man die Zollschranken zwischen den Ländern Schritt für Schritt abbaut und zu einer freien Kon-

kurrenz innerhalb des gesamten westeuropäischen Raumes kommt[1]. Das
ist die natürliche und die sichere Entwicklung. Der andere Weg, erst das
Dach zu bauen und eine Fahne darauf zu stecken, bevor man die Fun-
damente gelegt hat, muß notwendig später zu einer Katastrophe führen . . .

(1) Die geplante EVG sah auch ein europäisches „politisches Organ" vor. Für H. B.
bedeutete dies, „das Dach vor dem Fundament" zu bauen.

14. März, Lowell House, H. B. an Walter Preuss[1], Hamburg

. . . Daß die SPD einen Generalvorstoß gegen das gegenwärtige Sozial-
versicherungssystem machen würde, habe ich erwartet. Sie ist zu sehr
durch Emigranten beeinflußt, die während des Wachsens der neuen
Politik der Labourpartei während des Krieges in London waren. Die
wissen nicht, daß diese Politik in England versagt hat . . . Ob ich in der
Ersatzkrankenkassenfrage irgend etwas in Deutschland hätte tun können, bezweifle ich. Es gibt zu wenig Zusammenhang zwischen den
früheren Mitgliedern der einzelnen Verbände des früheren Deutschen
Gewerkschaftsbundes. Wenn es nicht gelingt, die Herren, die verschiedene Meinungen haben, einmal zu einer Aussprache zusammenzubringen und wenigstens zu einem taktischen Verständnis in bezug auf das
weitere Vorgehen zu kommen, so sehe ich schwarz . . . Natürlich halte
ich die Ersatzkrankenkasse für das Richtige. Je weniger schematisch alle
Sozialverhandlungsfragen behandelt werden und je mehr Selbstverwaltung, mit Anpassung an bestimmte Bedingungen für die einzelnen
Gruppen, man übrigläßt, desto sicherer ist das Sozialversicherungssy-
stem vor kommenden schweren Krisen bewahrt . . .

(1) Herausgeber des *Deutschen Zeit-Archivs*, Hamburg; in der Deutschen Angestellten-
Krankenkasse tätig.

15. März, Lowell House, H. B. an Heinrich Vockel

. . . Ich will nicht darüber ein endgültiges Urteil fällen, ob die russische
Note nur rein taktischer Art ist[1]. Sicherlich bietet sie die Möglichkeit zu
neuen Verhandlungen, die die Lage zum mindesten „auflockern" kön-

nen. Daraufhin schreibt zum Beispiel die *New York Times:* „Es würde politischer Selbstmord für manche der führenden Persönlichkeiten in Bonn sein, wenn sie offen das aussprechen würden, was sie in Privatgesprächen als ihre Auffassung gegeben haben, nämlich, daß sie bereit wären, auf die Ostprovinzen jenseits der Oder-Neiße dauernd zu verzichten, wenn sie dadurch dauernde Freundschaft mit Polen gewinnen könnten . . . Die Alliierten und die westdeutsche Regierung haben eine ungeschriebene Vereinbarung, so wenig wie möglich die Frage der Ostprovinzen zu diskutieren . . ." Anscheinend hat man in Bonn die Fähigkeit verloren, die günstige geographische Lage Deutschlands zum Aushandeln von Vorteilen durch Verhandlungen mit beiden Lagern zu benützen . . .

(1) Die russische Note vom 10. März an die Westalliierten über einen Friedensvertrag mit Deutschland. (Siehe u. a. Bruno Bandulet, *Adenauer zwischen West und Ost*, München 1970; Klaus von Schubert, *Wiederbewaffnung und Westintegration*, Stuttgart 1970. Coral Bell führte in *Negotiation from Strength*, London 1962, aus, die Westmächte seien 1952/1953 für Unterhandlungen mit Rußland in einer günstigeren Position gewesen als jemals danach. Der US-Regierung dagegen erschien eine Diskussion über die russische Note verfrüht. Vgl. George Kennan, *Memoirs 1950–1963*, Boston 1972, S. 108 ff. Siehe auch Philip Windsor, *German Reunification*, London 1969, S. 54, 67.)

15. März, Lowell House, H. B. an Otto Friedrich

. . . Mir wird schwül bei all den neuen finanziellen Verpflichtungen, die jetzt wieder übernommen werden. Ich habe einer Reihe von Herren – auch Schäffer – gesagt, daß man sich nicht von den augenblicklichen Einnahmenziffern berauschen lassen soll . . . Ich kann es nicht fassen, daß man den Lastenausgleich auf die lange Bank schiebt und so im Auslande ein völlig falsches Bild von der Finanzlage hervorruft, auf Grund dessen das Ausland uns immer neue Lasten auferlegt, die indirekt zum Teil sogar zur Finanzierung des französ[ischen] Krieges in Indochina dienen. Ich fürchte, daß die Herren, die über diese Dinge mit dem Ausland verhandeln, sich – außer Schäffer – überhaupt keine Sorge wegen dieser gewaltigen Summen machen, weil sie nach dem alten Kölner Rezept arbeiten: „Es hat noch immer jut gegange." . . .

Die Franzosen schlagen immer mehr bei den Verhandlungen[1] heraus. Sie werden jetzt alles in allem $ 700 000 000 bekommen. Wir waren ganz vergessen bei den ersten Verhandlungen zur Vorbereitung von Lissa-

bon. Wir bekommen jetzt nachträglich $ 100 000 000 für ein Jahr . . .,
vorausgesetzt, daß der Kongreß all diese Summen ohne Streichungen
bewilligt . . . Man schätzt wohl die mil[itärische] Macht Rußlands
genügend ein, aber nicht die politische. Deswegen ist man auch völlig
unsicher, welche Antwort man auf die neueste russ[ische] Note betreffend Deutschland geben soll[2]. Ich halte sie für sehr ernst und wünschte
sehr, daß man in Bonn nicht in aller Hast Schritte tut, die weitere Verhandlungen unmöglich machen . . . Am schlimmsten ist die Äußerung
des Kanzlers gleich nach Bekanntwerden der russ[ischen] Note, daß
man gleich an die Ausarbeitung einer Verfassung für die Ver[einigten]
Staaten von Westeuropa gehen müsse[3] . . .

(1) Am Tag zuvor hatte das State Department vom Senat zusätzlich zur ausländischen
„Wirtschaftshilfe" 1,8 Millionen Dollar für ausländische „Verteidigungshilfe" gefordert.
(2) Am 9. März hatte H. B. an Fritz Berger geschrieben: „Auch wenn Niemöller sehr
radikal prorussisch reden sollte, wird er die Verwirrung hier nicht größer machen können,
weil das nicht möglich ist." (3) Am 16. März in Siegen.

16. *März, Lowell House, H. B. an J. H. von Ostau*

. . . Was nun die Frage der Monarchie angeht, so möchte ich noch
einmal darauf aufmerksam machen, daß es im Augenblick ungünstig ist,
die Frage überhaupt öffentlich anzuschneiden. Es würde sich ein soforti-
ger Widerstand in den weitesten Kreisen dagegen richten. Die Monar-
chisten würden in die Lage kommen wie die französischen Monarchi-
sten, das heißt, sie würden von den meisten Parteien als willkommenes
Angriffsobjekt benützt werden. Wenn man zu der großen deutschen
Tradition zurückkehren will, so muß man warten, bis daß das Volk
einsieht, daß mit den bisherigen Systemen auf die Dauer nicht weiterzu-
kommen ist. In einem solchen Augenblick, so wie er im Frühjahr und
Sommer 1932 bestand, kann man ernsthaft an die Wiederherstellung
einer Monarchie unter neuen Formen, wie Sie sie auch wünschen, herangehen. Jeder Versuch, es vorher zu machen, wird nur zu einem
dauernden Scheitern des monarchischen Gedankens führen . . .

23. März, H. B. an Hermann Josef Schmitt

... Jetzt besteht sogar die Möglichkeit, daß die Alliierten sich die Rückgliederung von Ostpreußen und Schlesien zu eigen machen werden, um den Russen Schwierigkeiten zu bereiten ... Aber auch wenn die Reaktion der Russen dann eine völlig negative ist, so kann sich jede deutsche Regierung in Zukunft darauf berufen, daß die westlichen Alliierten die Rückgliederung allen deutschen Gebietes, so wie es 1935 bestand, gefordert haben[1] ... Wenn die Franzosen dann einmal kühl nachdenken würden, so würde ihre strategische Lage durchaus gebessert werden, wenn das deutsche Gesamtgebiet, dessen Neutralität durch alle Mächte garantiert werden soll, auch Ostpreußen und Schlesien einschließt. Denn dann wird die Lage der Tschechoslowakei auf die Dauer sich erheblich verbessern in der Richtung einer größeren Unabhängigkeit von Rußland ...

(1) Die Noten, die die drei Westmächte am 26. März an Moskau schickten, betonten, daß die Potsdamer Konferenz keine endgültigen Grenzen feststelle. H. B. schrieb am 10. April 1952 an A. H. Berning von der „gewaltigen Agitation polnischer und anderer Emigrantenorganisationen" in Amerika: „Man kann mit Forderungen wie der Rückgabe der Ostgebiete, wenn sie im richtigen Augenblick aufgestellt werden, manches erreichen. Wenn sie im unrichtigen Augenblick aufgestellt werden, kann man das Tor dauernd schließen. Es kommt immer auch auf die Formulierung an."

6. April, Lowell House, H. B. an Johannes Maier

... Zu dem ausgezeichneten P[aul]-S[ethe]-Artikel vom 31. März[1] wären einige zusätzliche Bemerkungen zu machen. Die Bonner Politik wäre ausgezeichnet, a) wenn die militärische Lage so wäre wie in Eisenhowers Bericht[2]; b) wenn die politischen Auffassungen der US-Freunde des Kanzlers auf wirklich weitschauenden, sachlichen Gründen beruhten; c) wenn der Kanzler in seinen Zugeständnissen warten könnte und sich nicht immer gleich durch „eiserne" Verträge binden würde, solange wie die Gegenseite nur mündliche Versprechungen macht ... Eisenhowers Bericht war auch ein Wahlprogramm, seit Wochen von seinen politischen Freunden dringend erwartet ... Man will vor der Versammlung der republikanischen Partei eine geschriebene Verfassung für das „Vereinigte Europa" noch durchsetzen, über die die Staatsrechtler mit Zustimmung von Bonn schon verhandeln ... Man hat in Bonn bei Verhandlungen keine konstruktiven Gegenvorschläge. Man läßt sich Schritt für Schritt auf separate Verträge für die einzelnen Produktionszweige ein. Nach dem Schuman-Plan kommt der Pflimlin-Plan[3]. Jedes Mal ist es und wird es besonders unter französischem Einfluß eine „etatistische" Lösung sein und keine durch Zölle nicht mehr gehemmte freie Konkurrenz . . . Wenn man selbst keine konstruktive Lösung hat und in Verhandlungen eintritt, so ist man bald in einer Sackgasse. Man hätte hier die Öffentlichkeit für Deutschland gewinnen können, wenn man im Gegenzug auf den Schuman-Plan Zollfreiheit für die Produkte der Schwerindustrie vorgeschlagen hätte mit der Klausel, daß bei Währungsabwertungen Differenzzölle vorübergehend eingeführt werden könnten. Man hätte dann hier sagen können, daß man so – und später auch auf anderen wirtschaftlichen Gebieten – die wirtschaftliche Vereinigung Westeuropas herbeiführen könne . . . Die Bonner Korrespondenten sprechen deutlich aus . . ., daß der Kanzler die 20 Millionen Ostdeutschen aufgibt, ohne irgendwelche Garantie zu haben, daß sie je wieder mit Westdeutschland vereinigt werden. Sie sagen deutlich, daß nach Unterzeichnung der Verträge mit den Westalliierten die totale Russifizierung der Ostzone beginnen wird, einschließlich des Kampfes gegen die Kirchen . . .

(1) „Die allzu einsamen Beschlüsse", in: *Frankfurter Allgemeine Zeitung*, 31. März 1952. (2) Als Oberbefehlshaber der NATO vom 3. April 1952. (3) Pierre Pflimlin, französischer Landwirtschaftsminister (Republikanische Volksbewegung) 1948–1951, Überseeminister 1952, Finanz- und Wirtschaftsminister 1957–1958, Staatsminister 1958–1959, 1962, legte Mitte April 1952 bei einer Konferenz in Paris seinen Plan für einen europäischen Agrarmarkt vor.

15. April, Lowell House, H. B. an Manfred von Brünneck

. . . In nahezu allen Ländern besteht so viel Verständigung zwischen Regierung und Opposition, daß man der Opposition Waffen zur Kritik gibt, die die Stellung der Regierung gegenüber dem Auslande stärken. Was jetzt geschieht, ist nichts anderes, als durch Verheimlichung der eigenen Versprechen das Parlament immer wieder vor die Frage zu stellen, ob es für oder gegen Verträge ist, die man ohne Not und zum Teil auf Grund eigener Initiative schon angenommen hat . . .

17. April, Lowell House, H. B. an Bernhard Raestrup, Oelde i. W.

... Die Lage der Regierung in Bonn ist eine sehr schwierige. Es besteht keine Frage – und das ist hier offen ausgesprochen –, daß, wenn die Chinesen unter russischem Einfluß zu einem Abkommen mit der UN über Korea kommen, Washington Verhandlungen mit den Russen über die beiden Noten nicht ablehnen kann. Deshalb ist es etwas unbegreiflich, daß man von Bonn aus die Dinge in umgekehrter Richtung forcieren will, wobei man Zugeständnisse machen muß, die bei Verzögerung der Verhandlungen mit den Westmächten nicht mehr nötig wären ...

Mai, Lowell House, H. B. an Paul Sethe

... Ihre Frage nach meiner Kritik der Bonner außenpolitischen Verhandlungen will ich gerne kurz beantworten ... Ich habe verschiedene Herren des Kabinetts und des Parlaments darauf aufmerksam gemacht, daß die Aufstellung eines westdeutschen Heeres unter französischer Führung die endgültige Trennung von Ost- und Westdeutschland herbeiführen würde ... Je mehr Bonn selbst drängte, desto mehr arbeiteten die Franzosen hier und ebenso auch bei Eisenhower, eine Lösung zu finden, die die deutschen Truppen unter französischen Oberbefehl stellen und gleichzeitig Westdeutschland noch weiter und auf lange Sicht in allen Punkten praktisch von Frankreich abhängig machen würde. Wiederholt haben amerikanische Korrespondenten in Europa, namentlich in den letzten drei Wochen, ihrer Verwunderung Ausdruck gegeben, daß Bonn so sehr auf Abschluß dränge und daß man nicht einmal das verlange, was die US Japan freiwillig gewährt haben.

Es wurde hier wiederholt hervorgehoben, daß Bonn es war, das die Forderung der Rückgabe von Ostpreußen und Schlesien in die erste Antwortnote[1] auf die ersten russischen Vorschläge hineingebracht hat ... Die Rückforderung der Gebiete jenseits der Oder hat jedenfalls die Folge gehabt, daß die Westalliierten mehr oder minder deutlich sich dieser Forderung angeschlossen haben ... Das wäre sicher nicht zu verwerfen. Aber nach alter diplomatischer Erfahrung ist es im allgemeinen weiser, solche Maximalforderungen nicht bei Beginn von Verhandlungen ostentativ aufzustellen. Man hätte die Forderung in vorsichtiger Weise zu Beginn aufstellen und sie im Laufe der Verhandlungen in den Vordergrund rücken können, besonders wenn es sich während der Verhandlungen herausstellen würde, daß die Russen keine wirkliche Garantie für freie Wahlen geben würden. Man hätte die Forderung auch damit unterstreichen können, indem man die Ostflüchtlinge gesondert abstimmen lassen würde.

Inzwischen hat sich mehr und mehr herausgestellt, daß einige der Westmächte – Frankreich nicht – doch ernsthaftere Verhandlungen mit den Russen oder sogar zwischen Bonn und der Ostzonenregierung wünschten. Die Militärs sind sich darüber klar, daß man unter allen Umständen Zeit gewinnen muß, daß die militärische Lage schon katastrophal sein würde, wenn etwa die Russen die Kader der Ostpolizei auffüllen und ihnen Tanks und Flugzeuge zur Verfügung stellen würden für eine Bedrohung Westdeutschlands in irgendeiner Form ... Die Auffassung, daß der endgültige Abschluß eines Vertrages auf Aufstellung eines westdeutschen Heeres unter alliierter Führung die dauernde und endgültige Trennung von Ost- und Westdeutschland bedeuten würde, ist in den letzten drei Wochen in der ernsten englischen Presse ebenso wie hier, mit einer gewissen Sorge wenigstens, ausgesprochen worden. Diese Sorge beruht nicht auf einer Liebe für Deutschland, sondern auf der kühlen Überlegung, daß russische oder Satellitenheere an der Elbe eine ständige Gefahr für ganz Westeuropa bleiben werden, da dann die für moderne Waffen notwendige strategische „Tiefe" in Westeuropa *nie mehr* vorhanden sein würde. Wenn dem aber so ist, so muß man unter allen Umständen durch Verhandlungen Zeit gewinnen, so wie es die Russen und Genossen in Korea ein Jahr lang verstanden haben[2] ...

Bonn hat die Notwendigkeit der sofortigen Zustimmung des Bundestags öffentlich damit begründet, daß man nur so die Wahl Eisenhowers zum Präsidenten der USA sichern könne. Das erklärt manches, auch welchem Rat, oft ohne eigene Überlegung, Bonn folgt. 1916 hat eine öffentliche Stellungnahme eines unserer offiziellen Vertreter hier zugunsten des Gegenkandidaten wesentlich zur Wiederwahl von [Woodrow] Wilson beigetragen. Es gibt hier keinen Sachverständigen bislang, der annimmt, daß, wenn Eisenhower gewählt wird, er auch eine Mehrheit im Senat erhalten wird. Zudem darf man nicht einflußreiche Politiker hier auf diese Weise verprellen, die in den ersten Jahren nach dem Kriege den Mut fanden, für uns aufzutreten ... und deren militärpolitische Auffassungen von einem großen Teil der Sachverständigen gebilligt werden[3] ... Die Stimmung hier im Lande, manchmal selbst in den führenden, franzosenfreundlichen New Yorker Zeitungen, schlägt immer mehr um zugunsten Deutschlands ...

Wenn man hier den Leuten vorhält, daß man in einer solchen Zeit wie
der heutigen überhaupt keine langen Verträge machen kann, weil man
die Entwicklung nicht vorauszusehen vermag und sich aus solchen
Verträgen unlösbare Krisen ergeben, so antwortet der optimistische
Amerikaner immer nur, daß die Deutschen die stärkste Rasse in Westeuropa sind und es schon verstehen werden, die ihnen gebührende
Stellung wieder zu erreichen. Das war auch die Auffassung eines Teiles
der Minderheit des Senats im Jahre 1920, die für die Ratifizierung des
Versailler Vertrages stimmte, und ebenso auch der Dawes- und Young-
Sachverständigen. Aber aus wirtschaftlichen Gründen war schließlich
die ganze Welt außer Frankreich an einer Änderung der Reparationen
interessiert. Dasselbe ist bei den jetzigen Verträgen nicht der Fall . . .
Man spricht sich offen und realistisch über die eigene Rüstung und
Rüstungsmöglichkeiten im Vergleich zum russischen Block aus . . .,
wobei man gleichzeitig betont, daß in weiteren drei Jahren die Russen
in atomischen Waffen den Westmächten gleichkommen könnten. Alle
diese Überlegungen sollten jeden Denkenden dazu veranlassen, nicht an
den Abschluß fünfzigjähriger Verträge zu denken, sondern wirklich
etwas auf die Beine zu stellen in Form von Kadern – und nicht wochen-
lange Verhandlungen zu führen, ob nun Englisch die Codesprache und
Französisch die Befehlssprache sein würde, oder ebenso Zeit verlieren
über die Uniformfrage, die ja auch jahrzehntelang im 16. und 17. Jahrhundert den Regensburger Reichstag beschäftigt hat . . .
Diese Bemerkungen bedeuten nicht, daß ich einen Vorstoß vom Osten
erwarte in der nächsten Zeit, außer Beunruhigung von Westeuropa
durch Grenzüberschreitungen der Ostpolizei und durch wirtschaftliche
Lahmlegung von West-Berlin. Eine solche Taktik muß Bonn geduldig
hinnehmen, denn die NATO kann drei Jahre lang nichts riskieren, ohne
den westlichen Kontinent bis weit nach Frankreich hinein vorübergehend aufgeben zu müssen . . . Bonn hätte ohne Zweifel durchsetzen
können, daß es auch im NATO Council vertreten würde . . .
Zum Schluß: Was bedeuten alle die Versicherungen der „späteren"
Wiedervereinigung von Ostdeutschland und Westdeutschland, wenn
hier die Organisationen der Emigranten aus den Satellitenstaaten, die
ganz bestimmt nicht mit eigenem Geld arbeiten, bereits die Zukunfts-
pläne für Europa propagieren, die aufgebaut sind auf der Aufteilung
Europas in eine östliche und eine westliche Föderation, wobei die
Grenzlinie zwischen den beiden die jetzige zwischen Ost- und Westdeutschland sein würde! . . .

(1) Vom 25. März 1952. (2) Die Unterhandlungen in Korea wurden schon seit einem Jahr geführt und dauerten noch ein weiteres Jahr an, bis im Juli 1953 ein Waffenstillstandsabkommen geschlossen wurde. (3) Taft hatte sich wie Eisenhower für die republikanische Präsidentschaftskandidatur zur Verfügung gestellt. Taft, der Hoovers aktive Unterstützung genoß, befürwortete starke amerikanische See- und Luftstreitkräfte eher als amerikanische Landstreitkräfte in Europa oder Asien und eine einseitige amerikanische Garantie, eine Art „Monroe-Doktrin für Westeuropa".

8. Mai, Lowell House, H. B. an Erwin Brettauer

. . . Ich werde von Woche zu Woche besorgter. Ich habe immer vorausgesagt, daß, wenn man eine deutsche Aufrüstung im Rahmen dieses Unfugs einer westeuropäischen Armee vornimmt, die Russen mit einer Aufrüstung in der Ostzone beginnen werden, was für sie sehr leicht ist, da sie bereits 80000 gut indoktrinierte deutsche Veteranen in der Volkspolizei organisiert haben. Diese können Grenzüberschreitungen machen, unterstützt von der kommunistischen Jugendorganisation, und die Nerven der Westeuropäer in dauernder Spannung halten. Wenn ein Gegenstoß, etwa der zwei englischen Elitepanzerdivisionen, erfolgen sollte, so können die russischen Elitetruppen an der Oder sofort einen Gegenstoß machen; oder Stalin könnte, je nachdem, wie es in seine weitreichenden Pläne hineinpaßt, Herrn Pieck[1] und ähnliche „offiziell" in ein Konzentrationslager bringen. Wie kann man jetzt offen deutsche Divisionen aufstellen wollen, die dazu noch nicht in Westdeutschland ausgebildet werden dürfen, wenn selbst die optimistischsten Militärschriftsteller jetzt zugeben, daß man in den nächsten zwei Jahren einen russischen Vorstoß günstigstenfalls erst auf der Linie Ardennen–Vogesen aufhalten kann . . . Die Bevölkerung wird diese Nervenprobe nicht ewig aushalten, zumal wenn die Alliierten verlangen, daß Westdeutschland die ganzen ausländischen Aufwertungs- und Entschädigungsansprüche für das gesamte frühere Deutschland bis zu einer Höhe von 24 Milliarden DM übernehmen, gleichzeitig aber einen in Einzelfällen fast zur Konfiskation gehenden internen Ausgleich machen soll . . .

(1) Wilhelm Pieck (1876–1960), Staatspräsident der DDR.

... Die Welt ist ziemlich hysterisch geworden, und jede Meinung, die von der vorherrschenden, dauernd sich wandelnden Tendenz abweicht, kommt in Acht und Bann. Wer die Geschwindigkeit untersuchen würde, mit der der politische Gehalt der Presse hier und anderswo sich ändert, würde der Menschheit einen Dienst erweisen! ... Es ist wirklich sehr einfach, gewisse mögliche Entwicklungen der internationalen Politik vorherzusehen, wenn man kühlen Kopf behält und das liebe Ich hintansetzt. In solch kritischen Zeiten brauchen die Militärs das Temperament und die Weisheit des großen Moltke (des älteren), der einst Historiker werden wollte und wegen seiner Armut ins Heer eintreten mußte, zuerst ins dänische, dann ins preußische ... Die Unannehmlichkeiten, die er erduldete, und die Weisheit, die er aus seinen Studien und Reisen nach Rom und Anatolien und Armenien gewann, seine Selbstbeherrschung und seine Uneigennützigkeit bildeten die einzig mögliche Grundlage für die Verbindung militärischer Führung mit einem weltweiten Blick und der Gabe der Vorahnung. Gneisenaus Lebensgeschichte ist ähnlich ... Gleichartige Verhältnisse herrschten bei Scharnhorst, einem Bauernsohn ...

Warum diese lange Einleitung? Es gibt keine Möglichkeit, Ihre Frage, ob in den nächsten zehn Jahren der Krieg kommt oder nicht, zu beantworten, wenn man nicht weiß und sogar bezweifelt, ob unter den Alliierten auch nur einer ist wie die, von denen ich gesprochen habe ... Die Russen werden versuchen, einen heißen Krieg in Europa so lange wie möglich zu vermeiden. Unterdessen werden sie jede Woche einen neuen politischen Überraschungszug machen, um das Nervengleichgewicht der westeuropäischen Nationen zu unterhöhlen ... Kein Volk, und ganz gewiß nicht die USA, kann den Ergebnissen dieser Entwicklung entgehen. Wegen der Politik dieses Landes in den letzten zwölf Jahren und wegen der rasch fortschreitenden technischen Entwicklung der Kriegführung besetzen Sie jetzt die strategische Position, die Deutschland jahrhundertelang innehatte: Wann immer Krieg ausbricht oder Kriegsgefahr besteht, werden Sie hineingezogen, auch gegen Ihren Willen, um Ihrer eigenen Sicherheit willen ... Mit ihrer Weigerung, die Rolle eines konstruktiven Mittlers zu spielen, brachten Wilson und noch mehr Roosevelt dieses Land in eine strategisch schwache Position. Es wäre katastrophal, wollte man diese Tatsache mißachten. Rußland besitzt Clausewitz' berühmte „innere Linie", strategisch und politisch.

Es kann mit militärischen und politischen Mitteln die Welt in ständiger Furcht und Unruhe halten.

... Ihr Land wird auch durchhalten, aber ohne Nutzen, wenn Sie den einen Tag auf die Engländer und den nächsten Tag auf die Franzosen hören und tatsächlich glauben, daß Sie, wenn die Russen die Freundlichkeit hätten, noch weitere fünf Jahre zu warten, imstande wären, sie mit dem bloßen Gewicht der technischen Waffen zu zerschlagen ... Wenn Sie Ihre Ausgaben für Propaganda in Europa und für Spionage um neun Zehntel kürzen würden, wären sie sehr viel erfolgreicher ...

28. Mai, Lowell House, H. B. an Jakob Goldschmidt

... Zu meinem Erstaunen ist mir das Kölner Klima mit seinem ewig grauen Himmel im Winter sehr gut bekommen, während ich hier jedes Mal vor den schnellen Wetterveränderungen meine alten Beschwerden wieder bekam. So wäre an sich die Rückkehr in die Heimat sehr schön, wenn man sich nicht jeden Tag über die Bonner Politik ärgern müßte. Ich fürchte, meine Warnungen, die ich wegen der Form der geplanten Aufrüstung schon im August 1950 dem entscheidenden Herrn übermittelte, die von Leuten wie Halder und Falkenhausen völlig geteilt wurden, werden sich als gerechtfertigt bestätigen, zum mindesten insofern, daß die Russen durch die Ostregierung West-Berlin nach einigen Monaten wirtschaftlich unhaltbar machen und die Bevölkerung in Westdeutschland unter dauerndem Nervendruck halten werden ...

28. Mai, Lowell House, H. B. an Hermann Pünder

... Ich stimme Ihnen sehr dringend zu, wenn Sie sagen, daß weitere Abänderungen nötig sind, die allerdings nicht in den Bonner und Pariser Verhandlungen[1] erreicht worden sind. Dazu gehören die Bestimmungen über den Secret Service der Alliierten[2], dessen korrumpierender Einfluß auf das deutsche Volk und die Politiker unabsehbar ist. Weiter: die Möglichkeit, deutsche Truppen irgendwo in der Welt zu verwenden ohne eine Vetomöglichkeit der deutschen Regierung. Außer vielen anderen Punkten ... besteht das größte Bedenken meinerseits gegen die Klausel, daß Verhandlungen mit dem Osten nur über oder durch die Westmächte geführt werden könnten – nach den hier veröf-

fentlichten Auszügen der Verträge ist das nicht ganz klar. Man lebt in
Bonn in völliger Illusion über die strategische Lage bis zum Ende des
Jahres 1954. Ich habe Anfang August 1950 General von Schwerin mit
der Bitte, es dem Kanzler weiterzuleiten, vorgeschlagen, man solle
einfach Kader aufstellen, so wie es in der Ostzone damals begann, dann
jede weitere Entwicklung auf dieser Linie in der Ostzone mit einer
gleichen in der Westzone beantworten . . . Ich plane, im Oktober nach
Köln zu kommen, sofern die Lage sich bis dahin nicht zu kritisch entwickelt . . .

(1) Das „Contractual Agreement" zwischen der Bundesrepublik und den westlichen
Besatzungsmächten wurde am 26. Mai in Bonn, der EVG-Vertrag am 27. Mai in Paris
unterzeichnet. (2) Als das Abkommen von 1952 als „Deutschlandvertrag" 1955 in Kraft
trat, behielten die drei Besatzungsmächte unter Artikel 5, Absatz 2 „Rechte in bezug auf
den Schutz der Sicherheit von in der Bundesrepublik stationierten Streitkräften".

10. Juni, Lowell House, H. B. an Hermann Pünder

. . . Fortschreitend werden die Leitartikler in allen Zeitungen pessimisti-
scher über die internationale Lage, selbst solche Leute wie die Alsop-
[Brüder], die bislang die Washingtoner Politik rückhaltlos und scharf
verteidigt haben. Dieselbe Entwicklung beginnt nun auch in England,
wo man nun noch zu der Überzeugung kommt, daß es besser wäre, vor
Ratifizierung des E.D.C.-Vertrags [Vertrag über die Europäische Ver-
teidigungsgemeinschaft] noch einmal mit den Russen zu verhandeln
über die Frage der Wiedervereinigung der beiden Zonen. Das geschieht
nicht aus Sympathie für Deutschland, sondern aus Furcht vor einer
neuen chinesischen Offensive in Korea, die es nötig machen würde, fast
alle vorhandenen Luftstreitkräfte dorthin zu senden . . Der Kanzler
weiß nicht, wie schnell hier die Meinungen wechseln können. Er ist
immer der Ansicht gewesen, daß, wenn ein solcher Wechsel kommt, er
zu unseren Ungunsten sein wird. Das ist irrig. Diese Auffassung ist ihm
beigebracht worden . . . Seine Hast hat es den Franzosen erlaubt, ihrerseits die Zögernden zu spielen und immer neue Forderungen gegenüber
den USA und Bonn durchzusetzen . . . Das Volk hier hat aber keine
Ahnung von diesen Dingen. *Time* bringt sogar einen ungewöhnlich
wohlwollenden Aufsatz für Schumacher[1]!
Ich habe jetzt den vollen Text der Verträge erhalten, habe aber noch
nicht Zeit gehabt, die entscheidenden Artikel ein zweites Mal durchzu-

lesen. Mein erster Eindruck ist keineswegs beruhigend. Zum Beispiel: Das Budget-Recht und die Budget-Kontrolle der EVG-Organisation können zu einer indirekten Einzelkontrolle des deutschen Budgets führen. Ferner, was soll es heißen, daß in einem späteren Stadium die Kommission der EVG die Rekrutierung in den einzelnen Ländern selbst vornimmt? Und darüber entscheidet, wo die EVG-Streitkräfte verwendet werden sollen? Endlich, daß die EVG mit Mehrheit eigene Methoden, verschieden von den NATO-Methoden, für die Veranlagung der einzelnen Länder zum gemeinsamen Verteidigungsbudget festsetzen kann? Wie steht es mit der Verwendung deutscher Truppen in Algier? ... Ich glaube natürlich noch immer nicht, daß die Russen selbst etwas unmittelbar gegen Westdeutschland unternehmen werden, wohl aber können sie die Kader der Ostzone schnell auffüllen und diese benützen, um schrittweise wachsende praktische Drohungen durchzuführen ... Unser Preis wird steigen, wenn Deutschland warten kann. Eine glatte Ablehnung der Verträge, nachträglich, würde im Augenblick nicht empfehlenswert sein, trotz aller Bedenken. Ein Verzögern der Entscheidung des Bundestags wird uns sicher Erleichterungen und weitere Versprechungen bringen ...

(1) „Germany's Schumacher", in: *Time*, 9. Juni 1952.

18. Juni, Lowell House, H. B. an Hellmuth Elbrechter[1], Düsseldorf

... Den guten Leuten im Parlament und im Lande wird vorgeredet, daß nach Annahme der Verträge die Russen nichts mehr riskieren werden und jedermann ruhig schlafen kann. Die Militärsachverständigen hier umgekehrt leben in stärkster Spannung. Man weiß, daß man vor Ende 1954 zunächst die Russen nicht einmal am Rhein aufhalten kann, daß aber in dem gleichen Zeitpunkt die Russen wahrscheinlich den Vorsprung der USA in atomischen Waffen aufgeholt haben werden ...
Je näher der Zeitpunkt kommt, wo ich dauernd in die Heimat zurückkehre, desto klarer wird es mir, wie groß der Unterschied in den Auffassungen zwischen den Leuten daheim und mir geworden ist. Dieses Gefühl habe ich bei meinem ersten Besuche nicht gehabt. Es rührt im wesentlichen davon her, daß ich das letzte Mal gesehen habe, wie naiv man in der Außenpolitik geworden ist und wie wenig man auch in der

Finanz- und Wirtschaftspolitik an die Entwicklung späterer Jahre denkt.
Aber wenn ich darüber nachdenke, so kommt mir nach einer Weile die
Tatsache wieder zum Bewußtsein, daß ich auch in den Jahren nach dem
Ersten Weltkriege immer in Erregung war darüber, daß der Reichstag,
obwohl er an sich gute Gesetze machte, in Finanz- und Wirtschaftsfragen nie weiter als ein oder zwei Jahre dachte . . . Dazu kommt die Verwirrung der Geister über die Ereignisse der letzten zwanzig Jahre. Man
streitet dogmatisch über Nebensachen und scheint nicht viel Lehren aus
der jüngsten Geschichte gezogen zu haben. Die Leidenschaftlichkeit, mit
der man über solche Kleinigkeiten debattiert, worüber man dann jede
nationale Würde vergißt, ist mir einfach unfaßbar . . .

(1) Bis 1933 H. B.s Zahnarzt, mit Gregor Strasser befreundet.

18. Juni, Lowell House, H. B. an Josefina Blesch

. . . Ich habe Briefe über Briefe an alte politische Freunde geschrieben.
Ergebnis dieser letzteren Arbeit ist gleich null. . . . McCloy hat vor dem
Senats-Komitee ausgesagt, daß Schumacher nicht gegen das Prinzip
der Verträge ist, sondern nur Verbesserungen erreichen will[1]. Das ist
vom Senat sehr freundlich aufgenommen worden. Aber sofort darauf
kam von Bonn die Nachricht, daß man unter allen Umständen die
Verträge durchpeitschen würde und eine sichere Mehrheit habe . . .
Man hätte hier unendlich viel an Verbesserungen noch durchsetzen
können, da man fast zitterte, daß Bonn nicht ratifizieren will . . . Die
Ratifizierung der Verträge über die bedingte Souveränität Westdeutschlands und über die Ausdehnung der USA-Verpflichtung über die
NATO auf Westdeutschland ist nicht aufzuhalten. Bei dem letzteren
Vertrag wäre es sogar nicht wünschenswert . . . Die Russen werden aber
sich bewußt sein, daß, wenn Ende 1954 das Höchstmaß der Rüstung
erreicht ist, die Möglichkeit besteht, daß man . . . vom Westen aus
ultimativ werden muß. Das ist wohl der Punkt, der in den Köpfen der
Russen wie ein Gespenst wirken muß. Deshalb kann man nicht absolut
sicher über die nächsten Jahre urteilen . . . Der Vergleich mit Korea
wird seit sechs Wochen hier dauernd von seriösen Leuten öffentlich
gebraucht . . . Eine Hoffnung auf Stimmungswandel in Bonn habe ich
nicht mehr . . .

(1) Am 10. Juni hatte McCloy wie Acheson vor dem Senatsausschuß für auswärtige Angelegenheiten die jüngst unterzeichneten Verträge befürwortet.

19. Juni, Lowell House, H. B. an Manfred von Brünneck

... Der überwiegende Teil [der Bonner Politiker] ist sehr anständig, voll Pflichtgefühl und arbeitet in Kommissionsberatungen ausgezeichnet und mit Hingabe, so es sich um ein isoliertes Problem handelt. Sobald ein Vertrag oder ein Gesetz in die verschiedensten Bereiche hineingreift und Kettenwirkungen auf eine Generation auslösen kann, werden sie unruhig und unsicher und fürchten die Verantwortung und beugen sich demjenigen, der leichten Herzens bereit ist, ihnen diese Verantwortung abzunehmen. Aber dazu kommt eine Verwirrung der Begriffe über Pflichten und Vorteile, die mit einem Mann da verbunden sind, die erschreckend ist. Das neue „System" geht von der zynischen Auffassung aus, daß man die Abgeordneten mittelbar oder unmittelbar finanziell so gut stellen muß, daß sie selbst und ihre Frauen sich einen Lebensstandard angewöhnen können, den wenigstens die Frauen nie wieder aufgeben wollen. Das hat zur Folge, daß die ersten gesunden Reaktionen der Abgeordneten auf gewisse politische Schritte der Regierung alsbald weichen vor der Furcht, plötzlich wieder ein beschränktes Dasein führen zu müssen ...

11. Juli, Hartland, H. B. an A. H. Berning

... Was Sie und ich immer befürchtet haben, ist eingetreten: Man spannt die Kirche zu sehr vor den pol[itischen] Wagen eines einzelnen Mannes, und wie immer in der Geschichte, wenn das mittlere und südliche Rheinland in einem deutschen Reiche dominiert, ergibt sich eine Strömung, die zentrifugal ist und die Politik mit einem mißverstandenen Katholizismus identifiziert. Das kommt zunächst fast unbemerkt, wächst sich dann zu einer Theorie aus, die einen gewaltigen Rückschlag hervorrufen muß. Es wiederholt sich immer der Traum eines kath[olischen] Staates, einer katholischen Politik, der immer zu den schwersten Verwicklungen und oft zu Katastrophen geführt hat ... Die SPD hat sachlich in der Außenpolitik recht, aber das bedeutet in d[er] praktischen Politik nichts – wenn man nicht durch geschickte Manöver und

Abänderungsanträge die Reg[ierungs]parteien zwingen kann, die Linie
etwas zu revidieren . . .

21. Juli, Hartland, H. B. an Irmgard von Willisen

. . . Seit nahezu vierzehn Tagen bin ich wieder hier, wo ich mich so
wohl fühle, weil ich jeden Tag an meine geliebte Grafschaft Glatz erinnert werde, wo ich immer hoffte, den Rest meiner Tage in Beschaulich-
keit verleben zu können. Die vergangenen Monate waren sehr anstrengend für mich: Konzentrierung einer Jahrestätigkeit auf dreieinhalb
Monate; Durchsehen und teilweise Vernichtung einer Korrespondenz
von 13 Jahren; Disponierung über was ich hier lasse und was ich mitnehmen sollte; endlich Verpacken und vorläufiges Einlagern. Dazu
mußte ich langsam die vielen 100 unerledigten Briefe, die ich nach hier
von Köln mitbrachte, allmählich beantworten. Alles in allem fällt mir
das Scheiden von hier sehr schwer; denn meine Eindrücke in der Heimat, vor allem, was d[ie] Politik angeht, waren nicht immer sehr erfreulich . . .

26. Juli, Hartland, H. B. an Helene Weber

. . . Es ist alles unglaublich, was man macht. Man ergreift öffentlich die
Initiative zur Erfüllung weittragender, jahrhundertealter französischer
Wünsche und ermöglicht es so den Franzosen, sich jedesmal für die
,,Annahme" ihrerseits von hier bezahlen zu lassen . . . Man gibt nur den
Russen weiteren Vorwand, um ihre weittragenden Pläne mit eisiger
Ruhe Schritt für Schritt durchzuführen. Die Korrespondenten hiesiger
Blätter drücken auch ihre Verwunderung aus und [schreiben], daß ein
gewisser Herr kein Interesse an einer Wiedervereinigung der Zonen hat.
So ist es nicht verwunderlich, daß die Emigrantenorganisationen der
Satellitenstaaten Rußlands, die hier mit amtlicher Unterstützung arbei-
ten, offen verkünden, daß die jetzigen Grenzen zwischen der Ost- und
Westzone bleiben müssen und Ostdeutschland der nach einem Siege
über Rußland zu begründenden osteuropäischen Föderation einverleibt
werden muß.[1] Liest niemand im Parlament ausländische Zeitungen?
Sieht man nicht Londons Skepsis in der *Times?* Sieht man nicht, daß
der Quai d'Orsay jedes spätere Zusammengehen Bonns mit England

unmöglich machen will? Sieht man nicht, was es bedeutet, daß für das alles der Katholizismus mobilisiert wird? Sieht man nicht, welchen Fehler man macht, indem man sich öffentlich für Eisenhower ausspricht, dann nach meinen wiederholten Warnungen für Taft, dann nach Eisenhowers Nominierung wieder für Eisenhower, wenn dann vierzehn Tage später die Demokratische Partei als einzige die Forderung auf die Wiedervereinigung Deutschlands in ihr Programm aufnimmt! Es ist alles einfach unfaßbar . . .

(1) Osteuropäische Emigrantenpolitiker und Amerikaner, die wie der frühere Botschafter in Warschau, Arthur B. Lane, eine Politik der Befreiung Osteuropas förderten, fanden Unterstützung bei größeren organisierten „ethnischen" Minderheiten, vor allem Tschechen und Polen, in den Industriestädten des Nordostens; Parteipolitiker, die ethnische Wählerblöcke gewinnen wollten, konnten an das Befreiungsstreben appellieren. Mit Unterstützung der Regierung bildeten im Juni 1949 prominente frühere amerikanische Beamte und politische Amtsträger das National Committee for Free Europe zur Hilfe für Flüchtlinge aus Osteuropa und zur Propaganda in osteuropäischen Ländern. DeWitt Poole wurde Präsident und Allen Dulles von der CIA wurde Vorsitzender des geschäftsführenden Ausschusses. Ein mitteleuropäisches Studienzentrum wurde in New York gegründet, das Pläne für die Zeit nach der Befreiung ausarbeitete; ein europäisches Zentrum und der Sender Free Europe wurden ins Leben gerufen. Ein nationaler „Kreuzzug für die Freiheit" wurde mit großer Propaganda aufgezogen. Im Frühjahr 1951 belegte das Committee for Free Europe vier Stockwerke eines mitten in Manhattan gelegenen Bürogebäudes; C. D. Jackson von *Time* und *Fortune* war DeWitt Pooles Nachfolger geworden. Die Wiedervereinigung Deutschlands galt als Bedrohung für die Interessen der osteuropäischen Emigranten, die für eine Teilung Deutschlands in einen östlichen und einen westlichen Staatenbund eintraten, wie sie 1945 von Wilhelm Röpke vorgeschlagen worden war (vgl. *Die deutsche Frage*, Zürich 1945).

1. August, Hartland, H. B. an Hermann Josef Schmitt

. . . Die Einladung, in Essen zu sprechen[1], habe ich bereits abgelehnt. An sich hätte ich die Rede gerne übernommen, da ich von Essen und Berlin von allen deutschen Städten am meisten halte. Die Leute haben wenigstens noch Mark in den Knochen. Aber es ist mein fester Vorsatz, keine öffentliche Rede in der Heimat zu halten bis nach den Wahlen im nächsten Jahre. Ich würde sonst ohne Zweifel durch systematisch verdrehte Interpretation meiner Ausführungen in eine üble Situation hineingebracht werden . . .

(1) Vor einem CDU-Verband.

1. August, Hartland, H. B. an Josefina Blesch

... [Kennan] wollte seinen Landsleuten nur klarmachen, daß in ihren allgemein verschwommenen, idealistischen Ideen, die dann die Westmächte, vor allem Frankreich, in raffinierte, juristische Formen bringen, die USA die Welt ruinieren werden[1] ... Das Leben hier und vor allem in Washington ist zu nervös, zu zerrissen, niemand hat die Zeit und die Ruhe, sich unter einen Baum zu setzen und in den Himmel zu starren und dabei in aller Seelenruhe eine geistige „tour du monde" zu machen und all die Verkettungen zu überlegen ... Die Russen werden keinen Krieg anfangen, solange wie ihnen nicht ein totalitärer Weltblock gegenübersteht. Aber sie können die Vopo-Formationen plötzlich nach Schleswig-Holstein und Dänemark werfen ... Diesen Gefahrenpunkt hat glücklicherweise General Ridgway[2] sofort nach seiner Ankunft in Europa erkannt. Die Dinge sind so verworren, daß, wenn die Rüstung des antirussischen Blocks den Höhepunkt erreicht hat, gar nichts anderes übrigbleibt, als den Russen ein Ultimatum zu stellen, denn die Demokratien können den kalten Krieg nicht länger aushalten. Der innerste Grund für den Kampf gegen Taft ist die Überzeugung, daß Taft nicht zu bewegen sein würde, eine solche Ultimatumspolitik zu betreiben ...

(1) Mit seinem Buch *American Foreign Policy 1900–1950*, New York 1951; deutsch: *Amerikas Außenpolitik 1900–1950 und ihre Stellung zur Sowjetmacht*, Frankfurt 1952. (2) General Matthew B. Ridgway, MacArthurs Nachfolger im Fernen Osten 1951, Eisenhowers Nachfolger in der NATO 1952.

2. August, Hartland, H. B. an Kurt Kluge[1]

... Die SPD ist in schärfste Opposition gedrängt, Schumacher hat erkannt, daß die Breitscheidsche Ideologie ein Verhängnis war[2], und übernimmt in der Außenpolitik, auch aus patriotischen Gründen, die Ideologie der DNVP in den ersten Jahren der Weimarer Republik ... So gibt es überall „verkehrte" Fronten. Wenn es solche verkehrte Fronten gibt in Deutschland, so blüht der Weizen der Ideologen, und wieder geht eine Generation verloren. Die Ideologen, da sie keine praktische Verantwortung zu übernehmen brauchen oder wollen, enden gewöhnlich in einem antizipierenden Pessimismus, der überhaupt dem deutschen Volke auf Grund einer langen tragischen Geschichte eigen ist.

Wer an die Politik rein ideologisch herangeht, wird nie ein Verständnis gewinnen, daß man in der Politik vor allem das Warten und das „Timing" lernen muß . . .

(1) Kennans „Korrespondent" vom Frühjahr 1948 (siehe S. 129 f.). (2) Rudolf Breitscheid war Fürsprecher der Verständigung mit Frankreich.

8. August, Hartland, H. B. an Gerd Bucerius

. . . Wenn man eine europäische Föderation haben will, so muß sie aufgebaut sein auf einem schrittweisen Abbauen der Zollmauern, so daß sich langsam eine natürliche wirtschaftliche Einheit entwickelt, die zunächst einmal die reale und auch psychologische Grundlage für eine spätere politische Einigung abgeben kann. Wenn man sich aber durch Spezialverträge in eine von politischen Einflüssen gesteuerte Wirtschaft hineinziehen läßt und gleichzeitig in eine politische und militärische Sonderstellung, die von hier nicht gefordert worden ist, und Westdeutschland keine Gleichberechtigung auf der NATO-Ebene gibt, so gibt man, ohne Gegenleistung zu erzielen, die starke Stellung Deutschlands preis, die aus seiner geographischen Lage und der Intelligenz und Tatkraft seiner Bevölkerung sich immer wieder automatisch erheben muß . . .
Ich hoffe, den endgültigen Text meiner Erinnerungen bis zu meiner Rückkehr in die Heimat fertigzustellen. Der größte Teil war bereits in den Jahren 1934/35 geschrieben. Wann ich die Memoiren oder Teile davon veröffentlichen werde, kann ich nicht sagen. Ich werde das erst tun, wenn die Veröffentlichung meinem Vaterlande nützen und nicht schaden kann . . .

11. August, Hartland, H. B. an Rudolf Pechel

. . . Wenn man nicht schreit in der deutschen Presse, ganz gleichgültig, was die Bonner Regierung tut, wird man in der Außenpolitik immer wieder in neue Sackgassen geraten. Schon seit einem Jahre reagiert die führende Presse hier sehr empfindlich auf deutsche Kritik. Schumachers Publizität hier im Lande ist in den letzten zwei Monaten größer als die des Kanzlers. Sie sehen aus Crossmans Interview[1], wie weit die Labour

Party völlig umgeschwenkt hat zugunsten einer Wiedervereinigung
Deutschlands und sogar potentiell zur Wiedergewinnung der Ostprovinzen . . .

(1) Richard Crossman, Parlamentsabgeordneter der Labour Party, sah in der starken
Aufrüstung der Westmächte nicht eine Stärkung, sondern eine Schwächung ihrer Weltstellung.

14. August, Hartland, H. B. an Otto Friedrich

. . . Es gibt eben doch sehr wenige Industrielle, die konstruktive Gedanken auf weite Sicht über ihre unmittelbaren Aufgaben hinaus haben.
Ich habe das früher sehr kritisiert. Heute denke ich darüber milder, da
ich in den langen Jahren meines Exils die Erfahrung gemacht habe, daß
es Persönlichkeiten im Wirtschaftsleben, die das Ganze sehen, für politische Notwendigkeiten Verständnis haben und [für] die Psychologie der
Arbeiter und Gewerkschaften, überall nur wenig gibt. Gewisse Zuspit-
zungen in gewerkschaftspolitischen Fragen zeigen sich im übrigen, wie
Sie wissen werden, in England und hier. Es sind die abstrakten Planer,
die auch bei uns für die Schwierigkeiten verantwortlich sind. Sie sehen
noch immer nicht, daß, wenn die Aufrüstung nicht wäre, ihre Zeit
schon völlig vorbei wäre . . .

3. September, Hartland, H. B. an Hermann Pünder

. . . Es setzt jetzt auf Wunsch von Paris und Bonn ein stärkerer Druck
auf Ridgway ein. Sie täten gut daran zu erinnern, daß Ridgway vor
seiner Abfahrt vom Fernen Osten ausdrücklich betont hat, daß nach
seinen Korea-Erfahrungen nationale Einheiten unter Korps-Stärke in
einer internationalen Armee reiner Unsinn sind. Hier könnte man den
Hebel ansetzen. Sie werden schon verstehen, man braucht uns. Die
Stimmung hier, außer [im] State Department, ist so, daß man sich
allmählich ausschließlich auf Deutschland und England verläßt . . . Das
kann man ausnützen . . .

* *5. September, Hartland, H. B. an Josefina Blesch*

... Man sollte den Reden der Präsidentschaftskandidaten und ihrer Ratgeber nicht zu große Bedeutung beimessen. Jeder muß beweisen, daß er Rußland gegenüber fest ist und keinen Krieg will. Unterdessen müssen die Militärs das Land über den russischen Fortschritt in modernen Waffen unterrichten. Wenn man den Leuten hier eine Gefahr vor Augen führen will, muß man sie übertreiben. Sonst werden sie – besonders zur Zeit der Wahlen – von beiden Kandidaten Reduzierung der Ausgaben und Besteuerung verlangen ... Rußland wäre an der Wiedervereinigung nur interessiert, wenn Deutschland kein Heer hätte; das würde die Befürchtungen eines großen Teils der französischen Bevölkerung und Politiker beheben und den französischen Willen zur Aufrüstung lähmen. Tatsache ist, daß Bonn ... im Sommer 1950 nicht merkte, daß Deutschland seinen Preis Monat für Monat hätte erhöhen können, wenn es keine festen Abkommen geschlossen, sondern die Verhandlungen weitergeführt hätte. Diese Möglichkeit auszuschlagen, bedeutete den Verlust von Chancen, die nicht wiederkehren werden ...

12. September, Hartland, H. B. an Otto Most[1], Münster i. W.

... Von Stifter kann ich nur von Zeit zu Zeit etwas lesen, vor allem die wunderbaren Naturschilderungen, die kaum ihresgleichen in der Weltliteratur haben. Auch Kierkegaard ist für mich eine schwere Lektüre. Wenn ich Zeit zum Lesen habe, so suche ich mir immer etwas „Problemfreies" aus. Dazu gehören unter anderem Alexander von Humboldt und Darwins Reisebeschreibungen.

... Das deutsche Volk hat eine einzigartige Schaffensenergie jedesmal nach einem schweren Schicksalsschlage. Dann verlieren die guten Leute häufig das Gleichgewicht und geben sich Illusionen hin. So ist es auch heute wieder. Bonn übernimmt eine Verpflichtung nach der andern auf Grund der optimistischen Augenblickseinstellung. Würde die Aufrüstung nicht gekommen sein, so würden sich schon auf mehr Gebieten als dem der Bekleidungsindustrie Anzeichen einer mangelnden Kaufkraft seitens der Bevölkerung häufen. Auf die Dauer kann eben Westdeutschland ohne den Handel mit Osteuropa nicht existieren. Dieser Handel allein hat es uns erlaubt, die schwere Krise von 1929 bis 1932 durchzuhalten. Dieser Tatsache ist man sich weder hier noch in

Westdeutschland bewußt. Man wird aber in Washington dauernd Schwierigkeiten gegen einen starken Warenaustausch zwischen West- und Osteuropa machen . . .

(1) Universitätsprofessor für Philosophie, früher in Breslau.

* 12. September, Hartland, H. B. an Mona Anderson

. . . Ich war glücklich, von Cambridge wegzukommen, obwohl Lowell House der bestmögliche Platz für mich zum Leben während des Krieges war. Da ich aber infolge der Kriegsverordnungen praktisch zwischen Lowell House und meinem Büro eingeschlossen war, litt ich dort tatsächlich an Klaustrophobie. Hier in Vermont habe ich Wurzeln geschlagen, und ich hoffe sehr, daß ich von Zeit zu Zeit in den Herbstmonaten hierher zurückkehren kann.

Ich hoffe, Sie haben die Berichte in der Londoner *Times* über die Präsidentschaftswahlkampagne gelesen. Sie sind hervorragend, besser als die in den hiesigen Zeitungen. Adlai Stevensons[1] Rednergabe, seine höfliche Satire und der Inhalt seiner Reden machen steigenden Eindruck, wenigstens auf die Intellektuellen und auf die Stäbe der großen New Yorker Zeitungen, die den Boom für Eisenhower in Szene setzten. Ihr Urteil über Eisenhower ist sehr richtig: Er besitzt alle guten und schlechten Eigenschaften der Menschen in Südwestdeutschland, von wo seine Familie stammt. Nur sein ständiges Lächeln hat er im neuen Lande erworben . . .

(1) Demokratischer Kandidat bei den Präsidentenwahlen 1952 und 1956, Gouverneur von Illinois 1949–1953, Assistent des Außenministers 1957.

18. September, Hartland, H. B. an Gerd Bucerius

. . . Sie schreiben, daß die französischen Industriellen gegen den Monnet-Plan [Schumann-Plan] sind[1]. Ich habe mich aber im Sommer 1950 in Luxemburg und Frankreich überzeugt, daß sie den Monnet-Plan grundsätzlich ablehnten, ihn aber anzunehmen bereit wären, wie man mir ganz offen sagte, um in der nach Beendigung der Aufrüstung zu erwartenden Wirtschaftskrise die deutsche Schwerindustrie kontrollieren

zu können . . . Tatsache ist, daß Europa und Deutschland zerrissen sind,
zu einem Teile mindestens durch den Bonner Optimismus. Daran kann
nur ein Krieg etwas ändern. Den möchte ich nicht mehr erleben . . .
Intrigieren habe ich in meinem Leben mehr gehaßt als die wildeste
Agitation. Ohne gegenseitiges Vertrauen, zum mindesten zwischen
einzelnen Mitgliedern aller Parteien, zu schaffen, kann man keine
deutsche Politik zu einem Erfolge bringen. Wenn die Nazis keine Opposition gegen meine Außenpolitik gemacht hätten, so hätte ich sie mir
anderswo bestellen müssen. Denn Opposition, auch wenn sie scharf ist
und gelegentlich persönlich wird, ist nun einmal im politischen Schach-
spiel unentbehrlich. Erkaufter Weihrauch ist vergiftet . . .

(1) Die Organisationen Chambre Syndicale de la Sidérurgie Française, Union des Indu-
stries Métallurgiques et Minières, Confédération Générale des Petites et Moyennes Entre-
prises und Conseil National du Patronat Français standen dem Schuman-Plan formell
ablehnend gegenüber.

24. September, Hartland, H. B. an Gerhard Ritter[1]*, Freiburg*

. . . Meine Sorge ist, daß allgemein jetzt in deutschen Veröffentlichungen erst die Sintflut propagandistischer Veröffentlichungen im Auslande
über die Weimarer Republik sich geltend macht, während sie hier schon
Schritt für Schritt aufgegeben werden. Wahrscheinlich würde kein Volk
der Welt das geschafft haben, was das deutsche Volk und das deutsche
Parlament in der Weimarer Zeit geleistet haben . . . Für eine gerechte
Beurteilung der Weimarer Republik wachsen überall die Chancen.
Teilveröffentlichungen, ohne völlig klare Erfassung der Gesamtpro-
bleme in Deutschland, können diese Entwicklung nur hemmen. Das ist
gefährlich für die Chancen des heutigen Deutschlands . . . In keiner der
mir bekannten Veröffentlichungen ist die Tatsache erwähnt, daß, bevor
die Reichsregierung im Jahre 1930 Gebrauch vom Art. 48 machte, die
preußische Regierung auf Grund des ähnlichen Paragraphen der preußischen Verfassung schon Steuererhöhungen und ein Budget verkündet
hatte. Da aber in Preußen eine Linksregierung war, so war das alles in
Ordnung . . .

(1) Ordinarius für neuere Geschichte, Universität Freiburg.

30. September, Hartland, H. B. an Alois Dempf, München

... Soweit wie ich sehe, kann man mit diesen neuen Professuren [für
politische Wissenschaften] nur eins tun: an Beispielen klarmachen, wie
Verfassung, Verwaltung, wirtschaftliche Probleme und geistige Strömungen aufeinander einwirken und zu welchen konkreten Problemen
das im Einzelfalle führt, wo die Möglichkeiten und die Grenzen liegen,
daß es keine „absoluten" Lösungen gibt und daß es in der Politik auf
den Charakter, die Kenntnisse und die Feinnervigkeit der leitenden
Politiker mehr ankommt als auf irgend etwas anderes. Das ist natürlich
ein Experiment und nichts mehr. Ich habe das hier in den „Graduate"-
Seminaren die ganzen Jahre durchgeführt, indem ich jeden einzelnen
Teilnehmer zwang, ein bestimmtes Problem, beispielsweise in der
Außenpolitik, in allen seinen Ursachen und weltweiten Wirkungen auf
Grund von veröffentlichten Akten und Zeitungsartikeln genau zu unter-
suchen und sich so in die Rollen der einzelnen Politiker hineinzudenken,
wie sie diesem im Augenblick erscheinen mußten ...

2. Oktober, Hartland, H. B. an Johannes Maier

... Statt zu verlangen, daß man sofort gleichberechtigt in die NATO
aufgenommen wird, was die Engländer und die Militärs hier als eine
Notwendigkeit erkennen, läßt man sich jetzt in Bonn darauf ein, die
westeuropäische [Verteidigungsgemeinschaft] zu machen mit einem
Stimmenverhältnis analog dem Schuman-Plan und mit den gleichen
Verwaltungsinstitutionen. Die Franzosen stellen all das als Konzessionen
ihrerseits an Bonn dar, in Washington sowie in der hiesigen Presse. Das
kommt von der total falschen Taktik von Bonn ... Es kommt alles
darauf an, daß Bonn der Welt klarmacht durch zögerndes Ratifizieren
der Verträge, daß Westdeutschland die Opfer bringt und dauernd
Vasallenstaat bleibt, um endlich den Eindruck hier zu zerstören, als ob
Frankreich die Konzessionen machte ... Ich möchte vor allem nicht
während der Wahlen in Deutschland sein. Man verlangt jetzt schon von
mir von seiten katholischer Institutionen, daß ich überall Vorträge im
nächsten Jahre halte. Dem will ich unter allen Umständen entgehen, da
ich kein Wort zur Verteidigung der Bonner Außenpolitik aussprechen
kann ...

* 19. November, Köln-Braunsfeld, H. B. an Claire Nix, Hartland

. . . Meine Vorlesungen gehen ganz gut, hoffe ich, mit unterschiedlichen Studentenzahlen, was weitgehend darauf beruht, daß sie zu verschiedenen Zeiten an verschiedenen Tagen stattfinden . . . Sonst ist die Atmosphäre so, wie ich es erwartet hatte, vielleicht etwas schlechter. Ich hätte die Korrespondenz mit gewissen Leuten abbrechen sollen; die Kluft zwischen ihren Ansichten und meinen wird immer breiter. Andere, vielversprechende, tauchen allerdings in der jüngeren Generation auf. Ich habe alle versprochenen Reden bis nach den Wahlen abgesagt . . .

* 9. Dezember, Köln-Braunsfeld, H. B. an Claire Nix

. . . Merkwürdige Leute. Einer entrüstete sich schon darüber, daß ich eingeladen wurde, in Berlin an der Politischen Hochschule zu sprechen. Obwohl ich schon abgesagt hatte, legten mir Dr. V[ockel] und ein anderer dringend nahe, nicht in Berlin zu sprechen! Ich verwehrte mich heftig gegen diese Einmischung in meine privaten Angelegenheiten . . . Ist es möglich, McIlwains „Four Lectures on Sovereignty"[1] zu bekommen? Ich habe Ihre Exzerpte mit großem Erfolg verwendet; einige Leute interessieren sich dafür. Die nächsten Tage werden hektisch sein . . .

(1) Siehe Charles H. McIlwain, *Constitutionalism and the Changing World*, Cambridge 1939.

* 15. Dezember, Köln-Braunsfeld, H. B. an Claire Nix

. . . Ich hielt in Königswinter vor den Richtern des Düsseldorfer Bezirks einen Vortrag über den Parlamentarismus. Eine amerikanische Richterin, die anwesend war, meinte, ich sei den USA gegenüber zu milde gewesen. Im März spreche ich zu zwei weiteren Gruppen von Richtern. Sie machten einen sehr guten Eindruck . . . An Weihnachten werde ich in Münster sein; von dort aus fahre ich über Köln nach Stuttgart und München. Es ist nicht die Schuld des Verfassungsgerichtshofs, daß die Dinge so schlecht laufen[1] – nur der Regierung, die sich die Sache jetzt noch einmal überlegt hat. Die Dinge können sich immer noch so entwickeln, wie ich es wünschte . . . Eisenhowers Rücksichtslosigkeit gegenüber

Taft wundert mich nicht[2]. Ich vermute, daß [Thomas] Dewey und [Henry Cabot] Lodge teilweise hinter den Kulissen am Werk sind. Der arme Bob Taft ist zu aufrichtig für die Politik . . . Ich habe noch zwei Vorträge vor mir. Ich werde bis Ende Februar nicht die Hälfte von dem sagen können, was ich mir vorgenommen hatte, aber ich habe sehr vieles gelernt . . .

(1) Der Bundespräsident hatte das Bundesverfassungsgericht im August um ein Gutachten zur Verfassungsmäßigkeit des EVG-Vertrags gebeten, zog aber im Dezember, kurz ehe das Gutachten ergehen sollte, sein Ansuchen zurück. (2) Eisenhower hatte sich nach seiner Wahl ostentativ von Taft distanziert.

* 15. Dezember, Köln-Braunsfeld, H. B. an Patrick Barry

. . . Alles in Europa hat sich mehr verändert, als mir bei meinen kurzen Besuchen bewußt wurde, am wenigsten natürlich in England. Hier arbeiten die Leute sehr schwer; die Bauarbeiter sind viel fixer als in den USA. Doch hinter der scheinbar kraftvollen Fassade herrscht insgesamt große Unruhe und Furcht. Zum Glück muß jeder tüchtig arbeiten, um zu überleben, und hat wenig Zeit, um über die Zukunft nachzudenken . . .

1953

Abgesehen von einem Besuch in England an Ostern war H. B. bis Juli in Deutschland und las in Köln über vergleichende Verwaltungspraxis und internationale Beziehungen. Er beklagte sich über ein „Übermaß von Besuchern und Briefen". Von Ende Juli bis Oktober hielt er sich in Hartland auf; im November kehrte er nach Köln zurück. Er fühlte sich noch fremder als zuvor: „Man kann ja selbst nicht feststellen, wer sich geändert hat, die anderen oder man selbst." Die große Zahl individueller Notfälle, die man ihm zur Kenntnis brachte, führte H. B. zu der Ansicht, die Regierung sei die „volksfremdeste", die er je in Deutschland erlebt habe.

Anfangs des Jahres schrieb er an einen Freund, der sich überlegte, ob er Ostdeutschland verlassen solle: „Ich befürchte, daß mit jedem weiteren Schritt zur Integrierung Westdeutschlands als Vasallenstaat mit dem Westen die Russen ihrerseits ihren Druck verstärken werden. Sie müssen aber überlegen, daß Ihr Leben hier im Westen auch kein angenehmes sein wird."

Stalin starb am 5. März. Sein Nachfolger als Vorsitzender des Ministerrats wurde Malenkow. Molotow war Außenminister, Beria Innenminister. Beria wurde im Juli abgesetzt und im Dezember hingerichtet, aber Malenkow setzte die Politik der Dezentralisierung in der Verwaltung und der Produktionssteigerung von Verbrauchsgütern fort. In Ostdeutschland führten die enttäuschten Hoffnungen auf Besserung der Lebensbedingungen am 17. Juni zu zahlreichen Demonstrationen, die gewaltsam unterdrückt wurden.

Im Juni riefen die ägyptischen Heeresoffiziere, die die Regierung beherrschten, in Ägypten die Republik aus. Großbritannien vereinbarte mit Libyen die Errichtung britischer Stützpunkte. Der Juli brachte nach mehr als zwei Jahren der Verhandlungen den Waffenstillstand in Korea. Im August wurde der Aufstand in Marokko intensiviert, als die französischen Behörden den Sultan ins Exil schickten. Im Iran versuchte der Premierminister, den Schah abzusetzen. Es gelang ihm, das Parlament durch Volksabstimmung aufzulösen. Er selbst wurde jedoch bald von Heeresoffizieren abgesetzt, die den Schah zurückriefen. Der Streit

mit Großbritannien wegen der Erdölausfuhr konnte dann endlich beigelegt werden.

Die sowjetische Explosion einer Wasserstoffbombe im August (nach der
amerikanischen Explosion im November 1952) stärkte das Selbstver-
trauen der Russen gegenüber den USA im „Gleichgewicht des Terrors".
Die britische Regierung ließ nicht nach in ihren Bemühungen um beratende Gespräche mit der neuen sowjetischen Regierung, während die
USA eher eine offensive Abschreckungsstrategie verfolgten.

Im September kam nach mehrmonatigen Verhandlungen das Londoner
Schuldenabkommen zustande, mit dem die Bundesregierung die deutschen Auslandsverpflichtungen seit 1918 übernahm.

1951 hatte H. B. gehofft, die Westmächte würden sich weigern, die
Oder-Neiße-Grenze gegen leere russische Versprechungen offiziell anzuerkennen; 1952 hatte er befürchtet, die westlichen Vorbehalte hinsichtlich der Oder-Neiße-Grenze verfolgten nur die Absicht, die Diskussion
über die deutsche Wiedervereinigung zu blockieren; im Herbst 1953
bestand seiner Meinung nach keine Aussicht mehr, das deutsche Gebiet
östlich der Oder-Neiße-Linie wiederzugewinnen. Die Möglichkeit von
Verhandlungen mit Rußland über die Wiedervereinigung Deutschlands
erschien ihm zweifelhaft. Vor der Bundestagswahl im Oktober schrieb
H. B. an Berning: „Die Industriellen im Süden werden Maier klargemacht haben, daß man keine Änderung haben will, solange wirtschaftlich die Dinge so gut gehen . . . Die SPD hat in Washington völlig ausgespielt."

Wie andere nach ihm schloß H. B. die Möglichkeit nicht aus, daß die
Russen bis Herbst 1954 bereit waren, über die Wiedervereinigung
Deutschlands zu verhandeln. Im Rückblick jedoch erschien ihm bereits
das Jahr 1952 als vermutlich zu spät für zufriedenstellende Unterhandlungen. Dies verminderte aber keineswegs seine Einwände gegen Vereinbarungen, die erfolgreiche Verhandlungen in der Zukunft verhin-
derten: „Es gibt immer in der Geschichte unerwartete Entwicklungen,
die man nur ausnutzen kann, wenn man freie Hand hat."

27. Januar, Köln-Braunsfeld, H. B. an Walter von Baltz

... Die Russen werden ihre Politik beschleunigen. Im Herbst nächsten Jahres wird es nur noch wenige deutsche Landwirte in der Ostzone geben ... Auf die USA kann man nicht setzen, was unsere eigene Zukunft angeht. Man stellt sich das drüben alles vor wie einen kleinlichen Streit zwischen Texas und New Mexico – nicht mehr ...

* 2. Februar, Köln-Braunsfeld, H. B. an Edmond Lincoln

... Die internationale Lage hat sich in den vergangenen Wochen sehr verschlechtert. Man kann die Nationen in Westeuropa nicht behandeln wie Bataillone disziplinierter Soldaten, die bereit sind, Züge und Gegenzüge innerhalb kurzer Zeit auszuführen. Die Leute wissen einfach nicht mehr, wo sie stehen, wenn sie all die Reden und Interviews lesen, die von W[ashington] kommen. Überall in Westeuropa herrscht Verwirrung, Mißtrauen unter den Nationen, Mißtrauen gegenüber den Regierungen und Mißtrauen unter den Parteien in jedem Lande ...

3. Februar, Köln-Braunsfeld, H. B. an Walter Lichtenstein

... Ich habe mich sehr gefreut, daß endlich jemand, der Ansehen in den USA besitzt, öffentlich gegen den Unsinn des Verfassungsmachens für alle möglichen Zwecke in Europa auftritt ... Es gibt nur einen Weg, einmal friedlich ein geeintes Europa zustande zu bringen – das ist, erst eine auf freier Konkurrenz beruhende wirtschaftliche „Integration" allmählich herbeizuführen. Bismarck wäre es nie gelungen, zunächst einmal den Norddeutschen Bund und dann das Reich zusammenzubringen, wenn seine Vorgänger nicht schon den Zollverein durch weitschauende und vorsichtige Verhandlungen geschaffen hätten ... Die holländische Regierung hat offenbar schon aus der kurzen Geschichte

der Montanunion die richtige Lehre gezogen. Sie hat angeregt, vor der
Schaffung einer westeuropä[ischen] Verfassung zunächst einmal Verhandlungen über schrittweise Herbeiführung einer Zollunion aufzunehmen. Aber das lehnen die Franzosen aus den gleichen Gründen ab wie
1931/32, als ich den Vorschlag ihnen machte . . .

3. Februar, Köln-Braunsfeld, H. B. an A. H. Berning

. . . Nach den Überschriften zu urteilen, gibt es eben dauernd Erfolg in
der Außenpolitik. Mehr als die Überschriften lesen die Menschen heute
fast nirgendwo mehr in der Welt, außer einer kleinen, selbständig denkenden Elite. Das einzige, was ich feststellen kann, ist eine gewisse instinktive Unruhe bei vielen Leuten. Wie weit das geht, kann ich nicht
feststellen. Diskussionen sachlicher Art, wie selbst meistens in der Weimarer Republik, gibt es kaum. Irgendwie hat das System Goebbels sich
doch auf längere Dauer behauptet. Ich habe drüben das schon lange
festgestellt. Es kommt darauf an, ein im Augenblick wirksames Schlagwort immer wieder zu wiederholen; dann setzt es sich fest. Die
„schwimmende" Masse der Wähler fällt darauf herein; diese aber gibt
unter der heutigen Demokratie die Entscheidung, nicht die nachdenk-
lichen Menschen . . .

17. Februar, Köln-Braunsfeld, H. B. an Gottfried Treviranus

. . . Was die SPD angeht, so hat sie im Augenblick keine Führung; ein
Drittel scheint bereit zu sein, die Gesetze passieren zu lassen[1], worüber
man in der Regierung anscheinend orientiert ist. Ob man die Chancen
in den USA, die bestehen, erkennt und ausnützt, kann ich nicht sagen.
Es hat auch keinen Zweck, mit jemandem darüber zu reden. Alles wird
herumgequatscht. Die Loyalität und Diskretion, die selbst noch in der
Weimarer Zeit bestand, ist völlig dahin . . .

---

(1) D. h., die Verträge zu ratifizieren.

19. Februar, Köln-Braunsfeld, H. B. an Hermann Rauschning, Oregon

. . . Meine Sorgen um die Entwicklung in den letzten Monaten sind ebenfalls sehr groß . . . Man nimmt alles an, was die Westalliierten, besonders die Franzosen, fordern, und ist glücklich über das Lob des Auslandes. Diejenigen, die einen anderen Weg gehen wollen, werden ostraziert. Ich zweifle allerdings, ob ein sehr viel anderer Weg jetzt noch möglich ist. Denn die Haltung der Russen hat sich sehr versteift. Allerdings ist ein großer Teil der Ausgewiesenen nicht sehr erfreulich. Es sind zum Teil die Leute, die bei der Aufteilung der großen Güter sich Land sicherten, aber nichts von der Landwirtschaft verstanden . . .

26. Februar, Köln-Braunsfeld, H. B. an A. H. Berning

. . . Die Gefahr jeder eingefahrenen Bürokratie ist, daß sie nicht rechtzeitig Änderungen in der Volksstimmung und den Auffassungen des Volkes bemerkt. Daher kommen die gewaltigen Rückschläge und schließlich Revolutionen. Aber wenn man ein Gefühl für das Kommende hat, so wird man eben als „Spökenkieker" angesehen. Das ist unser gemeinsames Schicksal.
[Erwin] Respondek ist tatsächlich zu der Gruppe[1] übergewechselt. Er war zweimal bei mir. Aber er sieht noch immer sehr scharf, im Gegensatz zu seinen Parteifreunden. An diesen extremen Richtungen sind ja nicht die Begründer, sondern andere schuld, die sie mit Ironie, Verdächtigungen im In- und Auslande bekämpfen wollen . . .

(1) Die Gesamtdeutsche Volkspartei, die im November 1952 aus der Notgemeinschaft für den Frieden Europas entstand. Laut einer kurzen Aktennotiz vom Mai 1953 hat H. B. Respondek damals gesehen, aber „nicht über die neue Partei gesprochen".

5. März, Köln-Braunsfeld, H. B. an Kurt von Priesdorff

. . . Unmittelbar an jemanden in die Ostzone zu schreiben, wage ich schon seit einem Jahr nicht mehr, da ich nicht möchte, daß die Empfänger gefährdet werden . . . Die Ereignisse in der Ostzone[1] habe ich erwartet, sobald man in Bonn die Verträge abschloß. Aber man wollte ja nicht hören. Eine Besserung der Lage in der Ostzone ist wenig wahrscheinlich. Je mehr man hier und im Auslande mit „guten" Agentennachrichten aus der Ostzone und den Satellitenstaaten prahlt, desto schärfer werden die Russen die Zügel anziehen. Außerdem hoffen sie, daß die vielen Flüchtlinge aus der Ostzone hier in Westdeutschland auf die Dauer die größten wirtschaftlichen und politischen Schwierigkeiten schaffen werden . . . Es ist sehr schwer, Ihnen einen Rat zu geben, vor allem jetzt nach dem Tode von Stalin. In den ersten vier Wochen kann man unmöglich auch nur mit einiger Sicherheit über die weitere Entwicklung urteilen, auch wenn die Nachfolgerfrage sofort ohne Schwierigkeiten gelöst wird. Ich habe die Furcht, daß mit jedem weiteren Schritt zur Integrierung Westdeutschlands als Vasallenstaat mit dem Westen die Russen ihrerseits ihren Druck verstärken werden . . .

(1) Im Januar 1953 kam es zu einer Reihe willkürlicher Änderungen in der Regierung der DDR, unter anderem auch zur Verhaftung des Außenministers Georg Dertinger.

31. März, Köln-Braunsfeld, H. B. an Käthe Mönnig

. . . Ich fahre morgen für vierzehn Tage nach England und Holland, um meine alten Exilsfreunde zu besuchen und aus der Hetze hier etwas herauszukommen . . . Ich hoffe, daß Ihre Wohnungsangelegenheit endlich in Ordnung kommt, daß Sie aber die schönen rheinischen Vorfrühlingstage noch in Godesberg erleben können. Was die Politik angeht, so gibt es viele Menschen, die verschiedene Auffassungen haben. Die Schuld, daß nicht viel für unser Vaterland dabei herauskommt, liegt auf allen Seiten. Leider ist die Presse kaum noch zu einem unabhängigen Urteil fähig. Ich sehe mit Schrecken jeden Tag mehr, wie eng der Horizont allenthalben hier geworden ist . . .

* 30. April, Köln-Braunsfeld, H. B. an Claire Nix

. . . Die letzte Nacht war für mein Herz sehr schlecht. Natürlich hat der Strom der Besucher schon wieder eingesetzt. Ich werde allmählich diese Gespräche leid, bei denen ich nur von Korruption, Ungerechtigkeit und so weiter höre. Die meisten dieser Geschichten mögen wahr sein, aber warum unternehmen die Leute nicht selbst einen Feldzug dagegen? Die Antwort ist im allgemeinen, daß keine Zeitung einen Artikel über Korruption annimmt, weil sie alle von Geldern abhängen. Es scheint jetzt, als seien die von McCarthy genannten $ 3 600 000 zum größten Teil an

Verleger verteilt worden[1], auf Rat der herrschenden Politiker hier. 98 deutsche Zeitungsverleger erhielten die ganze Summe. Das würde vieles erklären.

Ein sicherer Wahlkreis in Westfalen wurde mir angeboten, aber ich habe abgelehnt. Es wäre völlig falsch, wenn ich annähme, denn das würde bedeuten, daß ich für die Bonner Politik der vergangenen Jahre einstünde. Ich könnte auch die Wahlkampagne nicht durchhalten. Hauptsache ist jetzt, daß ich mein Buch in Hartland fertigstelle . . .

(1) Am 26. und 27. April 1953 veröffentlichte die *New York Times* Beschuldigungen des Senators Joseph McCarthy von Wisconsin und einen Bericht ihres Bonner Korrespondenten, daß das US International Information Program einen sich automatisch erneuernden Kredit von 15 Millionen DM zugunsten von westdeutschen Zeitungsverlagen verwaltete.

13. Mai, Köln-Braunsfeld, H. B. an Jakob Goldschmidt

. . . Außenpolitisch läuft es besser, als Bonn es geplant hat. Ich sprach in England im April mit Freunden, die ganz meiner Ansicht waren, daß Westdeutschland in die NATO hinein sollte und nicht in die EVG. Man hält auch dasselbe – das heißt nichts – von der westeuropäischen Verfassung. Persönlich glaube ich, daß der Kanzler hier im Rheinland nach seiner USA-Reise[1] auf dem Höhepunkte des Prestiges steht. In Westfalen ist man skeptischer, ebenso in Niedersachsen; dort sind mir vier sichere Wahlkreise angeboten worden, aber ich habe abgelehnt. Ich bin der Ansicht, daß der Kanzler noch alles für die Zukunft retten kann, zumal ja die Presse, außer der SPD, kritiklos jeden seiner Schritte bejubelt . . .

(1) 6.–18. April.

13. Mai, Köln-Braunsfeld, H. B. an Leo Baeck, London

. . . In den langen Jahren des Krieges, als ich ohne jede Nachricht von der Heimat war, habe ich oft Ihrer mit Sorge gedacht. Immer kamen mir dann die Unterhaltungen wieder ins Gedächtnis, die ich mit Ihnen vor meiner Flucht aus Deutschland hatte und die einen unvergeßlichen Eindruck auf mich gemacht haben. Ich lernte damals in Ihnen eine

Persönlichkeit kennen, in der sich die edelsten religiösen und ethischen Traditionen des Judentums für mich verkörperten, die gleichzeitig von einem tiefen Glauben an die unerschütterlichen Grundlagen des Rechtsstaates erfüllt war, so wie er sich im preußischen Staate entwickelt hatte. Die Geschichte Ihrer Familie und ihrer Verwachsenheit mit den glänzendsten Perioden der preußischen Geschichte, vor allem mit den Freiheitskriegen, gab Ihnen allen Grund, an meinen damaligen Warnungen und pessimistischen Auffassungen über die Auswirkung der völlig amoralischen Veranlagung Hitlers zunächst zu zweifeln.

Ich werde nie vergessen, wie Sie in unserer letzten Unterhaltung mit Trauer im Herzen Ihre Ahnungen aussprachen über das Schicksal Ihrer Glaubensgenossen. Sie dachten nie an Ihr eigenes Schicksal. Ihr einziger Gedanke war, dieses Schicksal mit Ihren Glaubensgenossen bis zum Ende zu teilen. Sie haben das getan, ohne je Bitterkeit und Haß zu zeigen. So haben Sie in meinen Augen durch Ihren Charakter und Ihr Verhalten die stärkste Widerlegung aller gehässigen Angriffe gegen die ethischen Auffassungen des religiösen Judentums geschaffen. Denn wirksamer als jede Polemik ist ein Leben und eine Haltung wie die Ihre auch im größten Leid, die das Gegenteil ist von dem Zerrbilde, das eine gehässige Propaganda geschaffen hat. Es war für mich eine große Freude, Sie nach dem Kriege in den Vereinigten Staaten wiederzusehen . . . Sie waren zum Führer und lebendigen Symbol einer religiösen und ethischen Auffassung geworden, vor der jeder, der guten Willens ist, die größte Hochachtung haben muß . . .

20. Mai, Köln-Braunsfeld, H. B. an Gustav Olef

. . . Wenn die Wahlen kommen, bin ich glücklicherweise nicht mehr hier. Ich habe kein Urteil über den Ausgang. Ich sehe nur, daß überall die Skepsis bei weiterdenkenden Leuten gegenüber der Außenpolitik wächst – aber nicht im Volke. Die SPD fällt in eine veraltete Form der Agitation zurück; ihre Kritik an der Außenpolitik ist leider wenig konstruktiv. Ich nehme dabei Männer wie Brauer und den Berliner Bürgermeister [Ernst Reuter] aus. Im übrigen ist die Verwirrung überall in der Welt sehr groß. Manchmal kann es einem bange werden . . .

* 4. Juni, Köln-Braunsfeld, H. B. an Claire Nix

. . . An Pfingsten besuchte ich Dietrich im Schwarzwald. Die Fahrt mit der Bahn war sehr schön, obwohl die Temperatur fast 30 Grad Celsius betrug. Dietrich geht es schlecht, aber der Arzt meint, auf der Höhe von Wildgutach und unter dem Einfluß des Klimas könne es besser mit ihm werden. Von Wildgutach fuhr ich annähernd 800 Kilometer ohne Unterbrechung durch bis Hamburg, wo ich anstrengende, aber sehr interessante Tage verbrachte. Von Hamburg aus besuchte ich [August] Wegmann in Oldenburg; er besitzt immer noch das klarste und richtigste Urteil über Menschen und Politik, das ich bis jetzt gehört habe. Die Fahrt durch Oldenburg nach Münster war schön, obwohl es ab und zu heftig regnete. Letzten Samstagabend kam ich zurück . . . In Hamburg traf ich viele interessante Leute, auch Bürgermeister Brauer, mit dem ich aber nicht über Politik sprach. Hamburg wird in eigenem Stil wiederaufgebaut; es kümmert sich nicht um die Gropius-Leute und ihre Nachahmer . . .

* 18. Juni, Köln-Braunsfeld, H. B. an Patrick Barry

. . . Auf jeden Fall plane ich, Sie bei meiner Ankunft in New York zu besuchen. Ich hoffe, Sie kommen ohne zu große Anstrengung durch die Zeit der Einkehrtage. Das Wetter hier ist fürchterlich. Ich werde mich nie mehr über das Wetter in den Vereinigten Staaten beklagen. Die Politik ist nun an einem Scheideweg angelangt. Die Reaktion der Russen auf die Unruhen der Bevölkerung in Ost-Berlin[1] ist noch nicht bekannt. Auch hier im Westen wird die Stimmung angespannt. Der Kanzler verliert an Boden, aber ich kann nicht beurteilen, wie die Stimmung der Mehrheit des Volkes bei den kommenden Wahlen sein wird . . .

(1) Zwei Tage vorher hatten in Berlin die Demonstrationen gegen die Beibehaltung der im Mai 1953 beschlossenen Arbeitsnormenerhöhungen begonnen.

18. Juni, Köln-Braunsfeld, H. B. an Josef Vögele

. . . Die Stimmungen wechseln. ja sehr; das ist natürlich angesichts der
sich in der Welt in den letzten Wochen überstürzenden Ereignisse. Wie
die neuen Vorgänge in Berlin sich auswirken in dieser Beziehung und
auf die Verhandlungen zwischen England und Rußland, ist noch nicht
abzusehen. Ich fürchte, die Wirkung wird nicht günstig sein. Nichts
macht ein neues Regime, das mit den Traditionen und Methoden des
vorangegangenen brechen will, so nervös wie gewaltsame erste Reaktionen auf Gewährung größerer Freiheit für die bislang Unterdrückten.
Daß das neue Regime in Moskau[1] einen ernstlichen Bruch mit der
Stalinpolitik wenigstens für eine gewisse Zeit plant, steht jetzt außer
Zweifel . . .

(1) Das nach Stalins Tod im März gebildete Triumvirat Beria–Malenkow–Molotow.

30. Juni, Köln-Braunsfeld, H. B. an Friedrich Meinecke, Berlin

. . . Es war für mich sehr schmerzlich, daß ich in der Hast der ersten
Monate hier nach meiner Rückkehr nicht erfuhr, daß Sie Ihren 90.
Geburtstag feierten. Wenn auch verspätet, so möchte ich Ihnen jetzt
noch meine herzlichsten Glück- und Segenswünsche aussprechen, nicht
nur als dem von der Welt anerkannten großen Historiker, sondern vor
allem als meinem verehrten Lehrer in Straßburg. Ich erinnere mich
noch sehr lebendig, wie Sie die Güte hatten, mich damals als sehr jungen Studenten in Ihr Seminar ausnahmsweise aufzunehmen, zunächst
nur als Hörer. Mir ging damals zum ersten Male die Bedeutung von
Machiavelli auf. Im folgenden Semester gaben Sie mir die Arbeit über
den Geheimen Rat unter Kurfürst Joachim Friedrich, die mich zwang,
mich in die Verwaltungs- und Verfassungsgeschichte Brandenburgs zu
vertiefen. Ich fürchte, ich habe Ihren Ansprüchen damals nicht voll
genügt. Aber Sie haben in mir ein dauerndes Interesse an Verwaltungs-
und Verfassungsstudien geweckt, denen ich mich später dann an der
Littauer School in Harvard als Lehrer besonders widmen konnte. Bei
den vergleichenden Studien über die Verwaltung der wichtigsten Länder der Welt ist die Bewunderung vor der historischen Leistung Bran-
denburg-Preußens, insbesondere in bezug auf die Entwicklung des
Rechtsstaates durch ein vollendetes Verwaltungssystem, als eine einzig-

artige Leistung in der Geschichte in den Jahren meines Exils weiter
gewachsen. Es war für mich immer eine Genugtuung, wenn ich als
akademischer Lehrer in den Vereinigten Staaten in einer Zeit, wo alles
in der deutschen Geschichte bewußt für Propagandazwecke verzerrt
wurde, diese besondere Leistung des brandenburg-preußischen Staates
betonen konnte.

Sie haben in einem langen Leben die Vollendung der Mission dieses
Staates und seinen Untergang miterleben können. Es ist ein tragisches
Geschick, wie es selten Menschen trifft. Aber wie ich gleich nach dem
Ende des Krieges erfuhr und aus Ihrer Veröffentlichung über die Unterhaltungen mit General Groener ersah, haben Sie dieses Schicksal mutig
getragen. Aber Sie hatten schon früh nicht nur die Möglichkeiten,
sondern auch die Grenzen des Aufstieges dieses einzigartigen Staatsge-
bildes erkannt. Es war die Tragik vieler schon vor dem Ersten Weltkriege, daß sie eben nur die Möglichkeiten, aber nicht die Grenzen
erkannten. Die echte preußische Tradition kannte keine Hybris. Für Sie
– wie es aus Ihren bedeutenden Veröffentlichungen hervorgeht – war es
klar, daß diese preußische Tradition nur in einen größeren Raum hin-
einwachsen konnte, aber der Blick sich weitete für größere Aufgaben des
friedlichen Durchdringens anderer deutscher Länder unter Erfassung
aller Bürger und ihrer Erziehung zum Rechtsstaatsgedanken, zur
Pflichterfüllung und zu einem Verständnis für allmähliche Entwicklungen . . .

8. Juli, Köln-Braunsfeld, H. B. an Josef Ersing, Stuttgart

. . . Es tut mir so leid, daß es Dietrich nicht gut geht; ich hänge so sehr
an ihm. Was Dr. [Josef] Wirth angeht, so halte ich nicht viel von seinen
Unternehmungen[1]. Aber das ist noch kein Grund, um nun wieder ihn
zu verdächtigen, daß er Geld von den Russen genommen hätte. Das ist
die Methode, die in Bonn so üblich ist, wenn jemand eine andere Meinung hat . . .

(1) Wirth hatte im Mai mit Wilhelm Elfes eine neue Partei, den Bund der Deutschen,
gegründet.

* 23. Juli, Hartland, H. B. an John Wheeler-Bennett

... Wenn Mr. Young[1] die Mattigkeit kritisiert, die Baldwin von Zeit zu Zeit überkam, versteht er das Temperament nicht, das Gefahren, denen man nicht sofort steuern kann, herannahen fühlt ... Wenn man in einer äußerst kritischen Zeit sehr große Verantwortung trägt, sollte man mit seiner offiziellen Umgebung nie vertraulich werden ... Als ich Youngs Buch las, dachte ich wieder einmal, wenn die deutschen Historiker seit Ranke so wie Ihre Historiker in England und wie die Franzosen die Gabe gehabt hätten, sich in die Erfahrungen und Hoffnungen politischer Führer hineinzuversetzen, so wäre unsere politische Entwicklung ganz anders verlaufen. Aber unsere Historiker waren Pathologen, keine Internisten ...

(1) Siehe G. M. Young, *Stanley Baldwin*, London 1952.

24. Juli, Hartland, H. B. an Theodor Prange[1], Düsseldorf

... Ihre Befürchtungen über die zersetzende Entwicklung im Verwaltungssystem teile ich vollkommen. Nachdem ich zum ersten Male für längere Zeit in der Heimat gewesen bin, habe ich mir ein volles Bild machen können von dem Ausmaß der Auflösung eines normalen staatlichen Gefüges. Erinnerungen an ähnliche Erfahrungen nach dem Ersten Weltkriege sind in mir sehr lebendig geworden. Damals betrachteten sich industrielle Organisationen und Oberbürgermeister im Rheinland als Faktoren unabhängig von der preußischen Regierung. Die beiden Berliner Regierungen waren ihnen gerade gut genug, um ihnen immer neue Vollmachten und geldliche Zuschüsse zu geben ... 1931 haben die Oberbürgermeister von Köln und Frankfurt dem Reichsfinanzminister gedroht, falls das Reich nicht den beiden Städten Geld gebe, diese einfach Notgeld drucken würden. Mein Kollege Dietrich hat darauf geantwortet, daß er dann die Staatsanwälte ersuchen würde, die beiden Oberbürgermeister in Haft zu nehmen. Als durch die Überschuldung einer Reihe von rheinischen Großstädten auch der Barmer Bankverein in große Schwierigkeiten kam, habe ich im Benehmen mit der preußischen Regierung einen Reichskommissar für Köln einsetzen müssen, der die dortigen Finanzen dann sanieren mußte[2]. Das rührte alles von der Tatsache her, daß die preußische Regierung nicht mehr durch den Regierungspräsidenten eine Aufsicht über die Kölner Finanzgebarung ausübte . . .

(1) Dr., Regierungsvizepräsident. (2) Im Jahr 1931 betrug die Verschuldung der Stadt Köln 620 RM pro Kopf der Bevölkerung; Vergleichszahlen: Berlin: 256 RM; München: 291 RM; Leipzig: 304 RM; Frankfurt: 515 RM (vgl. *Statistisches Jahrbuch deutscher Städte*, 27. Jahrgang, 1932).

26. Juli, Hartland, H. B. an Philipp Dessauer[1], Frankfurt/M.

. . . Ihr Urteil über die heutigen Volksvertreter muß ich leider teilen. Ich habe fortschreitend seit 1950 die gleiche Beobachtung machen müssen wie Sie. Das bedrückt mich sehr. Wenn man so lange Jahre im Exil gelebt hat, ist man zu leicht geneigt, alles in der Heimat zu idealisieren. Man muß natürlich anerkennen, daß die Politiker außerordentlich in Anspruch genommen sind durch die Arbeit an dem Wust neuer Gesetze, ferner, daß es nicht mehr die in der Verwaltung erfahrene, unabhängige Bürokratie gibt, die in den ersten Jahren der Weimarer Republik den Staat mit größter Pflichttreue und Selbstverleugnung retten konnte . . . Ich erkenne dabei die großen Leistungen auf vielen Gebieten der Bonner Regierung völlig an. Aber man denkt in Bonn nicht an die weitere Zukunft und sucht Augenblickserfolge, die im wesentlichen auf der Übereinstimmung mit der hiesigen Politik beruhen, die aber nach menschlicher Voraussicht, sofern nicht von außen her ein Anstoß zu einer anderen Entwicklung kommt, die Zukunft des deutschen Volkes für drei Generationen präjudizieren. Man darf deshalb auch nicht zu stark versuchen, mit idealistischen Parolen in der Jugend Hoffnungen zu erwecken, die sich, solange wie die Besatzungsmächte in De[utschland] bleiben, nicht erfüllen lassen. Wohl aber, so hoffe ich, wird es möglich sein, eine stärkere ethische Auffassung der Politik in der jungen Generation wachzurufen. Aber wo ich es in kleinen Kreisen versucht habe, kam man mir immer mit der Kritik der Bonner Verhältnisse und der dort angeblich herrschenden Korruption . . .

(1) Studentenpfarrer.

31. Juli, Hartland, H. B. an Reinhold Quaatz

... Ich war einen Abend vor meiner Abreise von einem mir befreunde-
ten Industriellen in der Ruhr zum Abendessen eingeladen. Eine Reihe
der Herren äußerte starke Befürchtungen wegen einer Wiedervereinigung von Ost- und Westdeutschland, weil das eine starke SPD bedeuten
würde mit der Gefahr der Sozialisierung! ... Aber das hindert nicht,
daß es in fast jeder Stadt Kreise von denkenden Menschen gibt, die
völlig andere Auffassungen haben, vom Arbeiter bis zum Industriellen.
Diese Kreise haben auch Besorgnisse über die Folgen der überaus starken Kreditexpansion ... Aber die Auffassungen sind so verworren, daß,
wie man mir berichtete, selbst in der Frankfurter Zentralbank Äußerungen fallen, daß es viel besser gewesen wäre, ich würde mich gegenüber
Frankreich verpflichtet haben, noch weitere Jahre Reparationen zu
zahlen, statt „Deflation" zu treiben – als ob wir damals gewollt eine
Deflationspolitik gespielt hätten. Anscheinend haben die Herren nicht
einmal die Bedingungen des Young-Plans gelesen, vor allem die Bestimmungen des Bankgesetzes. Alles ist eben umnebelt . . .

30. August, Hartland, H. B. an Heinrich Dräger[1], Lübeck

... Wagemann[2] ist sich nicht bewußt, daß das von ihm vertretene
System 1938 bereits überall praktisch im Scheitern war. Nur die Welt-
aufrüstung hat eine Änderung auf dem Wege zur Vollbeschäftigung
gebracht; trotz Abwertung und Verausgabung von nahezu 20 Milliarden Dollar seitens Roosevelts war die Arbeitslosigkeit in den USA bereits wieder so hoch wie auf dem Höhepunkt der Krise im Winter
1931/32. Wären die Rüstungsaufträge von Europa nicht gekommen, so
wäre die Lage in den Vereinigten Staaten, wie in der übrigen Welt,
außerordentlich schwierig geworden ... Dieser Vorgang spielt sich jetzt
wieder hier ab. Die jetzige Erkenntnis in Amerika, daß man die Preise
der landwirtschaftlichen Produkte, einschließlich Baumwolle, einfach
auf der früheren Höhe nicht halten kann, erweckt einen allgemeinen,
starken Pessimismus, auch in bezug auf die Beschäftigung der Industrie,
was sich in fallenden Aktienpreisen kundtut. Es stehen sich zwei Auffassungen gegenüber: Die eine will die Regierung hindern, weitere Schulden zu machen; die andere will durch weitere Produktion von Wasser-
stoffbomben, ebenso wie durch andere Maßnahmen, künstlich die Be-

schäftigungsziffer auf der bisherigen Höhe halten. Aber die Sorge wächst, daß allmählich die öffentliche Schuldenlast unerträglich wird und ihre Verzinsung und Tilgung zu einer hohen Steuerlast führen müssen . . . Es wird sich zeigen, wie immer in der Geschichte, daß jeder Versuch, mit künstlichen Mitteln Vollbeschäftigung herbeizuführen, auf eine oder mehrere Generationen stoßweise Entwicklungen in der Wirtschaft und Beschäftigung von Arbeitern zur Folge hat, die zu mehr oder minder schweren politischen und wirtschaftlichen Erschütterungen führen. Im 18. Jahrhundert, wo man allerdings noch nicht die moderne Kredittechnik kannte, hat man sich über solche Krisen dann durch neue Kriege hinweggeholfen.

Länder, die fast alles produzieren, was sie brauchen, und noch darüber hinaus ausführen können, sind natürlich besser dran als ein Land wie Deutschland in den dreißiger Jahren. In solchen Ländern kann selbst eine direkte Inflation eine echte Erhöhung der Produktion zur Folge haben, wie es zum Beispiel in den USA der Fall ist und war . . . Herr Wagemann, den ich persönlich gernhatte, übersieht eben völlig, daß es nicht auf das Quantum der Kredite ankommt, sondern auf die Umlaufgeschwindigkeit von Geld und Krediten . . . Herr Dr. Wagemann sollte fair genug sein, endlich mit dem Gerede einer bewußten Deflationspolitik aufzuhören. Ich könnte mich hinsetzen und seine dauernd wechselnden Auffassungen in seinen Konjunkturberichten einmal zusammenstellen, die gelegentlich ein schon wieder erwachendes Vertrauen der Unternehmer wieder erstickten . . .

Heute ist die Lage ja eine andere. Man hat uns Reparationszahlungen nur auferlegt in Form von Wegnahme von Produktionseinrichtungen. Dann hat man uns die Marshallhilfe gegeben und uns eine Kreditausweitung erlaubt in einem Ausmaße, wie wir es früher nie nötig gehabt hatten. Aber die Reparationen nach dem Ersten Weltkriege schufen auf die Dauer, selbst bei Frankreich, ein Interesse an der Einheit Deutschlands. Diese Klammer fehlt heute. Zudem dürfen wir keine Lieferungen an Rußland machen, während die anderen europäischen Staaten sich um Einsprüche von Washington gegen ihre Lieferungen an Rußland nicht kümmern . . .

(1) Dr. jur., Inhaber der Dräger-Maschinenwerke, Verfasser von *Arbeitsbeschaffung durch produktive Kreditschöpfung*, München 1932, 4. Aufl. Düsseldorf 1957; Dräger und Wilhelm Grotkopp, *Was kann Deutschland an Lasten tragen?*, Düsseldorf 1955. (2) Ernst Wagemann, Professor, Leiter des Instituts für Konjunkturforschung in Berlin 1925–1945.

* *19. September, Hartland, H. B. an Margaret [Mrs. George] Pettee, Washington*

... Das Leben in Deutschland ist ziemlich merkwürdig, wie mir erst jetzt, nachdem ich dieses Mal so lange dort war, ganz bewußt wurde. Hinter einer Fassade großen Wohlstands lebt ein Drittel der Bevölkerung in außerordentlich beengten Verhältnissen ... Neben meinem Haus leben zwei Familien im Keller einer Ruine; bei jeder ragt ein Ofenrohr zum Fenster heraus. Hinter dem Keller haust eine Familie mit drei Kindern in einem Hühnerstall von etwa dreieinhalb Metern im Quadrat. Eines Abends kam ich durch das St.-Severins-Viertel in der Kölner Altstadt; nur drei Häuser standen noch, mein Fahrer verirrte sich im Schutt, und wir sahen kein Licht und kein lebendes Wesen. Aber der Umzug großer Versicherungsgesellschaften und Hypothekenbanken von der Ostzone in den Westen führte zum Bau großer Bürohäuser in Köln, Düsseldorf und Frankfurt, wo das Leben in den Hotels sehr luxuriös ist. Aber es ist eine zähe Rasse, die sich nicht unterkriegen läßt. Die Wahlen wurden aus Haß und Furcht vor Rußland beschlossen, und die Kampagnen übertrafen die Hitlers. In Westdeutschland allein gaben die Parteien, die die Regierung unterstützen, für Propaganda fünfmal so viel aus wie wir für beide Hindenburg-Wahlen im Jahr 1932 ...

23. September, Hartland, H. B. an Otto Friedrich

... Ein großer Erfolg der CDU als der Partei Adenauers war zu erwarten, wenn auch nicht in dem tatsächlichen Umfange[1]. Ich hatte mich geirrt in der Annahme, daß die Rechtsparteien stärker zunehmen würden. Dagegen war ich skeptisch in bezug auf die SPD-Chancen, da sie ja im Bundestag seit dem Tode Schumachers [20. August 1952] keinen Führer hat. Den Abfall der FDP habe ich erwartet. Diese Verluste der FDP war[en] aber auch die einzige Parallele zu der Entwicklung nach dem Ersten Weltkriege, wo auch viele Leute für die D[emokratische] P[artei] stimmten, weil sie sich auf keine Partei mit einem ausgesprochenen Programm festlegen wollten. Bodenständig ist ja ... die FDP nur in Südwestdeutschland. Im übrigen war die Propaganda außerordentlich geschickt. Ich habe bei meinem letzten Aufenthalt noch mehr den Eindruck gehabt als früher, daß die meisten Leute heute nicht mehr so parteigebunden sind wie früher und der Partei den Vorzug geben, mit der sie den wirtschaftlichen Aufschwung identifizieren . . .

(1) Bei der Bundestagswahl vom 6. September errangen die CDU und CSU zusammen 45,2 Prozent, die FDP 9,5 Prozent und die SPD 28,8 Prozent der Stimmen.

29. September, Hartland, H. B. an Friedrich König

. . . Die Abgeordneten und viele andere Leute sehen zwar eine Reihe von schweren Gefahren in der Zukunft, aber [sie] wagen nicht, es im Parlament oder in der Partei auszusprechen. Es ist ein merkwürdiges parlamentarisches System heute, das sich natürlich so lange halten wird, wie die Wirtschaftslage infolge des durch den Krieg und nach dem Kriege aufgestauten Wiederbeschaffungsbedarfs gut ist. Leute anzuhören, die zwar klarsehen, von denen man aber weiß, daß sie nicht wagen werden, bei Abstimmungen oder Besprechungen ihre eigene Meinung zu vertreten, ist für mich eine besondere Qual. In dieser einen Form haben die Nazijahre doch eine dauernde Wirkung anscheinend gehabt . . . Im Grunde freue ich mich eigentlich auf ein Wiedersehen mit nicht allzu vielen Menschen in der Heimat. Es hat sich eben doch sehr vieles in der deutschen Psyche geändert, gleichgültig ob es sich um Nazi oder Antinazi handelt . . .

19. Oktober, Hartland, H. B. an Josef Horatz

. . . Die Wirtschaftslage in Deutschland betrachte ich noch immer als die günstigste von allen Ländern, außer der Schweiz. Aber ich habe [Finanzminister Fritz] Schäffer immer gewarnt, daß, wenn die Wiederaufbauperiode vorbei ist, sich sowohl Budgetschwierigkeiten wie auch Zahlungsbilanzschwierigkeiten ergeben werden, die nicht einfach mit dem Optimismus der anderen Kabinettsmitglieder überkommen werden können. Glücklicherweise flaut die Diskussion über eine kommende Depression hier langsam wieder ab. Ich hatte einige Tage Sorge, man könnte sich . . . in eine künstliche Depression hineinreden. Natürlich kann eine Hochkonjunktur nicht von ewiger Dauer sein, aber die Notwendigkeit weiterer Aufrüstungen wird kleinere Rückschläge hier bald wieder beseitigen. Das ist von der größten Wichtigkeit, da ja die Konjunktur der westlichen Welt mehr denn je von den hiesigen Entwicklungen dauernd abhängig sein wird . . .

* 3. November, „United States", H. B. an Patrick Barry

. . . Heute um Mittag hatten wir mehr als die halbe Strecke hinter uns. Wir entgingen dem Sturm, aber das Schiff schlingerte wegen der hochgehenden See die ganze Zeit über ziemlich stark . . . Ich möchte Ihnen und Father [Edmund] Sweeney herzlich dafür danken, daß Sie so freundlich waren, mich in Hartland abzuholen und nach N[ew] Y[ork] zu bringen. Dies war nicht nur eine große Freude, sondern auch eine große Erleichterung für mich, und ich habe die Fahrt sehr genossen. Ich hoffe so sehr, daß ich an Pfingsten einige Tage mit Ihnen durch Deutschland fahren kann. Das wird eine wunderbare Unterbrechung meines Routinelebens in Deutschland sein, das ich schon jetzt fürchte, je mehr ich mich Europa nähere. Merkwürdig: Bei jeder neuen Reise in die Heimat empfinde ich stärker, daß ich dort so etwas wie ein Fremdling geworden bin . . .

An Bord befindet sich ein Schweizer Herr, den ich von früher kenne[1]. Er war das große Finanz-Orakel Europas in den frühen dreißiger Jahren, als sich seine Vorhersagen alle erfüllten. Ich hoffe, es wird anders sein mit seinen jetzigen Befürchtungen hinsichtlich der Lage in den USA. Ich glaube fest, daß eine genaue Wiederkehr der Krise von 1929–1931 unmöglich ist . . . Die Schweizer sind – im Gegensatz zu den Amerikanern – jetzt auch endgültig zu dem Schluß gekommen, daß im Falle eines Krieges die Atombomben keine militärische Entscheidung bringen, sondern nur ganz Europa zerstören werden. Darin stimmen sie mit meinem alten Freund, General [Alexander] von Falkenhausen, überein . . .

(1) Dr. Felix Somary, Verfasser von *Krisenwende?*, Berlin 1933; im Zweiten Weltkrieg Berater im amerikanischen Kriegsministerium.

7. November, Köln-Braunsfeld, H. B. an Hermann Ullmann

. . . Ende Januar kommt meine langjährige Assistentin [Claire Nix] herüber von den USA, um bei meiner Schwester an meinen Memoiren zu arbeiten. Dann braucht sie zur Kontrolle und Kürzung des Kapitels über 1923 die Aufsätze im *Deutschen*. Das Kapitel, das ich 1946 diktiert habe, würde nämlich, so wie es ist, allein 200 Druckseiten stark werden. Das geht nicht. Daß man mit seinen Erfahrungen später nicht viel im Leben aufbauend anfangen kann, ist eine alte Lehre in der Geschichte – vor allem der deutschen. Vergessen Sie nicht, daß Freiherr vom Stein schon in den zwanziger Jahren des vorigen Jahrhunderts lächerlich gemacht wurde, weil er in seinen Reden im Provinziallandtage in Münster verlangte, daß man nun mit den Reformen schneller vorwärts gehen sollte. Er wurde als Nörgler und Besserwisser verspottet. Erst nach seinem Tode kam allmählich für ihn wieder eine freundlichere Stimmung. Es ist allerdings nirgendwo anders so schlimm wie gerade bei uns in dieser Beziehung. Aber man muß sich damit abfinden. Zudem sind die Leute in Bonn im Parlament so geschäftig, daß sie auch keine Zeit haben, mit jemandem außer ihrem eigenen Kreise zu sprechen . . . Aber ich sehe zu meiner Freude, daß es doch schon wieder eine Reihe erstklassiger höherer Beamten gibt, die auch Mut zeigen . . .

* 14. November, Köln-Braunsfeld, H. B. an Claire Nix

. . . In meinem letzten Brief erwähnte ich auf Grund gewisser Eindrücke, Sie sollten bitte Dinge von mir, die noch in Boston sind, nicht nachschicken. Gestern ließ mich der Dekan kommen und sagte mir, meine Zeit an der Universität ende wegen meines Alters. Wenn ich wolle, könne ich noch ein Jahr bleiben. Das läuft allem zuwider, was Frau Minister [Christine Teusch] in Düsseldorf mir sagte. Da ich nicht weiß, ob ich eine Pension erhalten werde, muß ich neue Pläne fassen . . . Gestern hatte ich auch eine angenehme Überraschung – einen Brief von Henry Shattuck aus Godesberg, wo er jetzt beim Interim Mixed Parole and Clemency Board [for German War Criminals] ist . . .

2. Dezember, Köln-Braunsfeld, H. B. an Friedrich Dessauer

. . . Ich habe mit großer Rührung Ihren Nachruf für Ernst Reuter [gest. am 29. September 1953] gelesen. Er war vielleicht der einzige nach dem Kriege bei uns, der in der Politik ein wirklich großes Format hatte und seinen Weg ging, ohne sich um Tadel und noch viel weniger um Lob zu kümmern . . .

* 19. Dezember, Köln-Braunsfeld, H. B. an Patrick Barry

. . . Ich habe das Datum der Pfingstferien nachgeprüft . . . Mindestens
zehn Tage könnte ich mit Ihnen zusammensein, wenn Sie Ihren Plan,
um diese Zeit mit Father Sweeney zu kommen, ausführen . . . Hier
wurde ich vom Briefträger unterbrochen, der mir Ihre Karte und Ihren
Brief brachte. Vielen Dank für beides. Auch ich vermisse das Seminar,
wo ich an Weihnachten eine so glückliche Zeit verbrachte. Tatsächlich
fürchte ich, daß ich hier nie wieder feste Wurzeln fassen werde. Die
Leute hier haben sich verändert, und auch ich habe mich gewandelt[1].
Aus Ihrem Brief ersehe ich nun mit großer Freude, daß Sie planen, an
Pfingsten hier zu sein. Das paßt wunderbar mit meinen Ferien zusammen . . .

(1) H. B. schrieb am 30. Dezember aus Münster: *„Es erscheint mir jetzt als die selt-
samste Stadt, durch die ich jemals kam."

* 20. Dezember, Köln-Braunsfeld, H. B. an Claire Nix

. . . Ein Buch kam von J[ohn] W[heeler]-B[ennett] zu Weihnachten; er
schickte mir aber nicht sein Buch über das deutsche Heer, *Nemesis of
Power* [London 1953]. Ich schickte ihm sofort mit Weihnachtsgrüßen
gesammelte Essays von Meinecke über die Aufgaben und Grenzen des
Historikers. Einer oder zwei sind für John sehr passend. Von seiner
Schwester[1] erhielt ich einen sehr netten Brief.
Ich bin Ihnen sehr dankbar, daß Sie mich an Hilferdings Artikel in der
Gesellschaft von 1931[2] erinnerten. Wie konnte ich sie nur vergißt!
Hahns[3] Artikel waren äußerst orthodox. Er vergißt stets den Faktor
„Zeit". Jegliche klassische Wirtschaftstheorie ist nur „auf die Dauer"
richtig. Das war der Streitpunkt zwischen Dietzel[4] und mir von 1911
an . . . Ich werde Frau [Hildegard] Bergemann das Buch geben; sie
kommt nach Köln und hilft mir bei den Weihnachtseinkäufen. Sie sind
wirklich die fürsorglichsten Freunde, die ich hier habe . . . Die Briefe
und was ich noch an Möbeln habe möchte ich vorläufig eingelagert
lassen. Wie die Dinge liegen, werde ich spätestens in zwei Jahren „Eme-
ritus" sein, aber mein Gehalt bis zu meinem Tode bekommen. Ich
werde Vorlesungen halten können, wenn ich will, aber ich kann auch in
den USA oder anderswo leben . . .

(1) Irene Heaton. (2) „Unheimliche Tage" und „Probleme der Kreditkrise", in: *Die Gesellschaft*, Berlin, August und September 1931. (3) Dr. L. Albert Hahn, Bankier, Verfasser von *Theorie des Bankkredits*, 1920, 1930. (4) Dr. Heinrich Dietzel, Ordinarius für Nationalökonomie in Bonn, als H. B. dort promovierte.

22. Dezember, Köln-Braunsfeld, H. B. an Kurt von Priesdorff

... Ob ich bei Herrn Kaiser noch irgend etwas tun kann, weiß ich nicht. Er ist ja in Berlin, und ich kenne nicht einmal die Anschrift... Im übrigen muß ich Sie doch darauf aufmerksam machen, daß ich nicht den geringsten Einfluß in Bonn habe. Die damalige Verbindung zwischen dem Ministerium und Ihnen habe ich nur durch einen alten Bekannten herstellen können. Deshalb habe ich den Herrn Erzbischof [Jaeger] gebeten, doch seinerseits die Verbindung herzustellen. Ich würde es gerne tun, wenn ich wirklich Einfluß besäße. Man traut ihn mir leider fälschlicherweise noch zu. Daher werde ich mit Briefen überschwemmt von Leuten, die ich nie gekannt habe. Es ist schwer, ihnen klarzumachen, daß sie sich an ihre Abgeordneten zu wenden haben. Vielleicht ist es nicht mehr so wie früher, als man im Reichstage wenigstens auf jeden Brief eine kurze Empfangsbestätigung schickte mit dem Versprechen, die Angelegenheit zu bearbeiten. Es hat sich ja vieles geändert, nicht zum Besten! ...

1954

Von November 1953 bis September 1955 blieb H. B. in Deutschland. Er war hauptsächlich an der Universität Köln, zwischendurch besuchte er mehrmals seine Schwester in Münster. Im Frühjahr und Herbst 1954 sowie im Frühjahr und Sommer 1955 war H. B. jeweils längere Zeit Gast der Hegge (zwischen Paderborn und Warburg). Mit den Nachkriegsverhältnissen konnte er sich nie abfinden, auch nicht, als er längst mit ihnen vertraut war. Wiederholt schrieb er: „Mein Leben in Köln ist Zeitverschwendung." Im März 1954 meinte er: „Alles will schnell reich werden und in vermeintlicher Sicherheit leben." Im November schrieb er an Krone: „Man wird auf allen Gebieten lange Zeit brauchen, um das zu überwinden, was die Nazis angerichtet haben."

Als eine Rede vor dem Rhein-Ruhr-Klub im Juni unerwartet und ungewollt ins Kreuzfeuer der öffentlichen Diskussion geriet, wurde H. B. kurz in die damalige politische Kontroverse hineingezogen. Viele Leute schienen unfähig zu sein, zwischen seinen politischen Überzeugungen, die er nicht leugnen wollte, und politischem Ehrgeiz, den er nicht besaß, zu unterscheiden. Die Ungeschicklichkeit vieler, die seine Ansichten teilten, bekümmerte H. B. mindestens ebensosehr wie die Schärfe seiner Kritiker und veranlaßte ihn zu der Feststellung, so sehr er die Regierungspolitik bedaure, sei doch niemand in Sicht, der eine andere Politik zu betreiben vermöge.

Vom 25. Januar bis 18. Februar 1954 trafen sich die Außenminister der vier Siegermächte in Berlin. Über den künftigen Status Deutschlands konnten sie sich nicht einigen, aber sie stimmten einer Diskussion über die Konflikte im Fernen Osten zu. Vom 26. April bis 21. Juli traten Vertreter der vier Siegermächte, der chinesischen Volksrepublik, Indochinas und der 15 am Koreakrieg beteiligten UN-Länder in Genf zusammen.

Am 7. Mai nahm der Vietminh die Festung Dien Bien Phu ein. Zu den Vereinbarungen der Genfer Konferenz, die nicht von allen Teilnehmern, vor allem nicht von den USA befürwortet wurden, gehörte die Unabhängigkeit von Laos, Kambodscha und Vietnam, der Rückzug der französischen Streitkräfte, eine Demarkationslinie zwischen Nord- und

Südvietnam und allgemeine Wahlen unter internationaler Aufsicht im Jahr 1956.

Nachfolger von Laniel als Ministerpräsident Frankreichs wurde am 1. Juni Mendès-France, und H. B. verfolgte die Art und Weise, wie er während des Sommers von den Notvollmachten Gebrauch machte, mit großer Sympathie.

Am 30. August lehnte das französische Parlament den EVG-Vertrag endgültig ab. H. B. schrieb am 15. September: ,,Das Fallen der EVG ist für uns ein großer Vorteil, vorausgesetzt, daß er von Bonn aus ausgenutzt wird, was ich bezweifle. Trotzdem arbeitet die Zeit weiter für uns, wenn man in Bonn nur will und warten lernen kann." Im Oktober traten die Pariser Verträge, mit denen der lange schwebende Deutschlandvertrag revidiert und die Bundesrepublik in die NATO aufgenommen wurde, an die Stelle der im Mai 1952 in Bonn und Paris unterzeichneten Verträge.

Die USA erweiterten ihre Bündnispolitik und schlossen den Südostasienpakt mit Großbritannien, Frankreich, Australien, Neuseeland, den Philippinen, Pakistan und Thailand. Im Oktober vereinbarte Großbritannien mit der ägyptischen Republik, daß es die Suezkanalzone innerhalb von 20 Monaten räumen werde.

6. Januar, Stuttgart, H. B. an Otto Schmidt (Hannover) [1] *, Westerland*

... Ich bin im Augenblick hier bei meinem alten Kollegen Dietrich, dem es nicht gut geht. Ich werde spätestens Sonntag wieder in Köln sein ... Niemand kann im Augenblick voraussehen, welches Spiel die Russen treiben werden. Ob Bonn eine ernstliche Stellung vorbereitet hat, entzieht sich meiner Kenntnis. Merkwürdigerweise werden plötzlich die Leute in den Regierungsparteien pessimistisch. Vielleicht war der Sieg bei den Wahlen zu groß ...

(1) Reichstagsabgeordneter (DNVP) 1924–1933.

1. Februar, Köln-Lindenthal, H. B. an Eric Voegelin

... Es fehlt den Studenten hier vielfach völlig an Kenntnis der politischen Entwicklung der letzten 30–40 Jahre, aber die Konzentrationsfähigkeit und die Begierde, alles genau zu wissen, ist erstaunlich groß. Darin hat sich meinem Gefühl nach gegen früher nichts geändert. Ich kann natürlich nicht ein allgemeines Urteil fällen. Da mein Fach ja kein Pflichtfach ist, kann es sein, daß ich eine gewisse Elite aus der juristischen und der wirtschafts-sozialwissenschaftlichen Fakultät unter meinen Studenten habe.
Politisch ist im Vergleich zum vorigen Herbst, der der Bonner Regierung einen unerwartet großen Sieg brachte, ein gewisser Zweifel hochgekommen über den Weitergang der bisherigen Hochkonjunktur. Die Landwirte erhalten zum Teil sehr niedrige Preise, vor allem für Vieh, die unter den Produktionskosten liegen, während die Kleinverkaufspreise solcher Produkte nach wie vor die gleichen wie vor einem Jahre sind ... Der Baumarkt wird, im Gegensatz zu der Krise, die 1929 begann, noch Jahre voll beschäftigt sein wegen kolossaler Zerstörungen von Häusern durch den letzten Krieg. Aber die Miete in den neuen Häusern wird vielfach für das Einkommen der Mieter schon zu hoch

angesetzt. So gibt es überall gewisse Verkrampfungen, die aber noch nicht zu einer schweren Krise zu führen brauchen . . .

23. März, Die Hegge[1] über Warburg, H. B. an Rudolf Pechel

. . . Hier sitze ich nicht weit vom Kloster Corvey in wunderschöner Landschaft, die in etwa an Vermont erinnert, nur daß die Wälder hier viel schöner sind. Heute morgen erhielt ich das *Times Literary Supplement* mit dem ersten Aufsatz über Annette von Droste-Hülshoff, der meines Wissens in England erschienen ist. Ich finde ihn ausgezeichnet, besser als irgend etwas, was in Deutschland über sie geschrieben [worden] ist. Ich dachte, Sie könnten vielleicht Auszüge daraus bringen in der *Deutschen Rundschau* . . . Hier ist wirklich noch das alte Deutschland. Ich habe nun keinen Menschen über Bonn sprechen hören, es existiert kaum für sie. Das ist eine Hoffnung . . .

(1) Das christliche Bildungswerk „Die Hegge" zwischen Paderborn und Warburg wurde mit Unterstützung von Dompropst Simon unter der Leitung von Theoderich Kampmann 1945 gegründet und wird von einer katholischen Frauengemeinschaft geführt, die auch den alten Flurnamen Hegge trägt. Inzwischen besteht auch ein Hegge-Kolleg an der neuen Ruhr-Universität Bochum.

8. April, Die Hegge, H. B. an August Wegmann

. . . Einliegend übersende ich einen Brief von Frau Maria Reese[1], deren Du Dich vielleicht als kommunistischer Abgeordneter erinnern wirst . . . Aus dem Brief wirst Du ersehen, daß Frau Reese in bezug auf Politik noch ebenso leidenschaftlich [auf der anderen Seite] ist wie früher. Sie kann daher nur eingleisig denken. Eine Bekämpfung des Kommunismus schließt nicht aus, daß man unter Umständen mit den Russen verhandeln muß, was allerdings jetzt schwierig geworden ist, denn Bonn kann nicht mit den Russen, sondern nur noch mit der Ostregierung handeln. Dabei kann nicht viel herauskommen . . . Ich würde Dich nicht mit dieser Angelegenheit belästigen, wenn nicht Pater [Laurentius] Siemer mich hätte bitten lassen, etwas für Frau Reese zu unternehmen . . .

(1) Reichstagsabgeordnete 1928–1933, trat im November 1929 von der SPD zur KPD über.

17. April, Die Hegge, H. B. an Jakob Kaiser

... Ich halte Ihren Gedanken, eine überparteiliche Vereinigung zu schaffen, die das deutsche Volk aufrütteln und dem Auslande den Willen dokumentieren soll, ein geeintes Deutschland auch im Interesse der übrigen Welt zu schaffen, für sehr bedeutungsvoll und zeitgemäß. Ich werde mich gern in Köln Anfang Mai mit Ihnen über Ihren Plan unterhalten, aber ich halte es angesichts der Empfindlichkeit des Herrn Bundeskanzlers gegenüber jedem öffentlichen Auftreten oder Äußerung meinerseits nicht für opportun, daß mein Name dabei in Erscheinung tritt. Ich fürchte, es könnte der guten Sache schaden ...

17. April, Die Hegge, H. B. an Otto Friedrich

... Die Politik von Blessing[1] scheint mir gut zu sein. Mit seiner Methode kann man die absolute Diskrepanz zwischen der Politik von Erhard und Schäffer wenigstens vorübergehend mildern. Herr Erhard würde gut [daran] tun, anstatt den Engländern Predigten zu halten, die vorbildliche Zusammenarbeit der Banken, einschließlich der Zentralbank, mit dem Treasury genauer zu studieren. Die Engländer würden auf Grund dieser Zusammenarbeit weiter sein, wenn ihre Exportindustrie aggressiver und anpassungsfähiger an die Wünsche der einzelnen Länder sein würde. Außerdem ist England im Nachteil gegenüber uns wegen der zu bürokratisch zentralisierten Verwaltung in London ...

(1) Dr. Karl Blessing, Direktor in verschiedenen Firmen und Kreditinstituten, wurde 1958 Präsident der Deutschen Bundesbank.

20. April, Die Hegge, H. B. an Otto Most

... Nach dem Ersten Weltkriege haben wir uns wieder großgehungert. Jetzt sind wir rein materialistisch geworden und haben von den Amerikanern alles übernommen, was dort weiterdenkende Menschen bereits als Dekadenz betrachten. Die deutsche Jugend will immer alle solchen Vorgänge vom theoretisch-philosophischen Standpunkt aus beurteilen. Das zeigt ihre Begabung, aber schafft weder eine spontane religiöse noch politische Kraft. Im Gegenteil, die Zersetzung wird dadurch noch gefördert. Jedes Volk, das leben will, klammert sich an seine eigenen Traditionen in solchen Augenblicken. Daß die Nazis diese Tradition vernichtet haben, wenigstens vorübergehend, ist als Milderungsgrund für unser Volk anzuerkennen. Aber wenn sich jetzt jeder danach drängt, für zwei Monate nach den USA zu kommen, und dann bei der Rückkehr alles dort Bestehende preist, so muß es zu einer Verwirrung führen, denn die geistige Zersetzung in den Vereinigten Staaten, im Gegensatz zum materiellen Wohlergehen, hat in den letzten zwanzig Jahren gewaltige Fortschritte gemacht. Das gleiche gilt auch zu einem Teile für England. Wer die Skandalprozesse in den letzten Jahren in England verfolgt hat, muß ebenso erschrocken sein wie die englischen Richter . . .

Daß unter all diesen Umständen die meisten jungen Leute nur ein Brotstudium betreiben, ist nicht verwunderlich. Aber ich habe doch eine ganze Reihe von jungen Leuten beobachtet, die nach etwas anderem streben und seelisch durchaus gefestigt sind. Sie sind allerdings kritisch den Politikern gegenüber. Das ist gut. Eine junge Generation muß immer kritisch sein. Sie haben eine größere Konzentrationsfähigkeit als der Durchschnitt der amerikanischen Studenten. Alles das gibt Hoffnung. Nur wird die Erfüllung dieser Hoffnung dieses Mal sehr viel länger auf sich warten lassen . . .

21. April, Die Hegge, H. B. an Wilhelm Fonk, Nürnberg

. . . Ich hatte gehofft, in den Weihnachtsferien gelegentlich eines Besuches bei Dietrich Sie einen Tag in Nürnberg auch besuchen zu können. Daraus wurde nichts . . . Ich war den ganzen Winter hindurch ohne eine Sekretärin. Jetzt habe ich einen Assistenten [Hermann Josef Unland] und eine ständige Sekretärin [Bettina von Radowitz]. Das erleichtert mir das Leben in Köln, was an sich nicht sehr leicht ist, da ich zu viele Besuche bekomme mit Anliegen, aber leider selten die Freude habe, meine alten Freunde zu sehen . . .

4. Mai, Die Hegge, H. B. an Eberhard Barth[1]

. . . Natürlich muß man sich bemühen, daß all die Nürnberger Prozesse und Urteile nachgeprüft werden. Dafür ist die Zeit im Augenblick noch nicht reif, denn zu viele einflußreiche Politiker im Auslande haben ein

Interesse daran, daß die Rechtsfragen nicht wieder aufgerollt werden. Ich habe diese ganze Frage wiederholt mit einflußreichen amerikanischen Juristen durchgesprochen. Sie haben volles Verständnis für die Notwendigkeit der Nachprüfung, aber sehen zur Zeit noch keine Möglichkeit . . .

(1) Dr. jur., Leiter der Rechtsabteilung in der „Dienststelle" von Theodor Blank.

14. Mai, Köln-Braunsfeld, H. B. an A. H. Berning

. . . Wenn es zu einer katholischen Partei kommt[1], so wird sie nie wieder die Rolle spielen können wie früher die Zentrumspartei, da die FDP und die SPD sich immer zusammenfinden können, denn beide haben ja keine „dogmatischen" Programmforderungen mehr. Im übrigen merke ich im Lande, daß die Leute allgemein der Politik gegenüber skeptisch werden, weil ihnen kein klares, verständliches Ziel vor Augen steht, für das sie kämpfen werden. Sie leben fast alle von der Sucht nach Geld und von der Angst vor Rußland. . . . Vockel war vorgestern bei mir. Er war sehr freundlich, aber ganz klug bin ich aus ihm nicht geworden. Er hat während der Berliner Konferenz[2] gedroht, einen sehr intelligenten Mann aus Kaisers Ministerium, der gegen Adenauers Politik ist, verhaften zu lassen! Ich halte es nicht für ausgeschlossen, daß Kaiser sich mit dem DGB verständigt hat, aber ich weiß nichts darüber . . .

(1) Es ging um mehr stimmungsmäßige als praktische Überlegungen in bestimmten katholischen Kreisen im Oldenburgischen und im Ostwestfälischen.
(2) 25. Januar bis 18. Februar 1954, Konferenz der Außenminister der USA, der UdSSR, Großbritanniens und Frankreichs.

** 29. Mai, Köln-Braunsfeld, H. B. an Patrick Barry*

. . . Ich habe jetzt einen Plan für Ihren und Father Sweeneys Besuch gemacht . . . Ich möchte vorschlagen, daß wir am ersten Tag mit dem Wagen, den ich gemietet habe, nach Münster, Osnabrück und Paderborn fahren. Dann werden wir das alte Benediktinerkloster Corvey an der Weser besuchen und Soest mit seiner schönen St.-Patroklus-Kirche. Von dort aus fahren wir nach Limburg mit seiner herrlichen Kirche und wenn möglich nach Fulda. Dann fahren wir der Lahn entlang bis Koblenz und die Mosel aufwärts bis Trier, von da aus dann nach Aachen und Köln. Nach Ihrer Ankunft hier in Köln werden wir gleich Mgr. Mommersteeg anrufen, um die Zeit und den Ort zu vereinbaren, wo er Sie holen kann. Leider kann ich nicht zum Bahnhof gehen, wenn Ihr Zug kommt, denn mein Seminar findet gerade um diese Zeit statt. Mein Assistent, Herr Unland[1], wird bei Ihrer Ankunft auf dem Bahnsteig sein . . .

(1) Dr. jur. Hermann Josef Unland, seit 1969 Bundestagsabgeordneter (CDU) für Bocholt.

30. Mai, Köln-Braunsfeld, H. B. an Jakob Goldschmidt

. . . Ich habe eine Abschrift machen lassen von Ihrem Briefe mit den mitfühlenden Worten gelegentlich des Todes von Herrn Dietrich und werde ihn seinem Adoptivsohn [Ernst] Dietrich-Troeltsch senden. Ich habe am Sarge gesprochen[1] . . . Ich selbst bin noch nicht ganz sicher, ob ich Anfang August nach den Vereinigten Staaten fahre oder in die Einsamkeit an der Weser gehe . . . Ich möchte die Möglichkeit, von Zeit zu Zeit nach den Vereinigten Staaten zurückzukehren, mir nicht verbauen.

Über die außenpolitische Lage brauche ich nichs zu berichten. Die Chancen für uns sind verpaßt. Sie wissen, wie solche Chancen selten wiederkehren. Kehren sie plötzlich wieder, muß man blitzschnell zugreifen. Dazu fehlt es hier an der Erkenntnis und dem Willen. Man arbeitet dogmatisch weiter in der Außenpolitik und verdächtigt öffentlich jedermann, der sich eine andere Meinung erlaubt . . .

(1) Ansprache „Am Sarge des Reichsministers a. D. Dietrich", in: *Deutsche Rundschau*, Stuttgart, April 1954.

10. Juni, Köln-Braunsfeld, H. B. an Rudolf Pechel

. . . Gestern abend fand ich bei meiner Rückkehr Ihre freundlichen Zeilen und die mich sehr interessierenden Zeitungsausschnitte. Ich war vier Tage unterwegs mit zwei meiner besten Freunde aus den USA, um

ihnen die romanischen Kirchenbauten am Rhein und in Westfalen zu
zeigen, was wir seit Jahren geplant hatten. Mein Vortrag[1] hat unbe-
rechnetes Aufsehen erregt. Es waren darin nur „Binsenweisheiten".
Hätte der Kanzler geschwiegen[2], so hätte niemand sich um den Vortrag
gekümmert . . . Der Rhein-Ruhr-Klub hat nun während meiner Abwesenheit die Drucklegung des Vortrages in Auftrag gegeben, auch um
sich selber zu schützen gegen die massiven Angriffe. Man hätte mir
sagen müssen, daß Presse ebenso wie das Auswärtige Amt stark vertreten war. [Hans] Luther war rein zufällig anwesend und hat kein Wort
zu meinem Vortrage gesprochen . . . Von den vielen Briefen, die ich
gestern vorfand, waren zwei zustimmend; die anderen waren alle
Schmähbriefe . . .

(1) Am 2. Juni im Rhein-Ruhr-Klub in Düsseldorf, veröffentlicht unter dem Titel *Die
Vereinigten Staaten und Europa*, Stuttgart 1954. (2) Am 3. Juni sprach der Bundeskanzler in
Baden-Baden vor Mitgliedern der Internationalen Handelskammer ausführlich über
H. B.s angebliche Äußerungen (vgl. „Eine Schaukelpolitik kommt nicht in Frage", in:
Bulletin des Bundespresseamts, Bonn, 12. Juni 1954). Seine Vorwürfe steigerten sich bei
Kundgebungen vor der Landtagswahl in Nordrhein-Westfalen vom 27. Juni, so zum
Beispiel in Bochum: „Ich verbitte mir, daß aus irgendeinem Ressentiment die Interessen
des deutschen Volkes auf diese Weise geschädigt werden."

* *29. Juni, Köln-Braunsfeld, H. B. an Mona Anderson*

. . . Ich freute mich sehr über Ihren Brief vom 18. Juni, den ich leider
nicht umgehend beantworten konnte, weil ich wegen einer harmlosen
Ansprache in einem Klub in Schwierigkeiten geriet[1]. Es war nur ein
Überblick über die derzeitige internationale Lage mit einem Satz, den
man als Kritik an der gegenwärtigen internationalen Politik auffassen
konnte. In einer Rundfunkrede am nächsten Tag verwendete der Bundeskanzler einige Sätze meiner Rede ganz aus ihrem Zusammenhang
gerissen und deshalb in völlig verfälschtem Sinn[2], und sofort war die
Meute in Deutschland und in den Vereinigten Staaten hinter mir her.
Lesen Sie aber den Leitartikel der Londoner *Times* vom 26. Juni[3], es
scheint mir gelungen zu sein, den Geist und das Verhalten darzustellen,
die zum Abschluß des Vertrags von Locarno führten . . . Ihren Besuch
mit Ian in Deutschland [26.–30. April] habe ich noch in bester Erinnerung. Leider war er zu kurz . . .

(1) H. B. hatte bereits seit drei Jahren in seinen Vorlesungen an der Kölner Universität die Gedanken seiner Düsseldorfer Rede sehr ausführlich entfaltet und mit noch stärkerem Nachdruck vertreten. In seinen Vorlesungen über die internationalen Beziehungen in der Zeit zwischen den beiden Weltkriegen hatte er „die Methoden und Taktik der Diplomatie" betont: „Wenn sich sachlich und technisch die Weltbedingungen völlig geändert haben, so ist das nicht der Fall in bezug auf die diplomatischen Methoden . . . Die Entwicklung der Kriegstechnik hat die rein militärischen Vorteile der inneren Linie für Deutschland endgültig zerstört, aber nicht notwendigerweise die politischen Vorteile der geographischen Lage Deutschlands." Seine These war, daß die deutsche Diplomatie in den zwanziger Jahren „einen Ausweg fand aus der Erstarrung, die die internationale Politik in den ersten Jahren nach dem Krieg beherrschte und ein europäisches Chaos herbeizuführen drohte. Weder die Größe dieser Aufgabe noch die Konstruktion und Durchführung im einzelnen sind je vom deutschen Volk gewürdigt worden." Die Weimarer Diplomaten „waren sich bewußt, daß Deutschland nach 1919 seine sehr geschwächte Stellung nur erhalten könne, wenn man nicht zu einer Bündnispolitik zurückkehre, sondern ein System von Verträgen erdenken und zur Annahme bringen könne, das Deutschland aus allen kriegerischen Verwicklungen heraushalten könne . . . Es galt also, das für die Zukunft zu retten, was uns noch geblieben war. Beschränkten wir uns auf diese Aufgabe, so mußten wir nach einer gewissen Zeitspanne wegen unserer geopolitischen Lage wieder umworben werden." Weiter führte er aus: „Wenn keine Tradition mehr in der Außenpolitik besteht, werden leicht Fehler gemacht. Man hascht nach äußerlichen Erfolgen, die aber sachliche Niederlagen bedeuten und vielleicht die Außenpolitik auf Jahre hinaus in eine bestimmte Richtung drängen, die nicht leicht wieder geändert werden kann." Von den Weimarer Politikern hob H. B. besonders Rathenau und Wirth lobend hervor, die die Möglichkeit einer künftigen Revision offenhielten, weil sie den Mut hatten, formell Bedingungen anzunehmen, die niemals erfüllt werden konnten, und das angesichts einer Reaktion in Deutschland, „von deren Heftigkeit die lammfromme heutige Generation sich nie wird eine Vorstellung machen können". Vom finanziellen und wirtschaftlichen Standpunkt aus war seiner Ansicht nach die Lage nach dem Ersten Weltkrieg wesentlich schwieriger, weil nach dem Zweiten Weltkrieg die Möglichkeit bestand, „bevor es eine deutsche Regierung gab, Deutschland in die Marshall-Hilfe einzubeziehen. Aber dafür hatte die deutsche Regierung früher eine außenpolitische Freiheit, die sie heute nicht besitzt . . . Eine Bereitschaft des Volks, für seine Freiheit und Unabhängigkeit jedes Opfer zu bringen, fehlte damals keineswegs."
In seinen Vorlesungen stellte H. B. am Beispiel der Einzelheiten der Reparationsverhandlungen deutlich heraus, wie eng finanzielle, wirtschaftliche, militärische und politische Erwägungen miteinander verflochten waren und wie komplexe, langfristige, multilaterale Wirtschaftsabkommen für politische Zwecke, die damit nicht zusammenhingen, diplomatisch ausgenutzt wurden. Er legte sehr eingehend dar, wie die Verhandlungen über die Verträge von Locarno und Berlin 1925 und 1926 aufeinander abgestimmt wurden, nicht planmäßig, sondern in ständiger Anpassung an die sich ergebenden Möglichkeiten. Häufig zog er klare Parallelen zwischen den Verhandlungen in den frühen zwanziger Jahren und den Verhandlungen 30 Jahre später. „Durch Bezahlung eines Teils der deutschen Reparationen durch Anteilscheine oder Aktien der Ruhrkohlenindustrie wollte man den Einfluß der französischen Eisenindustrie auf die Ruhrkohle sichern; man wollte also das gleiche erreichen wie heute über den Weg der ‚Entflechtungs'-Bestimmungen." Nachdrücklich sprach er über die Bedeutung des Unterschieds zwischen einer defensiven „Sicherheit" und einer hegemonischen „Sicherheit" für künftige militärische Unternehmungen und betonte den Obstruktionscharakter der französischen „paneuropäischen" Vorschläge von 1930. Er beschrieb die Umschwünge in der Außenpolitik der USA mit den wechselnden Wahlmehrheiten und die Beharrlichkeit der französischen Diplomatie, die jede mögliche Gelegenheit ergriff, um Deutschland zu schwächen und zu teilen. Außerdem betonte er

die hinter der sowjetischen Außenpolitik spürbare Kontinuität, die sich auf die Erwartung von Krisen und Revolutionen gründete. „Kein Staat der Welt hat es in der Zeit nach dem Ersten Weltkriege so wie Rußland verstanden, immer wieder blitzschnell durch geschickte Schritte, Vorschläge und Ideen – allerdings meist nur taktischer Art – zu reagieren und sich in Verhandlungen zwischen anderen Ländern einzumischen, wenn sie das damals noch schwache Rußland isolieren oder gefährden konnten. Wenn man im Auslande die damalige geschickte Taktik Rußlands genauer studiert und sich nicht durch Schlagwörter wie ‚Rapallo‘ hätte benebeln lassen, so brauchte die Welt heute nicht eine solche Furcht vor der russischen Politik zu haben." (2) Aus H. B.s Bemerkung, daß Westdeutschland von der amerikanischen Konjunktur abhängig und für eine Wirtschaftskrise viel anfälliger als die USA selbst würde, machte man die Prophezeiung einer großen Wirtschaftskrise in den Vereinigten Staaten. (3) „The Spirit of Locarno".

29. Juni, Köln-Braunsfeld, H. B. an Jakob Goldschmidt

... Seit meiner Ansprache im Rhein-Ruhr-Klub am 2. Juni wurde ich von Bonn aus unter ein solches Trommelfeuer gesetzt, daß ich nicht in der Lage war, mich mit irgend etwas außerhalb meiner Vorlesungen zu beschäftigen[1] ... Ich habe Miss Nix einen Abdruck meiner Rede für Dr. von Saucken[2] mitgegeben. Ich wäre Ihnen dankbar, wenn Sie ihn bitten würden, ob Sie ... die Rede lesen könnten. Falls das möglich ist, würde ich Sie bitten, doch vielleicht eine Gelegenheit zu suchen, mit Allen Dulles zu sprechen, der – wie mir berichtet wurde – sich sehr über meine Rede aufgeregt hat ... Wenn er den Text meiner Rede liest, so wird er sehen, daß ich in bezug auf die Wirtschaftslage in den Vereinigten Staaten nicht das gesagt habe, was ihm berichtet wurde.

Sie werden verstehen, daß ich mit wachsender Sorge seit Monaten die militärpolitische Entwicklung in der Welt und die Außenpolitik von Bonn verfolge[3]. Ich hatte mich deshalb entschlossen, in kleinem, geschlossenem Kreise einige Warnungen auszusprechen ... Ich war gezwungen, die Rede zu veröffentlichen; sie findet einen unerwartet großen Absatz ... Tatsächlich ist nach Veröffentlichung der Rede die Diskussion über unsere Außenpolitik zum ersten Male in kritischer Form in Gang gekommen ... Mir lag daran, einmal das Andenken von Rathenau und Stresemann zu retten und dagegen aufzutreten, daß man in Bonn jetzt, genauso wie im Auslande während des Krieges, die Verträge von Rapallo und Locarno als Hemmungen für eine friedliche Entwicklung in Europa hinstellt. In Bonn weiß offenbar niemand mehr genau, was in beiden Verträgen gestanden hat ... Wenn Sie den Text der Rede lesen, so werden Sie sehen, wie vorsichtig ich gewesen bin. Ich mußte nur einmal scharf aussprechen, daß Bonn, wenn es immer wieder verlangt, daß ein wiedervereinigtes Deutschland ganz in die EVG-Verträge einbezogen werden müsse, die Tür zuschlägt für jede Verhandlung mit den Russen. Was das aber militärisch für die Weiterentwicklung bedeutet, brauche ich Ihnen gegenüber nicht einmal anzudeuten . . .

(1) Infolge der zunehmenden Unsicherheit wegen der EVG fand die Ansprache in der deutschen Presse eine große, meist sympathisierende Beachtung. Die negativsten Pressekommentare werden in einer Sondernummer der *Bonner Hefte*, „*Hier irrte Heinrich Brüning*", Stuttgart 1954, zitiert. Über zwei Monate nach seiner Düsseldorfer Rede wurde H. B. immer noch als der Mendès-France Deutschlands, der „Nachfolger des alternden Adenauers", bezeichnet (vgl. *New York Journal-American*, 14. August 1954). Angesichts dieser Pressespekulationen war seine erste Vorlesung nach den Pfingstferien eine außergewöhnlich trockene Darstellung der deutschen Auslandsanleihen und Handelsbilanzen zwischen 1924 und 1929. (2) Hans von Saucken, deutscher Generalkonsul in New York. (3) Dies zeigt sich in der für H. B. ungewöhnlichen Schärfe einiger Bemerkungen in seinen Vorlesungen vom Mai und Juni 1954, zum Beispiel: „Es wäre wünschenswert, wenn man sich in Bonn einmal einen Elementarunterricht geben lassen würde über solche Fragen" und „die Summierung von lauter Minusposten wird auch in der internationalen Politik nie ein Plus ergeben."

4. Juli, Köln-Braunsfeld, H. B. an Hans von Raumer

. . . Ich habe Ihren ersten Brief nicht gleich beantwortet, weil ich hoffte, Sie am 3. in Hagen[1] zu sehen. Sie haben aber nicht viel damit verloren, daß Sie nicht nach Hagen kommen konnten. Alle führenden Leute der Industrie, mit Ausnahme von einem oder zweien, haben abgesagt . . . Ich sehe immer mehr, daß die Weimarer Zeit völlig vergessen ist – mit ihren Fehlern und mit ihren Erfolgen . . . Was nun mein Buch angeht, so ist die Veröffentlichung nicht mit Rücksicht auf den Hindenburg-Mythos verschoben worden. Ich habe keine Illusionen über ihn gehabt . . . Ich habe das Amt als Reichskanzler schweren Herzens nur deshalb angenommen, weil Hindenburg schon beigebracht [worden] war, daß im Falle meiner Absage Schleicher Reichskanzler werden sollte! . . . Ich konnte aber keinen anderen als Reichspräsidenten durchsetzen, der Hitler hätte schlagen können in der Wahl. Daß ich dabei natürlich für ihn eine Propaganda machen mußte, die aus ihm etwas von einem Mythos machte, war nun einmal nicht zu vermeiden. Das gleiche habe ich erlebt mit der Propaganda für Roosevelt, der noch eine viel größere Katastrophe gewesen ist für die Welt als Hindenburg . . .

(1) Der Rhein-Ruhr-Klub hatte zu einer weiteren Diskussion über die Rede vom 2. Juni eingeladen. In der Zwischenzeit hatte der Präsident des Bundesverbandes der Deutschen Industrie, Fritz Berg, in einem Interview erklärt: „Aus den Ausführungen der Presse habe ich den Eindruck gewonnen, daß die Äußerungen der beiden Herren [Brüning und Pfleiderer] geeignet sind, die Politik des Bundeskanzlers zu beeinträchtigen. Daher lehne ich sie sehr entschieden ab" (vgl. *Die Welt*, Hamburg, 24. Juni 1954).

* 24. Juli, Köln-Braunsfeld, H. B. an Patrick Barry

. . . Bis jetzt sind 6000 gedruckte Exemplare der Rede ohne jede Werbung verkauft worden. Ein Artikel in der Londoner *Times*[1] und Edens Rede[2] nahmen meinen Vorschlag auf, zur Methode der Locarno- und Berlin-Verhandlungen von 1925 und 1926 zurückzukehren. Washington war natürlich nicht dafür. . . Die *New York Times* und *New York Herald Tribune* veröffentlichten ziemlich zustimmende Artikel[3], nachdem ihre Korrespondenten mit mir gesprochen hatten . . . Pater [Gustav] Gundlach suchte mich sofort auf und wunderte sich sehr, daß der volle Text meiner Rede eine Tendenz zeigte, die so ziemlich das Gegenteil dessen ist, was Bonn nach Rom berichtet hatte . . . Die ganze Affäre war für mich eine entsetzliche Nervenbelastung, aber jetzt fühle ich mich wieder ganz wohl. Ich kann Ihnen nicht sagen, wie sehr ich Ihren Besuch hier genossen habe; auch meine Schwester freute sich sehr über Ihren Besuch . . .

(1) Siehe oben. (2) In einer Debatte über Südostasien lobte Eden „das gegenseitige Entgegenkommen" von Locarno im Vergleich zu „dem NATO-System" von Allianzen. Gleich danach erfuhr er in Washington, daß „Locarno ein Schimpfwort war" (vgl. *Parliamentary Debates, House of Commons*, 23. Juni 1954, Bd. 529; Anthony Eden, *Full Circle*, London 1960, S. 132f.). (3) Siehe *New York Herald Tribune*, 8. Juli 1954; *New York Times*, 22. Juni 1954. Ein ähnlicher, ausführlicher Bericht erschien am 21 Juni im *Manchester Guardian* unter der Überschrift „Involuntary Political Return of Dr. Brüning" (Dr. Brünings unfreiwillige Rückkehr in die Politik). Er schloß mit den Worten: „Er wünscht neuerliche Viermächte-Unterredungen, dieses Mal hinter verschlossenen Türen, mit diplomatischen Verhandlungen statt des politischen Posierens, das sich bei der Berliner Konferenz ergab. Er wünscht die deutsche Teilnahme an solchen Unterredungen, denn er glaubt, der deutsche Geist sei am besten auf die Mißklänge des deutschen Problems eingestimmt. Dr. Brüning möchte deutsche diplomatische Kontakte mit der Sowjetunion, die zur Verwirklichung seines Ziels verhelfen könnten – ein wiedervereinigtes Deutschland, durch Sicherheitsgarantien an den Osten wie an den Westen gebunden und von ganzem Herzen der Aufgabe verschrieben, den Frieden in Europa zu wahren. Dies ist seiner Ansicht nach besser als ein Wettrüsten in beiden Teilen Deutschlands und als das seiner Meinung nach erbärmliche Zutrauen zu der Theorie, daß die militärische und moralische Einheit Westeuropas die Russen zwingen werde, ihre Besatzungszone zu räumen und sich hinter die Oder zurückzuziehen."

30. Juli, Köln-Braunsfeld, H. B. an A. H. Berning

... Wirth und [Wilhelm] Elfes sind naiv[1]. Sie übersehen vollkommen, daß niemand von den Russen als ernster Unterhändler angesehen werden kann, der nicht das Bonner Kabinett hinter sich hat. Das habe ich in meinem Vortrage ziemlich deutlich gesagt, vor allem hinterher in der Diskussion, als ich meine Zweifel zum Ausdruck brachte über die Methode von Dr. Pfleiderer[2]. Natürlich ist in einer Zeit der internationalen Spannung propagandistische Verdrehung Trumpf. Damit muß man sich abfinden.

Mit Dr. John[3] habe ich nie Beziehungen gehabt. Ich habe ihn nur einmal im Jahre 1950 im Stegerwaldhaus in Königswinter gesehen, als [Jakob] Kaiser gelegentlich meiner Anwesenheit in Deutschland die zu erreichenden Leute vom 20. Juli 1944 eingeladen hatte. Dann kam er zu einem Konzert von Prinz Louis Ferdinand, wozu mich der Prinz persönlich eingeladen hatte. Ich habe ostentativ jede Begrüßung vermieden. John hat in den Tagen vor seiner Flucht wiederholt prominente Leute in Köln angerufen und betont, daß er nichts mit der Abhörung meiner Telefongespräche und mit der Propaganda gegen mich zu tun hatte[4] ...

(1) 1952–1954 pflegten Wirth und Elfes erst für die Deutsche Sammlung, dann für den Bund der Deutschen direkte Kontakte zur ostdeutschen Regierung. Elfes hatte im Mai/Juni die Sowjetunion besucht. (Siehe auch Diether Koch, *Heinemann und die Deutschlandfrage*, München 1972.) Emissäre des sowjetischen Besatzungsregimes sondierten bei H. B. 1952 und im Herbst 1954 wegen eines „Gesprächs". Jedesmal nannte er, laut seiner Aktennotiz vom 9. September 1954, dieselben Vorbedingungen: die Freilassung von Feldmarschall Erwin von Kleist, der von den Briten an die Jugoslawen und von den Jugoslawen an die Russen ausgeliefert worden war, und Zustimmung des britischen Premierministers, daß das Gespräch in England stattfinde. (2) Karl Georg Pfleiderer, im deutschen auswärtigen Dienst 1925–1945, Bundestagsabgeordneter (FDP) 1949–1955, Botschafter in Jugoslawien 1955–1957, befürwortete im April 1954 Verhandlungen zwischen Bonn und Moskau. Laut dpa sagte H. B. in der Diskussion nach seinem Düsseldorfer Vortrag, er wisse nicht, ob der Pfleiderer-Plan durchführbar sei, weil er nicht sagen könne, ob der Zeitpunkt richtig gewählt sei. Er glaubte nicht an ein unbedingtes Veto der Westalliierten, wenn Bundeskanzler Adenauer die Oberkommissare um Genehmigung für Verhandlungen mit Moskau bitten würde, denn es gehe allen um die Erhaltung des Friedens. Er könne sich auch vorstellen, daß die Westmächte eines Tages an Gesprächen zwischen West- und Ostdeutschland interessiert sein könnten. (3) Otto John, Präsident des Bundesverfassungsschutzes, verschwand am 20. Juli aus West-Berlin; am 28. Juli hielt er in Ost-Berlin eine Rundfunkrede, in der er seine Flucht in Zusammenhang mit einer angeblichen Warnung H. B.s brachte. Ende 1955 kehrte er in die Bundesrepublik zurück und wurde 1956 wegen Landesverrat verurteilt. Er strebte wiederholt vergeblich Revision an; heute lebt er in Tirol. (4) Für Johns Version siehe sein Buch *Zweimal kam ich heim*, Düssel-

dorf 1972. Telefon- wie Postzensur gehörte zu den Rechten der Besatzungsmächte. H. B. konnte sich auch nach jahrzehntelanger Erfahrung damit nie abfinden.

* 31. Juli, Köln-Braunsfeld, H. B. an Mona Anderson

. . . Ich kann mir vorstellen, wie betrübt John W[heeler]-B[ennett] über die ganze Angelegenheit ist. Ich möchte ihn nicht belästigen. Ich befürchtete nur, er wisse vielleicht nichts von [Otto] J[ohn]s Gemütszustand in den letzten Wochen . . . Meine eigene Ansicht ist, daß er von der offiziellen Meinung abgewichen war und nicht mehr wußte, was er tun sollte. Meiner Meinung nach gelangte er dann – möglicherweise angetrieben von seiner sehr ehrgeizigen Frau – in einen Zustand, in dem er die Selbstbeherrschung verlor, obgleich ich nicht an seinen guten Absichten zweifle . . . Gewiß besteht die Möglichkeit, daß er glaubte, er könne vielleicht herausfinden, ob die Russen tatsächlich bereit waren, hinsichtlich der Wiedervereinigung Deutschlands zu einer Verständigung zu kommen. Andere Leute, die die Situation in Berlin sehr gut kennen, begann[en] ebenfalls, an einen Wandel in der russischen Politik zu glauben, nachdem [am 17. Juli] der wichtigste russische Vertreter in Berlin [Botschafter und Hochkommissar Wladimir Semjonow] durch einen Mann abgelöst wurde [Georgi Pushkin], der in Moskau sehr großen Einfluß hat. Ich weiß nichts über den neuen Mann. Wenn ein Wandel der Politik eingetreten ist, dann nur unter einem taktischen Gesichtspunkt, soweit man es jetzt beurteilen kann . . . Lassen Sie mich doch bitte Ihre Pläne für August und September wissen. Ich würde sehr gern eine Woche hinüberfahren . . .

9. August, Köln-Braunsfeld, H. B. an Hermann Müssener[1]

. . . Es ist mir sehr schmerzlich, daß ich erst heute dazu komme, Ihnen und dem hochwürdigsten Domkapitel zu dem Hinscheiden Seiner Exzellenz, des hochwürdigsten Herrn Bischofs van der Velden, meine Teilnahme zum Ausdruck zu bringen . . . Unvergeßlich bleiben mir zwei Unterhaltungen aus dem Jahre 1933 und dem Winter 1951/52. Im Jahre 1933 sah der Verstorbene in voller Klarheit, welche Folgen sich aus der Machtergreifung der Nazis und vor allem aus dem Abschluß des Konkordats ergeben würden. Im Gegensatz zu vielen anderen treuen

Katholiken teilte Bischof van der Velden meine Auffassung, daß Hitler sich durch den Abschluß des Konkordates einmal ein sonst nicht mögliches Prestige in der Welt gewinnen und zum anderen die Auflösung der Zentrumspartei herbeiführen wollte ... Bei meinem Wiedersehen mit dem hochwürdigsten Herrn im Winter 1951/52 wurde uns beiden diese Unterhaltung wieder lebendig. Das führte zu einer Unterhaltung über die heutige Lage des Katholizismus in Westdeutschland. Der Verstorbene sah damals klarer als ich die Notwendigkeit eines Wiederauflebens einer Organisation aller Katholiken nach dem Vorbilde des Volksvereins ... Ich habe aber oft in den vergangenen zweieinhalb Jahren an diese Unterhaltung zurückdenken und einsehen müssen, daß der Verstorbene mit seiner Sorge wegen der Weiterentwicklung nur allzu recht hatte ...

(1) Prof. Dr., Domprobst und Generalvikar in Aachen.

13. August, Die Hegge, H. B. an Kurt Kluge

... Nach einer so langen und intensiven Konzentration auf bestimmte Probleme kommt der Verstand am leichtesten zu einer klaren Zusammenfassung und Formulierung der eigenen Gedanken, wenn man sich einmal mit völlig anderen, aber sehr konkreten Problemen beschäftigt. Ich habe in meinem Leben immer die größte Erholung und Frische gewonnen dadurch, daß ich mich mit größter Konzentration für eine Zeitlang anderen Problemen gewidmet habe. Es reift dann unbemerkt eine größere Klarheit über die einem am nächsten liegenden Probleme. Der große Moltke hat immer so gehandelt; in einer Zeit der Überarbeitung und schwerster Verantwortlichkeit hat er sich mit dem Problem des Orts der Varus-Schlacht beschäftigt und möglichst an nichts anderes gedacht ...

Solche Bücher, wie Sie [sie] eines Tages veröffentlichen werden, müssen endgültig formuliert werden, nachdem man einen gewissen ruhigen Abstand von der eigentlichen Forschungsarbeit gefunden hat. Weil ein solcher Abstand bei den deutschen Verfassern solcher Bücher meistens fehlt, haben wir so wenig Einfluß im Auslande. Sowohl in England wie in Frankreich sind die besten Bücher geschrieben worden während eines Ferienaufenthaltes, nachdem die Verfasser, sozusagen ohne in ihrem

Forschungsmaterial nachlesen zu müssen, sich eine Formulierung der Ergebnisse einer langjährigen Forschung gemacht haben . . .

14. August, Die Hegge, H. B. an Jakob Diel[1], Bingen

. . . Ihre Auffassungen, daß Rußland und Asien nicht eins seien, sind durchaus richtig und decken sich mit der Auffassung Churchills[2]. Aber realistisch gesprochen muß man sich darüber klar sein, daß im Augenblick und für längere Zeit Rußland und China zusammengehen werden. Es kann noch ein oder zwei Jahrzehnte dauern, bis sich das ändert . . .
. . . Das Warten wäre in den letzten zwei Jahren vor allem notwendig gewesen, weil die Westmächte ja sich selbst über eine klare Politik nicht einig sind. Zudem wechseln in diesen drei Ländern die strategischen und politischen Auffassungen fast monatlich . . . In den Vereinigten Staaten macht man zur Zeit die ersten Versuche mit neuen taktischen Einheiten, die sich für den Atombombenkrieg eignen könnten. Wozu daher alles Gerede über die EVG, wenn die Militärs selber noch nicht klar sehen, wie sich taktisch und strategisch ein künftiger Krieg entwikkeln wird? . . . Auf Grund aller dieser Überlegungen habe ich seit Februar in kleineren Kreisen unsere Lage vom militärischen und außenpolitischen Gesichtspunkte aus zu präzisieren versucht. Das war auch der Zweck meiner sehr vorsichtigen Andeutungen in meinem Vortrag in Düsseldorf . . .

(1) Landwirt, bis 1933 Abgeordneter (Zentrum) im preußischen Landtag; Mitglied (CDU) des Landtags in Rheinland-Pfalz. (2) Churchill befürwortete die Aufnahme Chinas in die Vereinten Nationen und die Stärkung der Länder Südostasiens als Mittel zur Einschränkung des russischen Einflusses (vgl. *Parliamentary Debates, House of Commons*, 12. Juli 1954).

19. August, Die Hegge, H. B. an E. Schwarz[1]

. . . Nach der englischen Presse zu urteilen, ist Winston Churchill die Bedeutung der Wasserstoffbombe in den Händen der Russen erst im April klargeworden[2]. In den Vereinigten Staaten finden zur Zeit die ersten taktischen Übungen statt unter Berücksichtigung der Auswirkungen der neuen Bombe. Militärisch ist daher noch alles im Fluß. Um so vorsichtiger sollten wir in unseren außenpolitischen Entscheidungen sein, da man noch nicht absehen kann, wie sich die strategischen [und] taktischen Konzeptionen auswirken werden . . .

Nach dem Ersten Weltkriege habe ich mich selbst sehr stark mit Gedanken beschäftigt, die Sie in Ihrer Schrift „Entwicklungsmöglichkeiten der Demokratie" erörtern. Daß die augenblickliche Form der Demokratie bei uns nicht den Lebensnotwendigkeiten unseres Vaterlandes voll entspricht, ist gerade in den letzten Wochen vielen denkenden Menschen klargeworden . . . Das Problem bleibt immer dasselbe. Je bessere Gesetze wir machten, desto mehr war ein großer Teil unseres Volkes geneigt, in das Reich der Utopien zu flüchten. Darin unterscheiden wir uns wesentlich von fast allen anderen Völkern. Hier liegt auch unsere Tragik . . .

(1) Dr., Dipl.-Ing. in Neustadt, Pfalz, H. B. nicht persönlich bekannt. (2) Die amerikanische Explosion einer kleineren Wasserstoffbombe im März 1954 wurde auch von militärischen Sachverständigen für bedeutender gehalten als die sowjetische Explosion im Herbst 1953. Siehe George H. Quester, *Nuclear Diplomacy*, New York 1970.

28. August, Die Hegge, H. B. an Jakob Diel

. . . Der Kanzler hat noch immer die Möglichkeit, die Weiche umzustellen. Es fragt sich nur, ob er eine wirklich konstruktive Konzeption hat. Ich habe lange daran geglaubt, daß er in schwierigen Augenblicken sich schnell umstellen könne auf eine andere Politik, und zwar in einer Form, daß es das Volk kaum merkte . . . Ich habe die Schrift von Diels[1] gleich nach ihrem Erscheinen gelesen. Er ist ein sehr fähiger Mann, aber es fehlt ihm der Charakter. Für den Geheimdienst, wenn er eine wirklich konstruktive Bedeutung haben soll, ist aber Charakter noch wichtiger als eine gute Nase und eine große Organisationsfähigkeit. Schleicher und Canaris sind an dem Fehlen der letzteren Eigenschaften gescheitert. Ein Mann, der so vielen Herren gedient hat [wie Otto John], eignet sich nicht für die Leitung eines Geheimdienstes; ich habe John systematisch vermieden aus diesen Gründen . . .

Rußland wird immer eine rein russische Politik gleichzeitig mit einer Unterminierungspolitik mit Hilfe des Kommunismus in der ganzen Welt betreiben. Darüber waren wir uns alle seit 1922 klar. Deswegen haben wir allein Erfolge mit unserer russischen Politik gehabt. Mein Versuch im Jahre 1950, den Kanzler dafür zu gewinnen, unsere besten Rußlandkenner zur Beratung heranzuziehen, schlug völlig fehl . . .

(1) **Dr.** Rudolf Diels, früher Regierungspräsident in Köln, veröffentlichte 1950 seine Memoiren unter dem Titel *Lucifer ante Portas*, Zürich.

28. August, Die Hegge, H. B. an Heinrich von Biel[1]*, New York*

. . . . Ich stimme Ihrer Kritik an der Inaktivität des Westens völlig zu. Falls die heutigen Radionachrichten sich bestätigen, daß Mendès-France[2] endgültig den EVG-Vertrag selbst abgelehnt hat, so besteht jetzt die Möglichkeit für die Westmächte, das deutsche Problem von Grund aus neu zu überlegen. Man ist bereit, uns größere Souveränität zu geben. Leider kommt das spät – vielleicht schon zu spät, denn die Russen haben schon vor Wochen der Ostzonenregierung eine nominelle Souveränität gegeben. Die Russen werden die Taktik verfolgen, Verhandlungen zwischen der Regierung der Ostzone und Bonn herbeizuführen . . . Diese Befürchtung hat mich eben veranlaßt, in Düsseldorf auszusprechen, daß man nicht mehr viel Zeit verlieren könne. Mir kam es darauf an, die Notwendigkeit zu betonen, daß Bonn in unmittelbare Verhandlungen mit Moskau kommt. Nach allen Erfahrungen mit der russischen Politik ist diese geneigt, ihre eigenen Trabanten zu opfern, wenn sie sich mit andern Ländern auf ihre Kosten einigen kann.
. . . Meinem Gefühl nach haben die Russen ein Interesse daran, die schwärende Wunde in Mitteleuropa offenzuhalten. Sie würden vielleicht eine andere Politik betreiben, wenn das geeinte Deutschland völlig neutralisiert würde. Sie würden zum mindesten darauf bestehen, daß die westlichen Besatzungstruppen hinter den Rhein zurückgehen müßten. Darauf könnten die Westalliierten antworten, wie auch Dr. Pfleiderer schon angedeutet hat, daß sie das nur tun könnten, falls die Russen mit ihren Truppen hinter die Weichsel zurückgehen würden. Hier liegt die volle Tragik, die von den strategischen Auffassungen und vielleicht auch Notwendigkeiten der Westmächte herrührt. Es wäre schwierig, eine Forderung der Russen auf militärische Räumung des ganzen Rheinlands anzunehmen. Denn die Amerikaner haben den Hunsrück und das Felsengebirge zum entscheidenden Drehpunkt einer eventuellen Verteidigungsfront unter gewaltigen Kosten aufgebaut. Wenn man diese Stellung räumen würde, so würde man im Falle eines russischen Angriffes kaum noch einen Gegenstoß mit Erfolg machen können nördlich der Pyrenäen . . .
Ob Bonn alle möglichen Phasen und Entwicklungen von Verhandlun-

gen mit dem Osten überhaupt überlegt und übersieht, weiß ich nicht. Ich habe leider Zweifel. Würde ich aber jetzt vorstoßen in der Öffentlichkeit, so würde man . . . alles tun, um mich im Auslande zu verdächtigen . . . Ich würde dann nichts Positives erreichen können, wahrscheinlich nur das Gegenteil . . .

(1) Prokurist bei den United States Lines. (2) Pierre Mendès-France, französischer Ministerpräsident (Radikalsozialist) Juni 1954 bis Februar 1955, Staatsminister 1956–1957. Die französische Kammer lehnte den EVG-Vertrag am 30. August ab.

30. August, Die Hegge, H. B. an Otto Friedrich

. . . Ich habe A[denauer] neben anderen schon im [Jahre] 1944 Stimson für eine deutsche Zentralverwaltung vorgeschlagen. Ich habe dabei aber betont, daß eine solche Zentralverwaltung nur funktionieren könnte, wenn ein Mann wie Dietrich die Oberleitung der gesamten Finanz-, Wirtschafts- und Agrarpolitik haben würde . . . Während [m]eines zweitägigen Aufenthaltes in Köln [im Jahre 1948] suchte ich A[denauer] auf. Das erste Wort war: „Sie werden doch nicht in Deutschland bleiben wollen?" Die zweite Frage war: „Werden die amerikanischen Besatzungsmächte hierbleiben?" Ich antwortete ihm darauf, es handelte sich nicht um „werden", sondern um „müssen". Die Unterhaltung zeigte mir, daß er nicht die geringste Vorstellung hatte von den schweren Sorgen, die die leitenden Militärs in den USA wegen Rußland damals schon hatten. 1950 kam ich wieder. Gleich in der ersten Woche war ich in Köln und hörte dort zufällig, daß A[denauer] bereits den ganzen Schuman-Plan angenommen habe . . . Pferdmenges setzte es dann durch, daß ich A[denauer] in Honnef meine Auffassungen über den Schuman-Plan . . . in aller Schärfe vortragen solle . . . Weitere direkte Einladungen von A[denauer] an mich sind nie erfolgt. Es kamen nur Anregungen über Herrn Globke[1] und Herrn Dr. Horatz an mich . . . Ich schreibe Ihnen dieses alles, um Ihnen klarzumachen, daß Aussprachen mit A[denauer] für mich absolut zwecklos sind . . .
Nun schreiben Sie mit Recht, daß sich im deutschen Volke überall Zweifel an der Richtigkeit der bisherigen Außenpolitik regen. Das habe ich immer befürchtet . . . Sieht das Volk plötzlich, daß die Politik festgefahren ist, so wird es übermäßig unruhig und verwirrt. Das ist der schlimmste seelische Zustand, den es angesichts der raffinierten russi-

schen Taktik geben kann[2] ... Wir haben in der Weimarer Republik
nicht Rußland gegen die Westmächte und umgekehrt ausgespielt. Im
Gegenteil: Wir haben einen Krieg zwischen den Westmächten und
Rußland verhindert durch die Kombination des Berliner Vertrages und
des Locarno-Vertrages[3] ... Unsere geopolitische Lage ist die schwie-
rigste einer Großmacht in der ganzen Welt. Sie gibt aber auch die
Chancen, wie Lord d'Abernon 1926 klar sah, daß Deutschland durch
eine konstruktive Außenpolitik allein den Frieden in Europa sichern
kann ...

(1) Dr. Hans Globke, Ministerialrat im Reichsinnenministerium bis 1945, seit 1949 im
Bundeskanzleramt, seit 1953 Staatssekretär. Im Dezember 1949 hatte H. B. an Egbring,
der ihn als alten Bekannten erwähnt hatte, geschrieben: „Wer ist Globke?" (2) Am 7.
September schrieb H. B. an Graf Brünneck: „Das Gefährliche für uns ist, daß die Gelegenheit verpaßt wurde von seiten Bonns, mit Moskau unmittelbar zu verhandeln. Ein
Verhandeln Bonns mit der ‚souveränen' Ostzonen-Regierung kann zu keinem Erfolge
führen ... Nun fängt man in Westdeutschland an, zu unruhig und zu skeptisch über die
eigene Zukunft zu werden. Dieser schnelle Wechsel der Stimmung ist ja so charakteristisch
für unser Volk geworden in den letzten zwei Generationen. Mir ist es immer unverständlich geblieben." (3) H. B. betonte in seinen Universitätsvorlesungen über die Jahre
1925/1926, daß das französische Verlangen eines Durchmarschrechts durch Deutschland
durch das Bündnis zwischen Polen und Rumänien und die französische Unterstützung für
die Aufnahme Polens als permanentes Mitglied im Rat des Völkerbunds eine deutliche
antisowjetische Spitze erhielt.

3. September, Die Hegge, H. B. an Gustav Olef

... Bonn kann im Augenblick gar nichts machen. Von dem Augenblick
an, in dem die Russen der Regierung der Ostzone die Souveränität
verliehen, mußte unsere Lage eine sehr schwierige werden. Die Russen
werden versuchen, immer darauf hinzuweisen, daß die Wiedervereini-
gungsfrage ein Gegenstand für Verhandlungen zwischen der Bonner
und Ostberliner Regierung sein sollte. Darauf kann sich A[denauer]
unmöglich einlassen[1]. Also wird wahrscheinlich eine neue Vier-Mächte-
Konferenz kommen, die keinen Erfolg bringen kann, weil die Franzosen
die Wiedervereinigung nicht wollen ...

(1) Am 7. September schrieb H. B. an Mary Plimpton: *„Im Augenblick handelt der
Kanzler ganz geschickt, aber die Zeit, die man mit Plänen, die nie zu realisieren waren,
verloren hat, kann nicht wieder hereingeholt werden; das ist das Tragische."

10. September, Die Hegge, H. B. an Alphons Nobel, Paris

... Herzlichsten Dank für die Übersendung der Berichte über die Debatte in der französischen Kammer ... Besonders wertvoll war mir die Feststellung von Mendès-France, daß in der letzten Vier-Mächte-Konferenz in Berlin England und Frankreich den Russen gegenüber erklärt haben, daß nach einer Wiedervereinigung Deutschland aus der EVG wieder ausscheiden würde[1]. Das war in der London[er] *Times* angedeutet, aber in der deutschen Presse meines Wissens nicht erwähnt. Ich habe mich daher sehr erregt über die wiederholten Bemerkungen von A[denauer] nach der Konferenz, daß ein vereinigtes Deutschland ganz in die EVG eintreten müsse ...

(1) Siehe auch *The Economist*, London, 11. September 1954, S. 803: „Molotow erhielt von Dulles und Eden in Berlin die Zusicherung, daß die westdeutsche Mitgliedschaft in der EVG für ein geeintes Deutschland nicht bindend sei, obgleich Adenauer hinter den Kulissen heftig gegen diesen Standpunkt ankämpfte." Vgl. Eden, *Full Circle*, S. 77.

17. September, Die Hegge, H. B. an Friedrich Stampfer, Kronberg/Taunus

... Wie wenige andere haben Sie in hervorragender Weise beigetragen in den schweren Jahren nach dem Ersten Weltkriege zu einer klaren Differenzierung zwischen dem Kommunismus und dem Sozialismus. Als ich nach dem Ersten Weltkriege nach Berlin kam und in den folgenden Jahren habe ich Ihre Aufsätze immer mit dem größten Interesse gelesen und Ihre scharfsinnigen Formulierungen der Grenzen zwischen den beiden Anschauungen bewundert.

Ganz besonders erinnere ich mich mit Dankbarkeit Ihrer so außerordentlich schwierigen Aufgabe als Herausgeber des *Vorwärts* in den Jahren meiner Kanzlerschaft. Die Tolerierung meines Kabinetts seitens der SPD gegenüber den Kommunisten und einzelnen dissentierenden Mitgliedern Ihrer Partei Tag für Tag mit neuen Argumenten verteidigen zu müssen, war eine Aufgabe, wie sie selten dem Leiter des führenden Blattes einer Partei aufgebürdet worden ist. Nur wenige haben damals verstanden, welche taktische Geschicklichkeit und kluge Formulierung für diese Aufgabe nötig waren. Wenn wir auch im letzten Augenblick mit unserer Politik keinen Erfolg gehabt haben, so können wir doch beide uns mit Genugtuung eines Kampfes erinnern, der geführt werden

mußte und, wenn er zum Erfolg geführt hätte, die Welt vor einer der größten Katastrophen bewahrt haben würde.
Ich erinnere mich mit besonderer Freude unserer engeren freundschaftlichen Beziehungen während des Exils in den USA. Sie haben damals die Möglichkeit gehabt und sie mit großem Geschick und Mut ausgenutzt, um rechtzeitig und offen gegen die von kommunistischen Kreisen inspirierte Vernichtungspolitik gegenüber dem deutschen Volke zu kämpfen. Ich habe oft, wenn ich in der Heimat zurück war, in kleineren Kreisen von diesem Ihrem vorbildlichen Kämpfen für das deutsche Volk gesprochen . . .

Oktober, Die Hegge, H. B. an Wilhelm Wolfgang Schütz[1], Bonn

. . . Die Form der Wahlen in der Ostzone[2] könnte darauf hindeuten, daß Moskau nur eine Wiedervereinigung will, in der die KPD von vornherein eine gewisse Garantie für ihren Einfluß hat. Falls die französischen Bedingungen, die den EVG-Plan ersetzen sollen, in den Zeitungen richtig veröffentlicht sind, so wird auch von dort ein Riegel gegen die Wiedervereinigung vorgeschoben[3] . . . Ich weiß nicht, ob Sie die Auszüge in der London[er] *Times* aus dem neuen Buche von Adlai Stevenson[4] gelesen haben. Die Auffassungen Stevensons sind sehr bemerkenswert und liegen nicht weit entfernt in mancher Beziehung von unseren eigenen. Aber seine Gesamtschau führt zu keiner Lösung, meinem Gefühl nach . . .

(1) Dr. jur., Berichterstatter der *Neuen Zürcher Zeitung* in London bis 1951, politischer Berater des Bundesministers für gesamtdeutsche Fragen bis 1957, Vorsitzender des Kuratoriums Unteilbares Deutschland. (2) Bei den Volkskammerwahlen am 17. Oktober erhielt die gemeinsame Liste der Nationalen Front 99,46 Prozent aller Stimmen. (3) Am 29. Oktober schrieb H. B. an Priesdorff: „Das Volk ist endlich aufgewacht, aber ich fürchte, daß auch im Auslande die Strömungen überwiegen in der Richtung einer langen, wenn nicht dauernden Teilung Deutschlands. Die Auffassung, daß man nach Einschluß eines deutschen Heeres in die NATO-Organisation zu einer Verständigung mit Rußland über die Wiedervereinigung kommen könne, hat nach meinem Gefühl nicht viel Wahrscheinlichkeit." (4) *Call to Greatness*, New York 1954.

* 23. Oktober, Die Hegge, H. B. an Hamilton Fish Armstrong, New York

... Ich fühle mich natürlich sehr geehrt durch Ihre freundliche Aufforderung, für *Foreign Affairs* einen Artikel über die zunehmenden Differenzen in der öffentlichen Meinung in Deutschland hinsichtlich des Vorrangs der Fragen der Wiedervereinigung und Wiederaufrüstung zu schreiben. Diese Differenzen sind seit letzten Juni ausgedehnter und krasser geworden, und in der ausländischen Presse wurden sie in zunehmendem Maß bemerkt. Obwohl sich diese Meinungstendenzen nicht unbedingt geändert haben, sind augenblicklich die Menschen in Deutschland eher zufrieden mit der Lösung, die Deutschland direkt in die NATO brachte statt in eine EVG. Die Wahlmanipulation in der Ostzone diese Woche bedeutete einen gewissen Rückschlag für die Hoffnungen, die man im Sommer über das mögliche Ergebnis von Verhandlungen mit Rußland hegte. Ob die derzeitige Stimmung anhalten wird, wage ich nicht vorherzusagen. Dazuhin ist die innenpolitische Lage bei den Koalitionsparteien sehr unausgeglichen.

Vorläufig muß ich äußerst vorsichtig sein und alles vermeiden, das die latente Krise verschärfen könnte oder von dem man später behaupten könnte, es habe sie verschärft. Deshalb kann ich Ihre freundliche Aufforderung, jetzt für *Foreign Affairs* zu schreiben, nicht annehmen. Später würde ich sehr gern einen Überblick über die Beziehungen zu Rußland im Zusammenhang mit dem Problem der Wiedervereinigung Deutschlands verfassen, und zwar in historischer Form, wobei ich meine eigenen Ansichten im einzelnen darlegen würde. Sie werden aus Zeitungsberichten wie Dorothy Thompsons „Information" über Otto Johns „Beratschlagungen" mit mir[1] erkannt haben, wie leicht man die Presse sogar mit den absurdesten Gerüchten beeinflussen kann ...

(1) Unter der Überschrift „Pro-American Adenauer Slipping" (Der pro-amerikanische Adenauer verliert an Boden) hatte Dorothy Thompson im August geschrieben: „Ich habe Informationen, daß Brüning ausführlich mit Otto John konferierte, ehe der letztere in Ostdeutschland auftauchte."

24. Oktober, Die Hegge, H. B. an Clara Brecht[1], New York

... Was die Frage Ihres Gatten angeht, ... so würde die Entwicklung der Waffentechnik allein schon im Falle eines Krieges eine wirkliche

Neutralität Deutschlands unmöglich machen. Es handelt sich eben nur darum, ob der Krieg durch eine andere Lösung der deutschen Frage vermieden werden kann. Das ist auch wohl heute die englische Auffassung . . . Im Augenblick [des Besitzes der Wasserstoffbombe seitens der Russen] war für uns die Möglichkeit einer anderen Politik gegeben. Sie ist uns inzwischen durch die Engländer und Franzosen eben aufgezwungen worden. Mit der neuen, in London gefundenen Lösung[2] bin ich sachlich schon mehr zufrieden. Aber auf beiden Seiten ist in bezug auf die Wiedervereinigung Deutschlands eine Verhärtung eingetreten. Die Russen haben durch die Wahlmethode in der Ostzone ihrerseits erheblich zu dieser Härtung beigetragen. Es gibt eben Augenblicke in der Politik, die nicht so leicht wiederkehren und die man sofort ausnützen muß . . .

Man wird sich damit abfinden müssen, daß die Kriegsgefahr latent bleiben wird. Das habe ich schon in meinen Vorträgen an der Johns Hopkins University 1940 ausgeführt. Schon Groener sah 1932 sehr klar, bevor man überhaupt eine Ahnung von Atombomben hatte, daß die Waffentechnik sich so verändert habe, daß jeder künftige Krieg zur Zerstörung der deutschen Städte führen müsse. Deshalb hat er mit Leidenschaft meine Abrüstungsvorschläge unterstützt . . .

Was Europa noch retten kann, ist allein die gegenseitige Angst des östlichen und westlichen Blocks, wobei man nicht übersehen darf, daß die Russen, wenigstens für eine Reihe von Jahren, noch mit den Chinesen zusammen durch kommunistische Propaganda ganz Asien unterwühlen können. Das scheint mir die Sorge von Persönlichkeiten wie Admiral Radford zu sein, die befürchten, daß die westliche Welt ohne Krieg ihre dominierende Stellung verlieren wird. Radford ist mit dieser Auffassung in Washington in den vergangenen Wochen unterlegen . . .

(1) Frau von Arnold Brecht. (2) Die Londoner Konferenz, 28. September bis 3. Oktober, stimmte der deutschen Mitgliedschaft in der NATO zu.

* 24. Oktober, Die Hegge, H. B. an George Pettee, Washington

. . . Ich habe mich sehr gefreut, von Ihnen zu hören und aus Ihrem Brief[1] zu sehen, daß Sie noch der alte sind und Ihren Humor Ihrer Person und Ihrer Arbeit gegenüber behalten haben – das eine Merkmal wahrer Demokratie, das deshalb heute sehr selten ist. Es ist gut, daß

Ihre Arbeit „alles andere als langweilig" ist. Das kann ich von mir nicht sagen. Die Hälfte meiner Zeit wird beansprucht von Besuchern, Korrespondenz und der Suche nach Hilfe für meine alten Wähler in Schlesien, die jetzt über ganz Westdeutschland verstreut leben. Ich schreibe immer noch eidesstattliche Erklärungen hinsichtlich ihrer Geburt, ihrer Taufe und ihres [früheren] Besitzes, da sie oft keine Dokumente mehr haben . . .

Was mein Buch betrifft, so halte ich es für weise, daß die Veröffentlichung aufgeschoben wurde. Seit langem war das Problem für mich nicht, es fertigzustellen, sondern es zu kürzen, eine nervenaufreibende Aufgabe . . .

(1) Pettee wurde Forschungsleiter der Operations Research – später Research Analysis – Corporation bei Washington.

25. Oktober, Die Hegge, H. B. an Hanns Lilje, Hannover

. . . Ich war in der Tat tief beeindruckt durch die Auseinandersetzung[1]. Vieles war mir dabei neu, vor allem auch die Schärfe mancher Gegensätze . . . Ich war tief beeindruckt von Ihren Ausführungen am Sonntag. Es war gut, daß Sie so offen gesprochen haben. Ebenso war ich sehr erfreut von der Art und Weise, in der Pater [Johann Baptist] Hirschmann die Auffassungen der katholischen Kirche wiedergab. Meinem Eindruck nach ging er so weit, wie es ihm überhaupt möglich war. Da, wo er im Augenblick nicht weitergehen konnte, hat er durch feine Selbstironisierung seinen Ausführungen jede Schärfe zu nehmen verstanden. Es wird noch ein langer und beschwerlicher Weg sein, bis daß die beiden Konfessionen lernen, jahrhundertealten Argwohn zu überwinden. Aber ich glaube und hoffe, daß es gelingen wird. Dafür sorgt vielleicht die drohende Gefahr von Osten her.

Um so mehr müssen die Politiker vermeiden, aus taktischen Gründen immer erneute Schwierigkeiten hervorzurufen. Vor allem dürfen sie es nicht aus Gründen politischen Ehrgeizes tun. Wenn ich zurückdenke an die vielen Versuche nach dem Ersten Weltkriege, die ich in Loccum kurz streifte, in irgendeiner Form eine gemeinsame politische Arbeit der beiden Konfessionen herbeizuführen im Interesse unseres Vaterlandes und der Wiedererweckung einer christlichen Gesinnung unseres Volkes, so komme ich immer wieder zu dem Ergebnis, daß zwar jahrhundertealtes Mißtrauen zum Teil der Grund für das Scheitern gewesen ist, aber noch viel mehr persönliche Überlegungen, ob man durch eine enge und dauernde politische Zusammenarbeit nicht seinen Einfluß in der Politik verlieren könnte . . .

(1) H. B. hatte in der dritten Oktoberwoche an einer interkonfessionellen Journalistentagung in Loccum teilgenommen.

29. Oktober, Die Hegge, H. B. an Kurt von Priesdorff

. . . Hier in Westdeutschland ist wegen der Pariser Vereinbarungen in weiten Kreisen des Volkes die Sorge gewachsen wegen der Möglichkeit einer Wiedervereinigung der beiden Zonen. Das Volk ist endlich aufgewacht, aber ich fürchte, daß auch im Auslande die Strömungen überwiegen in der Richtung einer langen, wenn nicht dauernden Teilung Deutschlands. Die Auffassung, daß man nach Einschluß eines deutschen Heeres in die NATO-Organisation zu einer Verständigung mit Rußland über die Wiedervereinigung kommen könne, hat nach meinem Gefühl nicht viel Wahrscheinlichkeit für sich . . . Ich glaube nicht, daß das Bonner Parlament die abgeschlossenen Verträge ablehnen wird . . .

* 3. November, Die Hegge, H. B. an Patrick Barry

. . . Das hiesige Wetter hat mich in meiner Arbeit sehr behindert. Seit Anfang August können wir zehn schöne Tage zählen. Ende dieser Woche gehe ich nach Köln zurück. Zwei Tage war ich in Baden-Baden, und mit amerikanischen Besuchern[1] machte ich zwei weite Fahrten nach Soest und Münster, Corvey und Goslar. Der alte Kaiserpalast in Goslar, der teilweise aus dem 10. Jahrhundert stammt, ist wirklich eindrucksvoll. Besser als jedes andere Baudenkmal zeugt er vom Geschmack und von der Stärke der Sachsenkaiser . . .

(1) Henry Shattuck und der Journalist John Crane.

25. November, Köln-Braunsfeld, H. B. an Jakob Goldschmidt

. . . Die Verwirrung hier hat in den letzten Monaten gewaltig zugenommen. Nachdem man sich wirtschaftlich wieder einigermaßen erholt hat, fängt man wieder an, über die Politik nachzudenken. Man sieht nicht die Grenzen der Möglichkeiten; gegebene Möglichkeiten werden nicht ausgenutzt. Man will Augenblickserfolge haben, eine Neigung bei uns, deren Sie sich ja von den Jahren 1924–1929 noch erinnern werden. Man legt sich auf bestimmte Linien fest und versäumt darüber, in gegebenen Augenblicken Möglichkeiten, auch wenn sie zunächst nur rein taktischer Natur sind, auszunützen. Es ist für mich immer noch merkwürdig und fast noch unfaßbar, wie plötzlich dann eine Erkenntnis in Deutschland hochkommt über die wirkliche eigene Lage und die Zukunftsmöglichkeiten. Ich hoffe nur, daß darauf nicht, wie seit Ende 1929, die Flucht in die Utopie folgt . . .

26. November, Köln-Braunsfeld, H. B. an Jakob Kabus

. . . Mit großem Interesse habe ich Ihre Ausführungen über die Lage und die Entwicklung der Ostflüchtlinge gelesen. Ich weiß ja seit langem, wie realistisch Ihre Beobachtungen sind. Sie decken sich auch mit meinen eigenen, vor allem, was die Einstellung des hiesigen Klerus angeht. Am besten sind noch die Kleriker der Erzdiözese Paderborn, weil ja ein Teil von ihnen dauernd in der Ostzone ist. Ich habe eine Reihe der jüngeren Geistlichen aus dem ostzonalen Teil der Diözese Paderborn während der Ferien kennengelernt. Sie sind ganz ausgezeichnet und große Idealisten und klagen nie. Hier am Rhein ist am wenigsten Verständnis für die Ostflüchtlinge vorhanden . . .
Es ist jetzt wohl zu spät, erneut christliche Gewerkschaften zu gründen. Das wird überhaupt nie möglich sein, solange die Wirtschaftslage gut bleibt. Dafür sind aber alle Aussichten vorhanden, solange das Wettrüsten auf der Welt anhält, das – wenn man nicht bald eine Lösung findet, die nicht rein von militärischen Gesichtspunkten beeinflußt ist – zur Katastrophe führen muß. Die ganze Polemik gegen meine Rede im Rhein-Ruhr-Klub war sinnlos . . . Zwei Monate später hat einer der Senatoren, dem Eisenhower in erster Linie seine Aufstellung und Wahl verdankt, eine Rede gehalten, die viel weiter ging, als ich je gehen würde[1] . . .

(1) Senator Ralph Flanders, Vermont, lehnte wie der frühere Verwaltungsdirektor des European Recovery Program, Paul Hoffman, den Umfang der westlichen Rüstung ab; beide zusammen wurden „die Abrüstungs-Lobby" genannt.

20. Dezember, Köln-Braunsfeld, H. B. an Patrick Barry

... Ich wollte, ich könnte wie in früheren Jahren an Weihnachten die Beethoven-Sonaten hören. Wilhelm Kempff[1] wird hier sehr geschätzt. Ich war die ganze Zeit über sehr beschäftigt und hatte neuerlich Ärger. Ein Sender in Südwestdeutschland brachte eine lange Rundfunksendung über ein Treffen zwischen mir und einem Vertreter von Tschou En-lai[2] in Stockholm!!...

(1) Pianist. (2) Chinesischer Ministerpräsident seit 1949. Irrtümlicherweise wurde am 1. Dezember vom Süddeutschen Rundfunk berichtet, H. B. habe im November dem Friedenskongreß in Stockholm beigewohnt.

1955

Nachdem H. B. das Weihnachtsfest in Münster verbracht hatte, ging er an Neujahr 1955 auf die Hegge, wohin er auch im März wieder zurückkehrte. Krankheit und Tod seiner Schwester führten ihn im Mai einige Tage nach Münster. Obgleich er bei schlechter Gesundheit war, beabsichtigte er, im Sommersemester in Köln zu lesen, doch eine ärztliche Untersuchung ergab, daß ein mehrwöchiger Krankenhausaufenthalt in Paderborn und intensive ärztliche Behandlung wegen Koronarinsuffizienz notwendig waren, die die Ärzte für ernster hielten als H. B. selbst. Ihre Ermahnungen, jegliche Art von Anstrengung, Aufregung und Spannung zu meiden, beeindruckten ihn wenig, obwohl sie gerechtfertigt waren. Seit dieser Zeit mußte sein Kreislauf ständig durch Medikamente unterstützt werden. Im September kehrte er nach Hartland zurück, wo er im November seinen 70. Geburtstag feierte.

1955 setzte in Westeuropa ein starker, langanhaltender wirtschaftlicher Aufschwung ein, ebenso wie die „Revolution des entproletarisierten Verbrauchers", wie es der *Economist* Jahre später definierte. Die westdeutsche Industrieproduktion der ersten Hälfte des Jahres 1955 überstieg die des Vorjahres um 16 Prozent, und im September sank die Arbeitslosenzahl unter 500 000. Im Juni ermöglichten neue US-Zollgesetze einen weiteren Rückgang der Handelsschranken, und die Schuman-Plan-Länder beschlossen bei ihrer Konferenz in Messina, eine Wirtschaftsgemeinschaft zu bilden. Die Zentralbanken betrieben trotz heftiger Kritik eine vorsichtige Politik. H. B. bemerkte im März: „[Fritz] Berg scheint schon die leichte Einschränkung der Abzahlungskredite durch [Hermann] Abs als ‚Deflation' anzusehen."

Die UdSSR und die acht Satellitenstaaten hatten im Dezember 1954 als Reaktion auf die NATO den Willen zu gemeinsamer Verteidigung angekündigt, und im Mai 1955 wurde der Warschauer Militärpakt geschlossen. Seit Herbst 1949 hatte H. B. an der politischen und propagandistischen Behandlung der künftigen deutschen Verteidigung Kritik geübt, und im März 1955 schrieb er: „Es wäre so einfach gewesen, den sogenannten Grenzschutz in Deutschland von 1950 an langsam auszuweiten." Die Unterhandlungen über ein nahöstliches Bündnis, den

Bagdadpakt, der die Vereinigten Staaten, Großbritannien, die Türkei, den Irak und später Iran und Pakistan umfaßte, wurden im Frühjahr abgeschlossen. Am 15. Mai wurde der seit 1949 schwebende Österreichische Staatsvertrag angenommen, im Juli wurde die Besetzung Österreichs aufgehoben.

Auf Malenkow folgte im Februar als sowjetischer Ministerpräsident Bulganin, der eng mit Chruschtschow, dem Sekretär der Kommunistischen Partei, verbunden war. Im April wurde Eden Churchills Nachfolger nach einer Wahlkampagne, die mit den Schlagworten internationaler Friede und Verständigung gearbeitet hatte. Die Regierungschefs der vier Siegermächte kamen im Juli in Genf zusammen und führten ergebnislose Gespräche über Atomwaffenkontrolle, Abrüstung und Wiedervereinigung Deutschlands. Anfang September machte der Bundeskanzler einen Staatsbesuch in Moskau; die Bundesrepublik nahm diplomatische Beziehungen mit den Sowjets, aber nicht mit den Satellitenstaaten auf. Die UdSSR, die die Souveränität der DDR im März offiziell anerkannt hatte, betonte in einem Vertrag vom 20. September die Freiheit der DDR in ihren Beziehungen zu der Bundesrepublik. Ende Oktober und Anfang November wurde bei der Genfer Konferenz der Außenminister der Siegermächte in Anwesenheit deutscher Beobachter Edens Vorschlag einer waffenfreien Zone in Europa erwogen; die Zusammenkunft endete jedoch ergebnislos.

4. Januar, Die Hegge, H. B. an Josef Vögele

... In der Reihe der *Bonner Hefte* ist zur gleichen Zeit eine Broschüre[1] erschienen, in der behauptet wird, ich hätte in der gedruckten Ausgabe meines Vortrages in Düsseldorf einen Satz ausgelassen, was eine absolute Unwahrheit ist ... Wenn der Leitartikel der Londoner *Times* vom 1. Januar[2] richtig von der *Welt* wiedergegeben ist, so bedeutet das nichts anderes, als daß die Westmächte sich mit Rußland einigen wollen auf der Grundlage einer dauernden Aufteilung Deutschlands, analog der Aufteilung Koreas. Die Russen waren im Sommer zum letzten Male bereit, über eine Wiedervereinigung zu verhandeln. Die Opposition gegen solche Verhandlungen ging von Bonn aus ...

(1) Siehe oben S. 356. (2) „In a Glass Darkly" (In einem dunklen Spiegel), *The Times*, London, 1. Januar 1955. Es heißt dort: Die Zustimmung der französischen Nationalversammlung vom 29. Dezember 1954 zur deutschen Mitgliedschaft in der NATO sei ein Hinweis auf die „endgültige Teilung Deutschlands und Europas in zwei Lager". Das System der Koexistenz in zwei Welten „verhärte sich langsam, aber sicher". Nach der Ratifizierung der neuen Verträge müßten die Westmächte die Initiative ergreifen und Rußland durch das Angebot eines Sicherheitspakts beruhigen.

21. Januar, Köln-Braunsfeld, H. B. an Erwin Respondek, Berlin

... Es wäre höchst wünschenswert, wenn die Heinemann-Wessel-Gruppe sich völlig zurückhielte. Die Gruppe besteht aus Idealisten, die weder eine Erkenntnis für die Taktik Bonns noch für die von Moskau und Pankow haben[1]. Es ist gut, daß Sie die Verbindungen gelöst haben. Ich habe während der Ferien Gelegenheit gehabt, eine Reihe von Ostzeitungen zu lesen, und habe wieder einmal gesehen, wie die Kommunisten alles, was hier im Westen gesagt wird – ganz gleichgültig, von welcher Auffassung aus –, entstellt wiedergeben, um es agitatorisch auszunützen.

... Ich glaube nicht, daß die Kriegsgefahr überwunden ist, trotz der

Schwenkung der USA-Politik unter britischem Einfluß. Es wird nie eine Möglichkeit geben, die russischen Rüstungen tatsächlich zu kontrollieren, deswegen können auch die Amerikaner nicht aufhören zu rüsten. England ringt um Zeit und um eine Übergangsstellung. Der Leitartikel der London[er] *Times* vor drei Tagen[2] zeigt deutlich, daß man in London die Beziehungen zu den Mitgliedern des Weltreiches weiter lösen will, um nicht wegen Malaya, Pakistan, Indien oder Australien in einen Krieg verwickelt zu werden, den durchzuhalten das Mutterland nicht mehr in der Lage sein würde. Das ist das Ergebnis von Potsdam . . .

Hier im Westen sind in den letzten Monaten denkende Leute sehr unruhig geworden. Sie klammern sich an alle möglichen Hoffnungen. Aber aus ihrer Nervosität kommt nun plötzlich weit übertriebene Kritik der Bonner Politik. Das ist ja eine Kritik, die auch keine positiven Folgen haben kann . . . In Bonn selbst wächst in gewissen Kreisen die Unsicherheit. Alles das ist leider nur für den russischen Block günstig . . .

(1) H. B. war nicht auf Heinemanns Vorschlag vom November 1954 eingegangen, auf dem Wege einer Massenpetition die deutsche Wiederaufrüstung zu verhindern (siehe auch Koch, *Heinemann und die Deutschlandfrage*, S. 442 ff.). Am 3. Februar schrieb H. B. an Fritz Berger: „Die Agitation der Gewerkschaften gegen Wiederbewaffnung überhaupt ist ein schwerer politischer Fehler und nützt nur der Bonner Richtung." (2) Vermutlich „The Commonwealth", *The Times*, London, 13. Januar 1955.

* 5. Februar, Köln-Braunsfeld, H. B. an Hamilton Fish Armstrong

. . . Die Russen benutzen meinen Namen für eine Propaganda, die rein taktische Ziele verfolgt, vor allem, in Westdeutschland Verwirrung zu stiften. Ich glaube nicht, daß die Russen wirklich *jetzt* bereit sind, zu einem Abkommen über die Wiedervereinigung Deutschlands zu kommen – außer unter ihren eigenen Bedingungen. Ich habe das „Gefühl", daß sich ihre Auffassungen seit letztem August geändert haben. Das heißt natürlich nicht, daß sie nicht früher oder später vielleicht wieder zu der konstruktiveren Haltung zurückkehren, die sie im Frühsommer letzten Jahres zweifellos einnahmen. Andererseits haben sie mit ihrer jüngsten Taktik ohne jeden Zweifel eine sehr gefährliche Verwirrung in Deutschland hervorgerufen. Die große Versammlung in der Paulskirche in Frankfurt letzte Woche[1] offenbarte zweifellos die wahre Stimmung in Westdeutschland . . .

Ich kenne niemanden, der die Probleme der Wiedervereinigung und

Wiederaufrüstung Westdeutschlands so gut versteht wie Dr. [Wilhelm Wolfgang] Schütz in Bonn, der während der Nazizeit Korrespondent der *Neuen Zürcher Zeitung* in London war. Er hat ein hervorragendes Buch über diese Fragen geschrieben[2] . . . Er wäre bereit, einen Artikel für *Foreign Affairs* zu schreiben, wenn Sie es wünschen; er kennt meine Auffassungen genau . . .

(1) Eine Versammlung von über tausend Menschen forderte am 29. Januar Vorrang für die Wiedervereinigung Deutschlands vor der „militärischen Blockbildung". (2) *Die Stunde Deutschlands*, Stuttgart 1954.

* 9./10. Februar, Köln-Braunsfeld, H. B. an Bruce Hopper[1]

. . . Ich bin nicht gegen die deutsche Wiederaufrüstung, falls sie auf streng militärischer Grundlage, auf vernünftige Weise und unter Berücksichtigung der technischen Entwicklung der neuen Waffen und der Folgen durchgeführt wird . . . Nach den neuen Vorschlägen werden wir zwölf deutsche Divisionen mit Panzern und sehr wenig schwere Artillerie und Luftwaffe haben. Vom rein militärischen Standpunkt aus ist dies ein großer Schritt in Richtung auf eine realistischere Lösung. Aber dieser Vorteil wird durch die amateurhaften Vorbereitungen zur Ausbildung der neuen deutschen Soldaten zunichte gemacht. Debatten werden geführt über ihre Kleidung, Ernährung und Behandlung als „Bürger". Jedes schärfere Anpacken im Blick auf die moderne Kriegführung ist tabu. Als einer unserer besten jüngeren Generäle die entgegengesetzte Meinung zum Ausdruck brachte, wurde er von der Presse niedergeschrien . . . Die Durchschnittsdeutschen sind nicht gern Soldaten, aber wenn sie es einmal sind, nehmen sie es ernst und realistisch. Sie sind stolz auf Disziplin, falls sie als Elite behandelt werden. Mit deutschen Soldaten kann man nicht alles machen, was in Ihren Ausbildungslagern geschieht . . .
Wenn man ein wirklich brauchbares deutsches Heer will, sollte man mit Freiwilligenverbänden und nicht mit Einberufungen anfangen . . . Warum nicht den Grenzschutz sofort erweitern? Hätten Sie 1950, statt eine große Zahl deutscher Divisionen in einem internationalen Heer zu fordern, eine Ausweitung des Grenzschutzes um 200 000 Mann verlangt und diese mit zweckdienlichen Waffen ausgerüstet, so stände jetzt ein diszipliniertes Dreihunderttausendmannheer zur Verfügung. Es hätte

Jahr um Jahr vergrößert und im Gebrauch der modernsten Waffen geschult werden können, und all das unnütze Geschwätz der Politiker wäre vermieden worden.

Wo wollen Sie kämpfen, a) wenn nur das Ostzonenheer vorrückt nach koreanischem Modell, b) wenn alle Satellitenheere und das russische Heer zugleich vorrücken? ... Die normale militärische Taktik sollte zwischen westdeutschen und ostdeutschen Divisionen nicht angewandt werden. Die ostdeutschen Divisionen werden nicht kämpfen, wenn sie wissen, daß sie westdeutschen Divisionen gegenüberstehen. Die tschechischen Divisionen werden versuchen, den Kampf gegen deutsche Divisionen zu umgehen. Die polnischen Divisionen kämpfen vielleicht, aber nicht sehr willig. Ein Zusammenprall mit russischen Divisionen wäre natürlich für westliche Divisionen etwas ganz anderes ...

Soweit ich aus Veröffentlichungen ersehen kann, glaubt kein Generalstabsoffizier der westlichen Seite, daß eine erfolgreiche Verteidigung möglich ist östlich der Linie Antwerpen–Ardennen–Hunsrück (Drehpunkt Ihres Verteidigungssystems im Hunsrück, in den Vogesen und in den Alpen). Während Sie auf dieser Linie kämpfen, werden die Kommunisten in Frankreich genau wie 1940 den letzten Widerstand in der französischen Bevölkerung unterminieren, und Sie werden sich in die Pyrenäen zurückziehen müssen in der Hoffnung, daß in der Zwischenzeit 40 oder 50 amerikanische Divisionen nach Spanien unterwegs sind. Wie Sie im Atomzeitalter eine Gegenoffensive von den Pyrenäen aus unternehmen können, ist für mich und viele Deutsche immer noch ein Rätsel. Wer über das Problem nachdenkt, kommt zu dem Schluß, daß bei einer solchen Gegenoffensive alles bis Berlin von Atombomben verwüstet wird. Glauben Sie, die Leute werden kämpfen, um eine solche Massenvernichtung herbeizuführen? ... Ich habe nicht den geringsten Zweifel, daß die Russen im Kriegsfall sofort Atomgeschosse nach England und Frankreich und auch Spanien abschießen werden, sobald der Kampf in Nordwestdeutschland beginnt. Bis jetzt trifft keines dieser Länder die geringsten Vorbereitungen, einen solchen Angriff abzuwehren. Die Vergeltung der Westmächte gegen russische Städte wird zweifellos folgen ... Beide Seiten werden eine Menge Gründe dafür haben, sich im tatsächlichen Gebrauch von Atomwaffen skeptisch und zögernd zu verhalten ... Selbstverständlich weiß ich nicht, ob die politischen Führer in Rußland mit den Militärstrategen übereinstimmen, die imstande sind, in weltweitem Maßstab eingehende Überlegungen anzustellen.

Es sollte im Interesse sowohl der östlichen als auch der westlichen Welt
liegen, alles zu unternehmen, um die Russen aus der Ostzone, die wir
„Mitteldeutschland" nennen, hinauszubekommen. Falls im ersten Stadium der Unterhandlungen versucht würde, sich dahingehend zu einigen, daß die Russen alle ihre Truppen hinter die Oder zurückziehen,
wenn sich die Alliierten hinter den Rhein zurückziehen, so blieben zwar
große Risiken bestehen, doch gewisse andere große Risiken würden
ausgeschaltet. Der nächste Schritt sollte sein, daß die Streitkräfte der
ostdeutschen Regierung auf den Umfang der westdeutschen Streitkräfte
reduziert werden unter der Bedingung, daß weder das ostdeutsche noch
das westdeutsche Heer über schwere Angriffswaffen wie schwere Bombenflugzeuge, Panzer, schwere Artillerie und natürlich Atomgeschosse
verfügt. Dann sollten in der nächsten Phase die Russen dazu gebracht
werden, daß sie alle ihre Truppen hinter die Weichsellinie zurücknehmen bis hinunter zu den Karpaten, wenn sich die Westmächte hinter
die   Antwerpen-Ardennen-Hunsrück-Vogesen-Alpen-Linie   zurückziehen. Mit diesem Verfahren, das zu nichts weniger als zwei bewaffneten,
durch eine neutrale Zone getrennten Lagern führen würde, könnte eine
prekäre, aber möglicherweise dauerhafte Friedenschance geschaffen
werden.
Ich bin nicht so sicher, daß es die Russen wagen könnten, einen solchen
Plan anzunehmen, denn er würde sofort zu einem Aufstand der Bevölkerung in den Satellitenstaaten führen. Ich glaube, es würde sich lohnen,
in sehr vorsichtigen Verhandlungen herauszufinden, ob die Russen, die
ebenfalls in Angst leben, bereit sind, das Risiko auf sich zu nehmen, das
für sie größer ist als für die Westmächte. Niemand kann wissen, vor
allem nicht im jetzigen Zeitpunkt, welche Risiken die Russen auf sich
nehmen würden. Wenn die einzige Alternative eine harte, negative
Politik des Westens ist, sind sie zweifellos willens, sehr große Risiken
einzugehen. Wenn die Westmächte nichts anderes im Sinn haben, sollten sie sich nicht fürchten, das ganz klar zu sagen; dies könnte nur die
Russen einschüchtern und damit dem Beginn von Unterhandlungen
geneigt machen. Die schwankende westliche Politik der vergangenen
zehn Jahre wird nur eine radikale, utopische Tendenz in Moskau stärken.
Falls sich Moskau mit solchen Unterhandlungen einverstanden erklärt,
würde die Zustimmung nicht mehr bedeuten als einen Waffenstillstand.
Die Gefahr der Untergrundagitation der Komintern, die nicht unterschätzt werden darf, die aber die Leute in Bonn doch zu sehr fürchten,

wäre immer noch vorhanden. Wenn Westdeutschland gut und ohne Skandal regiert wird und wenn die USA ungefähr zehn Jahre lang eine Musterpolitik der Kreditexpansion betreiben, ist die mittel- und westeuropäische Wirtschaft vor heftigen Fluktuationen sicher. Meiner Meinung nach ist dies eine der Hauptvoraussetzungen für den Versuch, überhaupt Unterhandlungen im Sinne dieses Briefes aufzunehmen. Hier kann ich mit diesen Ansichten nicht an die Öffentlichkeit treten; das würde mehr Schaden anrichten als Nutzen stiften. Deshalb lehnte ich Ham Armstrongs Aufforderung ab, für *Foreign Affairs* einen Artikel zu schreiben und meine Auffassungen im einzelnen darzulegen . . .

(1) Hopper hielt in Washington Vorlesungen vor Gruppen von Offizieren der verschiedenen Streitkräfte.

* 9. Februar, Köln-Braunsfeld, H. B. an Mary Plimpton[1], Boston

. . . Ich gehe bestimmt Ende Juli nach Hartland, denn hier werde ich mein Buch nie fertigstellen können. Es tut mir leid, daß Sie nicht nach Juniper Hill reisen. Auf jeden Fall werde ich Sie entweder in Vermont oder in Cambridge sehen . . . Wenn meine Düsseldorfer Rede von einem engen Freund von John Lord O'Brien[2] übersetzt wird, freut es mich sehr, denn instinktiv habe ich großes Vertrauen zu jemandem, der sein Freund ist . . . [J. L.] O'Brien, Raymond Fosdick[3], Mr. [Abbot Lawrence] Lowell, Henry Shattuck, den ich hier viel sah, Mrs. [Henry] Stimson und [Herbert] Hoover verkörpern für mich noch immer alles Gute in den Vereinigten Staaten . . . Mona gewann einen Weltpreis für Ayrshire-Rinder, aber so schön das ist, bringt es doch kein Geld. In England herrscht wie in den Vereinigten Staaten ein Wettlauf nach Aktien – kein gutes Zeichen für die politische Stabilität der Welt . . .

(1) Mrs. George Plimpton; ihr Gatte war früher Assistent des Harvard-Rektors James Conant gewesen. (2) Rechtsanwalt und Politiker (Republikaner) im Staat New York, führend in vielen karitativen Einrichtungen. (3) Rechtsanwalt und Politiker (Demokrat) in der Stadt New York, führend in der Reform der Stadtverwaltung, Untersekretär des Völkerbunds 1919–1920; sein Buch *Within Our Power*, New York 1952, befaßt sich mit der amerikanischen Außenpolitik.

10. Februar, Köln-Braunsfeld, H. B. an Michael Gamper[1]*, Bozen*

... Ich habe Ihrer in all den Jahren, seitdem ich Deutschland verließ, und Ihrer Verdienste um die Erhaltung des Volksdeutschtums in Südtirol oft gedacht ... Sie waren einer der wenigen, die seit dem unglücklichen Ende des Ersten Weltkrieges die einzige Möglichkeit zur Erhaltung des Volksdeutschtums im Auslande und seiner großen Tradition klar erkannt haben, im Gegensatz zu den illusionären Auffassungen und Zielen der Alldeutschen und der NSDAP. Die große Tragik des Auslandsdeutschtums beginnt mit den aufsteigenden Auffassungen und der öffentlichen Propaganda des Alldeutschtums, das überall in der Welt eine Zersplitterung der Auslandsdeutschen herbeigeführt hat, die diese nicht nur politisch einflußlos machte, sondern auch den Grund legte für ihre spätere Verfolgung.

Auch in den Vereinigten Staaten wurde das Auslandsdeutschtum politisch völlig gespalten durch die NSDAP-Propaganda ... Von der engen Gemeinschaftsarbeit aller Deutschen im Auslande, wie sie sich unter dem Einfluß des Deutschen Schutzbundes für die Abstimmungen in Ostpreußen und Westpreußen, Oberschlesien und Eupen/Malmedy herausgebildet hatte, war seit der Hitlerzeit nichts mehr vorhanden ...

(1) Kanonikus in Bozen, Herausgeber der deutschen Tageszeitung *Dolomiten* und des Wochenblatts *Der Volksbote* (beide erschienen in Bozen), feierte 1955 seinen 70. Geburtstag.

16. Februar, Köln-Braunsfeld, H. B. an Hans Franzen[1]

... Haben Sie verbindlichen Dank ... für die Niederschrift Ihrer Gedanken zur deutschen Außenpolitik ... Sie sagen, daß die Alliierten froh sind, daß ein stärkeres Deutschland nicht mehr existiert. Das ist völlig richtig für Frankreich, teilweise richtig für England, aber nicht für die USA. Es gab schon einflußreiche Persönlichkeiten, die aus militärischen Gründen bereits in Potsdam ein geeinigtes, starkes Deutschland als eine Notwendigkeit ansahen. Daraus müßte sich für jede westdeutsche Regierung die klare Linie ergeben, zu warten mit irgendeiner Entscheidung, bis diese Auffassungen sich verstärkt hätten ...

Es gibt in der Politik nicht nur Ziele, die man auf kurze oder lange Sicht verfolgen muß; es ist notwendig zu überlegen, in welchem Zeitpunkt man gewisse Schritte tun kann und darf. Auf keinen Fall darf man sich auf Jahrzehnte im voraus festlegen. Nach meiner Erfahrung kommt plötzlich ein Augenblick, in dem man ohne Gefahr mit eigenen Vorschlägen hervortreten kann. Einen solchen Augenblick muß man sofort ausnützen und seine eigenen Ziele vorsichtig tastend enthüllen. Man darf nie mit einem Gesamtplan plötzlich hervortreten. Man muß einige Gesichtspunkte entwickeln und die Reaktion darauf beobachten. Merkt man, daß die Aufnahme eine günstige ist, so kann man einen kühnen Schritt weiter tun.

Wenn man aber auf Anhieb eine Forderung annimmt, die die eigene Politik auf Jahrzehnte festlegen kann und die aus einer vorübergehenden Nervosität geboren ist, so macht man sich einflußlos. Aber für ein solches Taktieren hat das deutsche Volk nie Verständnis gehabt. Es ist eben zu theoretisch veranlagt. Ich habe den ganzen Kampf zwischen Ost- und West-Orientierung von 1919 an miterlebt. Die Presse hat damals vielfach durch einseitige Darstellungen sich entgegenstehender Auffassungen einen Fortschritt in der Außenpolitik unmöglich gemacht . . . Moltkes weiser, rein militärischer Wahlspruch „Erst wägen – dann wagen" gilt auch für internationale Verhandlungen. Wenn man aber „Prestige"-Erfolge haben will, dann verspielt man sich und sein Volk . . .

(1) Dr. jur., Rechtsanwalt in Wiesbaden, wo H. B. kurz zuvor einen Vortrag gehalten hatte.

11. März, Die Hegge, H. B. an Jakob Goldschmidt

. . . Seit ein paar Tagen bin ich wieder hier in der Hegge, im Weserbergland, und habe mich schon ziemlich erholt . . . Sie können sich keine Vorstellung machen von dem Unsinn, der hier verbreitet wird über die Krise zu Anfang der dreißiger Jahre. Es wird alles so dargestellt, als ob ich eine planmäßige Deflation aus freiem Willen herbeigeführt hätte. Daß es eine Weltkrise damals gab und Bankenzusammenbrüche in der ganzen Welt, ebenso wie eine ununterbrochene Kette von Währungsabwertungen, weiß heute kaum jemand . . . Und das gerade in dem Augenblick, wo die B.I.Z., vor allem Herr Jacobsson[1], die öffentliche Meinung für die Notwendigkeit einer Rückkehr zu „orthodoxen" Kreditauffassungen vorbereitet . . .

Es ist für mich sehr schwer, in einem Briefe Ihnen meine Lage hier in wenigen Sätzen klarzumachen. Ich muß fast jeden Monat durch meinen Anwalt [Otto Eulerich] einzelne Zeitungen oder Rundfunkstationen zwingen, unter Androhung von Prozessen, gefälschte angebliche Äußerungen von mir zu widerrufen. Mein Telefon wird abgehört; Sie wissen, was man aus Bandaufnahmen machen kann. Freunde haben mir einen Apparat geschenkt, um meine eigenen Telefongespräche auf Band sicherheitshalber aufnehmen zu können ...

(1) Per Jacobsson, Finanzberater der B.I.Z. in Basel seit 1931, Direktor des internationalen Währungsfonds 1956–1963.

* 17. März, Die Hegge, H. B. an Emile Bouvier, S. J., Montreal*

... Die Schwierigkeit besteht hier mehr als anderswo darin, daß neue Auffassungen sofort unter verschiedenartigen Deutungen von vatikanischen Entscheidungen formuliert werden. Ich glaube, derzeit herrscht in Europa eine sehr gefährliche Neigung, den Vatikan zu zwingen, Beschlüsse zu fassen, die für die ganze katholische Welt bindend sind, obwohl sie keine formellen Ex-cathedra-Verkündungen sind, wenn sich auseinandergehende Ansichten über nichtdogmatische Dinge erheben. In der katholischen Kirche gab es jahrhundertelang Meinungsverschiedenheiten über gewisse Fragen, ohne daß der Vatikan eine Entscheidung gefällt hätte.
Außer [den Patres Gundlach und Nell-Breuning] gibt es natürlich noch viele Leute, die es für nötig halten, den Arbeitern großen Einfluß in der Leitung von Industriebetrieben einzuräumen, um der kommunistischen Propaganda zu widerstehen. Inwieweit solche Lösungen den einzelnen Arbeiter interessieren, ist schwer zu sagen. Nur die Gewerkschaftsführer zeigen ein echtes Interesse. Einige Mitglieder der Zentralverwaltung der Gewerkschaften hier streben danach, die Industrie selbst zu beherrschen; manche von ihnen sind darauf aus, ihre persönliche Macht zu erweitern, und nicht, das Los der Arbeiter zu verbessern. Dies führte zu großer Besorgnis bei den Industriellen, vor allem bei den katholischen Industriellen, von denen viele im Wohnungswesen und auf sonstige Weise so gut für ihre Arbeiter sorgen, daß die Arbeiter ganz zufrieden sind und dem Machthunger der Gewerkschaftsführer skeptisch gegenüberstehen. Natürlich versuchen sie, die Bischöfe davon zu überzeugen,

daß die Macht der Gewerkschaften bereits eine Bedrohung guter Betriebsführung sei. Dann wenden sich die Bischöfe an Rom. Für Rom ist es sehr schwierig. Gewerkschaftsziele, die in manchen Ländern zur wirtschaftlichen und politischen Katastrophe führen würden, wären in anderen Ländern, wo die Gewerkschaftsführer verantwortlicher sind, annehmbar für Industrielle, die ihren Arbeitern eventuell sogar mehr Rechte in der Betriebsführung zugestehen würden, als das Gesetz vorsieht. Mein Eindruck ist, daß in Deutschland gegenwärtig die Arbeiter so viel verdienen und so wenig arbeitslos sind, daß sie sich für diese Probleme nicht besonders interessieren . . .

4. April, Die Hegge, H. B. an Hermann Ullmann

. . . Die Entschädigungs- und Pensionsgesetze sind teilweise höchst ungerecht und schlecht formuliert. Die Durchführung geht langsam vor sich. Wer den meisten politischen Einfluß hat, kommt zuerst zu seinem Rechte. Das sind natürlich die Großkapitalisten . . . Die ersten Jahre nach der Austreibung waren die Ostflüchtlinge froh, wenn sie zunächst nur irgendwo eine Unterkunft fanden. Soweit sie Siedler sind, geht es ihnen verhältnismäßig gut, da sie an härtere Arbeit und an ein härteres Klima gewöhnt sind. Aber die übrigen leben von Wohlfahrtsunterstützungen und sterben, bevor ihre Ansprüche überhaupt bearbeitet werden . . . Kaisers Ministerium [für gesamtdeutsche Fragen] ist eine ganz unglückliche Einrichtung. Dadurch, daß er sich bei der Abstimmung über die Verträge der Stimme enthalten hat[1], hat er sein Prestige doch nicht erhöhen können . . .

(1) Ratifizierung der Pariser Verträge vom 23. Oktober 1954 durch den Bundestag am 26./27. Februar 1955.

* 9. April, Die Hegge, H. B. an Patrick Barry

. . . Ich habe nun vom Kultusminister meine Emeritierung als mein eigener zeitweiliger Nachfolger. Sowohl der Minister [Werner Schütz] als auch die Fakultät fürchten sich vor der Parteipolitik und einer öffentlichen Diskussion bei der Bestimmung meines Nachfolgers. Zwei oder drei Leute, die ich gern als meine Nachfolger sähe, haben wenig

Aussichten, weil sie zu sehr für oder gegen Bonn sind. Wie schade, daß Preußen nicht mehr besteht! Dort scheute sich der Kultusminister nicht, Professoren zu ernennen, die die schärfsten Kritiker der Regierung waren, falls sie nur erstklassige Gelehrte waren. Diese Zeit ist leider vorbei ... Ich plane jetzt, mit der „United States" am 30. Juli von Le Havre zu fahren ...

13. April, Köln-Braunsfeld, H. B. an Detlev Schumann[1], Providence, R. I.

... Sie können sich denken, daß ich, da ich in meiner Jugend ... noch die letzten Ausläufer der Tradition, die die Fürstin Gallitzin und ihr Kreis geschaffen hatten, erleben konnte, mit besonderer Freude gesehen habe, wie man sich in den Vereinigten Staaten und Frankreich jetzt mit diesem Kreise beschäftigt. In meiner Jugend bin ich oft in dem Landhause der Fürstin Gallitzin in Angelmodde gewesen. Einmal in der Woche kam eine Reihe von Universitätsprofessoren aus Münster zu dem damaligen hochgebildeten Pfarrer von Angelmodde ... Sie sprachen dann häufiger über die Overberg-Fürstenbergsche Reform der Elementarschulen und den Einfluß, den das erste moderne Lehrerseminar auf die vorbildliche preußische Schulverwaltung gehabt hat, die dann 1831 in Massachusetts eingeführt wurde ...
Im übrigen hielt man in Cleve-Berg, Münster und Osnabrück an der Fiktion fest, daß der Protestantismus nur eine vorübergehende Trennung von der katholischen Kirche bedeute. In Münster verschwand diese Auffassung nach der Niederlage der Stadt im Kampfe mit dem Bischof um die Mitte des 17. Jahrhunderts, nachdem die Stadt Münster ein Bündnis mit Holland gegen den Bischof geschlossen hat. Dagegen bestand in Osnabrück die Tradition bis 1802 weiter fort, daß die Hälfte des Domkapitels aus Katholiken und die andere aus Protestanten bestehen sollte. In Jülich und Cleve war die Hälfte des geistlichen Standes innerhalb der Ständevertretung katholisch, die andere evangelisch – eine Tradition, deren man alle zwei Jahre noch vor dem Ersten Weltkrieg in Cleve gedachte. An einem Tage fanden sich alle Kleriker – katholische und protestantische – in Cleve zum sogenannten „Papen-Landtage" zusammen. Nachdem Cleve [1614] an die Krone Preußen fiel, hat die preußische Staatsverwaltung als erster Staat in Europa den Gedanken der Toleranz in die Gesamtpolitik eingeführt, was von der größten Bedeutung später für Schlesien wurde. Trotzdem in meiner

engeren Heimat verfassungsmäßig dieser Toleranzgedanke nicht mehr bestand, blieb er, wenn ich so sagen darf, gefühlsmäßig weiter bestehen. Das ist für den Hintergrund des Gallitzinischen Kreises von großer Bedeutung . . .

(1) Professor für Germanistik an der Brown University.

Mai, Die Hegge, H. B. an Annemarie Schellenberger[1]*, Recke über Ibbenbüren*

. . . Für Ihre herzlichen Worte der Teilnahme an dem schweren Verluste, den ich durch den Tod meiner lieben Schwester[2] erlitten habe, danke ich Ihnen aufrichtig. Ich habe nur mit großer Rührung Ihren Brief lesen können. Ich hing so sehr an Ihrem verstorbenen Onkel. Neben Geheimrat Porsch, Perlitius, Prälat Ulitzka war er unter meinen schlesischen Freunden derjenige, der mir am nächsten stand. Es war mir jedesmal eine solche Freude, wenn ich ihn in seiner Kurie besuchen konnte. Ich erinnere mich so gut, als ich das letzte Mal bei ihm war, Kardinal Bertram hatte mich gebeten, ihn nach seiner Rückkehr von Rom [1933] zu besuchen. Ihr Onkel sagte mir am Abend: ,,Erschrecken Sie nicht. Vergangene Nacht kam in völlig zerrüttetem Zustande ein von der Gestapo verfolgter Kommunistenführer zu mir und bat mich um Asyl. Ich habe ihm das in Aufrechterhaltung der Tradition der Immunität der Domkurien gern gewährt.‘‘ Ein solcher Mut war damals selten, und ich war tief beeindruckt.
Sie hätten keine Scheu zu haben brauchen, zu meiner Schwester zu gehen. Ich habe ihr immer Kleidungsstücke von drüben geschickt, vor allem zur Verteilung an meine alten schlesischen Wähler. Es war für sie die größte Freude, wenn sie jemandem helfen konnte. Sie hatte ein tiefes Mitgefühl für alle, die in Not und Trauer waren . . .

(1) Nichte des verstorbenen Breslauer Dompropstes Waldemar Otte (erscheint in *Briefe und Gespräche 1934–1945* irrigerweise mit dem Vornamen Bernard). (2) Maria Brüning war am 12. Mai in Münster an einem Herzinfarkt gestorben.

1. Oktober, Hartland, H. B. an Otto Eulerich[1], Münster i. W.

... Wie Sie wahrscheinlich in den deutschen Zeitungen gelesen haben, wird man den Russen einen Sicherheitspakt anbieten gegen etwaige offensive politische Neigungen eines wiedervereinigten Deutschland[2]. Das werden aber meiner Ansicht nach die Russen nur annehmen, wenn alle alliierten Truppen aus Westdeutschland herausgezogen werden ... Man hat sehr große Sorge wegen des wachsenden Drängens des japanischen Volkes auf Zurückziehung aller amerikanischen Truppen von Japan. Man sieht aber nicht ein, daß man die japanische Industrie und damit die Mehrheit des japanischen Volkes in eine immer schwierigere Lage hineinbringen muß, wenn sich die USA und das britische Weltreich gegen jeden japanischen Export absperren. Das zwingt Japan, um jeden Preis Handelsvertragsverhandlungen mit China aufzunehmen, wenn man nicht große Arbeitslosigkeit und damit ein Wachsen des Kommunismus in Japan riskieren will. Die Kontingentierung der Einfuhr seitens der australischen Regierung ist im wesentlichen gegen Japan und Deutschland gerichtet, aber sie war wohl unvermeidlich, wenn man nicht eine wirtschaftliche Katastrophe in Australien mit in Kauf nehmen wollte. In Kambodscha hat ein Mitglied der alten kaiserlichen Familie nach den Wahlen eine Regierung gebildet, die sich fast ausschließlich aus sogenannten Kommunisten zusammensetzt[3]. In Burma wird die Lage ebenfalls kritisch. Das Unterwühlen seitens der kommunistischen chinesischen Regierung ist aber im Augenblick auf Malaya konzentriert und vor allem auf Singapore. Die Engländer tun so, als ob sie aller dieser Gefahren leicht Herr werden könnten; dieser Auffassung ist man hier keineswegs, auch nicht in Australien ...
Das Angebot der Russen an Ägypten, die ägyptische Armee mit den modernsten Waffen auszurüsten[4], vor allem mit dem MIG-Flugzeuge, hat hier die größte Besorgnis erregt. Washington ist in einer sehr schwierigen Lage, weil die Engländer nicht wünschten, daß die USA die Waffen lieferten, und weil dagegen auch der schärfste Protest des sehr einflußreichen Teils der hiesigen jüdischen Bevölkerung sofort erfolgen würde. Wenn ich angesichts des Ernstes dieser Komplikationen die photographische Aufnahme der selbstbewußt lächelnden Herren Brentano, Hallstein und Krekeler[5] in New York vor Augen habe, so wird mir noch schwüler zumute wie früher ...

(1) Dr. jur., Anwalt in Münster, der seit 1953 H. B.s juristische Angelegenheiten regelte

und alle mit dem Tode von Maria Brüning zusammenhängenden Formalitäten erledigte; aktives CDU-Mitglied. (2) Der britische Außenminister Harold Macmillan hatte am 28. September in New York vor dem Council of Foreign Relations erklärt: „Wir sind sicher, daß wir Pläne ausarbeiten können, die Rußland vollen Schutz gegen die Bedrohung eines wiedervereinigten Deutschland gewähren, das sich womöglich für den Beitritt zur NATO entscheiden würde" (vgl. *Times*, London, 29. September 1955). (3) Kambodscha war im September 1955 ein souveräner Staat geworden mit dem früheren König Norodom Sihanouk II. als Ministerpräsident. (4) Gerüchte über Verhandlungen zwischen Rußland und Ägypten hatten Washington schon im Juli erreicht. (5) Dr. phil. Heinz L. Krekeler, deutscher Geschäftsträger und Botschafter in Washington 1951–1958.

6. Oktober, Hartland, H. B. an Hermann Josef Schmitt

. . . Da ich annehme, daß Sie jetzt von Ihrer Kur zurück sind und sich hoffentlich einmal wirklich erholt haben, so möchte ich Ihnen melden, daß ich heil und munter hier angekommen bin . . . Wie immer auf dem Schiffe wurde ich sehr verwöhnt. Bei der Ankunft war mein Gepäck unter dem Buchstaben „Z" direkt am Ausgang des Schiffes und das von Miss Nix unter „X" aufgestapelt. Wir waren die einzigen hinter diesen Buchstaben, da kein Zacharias, Zaduck, Zebedäus, auch kein Ziethen, auf dem Schiffe war. Der Zöllner sagte mir gleich, er hieße auch Heinrich, ebenso wie sein Vater, der in der Stadt des heiligen Heinrichs geboren sei. Nach kaum 20 Minuten fuhr ich mit Monsignor Sweeney zu dessen Hause, wo Monsignor Barry bereits wartete. Wir fuhren 500 Kilometer am Hudson entlang, dann durch die schönen Berkshire-Hügel vom westlichen Massachusetts und dann nach Vermont unter glühender Sonne, aber champagneähnlicher, klarer Luft. Ich fühlte mich sofort wieder gesund in dem Klima; auch am nächsten Tage, nach dem ersten Nachtfrost, als wir wieder eine lange Fahrt alle zusammen nach dem Norden machten. Die Färbung des Laubes unter der Sonne von Rom war überwältigend schön . . . Wir fahren fast jeden Tag durch die herrlich gefärbten Wälder und die schöne Landschaft, die mich immer wieder an meine geliebte Grafschaft Glatz erinnert. Im allgemeinen bringe ich es auch jeden Tag auf eine Stunde Spazierengehen.
. . . Natürlich hat die theoretisch wertvolle Erklärung der hiesigen Regierung, daß man für eine neue Blockade Berlins die Russen verantwortlich halten würde[1], keine große praktische Bedeutung, denn die Russen können . . . erfolgreich argumentieren, daß nun Ostdeutschland souverän ist . . . Ich habe immer gewarnt, eine Politik zu vermeiden, die in bezug auf die Wiedervereinigung zu einer Verhandlung zwischen Bonn

und der ostdeutschen Regierung führen müsse . . . Was sich jetzt entwik-
kelt hat, ist die gleiche Lage wie in Korea . . .

(1) In der amerikanischen Note, die zusammen mit der britischen und der französischen
Note am 3. Oktober in Moskau überreicht wurde, übereinstimmend mit den Beschlüssen
der drei Außenminister vom 28. September in New York.

* 20. Oktober, Hartland, H. B. an Bruce Hopper

. . . Adenauer ist Moskau in die Falle gegangen[1] . . . Es ist ganz klar,
daß die Russen alles bekamen, was sie wollten. Rußland ist jetzt das
einzige Land mit Botschaftern im westlichen und im östlichen deutschen
Staat. Sie werden einen großen Stab nach Bonn schicken, und Sie wissen aus eigener Erfahrung, daß die Hälfte davon Spione sein werden . . .

(1) Mit der Reise nach Moskau vom 8. bis 13. September 1955.

21. Oktober, Hartland, H. B. an Hans von Saucken, New York

. . . Der Tod von Jakob Goldschmidt[1] ist mir sehr nahegegangen. Ich
hatte an dem Abend seines Todes die Absicht, ihn anzurufen, aber
fürchtete, ein Anruf zu später Stunde abends könnte ihn stören. So
tragisch sein Ende ist, so sehr hat er doch immer sich gewünscht, er
möge nicht nach einem langen Krankenlager sterben. Er hat ein schweres Schicksal zu tragen gehabt. Noch heute schieben alle Bankiers die
Verantwortung für die Bankenkrise auf ihn, um ihre eigenen Fehler zu
verdecken. Damit werden sie allerdings vor der Geschichte nicht bestehen können . . .

(1) Siehe Nachruf von Sir Andrew McFadyean, *The Times*, London, 12. Oktober 1955.

21. Oktober, Hartland, H. B. an Hermann Josef Schmitt

. . . Die Russen kommen immer den Alliierten – leider – zuvor in ihren
Schachzügen. Man vermißt [versäumt] die Gelegenheiten, um sie zu
entlarven, und „torkelt" nach Genf[1] mit verschwommenen Auffassun-

gen und tröstet sich damit, daß das endgültige Geschick Deutschlands erst in einem Friedensvertrage entschieden werden könne. Bis dahin werden aber die Russen ihre Weltmachtstellung weiter ausgebaut haben . . . Die Russen überlegen solche Sachen auf lange Sicht sehr genau. Man hat sehr große Sorgen, daß die Drohungen Israels, vor Aufrüstung Ägyptens loszuschlagen, verwirklicht werden können. Man fürchtet aber auch, daß tschechoslowakische Waffenlieferungen an Ägypten teilweise an die Araber im französischen Nordafrika weitergeliefert werden können . . . Man beginnt auch einzusehen, daß man sich durch die Gründung der UNO eine große Gefahr geschaffen hat. Rußland, China und die früheren angelsächsischen Kolonialländer, die arabischen und südasiatischen Staaten und die russischen Satelliten haben eine Mehrheit in der UNO, die rücksichtslos gebraucht werden wird . . .

(1) Konferenz der vier Außenminister mit west- und ostdeutschen Beobachtern in Genf vom 27. Oktober bis 16. November 1955.

31. Oktober, Hartland, H. B. an Theoderich Kampmann

. . . Was die Genfer Verhandlungen angeht, so habe ich doch noch eine gewisse Hoffnung – allerdings nicht für Schlesien, Ostpreußen und Ostpommern. Das ergibt sich aus der Tatsache, daß die Russen verfügten, vor Beginn der Genfer Konferenz, daß alle in diesen Gebieten noch wohnenden Deutschen entweder polnische Staatsangehörige werden oder ihre Heimat verlassen müssen. Das war die russische Antwort auf die von Bonn für die Annahme der Einladung nach Moskau gestellte Bedingung, daß über diese Gebiete in Moskau nicht gesprochen werden dürfte . . .

2. November, Hartland, H. B. an Jenö von Egan-Krieger[1], Bad Driburg

. . . Falls sich in Genf nicht noch etwas Unerwartetes ereignet, muß man, so fürchte ich, sehr vorsichtig solche Pläne wie die von Herrn Stegner und Oberst von Bonin beurteilen[2]. Ein aus Ostdeutschen und Westdeutschen zusammengesetztes Heer unter gleichzeitiger Zurückziehung der alliierten Truppen aus Westdeutschland würde doch zweifellos den Russen die Chance geben, vor allem wegen der politischen Demoralisierung in Frankreich, bis an die Nordseeküsten vorzustoßen, ohne daß russische Truppen dabei eingesetzt zu werden brauchten. Man darf diesen Gesichtspunkt bei aller Sehnsucht nach einer Wiedervereinigung im Augenblick nicht übersehen. Ich glaube, jetzt kommt es wirklich darauf an, in Westdeutschland so schnell wie möglich Verteidigungskräfte aufzustellen, aber unter der Bedingung, daß die Westmächte dann nicht ihre eigenen Truppen zurückziehen. Wenn wir so weit sind, könnten wir vielleicht Verhandlungen mit der ostdeutschen Regierung riskieren. Ich fürchte, daß wir es im Augenblick nicht können. Ich sehe natürlich die Schwierigkeiten, die sich daraus für alle Patrioten in Westdeutschland ergeben müssen. Aber die internationale Lage – auch militärisch – ist doch für die Westmächte allmählich kritisch geworden. Manchmal kann man in der Politik einmal gemachte Versäumnisse in vielen Jahren nicht wieder aufholen. Man muß den Gedanken der Wiedervereinigung in unserem Volke lebendig halten, aber auch sehr auf der Hut sein, daß es nicht zu einer Wiedervereinigung kommt, in der schließlich die Kommunisten herrschend sein könnten . . .

(1) Generalmajor a. D. Jenö von Egan-Krieger. (2) Artur Stegner, Bundestagsabgeordneter (FDP), und Bogislaw Graf Bonin, Abteilungsleiter für die militärische Planung 1952–1953. Bonin war gegen die „Vorwärtsstrategie" gepanzerter Divisionen in der Bundesrepublik und befürwortete eine rein defensive Strategie.

29. November, Hartland, H. B. an Hans von Raumer

. . . Sie waren einer der wenigen, denen, wie mein Freund Bülow sich ausdrückte, im richtigen Augenblick immer etwas Richtiges einfiel. Darauf kommt es nun einmal in der Politik an. Aber diese Gabe scheint selten zu sein in heutiger Zeit – vor allem auch hier, wo die Außenpolitik immer mit Augenblicksstimmungen und Wahlüberlegungen mitschwingen muß. Daher das Fiasko von Genf, das man voraussehen konnte . . . Ich habe mich überzeugt, daß es schon im Sommer 1954 zu spät war, um mit den Russen über eine Wiedervereinigung zu sprechen. Daß man aber bei den Westmächten glaubte, man könne mit den Russen erfolgreich verhandeln, wenn man verlangte, daß ein wiedervereinigtes Deutschland ein Mitglied der NATO werden müsse, geht über meine Fassungskraft . . .
Im Grunde ist man hier im Augenblick ratlos. Eine Demokratie im

diplomatischen Kampf mit zwei gewaltigen totalitären Mächten muß immer im Nachteil sein, vor allem wenn die Erfahrung fehlt, wie man sich solchen Gebilden gegenüber taktisch verhalten muß. Langsam wächst die Erkenntnis hier über die eigene Naivität, die allerdings bei den leitenden Militärs wohl nie bestanden hat. Aber wenn es mit der Entwicklung der Wasserstoffbombe so weitergeht wie bislang, so versagen alle Analogien der Vergangenheit. Es kann dann der Augenblick kommen, wo beide Teile in dieser Beziehung solche Fortschritte gemacht haben, daß keiner mehr wagt, es auf eine militärische Entscheidung ankommen zu lassen. In einem solchen Falle haben die Russen und Chinesen gesiegt. Sie haben ganz recht, wenn Sie voraussehen, daß es eines Tages zwischen diesen beiden Mächten zu einer Auseinandersetzung kommen wird. Aber nach menschlicher Voraussicht kommt das nicht so bald, um uns noch helfen zu können . . .

2. Dezember, Hartland, H. B. an Albert Stohr[1]*, Mainz*

. . . Hier bin ich weit entfernt von jeder Hetze des Tages, unter der ich in Köln sehr stark gelitten habe. Sie haben vollkommen recht mit Ihrer Kritik des „Tempos" des Lebens in Westdeutschland. In dieser Atmosphäre können sich auch in der Politik keine ruhig und klar durchdachten Pläne bilden und praktisch auswirken. Manchmal scheint es mir, als ob sich Tempo und Methode der Politik in Westdeutschland den Washingtoner und New Yorker Vorbildern völlig angepaßt haben. Hier herrscht jetzt tiefe Depression und starke Kritik an der Methode der hiesigen Außenpolitik, die sicherlich von den besten Absichten getragen war, auch für Deutschland. Einige der führenden Journalisten gebrauchen Ausdrücke, die fast wörtlich mit meinen Formulierungen in dem Düsseldorfer Vortrag vom vorigen Jahre übereinstimmen . . .

(1) Bischof von Mainz seit 1935.

2. Dezember, Hartland, H. B. an Gottlieb Funcke[1]*, Kassel*

. . . Sie haben mir mit Ihren gütigen Worten und vor allem auch mit Ihrem Gedenken an meine liebe verstorbene Schwester eine besondere Freude bereitet. Wie gern hätte ich meinen Geburtstag mit ihr beganngen. Aber Gott hat anders entschieden, und damit muß ich mich in christlicher Gläubigkeit abfinden. Es war für mich ein Trost, daß ich noch die letzten zwei Tage vor ihrem Tode bei ihr sein konnte . . . Was mich bedrückt, ist das Gefühl, daß sie wegen meiner politischen Tätigkeit so viel hatte leiden müssen . . .

Im Augenblick weiß niemand, wie die Dinge weitergehen sollen. Man kann nur auf eine Fügung Gottes hoffen, die ja gerade in so schweren Zeiten oft ganz unerwartet eintritt. Mit Sorge habe ich in der Heimat gesehen, daß meine Hoffnungen auf ein enges Zusammenarbeiten der beiden Konfessionen, das in der Nazizeit erreicht wurde, sich nicht voll erfüllen. Wenn ich aber an die Zukunft unseres Vaterlandes denke, so kommt alles darauf an, daß diese Zusammenarbeit wieder gefestigt wird . . .

(1) Evangelischer Geistlicher, in dessen Haus in Münster Maria Brüning 1946–1951 wohnte.

7. Dezember, Hartland, H. B. an Jenö von Egan-Krieger

. . . Das Furchtbare in unserer Lage ist, daß die wirklichen Patrioten nicht so sprechen können, wie sie es möchten und sollten, da jedes Wort politisch von beiden Seiten für eine uns nicht wohltuende Politik ausgenutzt wird. Die russische Politik in bezug auf die Ostzone und Berlin ist natürlich darauf berechnet, Verwirrung und Unfrieden in Westdeutschland zu schaffen. Deshalb müßte man in Bonn eine sehr geschmeidige und vorsichtige Politik treiben. Verstärkt sich die Opposition in ihrer Kritik, so wird das auf der einen Seite von den Russen ausgenützt. Auf der anderen Seite wächst das Drängen hier und vor allem im Quai d'Orsay, die „Integration" Westdeutschlands in einen westeuropäischen Überstaat weiter vorzutreiben, wodurch die Kluft zwischen Westdeutschland und Ostdeutschland nur noch vergrößert wird. Dessen muß man sich bei jedem Schritt und bei jeder Äußerung bewußt bleiben . . .

7. Dezember, Hartland, H. B. an Fritz Schäffer, Bonn

. . . Man muß sich auch darüber klarsein, daß die große Weltkrise, die 1929 begann, eine große Erschütterung und Verwirrung in allen Nationen herbeigeführt hat, viel stärker als der Erste Weltkrieg selbst. Auch hier machen sich die Folgen der Verwirrungen in damaliger Zeit noch heute in stärkerem Maße geltend und erschweren der Regierung und dem Federal Reserve Board außerordentlich die Rückkehr zu einer normalen Finanz- und Wirtschaftspolitik, die allein die Grundlage zu einer stetigen Aufwärtsentwicklung sein kann.

Für mich ist es eine große Freude gewesen, beobachten zu können, daß Sie, Herr Minister, und die Bank Deutscher Länder aus der Vergangenheit so viel gelernt haben und eine mutige, wenn auch manchmal unpopuläre Politik betreiben. Wenn man auf die deutsche Geschichte zurückblickt, dann muß man mit einer gewissen Wehmut sich immer daran erinnern, daß die guten, konstruktiven Leistungen bei uns nie populär waren, wohl aber alles, was auf einer rein emotionalen Grundlage beruhte . . .

7. Dezember, Hartland, H. B. an Lorenz Jaeger

. . . Gewiß ist es keine reine Freude, an eine schwere politische Laufbahn zurückzudenken, aber der Politiker muß immer von vornherein daran denken, daß die Zeit kommt, wo er scheitern wird. Wenn man sich dessen immer bewußt bleibt, so kann man ohne Bitterkeit an die Vergangenheit denken und sich immer vor Augen halten, daß schließlich alles Fügung einer höheren Macht ist, deren Wirken wir nicht verstehen können . . .

10. Dezember, Hartland, H. B. an Günther Joël, Bonn

. . . Ich habe mich überraschend schnell hier erholt und werde nach Weihnachten an die endgültige Formulierung des Textes meiner Erinnerungen gehen, die ich vor 20 Jahren diktiert habe unter dem frischen Eindruck der Erlebnisse. Es kostet mich schwere Überwindung, an die Veröffentlichung zu gehen, aber ich hoffe, daß ich jetzt damit meinem Vaterlande einen Dienst erweisen kann, da jetzt in der allgemeinen Ratlosigkeit in der Welt gegenüber der russischen Politik alle die in 20 Jahren im Auslande durch einseitige Propaganda gegen Deutschland hervorgerufenen Vorstellungen im Wanken sind. Ich werde mich nie entschließen können, diese Erinnerungen zu veröffentlichen, wenn sie nicht beitragen können zu einer anderen Beurteilung der Entwicklung . . .

14. Dezember, Hartland, H. B. an Hans Peters, Köln

. . . Wenn ich, wie ich hoffe, im nächsten Herbst wieder in Köln sein werde, möchte ich mich gerne alsbald mit Ihnen einmal über die Qualitäten der Rechtsberater unseres Auswärtigen Amtes unterhalten. Ich fürchte, daß sie bei jedem Vertragsabschluß nur formal-juristisch für den Augenblick denken und nicht daran, was dieselben Sätze und Wörter in den nächsten zehn oder 20 Jahren bedeuten können. Das war schon unter Stresemann mit Gaus[1] der Fall, der als reiner Jurist einfach unübertroffen war, den aber die Materie im Grunde nicht interessierte . . .

(1) Dr. jur. Friedrich Gaus, Ministerialdirektor der Rechtsabteilung des Auswärtigen Amtes 1923–1943.

20. Dezember, Hartland, H. B. an Gottfried Treviranus, Ronco, Tessin

. . . Wir haben hier den Geburtstag im Hause von Miss Bischoff zusammen mit den Andersons, Terwilligers und Bruce Hopper gefeiert . . . Die Fülle der Briefe und Telegramme hat mich doch völlig überrascht. Ich werde noch drei Wochen brauchen, um alle zu beantworten. Die Briefe sind so individueller Art, daß ich nicht durch gedruckte Karten antworten kann. Gesundheitlich geht es mir sehr gut. Wir hatten die Nacht schon 20 Grad unter Null, und seit vierzehn Tagen zehn Zentimeter Schnee – darüber die Sonne von Rom . . .

21. Dezember, Hartland, H. B. an Kurt Birrenbach[1], Düsseldorf

. . . Ich hoffe, im nächsten Herbst wieder in der Heimat zu sein, aber nicht, um einen Rat zu erteilen. Das würde keinen Zweck haben, es sei denn, daß ich das Gegenteil äußerte von dem, was ich wirklich denke. Zu dieser Methode kann ich mich aber nicht aufschwingen. Sie werden verfolgt haben, wie man sich nach dem Fehlschlag der Genfer Konferenz im Auslande mit der dauernden Teilung Deutschlands als einer Selbstverständlichkeit abgefunden hat . . . Man weiß bestimmt, daß die Russen mit ihren Atomgeschossen von der Ostzone aus bereits jeden Punkt in England erreichen können. Daraus ergibt sich, daß nunmehr Verhandlungen mit den Russen über die Wiedervereinigung wegen der veränderten militärischen Lage keinen Zweck mehr haben . . .

(1) Dr. jur., Verwaltungsratsvorsitzender der Thyssen Vermögensverwaltung GmbH, seit 1957 Bundestagsmitglied (CDU); seine Mutter Toni war mit Maria Brüning befreundet.

1956

Abgesehen von einer längeren Reise im Sommer nach Kanada blieb H. B. das ganze Jahr in Hartland. Er hatte schon einige Jahre zuvor eine „endgültige Formulierung" der Memoiren, die er unter dem bedrängenden Eindruck der Ereignisse 1934 und 1935 niedergeschrieben hatte, vorgenommen, und seine deutschen Korrespondenten zeigten großes Interesse dafür. Ihm selbst fehlte aber, mehr als 20 Jahre danach, jeder seelische Antrieb für eine Selbstdarstellung. Auch erschien ihm der Zeitpunkt für eine Veröffentlichung im Laufe der Jahre immer zweifelhafter. So verschob er die „gräßliche Arbeit" immer wieder. Seine in den Briefen häufig wiederkehrenden Behauptungen, er sei mit seinen Memoiren beschäftigt, sind meistens als Floskel zu verstehen, die er in der Absicht gebrauchte, sich von den Fragen der deutschen Tagespolitik zu distanzieren. Was nicht bedeutet, daß er den Lauf der Ereignisse nicht aufmerksam verfolgt hätte.

Nachdem die zur Aufstellung der Bundeswehr notwendigen Gesetze im Frühjahr in Bonn erlassen worden waren, schrieb H. B. an Helene Weber: „Militärisch haben die Russen überall die Vorhand. Gewisse außenpolitische Entschlüsse sind eben nur in ganz bestimmten Augenblicken möglich. Diese sind aber in den vergangenen Jahren verpaßt worden. Man darf nie die Hoffnung aufgeben, daß solche Augenblicke wiederkehren, aber ich fürchte, daß jetzt ein Teil des deutschen Volkes in Illusionen lebt. Durch offene Propaganda für unmittelbares Verhandeln mit den Russen in diesem Augenblick wird man nur die Hartnäckigkeit der Russen verstärken."

Nach der französischen Parlamentswahl im Januar leitete der Sozialist Mollet von Februar 1956 bis Juni 1957 eine Koalition, die zu unsicher war für neue Wege, sei es in der Innenpolitik oder in Algerien, wo das Guerillawesen zunahm. In Vietnam wurden die versprochenen Wahlen auf unbestimmte Zeit verschoben. In den USA stand Präsident Eisenhower, der 1954 seine republikanische Mehrheit im Kongreß verloren hatte, vor der Nationalwahl im November, dem Monat, in dem die Suez-Krise ihren Höhepunkt erreichte, die ein Beispiel ist für die mangelnde Kommunikation und die übertriebenen Reaktionen der Mächte.

Die Verurteilung des „Stalinismus" beim XX. Kongreß der sowjetischen Kommunistischen Partei im Februar 1956 trug dazu bei, daß in der polnischen Partei und Regierung Reformen durchgeführt wurden und daß Gomulka am 19. Oktober zum ersten Parteivorsitzenden gewählt wurde. Am 23. Oktober brach der Volksaufstand gegen die kommunistische Regierung in Ungarn aus. Am 29. Oktober griffen israelische Streitkräfte Ägypten an, sie verletzten damit den prekären Waffenstillstand von 1949. Am 30. Oktober erging ein englisch-französisches Ultimatum an Ägypten und Israel, und am 31. Oktober wurden englisch-französische Luftstreitkräfte gegen Ägypten eingesetzt. Die US-Regierung, die beim Sicherheitsrat der Vereinten Nationen einen Antrag auf Verurteilung des Einsatzes sowjetischer Truppen in Ungarn gestellt hatte, befürwortete am 2. November eine Resolution der US-Nationalversammlung bezüglich der Einstellung des Kampfes in Ägypten. Am 5. November, nachdem die Feindseligkeiten zwischen israelischen und ägyptischen Streitkräften eingestellt worden waren, landeten britische und französische Bodentruppen in Ägypten, angeblich um die Kämpfenden zu trennen. Am 6. November wurde vor dem Hintergrund dramatischer sowjetischer Drohungen in Ägypten ein Waffenstillstand geschlossen, und im Dezember wurden die letzten englisch-französischen Streitkräfte durch eine UN-Truppe an der Grenze zwischen Ägypten und Israel ersetzt. Die sowjetischen Truppen blieben in Ungarn; die Anwesenheit starker sowjetischer Streitkräfte in der DDR schloß eine von der Sowjetunion unabhängige Entwicklung der polnischen Regierung aus. In einer Resolution der UN-Vollversammlung vom 9. November, die am 15. September 1957 wiederholt wurde, wurde die sowjetische Repression in Ungarn verurteilt. Am 17. November unterbreitete die sowjetische Regierung neue Abrüstungsvorschläge und leitete damit eine psychologische Abrüstungsoffensive ein, die während der nächsten beiden Jahre andauerte.

Die französische Regierung überlebte das Debakel von Suez; in Großbritannien trat Macmillan zu Beginn des Jahres 1957 an Edens Stelle als Premierminister. In den Vereinigten Staaten wurde Eisenhower am 6. November mit überwältigender Mehrheit wiedergewählt, konnte aber in keinem der beiden Häuser des Kongresses die Mehrheit erringen.

4. Januar, Hartland, H. B. an Arnold Brecht

... Ihre in der Heimat gemachten Erfahrungen erstaunen mich nicht[1]. Aber wenn man längere Zeit dort ist, so merkt man doch, daß zwei verschiedene Auffassungen sich über die Weimarer Zeit langsam herausgebildet haben. Das Schimpfen auf die Weimarer Republik stammt im wesentlichen von den berufsmäßigen Politikern und den vielen verkappten Nazis, die in amtlichen Stellen heute sitzen ... Ich kann Ihnen versichern, daß gerade die einfachen, älteren Leute eine ganz andere Auffassung über die Zeit von 1919 bis 1933 haben, als in Bonn erwünscht ist ... Ich habe in einer Reihe von Kursen für Richter, höhere Verwaltungsbeamte und höhere Postbeamte gesprochen. Ich war geradezu überrascht über die hochstehenden Diskussionen und das Bestreben, zu alten, großen Traditionen wieder zurückzukehren. Ich schreibe Ihnen dieses nur, weil Sie so pessimistisch denken über die Stimmung in der Heimat.

Die größte Gefahr, die ich sehe, ist, daß sich möglicherweise zu früh eine scharfe kritische Reaktion gegenüber der gegenwärtigen Politik herausbildet. Ich sehe kaum einen, der dann nach dem Tode Adenauers die Situation meistern könnte und dafür noch jung genug wäre ...

(1) Brecht bedauerte, daß die deutschen Verhältnisse in der Zeit vor Hitler entweder unbekannt waren oder verkannt wurden.

6. Januar, Hartland, H. B. an Eric Voegelin, München

... Ihre etwas skeptischen Eindrücke in der Heimat erstaunen mich nicht[1] ... An jeder Universität sitzt der eine oder andere Professor, der sich in der Nazizeit sehr stark herausgestellt hat und dann nachher schwere Jahre gehabt hat. Bei diesen Menschen ist natürlich ein sehr starkes, wenn auch nach außen hin ängstlich verborgenes Ressentiment vorhanden. Eine Ahnung von dem wirklichen politischen Geschehen der vergangenen 20 Jahre haben ganz wenige. Die meisten wollen ganz schnell mit einem sensationellen Buch herauskommen und verrennen sich dabei gründlich ... Die älteren Leute im Volke denken sehr vernünftig, ebenso der größte Teil der Jugend. Nur die mittlere Generation ist verworren. Eine konstruktive Opposition gibt es nicht, aber die Skepsis gegenüber der gegenwärtigen Politik ist stark im Wachsen seit einem Jahre ... Nach 1919 waren alte Traditionen noch lebendig, und es war eine große Zahl von erfahrenen Politikern noch vorhanden. Das ist heute alles anders ...

(1) Voegelin hörte in Deutschland so viel über den Widerstand gegen das Naziregime, daß er sich fragte, wo denn die Nazis hergekommen seien.

6. Januar, Hartland, H. B. an Hermann Pünder

... Obwohl die französischen Wahlen[1] hier geradezu erschütternd gewirkt haben, arbeitet die französische Propaganda geschickt weiter, vor allem in bezug auf den westeuropäischen Atompool[2], um Westdeutschland auch in dieser Beziehung auf die Dauer abhängig zu machen. Wie Sie aus Ihrer langen Erfahrung wissen, arbeitet der Quai d'Orsay an der Erreichung seiner langfristigen Ziele in bezug auf Deutschland gleichmäßig weiter, auch wenn die innerpolitische Struktur Frankreichs völlig verwirrt ist. Es liegt kein Grund vor, auch in bezug auf die Wirkung hier nicht, uns den immer steigenden Forderungen des Quai d'Orsays anzupassen. Sehr große Beachtung haben die Äußerungen des weit über seine Heimat einflußreichen kanadischen Außenministers Pearson und des schwedischen Vertreters in der UNO [Undén] gefunden, dahingehend, daß letzten Endes die Deutschen allein die Frage der Wiedervereinigung von Ost- und Westdeutschland lösen könnten und müßten[3]. Interessanterweise hat sich gegen solche Bemerkungen in der hiesigen Presse nicht der geringste Widerspruch gezeigt ...

(1) Bei den Wahlen für die Nationalversammlung am 2. Januar 1956 erhielten die Kommunisten zusammen mit den Progressisten 25,6 Prozent der Stimmen, die Sozialisten 15 Prozent, die Unabhängigen Republikaner, Bauern und Arbeiter 14,1 Prozent, die Radikalsozialisten und die Sammlung der republikanischen Linken 13,6 Prozent, die Union der Kaufleute und Handwerker 12,7 Prozent, die MRP 10,6 Prozent. (2) Die Euratom- und die EWG-Verträge wurden erst am 25. März 1957 unterzeichnet und traten

Anfang 1958 in Kraft. (3) Lester Pearson, kanadischer Außenminister (Liberale Partei) 1948–1957, Ministerpräsident 1963–1968, vertrat im Dezember 1955/Januar 1956 in Reden und Artikeln die Meinung, daß die NATO – auch für die Entwicklung des Ost-West-Handels – „flexibler" gestaltet und keineswegs ein Hindernis für die deutsche Wiedervereinigung werden sollte. Er wurde in der UNO von Bo Östen Undén (1886–1974), schwedischer Außenminister 1945–1962, unterstützt.

1. Februar, Hartland, H. B. an Friedrich von Bodelschwingh[1], Bethel

. . . Weil diese Worte von Ihnen kamen, so haben sie mir eine besondere Freude gemacht und in mir Erinnerungen an meine wiederholten Besuche in Bethel wachgerufen, die in mir einen unvergeßlichen Eindruck hinterlassen haben . . . Ich habe zwar nie mit Ihrem seligen Großvater gesprochen, aber ich habe noch ein unvergeßliches Bild von ihm in meiner Erinnerung. Als ich ein Junge war, nahm mich meine Mutter zum Ständehaus in Münster, wo der Provinziallandtag tagte, um mir Ihren Herrn Großvater, als er zum Schluß der Sitzung herauskam, zu zeigen. Sie sagte mir damals: „Diesen Mann mußt du gesehen haben; es gibt keinen zweiten wie ihn in Deutschland." Sie erzählte mir von den großen Liebeswerken Ihres seligen Großvaters auf allen Gebieten der sozialen Fürsorge und mit welch großem Humor es ihm gelang, im Provinziallandtag Beschlüsse durchzuführen, die den Ärmsten der Armen helfen konnten . . . Bei meiner ersten Rückkehr in die Heimat nach dem Kriege freute ich mich zu sehen, daß in Bethel die alte Tradition noch lebte und daß ich nicht mit Unrecht während der Propaganda [des] Krieges hier in diesem Lande immer darauf hinweisen konnte, daß etwas Gleiches wie Bethel nirgendwo bestehe und daß Bethel und seine Tradition an sich schon eine hinreichende Widerlegung der giftigen Propaganda sei, die die ganze deutsche Geschichte mit den Methoden des Dritten Reiches identifizierte . . .

(1) Pastor und Leiter der Bodelschwinghschen Anstalten in Bethel.

5. Februar, Hartland, H. B. an Thomas Dehler[1], Bonn

. . . Man muß sich darüber klar sein, daß die entscheidenden Fehler unserer Außenpolitik bereits mehrere Jahre zurückliegen. Infolgedessen hat sich die Lage, was unser Vaterland angeht, fortschreitend verhärtet.

Ich glaube nicht, daß man mit den Russen unter für uns tragbaren Bedingungen noch über eine Wiedervereinigung erfolgreich verhandeln kann, nachdem das Heer der Ostzonenregierung aufgestellt ist und Ostdeutschland mit den anderen Satellitenstaaten und Rußland zusammen den militärischen Vertrag abgeschlossen hat, der eine klare Ost-NATO darstellt. Dieser Prager Beschluß[2] hat natürlich – leider zu spät – hier zu einem Denken in anderer Richtung angeregt, das uns aber keine Hoffnungen erwecken darf auf eine baldige Wiedervereinigung der Ost- und Westzonen zu erträglichen Bedingungen ... Auch im Jahre 1954, als ich meinen Vortrag im Rhein-Ruhr-Klub hielt, war es schon zu spät für ernsthafte Verhandlungen; aber ich wollte wenigstens hervorheben, daß man nicht mehr zu erfolgreichen Verhandlungen mit den Russen kommen könnte, nachdem man den [EVG]-Pakt abgeschlossen hatte ...

Wie man in Bonn hat erwarten können, daß die an Nehru gerichtete Bitte des Vizekanzlers[3], zwischen Moskau und Bonn über die Frage der Wiedervereinigung zu vermitteln, nachdem Nehru eingesehen hat, daß die Russen mit ihrem Besuch in Indien nur Schwierigkeiten in Indien selbst schaffen wollten, an der gegenwärtigen Lage etwas ändern könnte, ist mir unerfindlich! Ebenso merkwürdig erscheint es, daß man Eden und Eisenhower gebeten hat, in dem Washingtoner Kommuniqué am Schluß der Verhandlungen[4] auch der Frage der Wiedervereinigung Deutschlands zu gedenken. Das ist nun in der Tat geschehen. Aber realpolitisch ist der Nahe Osten zur Zeit, und auch wahrscheinlich später, das Problem für England und nicht die Wiedervereinigung Deutschlands ... Der norwegische Premierminister [Einar Gerhardsen], der Mitte Januar in Moskau war, hat erklärt, daß die führenden Politiker in Moskau ihm zynisch gesagt haben, daß sie jetzt nicht einmal mehr ein Interesse an der Wiedervereinigung haben, sondern nur an einer Neutralisierung Westdeutschlands. Diese Einstellung Moskaus bringt alle deutschen Politiker, die ernsthaft eine Wiedervereinigung erstreben, in eine außerordentlich schwierige Lage ... Ich fürchte, daß diesen Politikern nichts anderes übrigbleibt, als sich auf die Forderung zu beschränken, daß Bonn bei jedem Schritt in der Außenpolitik die Frage der Wiedervereinigung auf lange Sicht nie aus dem Auge läßt, auch wenn man sich dadurch vorübergehend einer Kritik der Westmächte aussetzen müsse. Man wird sich hoffentlich in Bonn darüber klargeworden sein, daß man in Moskau in eine Falle gegangen ist und daß der Austausch von Botschaftern zwischen Moskau und Bonn eine

indirekte Anerkennung des Status quo, also der Souveränität von Ost-
und Westdeutschland, bedeutet . . .

(1) 1897–1967, Dr. jur., Bundesjustizminister (FDP) 1949–1953, Fraktionsvorsitzender
und Parteivorsitzender. (2) Die Regierungen des Warschauer Pakts hielten am 27. und
28. Januar 1956 in Prag eine Konferenz ab und erließen am 30. Januar ein Kommuniqué,
in dem sie eine Normalisierung der Beziehungen zwischen der NATO und den Staaten des
Warschauer Pakts vorschlugen, außerdem Atomwaffenfreiheit für West- und Ostdeutschland und eine „rüstungskontrollierte Zone" in Europa (vgl. Keesing, *Archiv der Gegenwart
1956*, 30. Januar). (3) Blücher hatte Indien vom 11. bis 14. Januar besucht, und Nehru
hatte erklärt, Indiens Neutralitätspolitik lasse keine Stellungnahme zur deutschen Wiedervereinigung zu (vgl. Keesing, *Archiv der Gegenwart*, 13. Januar). (4) Eden und Eisenhower
gaben am 2. Februar in Washington ein kurzes Kommuniqué heraus, in dem sie sich für
das Alleinvertretungsrecht der Bundesrepublik und für die Sicherheit West-Berlins aussprachen, und weiterhin eine „gemeinsame Erklärung", in der sie sich zum Selbstbestim-
mungsrecht, zu Fortschritt und Unabhängigkeit, zur Abrüstung und zu den Menschen-
rechten bekannten.

7. Februar, Hartland, H. B. an Josefina Blesch

. . . Mein Eindruck ist, daß sich die Weltlage sehr zuungunsten der
Westmächte verschoben hat. Das liegt zum Teil daran, daß man wenigstens hier die Psyche der Bolschewisten nie richtig verstanden hat . . . So
sehe ich zur Zeit keine Hoffnung, auf diplomatischem Wege eine Ent-
spannung herbeizuführen; sie würde von den Russen nur zu weiteren
Vorstößen mißbraucht werden . . . Es gibt nur eine Hoffnung, wie
immer in der Geschichte: das ist das Unvorhersehbare, das im letzten
Augenblick der Gefahr eine Wendung bringen kann. Es ist das beste,
daß man sich realistisch auf die fast automatisch wirkenden Ergebnisse
der Kriegstechnik einstellt . . .

13. Februar, Hartland, H. B. an Werner Vollmar

. . . Inzwischen habe ich das Tonband bekommen von der Feier im
Paulinum[1]. Die Ansprache des Direktors [Hermann Hugenroth] war
ausgezeichnet, die des Ministers [Werner Schütz] gequält und in ihren
Einzelheiten völlig unrichtig. Man hatte den Eindruck, er habe Angst
vor Bonn . . . Ich bin jetzt mit der Beantwortung der Glückwünsche seit
einiger Zeit zu Ende. Es war eine fürchterliche Arbeit. Etwa drei Prozent der vielen Hunderte von Briefen kamen von CDU-Anhängern! Die

meisten und rührendsten kamen von meinen alten schlesischen Wählern. Ich habe endlich es auch fertigbekommen, die meisten Zeitungsartikel zu lesen, und habe mich sehr amüsiert über das Bemühen, mit den
Auffassungen des hohen Herrn konform zu bleiben. Merkwürdigerweise
haben das meistens nur einfache Leute gespürt . . .

(1) Feier von H. B.s 70. Geburtstag am 26. November 1955.

17. Februar, Hartland, H. B. an Fritz Burgbacher[1], Köln

. . . Ich fürchte, ich eigne mich nicht zum Festredner bei einer solchen
Gelegenheit [Badenia-Philisterfeier]. Nach meinen Erfahrungen in vergangenen Jahren muß ich jedes Wort, das ich öffentlich in der Heimat
spreche, auf die Waagschale legen. Das behindert mich sehr und hat
mich tatsächlich befangen gemacht. Ich habe einsehen müssen, daß es
sehr schwer für mich ist, nach so langen Jahren der Abwesenheit und
nach all den schweren Ereignissen den richtigen Ton bei einer solchen
Gelegenheit zu finden. Aber gerne würde ich an der Feier teilnehmen . . .
Es ist eine schreckliche Tortur, all die vielen Memoiren über die Zeit
von 1918 bis 1934 lesen zu müssen . . . Es ist doch eine große Tragik,
daß erst die Nazis und dann die Bomben wertvolle Aufzeichnungen
vieler von mir wirklich geschätzter Persönlichkeiten vernichtet haben . . .

(1) Honorarprofessor für Energiewirtschaft an der Universität Köln, Vorstandsmitglied
der Rheinischen Energie A.G., Bundestagsabgeordneter (CDU) ab 1957.

18. Februar, Hartland, H. B. an Ernst Föhr, Freiburg

. . . Gestern erhielt ich von Herrn Olef den Wortlaut der Traueran-
sprache, die Sie bei der Beerdigung von Dr. Wirth [gest. 4. Januar]
gehalten haben. Ich war tief beeindruckt von Ihren Worten und habe
mich aufrichtig gefreut, daß Sie Dr. Wirths Andenken in so ausgezeich-
neter und warmer Form verteidigt haben. Man hat seiner hier in den
großen New Yorker Zeitungen ausführlicher und in größerer Achtung
gedacht als in der deutschen Presse. Man hat eben keine Vorstellung in

der Heimat mehr von der unendlich schweren Arbeit, die Dr. Wirth in den ersten Jahren nach dem Ersten Weltkriege für unser Vaterland geleistet hat. Ich billigte gewiß nicht seine einseitige Linkseinstellung in der inneren Politik, aber ich habe selbst beobachten können, mit welcher Überlegenheit und Energie er die Sachverständigen der verschiedenen Ministerien ansetzte, um im Auslande unsere bedrohliche Lage klarzumachen. Er hatte den Mut, Forderungen anzunehmen, die unmöglich zu erfüllen waren, weil er klar sah, daß nur so die Einheit Deutschlands gerettet werden konnte. Durch sein mutiges Eintreten hat er Oberschlesien gerettet und sich dadurch die dauernden Sympathien der Reichswehr gesichert. Heute findet man sich mit allem ab . . .
Dr. Wirth hat ganz recht gehabt, daß, wenn man über die Frage der Wiedervereinigung mit den Russen erfolgreich verhandeln wollte, dieses spätestens im Jahre 1953 erfolgen müsse. Jetzt ist der Fall hoffnungslos . . . Im übrigen weiß man weder hier noch in England, wie man aus den wachsenden internationalen Schwierigkeiten herauskommen soll. Der Mittlere Osten ist der Hauptgefahrenpunkt. Auf ihn konzentriert sich das gesamte außenpolitische Interesse in Washington und London. Deutschland tritt in den Hintergrund . . . Man ist auch sehr nervös geworden über die innenpolitische Entwicklung in Frankreich; man ist besorgt seit dem gewaltigen Anwachsen der kommunistischen Stimmen in Frankreich, daß die von hier aus in Frankreich eingelagerten Waffen und Munitionsbestände nicht mehr sicher sind . . . Wenn man nicht die Hoffnung auf eine höhere Fügung haben könnte, so müßte man an dem Schicksal unseres Vaterlandes verzweifeln. Dr. Wirth hatte diese Vorahnung, wie ich mich aus meiner einzigen längeren Unterhaltung mit ihm in der Heimat vor drei oder vier Jahren erinnere . . .

1. März, Hartland, H. B. an Johannes Maier

. . . Sagen Sie doch Ihrem früheren Chef [Arnold], wie sehr ich bedauere, daß er aus seinem Amte ausscheiden mußte[1]. Die hiesige Presse hat sehr viel Sympathie für ihn gezeigt. Es ist doch wohl einzigartig in der deutschen Geschichte, daß diejenigen, die ihn gestürzt haben, ihm ihre persönliche Hochachtung gesichert haben. Das muß ihm doch wenigstens eine gewisse Genugtuung bereiten. Die internationale Entwicklung wird immer düsterer. [Außenminister] Dulles ist sehr angeschossen. Über die Bonner Politik will ich nicht schreiben; sie ist hoffnungslos. Eden hat jetzt zum dritten Male im Laufe der vergangenen Jahre erklärt[2], daß England nie verlangt habe, daß ein geeintes Deutschland Mitglied der NATO sein müsse. Die Franzosen haben jetzt wiederholt ausgesprochen, daß sie nun auch mit Hilfe des europäischen Atompools, ebenso wie mit dem Kohle- und Stahlpool, dauernd die westdeutsche Wirtschaft kontrollieren wollen. Man macht sich hier sehr große Sorge über die Nachfolgerschaft von A[denauer]. Im übrigen wird man gewaltig aufrüsten und hofft, in der Luft und in bezug auf die Atomwaffen doch noch einen Vorsprung vor den Russen zu behalten. Diese gewaltigen neuen Rüstungsausgaben können verhindern, daß die etwas brüchige Konjunktur weiter abbröckelt . . .

(1) Am 28. Februar folgte in Nordrhein-Westfalen eine SPD-FDP-Zentrum-Koalition auf eine CDU-FDP-Koalition. (2) Siehe *Parliamentary Debates, House of Commons*, 27. Februar 1956.

15. März, Hartland, H. B. an Theoderich Kampmann

. . . Leider habe ich die vergangenen zehn Wochen nur gelegentlich das Haus verlassen, wenn frischer Schnee lag. Wenn die Sonne Roms durch die Wolken durchbrach, waren die Wege und der Eingang zu dem Häuschen gleich mit Glatteis bedeckt. Gestern hatten wir die Treppen zum Eingang wunderschön von allem Eis und Schnee befreit, und in der Nacht kam wieder ein Schneesturm, so daß der Schnee jetzt mehr als ein Meter hoch liegt . . . Wie geht es dem guten Dr. Baust[1]? Ich habe ihm Interviews des berühmten Dr. [Paul D.] White, der Eisenhower behandelt hat – und auch mich vor 15 Jahren –, zugeschickt. Er steht auf dem Standpunkt, daß die beste Kur, abgesehen von ganz schweren, akuten Herzleiden, Spazierengehen und Bewegung ist und daß Leute, die unter Herzbeschwerden leiden, die Freiheit haben müssen, zu tun und zu lassen, was ihnen gefällt. Damit hat er den Ausschlag gegeben für die Kandidatur Eisenhowers bei der Präsidentenwahl! . . .

(1) Dr. med. Hans Baust, Paderborn, der H. B. im Sommer 1955 behandelt hatte.

18. *März, Hartland, H. B. an Detlev Schumann*

... Ich habe mich sehr gefreut, daß Sie in Kopenhagen und Paris so wertvolles Material gefunden haben[1]. Was Ihre Frage angeht, ob alle Fürstbischöfe keine Bischöfe im kirchlichen Sinne waren, so kann ich das im allgemeinen nicht beantworten, auch nicht für Fürstprimus Dalberg[2] ... Ich glaube, man kann annehmen, daß in allen Diözesen, in denen es einen „Weihbischof" gab, die Bischöfe nur die Weihe des Subdiakonats hatten. Nach mittelalterlicher Auffassung, die in meiner Heimat noch in meiner Jugend bestand, gehörten schon alle diejenigen zum Stande der Kleriker, die die ersten niederen Weihen erhalten hatten.

In meiner Heimatstadt gab es mehrere Familien, darunter auch die meiner Großmutter [Crater], deren Vorfahren Kanonikate oder Vikarien gestiftet und mit Land ausgestattet hatten, das als Pachtland vergeben wurde. Der Familienälteste hatte das Vorschlagsrecht für die Belehnung von jungen Familienmitgliedern mit solchen Kanonikaten oder Vikarien[3]. Voraussetzung für die Genehmigung seitens des Bischofs war, daß diese jungen Leute das Sakrament der Firmung empfingen und symbolisch eine Tonsur erhielten in der Form, daß der Bischof ein paar Haare abschnitt. Vielleicht gibt Ihnen diese in meiner Jugend noch bestehende Tradition eine Aufklärung über ... die bis in das 19. Jahrhundert hineinreichende Auffassungen.

... Schade, daß Sie meine Heimatstadt nicht gesehen haben vor der Zerstörung ... Diejenigen, denen gleich große Wiederaufbaukredite zur Verfügung standen und die Einfluß in der Stadtverordnetenversammlung hatten, haben rücksichtslos große Bauten in die alten Gärten und an die alten stillen Plätze gesetzt ...

(1) Für seine Arbeit über die Brüder Christian (1748–1821) und Friedrich Leopold (1750–1819) zu Stolberg. (2) Karl Theodor von Dalberg, Fürstbischof von Konstanz, Erzbischof und Kurfürst von Mainz, wurde 1806 als Anhänger Napoleons Fürstprimus des Rheinbunds. (3) Wie zum Beispiel aufgrund der „Craterschen Präbende", im Jahre 1649 von dem Priester Theodor Crater gestiftet.

29. *März, Hartland, H. B. an Hanns Lilje*

... Ich habe Ihre Ausführungen[1] mehrere Male mit größter Anteilnahme gelesen. Mir ist eine gleich klare Darstellung des sich immer schärfer entwickelnden geistigen Gegensatzes zwischen der kommunisti-

schen Welt und dem Westen nicht zu Gesicht gekommen. Dabei ist die
Entwicklung der internationalen Lage so, daß es wichtiger wäre, diesen
Gegensatz dauernd klar vor Augen zu haben, als immer erneut internationale Konferenzen abzuhalten, bei denen nichts herauskommen kann,
weil die Vertreter der Westmächte die Dynamik des kommunistischen
Denkens einfach nicht verstehen. Man hat in Genf und anderswo verhandelt, als ob man es mit Politikern zu tun hätte, die genauso wie die
westlichen sich in reiner diplomatischer Taktik erschöpfen ...
Gewiß haben die Enthüllungen von Chruschtschow über Stalin auch in
Rußland eine starke, tiefe Wirkung gehabt. Es wird sich jetzt zeigen, ob
das russische System, vor allem in den Satellitenstaaten, stark genug ist,
um nach Zerschlagung des Stalinmythos ohne innere Schwierigkeiten
weiterzubestehen. Ich möchte annehmen, daß das im eigentlichen Rußland leichter ist als in den Satellitenstaaten, in denen die Menschen sich
eine größere Skepsis bewahrt haben und sicher an alte, eigene Traditionen zurückdenken werden. Aber wenn ich mir vergegenwärtige, wie
stark schon in Westdeutschland jede eigene Tradition gefährdet ist, so
bin ich nicht sicher, ob in den Satellitenstaaten noch in nennenswertem
Maße ein Rückbesinnen auf eigene politische Traditionen möglich
ist ...
Ganz besonders hat mich Ihre Frage berührt: Wo gibt es überhaupt
noch einen Raum für echte Freiheit in der Welt? Ich fürchte, daß die
technologische Entwicklung fast automatisch zur weiteren Einengung
der politischen Freiheit führen muß, solange die zwei weltweiten Sy-
steme sich in dauerndem schärfstem Kampfe gegenüberstehen ... Es ist
eben in den Demokratien die Sachlichkeit nicht vorhanden, die Sie in so
wunderbarer Form charakterisieren. Es fehlt gewiß in den meisten
Demokratien das verpflichtende Denken und ebenso das Verständnis
dafür, was echte Freiheit ist. Diese echte Freiheit kann sich aber nur aus
tief religiösem Denken entwickeln ...

(1) In Großbritannien. Siehe *The Times*, London, 20. März 1956.

15. Mai, Hartland, H. B. an A. H. Berning

... Die politische Unruhe in der Heimat war zu erwarten ..., aber das
Erwachen kommt zu spät für erträgliche Verhandlungen mit Rußland,
wie die verschiedenen internationalen Konferenzen der letzten Zeit

bewiesen haben. Ich sehe auch mit Sorge das Vordrängen früherer Nazis in leitende Stellungen in der CDU ... Ich hoffe, daß sich der Klerus nicht mit der CDU identifiziert. Es war ja gerade meine Absicht, als ich vor der Wiedergründung der Zentrumspartei brieflich warnte, zu verhindern, daß der Klerus sich mit einer einzigen Partei identifiziert. Ich bin geradezu entsetzt gewesen, daß der Papst sich vor vierzehn Tagen für die „freie" Wirtschaftsform ausgesprochen hat[1]. Wozu? Es kann sehr gut sein, daß in einigen Jahren bei einer fortschreitenden Steigerung der russischen Produktion und Planwirtschaft es zu einer weltweiten Planwirtschaft der nichtkommunistischen Länder kommt ...

(1) In seiner Rundfunksendung vom 1. Mai.

16. Juni, Hartland, H. B. an Hermann Ullmann

... Es fragt sich, ob in den Satellitenstaaten die Enthüllungen von Chruschtschow nicht doch zur allmählichen Bildung einer Opposition führen können. Das ist die einzige hiesige Hoffnung, die auf diese Enthüllungen aufgebaut ist. Daraus erklärt sich auch, daß McCloy und all die Emigrantenorganisationen aus Polen, Ungarn und der Tschechei seit Monaten eine Propaganda entwickeln, daß alle deutschen Gebiete östlich der Oder-Neiße-Grenze bei den Satellitenstaaten immer bleiben müssen. Herr von Brentano hat prompt bei seinem ersten Besuch in London sich dieser Auffassung angepaßt, die man nun als selbstverständliche deutsche Politik ansieht. Brentano ist dann infolge der scharfen Reaktion innerhalb Deutschlands gegenüber dieser seiner Haltung nachträglich von seiner Londoner Zusage wieder etwas abgerückt. Aber die Westmächte halten sich an seine Londoner Erklärung und ignorieren sein späteres Dementi ...

26. August, Hartland, H. B. an Laurentius Siemer[1], Köln

... Ich habe die wachsende Befürchtung, daß mit der bisher üblichen Form der populären Darstellung der katholischen Lehren und Auffassungen man auf die Dauer keinen großen Einfluß haben wird, zumal der Klerus vielfach, besonders auch in Westdeutschland, in sehr unpsychologischer Weise weiter Predigten und Ansprachen hält, die vielleicht in die Zeit vor dem Kriege noch paßten, aber heute, angesichts des instinktiven Gefühls einer drohenden Katastrophe, nicht mehr Herz und Geist der Menschen so tief bewegen, wie es notwendig wäre . . . Wenn ich die Publikationen des Verbandes für die katholische Männerseelsorge und die neue Fuldaer Korrespondenz gelegentlich lese, so wächst in mir die Sorge über die dort fast immer vertretene Identifizierung des Katholizismus mit der Bonner Politik . . . Die Umwälzung in der ganzen Welt ist so groß und so gewaltsam, daß eine so veraltete Einstellung die größte Gefahr bringt für eine tief religiöse Haltung, die allein auf die Dauer der Gefahr des weltweiten Vordrängens des Kommunismus begegnen kann . . .

(1) Dominikaner in St. Andreas, früher in Vechta und Walberburg.

30. August, Hartland, H. B. an Gustav Olef

. . . Seit drei Jahren ist hier die Frage der Zurückziehung der amerikanischen Truppen mit Ausnahme einiger taktischer Atomtruppen öffentlich erörtert [worden] unter Hinweis darauf, daß die anderen Truppen nach Aufstellung eines westdeutschen Heers überflüssig seien, und ebenso wegen der neuen Atomtaktik. Diese Diskussion hat man dem deutschen Volke die ganzen Jahre vorenthalten. General Heusinger[1] kann gewiß nicht mit „Befriedigung" von Washington zurückgekehrt sein. Im übrigen spielt Westdeutschland hier in der Presse kaum noch eine Rolle . . .

(1) Generalleutnant Adolf Heusinger wurde 1955 Leiter des militärischen Führungsrats im Verteidigungsministerium.

* 6. September, Hartland, H. B. an Patrick Barry

. . . In den paar letzten Wochen hatte ich eine ganze Reihe von Besuchen aus Deutschland, darunter den Führer der CDU-Fraktion im Bundestag in Bonn [Heinrich Krone], den ich [1925] in den Reichstag gebracht hatte. Ich freute mich sehr, als ich nun sah, wie seine Persönlichkeit gewachsen ist und welch unabhängiges politisches Urteil er sich bewahrt hat. Er führte ein langes Gespräch mit Präsident Eisenhower und besuchte viele andere führende Leute in diesem Lande . . .

Ich war zehn Tage lang [5.–15. August] in Nova Scotia[1], etwa um die Zeit, als Sie von Irland in dieses Land zurückkehrten. Mr. Cyrus Eaton von der Chesapeake and Ohio [Eisenbahngesellschaft] hatte privat Leute aus der ganzen Welt eingeladen – aus Rußland, China, Indien, den arabischen Ländern, Israel, Frankreich und England. Auch ein sehr fähiger Vertreter des State Departments, der im Nahen Osten im Konsulardienst gewesen war [Paul Geren], war da. Der Vertreter Chinas [Chien Tuan-Sheng] war vor vielen Jahren in meinem Seminar an der Littauer School gewesen. Er arbeitete verantwortlich mit an der neuen chinesischen Verfassung, die nach außen hin weitgehend von der US-Verfassung beeinflußt ist, in Wirklichkeit aber der kommunistischen Partei alle Macht überträgt. Der Vertreter Rußlands [A. M. Samarin], Professor in Moskau und einer der wichtigsten Planer der russischen Entwicklungshilfe, war für mich das interessanteste Mitglied der Gruppe. Ich führte viele Gespräche mit ihm. Als ich ihn fragte, ob China nicht die Alte Welt einschließlich Rußlands schließlich verschlingen würde, verhehlte er mir seine diesbezüglichen Befürchtungen nicht. Sowohl der Chinese als auch der Russe luden mich ein, Peking und Moskau zu besuchen; selbstverständlich erklärte ich, das sei unter den derzeitigen Verhältnissen unmöglich . . .

(1) In Pugwash, wo die internationalen „Pugwash-Konferenzen", private Gespräche zwischen Kommunisten und Nichtkommunisten, ursprünglich stattfanden.

26. September, Hartland, H. B. an Theoderich Kampmann

. . . Der Stimmungsumschwung in Deutschland kommt so rasch, daß er Gefahren mit sich bringen kann. Dazu tragen Einzelheiten der Formulierung der Note über die Wiedervereinigung an Moskau[1] bei. Diese Formulierung war formal sehr gut; es war die erste Note der Bonner Regierung, die ein solches Prädikat verdient. Aber sie enthielt auch genügend Aufklärung über die Tatsache, daß Bonn das deutsche Volk nun vier Jahre über die Frage der Wiedervereinigung irregeführt hat . . . Die Suez-Kanal-Affäre[2] ist von langer Hand vorbereitet worden. Der Start kam im günstigsten Augenblick während der Kampagne für die Präsidentenwahl hier. Das sind immer Monate, während der Washington nichts Entscheidendes in der Außenpolitik unternehmen kann . . . Eine freundschaftliche Verständigung mit Nasser[3] über den

Assuan-Damm würde bedeutet haben, daß die meisten Juden, vor allem in dem für die Wahl so wichtigen Staate New York, gegen Eisenhower gestimmt hätten. Das Einfangen von Brentano für den freiwilligen Verzicht auf die Gebiete jenseits der Oder-Neiße kann den Republikanern die Stimmen der wohlorganisierten Polen im Staate New York und im nördlichen Mittleren Westen bringen . . .

Nur die Deutschstämmigen haben, wie immer, keinen Einfluß. Der Appell nach dem Ersten Weltkriege an die landsmannschaftlichen Traditionen gab den Deutschamerikanern den Elan und die Bereitschaft zu opfern. Die Notwendigkeit, die deutschen Stimmen zu gewinnen, zwang damals die Republikaner, sich für Deutschland einzusetzen . . . Heute ist das Motto dasselbe wie die Kreide-Inschriften einer sächsischen Division in Nordfrankreich 1915: „Gute Leute! Haben alles gegeben." Man soll sich nur nicht in der Heimat der Illusion hingeben, daß irgend jemand, gleichgültig welcher Partei, den verfahrenen Karren wieder aus dem Dreck herausziehen könne . . .

(1) Memorandum und Note der Bundesregierung an die Sowjetunion vom 7. September 1956. (2) Im Juni 1956 verließen die letzten britischen Truppen den Suezkanal, am 26. Juli verstaatlichte die ägyptische Regierung die Suezkanalgesellschaft, im August und Mitte September hielten die wichtigsten, den Kanal befahrenden Länder zwei Konferenzen in London ab. Zu den Spannungen und Mißverständnissen in den britisch-amerikanischen Beziehungen während dieser Monate siehe insbesondere Richard E. Neustadt, *Alliance Politics*, New York 1970, und Harold Macmillan, *Riding the Storm*, London 1971, Kap. 4. (3) Gamal Abd an Nasir (1918–1970), seit November 1954 Haupt der ägyptischen Regierung, führte seit 1955 Verhandlungen mit den Westmächten über die Finanzierung und den Bau des gigantischen Assuan-Damms. In Reaktion gegen das Vordringen der sowjetischen Propaganda in Ägypten und Syrien brach Dulles die Verhandlungen am 19. Juli 1956 abrupt ab, nach H. B.s Meinung ein „fundamentaler Fehler".

12. Oktober/18. November, Hartland, H. B. an Thomas Dehler[1]

. . . Es ist im Augenblick schwerer denn je, ein einigermaßen sicheres Urteil zu fällen. Es wird Ihnen sicher bekannt sein, daß die Ereignisse im Nahen Osten[2] bewiesen haben, daß eine ausschließliche Einstellung auf einen Atomkrieg, wie sie der hochbedeutende und weitschauende Admiral Radford[3] seit drei Jahren verfochten hat, deswegen mit großen Gefahren verbunden ist, weil die kommunistische Welt es versteht, Erfolge mit politischen Vorstößen zu erzielen, die im Augenblick nicht so gefährlich sind, daß die westliche Welt es wagen könnte, mit einem

Atomkrieg zu drohen. Die kommunistische Welt ist sich dieser schwierigen Lage der Westmächte voll bewußt . . .

Es wäre das beste, wenn wir überhaupt keine Initiative für irgendeine dauernde Gestaltung Europas entwickeln würden. Eine solche Initiative muß man den Westmächten und den Russen überlassen. Aber man muß sich im gegebenen Augenblick in solche Verhandlungen einschalten. Nur dann kann man Forderungen stellen und sie im gegebenen Augenblick durchsetzen . . . Weil man immer die Initiative haben will in der Propagierung von Gedanken und Plänen, die nur in den USA einen populären Widerhall finden, so begibt man sich von vornherein immer wieder aller Möglichkeiten, die sich aus unserer geopolitischen Lage trotz aller unserer Schwierigkeiten noch immer ergeben . . .

. . . Ich habe die vorstehenden Ausführungen nicht abgesandt, weil ich abwarten wollte, wie sich die Entwicklung in den Satellitenstaaten[4] weiter vollziehen würde. Man ist offenbar von den Vorgängen in Polen in Bonn überrascht worden und hat nicht das, was von hier und England aus und zum Teil auch von Frankreich von langer Hand vorbereitet wurde, erkannt . . . Man hätte doch aus der Veröffentlichung der McCloy-Gruppe[5] über Polen vor vielen Monaten schon klar sehen können, welches die weiteren Pläne für die Satellitenstaaten waren . . .

Was aber für uns sehr wichtig ist, ist, klar zu haben, daß Ungarn zunächst größere Erfolge erzielen konnte als Polen. Der Grund liegt darin, daß Ungarn nach zwei Seiten, nach Westen und Süden, an unabhängige Staaten grenzt; nötigenfalls können sich die Empörer in Jugoslawien und Österreich in Sicherheit bringen. Sie werden zweifellos bei Tito eine gewisse Unterstützung finden. Ganz anders ist die Lage Polens. In der deutschen Ostzone stehen 22 russische Elitedivisionen. Chruschtschow und die anderen Mitglieder des Rates der Sowjetunion konnten in Warschau gewisse Konzessionen machen, ohne befürchten zu müssen, daß die kommunistische Herrschaft als solche in Polen zusammenbrechen würde – solange die russischen Truppen in der deutschen Ostzone stehen. Selbst die patriotischsten Polen müssen daher einsehen, daß sie die indirekte russische Herrschaft in Polen nicht beseitigen können, solange die Ostzone nicht von den Russen unabhängig wird. Auf der anderen Seite wird den Russen noch klarer als zuvor geworden sein, daß ein Aufgeben der deutschen Ostzone und das Zurückziehen der russischen Divisionen von dort eine dauernde Unabhängigkeit Polens ermöglichen können. Der Aufruhr in Polen wird daher die Haltung der russischen Machthaber in bezug auf die Wiedervereinigung der Ostzone mit Westdeutschland nur noch verstärkt haben.

Das ist um so mehr der Fall nach dem französisch-englischen Abenteuer in Ägypten. Ich habe von vornherein vermutet und diese Vermutung hat sich inzwischen bestätigt, daß der Quai d'Orsay Israel veranlaßt hat, Ägypten anzugreifen, um so einen Vorwand zu schaffen für einen gemeinsamen Eingriff der Franzosen und Engländer gegen Ägypten – ausgerechnet ein paar Tage vor der Präsidentenwahl[6] . . . Sicher sind scharfe Gegensätze bei den russischen Machthabern vorhanden. Titos große Rede[7] macht das in Einzelheiten klar. Aber solche Gegensätze bedeuten nicht, daß Rußlands Stellung schwächer in der Welt geworden ist oder daß Rußland in absehbarer Zeit seine Politik in bezug auf die Wiedervereinigung der beiden Zonen ändern würde . . .

(1) Seit Februar 1956 gehörte die FDP der Regierungskoalition nicht mehr an. Annäherungsversuche zwischen CDU und FDP scheiterten im September 1956. (2) Großbritannien und Frankreich hatten am 5. Oktober beim Sicherheitsrat der Vereinten Nationen offiziell um freie, ungehinderte Durchfahrt durch den Suezkanal ersucht. Die ansonsten vorauszusehenden höheren Transport- und Erdölkosten hatten die britischen Devisenreserven unter Druck gebracht. (3) Arthur William Radford, Vorsitzender der Joint Chiefs of Staff 1953–1957. (4) Der Aufstand fing am 17. Oktober in Warschau und am 22. Oktober in Budapest an. Am 29. Oktober griff Israel Ägypten an; Frankreich und Großbritannien folgten. Am 4. November wurde eine prosowjetische ungarische Regierung gebildet. (5) McCloy war seit 1953 Aufsichtsratsvorsitzender der Ford Foundation und 1953–1960 Vorsitzender der Chase-Manhattan Bank. (6) Eisenhower wurde am 6. November zum Präsidenten wiedergewählt, die Opposition behielt die Mehrheit in beiden Häusern des Kongresses. (7) Josip Broz Tito, jugoslawischer Staatspräsident seit 1953, betonte in einer Rede vom 15. November die Gegensätze zwischen Jugoslawien und den anderen kommunistischen Ländern.

7. November, Hartland, H. B. an Theoderich Kampmann

. . . Wir haben hier wunderbares Wetter, und mir geht es sehr gut. Leider kann ich nicht dasselbe von dem Fortschritt meines Buches sagen. Die politischen Ereignisse der vergangenen Monate haben mich zu stark absorbiert. Dazu hatte ich eine Kette von Besuchern, auch aus der Heimat, während der vergangenen drei Monate. Außerdem ist meine alte Tätigkeit, Briefe zu beantworten, allmählich wieder ebenso stark geworden wie in der Heimat. Was hätte ich während des Krieges darum gegeben, wenn ich auch nur jeden Monat einen Brief aus der Heimat erhalten hätte!

... Hier hat man noch immer nicht gelernt, daß man gegen eine totalitäre Herrschaft, die über Tanks, Flugzeuge, Radio und andere Apparate verfügt, auch mit der größten Opferbereitschaft nicht aufkommen kann. Mir tun diese armen Leute in Ungarn, die alles riskiert haben, unendlich leid ...

13. November, Hartland, H. B. an Johannes Maier

... Zweifellos haben Mollet[1] und Eden gedacht, daß Rußland wegen der Vorgänge in Polen und Ungarn nichts zugunsten von Nasser unternehmen könne. Aber was sie erreicht haben, ist, daß die russischen Truppen erbarmungslos die Ungarn unterdrückt haben und eine Reihe von russischen Divisionen auf dem Wege nach Ostdeutschland bereitgehalten werden, um die an sich schon ungewöhnlich große Truppenanzahl in der Ostzone zu verstärken. Wenn Mollet und Eden unter Druck von Washington nicht unten klein beigegeben hätten, so hätten die Russen wegen der geringfügigen Zahl der englischen und französischen Besatzungstruppen in Westdeutschland glatt bis zu den Pyrenäen marschieren können... Wenn die Russen auch Jugoslawien besetzt hätten, so wären die Türkei und Griechenland erledigt gewesen. Nur der volle Einsatz der Atomwaffe seitens der USA hätte die Russen in der Ausführung eines solchen Vorhabens hindern können. Aber die USA können die Atomwaffe noch nicht anwenden, selbst wenn sie es wollten, denn die dreifache Radarkette vom Nordpol bis nach Südkanada ist noch nicht fertiggestellt. Wenn in Bonn jemand wäre, der die Erkenntnisse, die hier reifen, in dieser Beziehung ausnützen würde, um die Wiedervereinigung der Ost- und Westzonen Deutschlands den Engländern und Franzosen und Amerikanern als das entscheidendste Moment klarzumachen, um ein russisches Vordrängen aufzuhalten, so würde die Weltpolitik ganz anders verlaufen. Leider werden die Russen noch mehr wie früher einsehen, daß für sie die Ostzone im ureigensten Interesse strategisch das wichtigste Gebiet in Europa ist ...

(1) Guy Mollet, stellvertretender französischer Ministerpräsident (Sozialist) 1951, Ministerpräsident 1956–1957, Staatsminister 1958–1959.

27. November, Hartland, H. B. an Gottfried Treviranus

. . . Die russischen Truppenverschiebungen gehen weiter. Polen hat in Moskau zugestimmt, daß drei russische Tankdivisionen in Schlesien dauernd eingesetzt werden an der tschechoslowakischen Grenze. Es sind also zusammen mit den Divisionen in der Ostzone 25 Elitedivisionen zu einem eventuellen Vorstoß nach dem Westen bereit . . . Die Hauptsorge in Washington bei den Militärs ist, daß die Russen Syrien veranlassen, Irak anzugreifen, wo die Regierung auf sehr wackligem Boden steht. Ein Erfolg der Syrer würde bedeuten, daß die ganze Ölproduktion in Irak und Kuwait nicht mehr den Westmächten zur Verfügung stehen würde . . . Diese Überlegungen sind die Hauptgründe für die Washingtoner Politik, überall die UNO einzusetzen und sich selbst im diplomatischen Spiele so weit wie möglich zurückzuhalten . . .

13. Dezember, Hartland, H. B. an Erwin Brettauer

. . . Ich glaube noch immer nicht an einen offenen Krieg, gerade wegen der Wasserstoffbombe. Beide Lager haben Angst vor dem Einsatz solcher Bomben. Das wird allerdings den russisch-chinesischen Block nicht hindern, überall kleine Feuerchen anzuzünden und die Welt und die Wirtschaft des Westens in Unruhe zu halten. Es war ein Glück, daß die letzte Entscheidung in dem Suez-Abenteuer von einem erfahrenen General getroffen werden mußte, der mit den Risiken eines Krieges vertraut ist.
Ich habe mich in der kritischen Zeit öfters erinnert an Hindenburgs Ruhe, als nach dem Abschluß des russisch-polnischen Neutralitätsvertrags zu Anfang 1932 die Polen alle ihre Truppen von der Ostgrenze wegzogen und sie an die Grenzen von Ostpreußen und Schlesien verlegten. Das Reichswehrministerium, mit Ausnahme von Hammerstein, war in größter Nervosität. Ich ließ Hammerstein kommen und bat ihn, alles vorzubereiten, um die Garnisonen aus Schlesien schnellstens zurückzuziehen, um sie nach Ostpreußen werfen zu können, weil wir Schlesien nach einer polnischen Besetzung wegen der Eifersucht der Tschechen gegenüber den Polen wiederbekommen hätten, aber nicht Ostpreußen. Hindenburg billigte meine Auffassung vollkommen. Er sagte [zu] mir: „Ich weiß nicht, weshalb die Leute alle so nervös sind. Ich habe mich mit Pilsudski öfters unterhalten. Er versteht etwas von der Kriegfüh-

rung. Solche Männer kennen die Risiken jedes Krieges und werden sich nicht leicht auf ein Abenteuer einlassen." ...

14. Dezember, Hartland, H. B. an Friedrich Hüffmeier[1], Münster i. W.

... Die Katastrophe eines Dritten Weltkrieges ist im wesentlichen verhindert worden durch die sechste amerikanische Flotte, die, mit den neuesten Atomwaffen ausgerüstet, vor und während des Angriffes gegen Ägypten im östlichen Mittelmeer kreuzte. Aber sowohl Franzosen wie Engländer haben es inzwischen verstanden, die hier erregte öffentliche Meinung für sich wieder zu bearbeiten, vor allem mit dem Vorschlage, der NATO eine neue übergeordnete Stellung in Europa zu verschaffen[2], durch die jede selbständige westdeutsche Außenpolitik verhindert werden könnte. Der Gedanke hat sehr großen Anklang gefunden. Mit dem Gedanken der Wiedervereinigung der beiden Zonen hat man sich hier seit Monaten nicht mehr beschäftigt. Es ist sehr traurig, Tag für Tag das Fortschreiten dieser Entwicklung verfolgen zu müssen. Aber man darf ja nie die Hoffnung aufgeben ...

(1) Admiral a.D. (2) Obwohl Dulles am ersten Tage der NATO-Sitzung in Paris am 11. Dezember den Vorrang der UNO betonte, stimmte er doch am 12. Dezember „der gemeinsamen Behandlung der Nahost-Frage" durch die NATO-Mitglieder zu.

20. Dezember, Hartland, H. B. an Hermann Josef Schmitt

... Das Wahlergebnis[1] hat mich sehr bedrückt. Aber auf Grund der vielen Briefe, die ich in den vergangenen Monaten von allen möglichen Leuten erhalten habe, konnte man doch etwas in der Richtung schon voraussehen. Offenbar haben viele Flüchtlinge und Altersrentner für die SPD gestimmt, rein aus Protest, was ich verstehen kann, wenn ich es auch bedaure. Ollenhauer[2] kann die Rolle nicht spielen, die er sich zudenkt nach seiner großen Reise. Im übrigen scheint mir der Antiklerikalismus auch zu wachsen, aus einer Reihe von Gründen. Es ist traurig zu sehen, wie leicht Persönlichkeiten wie Generalvikare und auch manche Pastoren das Maß der Dinge verlieren, wenn ihnen der Staat zuviel Geld gibt ...

(1) Die Kommunalwahlen am 28. Oktober in Nordrhein-Westfalen, Hessen und Niedersachsen und am 11. November in Rheinland-Pfalz und Baden-Württemberg ergaben
große Verluste für die CDU und große Gewinne für die SPD. In Nordrhein-Westfalen
erhielt die SPD 44,3 Prozent der Stimmen gegenüber 31,9 Prozent im Jahr 1953, während
die CDU von 48,9 Prozent auf 38,1 Prozent absank. (2) Erich Ollenhauer (1901–1963),
Bundestagsabgeordneter (SPD) 1949–1963, Schumachers Nachfolger als Vorsitzender der
SPD.

22. Dezember, Hartland, H. B. an Theodor Beste[1], Neheim-Hüsten

... Man vergißt, daß indirekt die Weltkonjunktur bislang gehalten
wurde durch die gewaltigen jährlichen Rüstungsausgaben der USA, die
– in Gold-Dollar gerechnet – für dieses Jahr drei Viertel so hoch sind
wie die Gesamtsumme der uns im Young-Plan auferlegten Reparationen. Wenn man die Milliarden hinzurechnet, die dieses Land jährlich
für die industrielle und landwirtschaftliche Entwicklung der sogenannten unterentwickelten Länder ausgegeben hat, und die Summen, die die
Vereinigten Staaten in Europa aufgewandt haben, so sind die Leistungen viel größer als die uns damals auferlegten Reparationen insgesamt ... Zum Unterschied von der Lage Anfang der dreißiger Jahre
verhindert die unsichere internationale Lage die Wiederkehr einer Krise
wie vor 25 Jahren. In rein finanzieller Hinsicht ist das ein Trost, in
anderer Beziehung nicht ...

(1) Ordinarius für Betriebswissenschaft an der Universität Köln, der H. B. nächststehende
unter den Kölner Kollegen.

1957

An viele seiner Briefpartner in Deutschland schrieb H. B., er hoffe, sie besuchen zu können, sobald er wieder in Deutschland sei; ihre Zahl wurde so groß, daß er 1957 ein ganzes Jahr gebraucht hätte, um all die versprochenen Besuche abzustatten. Inzwischen genoß er die Freiheit und Ruhe in Vermont. Um Ilse Bischoffs Gastfreundschaft nicht unbegrenzt in Anspruch zu nehmen, erwarb er ein Häuschen in Norwich, Vermont, in der Nähe des Dartmouth College. Jetzt, da er mit 71 Jahren Hausbesitzer geworden war, kümmerte er sich mit großem Interesse um sein kleines Besitztum, besonders um die Anpflanzung von Bäumen und Büschen.

Die internationalen Beziehungen wurden 1957 in erster Linie von dem Beschluß der Westmächte bestimmt, die Verteidigung in steigendem Maß auf Atomwaffen aufzubauen, von den Protesten der Bevölkerung gegen Atomwaffen und dem sowjetischen Fortschritt in der Atomgeschoßproduktion. Die Bundesregierung erinnerte die Westalliierten immer häufiger an „ihre Pflicht", die Wiedervereinigung Deutschlands herbeizuführen. Der Erfolg der sowjetischen Sputniks am 4. Oktober und 5. November machte der breiten Öffentlichkeit erstmals die Möglichkeit bewußt, daß die UdSSR den USA in den Waffenherstellungsmethoden überlegen sein könnte, was wilde Spekulationen über den „Rückstand" der USA auslöste.

Ein dem Rückgang 1953/1954 ähnliches Absinken der amerikanischen Konjunktur seit August 1957 führte in deutschen wie in amerikanischen Wirtschaftskreisen zu einem Pessimismus, den H. B. für „völlig unbegründet" hielt. Er schrieb am 5. September an Fritz Burgbacher: „Eine Wiederholung der Entwicklung zu Anfang der dreißiger Jahre ist völlig ausgeschlossen, wenigstens solange wie dieses Land jährlich für Rüstungen in Gold gerechnet soviel Geld ausgibt wie die Gesamtsumme der uns auferlegten Reparationen nach dem Ersten Weltkriege." In Frankreich war die Wachstumsrate der Produktion seit 1953 ebenso steil in die Höhe geschnellt wie in Deutschland, aber die französischen Mittel wurden durch das stetig zunehmende militärische Vorgehen in Algerien (nachdem Marokko und Tunesien 1956 unabhängig geworden waren) übermäßig in Anspruch genommen, und das Defizit im Staatshaushalt wie auch in der internationalen Zahlungsbilanz erforderte im September eine Abwertung des Franc. Die Arbeiterstreiks im öffentlichen Dienst führten im Oktober zur Bildung des Kabinetts Gaillard, das sich der Verfassungsreform verschrieb. In Großbritannien, wo die Regierung die Preisinflation mit einschneidenden Kreditrestriktionen bekämpfte, war das Pfund im Herbst stark gefährdet.

Im Januar 1957 wurde das Saarland politisch Teil der Bundesrepublik, die wirtschaftliche Angliederung folgte 1959. Im März unterzeichneten die sechs Länder des Schuman-Plans in Rom die Verträge für die Europäische Wirtschaftsgemeinschaft und die Europäische Atomgemeinschaft, die im Januar 1958 in Kraft traten. Das ganze Jahr über dauerten die Verhandlungen zwischen den 17 OEEC-Ländern über eine größere Freihandelszone fort. Mit dem Schlagwort „keine Experimente" gewann die CDU/CSU etwas über 50 Prozent der Stimmen bei der Bundestagswahl vom September. Für einige von H. B.s engsten Freunden in Deutschland glich die Folgezeit einer „tödlichen Windstille".

Der formale Vorschlag des polnischen Außenministers Rapacki im Oktober, daß West- und Ostdeutschland und Polen auf atomare Waffen verzichten sollten, fand lediglich bei der englischen Regierung Interesse.

15. Februar, Hartland, H. B. an Josefina Blesch

. . . Ich habe jetzt endlich die letzten Doktorarbeiten nach Köln zurück-
geschickt. Da noch kein Nachfolger für meinen Lehrstuhl da ist, so
wurden mir Klausur-, Diplom- und Doktorarbeiten nach hier geschickt.
Das hat jetzt glücklich ein Ende . . .
Ihre Auffassung über die Brentanoschen Konzeptionen von der „Befreiung" der Satellitenländer kann ich nicht teilen. Realpolitisch geht uns
deren Schicksal nichts an, solange die Wiedervereinigung der Ost- und
Westzonen nicht gesichert ist. Im Gegenteil, unser außenpolitisches
Interesse sollte uns klarmachen, daß wir uns in die Auseinandersetzung
zwischen Rußland und seinen Satelliten nicht einzumischen haben. Das
Ergebnis der ganzen Wirren und Aktion ist, daß die Russen erkannt
haben, daß die deutsche Ostzone für sie strategisch und außenpolitisch
wichtiger ist als die ganzen Satellitenstaaten. Sie haben diese Erkenntnis
dadurch bekundet, daß sie ihre Truppen in der Ostzone auf 22 Elite-
Divisionen erhöht haben. Dadurch fühlen sie sich militärisch gegenüber
weiteren Entwicklungen in den Satellitenstaaten absolut gesichert. Es
gibt Leute, die daraus den Schluß ziehen, daß je weniger sich Bonn
öffentlich oder in diplomatischen Berichten an dem Geschick der Satellitenstaaten interessiert, desto größer die Chancen werden, daß Bonn und
Moskau sich eines Tages einigen können, vorausgesetzt, daß Bonn die
falsche Vorstellung aufgibt, daß Washington allein maßgebend für die
weitere Entwicklung ist . . .
Die westeuropäische Zollunion ist eine Tatsache geworden[1] . . . Daß
eine Einstellung Westdeutschlands auf die agrarpolitischen und industriellen Probleme der Westmächte die Wiedervereinigung der beiden
Zonen erschweren muß, dürfte eigentlich jedem Menschen klar sein.
Gleich nach der begeisterten Zustimmung Bonns zu diesen Plänen
schloß Paris einen Handelsvertrag mit Rußland[2] ab . . .

(1) Die Verträge über den Gemeinsamen Markt und die Europäische Atomgemeinschaft
wurden erst am 25. März in Rom unterzeichnet und traten im Januar 1958 in Kraft. (2)
Ein dreijähriges Abkommen, das am 11. Februar unterzeichnet wurde.

16. Februar, Hartland, H. B. an Gotthold Müller[1]*, Stuttgart*

. . . Haben Sie herzlichen Dank für Ihre freundlichen Zeilen und für die Übersendung der Klepperschen „Tagebücher"[2], die mich tief beeindruckt haben. Es ist ein selten wertvolles Buch. Es könnte völlig neue Eindrücke in diesem Lande über Geschehnisse und Erlebnisse hervorrufen, wenn es nicht einen so starken religiösen Einschlag hätte, den ich persönlich besonders begrüße, der aber bei der augenblicklichen Mentalität hier nur geringen Anklang finden würde. Es sind hier noch überwiegend völlig falsche Eindrücke vorhanden über die Erlebnisse in Deutschland in den letzten 25 Jahren. Der Antisemitismus der Nazis und die Unkenntnis des Widerstandes gerade vom Religiösen her in der Heimat haben hier ein Zerrbild hervorgerufen über das deutsche Volk, das zu beseitigen viele Jahre in Anspruch nehmen wird . . .

(1) Damaliger Geschäftsführer der Deutschen Verlags-Anstalt. (2) Jochen Klepper, *Unter dem Schatten deiner Flügel*, Stuttgart 1956.

28. Februar, Hartland, H. B. an Hellmuth Elbrechter

. . . Es ist sicherlich so, daß die Menschen überall viel zuviel sich auf Medizin verlassen, anstatt ein gesundes und vernünftiges Leben zu führen; das gilt für dieses Land noch mehr als für das alte Europa. Wenn ich drei Tage in New York bin, wo ich meine Freunde meistens in einem Club sehe, um nicht ausgehen zu müssen, so habe ich schon übergenug und eile in die einsamen Wälder von Vermont zurück. Es ist einfach unmöglich, daß die Mehrheit der Bevölkerung gesund bleibt unter dem stündlichen Aufpeitschen der Nerven . . . Ich habe schon in Harvard festgestellt, daß in den Colleges die meisten Studenten gar nicht arbeiteten, ohne daß das Radio die ganze Zeit ging . . .Wenn aber die Menschheit weiter angeschrien wird über das Radio mit sensationeller Darstellung einfacher politischer Probleme oder mit Einzelheiten von Verbrechen, oder politische Strömungen beeinflußt werden durch das angenehme Gesicht und die gute Sprache am Television, so gebe ich die Hoffnung auf, daß die weiße Rasse sich auf die Dauer politisch gegenüber den noch primitiven Völkern in Asien, vor allem in China, halten kann . . .

10. April, Hartland, H. B. an Friedrich Hüffmeier

... Allerdings ist zur Zeit die Aussicht auf eine Wiedervereinigung außerordentlich gering, obwohl man hier und in England die Notwendigkeit einer solchen Wiedervereinigung aus rein strategischen Gründen immer offener und stärker betont. Man ... spricht in irriger Auffassung über die wirkliche Lage in Europa jetzt mehr und mehr von der Notwendigkeit einer Wiedervereinigung, macht aber gleichzeitig viel Aufhebens von der westeuropäischen Zollunion, die neben anderen Nachteilen für uns eine Wiederveinigung der beiden Zonen nur erschweren kann. Leider ist hier die öffentliche Meinung selten stabil, und die richtigen Erkenntnisse kommen meistens zu spät. Washington ist durch die Entwicklung, vor allem auch durch die brutal realistische neue Militärpolitik Englands[1], unsicher. Das macht sich auch im Volke langsam geltend. Man sieht zu wenig, daß eine totalitäre Macht politische und militärische Möglichkeiten besitzt, die einer Demokratie immer fehlen werden. Dazu kommt eine gewisse sentimentale Neigung zu großartigen Weltlösungen, deren Folgen man nicht rechtzeitig klar sieht und die wieder durch neue Lösungen ersetzt werden müssen ...

(1) Das britische „Verteidigungsweißbuch", das am 4. April veröffentlicht wurde, leitete eine drastische Beschränkung der britischen Streitkräfte ein und stärkte das Vertrauen auf die „atomare Abschreckung".

15. April, Hartland, H. B. an Hermann Josef Schmitt

... Ich fürchte, die Wahlagitation wird sehr übel werden ... Die militärische Lage ist deshalb so schwierig, weil man noch fünf Jahre braucht, um die interkontinentalen gesteuerten Geschosse praktisch einsetzen zu können. Aber ich glaube nicht, daß die Russen einen militärischen Vorstoß unternehmen werden; ihre wirtschaftlichen Verhältnisse sind im Augenblick zu schwierig. Um so weniger werden sie bereit sein, in eine Wiedervereinigung der Zonen selbst bei einer Neutralisierung eines geeinten Deutschlands einzuwilligen ... Die wirkliche Schwäche der Westmächte liegt in der Zuspitzung der Lage im Nahen Osten und damit der Ölversorgung Europas. Die SPD-Außenpolitik ist auf Illusionen aufgebaut. Ich frage mich nur, wie auf die Dauer das deutsche Volk reagieren wird auf den Gegensatz zwischen dieser Illusionspolitik und der Schönfärberei Bonns ...

16. April, Hartland, H. B. an Hans Berger[1]*, Bonn*

... Ihre Mitteilungen waren für mich außerordentlich wertvoll und gaben mir eine Vorstellung, wie die Lage im Auswärtigen Amte ist. Die Zustände sind für mich völlig unfaßbar ... Eine Desavouierung eines Kabinettsministers seitens des Kanzlers, wie sie in Paris über den Abschluß der westeuropäischen Zollunion gegenüber Erhard stattfand[2], kam nie vor ... Außerdem kam die Mehrzahl unserer Diplomaten aus der Schule unseres langjährigen Botschafters in London, des Grafen Metternich[3]. Er konnte das Londoner Klima nicht gut vertragen und fuhr im Herbst und Winter, wenn immer nur möglich, an die Riviera, hinterließ aber eine Reihe von Unterschriften auf blanken Bogen für die Mitglieder seiner Botschaft zwecks Berichten an das Auswärtige Amt. Waren die Berichte nicht nach seinem Geschmack, so deckte er trotzdem den Verfasser gegenüber dem Auswärtigen Amte. Auf diese Weise hat er eine Elite von jungen Diplomaten herangezogen, die die Weimarer Republik zum großen Teile gerettet haben. Ich habe von einem alten Mitglied des Foreign Office gehört, daß die Engländer völlig über diese Methode informiert waren und daß sie sie sehr bewunderten. Wenn Metternich selbst einen Schritt beim Foreign Office unternahm, so war das ein Ereignis ... Weil er sich „rar" machte und sehr selten an die Öffentlichkeit trat, erfreute er sich eines besonderen Vertrauens ... Natürlich war eine solche Einstellung und eine solche Atmosphäre nach der Hitlerzeit nicht künstlich wiederzuschaffen. Aber ich kann nicht verstehen, weshalb in einer so kritischen Zeit der Außenminister im Flugzeuge die Hauptstädte der ganzen Welt bereist. Es hat gar keinen Zweck für einen Außenminister, solche Besuche zu machen, wenn er nicht mit besonderen Vorschlägen kommt und sein Besuch vorher von den diplomatischen Vertretern sorgfältig vorbereitet ist ... Es ist natürlich eine ungeheure Gefahr, daß bei den jetzigen Methoden schließlich die Parteien und das Volk selbst die Führung in der Außenpolitik übernehmen wollen und daß die Führer der einzelnen Parteien ohne vorherige Abstimmung mit dem Auswärtigen Amte in der Welt herumreisen und ihre eigenen Auffassungen vortragen ...

(1) Dr. jur., Landgerichtspräsident in Düsseldorf 1941–1953, Leiter der Verfassungs- und Verwaltungsabteilung im Bundesinnenministerium 1953, Leiter der Rechtsabteilung des Auswärtigen Amts 1954–1959, danach Botschafter in Kopenhagen, Den Haag und am Vatikan. (2) Bundeswirtschaftsminister Dr. Ludwig Erhard hatte die Vorschläge für den Gemeinsamen Markt wiederholt als protektionistisch und „wirtschaftlich sinnlos" kriti-

siert. ¡Für eine frühe Darlegung der These, daß die Institutionen der EWG von der vorhandenen Expansion der europäischen Wirtschaft abhingen und nicht umgekehrt, siehe Alexander Lamfalussy, „Europe's Progress: Due to Common Market?" in: *Lloyds Bank Review*, London, Oktober 1961. Siehe auch Karl Deutsch, Lewis Edinger, Roy Macridis, Richard Merritt, *France, Germany and the Western Alliance*, New York 1967, S. 219–223; Hans O. Lundstrom, *Capital Movements and Economic Integration*, Leyden 1961, S. 130. (3) Paul Graf Wolff Metternich, deutscher Botschafter in London 1901–1912.

13. Mai, Hartland, H. B. an Hermann Ullmann

... Es zeigen sich überhaupt in dem Wirrwarr, der in der Welt und besonders in Deutschland herrscht, gewisse Ansätze zu Besinnung, die unbedingt notwendig ist in dem Atomzeitalter, das nicht nur militärisch, sondern auch technisch wahrscheinlich eine radikalere Entwicklung herbeiführen wird als die Erfindung des Pulvers, der Dampfmaschine und des Dynamos ... Ich bin mir vollkommen klar darüber, daß die Zeitumstände und die Stimmungen nicht allzu günstig für die Aufnahme des Buches [H. B.s Memoiren] sein werden ... An eine Wiedervereinigung ist in der Tat in absehbarer Zeit nicht zu denken ... Da beide Seiten Angst vor den Atomwaffen haben, so wird sich wahrscheinlich eine Stabilisierung der jetzigen Grenzen in Europa herausbilden. Es war eben die große Tragödie, daß Adenauer 1955 sich gegen den Eden-Plan[1] aussprach; damit war das deutsche Schicksal festgelegt, zum mindesten auf absehbare Zeit ...

(1) Auf der Genfer Konferenz im Juli 1955 machte der Premierminister den Vorschlag, den er im August dem Abrüstungs-Subkomitee der UNO überreichte, daß auf beiden Seiten der Demarkationslinie zwischen der Bundesrepublik und der DDR eine Truppenreduzierung unter gemeinsamer Ost-West-Inspektion stattfinden sollte. (Siehe auch Konrad Adenauer, *Erinnerungen 1955–1959*, Stuttgart 1967, S. 35.)

13. Mai, Hartland, H. B. an Katharina von Kardorff-Oheimb[1], Düsseldorf

... Sie haben vollkommen recht, wenn Sie sagen, daß es der Jugend zum großen Teil gleichgültig ist, ob sie Franzosen, Deutsche oder Amerikaner sind. Das liegt aber zum großen Teil daran, daß die Bonner Regierung dem deutschen Volke nur internationale Ziele und keine nationalen Ziele aufzeigt. Jedes Volk geht zugrunde, das kein nationales Ziel hat, für das es bereit ist, jedes persönliche und materielle Opfer zu bringen. Der Opferwille und nicht das demokratische und internationalistische Geschwätz ist entscheidend für die Zukunft eines Volkes . . .

(1) Reichstagsabgeordnete (DVP) 1920–1924, Witwe von Siegfried von Kardorff.

25. Mai, Hartland, H. B. an Helene Weber

. . . Wenn die . . . Reißbrettpläne und die Entwicklung der gesteuerten Geschosse mit schweren Atombomben im Kopfe der Geschosse sich tatsächlich realisieren würden, so könnten die Russen von Ostsibirien aus und über den Nordpol weg jede Stadt in den Vereinigten Staaten über Nacht zertrümmern – natürlich auch umgekehrt. Das Ergebnis aller dieser Überlegungen ist natürlich, daß konventionelle Truppen und Geschosse nach menschlicher Voraussicht keine entscheidende Rolle mehr spielen können . . . Als ich meinen Rhein-Ruhr-Klub-Vortrag hielt, war die technische Entwicklung der Atomwaffen noch so weit zurück, daß man durch eine militärische Neutralisierung Mitteleuropas gewisse Gefahren, die aus der Entwicklung der Atomwaffen sich ergeben mußten, hätte vermeiden können. Ich fürchte, daß wegen der inzwischen gewaltig fortgeschrittenen Entwicklung der Atomwaffen ein solcher Gedanke der Neutralisierung Mitteleuropas nicht mehr so leicht von allen Seiten angenommen werden kann . . . Aus alledem ergibt sich für mich die Notwendigkeit, auch die neue Bundeswehr mit sogenannter Atomartillerie auszurüsten . . . All diese Gefahren könnten natürlich zum großen Teil beseitigt werden durch eine Wiedervereinigung Deutschlands und durch die Beibehaltung der bisherigen amerikanischen Politik, die zwar willens ist, Westeuropa einschließlich Deutschland mit leichteren Atomwaffen auszurüsten, aber sich weigert, irgendeinem europäischen Heer die Atombomben selbst außer im Falle eines Krieges – das heißt Angriffes Rußlands – zu liefern. Damit erhalten sich die USA die Kontrolle über alle kriegerischen Maßnahmen in Mitteleuropa . . .
Es ist nun sehr erfreulich, daß ohne Zutun Bonns die Regierung in Washington in den Verhandlungen mit den Russen die Frage der gegenseitigen Inspektion sowohl für Ostdeutschland wie für Westdeutschland angeschnitten hat und dabei auf den alten Eden-Plan von 1955 zurückgekommen ist, der . . . eine demilitarisierte Zone in Mitteleuropa vorschlägt, analog der Stellung, die sich Österreich auf eigene Faust

durch einen Vertrag mit Rußland und den benachbarten Satelliten geschaffen hat. Aber gegenüber einem solchen Gedanken für das vereinte Deutschland haben die Russen in den letzten Tagen erneut erklärt, daß die Wiedervereinigung Deutschlands ausschließlich eine Angelegenheit für unmittelbare Verhandlungen zwischen der Bonner und der Ostberliner Regierung sei und bleiben müsse . . . Die Lösungsmöglichkeiten für die Wiedervereinigung sind vorläufig sehr viel kleiner geworden, als sie 1954 und noch 1955 waren . . .

6. Juni, Hartland, H. B. an Fritz Burgbacher

. . . Man darf nicht vergessen, das gilt auch für mein Buch, daß jetzt eine Generation herangewachsen ist, die in der Nazizeit ihre Schulbildung erhalten hat. Die totalitären Regime haben es immer verstanden, die Erinnerung an die politischen Ereignisse vor ihnen in der Jugend auszulöschen. Aber wenn man die ideologische Entwicklung in den Satellitenstaaten, mit Ausnahme der Tschechoslowakei, und in Rußland selbst in der Jugend verfolgt, so kann man überall feststellen, daß sich allmählich in der Jugend eine gewisse Reaktion gegen das herausbildet, was sie an den Schulen und an den Universitäten in bezug auf die geschichtliche Entwicklung bislang ausschließlich gehört hat. Diese Reaktion, die sich fast über Nacht herausbildet, ist bislang das Geheimnis der Stärke der europäischen Nationen gewesen. Trotz allem darf man vielleicht hoffen, daß sich dieser Vorgang doch wiederholen wird . . .

6. Juni, Hartland, H. B. an Hellmuth Elbrechter

. . . Es gibt schon zu viele Weltverbesserer – je schlechter die internationale Lage, desto mehr! Institute wie die UNESCO und die UNO überhaupt, und was es sonst noch alles gibt, sind erwachsen aus der Romantik der Amerikaner, die die ganze Welt, auch Länder mit 5000jähriger Zivilisation wie China, mit der Aufdrängung ihrer eigenen politischen Entwicklung beglücken wollen, die doch – und das gilt für den ganzen amerikanischen Kontinent – einzigartig in der Geschichte ist . . .

13. Juli, Hartland, H. B. an Hans Berger

. . . In allen Äußerungen Chruschtschows steckt *ein* Fehldenken. Er
scheint anzunehmen, daß man aus der Notwendigkeit, hier und anderswo die inflationäre Entwicklung abzudämmen, auf eine Weltkrise
ähnlich wie 1929 schließen kann. Das ist ein gefährlicher Fehler. Wenn
die Leute hier und anderswo nicht die Nerven verlieren wie 1929, so
kann sich eine gleiche Weltkrise wie damals nicht entwickeln. Gewiß
werden die Weltpreise von Agrarprodukten und einzelnen Mineralpro-
dukten fallen; aber wenn die Leute hier nicht in eine Panik hineingeraten, so wird sich hier nur eine mäßige Gesundungskrise gegenüber der
Inflation ergeben . . .

18. Juli, Hartland, H. B. an Hans von Raumer

. . . Im übrigen habe ich einen solchen Abstand von den Dingen [vor
1934], daß sie mich eigentlich gar nicht mehr interessieren. Das Me-
moirenschreiben ist eine gräßliche Angelegenheit. Die Erinnerungen an
meine Amtszeit habe ich schon in den Jahren 1934 und 1935 Gräfin
Alvensleben diktiert, als ich noch im Besitze aller Briefe von Hindenburg und vieler anderer Briefe und Aufzeichnungen war. Die Hand-
schreiben Hindenburgs habe ich meinen englischen Gastgebern vor dem
Ausbruch des Krieges als kleines Zeichen meiner Dankbarkeit geschenkt. Sie waren auf dem Lande mit anderen Briefen in dem Anklei-
dehäuschen am Swimming-pool, einige hundert Meter vom Hause ent-
fernt, untergebracht. Ausgerechnet dieses kleine Häuschen wurde von
einer deutschen V-1 völlig zerstört.
Wenn ich mich doch entschlossen habe, die Memoiren im nächsten
Frühjahr erscheinen zu lassen, so tue ich es nur, weil ich bei meinem
Aufenthalt in der Heimat festgestellt habe, daß nur noch ganz wenigen
Leuten eine klare Erinnerung geblieben ist an die Schwierigkeiten und
Leistungen der Weimarer Republik . . . Ich stimme Ihnen völlig zu auf
Grund meiner persönlichen Beobachtungen und vieler Briefe, daß das
deutsche Volk durchweg nur Stabilität und Sicherheit in bezug auf den
Geldwert wünscht, auch um den Preis der praktischen Aufgabe aller
Souveränität . . .

22. Juli, Hartland, H. B. an Hermann Ullmann

... Ich glaube im Gegensatz zu Ihnen, daß man, um Europa zu retten, doch vorübergehend durch die Phase des wiedererstehenden Nationalstaates gehen muß, weil auch nur so es zu einer Wiedervereinigung der beiden Zonen kommen kann. Ich hoffe, daß das Wiedererstehen einer nationalen Idee in Deutschland nicht erst wiederkommen wird, wenn die Wirtschaftsblüte abflaut. Dann könnte die nationale Entwicklung zu radikal werden und zu bedenklichen Schwierigkeiten führen ... Ich glaube, man sollte in Europa auch nicht die Schwierigkeiten unterschätzen, die Eisenhower und Dulles haben. Schließlich sind es diese beiden gewesen, denen es zu verdanken ist, daß aus dem Suezabenteuer sich nicht ein neuer Weltkrieg entwickelt hat ...

23. Juli, Hartland, H. B. an Hertha Vollmar

... Während meiner Anwesenheit in der Heimat habe ich auch feststellen können, daß man in Westdeutschland sehr wenig Mitgefühl für die Lage und das Leiden der Menschen in der Ostzone [hat]. Ein großer Teil des Volkes in der Westzone hat sich gründlich gegenüber früher verändert ... Ich hatte fast jeden Tag Besuch von meinen alten, aus Schlesien vertriebenen Wählern, denen es miserabel ging, trotzdem sie hart arbeiteten. Besonders geärgert habe ich mich über die Behandlung des früheren Kreisvorsitzenden der Zentrumspartei in Waldenburg, der ein in ganz Deutschland anerkannter Gas- und Wasserfachmann war. Er stammte aus Siegburg. Als die Russen nach Schlesien kamen, ist er mit seiner großen Familie zu Fuß durch Böhmen nach Siegburg gewandert und konnte zunächst dort Geld verdienen durch Reparaturen an den elektrischen, Gas- und Wasserleitungen. Dann machte er einen Laden auf für Beleuchtungsartikel. Bei der Kreditrestriktion wurde ihm als erstem jeder Kredit abgesperrt, so daß er alles in seinem Laden billig verkaufen mußte. Als ich in Köln war, hat er einen Plan ausgearbeitet über die Entwässerung des Braunkohlengebietes westlich von Köln. Ich bin damit zu einem Kollegen an der Universität gegangen, der mir nach sorgfältigem, kritischem Studium des Planes erklärte, daß es der beste Plan sei, der ihm bislang zur Begutachtung vorgelegt [worden] sei. Weil er Schlesier war, wurde sein Plan nicht einmal von den zuständigen Behörden einer näheren Prüfung unterzogen. Ich habe viele ähnliche

Erlebnisse gehabt. Vor einigen Tagen war ein langer Artikel in der London[er] *Times* von einem Engländer, der im Auto Schlesien, Pommern und Ostpreußen besuchte. Der Aufsatz war niederdrückend; der Verfasser stellte fest, daß in den schönen alten schlesischen Städten und auch in den alten Ordensstädten in Ostpreußen fast niemand lebt . . .

2. August, Hartland, H. B. an Katharina von Kardorff-Oheimb

. . . Seit der Völkerwanderung hat es noch keine Epoche gegeben, in der die Welt so durcheinander ist wie heute. Europa ist eigentlich nur noch ein Anhängsel an den eurasischen Kontinent. Nach menschlicher Voraussicht wird China nächst diesem Lande die stärkste Macht der Welt werden. Noch immer habe ich gerade deswegen die Hoffnung nicht aufgegeben, daß eines Tages die Wiedervereinigung der beiden Hälften Deutschlands sich ermöglichen lassen wird. Es spricht dafür auch das elementarste strategische Interesse der beiden angelsächsischen Nationen. Aber wenn man in Bonn nicht ernsthaft die Wiedervereinigung will, so ist eben vorläufig nichts zu ändern. Wir haben jetzt, praktisch gesprochen, ein Wiederaufleben des „Rheinbundes" ohne einen Napoleon . . .

7. August, Hartland, H. B. an Josef Horatz

. . . Die Höhe des westdeutschen Devisenüberflusses[1] ist erstaunlich . . . Bei der künstlichen Festsetzung von Währungsrelationen nach einem Weltkriege übersehen die Finanzsachverständigen genauso wie beim Dawes- und Young-Plan immer wieder die psychologischen Faktoren, denen man mit monetären Maßnahmen allein nicht gewachsen ist. Daraus ergeben sich nachher Schwierigkeiten, die kaum zu lösen sind. Auch hier bestand wieder für eine kurze Zeit die Gefahr, daß sich die Leute in eine Inflationspsychose hineinredeten, obwohl die Maßnahmen des Schatzamtes und der Federal Reserve Bank meines Erachtens bereits völlig genügen, um eine echte Inflation zu vermeiden. Ich habe mich mit diesen Fragen mein Leben lang viel beschäftigt und bleibe bei meiner Überzeugung, daß die psychologischen Momente letzten Endes entscheiden . . .

Über den Aufbau der Produktionskapazität in der Heimat staune ich dauernd. Sie haben ganz recht, daß darin ein Gefahrenpunkt liegt. Aber unsere Ausfuhr wird meinem Gefühl nach noch lange sehr hoch sein, da alle die neutralen Staaten sich weder von den Angelsachsen noch von den Russen in ihrem industriellen Aufbau abhängig machen wollen. Den Gemeinsamen Markt betrachte ich sehr skeptisch, vor allem wegen der verfahrenen finanziellen Lage in Frankreich . . . Es ist natürlich klar, daß einem prosperierenden Deutschland auf dem Wege eines auch politisch gemeinsamen Parlamentes jede selbständige Außenpolitik unmöglich gemacht werden könnte . . . In der Weimarer Zeit haben wir wieder eine politische Weltgeltung erreicht, gerade weil wir durch Handelsverträge mit den einzelnen Ländern der Welt auch politische Konzessionen erreichen konnten . . .

(1) Der Überschuß der deutschen Bilanz für Handel und Dienstleistungen betrug für das Jahr 1955 3040 Millionen DM, für 1956 5700 Millionen DM und für das erste Halbjahr 1957 4000 Millionen DM. Ende 1957 waren die deutschen Gold- und Devisenbestände achtmal so groß wie die französischen öffentlichen Reserven und zweieinhalbmal so groß wie die britischen.

7. August, Hartland, H. B. an Hans Luther, Düsseldorf

. . . Wir müssen uns alle damit abfinden, daß durch die psychologische und politische Kluft, die die Nazis in der deutschen Geschichte geschaffen haben, Mißverständnisse und falsche Auffassungen sich festgesetzt haben, die nur in einer längeren Zeitepoche sich beseitigen lassen werden . . . Worauf es mir ankommt, ist nicht, meine Person herauszustellen, sondern die gesamtpolitische Entwicklung, an der viele Persönlichkeiten mitgearbeitet haben, die aus dem völlig zerschlagenen und verhaßten Deutschland in elf Jahren das meist vom Ausland umworbene Land Europas machte. Ob der eine oder der andere dabei ein größeres Verdienst hatte, spielt doch schließlich keine Rolle. An dem Übergang von einer völlig zerrütteten Papiermark zu einer stabilen Goldmark hat nun doch eine große Zahl von Persönlichkeiten Verdienste . . . Für mich ist das Erlebnis des Ersten Weltkrieges entscheidend gewesen, wo die kühnsten und tapfersten Männer fielen und andere die diesen Toten gebührenden Orden einheimsten. In fast allen anderen Ländern der Welt war es Tradition, den Familien solcher Gefallenen die ihnen gebührenden Auszeichnungen zu übersenden. Ich habe in den langen einsamen Jahren meines Exils viel darüber

nachgedacht, woher es kommt, daß in anderen Ländern Biographien
früherer Politiker von ausgezeichneten Historikern veröffentlicht werden, die in höchst objektiver Weise sowohl die Leistungen wie die Fehler
dieser Männer . . . hervorheben . . . Das war eine Methode, die nicht
nur eine ausgezeichnete politische Erziehung des Volkes ermöglichte,
sondern auch das Festhalten an jahrhundertealten Traditionen und
Institutionen. Ich habe immer bedauert, daß die Aufzeichnungen von
Stresemann, so wie er sie bei seinem Tode hinterließ, unkritisch veröffentlicht wurden. Meinem Gefühl nach hätte die Familie besser getan,
diese Aufzeichnungen später einem bedeutenden Historiker zu übergeben, der über vieles in den Aufzeichnungen hinweggegangen wäre und
die wirklich großen Leistungen Stresemanns um so stärker hätte hervorheben können . . .
Im übrigen muß man sich, wenn man in einer schweren wirtschaftlichen
und politischen Krisenzeit an einer entscheidenden Stelle gestanden hat,
damit abfinden, daß die Auffassungen der Historiker sich alle drei Generationen durchschnittlich ändern. Thukydides hat in seiner Geschichte des Peloponnesischen Krieges auch nicht das erreicht, was er
wollte – nämlich die politische Einigung der Griechen . . .

8. August, Hartland, H. B. an Otto Most

. . . Sie haben nur zu recht mit der Feststellung, daß wenige Menschen
in der Welt dem Anrufe folgen, den inneren Schwerpunkt vom Materiellen ins Geistige zu verlegen. Nach all dem Schweren, was die Völker
haben erdulden müssen, ist es an sich verständlich, aber Europa wird
zugrunde gehen, wenn es einseitig sich in den materiellen Wiederaufbau
verliert. Es ist vielleicht gut und menschlich verständlich, daß die Menschen vieles vergessen und nicht an die Gefahren der Zukunft denken
wollen, denn wer diese Gefahren klar sieht, muß sich bewußt werden,
daß alles in einem Schwebezustand ist, dessen Ende niemand voraussehen kann . . . Um so mehr bedrückte mich Ihre Feststellung, daß die
Zahl derer in der Heimat abnimmt, die die letzten Fragen der Philosophie und Weltanschauungen in ihrer Bedeutung und Tiefe sehen und
wirklich durchleben. Das konnte nach dem Ersten Weltkriege noch
anders sein, wo tatsächlich die Jugendbewegung eine Reaktion auf die
rein materialistische Einstellung darstellte. Aber auch sie zerflatterte,
weil die ältere Generation zu wenig Verständnis für ihr Denken hatte.

Sie wurde zum größten Teile eine Beute der Agitation von Goebbels,
der in erschreckendem Maße es verstand, die guten Gedanken der
Jugendbewegung für seine raffinierte Parteiagitation auszunützen . . .
Ich habe während meiner Zeit an der Universität Köln zu meiner
Freude festgestellt, daß unter den jungen Studenten weiterhin eine
große Fähigkeit der Konzentration für bestimmte Arbeitsgebiete besteht. Vielleicht wird sich auf Grund dieser Eigenschaft auch wieder ein
größeres Interesse für philosophische Studien ergeben. Ich kann noch
immer nicht glauben, daß auch in dieser Beziehung aus einem zeitweiligen Bruch ein dauernder wird . . .

5. September, Hartland, H. B. an Hermann Josef Schmitt

. . . Ich habe Stokes[1] öfters gesehen; bis zum Zweiten Weltkriege war er
ziemlich deutschfreundlich . . . Stokes war nicht der einzige Katholik in
der Arbeiterpartei. Die meisten katholischen Arbeiter, die ja größtenteils
Iren waren, haben in den letzten 25 Jahren immer für die Arbeiterpartei gestimmt. Kein englicher Bischof hat sich in dieses Problem eingemischt. Man darf dabei nicht vergessen, daß es in der Arbeiterpartei
sehr wenige ausgesprochene Marxisten gab. Diese wurden sehr häufig in
Wahlversammlungen von den katholischen irischen Arbeitern, die an
Witz und Intelligenz den englischen Arbeitern überlegen waren, erfolgreich angegriffen, so daß solche Kandidaten der Arbeiterpartei ihre
antireligiösen Hörner einziehen mußten. Auf Grund seiner religiösen
Auffassungen würde Stokes wahrscheinlich nie ein Mandat für die
Liberalen oder Konservativen angenommen haben; aber das bedeutet
noch nicht, daß er aus religiösen Gründen Sozialist wurde. Meines
Wissens hielt er von der Verstaatlichung der Betriebe nicht viel; dafür
hatte er eine zu große industrielle und kaufmännische Erfahrung. Die
deutschen Sozialisten täten meines Erachtens besser daran, Stokes als
ein Vorbild für sich selbst als für die CDU hinzustellen . . .
In einiger Zeit werde ich nach Norwich, Vermont, umziehen, wo ich für
$ 2500 ein kleines, aber sehr modernes und praktisches Häuschen erwor-
ben habe mit einer daraufstehenden Hypothek von $ 10 500, für die ich
monatlich nur um $ 50 Zinsen zu bezahlen habe. Die Landschaft dort
ist nicht so schön wie hier, aber . . . ich brauche mit dem Auto von
Norwich zu der ausgezeichneten Bibliothek von Dartmouth College nur
fünf Minuten. Das Äußere des Hauses sieht sehr primitiv aus, aber im

Innern ist es sehr nett und praktisch. Zudem ist es nicht so völlig isoliert von jeder Nachbarschaft im Winter wie das jetzige Häuschen . . .

(1) Schmitt hatte eine Gedächtnisfeier für den im August gestorbenen Richard Stokes vorgeschlagen.

5. September, Hartland, H. B. an Heinrich Krone

. . . Ich ersehe aus einer Reihe von Briefen und Zeitungsausschnitten, daß man in der Heimat plötzlich pessimistisch in bezug auf die wirtschaftliche Entwicklung wird. Dafür ist kein Grund vorhanden. Natürlich kann eine Hochkonjunktur nicht ewig anhalten. Wie ich Ihnen bei Ihrem Hiersein schon sagte, kommt einmal der Augenblick, wo die Menschen, wie immer in der Geschichte, beginnen zu zweifeln, ob eine solche Konjunktur weitergehen kann. Das ist an sich eine gesunde Reaktion, sofern man sich nicht in einen unnötigen Pessimismus hineinredet, wie es nach 1929 bei uns der Fall war, als die Börsen-Überspekulation in den USA zusammenbrach. Man muß bei der Beurteilung der wirtschaftlichen Entwicklung am besten alle Theorien hinter sich lassen und nur seinen guten Menschenverstand entscheiden lassen . . . Sie sehen, daß man sich in Westdeutschland freimachen muß von der Befürchtung, als ob sich eines Tages eine gleich schwere Krise wiederholen könne wie die zu Anfang der dreißiger Jahre. Solange wie Schäffer Finanzminister ist und die Bank Deutscher Länder unter der jetzigen Führung bleibt ohne Einmischung der Regierung, kann sich keine schwere Wirtschaftskrise ergeben, sondern nur ein unvermeidliches Abflauen einer Hochbeschäftigung. Solch ein Abflauen . . . hat sogar eine gute Wirkung, solange wie die Leute nicht von einem Überoptimismus in einen völligen Pessimismus verfallen und solange die öffentlichen Finanzen in Ordnung bleiben. Im Gegensatz zu dem Überoptimismus in der ganzen Welt in der zweiten Hälfte der zwanziger Jahre haben die Finanzminister und die Zentralbankpräsidenten fast aller großen Westmächte eine sehr viel realistischere Politik betrieben . . .

18. September, Hartland, H. B. an Hans von Raumer

. . . Mit den Arbeiterparteien ist es fast überall dasselbe. Es geht den Arbeitern lohnmäßig im allgemeinen recht gut. Infolgedessen haben sie

keine richtige Agitationsbasis mehr. Vor dem Verlangen nach einer
völligen Sozialisierung der Industrie schrecken sie zurück, weil sie fürchten, daß sie die „bürgerlichen" Mitläufer bei den nächsten Wahlen
verlieren würden. Deshalb sind die Intellektuellen in der Labour Party
auf den Gedanken gekommen, der auch bei uns in den zwanziger Jahren vorübergehend einen gewissen Anklang fand seitens der Gewerkschaften, die Aktien bestimmter großer Unternehmungen zu erwerben.
Der Gedanke wird aber nicht von der Masse der Labour Party unterstützt, die nur ein Interesse hat, regelmäßig weitere Lohnerhöhungen zu
erzielen, wie es auch die hiesigen Gewerkschaften tun . . .

23. September, Hartland, H. B. an Otto Friedrich

. . . Ich kann mich in keiner Weise allerdings mit dem „Gemeinsamen
Markte" abfinden. Ich habe . . . im Februar bereits geschrieben, daß
die Franzosen auf Grund ihrer Budgetpolitik innerhalb eines halben
Jahres den Franken wieder einmal abwerten mußten. Daß die Form
dieser Abwertung[1] so gewählt ist, um die Ausfuhr künstlich zu fördern,
gleichzeitig aber die einheimische Landwirtschaft mit höheren garan-
tierten Preisen zu sichern, steht natürlich im vollen Widerspruch zu dem
Grundgedanken des Gemeinsamen Marktes . . . Aber das letzte und
gefährlichere Ziel der Franzosen ist, durch die Schaffung eines westeuropäischen Föderativsystems die Wiedervereinigung der beiden Zonen für
immer unmöglich zu machen. Die Russen haben dieses Ziel sehr klar
erkannt . . . Es würde mich sehr interessieren, von Ihnen zu hören, wie
sich nun Erhard einstellen wird zu der englischen Anregung des limi-
tierten Free-Trade-Raumes[2] . . .
Es besteht wirklich in absehbarer Zeit keine Möglichkeit für mich, nach
Deutschland zurückzukehren. Ich würde nur in Schwierigkeiten, selbst
durch Privatgespräche, hineinkommen. Soweit wie ich die Bonner Herren beurteilen kann, würden sie . . . auch jeden Rat von mir von vornherein ablehnen. Wenn das deutsche Volk einmal zu einer realistischen
Besinnung seiner Zukunft kommt, dann bin ich zu alt, um noch etwas
an den Verhältnissen ändern zu können . . .

(1) Am 11. August 1957 wurden im Zuge einer praktisch 20prozentigen Abwertung
gesonderte Außen- und Binnenhandelskurse für den Franc festgesetzt. (2) Ende 1956 und
offizieller im Februar 1957 schlug die britische Regierung den freien Handel in Europa für
alle Waren mit Ausnahme von Lebensmitteln vor. Im Lauf der Unterhandlungen über

eine Kombination von Gemeinsamem Markt und Freihandelszone im Sommer und Herbst 1957 wurden die britischen Vorschläge in Richtung auf „gesteuerte Märkte" für Lebensmittel und Rohstoffe modifiziert.

25. September, Hartland, H. B. an Robert Leiber, Rom

... Ich hoffe, daß man in Rom ein klares Bild hat von der Verschlechterung der weltpolitischen Lage. Die Kommunisten sind überall im Vordringen, selbst in manchen der Länder, in denen die USA große produktive industrielle Anlagen gemacht haben. Die Amerikaner führen damit in zwei oder drei Jahren eine revolutionäre soziale Entwicklung durch, wofür die alten europäischen Nationen drei Generationen gebraucht haben. Das Ergebnis ist, mit wenigen Ausnahmen wie Kambodscha, daß die Leute verwirrt werden und so einer kommunistischen Propaganda leicht anheimfallen. Fast ganz Afrika ist aufgewühlt durch die außerordentlich geschickte Propaganda des ägyptischen Rundfunksenders ... In Südamerika gärt es auch, aber mehr aus rein wirtschaftlichen Gründen.

Das Schlimme ist, daß die leitenden Militärs der Westalliierten sich nicht einig sind über die im Falle eines russischen Vorstoßes anzuwendende Strategie und Taktik. Die damit verbundenen außenpolitischen Probleme und eine hier bis zu einem gewissen Grade vorhandene Unsicherheit werden durch öffentliche Diskussionen hier und in anderen westlichen Ländern den Russen so klargemacht, daß sie sich darauf einstellen und ihre eigenen Ziele geschickt vorwärtstreiben können. An eine Wiedervereinigung der beiden deutschen Zonen ist in absehbarer Zeit nicht mehr zu denken ... Nach den Aufständen in Polen und Ungarn bleibt für die Russen die deutsche Ostzone mit den 22 dort stationierten russischen Elitedivisionen die stärkste Garantie gegenüber Bestrebungen zur Selbständigkeit seitens der Satellitenländer ...

27. September, Hartland, H. B. an Franz Dessauer[1], Heidelberg

... Ich habe zwar einen Erfolg von Adenauer bei den Wahlen[2] erwartet, aber nicht eine absolute Mehrheit für die CDU. Adenauers Erfolg beruht sicherlich zum Teil auf der Tatsache, daß die SPD mit Ausnahme von Carlo Schmid keine Persönlichkeit hat, die einen tieferen

Eindruck auf weitere Kreise der Bevölkerung machen kann ... Bei
meinen beiden ersten Besuchen in der Heimat nach dem Kriege sah ich
mit Erschrecken, wie selbst erfahrene ältere Leute durch die Propaganda „beduselt" waren. Wenn einem geschlagenen Volke klargemacht
wird von Russen, Amerikanern, Engländern und Franzosen, daß es
keine politischen Fähigkeiten in der Geschichte gehabt hat, so kommt es
nur zu leicht dazu, daß es sich ein eigenes politisches Urteil nicht mehr
bilden *will*. Außerdem darf man nicht vergessen, daß nur ein ganz
kleiner Prozentsatz der Bevölkerung noch eine klare Vorstellung von der
Verfassung und der Politik im Kaiserreich und in der Weimarer Republik hat. Das gilt selbst für heute führende Professoren an den Universitäten ...
Wenn man ... sich darüber klar wird, daß eine lange politische Tradition durch die Nazis völlig vernichtet [ist], so kann man nichts anderes
erwarten, als daß das Volk mehr oder minder Adenauer als einen politischen Wundertäter ansieht, zumal angesichts des von der Welt bewunderten und beneideten wirtschaftlichen Aufschwunges in Deutschland,
der natürlich dem Marshall-Plan, der einzigartigen Arbeitslust des
deutschen Volkes, einer guten Finanzpolitik und einer erstklassigen
Zentralbankpolitik zu verdanken ist ... Wir müssen uns damit abfinden, daß eine echte politische Gesinnung in Deutschland nur allmählich
sich herausbilden kann. Sollte doch, wider alles Erwarten, sich eine
Wirtschaftskrise entwickeln, die auf alle Fälle im Vergleich mit den
meisten anderen Ländern relativ leicht sein wird, dann wird die Neigung der Deutschen zur Kritik [auf]kommen. Ich hoffe nur, daß diese
Kritik dann nicht so übertrieben und zerstörend sein wird wie nach
1929 ...

(1) Kommerzienrat, Vorstandsmitglied der Zellstoffabrik Waldhof A.G., Bruder von
Friedrich Dessauer. (2) Bundestagswahlen vom 15. September, bei denen CDU und CSU
zusammen 50,2 Prozent der abgegebenen Stimmen errangen.

8. Oktober, Hartland, H. B. an A. H. Berning

... Die Konsequenzen der [Bundestags-]Wahlen zeigen sich bereits in
dem Verlangen der Gewerkschaften auf Lohnerhöhung. Die Gewerkschaftsführer in Deutschland sind seit dem Ende des Krieges die verantwortungsvollsten in der ganzen Welt gewesen. Darin war man sich

überall einig. Die Produktivität pro Arbeitsstunde überstieg die Lohnhöhe in Westdeutschland mehr als irgendwo anders. Neben dem Wage-
mut der Industriellen und der soliden Finanzpolitik von Schäffer war
das der wesentliche Grund für den alle anderen Länder mit Ausnahme
der USA übertreffenden Ausfuhrüberschuß, um den uns alle europäischen Länder beneideten ... Die wirtschaftliche und finanzielle Lage
Englands ist so ernst, daß man in London alles versuchen wird, um die
deutsche Konkurrenz herunterzudrücken.

... Offenbar sieht man weder in Rom noch in Deutschland, was man
hier jetzt in einem panikartigen Schrecken eingesehen hat, daß die
Russen tatsächlich in der Entwicklung von interkontinentalen Atomgeschossen den Leuten hier zuvorgekommen sind[1] ... Man hat hier bis
vor zwei Tagen geglaubt, daß man mit Schukow[2] gegen Chruschtschow sich einigen könne, und muß nun plötzlich einsehen, daß
Schukow der intransigentere ist. Weder Chruschtschow noch Schukow
denkt an eine Wiedervereinigung der beiden Zonen. Sie sind sich ihrer
militärischen und politischen Stärke so bewußt und ihrer Erfolge so
sicher, daß sie niemandem aus dem westlichen Lager gegenüber Konzessionen machen werden ... Ich hoffe, daß die Fuldaer Bischofskonferenz keine politischen Weisungen ergehen läßt. Weder sie noch Rom
haben auch nur die geringste Ahnung von dem militärischen und wirtschaftlichen Kräfteverhältnis zwischen der kommunistischen und der
nichtkommunistischen Welt ...

(1) Der erste russische „Sputnik" war am 4. Oktober 1957 gestartet worden. (2) Marschall
Georgij Schukow, sowjetisches Mitglied des alliierten Kontrollrats 1945/46, seit 1955
Verteidigungsminister, im Oktober 1957 aller Ämter enthoben.

3. Dezember, Norwich, H. B. an Rudolf Pechel

... Es ist schwer, wenn man hier nicht lebt, sich eine Vorstellung zu
machen von der Verwirrung und von dem schnellen Auf und Ab in den
politischen Auffassungen. Von dem Tempo dieser wechselnden Stimmungen kann man sich in Europa kaum eine Vorstellung machen.
Darin liegt eine große Gefahr für die ganze Welt. Dieses Land ist in eine
Weltstellung hineingedrängt worden, für die es weder psychologisch
noch realpolitisch vorbereitet war. Daher rührt der Wirrwarr der Meinungen, die fast täglich in den Zeitungen stimmungsgemäß wechseln

unter dem Einfluß der Erkenntnis, daß die Russen auch militärtechnisch zum mindesten ebenso weit sind, wenn nicht weiter, wie die USA . . .

Ich kann mit großer Freude feststellen, daß die Vorträge von George Kennan[1] doch eine starke Wirkung hier auf die öffentliche Meinung haben. Kennans Anschauungen decken sich völlig mit den meinigen, und ich habe wieder eine leise Hoffnung bekommen, daß auch schließlich Washington einsieht, daß nur ein geeintes Deutschland die Rettung vor der Katastrophe sein kann . . .

(1) Im November/Dezember im BBC gehalten, veröffentlicht unter dem Titel *Russia, the Atom and the West*, New York 1958, deutsch: *Rußland, der Westen und die Atomwaffe*, Frankfurt 1958. Kennan erklärte, Zweck des Marshall-Plans und der NATO sei es gewesen, die Verhandlungsposition des Westens gegenüber Rußland zu stärken, und nicht, die Spaltung Europas zu einem permanenten Zustand werden zu lassen. „Es kam uns nicht in den Sinn, daß in den institutionellen und militärischen Einrichtungen, die wir schufen, irgend etwas sein könnte, das so sakrosankt gewesen wäre, daß es nicht eines Tages hätte geändert werden können." Bei einem BBC-Symposium im Anschluß an seine Vorträge befürwortete Kennan den Rückzug der alliierten und russischen Streitkräfte aus Deutschland und eine einseitige amerikanische Garantie für Deutschland: „Wichtig ist heute die atomare Abschreckung." (Vgl. *New York Times*, 29. Dezember 1957.) Die negative Reaktion amerikanischer offizieller Kreise auf Kennans Bemerkungen wird geschildert in Kennan, *Memoirs 1951–1963*.

4. Dezember, Norwich, H. B. an Hertha Vollmar

. . . Wir fühlen uns sehr wohl im neuen Häuschen. Die Aussicht von den Fenstern ist sehr schön. Die Fenster sind nach Osten und Süden breit; wenn die Sonne Roms sich durchsetzt, so brauchen wir die Heizung nicht anzumachen. Nachts wird es sehr kalt. Als ich heute morgen aufstand, war es draußen 18 Grad unter Null . . .

Sehr interessiert haben uns Deine Berichte über Wien und Berlin. Ich habe leider Wien nie gesehen, wo mein Vater in seiner Jugend viele Jahre gelebt hat. Ich freue mich sehr, daß die schönen Bauten [dort] fast alle erhalten sind. Herzlich danke ich Dir für das schöne Buch *Berlin und die Mark*. Es sind ganz ausgezeichnete Aufnahmen, und mir wurde ganz wehmütig zumute. Ich hoffe, daß man die Kaiser-Wilhelm-Gedächtniskirche abreißt; sie ist auf dem Tiefpunkt unserer Architektur gebaut worden. Wie sieht eigentlich die Wilhelmstraße jetzt aus? . . .

19. Dezember, Norwich, H. B. an Renate Bergemann, Bad Godesberg

... Ich kann mir vorstellen, daß es Euch nicht leichtfällt, Euer schönes Heim am Rhein zu verlassen[1]. Hamburg hat zwar viel Nebel, aber jeder Besuch in Hamburg, der immer sehr kurz war, hat mir gutgetan, wenigstens was meine Nerven angeht ... Dein Bericht über die Tagung in Berlin[2] hat mich sehr interessiert. Es wird in der Tat sehr schwer sein, wenn die Trennung unseres Vaterlandes andauert, eine geistige Verbindung zwischen der Jugend der beiden Zonen herbeizuführen ... Immerhin ist es ein Fortschritt, wenn bei solchen Argumentationen zwischen der Jugend der beiden Zonen es nicht zu einer persönlich feindlichen Ablehnung kommt. Ich fürchte, daß die Politiker, genauso wie nach dem Ersten Weltkriege, nicht rechtzeitig erkennen, daß nach so schweren kriegerischen Katastrophen die jüngere Generation ihren eigenen Weg sucht ... Aber ich bin erschrocken über Deinen Plan, nach Kenia zu gehen ...

(1) Dr. Bergemann wurde Leiter von Unilever N. V. in Deutschland und zog nach Hamburg. (2) Ein Treffen von Studentenverbänden aus beiden Teilen Deutschlands.

22. Dezember, Norwich, H. B. an A. H. Berning

... Ich freue mich, daß ich nicht die Zeitungsartikel zu lesen brauche, die über Eichendorff geschrieben [worden] sind. Eichendorff als harmlosen Stimmungslyriker zu bezeichnen ist allerdings charakteristisch für das Zusammenbrechen aller Traditionen und geistigen Werte in der Heimat ... Man hat alle zweifelhaften Werturteile von diesem Lande übernommen und weiß aber nichts über einen anderen Typ von Amerikanern, der ganz anders eingestellt ist ...
Die nächsten vier Jahre werden weltpolitisch entscheidend sein. Man macht hier den Fehler, zuviel in öffentlichen Reden und Pressekonferenzen zu sagen, aus dem die Russen alles, was sie brauchen, erkennen können. Es ist eben schwer für ein Land, welches jahrhundertelang mehr oder minder mit den europäischen Ländern nichts zu tun hatte, sich auf die führende Rolle in der Weltpolitik einzustellen ... In beiden Weltkriegen hätte die Regierung dieses Landes einen konstruktiven Frieden herbeiführen können, wenn man sich der eigenen Macht bewußt gewesen wäre und konkrete Ziele gehabt hätte ...

24. Dezember, Norwich, H. B. an Hermann Ullmann

. . . Das von Ihnen zitierte Goethewort trifft leider mehr denn je auf die jetzige Zeit zu. Aber ich habe die Hoffnung auf die Vorsehung und auf die Erfahrung, daß das Unvorhersehbare in der Geschichte meistens die Entscheidungen bringt und nicht langsichtige militärische und politische Pläne. Ich glaube, Tre hat zu einem großen Teil recht mit der Anschauung, daß wir selbst gar nicht beurteilen können, was unser Tun und Wollen bewirkt hat und vielleicht noch wirkt, ohne daß wir es wissen. Außerdem können wir nicht wissen, welche unscheinbaren Ereignisse im Leben, die man schon fast vergessen hatte, einmal schwere geschichtliche Entscheidungen herbeiführen werden . . . Die politischen und militärischen Entwicklungen auf Grund der technischen und wissenschaftlichen Fortschritte werfen allerdings heute zu schnell und zu leicht alle normale Voraussicht und politische und militärische Anschauungen über den Haufen. Ich kann heute mehr als je verstehen, wie das eschatologische Denken der Juden und der römischen Christen sich entwickeln konnte . . .

Nach langem Suchen habe ich ein kleines Häuschen gefunden, äußerlich sehr unscheinbar, aber im Innern sehr angenehm und praktisch eingerichtet. Hinter dem Hause steigen die Felsen stark. Durch das Fenster nach Osten sehe ich die Türme von Dartmouth College und denke an Europa und alles, was Europa an Traditionen diesem Lande geschenkt hat . . .

Mich schmerzt es so sehr, daß unsere Landsleute, die zwei Monate durch die ganzen Vereinigten Staaten reisen, nichts wissen über den verfassungs- und verwaltungspolitischen Ursprung der Entwicklung hier und sich daher berauschen lassen . . . Der erste Staat, den ich in den Vereinigten Staaten sah, war Vermont, von Montreal kommend. Ich fand alsbald heraus, daß Vermont im wesentlichen die verfassungs- und verwaltungsrechtlichen Traditionen von East Anglia . . . übernommen und bis heute bewahrt hat. Aber in East Anglia, mit der Hauptstadt Norwich, hatten sich eben während der feudalen Periode die alten niedersächsischen Auffassungen erhalten, die in England verschwunden sind, aber hier gerettet wurden. So fühle ich mich sehr wohl in Norwich, das den Namen der alten Stadt [trägt], wo[hin] mich mein Bruder 1905 gebracht hat und wo der Kampf gegen die feudalen Konzeptionen der totalitären Macht der englischen Krone bis weit in das 17. Jahrhundert hinein gedauert hat . . .

1958–1960

Seit Anfang 1958 wurde der Wettlauf zwischen den USA und der UdSSR um Raketen und Atomenergie immer hektischer. Im Juni 1958 wurde das US-Atomenergiegesetz geändert, damit die Entwicklung einer unabhängigen britischen Atomkapazität erleichtert wurde. 1960 fuhr das erste mit Atomenergie betriebene U-Boot um die Welt. Produktion und Handel der Industrieländer waren im allgemeinen expansiv. Die westdeutschen Exporte stiegen stetig von 22 Milliarden DM im Jahr 1954 auf 48 Milliarden DM im Jahr 1960, und in den Jahren 1958 bis 1960 betrug der Überschuß der westdeutschen Zahlungsbilanz sieben bis acht Milliarden DM. Im November 1958 wurde die französische Ablehnung der englischen Vorschläge für ein breiteres europäisches Handelsabkommen offenkundig, und im Januar 1960 wurde die Europäische Freihandelszone in mehr oder weniger eingestandener Rivalität zur EWG gegründet.

Der Aufstand französischer Siedler und Soldaten in Algerien und der drohende Bürgerkrieg im französischen Mutterland führten dazu, daß de Gaulle im Mai 1958 zum Ministerpräsidenten ernannt wurde. Im September wurde in Frankreich eine neue Verfassung eingeführt, und im Januar 1959 wurde de Gaulle Staatspräsident. Erst 1962, nach einem zweiten, erfolglosen Armeeputsch wurde Algerien unabhängig.

Im Jahr 1960 umfaßten die Vereinten Nationen 99 Mitgliedsländer, davon 25 afrikanische Staaten. Die Unabhängigkeit von Belgisch-Kongo im Juni 1960 und die Abspaltung Katangas im Juli führten zu der ruhmlosen Intervention der Vereinten Nationen im Kongo. Nach einem Staatsstreich der Armee im Irak im Juli 1958 trat der Irak 1959 aus dem unter amerikanischer Schirmherrschaft stehenden nahöstlichen Militärbündnis aus. Im Juli 1958 intervenierten US-Truppen zur Unterstützung der Regierung im Libanon. Der Angriff der Chinesen auf die Insel Quemoy im August 1958 hatte zur Folge, daß die US-Flotte zum Schutz Formosas eingriff und daß die amerikanische Nichtanerkennung der kommunistischen Regierung Chinas erneut formell ausgesprochen wurde. Ein amerikanischer Sicherheitsvertrag mit Japan folgte im Januar 1960.

Im Dezember 1958 wurde die amerikanische Wirtschaftshilfe auf das kommunistische Jugoslawien ausgedehnt. Jugoslawien erzielte im Juni 1959 eine Verständigung mit Griechenland und wurde im Juli in den Agrarausschuß der OEEC aufgenommen. Über die Wahl von Papst Johannes XXIII. im Herbst 1958, der mit den Verhältnissen in den Balkanstaaten seit langem vertraut war, freute H. B. sich sehr.

Nach dem Abschluß mehrjähriger Handelsabkommen zwischen Bonn und Moskau und zwischen Paris und Moskau im Frühjahr und Sommer 1958 wurde die russische Diplomatie immer aggressiver. Am 27. November 1958 stellte Chruschtschow ein „Ultimatum" für Berlin: Sämtliche mit Berlin verbundenen Rechte und Pflichten der Russen sollten auf die Regierung der DDR übergehen, und als Übergangslösung wurde eine „Freie Stadt West-Berlin" vorgeschlagen. Die Westmächte zeigten nur eine vorsichtige Reaktion. Verschiedene Möglichkeiten einer deutschen „Konföderation" wurden in den folgenden Monaten erwogen, aber eine Konferenz der Außenminister der vier Siegermächte in Genf vom 11. Mai bis 5. August 1959 verlief ergebnislos. Das russische Ultimatum wurde dann im September 1959 bei Chruschtschows Besuch in den USA auf unbestimmte Zeit ausgesetzt. Ein „Gipfeltreffen", das von der sowjetischen Regierung angeregt, von der britischen und amerikanischen Regierung begrüßt und von der französischen und der westdeutschen Regierung so lange wie möglich hinausgezögert worden war, fand am 16. Mai 1960 in Paris statt, entartete aber sofort in einen Protest der Russen gegen amerikanische Beobachtungsflugzeuge vom Typ U-2. Anschließend wurden die Beschränkungen des Personenverkehrs zwischen Ost- und West-Berlin verschärft.

Mit der Wahl von Präsident Kennedy im November 1960 wurde eine neue Phase in den internationalen Beziehungen der USA eingeleitet.

2. Januar, Norwich, H. B. an Hans Berger

... Es wäre natürlich außerordentlich wichtig, wenn die SPD mit den beiden christlichen Kirchen zu einer Vereinbarung über eine gewisse Neutralität kommen könnte. Das war ja mein Gedanke nach dem Ende des Zweiten Weltkrieges ... In Frankreich wäre es nie zu der scharfen Einstellung der Massen gegen die Kirche gekommen, wenn sie sich nicht, mit gewissen hervorragenden Ausnahmen, mit der Gedankenwelt der reichen Industriellen und Bankiers identifiziert hätte ...
Was mir besonders Sorge macht, ist die Geschäftigkeit von Herrn Spaak[1], der es geschickt versteht, hier für seine Auffassung Stimmung zu machen, die dahin geht, die NATO nicht nur zu einer übernationalen Militärorganisation zu machen, sondern auch zu einer Finanz- und Wirtschaftskontrolle über alle Mitgliedstaaten ... Es ist gewiß unendlich viel schwieriger, mit den Russen zu einer Verständigung zu kommen, als es von 1920 bis 1933 und später der Fall war ... Die russische Politik ist aber nur aus zwei Gründen möglich: Die russischen industriellen Löhne werden sehr niedrig gehalten ... Außerdem haben sie kein Devisenproblem, denn sie lassen sich von den Rohstoffe liefernden Ländern für ihre industriellen Leistungen bezahlt. Das führt allmählich zu einer wirtschaftlichen Integrierung, gegen die die westliche Welt nur schwer aufkommen kann ... Sicher ist, daß die Kennanschen Ausführungen von den Arbeiterparteien der ganzen westlichen Welt in starkem Maße aufgegriffen sind und daß von da aus ein Druck auf die Regierungen ausgeht zu einer Verständigung über Mitteleuropa, wozu natürlich Bulganins Brief an die Westmächte[2] sehr stark beigetragen hat. Ich fürchte, daß, je stärker diese Bewegung wird, es um so schwieriger sein wird, zu erfolgreichen Verhandlungen mit den Russen zu kommen ... Die Russen können sich sehr schnell taktisch einstellen und die Welt weiter verwirren. Um so mehr muß man in Bonn darauf bedacht sein, Fühlung mit Rußland auf dem Wege wirtschaftspolitischer Verhandlungen zu behalten. Das scheint ja nach Ihrem Briefe auch die Absicht in Bonn zu sein ...

(1) Ähnlich schrieb H. B. am 8. Januar an Josef Hofmann: „Die sehr geschickte Propaganda von Spaak und den Franzosen hier, die Länder des Gemeinsamen Marktes zu einem Bundesstaat zusammenzuschmieden, . . . hat leider in der Öffentlichkeit bis vor kurzem einen sehr großen Anklang gefunden . . . Inzwischen haben die Kennanschen Auffassungen über eine Neutralisierung von ganz Mitteleuropa, und damit auch eine Wiedervereinigung der beiden Zonen, doch wachsenden Anklang gefunden." Am 22. März 1958 schrieb er an Maier: „Die Russen werden sich auf keinen Fall darauf einlassen, ernsthaft über die Wiedervereinigung zu reden, bevor nicht die alliierten Truppen aus Westdeutschland zurückgezogen sind mitsamt ihren Atomwaffen. Da aber die Westmächte hinter den Russen in der Entwicklung dieser Waffen zurück sind, können sie zur Zeit nicht auf solche Bedingungen der Russen eingehen." (2) Am 11. Dezember 1957 hatte Bulganin eine Gipfelkonferenz und ein Verbot für Atomversuche vorgeschlagen.

6. Januar, Norwich, H. B. an Gottfried Treviranus

. . . Die beiden Parteien [Republikaner und Demokraten] können sich – man kann vielleicht sagen, glücklicherweise – nicht ernsthaft wegen Potsdam angreifen, da ja beide, Truman und Eisenhower, dafür mitverantwortlich sind. Immerhin ist man erwacht zu der Wirklichkeit. Wenn es gelingt, innerhalb der nächsten zwei Jahre die „anti-missile missiles" in großem Umfange herzustellen, und bis dahin es nicht zu einer schweren Auseinandersetzung kommt zwischen Osten und Westen, so kann man noch Hoffnung haben, wenigstens was die Vermeidung eines Krieges angeht . . .

Das Abschieben von [Finanzminister Fritz] Schäffer . . . wird sich eines Tages schwer rächen. Die Industrie hat zum großen Teil jedes Maß der Dinge verloren, nachdem sie praktisch die innenpolitischen Entscheidungen an sich gerissen hat . . . Wenn die SPD ein paar Leute mehr hätte wie Carlo Schmid, so hätte sie große Aussichten, da anscheinend bei vielen Leuten die Stimmung so ist, daß sie schon rein aus Protest gegen das Bonner Regime für die SPD stimmen werden. Das hilft natürlich auch nicht . . .

29. Januar, Norwich, H. B. an Helene Weber

. . . Es ist keine Frage, daß die Diskussion über Deutschland nunmehr in den Vordergrund getreten ist . . . In Wirklichkeit hat man nirgendwo eine klare Vorstellung darüber, ob und wie man das Problem Deutschland lösen soll . . . Der englische Außenminister [Selwyn Lloyd] sagte unter anderem in seiner Rede [am 20. Dezember]: „. . . . Ein neutrales, von den Westmächten unkontrolliertes Deutschland würde ein dauerndes Element der Instabilität in Europa sein . . .“[1] Umgekehrt hat der Sprecher der englischen Regierung im Oberhaus [Selkirk] am 22. Januar festgestellt, daß die englische Regierung den Vorschlag einer von Atomwaffen freien Zone in Mitteleuropa sehr ernst studiere und daß die englische Regierung die Wiedervereinigung Deutschlands als die wesentliche Grundlage ansehe für eine stabile Entwicklung auf dem Kontinent![2] . . . In den Vereinigten Staaten wird Kennan wegen seiner Vorschläge stark von [Dean] Acheson angegriffen, ebenso von [James B.] Conant, der eine Gruppe von nach meiner Erfahrung politisch sehr naiven Leuten zur Unterschrift gewonnen hat für ein Dokument gegen die Neutralisierung Deutschlands . . .

Ich kann nicht verstehen, wie in der schwierigen internationalen Lage Rom sich für die NATO öffentlich aussprechen kann und wie der Fuldaer Männerseelsorgeverein unter [Josef] Joos den deutschen Klerus für Pläne zu gewinnen sucht, deren Durchführung auf die Dauer einen unüberbrückbaren Riß im deutschen Volke herbeiführen muß . . .

(1) *Parliamentary Debates, House of Commons*, 20. Dezember 1957, Bd. 579, S. 741f. (2) *Parliamentary Debates, House of Lords*, 22. Januar 1958, Bd. 207. In den Jahren 1957 und 1958 neigte der Premierminister mehr als das Foreign Office zu einer atomwaffenfreien Zone und zu einer Konferenz mit den Sowjets (vgl. Macmillan, *Riding the Storm*, S. 306, 337, bes. 463f.).

17. Februar, Norwich, H. B. an A. H. Berning

. . . Ich freue mich, daß Krone die Verbindung mit Ollenhauer aufrechterhält. Falls die CDU mit der SPD in absehbarer Zeit zusammengehen würde, so darf man nicht übersehen, daß dann die radikale Stimmung der FDP zugute kommen wird[1] . . . Hallstein[2] hat beim Antritt seines neuen Amtes die von Monnet in Europa und hier verfochtene These aufgenommen, daß die Länder des Gemeinsamen Marktes ein einheitliches politisches Parlament bilden müssen, das souverän über die ganzen politischen Belange in den Einzelstaaten entscheiden kann . . . Wie man dann noch hoffen kann auf eine Wiedervereinigung der beiden Zonen, ist mir unverständlich. Denn dann ist jede Initiative Westdeutschlands in bezug auf die Wiedervereinigung praktisch unmöglich, selbst wenn die Russen aus anderen Gründen eines Tages dazu bereit sein sollten . . . Eine gewisse Sympathie für den Rapacki-Plan[3] besteht in England, aber nicht sehr stark hier . . . Meine Sorge ist nur, daß, wenn die Russen einen konventionellen kriegerischen Vorstoß machen würden, die Westmächte unvermeidlich zu einem vollen Atomkriege übergehen müßten . . .

(1) Am 4. Juni 1958 schrieb H. B. an Gronowski: „Es ist nicht gut, wenn eine Regierung zehn Jahre ununterbrochen im Amt bleibt. Das hat in allen Ländern in der Geschichte zur Folge gehabt, daß die Opposition sich radikalisiert." Und am 6. Oktober 1958 an Berning: „Im übrigen halte ich für Deutschland die Entwicklung zum Zweiparteiensystem nicht für wünschenswert. Es besteht die Gefahr, daß, wenn mal eine wirkliche Krise die CDU schwächt, die SPD nicht in der Lage sein wird, eine konstruktive, vorsichtige Politik zu betreiben." (2) Staatssekretär Dr. Hallstein wurde im Januar 1958 Präsident der EWG-Kommission in Brüssel. (3) Adam Rapacki (1909–1970), polnischer Außenminister 1956–1968, schlug inoffiziell im März und offiziell im Oktober 1957 vor, Westdeutschland, Ostdeutschland und Polen von Atomwaffen frei zu halten.

28. Februar, Norwich, H. B. an Thomas Dehler

. . . Was sich die Polen unter dem Rapacki-Plan wirklich vorstellen, geht aus dem Interview des Sonderkorrespondenten der London[er] *Times* mit Gomulka[1] am 17. Februar hervor . . . In diesem Zusammenhange muß daran erinnert werden, daß die Russen 1956 einen Vorschlag gemacht haben, der ein schrittweises Zurückziehen der russischen und westalliierten Truppen vorsah[2]. Dulles wurde sehr kritisiert wegen seiner Weigerung, über diesen Vorschlag mit den Russen zu verhandeln . . . Die zwiespältigen Auffassungen in Washington über Verhandlungen mit Rußland zur Lösung der europäischen Frage begannen bereits 1955 . . .

Die westeuropäischen Völker werden auf die Dauer die Spannungen, die durch die neuen Atomwaffen und die Machtstellung Rußlands hervorgerufen sind, nicht ruhig ertragen können. Es besteht daher die Gefahr, daß die Völker die Regierungen zu Verhandlungen mit Rußland im psychologisch-politisch ungeeigneten Augenblick zwingen werden. Dazu kommt, daß der kommunistische Einfluß in Asien und Afrika dauernd im Wachsen ist. Diese Tatsache stellt gewaltige Ansprüche finanzieller, wirtschaftlicher und militärischer Art an die USA. Es bestehen sicher in Moskau Hoffnungen, daß die USA auf die Dauer die Aufwendungen für diese Zwecke nicht durchhalten . . . Jedenfalls empfiehlt es sich in einer so schwierigen Lage, davon auszugehen, daß der

Gegner mindestens ebenso klug ist wie man selbst. Das ist immer die sicherste Maxime in der Außenpolitik gewesen. Daß Washington den fähigen und erfahrenen Botschafter Thompson[3] zu einer längeren Aussprache von Moskau nach hier hat herüberholen lassen und ihm die vorbereitenden Verhandlungen mit Chruschtschow über eine neue Konferenz übertragen hat, ist zum mindesten ein großer Fortschritt in der Methode . . .

Leider kann ich Ihnen im Augenblick keinen hoffnungsvolleren Ausblick vermitteln. Aber man darf nicht vergessen, daß sich schon jetzt gewisse Spannungen zwischen China und Rußland ergeben haben und daß die Leistungsfähigkeit der russischen Industrie einschließlich der Satellitenstaaten für die militärische und wirtschaftliche Unterstützung der kommunistisch beeinflußten Staaten in Asien und Afrika bereits jetzt bis zum äußersten angespannt ist. Wir müssen uns alle mit der alten geschichtlichen Erfahrung trösten, daß fast immer in der Geschichte die unvorhersehbaren Ereignisse entscheidende neue Entwicklungen herbeiführen. Man muß dann im gegebenen Augenblick nur schnell zugreifen und sich nicht vorher einseitig festlegen in einem Ausmaße, wie es bei der geplanten Ausgestaltung der Montanunion zu einem westeuropäischen Bundesstaat bereits andeutungsweise geschehen ist . . .

(1) Ladislaus Gomulka, polnischer stellvertretender Ministerpräsident ab 1945, wurde im Januar 1949 gestürzt und seiner Parteiämter enthoben, nach seiner Rehabilitierung seit Oktober 1956 wieder Erster Sekretär des ZK der Vereinigten Arbeiterpartei. Er sagte bei einem langen Interview, der Rapacki-Plan erleichtere die deutsche Wiedervereinigung, und verlangte die Anerkennung der Westgrenze Polens (vgl. *Times*, London, 18. Februar 1958). (2) Dieser Plan baute auf dem Eden-Plan auf. Siehe u.a. Windsor, *German Reunification*, S. 84f. (3) Llewellyn E. Thompson, Leiter der Abteilung Osteuropa im State Department 1946, Unterstaatssekretär 1949, amerikanischer Hoher Kommissar und Botschafter in Österreich 1952–1957, Botschafter in Moskau 1957–1962.

3. April, Norwich, H. B. an Hermann Josef Schmitt

. . . Die Verwirrung und die Spannung über die Gefahr eines Atomkrieges ist in England mindestens so groß wie in Westdeutschland und hat einige Monate früher begonnen als in Westdeutschland[1]. Es ist auch in England so, daß die Labour Party, die Gewerkschaften, intellektuelle Pazifisten und hervorragende Mitglieder des nichtkatholischen Klerus sich zusammengefunden haben in der Ablehnung aller atomaren Waffen für die eigene Landesverteidigung. Es ist aber ein großer Unterschied zwischen England und Westdeutschland: Macmillan[2] und Butler[3] haben mit dem Führer der Labour Party, Gaitskell[4], dauernd vertrauliche Aussprachen gehabt . . . Die Russen glauben, daß die Kreise, die gegen die Atombewaffnung sind, parteipolitisch sich durchsetzen werden. Chruschtschows letzte Rede [7. Februar] zeigt das deutlich, besonders mit Rücksicht auf Westdeutschland. Er hat mit dieser Rede alle Verhandlungsmöglichkeiten vorläufig zerschlagen. Gleichzeitig wühlen sie die ganzen nichtwestlichen Völker in Asien und Afrika gegen die Westmächte auf, nachdem sie in den letzen Wochen mit den interkontinentalen Geschossen erfolgreich sechs große Versuche in Sibirien und im nördlichen Eismeer gemacht haben.

Wenn Adenauer vor Wochen erklärt hätte, er sei bereit, auf die atomare Bewaffnung des westdeutschen Heeres zu verzichten, falls die Russen zu einer Einigung mit den Westmächten über die Einstellung der Produktion von Atomgeschossen kämen, so wären die Russen in eine schwierige Lage gekommen, und die Opposition in Deutschland hätte nicht diesen gewaltigen Umfang nehmen können. Aber das Schlimme ist, daß ein solcher gerissener Taktiker außenpolitisch versagt und auch keinen aufkommen lassen will, der eine andere taktische Einstellung gegenüber den Russen in all diesen Fragen herbeiführen könnte . . .

(1) Demonstrationen der Campaign for Nuclear Disarmament und Vier-Tages-Märsche von Aldermaston zum Trafalgar Square fanden von Frühjahr 1957 an in England häufig statt. Am 3. Juni 1958 schrieb H. B. an Otto Eulerich: „Ich möchte dringend warnen vor der Agitation gegen den Einsatz von Atomwaffen in Westdeutschland . . . Es wird sicherlich in Rußland genügend weitsehende Militärs geben, die sich darüber klar sind, daß ein Atomkrieg auch die Vernichtung der russischen Industrie bedeuten wird. Wenn aber die Agitation in England, Deutschland und anderen westeuropäischen Ländern gegen jede Atombewaffnung der westlichen Mächte weitergeht, so besteht die Gefahr, daß die Russen etwas risikieren werden und gleichzeitig eine völlige Verwirrung der Bevölkerung in Westeuropa herbeiführen." (2) Harold Macmillan, britischer Minister für Westafrika (Konservative Partei) 1942–1944, für Wohnungsbau und Gemeindewesen 1951–1954, Verteidigungsminister 1954–1955, Außenminister Juni bis Dezember 1955, Schatzkanzler 1956, Premierminister 1957–1963. (3) Richard Austen Butler, britischer Schatzkanzler (Konservative Partei) 1951–1955, Lordgeheimsiegelbewahrer 1956, stellvertretender Premierminister 1957–1963. (4) Hugh Gaitskell, 1906–1963, Minister für Energieversorgung (Labour Party) 1947–1950, Schatzkanzler 1950–1951.

3. April, Norwich, H. B. an Josef Horatz

... Die Frage der Wiedervereinigung ist vorläufig begraben. Das war
vorauszusehen, sobald die westdeutschen Divisionen mit Atomwaffen
ausgerüstet wurden. Ich halte die Aufrüstung für unvermeidlich, aber
man hätte vorher wenigstens den Versuch machen müssen, mit den
Russen, wie es früher geschah, durch nichtamtliche Persönlichkeiten in
einen Meinungsaustausch einzutreten. Für ein Land in der geopolitischen Lage Deutschlands empfiehlt es sich, möglichst wenig öffentlich
über die Außenpolitik zu sprechen. Das gilt vor allem für Verhandlungen mit den Russen ... Der auswärtige Ausschuß des damaligen
Reichstages ist nur zweimal während meiner ganzen Amtszeit zusammengetreten – zu Anfang und zu Ende. Wohl aber habe ich vertraulich
mit sehr zuverlässigen und verschwiegenen Persönlichkeiten aller Regierungsparteien und auch gelegentlich mit der Opposition über Ziele und
Fortgang der Außenpolitik gesprochen ...

12. Juni, Norwich, H. B. an Renate Bergemann

... Sehr interessiert hat mich Dein Bericht über Deine Fahrt nach
Polen. Zwar lese ich hier in den Zeitungen auch die Berichte über Preise
und Gehälter, aber die Zeitungen vermitteln keinen so lebendigen Eindruck wie Dein Brief über die Einstellung und das Leben in Polen.
Betrunkene hat es in Polen immer gegeben; auch in Ungarn, wie ich
hier in den Zeitungen las, greifen die Leute aus Verzweiflung zur
Branntweinflasche. Daß die Polen die Gestapo nicht vergessen und die
Greuel im Getto in Warschau, ist menschlich durchaus zu verstehen ...
Es ist allerdings die große Gefahr, daß eine jüngere Generation sowohl
in Westdeutschland wie im Osten von entgegengesetzten Polen aus
systematisch irregeführt wird. Die Folgen davon werden sich nicht sofort
zeigen, genausowenig wie sich die Folgen der idealistischen, aber jeder
Realpolitik abgeneigten Jugendbewegung in Deutschland in den ersten
Jahren nach dem Ersten Weltkriege gezeigt haben ... Aber ich glaube,
daß die Jugend in den europäischen Ländern mit alten Traditionen
doch schließlich im späteren Leben zu einer positiven und konstruktiven
Politik zurückfindet. Nur muß ihr rechtzeitig eine Chance zur politischen Auswirkung gegeben werden ...

9. Juli, Norwich, H. B. an Hans Berger

... Ich habe seit langem, vertraulich gesagt, große Zweifel, ob Allen
Dulles, der [der] Chef des politischen Geheimdienstes ist, richtige Mel-
dungen bekommt und ob er die echten Informationen richtig auswer-
tet[1] ... Die Militärs sehen die Lage klar, aber sie brauchen drei Jahre,
um den Vorsprung der Russen auf dem Gebiet der Atomwaffen aufzu-
holen ... Auch der beste deutsche Kanzler und Außenminister könnte
unter den gegenwärtigen Umständen nichts an der Haltung von Moskau gegenüber der Wiedervereinigung ändern. In Wirklichkeit mußte
sich Chruschtschows Politik in dieser Beziehung weiter versteifen, da er
seit vier Monaten mit der wachsenden Stärke der alten Stalinisten zu
rechnen hat ...
Natürlich darf man nicht übersehen, daß die Entwicklung der Waffentechnik auch die besten Diplomaten heute zur Sterilität verurteilt. Das
haben 1954 und 1955 völlig klar nur Marschall [Alphonse) Juin und de
Gaulle gesehen. Deshalb haben sie sich für eine Wiedervereinigung
Deutschlands eingesetzt[2], natürlich nicht aus Sympathie für Deutschland, sondern aus der kühlen militärischen Überlegung, daß es Westeuropa im Falle eines russischen Angriffes an der „strategischen Tiefe" im
Clausewitzschen Sinne fehlte ...

(1) Am 15. Februar 1958, nach einer britischen Erklärung, daß die Russen nicht die in
Amerika befürchteten Fortschritte in der Waffentechnik gemacht hätten, hatte H. B. an
Josefina Blesch geschrieben: „Ich nehme an, daß der englische Geheimdienst besser
informiert ist. Sonst wären die scharfen Äußerungen von Lord Hailsham und von Macmil-
lan nicht zu erklären." (2) NATO-Kommandeur für die zentrale Front, wurde Anfang
April 1954 seines französischen Postens als Generalinspekteur enthoben, nachdem er eine
Rede gegen die EVG gehalten hatte. De Gaulle hatte Juin in einer Rede am 7. April
unterstützt.

10. Juli, Norwich, H. B. an Gustav Olef

... Heuss hat mich hier nicht besucht[1] ... Ich bin nur zu einem Essen
in kleinem Kreise am Tage vor seiner Ehrenpromotion im Klub „Germania" von Dartmouth College gegangen, wo ich mit drei anderen
Herren an demselben Tisch mit Heuss saß. Ich habe mit ihm nur einige
Minuten allein gesprochen. Er kam mit einem großen Gefolge von
deutschen Diplomaten, die ich mit Ausnahme von Herrn [Felix] von

Eckhardt nie gesehen hatte. Heuss hat in den Vereinigten Staaten eine
sehr gute Aufnahme gehabt, ebenso wie er sie in England nach der
Einladung der Königin haben wird. Was die Regierungen damit letzten
Endes im Auge haben, vermag ich im Augenblick nicht zu erkennen . . .
Ich würde mich freuen, wenn Professor [Franz] Schnabel sein Werk
vollenden könnte. Aber ich kann sein Zögern verstehen, vor allem wenn
er darangeht, die Zeit meiner Kanzlerschaft als kritischer Historiker
darzulegen. Er braucht sich aber nicht zu große Sorge zu machen wegen der Tatsache, daß der größte Teil der Dokumente der deutschen
Außenpolitik in Washington und London liegt . . . Im Gegensatz zu
Stresemann habe ich die Akten des Auswärtigen Amtes nicht sehr berei-
chert und über meine Pläne und die Vorbereitung und Ergebnisse
meines Vorgehens nur Bülow persönlich informiert . . . Ich mußte beim
Diktieren des Inhalts entscheidender Unterhaltungen besonders vorsichtig sein, weil es sich unter meinen Vorgängern herausgebildet hatte, daß
das Reichswehrministerium auf Wunsch teilweise Abschriften erhielt,
mit deren Inhalt Schleicher in Gesellschaften renommieren ging . . .
[Otto] Meißners starke Stellung beruhte darauf, daß er in und nach
jeder Krise für das Hausarchiv Hindenburg einen Bericht schrieb, in
welchem er nachzuweisen versuchte, daß Hindenburg mal wieder, wie
immer, recht gehabt hatte. Unglücklicherweise aber ließ sich Frau
Meißner in Gesellschaften der Diplomaten alles aus dem Munde herausziehen, was sie von ihrem Manne gehört und öfters mißverstanden
hatte. Die uns wohlwollenden Botschafter verfehlten nicht, Herrn von
Bülow darüber alsbald zu informieren . . . Auf alle Fälle ist in absehbarer Zeit an der Lage unseres Vaterlandes nicht viel zu ändern. Es besteht nur die Gefahr, daß die Außenpolitik so festgelegt wird, daß es für
ein Jahrzehnt oder länger keinen Ausweg gibt . . .

(1) H. B. mußte Gerüchte widerlegen, daß Bundespräsident Heuss, der sich im Juni
anläßlich eines Staatsbesuches in den Vereinigten Staaten und in Kanada aufhielt, mit
ihm „konferiert" habe.

19. Juli, Norwich, H. B. an Helene Weber

. . . Die Möglichkeiten zu einer anderen Weichenstellung sind leider
verpaßt worden. Es ist nicht wahrscheinlich, daß die Lage der Westmächte sich verbessern wird . . . Noch immer glaube ich nicht, daß es zu

einem atomaren Weltkrieg kommen wird. Das Risiko für alle Teile ist zu groß. Es kommt nur darauf an, daß man hier in den nächsten zwei Jahren den technischen Vorsprung der Russen, vor allem was die atomaren Waffen angeht, aufholt. Man hat eben hier zwei oder drei Jahre in Illusionen gelebt, und man sieht heute noch nicht – oder wagt es wenigstens nicht auszusprechen –, daß Jalta und Potsdam fast automatisch eine dauernde Gefahr für den Westen schaffen mußten. Für Jalta und Potsdam sind aber die demokratischen wie die jetzigen republikanischen [Partei]führer verantwortlich, ebenso wie Winston Churchill und seine Nachfolger; deshalb kann man dem eigenen Volke keinen reinen Wein einschenken. Das führt zu einer nervösen Unsicherheit. Ich habe in den vergangenen Jahren so oft an das Wort von Moltke gedacht, daß man nie so schwach ist wie am Abend eines Sieges, weil man sich zu leicht in Illusionen über die zukünftige Entwicklung verliert . . .

4. August, Norwich, H. B. an Hans von Raumer

. . . Die hiesige Propagandatechnik ist der kommunistischen nicht gewachsen. Sie ist zu offen und manchmal zu plump und beeinflußt von der hiesigen Vorstellung, daß dieses Land auf allen Gebieten das beste Vorbild geben kann. Man kennt nicht genügend die Geschichte und die Traditionen anderer Völker und hat selbst von der englischen Verfassungsentwicklung eine sehr verworrene Vorstellung, ganz zu schweigen von der deutschen Entwicklung in verfassungspolitischer und rechtlicher Beziehung . . .

25. September, Norwich, H. B. an Erwin Brettauer

. . . Ich kann mir vorstellen, daß Sie oft den Wunsch haben, nach Europa zu gehen; aber wie Sie schreiben, fühlen Sie selbst, daß man leicht enttäuscht sein kann und daß es besser ist, in dem Gedanken zu leben, daß das alte Europa noch bestehe. Ich konnte mich nach meinen Erfahrungen und Beobachtungen 1954 und 1955 nicht mehr entschließen, nach Europa zurückzufahren. Der Bruch mit jeder Tradition ist zu gewaltig, und die „Amerikanisierung", von der Sie schreiben, ist schon zu tief eingedrungen. Ich habe bei meinem letzten Aufenthalte feststellen können, daß fast nur noch die aus dem Osten vertriebenen Deutschen an alten Traditionen festhalten, weil sie sich in Westdeutschland als Fremde fühlen. Man kann vieles verstehen, wenn man sich vergegenwärtigt, daß die Leute in Westeuropa sich mehr oder minder bewußt sind, daß sie auf einem Pulverfaß sitzen und daß sie deshalb so wenig wie möglich von Politik hören wollen. Das ist natürlich eine Psychologie, die den Russen sehr willkommen ist . . . Ich hoffe, daß de Gaulle Erfolg hat[1] und wenigstens für längere Zeit Ordnung in die französische Finanzpolitik bringt. Ich glaube nicht, daß er Algerien halten kann; aber im Gegensatz zu den Engländern können die Franzosen sehr schwer etwas abschreiben, was ihnen in die Hände gefallen ist . . .

(1) In Frankreich fand das Referendum über die Verfassung der Fünften Republik am 28. September statt.

25. September, Norwich, H. B. an Theoderich Kampmann

. . . Nur wenige unter den Bischöfen haben noch ausreichende Erfahrung in bezug auf Zurückhaltung in tagespolitischen Fragen[1]. Eine Persönlichkeit wie Kardinal [Adolf] Bertram mit seiner Weitsicht und Zurückhaltung war auch schon früher fast eine Ausnahme. Ich fürchte auch, daß einige der Bischöfe von Bonn eingespannt werden, in gewissen politischen Augenblicken Äußerungen zu machen, die nur parteipolitischen Zwecken dienen. Der Bonner Korrespondent der Londoner *Times* und, weniger geschickt, die Korrespondenten der hiesigen Zeitungen können es nicht unterlassen, Bemerkungen zu machen über die Bonner Verhältnisse, die an die Operetten wie *Großherzog von Geroltstein* erinnern . . . Gerade mit Rücksicht auf die Tragik der Leute in der Ostzone muß der westdeutsche Episkopat sich hüten, sich in der Öffentlichkeit praktisch mit der Bonner Außenpolitik zu identifizieren. Ich wundere mich nicht, daß so bedeutende Persönlichkeiten wie Theodor Haecker fast vergessen sind. Der Bruch mit der Vergangenheit in Deutschland ist eben zu groß . . .
Ich freue mich, daß Weihbischof Rintelen in Magdeburg sich halten kann. Der Klerus in der Ostzone hat eine unsagbar schwierige Aufgabe . . . Sehr gefreut habe ich mich, daß Sie Ihren Garten selbst betreuen. Schade, daß Sie nicht Miss Nix' Blumenbeete hier sehen können; sie hat einen großen Erfolg. Der [ungarische] Schäferhund ist nun

ausgewachsen; er ist ein Mitteling zwischen Faruk und Charlie[2]. Ein alter Harvard-Kollege von mir, Professor Reginald Phelps, der sehr wertvolle Veröffentlichungen über die deutsche Politik und Geschichte gemacht hat[3], ist mit Frau und Kindern für ein Semester in München; ich werde ihm Ihre Anschrift geben . . .

(1) Kampmann hatte geschrieben, die „Gegner des Atomtodes" verschiedener Schattierungen sollten besser „schweigen und arbeiten". (2) Der Pudel und der Schäferhund auf der Hegge. (3) Phelps hatte eine lange Reihe von Artikeln in der *Deutschen Rundschau* veröffentlicht: „Aus den Groener-Dokumenten", Juli bis Dezember 1950 und Januar 1951; „Aus den Seeckt-Dokumenten", September und Oktober 1952; „Die Hitler-Bibliothek", September 1954; „Dokumente aus der ‚Kampfzeit' der NSDAP 1923", Mai und November 1958.

30. Dezember, Norwich, H. B. an Hermann Josef Schmitt

. . . Chruschtschow ist bislang sehr unterschätzt worden . . . Daß Chruschtschow viele Gegner hat, ist klar; aber solange er die Militärs auf seiner Seite hat, wird er nicht gestürzt werden. Nach der langen Unterhaltung zwischen Senator [Hubert] Humphrey und Chruschtschow[1] ist man sich in Washington bewußt, welchem raffinierten Gegner man gegenübersteht. Das Unglück ist, daß der arme Dulles mindestens alle vierzehn Tage eine Pressekonferenz abhalten muß. Wenn er auch sehr geschickt zu antworten weiß, so können die Russen doch aus diesen Antworten sehr klar erkennen, ob und inwieweit Washington eine wirklich langfristige Politik besitzt und wie weit es im Gegenstoß gegen Chruschtschow gehen könne. Die Einstellung Adenauers während der Wahl in Berlin Brandt gegenüber hat weder in London noch hier einen guten Eindruck gemacht . . . Die Wahl des jetzigen Papstes [Johannes XXIII.] habe ich außerordentlich begrüßt. Er hat gewisse hervorragende norditalienische Eigenschaften, wie sein zweiter Vorgänger [Pius XI.], und ist praktisch lange in der Seelsorge gewesen, was von großer Bedeutung ist . . .

(1) Der US-Senator von Minnesota, Humphrey, hatte am 8. Dezember nach einer Europareise erklärt, daß er weder einen Krieg noch eine Verbesserung in den politischen Beziehungen der USA zur Sowjetunion erwarte, daß die Alliierten festbleiben, aber Drohungen vermeiden sollten. Am 15. Dezember befürwortete er eine Wiedervereinigung Deutschlands als „Pufferzone" und eine gemeinsame Reduzierung der Streitkräfte in Europa.

30. Dezember, Norwich, H. B. an Rudolf Pechel

... Ich kann mir vorstellen, wie groß die Spannung war, als Sie in Berlin Ihre Vorträge hielten[1]. Die Ruhe der Berliner macht einen viel tieferen Eindruck in der Welt als die Geschaftlhuberei in Bonn, wo einer gegen den anderen intrigiert und eine Reihe von Leuten sich als große politische Genies aufführen ... In bezug auf Berlin ist man hier sehr fest; ob das bei den anderen NATO-Ländern auch der Fall ist, ist mir zweifelhaft. Es wird ein langes Tauziehen geben. Ich bin überzeugt, daß Chruschtschow keinen Krieg riskieren wird; die Russen haben das auch gar nicht nötig. Sie unterwühlen überall politisch und wirtschaftlich die Welt, wie jetzt wieder in Irak[2], und nehmen keine Rücksicht auf frühere „Bundesgenossen" ...

(1) Am 27. November 1958 war Chruschtschows „Ultimatum" für die Eingliederung ganz Berlins in die DDR erfolgt. (2) Im März 1959 schied der Irak aus der bisherigen westlichen Allianz aus.

31. Dezember, Norwich, H. B. an Gustav Olef

... Der Verteidigungsminister [Charles] Wilson hat vor seinem Abgange [Oktober 1957] deutlich ausgesprochen, daß die ganzen Schwierigkeiten daher rühren, daß man in Potsdam die deutschen Satelliten-Sachverständigen zwischen den Russen und den Westmächten aufgeteilt hat und daß der Ehrgeiz dieser Deutschen in Rußland dahin ginge, ihre alten Kollegen in den Vereinigten Staaten zu überflügeln. Es gibt eine Nemesis in der Geschichte ...

De Gaulles Leistungen sind außerordentlich. Ich habe die Beratungen über die Formulierung der neuen französischen Verfassung[1] genau verfolgt. Es sind sehr viele Parallelen vorhanden in der neuen französischen Verfassung und der Entwicklung der Interpretation der Weimarer Verfassung, wie sie sich seit 1929 vollzog. Auch die Schlagwörter der Nazis über den Kampf gegen das „System" sind genau von den Gaullisten wiederholt worden. Es war sehr interessant für mich, diese Dinge täglich zu verfolgen. Was de Gaulle auf die Nerven geht, ebenso wie seinen Beratern ..., ist die Tatsache, daß in einem Jahre die Zahl der westdeutschen Divisionen stärker sein wird als die der Franzosen und der kleinen Westmächte.

... Ich habe immer noch eine leise Hoffnung, ... daß auch Chruschtschow keinen Krieg will, aber sich sichern will durch die Forderung der Räumung Westdeutschlands von westlichen Truppen ... Ich habe schon einmal öffentlich ausgesprochen in der Heimat, daß man den Russen nicht zumuten kann, politischen Selbstmord zu verüben. Das Unglück ist, daß die reichgewordenen Industriellen und die Mehrheit der Bourgeoisie in Westdeutschland nur daran denkt, immer noch mehr Geld zu verdienen, was auf die Dauer dazu führen wird, daß die Ostflüchtlinge und alle anderen Leute mit kleinen Einkommen, wenn sie sich einmal eine kleine, neue, dauernde Existenz begründet haben, nicht mehr so hörig sein werden gegenüber der CDU. Wenn die SPD Führer hätte wie in der Weimarer Zeit, so wäre die Lage schon völlig anders ...

(1) Die neue Verfassung war am 4. Oktober in Kraft getreten.

31. Dezember, Norwich, H. B. an Athos von Schauroth, Hannover

... Sie haben vollkommen recht, daß die Menschheit aus der Geschichte selten etwas lernt und immer die gleichen Fehler wieder gemacht werden. Zum Teil liegt es diesmal daran, daß die Geschichte der letzten 40 Jahre zum großen Teile bewußt aus Propagandagründen verfälscht worden ist ...
In Westdeutschland, wie sie ganz richtig feststellen, ist nicht nur wenig Sinn und Verständnis für die Leistungen Preußens vorhanden, sondern auch für die Geschichte der Weimarer Republik ... Gesslers Buch[1] habe ich ... Mir ist beim flüchtigen Durchsehen nur aufgefallen, daß er berichtet, Willisen hätte Reichswehrminister werden sollen ... Ich hoffe, daß bald eine deutsche Ausgabe der Memoiren von General Wedemeyer[2] erscheinen wird, die Sie unbedingt dann lesen müssen ...

(1) Otto Gessler, *Reichswehrpolitik in der Weimarer Zeit*, Stuttgart 1958. (2) Albert Wedemeyer, *Wedemeyer Reports*, New York 1958; deutsch: *Der verwaltete Krieg*, Gütersloh 1960.

6. Januar 1959, Norwich, H. B. an Friedrich Hüffmeier

. . . Sie sind nicht der einzige, an dem das Jahr 1958 gefühlsmäßig vorbeigeflogen ist. Es hat sich zu viel auf der Welt ereignet, und die Spannungen sind weiter gewachsen. Sie müssen weiter wachsen, weil die technische Entwicklung der neuesten gesteuerten Atomgeschosse, der „Supersonic"-Bombenflieger, einfach zu immer neuen Gefahren führen muß, wenn die eine Seite, auch nur vorübergehend, der anderen voraus ist. Dazu kommt, daß die totalitären Mächte in der Lage sind, in Afrika und Asien und selbst in einzelnen Staaten von Südamerika immer neue Spannungen zu erzeugen. Es ist eine sehr kostspielige Politik, die den großen Staaten einfach aufgezwungen wird . . .

7. Januar, Norwich, H. B. an Heinrich Krone, Bonn

. . . Der Tod von Arnold [Juni 1958] und von Gockeln [November 1958] ist mir sehr nahegegangen. Es wird sehr schwer sein, Persönlichkeiten zu finden, die die beiden Verstorbenen ersetzen können. Ich fürchte, daß das kirchliche Verbandswesen deshalb nicht mehr die Kraft und Bedeutung hat wie früher, weil es mehr als früher staatlich finanziert ist.

. . . Die Russen haben mit ihrem neuen Sputnik [3. Januar] wieder einmal einen großen propagandistischen Erfolg gehabt. Man darf nicht übersehen, daß der Berliner Vorstoß der Russen kam, gleich nachdem Herr Monnet sich schon zum zweiten Male öffentlich als Ministerpräsident der Vereinigten Staaten von Westeuropa empfohlen hatte[1]. Solange wie die westdeutsche Politik auf die Pläne Monnets eingestellt ist, bleibt die Diskussion über die Wiedervereinigung Deutschlands ein leeres Gerede. Damit muß man sich abfinden. Die Vereinigten Staaten und England können mit bestem Willen nichts daran ändern.

. . . Ich habe mich sehr über die Wahl des neuen Papstes gefreut; er ähnelt in vielen Beziehungen seinem zweiten Vorgänger, der in der Unterhaltung, die ich mit ihm im Sommer 1931 hatte, . . . fast prophetisch die Gefahr des Nazismus erkannte und ebenso die Möglichkeit voraussah, daß eines Tages Hitler und die Russen sich zusammenfinden würden mit dem Ergebnis, daß das alte Europa vernichtet würde . . .

(1) Am 31. Dezember 1958 schrieb H. B. an A. H. Berning: „Daß de Gaulle sich eine Sonderstellung in der NATO schaffen will und völlige Gleichberechtigung mit England und den Vereinigten Staaten, unter Ausschluß von Deutschland, hat eine gute Wirkung:

Man wird etwas skeptisch über die Monnetschen Pläne eines westeuropäischen Bundesstaates unter Führung Frankreichs."

14. Januar, Norwich, H. B. an Erwin Brettauer

... Ich hoffe, daß Sie sich von Ihrer Erkältung völlig wieder erholt haben. Wie kann man sich in Los Angeles erkälten? Wenn wir hier wiederholt morgens 30 Grad Fahrenheit unter Null haben, bin ich nicht erkältet. Ihre Anregung, Ihnen meine Auffassungen über die Inflationsgefahren in diesem Lande wiederzugeben, hat dazu geführt, daß ich mich in die ganzen hiesigen und Weltprobleme in bezug auf diese Gefahr verloren habe. Je intensiver ich mich mit diesem Problem beschäftige, desto mehr sehe ich, daß nicht nur hier, sondern auch in anderen Ländern – mit gewissen rühmlichen Ausnahmen – man auf eine starke Verwirrung der Begriffe stößt.

Man kann das Problem nur richtig beurteilen, wenn man sich darüber klar wird, daß man es mit einer ungewöhnlichen Art von Krise in fast allen nichttotalitären Ländern zu tun hat. In diesen Ländern besteht gleichzeitig eine Inflations- und Deflationskrise[1]. Das rührt davon her, daß die Preise der Produkte einer großen Anzahl von Ländern, deren finanzielle Lage abhängig ist von ihrem Ausfuhrüberschuß, soweit es sich wenigstens um Rohstoffe handelt und vor allem Agrarprodukte, in den letzten sieben Monaten erheblich gefallen sind. Dazu kommt, daß die Russen sehr geschickt diese Lage politisch ausnützen, ohne Rücksicht darauf, ob sie per Saldo, rein wirtschaftlich und finanziell gesehen, dabei erhebliche Verluste haben.

Ich will nur zwei Beispiele in dieser Richtung erwähnen: Die Russen haben für den Bau des Assuan-Dammes Nasser erhebliche Summen geliehen. Nasser bezahlt vorläufig mit ägyptischer Baumwolle. Die Russen haben einen großen Teil dieser Baumwolle, die sie gar nicht benötigen, dazu benützt, um Austauschgeschäfte mit anderen Ländern zu machen, die nicht auf rein wirtschaftlichen Überlegungen beruhen, sondern auf politischen. Sie haben zum Beispiel nahezu die ganze Wollproduktion Uruguays aufgekauft und mit ägyptischer Baumwolle bezahlt. Uruguay hat einen großen Teil dieser Baumwolle, die es in diesem Maße nicht brauchte, an andere Länder im Tauschverkehr sehr billig abgesetzt. Dadurch wurde natürlich der Absatz von USA-Baumwolle zu erträglichen Preisen sehr erschwert und die Ausgaben der

USA-Regierung für künstliche Unterstützung der Baumwollepreise im eigenen Lande erhöht. Die Russen haben weiter die Preise für Zink und Zinn auf dem Weltmarkte erheblich unterwühlt und dadurch in den Produktionsländern große Unruhe hervorgerufen ... Die gewaltigen Rüstungsausgaben in einer Reihe von Ländern, vor allem in den USA, haben zum mindesten eine Verschärfung der Weltkrise verhindert, aber nicht gleichzeitig die wirtschaftliche und finanzielle Lage im eigenen Lande stabilisiert ... In den USA braucht man nicht mit einer wirklich ernsten Inflationsgefahr zu rechnen, sofern es den führenden Leuten der Demokratischen Partei im Kongreß gelingt, die Neulinge im Zaume zu halten ... Meiner Erwartung nach wird es Byrd, Johnson und Rayburn gelingen, trotz aller Widerstände Eisenhower in seiner Politik eines balancierten Budgets zu unterstützen ... Alle künstlichen wirtschaftlichen Maßnahmen in allen Ländern der Welt in den vergangenen sechs Monaten haben nicht eine Zunahme der Arbeitslosigkeit verhindern können. Man hat in einem geradezu phantastischen Ausmaße in fast allen westlichen Ländern das Abzahlungsgeschäft betrieben, vor allem auch in England und in den letzten Monaten auch in Westdeutschland, in beiden Ländern zu dem Zwecke, die Arbeitslosigkeit vorübergehend herabzusetzen, um bei kommenden Wahlen eine sichere Mehrheit zu erreichen. Ich bin Ihnen sehr dankbar, daß Sie mich zu diesen eingehenden Untersuchungen veranlaßt haben ...

(1) Den Ausdruck „Stagflation" kannte man noch nicht.

28. Februar, Norwich, H. B. an Wilhelm Wolfgang Schütz

... Haben Sie herzlichen Dank für Ihren Brief vom 9. Februar und die Übersendung Ihres ausgezeichneten Buches *Das Gesetz des Handelns*[1]. Schon vor Eintreffen Ihres Briefes sah ich zu meiner großen Freude, daß der *Economist* [31. Januar] Ihre Gedankengänge wiedergegeben hatte mitsamt einer Karte, betreffend eine entmilitarisierte Zone zwischen Hannover und Berlin. Sie werden wohl gelesen haben, daß Gaitskell ebenfalls Ihre Vorschläge sympathisch aufgenommen hat[2]. Daß man sich in Westdeutschland verhältnismäßig weniger mit Ihrer Anregung beschäftigt hat, wundert mich nicht. Es ist jetzt sehr schwer geworden, zu einer friedlichen Lösung der Berliner Frage zu kommen. Wiederholte Möglichkeiten dazu sind in den vergangenen sieben Jahren verpaßt worden, zum großen Teile wegen der Bonner Einstellung, die man hier anfängt, immer schärfer zu kritisieren . . . Ich habe mich sehr gefreut über die starke Zustimmung, die Sie bei Ihrem Gespräch in Chatham House [Januar] und bei Hoyer Millar[3] gefunden haben. Ich fürchte nur, daß der günstige Zeitpunkt für konstruktive Verhandlungen mit Rußland verpaßt ist . . .

(1) Frankfurt 1958. (2) In seiner Rede über Abrüstung vor dem House of Commons am 19. Februar 1959. (3) Sir Frederick Hoyer Millar, Staatssekretär im Foreign Office.

24. März, Norwich, H. B. an Hermann Pünder

. . . Man lernt hier sehr schwer, welche Möglichkeiten einem totalitären Staate in der Propaganda und in außenpolitischen Schachzügen zur Verfügung stehen. Man hat die Presse und das Volk hier daran gewöhnt, daß Dulles bis zu seiner Erkrankung jede Woche, und alle vierzehn Tage auch Eisenhower, die raffiniertesten Fragen öffentlich beantworten mußten . . . Dazu kommt, daß die leitenden Kabinettsmitglieder und auch die Militärs fast jede Woche vor einem Ausschuß des Senates oder des Repräsentantenhauses erscheinen müssen, um die gefährlichsten und intimsten Fragen zu beantworten. Trotzdem solche Vernehmungen vertraulich sind, sickert dabei immer etwas durch und kommt den Russen zur Kenntnis . . .
Von dem Streit um die Nachfolgerschaft von Heuss lese ich viel. Der Eindruck ist bedrückend. Ich selbst habe mich nie in diesen Streit eingemischt . . . Die einzige Äußerung, die ich vielleicht gemacht habe, war, daß ich mich freue, wie gut sich Dr. Krone entwickelt hat. Dabei dachte ich gar nicht an die Tatsache, daß die Amtszeit von Heuss zu Ende ginge[1]. Meine Memoiren werde ich vorläufig nicht veröffentlichen, um zu vermeiden, daß die Russen oder andere sie propagandistisch ausnützen könnten[2] . . .

(1) Heinrich Lübke wurde im November 1959 Nachfolger von Bundespräsident Heuss. Der Wahl Lübkes am 1. Juli 1959 waren monatelange Diskussionen in der CDU über eine mögliche Kandidatur von Erhard, Adenauer und Krone vorausgegangen. (2) Im folgenden Jahr schrieb H. B. definitiv an Lübke, er werde seine Memoiren nicht zu seinen Lebzeiten veröffentlichen, aber für eine Veröffentlichung nach seinem Tode sorgen.

25. März, Norwich, H. B. an Heinrich Krone

... Gestern erhielt ich einen Brief von Ihrem Fraktionskollegen Jakob Diel, in welchem er mir mitteilt, daß man in Ihrer Fraktion gelegentlich die Frage diskutiert, wer Nachfolger von Heuss werden soll, und daß dabei meine Person erwähnt wurde. Es wäre mir aus einer Reihe von Gründen sehr unangenehm, wenn eine solche Diskussion weiterginge. Ich komme für kein Amt in der Heimat in Betracht und habe auch nicht die Absicht, in die Heimat zurückzukehren[1]. Wenn eine solche Diskussion meiner Persönlichkeit an die Öffentlichkeit käme, so müßte ich damit rechnen, daß ... Korrespondenten amerikanischer Zeitungen dieses aufgreifen würden. Dann wäre es um meine Ruhe und meinen Frieden auch hier geschehen ... Ich wäre Ihnen dankbar, wenn Sie jede Diskussion über eine eventuelle Nachfolgerschaft von Heuss für mich verhindern würden, vor allem gerade in diesem Augenblick, wo die Diskussion über die geplante Summit-Konferenz[2] am Radio und in der Presse hier nahezu stündlich weitergeht und man wenigstens eine leise Hoffnung haben kann auf eine friedliche Lösung der Schwierigkeiten ...

(1) Dieser Äußerung für den öffentlichen Gebrauch standen Versicherungen H. B.s an persönliche Freunde, er hoffe, sie in der Heimat wiederzusehen, entgegen. (2) Statt zu einer Gipfelkonferenz kam es zu der Konferenz der vier Außenminister in Genf vom 11. Mai bis 4. August und zu Chruschtschows Besuch bei Eisenhower im September 1959.

28. März, Norwich, H. B. an Georg Banasch[1], Berlin

... Ich habe nie daran gezweifelt, daß die Berliner durchhalten würden. Der Eindruck der Haltung der Berliner in diesem Lande ist überwältigend; die Zeitungen erwähnen Berlin mehr als Bonn. Sie taten es schon vor der Ankunft des Bürgermeisters Brandt[2], der einen ausgezeichneten Eindruck gemacht hat. Wenn eine Lösung der Berliner Frage auch sehr schwer zu finden sein wird, so ist es nach den scharfen Äußerungen von Eisenhower und den führenden Mitgliedern des Kongresses kaum möglich, unter anderen Einflüssen einer Lösung zuzustimmen, die West-Berlin seiner Freiheit berauben würde.
Sehr erschüttert hat mich Ihre Nachricht über den Gesundheitszustand von Jakob Kaiser. Ich werde ihm in den nächsten Tagen schreiben. Auf

lange Sicht gesehen war es wohl nicht zweckmäßig, daß so viele Arbei-
terführer von den Gewerkschaften zur Regierung überwechselten. In
der ersten Zeit nach dem Zusammenbruch konnte man vielleicht anderer Meinung sein . . .

(1) Domkapitular in Berlin. (2) Brandt hatte im Februar 1959 die USA besucht. Bei
seinem Empfang im Weißen Haus am 11. Februar gab Eisenhower eine Presse-Erklärung
ab, daß die USA „keiner Drohung irgendeiner Art" in Berlin weichen würden. Am
1. März schrieb H. B. an Annemarie Tennstedt: „Brandt hat hier einen ungewöhnlichen
Erfolg gehabt. Daß er kritisiert wurde wegen seiner Reise, ist mir unverständlich."

28. April, Norwich, H. B. an Thomas Dehler

. . . Ihr gütiger Vorschlag für die Nachfolgerschaft von Präsident Heuss
ist auch schon von anderer Seite mir übermittelt worden. Ich habe
sofort abgelehnt, da ich überzeugt bin, daß eine öffentliche Auseinandersetzung mit dem jetzigen Herrn Bundeskanzler hervorgerufen würde,
die meiner Überzeugung nach dem Ansehen unseres Vaterlandes nur
abträglich sein könnte . . .

7. Mai, Norwich, H. B. an Fritz Burgbacher

. . . Ich persönlich habe sehr wenig Hoffnungen auf einen Erfolg der
Verhandlungen zwischen den Westalliierten und den Russen . . . Ich
habe schon bei meinem ersten Besuch in der Heimat nach dem Kriege
eine Reihe von führenden Persönlichkeiten in der Heimat an unsere
Russenpolitik nach dem Ersten Weltkriege erinnert, wo wir nichts hatten als unsere geographische Lage in Europa und der Welt. Rathenau
und Wirth haben damals die Möglichkeiten, die sich daraus ergaben,
klar erkannt und ausgenützt. Es war ein gefährliches Spiel und führte zu
Attentaten auf Wirth und zum Tode von Rathenau. Natürlich ist heute
alles schwieriger, aber wesentlich nur vom rein militärischen Gesichtspunkt aus. Die Clausewitzschen Kategorien von Raum und Zeit in der
Politik und Strategie sind weiter gültig, aber nur dann von anwendba-
rem Nutzen, wenn sich Westdeutschland nicht jeweils von vornherein
auf eine Linie festlegt, die im Augenblick opportun erscheint, aber für
die Zukunft jede für uns günstige Entwicklung verbaut. Aber es hat
keinen Zweck, darüber weiter zu reden, solange die Westmächte die

taktischen und psychologischen Möglichkeiten, die sich aus der geopolitischen Lage Westdeutschlands ergeben können, nicht erkennen und man in Bonn sie anscheinend auch nicht erkennen will . . .

8. Mai, Norwich, H. B. an Franz Dessauer

. . . Was nun die Stellung Ihres lieben Bruders [Friedrich] in der Zentrumspartei und im Reichstage angeht, so war sein Einfluß im Reichstage viel größer, als Sie annehmen . . . Die Anonymität der Leistungen einzelner Persönlichkeiten, wie auch die Ihres Bruders, in der Behandlung von Spezialfragen war im damaligen Reichstage so groß, daß die Presse, als ich zum Kanzler ernannt wurde, überhaupt nicht wußte, was sie über mich schreiben sollte, außer der Erwähnung der sogenannten Lex Brüning des Jahres 1925[1]; dieser Titel war von Staatssekretär Popitz aus Bosheit lanciert. Der Gegensatz zwischen dem damaligen Reichstage und [dem] Bonner Bundestage ist im übrigen außerordentlich stark. Es gab enge persönliche Freundschaften zwischen den Parteien von den Deutschnationalen bis zu den Sozialdemokraten. Diese Freundschaften, die oft entscheidend waren für die Überwindung von Krisen, waren oft wichtiger und konstruktiver als die Entscheidungen im Kabinett. Eine Herrschsucht seitens einzelner Persönlichkeiten im Kabinett und in den Fraktionen, wie heute in Bonn, hat es in der Weimarer Zeit überhaupt nicht gegeben.

Stresemanns Außenpolitik wurde de facto durch Mitglieder nahezu aller Parteien, außer der Kommunistischen Partei und den Extremisten in der DNVP, unterstützt, allerdings in einer Form, die es ermöglichte, Stresemanns oft überoptimistische Auffassungen und außenpolitische Züge zu kontrollieren, was er nur schwer ertrug, was aber wesentlich zu der erfolgreichen Entwicklung unserer Außenpolitik beigetragen hat. Stresemann hat es leider nie eingesehen, daß man für wichtige Entscheidungen in der Außenpolitik nach außen hin eine konstruktive Opposition im Parlament haben muß, die den Erfolg in der Außenpolitik nur erleichtern kann. Ihn verletzte die fein formulierte und verantwortungsvolle Kritik, die Kaas und Ulitzka gelegentlich über seine Außenpolitik äußerten. Stresemann hat nie gewürdigt, daß dadurch und aus der Stellung der Zentrumspartei allgemein er in der Außenpolitik eine festere Stellung erhielt gegenüber der Opposition und der Kritik in seiner eigenen Partei und seitens der Deutschnationalen . . .

(1) Eine Ermäßigung der Lohnsteuer, wenn ihr Gesamtbetrag in sechs aufeinanderfolgenden Monaten 600 Millionen RM überstieg. Im April 1929 wurde das Gesetz bis 1934 außer Kraft gesetzt, zugunsten der Invaliden- und Knappschaftsversicherungen.

12. Mai, Norwich, H. B. an Hans Berger

... Mit öffentlichen Diskussionen und Vorschlägen kam man schon in der Weimarer Zeit nicht weiter mit den Russen, obwohl die Russen uns damals mehr oder minder brauchten. Wir haben, so weit wie nur möglich, immer durch Privatpersonen, denen die Russen trauten, zunächst einmal vertrauliche Gespräche mit russischen Vertretern in Berlin oder Moskau gehabt und damit bis zu einem gewissen Grade eine Vertrauensatmosphäre geschaffen, wobei wir uns darüber klar waren, daß die Russen jeden Augenblick bereit waren, mit anderen Westmächten Verhandlungen anzubahnen, vor allem mit Frankreich, die uns völlig isolieren konnten ... Dazu kommt, daß trotz aller „Freundschaft" zwischen de Gaulle und Adenauer der Quai d'Orsay eine auf lange Sicht berechnete Politik betreibt, die es ihm ermöglichen könnte, eines Tages einen neuen Vertrag mit den Russen abzuschließen, um zu verhindern, daß Westdeutschland zu stark werden könnte ...

12. Mai, Norwich, H. B. an Hermann Josef Schmitt

... Was Leibers Aufsatz[1] angeht, so bedaure ich seine Veröffentlichung. Er wollte sicher Pacellis Andenken retten ... Er hat Probleme angedeutet, die nun weidlich ausgenützt werden. Kaas' Leben ist eine Tragik. Er hatte auf Dankbarkeit von seiten Pacellis gerechnet, wofür wirklich Grund vorhanden war. Einer der Gründe, wofür Kaas nach Rom fuhr, war, zu verhindern, daß Papen auf Grund eines Referentenentwurfs eines Reichskonkordats verhandeln würde, dessen Inhalt einmütig sowohl von der Leitung der preußischen wie der Reichs-Zentrumspartei seinerzeit abgelehnt wurde. Pater Leiber hätte die verhängnisvolle Wirkung des dummen Nuntius [Cesare] Orsenigo doch korrekterweise erwähnen müssen, der den Hitlerschen Nazismus identifizierte mit dem Mussolinischen Faschismus und im Nationalsozialismus das einzige Bollwerk gegen eine Beherrschung Europas durch die Bolschewisten sah. In dem jetzigen Zustande der europäischen politischen Lage kann ich es wirklich nicht verantworten, über all diese Vorgänge etwas zu veröffentlichen . . .

(1) Robert Leiber, „Pius XII", in: *Stimmen der Zeit*, November 1958.

22. Juli, Norwich, H. B. an Hans Berger

. . . Falls die Genfer Konferenz[1] noch nicht aufgeflogen oder vertagt ist, können Sie persönlich interessante Beobachtungen in Genf machen. Man sieht hier die Lage als sehr ernst an . . . An eine Aufgabe wesentlicher strategischer Positionen der USA in Europa und anderswo ist nicht zu denken. Ich habe das Gefühl, daß man sich in Washington völlig darüber klar ist, daß, wenn man Gromyko[2] weitere Konzessionen macht, die Russen große neue Forderungen aufstellen werden.

. . . Nach meinen Erfahrungen mit den Russen kann man sie nur unsicher machen, wenn man möglichst viel sich ausschweigt und nur durchblicken läßt, welche Fortschritte man in der Rüstung gemacht hat. Mit Persönlichkeiten, die . . . juristisch eingestellt sind, wie Dulles es war, kommt man in ein endloses Gerede hinein. Die Russen finden dann immer eine Methode, die ein scheinbares Entgegenkommen zu Anfang aufzeigt und am Ende zu nichts führt . . .

(1) Konferenz der vier Außenminister, an der Berger als deutscher Beobachter teilnehmen wollte, am 5. August vertagt. (2) Andrej Gromyko, russischer Außenminister seit Februar 1957.

6. August, Norwich, H. B. an Fritz Burgbacher

. . . Die Außenpolitik hier ist seit Dulles' Tode [Mai 1959] weniger dialektisch, aber konstruktiver geworden. Dulles war ein Mann von fabelhaften Fähigkeiten, aber er blieb der Advokat und hat viele aussichtsreiche Entwicklungen durch seine Dialektik gehemmt. Herter, den ich seit vielen Jahren kenne, ist ein ganz anderer Typ, sehr duldsam für entgegengesetzte Meinungen, aber fest in seinen Auffassungen. Er muß schon seit einigen Wochen zu dem Ergebnis gekommen sein, daß die Methode der Genfer Verhandlungen zu nichts führen würde . . .

Die Genfer Konferenz war von vornherein zum Scheitern verurteilt wegen der dort angewandten Methoden, die, soweit ich Herter von früher kenne, von ihm nicht inauguriert waren. Die weiterdenkenden Leute in Washington haben der Genfer Konferenz nur zugestimmt in der Hoffnung, den Weg zu eröffnen zu einer unmittelbaren Auseinandersetzung der leitenden Staatsmänner des Westens und Rußlands und vor allem zu einer unmittelbaren Aussprache zwischen Eisenhower und Chruschtschow, die ja nun erreicht ist. Für eine solche Methode hat sich auch immer de Gaulle eingesetzt. Seine Reise nach Moskau vor sieben Jahren hatte zum Ziele, eine vertrauliche Aussprache herbeizuführen . . ., bevor sich die russische Politik definitiv verhärtet hatte . . .

26. Oktober, Norwich, H. B. an Annemarie Tennstedt

. . . Seit nahezu einem Jahre beschäftigen sich die hiesigen Zeitungen fast täglich mit Berlin. Wer hätte ahnen können, daß Berlin noch einmal im Mittelpunkte der Weltpolitik stehen würde? Die Westmächte können unter keinen Umständen in bezug auf West-Berlin dauernde Konzessionen machen. Man wird einen Kompromiß finden, der den jetzigen Zustand mehr oder minder weitergarantiert. Das ist im Augenblick der einzige Punkt, in dem die Westmächte übereinstimmen. Es ist eben eine entscheidende Prestigefrage geworden. Die letzte Möglichkeit, sich mit den Russen dauernd über Deutschland zu verständigen, war 1953, und diese Möglichkeit ist verpaßt worden, vor allem von Bonn . . .
Über die Wahl von Lübke habe ich mich sehr gefreut. Er ist ein sehr zuverlässiger Charakter und haßt alle Intrigen. Wenn es nötig ist, kann er sehr energisch werden und seinen westfälischen Dickkopf aufsetzen . . . Die ganzen Vorgänge haben natürlich Westdeutschland sehr geschadet . . .

13. April 1960, Norwich, H. B. an Hans von Raumer

. . . Ich habe besonders während meiner Krankheit[1] Ihrer oft gedacht, ebenso wie Ihrer von mir so sehr verehrten Gattin. Die Erinnerungen an die gemeinsame Reise zur [interparlamentarischen] Wirtschaftskonferenz in Rio 1927 wurden mir dann besonders lebendig. Wer von uns hätte damals ahnen können, welche weltweiten politischen und wirtschaftlichen Katastrophen uns bevorstanden? Oft kommt mir der Ausspruch Platos in die Erinnerung, wenn er über den Zerfall der griechischen Macht spricht, daß die Griechen nur noch an den Rändern des Mittelmeeres verstreut saßen wie die Frösche am Rande eines Sumpfes. Heute ist es so, daß die Westmächte nur am Rande des eurasischen Kontinents noch ihre schwachen Positionen halten können.

Es bleibt mir immer unfaßbar, welche mangelnde Weitsicht die siegreichen Westmächte in Potsdam nach dem Zweiten Weltkriege bewiesen haben. Da ein großer Teil der entscheidenden Leute von damals heute noch oder wieder in entscheidenden Stellungen sitzen, so wird versucht, eine öffentliche Diskussion der Potsdamer Verhandlungen und der merkwürdigen Vorgänge von damals der Öffentlichkeit noch vorzuenthalten . . .

(1) Eine anhaltende Grippe.

16. November, Norwich, H. B. an Heinrich Krone

. . . Ich habe die Schwierigkeiten, die Sie voriges Jahr in der Frage des Bundespräsidenten hatten, auch in der London[er] *Times* verfolgen können, deren Luftausgabe ich regelmäßig erhalte. Kanzler und Oberhaupt des Staates zu gleicher Zeit zu sein, hat sich selten bewährt, wie es sich jetzt auch wieder in Frankreich zeigt. Werden schwere Fehler gemacht in der Politik, so ist es viel besser, daß der Kanzler dafür verantwortlich ist, da man ihn leicht ersetzen kann, aber nicht das Staatsoberhaupt.

In einer so schwierigen Zeit wie heute ist es viel besser, daß jüngere Menschen mit großer Erfahrung und Takt über die Außen- und Innenpolitik entscheiden. Es ist nun einmal so, daß in einem gewissen Alter es sehr schwer ist, sich auf neue Entwicklungen rechtzeitig einzustellen und jüngeren Leuten die Entscheidungen zu überlassen. Das ist eine alte

Erfahrung der Geschichte, zumal in einer Zeit, in der, wie Sie sagen, das, was noch lebendige Gegenwart war, aus dem Denken einer neuen Generation schon verschwindet . . .

30. November, Norwich, H. B. an Theodor Beste

. . . In den letzten Jahren hatte Eisenhower nicht mehr die Energie, um den monetären und wirtschaftlichen Gefahren rechtzeitig zu begegnen. Ein General muß sich in all diesen Fragen auf Sachverständige verlassen, die dann oft entgegengesetzte Auffassungen hervorbringen. Die Last und die Verantwortung, die dem Präsidenten in den vergangenen Jahren aufgebürdet [worden] sind, gehen über die Kräfte eines einzelnen hinaus.

Dieses Land kann auf längere Sicht überhaupt nicht mehr die Lasten für seine gesamte Weltpolitik tragen. Überall muß es einspringen mit wirtschaftlichen und geldlichen Leistungen . . . Besonders schwierig wird es in Mittel- und Südamerika, wo die politischen und wirtschaftlichen Verhältnisse sich ganz ähnlich gestalten wie in den dreißiger Jahren . . . Die Goldverluste in der letzten Zeit sind doch etwas beängstigend, aber ich glaube, daß Kennedy nicht dem Beispiele von Roosevelt folgen wird und keine Abwertung des Dollars zulassen wird. Eine große Schwierigkeit liegt in den dauernd steigenden Löhnen, die zur Folge haben, daß die hiesige Industrie mehr und mehr Zweigniederlassungen in Europa und anderswo errichtet, wo die Löhne niedriger sind . . . Die Art und Weise, wie Anderson[1] in Bonn jüngst aufgetreten ist, hat hier sehr ungünstig gewirkt. Trotz allem bin ich nicht ängstlich in bezug auf die künftige Entwicklung. In der Federal Reserve Bank sitzen ausgezeichnete Leute von großer Weitsicht, die völlig unabhängig sind. So hoffe ich, daß sie sich mit einer gesunden Finanz- und Wirtschaftspolitik durchsetzen wird . . .

(1) Robert B. Anderson, amerikanischer Finanzminister 1957–1961, leitete eine amerikanische Delegation, die vom 19. bis 23. November in Bonn über erhöhte deutsche Beiträge zur Entwicklungshilfe und zur NATO und über den teilweisen Abbau von Handelsrestriktionen für landwirtschaftliche Produkte der USA verhandelte.

12. Dezember, Norwich, H. B. an Dannie Heineman[1], Greenwich, Conn.

. . . Haben Sie herzlichen Dank für die freundlichen Wünsche anläßlich meines Geburtstages, die Sie mir schriftlich und auch mündlich zum Ausdruck gebracht haben . . . Sie haben mir durch Ihre internationalen Beziehungen in der damals so schwierigen Zeit [1931–1932] außerordentlich geholfen[2] . . .

Vor vielen Jahren, als ich in Harvard war, lud mich der Vater [Botschafter Joseph] Kennedy einige Male sonntagnachmittags ein. Ich wußte damals, daß er sehr reich war, aber er verstand es, seine Kinder in der größten Einfachheit zu erziehen[3]. Ich teile Ihre Überzeugung, daß Kennedy die Gefahren des Kommunismus sehr viel schärfer sieht als Nixon und Eisenhower. Ich hatte immer den Eindruck, daß Eisenhower sehr klar die von kommunistischen Ländern drohenden militärischen Gefahren sah, aber nicht in vollem Umfange die Gefahren, die sich aus der Unterwühlung der ganzen Welt ergaben . . .

(1) Nachdem H. B. sich im Frühjahr 1951 von Heineman und Messersmith getrennt hatte, sah er Heineman bis zu seinem Besuch 1960 nicht wieder. (2) Siehe *Memoiren*, S. 230, 436. (3) Der Standpunkt, den Ensign John F. Kennedy 1942 vertrat, daß nämlich in der europäischen Diplomatie zwischen den beiden Weltkriegen das Frühjahr 1932 der Wendepunkt war, geht vielleicht auf diese Besuche Brünings zurück (vgl. „A Letter from Kennedy" in: *American Heritage*, New York, Oktober 1965).

Allgemeine Auffassungen zu Fragen des öffentlichen Lebens

Die folgenden Briefe sind nicht chronologisch, sondern nach inhaltlichen Gesichtspunkten angeordnet.

28. Januar 1947, Lowell House, H. B. an Horst Michael

. . . Ich habe Ihnen, glaube ich, nie erzählt, daß einer meiner Vorfahren großmütterlicherseits [Crater] nach ursprünglicher Unterstützung der Reform im Kampfe gegen die Wiedertäufer gefallen ist. 130 Jahre später fiel ein anderer im Kampfe gegen den Bischof Christian Bernhard von Galen, der die Religionsfreiheit mit Hilfe einer westlichen Macht in Münster unterdrücken wollte. Mein Vorfahr, der ein überzeugter Katholik, aber gegen Gewaltmethoden war, fiel als Führer der Bürger im letzten, verzweifelten Versuch, die Belagerungslinien zu durchbrechen. Das blutige Wams wurde mir noch als Junge oft gezeigt . . . Trotz seines Sieges gelang es dem Bischof nicht, den Geist der Toleranz zu unterdrücken. Der Vater des Kardinals von Galen war die stärkste Stütze Windthorsts im Kampfe für die Aufrechterhaltung der Interkonfessionalität der Zentrumspartei[1] . . .
Ich erwarte in all den heutigen Fragen der Zusammenarbeit der Konfessionen das meiste aus dem Nordwesten, wo der Gedanke der Toleranz auch in den Territorialverfassungen immer vorgeherrscht hat, zum Unterschied von der ,,Reichstoleranz'', die ja nur Intoleranz in den Territorien, mit Ausnahme einiger freier Städte, beschützte . . . Ich glaube, ich habe in früheren Briefen schon auf die einzige doppelartige Gefahr genügend aufmerksam gemacht, die ich von hier sehe: Am Anfang geht man zu weit in dem Gedanken einer möglichen Zusammenarbeit der Konfessionen; wenn die unausbleibliche Reaktion dagegen kommt, werden viele die Flügel hängen lassen . . .

(1) Dr. Ferdinand Graf Galen, Reichstagsabgeordneter (Zentrumspartei) 1874–1903.

10. Mai 1948, Littauer Center, H. B. an Helmut Hauser, Ulm

. . . In dem ursprünglichen Programm der Zentrumspartei standen die Forderungen auf religiöse Freiheit, auf religiöse Erziehung in den Schulen, auf Reformen in bezug auf das wirtschaftliche und soziale Leben, wie sie der christlichen Gesellschaftslehre entsprechen. Alles das könnte zusammengefaßt werden in den Worten: „Für Wahrheit, Recht und Freiheit" . . . Windthorst hat Schritt für Schritt mit unendlicher Geduld und Zähigkeit Bismarck fortschreitend Konzessionen in bezug auf die christlichen Ideale der Zentrumspartei aufgezwungen. Dabei hat er rein praktisch gehandelt. Wenn Bismarck die Zentrumspartei für eine Mehrheit benötigte, so hat Windthorst einen Antrag einbringen lassen, der jeweils nur eine kleine Konzession an die christlichen Auffassungen der Zentrumspartei bedeutete. Das heißt, er hat nie von Bismarck im Augenblick mehr verlangt, als Bismarck glaubte, bei den anderen Parteien durchsetzen zu können, und was ihm zu geringfügig erschien, um es darüber zu einer großen parlamentarischen Krise kommen zu lassen . . .

Windthorst ist in seinem Leben von übereifrigen Katholiken dauernd angegriffen und verdächtigt worden, sogar von hoher kirchlicher Seite. In einem Artikel der *Frankfurter Zeitung*, der von einem hohen katholischen Geistlichen im Auslande anonym geschrieben wurde, wurde er als „Rationalist" verdächtigt. Im katholischen Volke, nicht nur in Deutschland, werden politische Führer zu ihren Lebzeiten immer verdächtigt, daß sie nicht konsequent sind. Bei ihrem Tode gedenkt man ihrer vielleicht freundlich. Nach ihrem Tode finden sie später mehr Anerkennung für ihre politischen Leistungen bei anderen Gruppen als bei Katholiken . . .

17. Mai 1948, Lowell House, H. B. an Johann Steffes[1]

. . . Es wäre für mich eine große Ehre gewesen, den Lehrstuhl von Franz Hitze[2] einzunehmen. Bin ich mir doch in den Jahren meines Exils erst völlig klargeworden über die Bedeutung seiner Persönlichkeit. Er hatte die seltene Gabe, klare und weitblickende Ziele, zu denen er auf Grund seiner theologischen und philosophischen Studien und der besonderen Traditionen meiner engeren Heimat gekommen war, mit sicherem politischem Instinkt Schritt für Schritt durchzusetzen in der Erkenntnis des angesichts der parlamentarischen Lage und der Stimmung der Bevölkerung jeweils Möglichen. Er war vielleicht der typische Vertreter einer großen Gruppe von weitschauenden und hervorragenden Mitgliedern beider christlicher Konfessionen, die frühzeitig die Notwendigkeit einer Beseitigung der sogenannten liberalen Wirtschafts- und Sozialauffassungen erkannten. Es waren dies Männer, die vom Standpunkt der öffentlichen Meinung ihrer Zeit als Radikale erschienen; in Wirklichkeit repräsentierten sie einen ideal konservativen Typus, der leider in Deutschland zu wenig verstanden wird. Alles kommt darauf an in der Politik, vom Standpunkt christlicher Grundsätze an einer immer weiterschreitenden Vervollkommnung des gesellschaftlichen Zustandes zu arbeiten, ein Idealbild gesellschaftlicher Ordnung immer vor Augen zu haben, aber es Schritt für Schritt ohne Erschütterung des wirtschaftlichen Gleichgewichtes und der rechtlichen Traditionen durchzuführen. Dieser Weg allein verhindert einen revolutionären Bruch mit der politischen Tradition und hat uns in Deutschland zu weitschauenden praktischen Leistungen verholfen . . .

(1) Damals Dekan der theologischen Fakultät der Universität Münster. (2) 1851–1921, Mitglied des preußischen Abgeordnetenhauses und des Reichstags, Professor für christliche Gesellschaftslehre an der Universität Münster.

13. September 1948, Old Surrey Hall, H. B. an Bernhard Raestrup

. . . Sie waren einer der wenigen, die die ganze Tragweite der Ereignisse damals verstanden und mit denen ich mich offen aussprechen konnte. Es war mir sehr interessant, daß Sie mich gelegentlich Ihres Besuches mit Gronowski daran erinnerten, wie ich auf einer gemeinsamen Autofahrt mich skeptisch über die Möglichkeiten der damaligen Zentrumspartei aussprach, da sie nicht wachsen konnte und daher wegen Verschiebung des normalen Gleichgewichts der Parteien eines Tages einflußlos sein würde . . . Ich fürchte, daß man für diese Dinge auch heute noch nicht das genügende Verständnis hat . . . Man scheint auch in kirchlichen Kreisen zu vergessen, daß es heute in erster Linie darauf ankommt, den jahrhundertealten Gegensatz zwischen Katholiken und Protestanten zu überwinden.
Es gibt vom prinzipiellen Gesichtspunkt eine katholische Politik zum Beispiel in Ehe- und Schulfragen und in sozialer Gesetzgebung. Aber es ist Unsinn zu glauben, daß man eine bestimmte Stellung in Währungs-, Steuer- und ähnlichen Fragen vom Kath[olischen] aus bestimmen könne . . . Um so mehr bin ich erstaunt zu hören, daß man beabsichtigt, rein katholische Tageszeitungen zu begründen . . . Dadurch wird man

den sittlich-religiösen Einfluß der Kirche auf lange Sicht nur herabmindern . . . Die CDU-Leute müssen viel häufiger vertrauliche Aussprachen haben. Wenn man bedenkt, daß die alte Zentrumspartei im Reichstage in normalen Zeiten regelmäßig zweimal am Tage Fraktionssitzungen hatte, von denen namentlich die Abendsitzung drei bis vier Stunden dauerte, so kann man verstehen, wie trotz aller Gegensätze die Mitglieder sich in kritischen Situationen zusammenfinden konnten . . .

4. November 1948, Lowell House, H. B. an Josef Zurek

. . . Ihre Ausführungen über den christlichen Politiker billige ich völlig. Man kann keine konstruktive Politik machen ohne feste Grundsätze, die aus der christlichen Tradition hervorgehen. Allerdings – und ich fürchte, das wird oft übersehen – ist es ebenso unmöglich, vom Standpunkt christlicher Prinzipien aus Richtlinien für die Politik im einzelnen festzulegen. Politik ist zu einem großen Teile die Gabe, Menschen zu behandeln und im richtigen Augenblick das Richtige zu tun. Dafür sind allerdings Mäßigung und Geduld notwendig und eine Hintansetzung der eigenen Persönlichkeit hinter den Zielen. Das sind Charaktereigenschaften, die sich sicherlich mehr bei gläubigen Christen finden als bei andern . . .

* 14. Dezember 1947, Lowell House, H. B. an Theodor Steltzer[1]

. . . Obwohl ich Ihre Haltung voll und ganz verstehe, wäre doch die größte Gefahr, daß sich anständige Menschen, vor allem Intellektuelle, vom aktiven politischen Leben zurückziehen. Es muß immer einige geben, die für die ferne Zukunft arbeiten, und andere, die zwar die Anforderungen und Möglichkeiten der fernen Zukunft im Auge haben, aber trotzdem Kärrnerarbeit verrichten. Die Menschen einer dritten Gruppe – bei weitem die meisten – hängen ihr Mäntelchen nach dem Wind oder suchen persönlichen Vorteil in der Politik. Dazuhin herrscht in Deutschland dieser erstaunliche Individualismus, der auf einem hohen Phantasiedurchschnitt beruht, aber dazu führt, daß jeder versucht, für sich selbst seine eigene, abgeschiedene Welt zu bauen. Das angelsächsische System funktioniert, weil kein großer Idealismus dahintersteht, ebensowenig wie das Bewußtsein einer abstrakten, sitt-

lichen Grundlage des Rechts und der Rechtsprechung, und weil sich die
Menschen viel weniger für die Einzelheiten der Politik interessieren als
in Deutschland. Eben deshalb, weil die Deutschen bis hinunter zum
einfachen Arbeiter so begabt sind, ist die Politik so schwierig, vor allem
wenn Deutschland im Mittelpunkt des Zyklons der internationalen
Machtpolitik steht. Trotz allem findet man bei der großen Mehrheit der
Wähler zu Hause mehr Redlichkeit und Aufrichtigkeit als anderswo . . .

(1) Steltzer wollte „den gesunden Menschenverstand von der Politik emanzipieren".

22. März 1948, Lowell House, H. B. an Fritz Söhlmann[1], Oldenburg

. . . Die moralischen Begriffe im öffentlichen Leben sind überall seit dem
Ersten Weltkriege verwirrt worden . . . Zudem darf man von der Politik
nie zuviel erwarten. Nur die Deutschen tun das, eine Tatsache, die
ihnen sogar noch mehr Feindschaft bringt, die gleichzeitig auch Gefahren heraufbeschwört.

Es gibt keine Politik und hat es nie gegeben, die die höchsten sittlichen
und religiösen Ideale wie die der Bergpredigt verwirklichen kann. Diese
Ideale in ihrer letzten Folgerichtigkeit verneinen die Politik als solche,
wie mir scheinen will, denn das Reich Gottes kann nicht mit den Mitteln der Politik in seiner Unbedingtheit verwirklicht werden. Aber eine
Politik, die die Bergpredigt nicht als ein Ideal ansieht, dem man täglich
zustreben muß, ohne es je zu erreichen, ist in der Tat verderblich und
muß zu Zuständen führen in der Welt, wo eine Katastrophe die andere
ablöst. In diesem Stadium war die Welt seit langem und ist es heute
noch viel mehr. Die Nazis stellen nur eine höchst krasse Phase in dieser
Entwicklung dar . . . Ich beginne immer mehr einzusehen, daß der
bewußte Bruch mit der religiösen Tradition, der für das öffentliche
Leben seit 150 Jahren charakteristisch ist – trotz der Tatsache, daß
vorher in der Praxis oft nicht viel davon zu spüren war –, sehr viel
verhängnisvoller gewesen ist, als man bislang dachte. Wir sind jetzt am
Ende dieses Zeitalters, auch hier, wo man sich in vieler Beziehung fest-
läuft.

Es gibt kein internationales Recht mehr, weil man die Prinzipien geop-
fert oder mißbraucht hat, die sich aus der christlichen und griechischen
Tradition ergeben. Darum sehe ich es als wichtigste Aufgabe an, diese
christlichen Traditionen Europas wieder zu beleben und sie offen zur

Grundlage des öffentlichen Lebens zu machen . . . Jeder muß dafür als etwas Selbstverständliches kämpfen, bis daß die Auffassung, daß man religiöse und auf ihnen aufgebaute sittliche Traditionen und Gebote einfach ignorieren kann, für immer aufgegeben ist. Kirchen dürfen sich nie mit unmittelbarer taktischer Politik identifizieren. Sie müssen, ob evangelisch oder kath[olisch], „unbedingte" Mahner in allen Fragen sein, wo christlich-sittliche Grundsätze im Vordergrund stehen. So müssen sie nicht vom taktischen Gesichtspunkt, sondern vom prinzipiellen aus klare und unbeugsame Stellung in der Öffentlichkeit nehmen, wo immer die Gefahr eines Mißbrauches der öffentlichen Gewalt in der Erziehung, in den Standesorganisationen und anderswo besteht. Aber sie dürfen sich nicht auf taktische Paktierungen einlassen, die von einzelnen Parteien nachher in ganz anderem Sinne mißbraucht werden können . . .

(1) Mit Hanns Lilje Herausgeber des Mitteilungsblatts *Junge Kirche*, Göttingen.

28. Januar 1949, Lowell House, H. B. an August Winkelmann

. . . Es ist ganz richtig: Die Menschen glauben zu sehr, daß eine einzige Generation alles besser weiß als alle vorangegangenen. Aber das bedeutet nicht, daß man überhaupt starre Formen in der Politik herstellen kann. Der Versuch der Restaurations-Konservativen in allen Ländern im 19. Jahrhundert, die Dinge wiederherzustellen, wie sie vor der Französischen Revolution waren, ist einer der Gründe für den krankhaften Verlauf der Entwicklung. Es war ja auch bei uns wiederum so Anfang der dreißiger Jahre. Nachdem es mit Mühe und Not gelungen war, ohne Verfassungsänderung und ohne Verfassungsverletzungen wieder ein Gleichgewicht zwischen Staatsoberhaupt und Parlament herzustellen, machten die romantischen Konservativen daraus die Doktrin des Präsidialkabinetts, das ganz logischerweise die Nationalsozialisten in die Herrschaft bringen mußte.

Ich fürchte auch, daß man sich in bezug auf den Einfluß der Kirchen in früheren Jahrhunderten vielfach romantischen Illusionen hingibt . . . Es kommt nicht darauf an, daß der Katholizismus verfassungsmäßig geschützt wird oder daß es katholische Zeitungen gibt oder daß man Riesenversammlungen abhält wie in Mainz, sondern daß jeder einzelne sich seiner Pflichten dem Nächsten gegenüber wieder voll bewußt

wird . . . Ich habe mit Freude Berichte gelesen über junge evangelische
Geistliche in Süddeutschland, die als Arbeiter in die Fabriken gehen
und langsam durch ihr Beispiel und freundliche Unterhaltung über
religiöse Fragen die in jedem Menschen schlummernde religiöse Einstellung wieder lebendig machen . . .

25. November 1954, Köln-Braunsfeld, H. B. an Bruno Sontag

. . . Ihre Ausführungen über den Generalobersten von Einem[1] haben
mich sehr interessiert. Der Fehler, den Sie ihm vorwerfen, war leider
sehr häufig bei unseren besten Offizieren, unter ihnen auch Groener, im
Jahre 1931 und 1932. Vielleicht ist es so, daß solche Naturen, die klarsehen, im Laufe ihres Lebens auf Grund vergeblicher Warnungen skeptisch werden über ihre eigenen Möglichkeiten. Möglicherweise lag es
auch an der Erziehung der Elite unseres Offizierkorps und an der Befürchtung, man könnte sie politischer Intrigen bezichtigen. In vielen
anderen Ländern arbeiten höhere Offiziere, die eine klare Einsicht in
die Gefahren militärpolitischer Entwicklungen haben, eng, aber vertraulich mit zuverlässigen Politikern zusammen. Das war bei uns traditionsgemäß nicht üblich. Selbst Moltke wurde von Bismarck nicht rechtzeitig über dessen politische Pläne informiert. Er hatte nur das Genie,
Bismarcks Pläne im voraus zu ahnen, und konnte sich militärisch darauf
einstellen . . .

(1) Karl Wilhelm von Einem genannt von Rothmaler, preußischer Kriegsminister
1903–1909, dem Sontag übermäßige politische Zurückhaltung vorgeworfen hatte.

30. Januar 1953, Köln-Braunsfeld, H. B. an Josef Bollig[1], Köln

. . . Ich sehe, unter gleichzeitiger Berücksichtigung Ihrer Vorschläge, es
als eine entscheidende Lösung an, wenn die Anonymität der Wähler bis
zu einem gewissen Grade wieder beseitigt wird. Das alte preußische
Wahlrecht mit den kleinen Wahlbezirken und den Wahlmännern war
nach dieser Richtung hin vorbildlich. Wenn es möglich gewesen wäre,
durch weitere Verkleinerung der Wahlbezirke und Abschaffung oder
Milderung des Dreiklassen-Wahlrechtes dieses Wahlsystem rechtzeitig
weiter zu verbessern, so hätte man rein demagogische Agitations- und

Stimmungsschwankungen bis zu einem erheblichen Maße ausschalten können. Die Wahlmänner mußten den Mut der Überzeugung beweisen. Ich erinnere mich, wie in einem Wahlbezirk meiner Heimatstadt in der ersten Klasse nur zwei Wähler waren. Der eine war der Präsident der Generalkommission von Westfalen, der andere einer meiner Professoren. Der letztere, der Zentrumspartei angehörend, stimmte, obwohl man ihm eine ungewöhnliche Beförderung in Aussicht stellte, falls er für den anderen Herrn stimmte, immer erneut für sich, bis schließlich das Los für ihn entschied. Diese Charakterfestigkeit machte auf uns Junge damals einen unvergeßlichen Eindruck. Ähnlich war es in den Industriebezirken, wo die christlichen Arbeiter offen für ihre Überzeugung auftreten mußten als Wahlmänner der dritten Klasse und dadurch mehr Anhang fanden als durch alle gewerkschaftlichen und parteipolitischen Agitationen . . .

Wir haben leider verlernt, allmähliche Entwicklungen herbeizuführen und auf die Erfahrungen von Generationen etwas zu geben. In dem von unseren Liberalen gepriesenen „demokratischen" England waren im Jahre 1945 nur noch ein Drittel der erwachsenen Einwohner wahlberechtigt für Gemeindewahlen. So ist es möglich gewesen, daß die englischen Gemeinden nicht in die finanzielle Krise hineingeraten sind wie bei uns in den dreißiger Jahren. Die Arbeiterpartei hat das gleiche Wahlrecht für alle nach dem Kriege durchgeführt unter der Sicherung, daß die Gemeinden ohne die Zustimmung der Treasury-Inspectors keine Ausgaben bewilligen können, die ihnen nicht durch Gesetz auferlegt werden. So ist es heute noch . . .

(1) Dr. jur., Rechtsanwalt, Landtagsabgeordneter (CDU) in Nordrhein-Westfalen.

* 10. September 1947, Lowell House, H. B. an Hans von Raumer

. . . Ein „Präsidialkabinett" kam weder Hindenburg noch mir in den Sinn, solange ich im Amt war. Gewisse intellektuelle Ratgeber trugen freilich im Jahr 1929 Schleicher sehr verschwommene Ansichten vor, und ich sprach mit Schleicher über die Unmöglichkeit, solche Pläne auszuführen. Ich schloß mich Hindenburgs Aufforderung an, gerade einen solchen Versuch zu unterbinden. Zu jener Zeit hatte der alte Herr nichts von einer solchen Idee gehört. Ich sagte ihm, . . . ich würde Mehrheiten suchen, wo ich sie finden könne, nach der Erfahrung des jahrelangen Strebens nach einem Budgetkompromiß. Ich bat ihn, ein Kommuniqué mit den Worten „ohne Bindung an einzelne Parteien" zu veröffentlichen. Aus dieser einfachen, instinktiven Anwendung der praktischen Erfahrung des ganzen Vorjahres machte ein gewisser Typ unserer Landsleute – wie immer – eine Theorie. Sie blieb unbestimmt in Schleichers Sinn haften, ohne daß er die Folgen übersah, wie er selbst einige Tage nach seinem Rücktritt zugab, wobei er die geeigneten militärischen Ausdrücke für die Verfassungstheoretiker, die ihn irregeleitet hatten, gebrauchte. Es ist eine Tragödie, daß wegen der übertriebenen Neigung unseres Volkes zum Theoretisieren praktische Lösungen in besonderen Notlagen, die die Verfassung keineswegs berühren, als starre Theorien ausgelegt werden. Je einfacher eine Lösung ist und je mehr sie mit der ganzen Rechtstradition unseres Volkes übereinstimmt, um so weniger attraktiv wirkt sie auf engstirnige Professoren der Verfassungsgeschichte . . .

4. September 1952, Hartland, H. B. an Gerhard Ritter

. . . Ihre Auffassung, daß verfassungsmäßige Notverordnungen immer zur Diktatur führen, läßt sich geschichtlich in keinem Falle halten. Die englische Regierung hat dauernd mit Notverordnungen gearbeitet, die französische häufig, Roosevelt am Anfang ebenfalls. Er hat sogar gedroht, ähnlich wie Truman in dem Streik der Eisen- und Stahlindustrie in diesem Jahre, sich über Entscheidungen des Obersten Gerichtshofes gegen solche Notverordnungen hinwegzusetzen. Wenn die Diktatur eine unausbleibliche Folge von Notverordnungen wäre, so hätten wir sie schon in der ersten Hälfte der zwanziger Jahre haben müssen, wo bis zum 16. April 1925 122 Notverordnungen vom Reichspräsidenten erlassen waren, von denen im Jahre 1929 noch 26 nicht durch normale Gesetzgebung ersetzt waren. Es sind nicht die Notverordnungen, die in der Geschichte Diktaturen hervorgerufen haben, sondern die vorangegangenen oder gleichzeitigen Inflationen, und diese Inflationen sind gewöhnlich die Folgeerscheinung der Verantwortungslosigkeit vieler demokratischer Parteien . . .

22. März 1956, Hartland, H. B. an Fritz von Hippel

... Haben Sie verbindlichen Dank für die Übersendung Ihres Buches *Die Perversion von Rechtsordnungen*[1] ... Ich kenne kein anderes Buch, das so geeignet ist, Klarheit zu schaffen über die katastrophalen Folgen, die sich aus der Aufgabe des Ideals des unbedingten Rechtsstaats ergeben ... Der Rechtsstaat und hochstehende rechtliche Prinzipien kommen immer in der Geschichte ins Wanken bei langdauernden Währungswirren ... Die Ihnen bekannte Entscheidung des Reichsgerichtes in der Aufwertungsfrage mußte rein praktisch durch eine Notverordnung des Reichspräsidenten aufgehoben werden, weil sonst die neue Währung nicht mehr gehalten werden konnte. Daß ein solcher Schritt unbedingt notwendig war, war nur verhältnismäßig wenigen Deutschen klar. Das Ergebnis war eine dauernde Verbitterung der sich durch die Aufwertungsgesetzgebung geschädigt fühlenden großen Anzahl von Sparern. Diese Erbitterung wurde von der NSDAP schon bei den Wahlen von 1924 sehr geschickt ausgenützt ... Rechtsprinzipien können nur dann Bestand haben, wenn dauernd eine verantwortungsvolle Budget- und Kreditpolitik getrieben wird. Das ist aber leider mit Ausnahme der Zeit zwischen dem Ende der Napoleonischen Kriege und dem Ersten Weltkriege selten in der Geschichte der Fall gewesen. Wenn Währungswirren sich häufiger in einer oder zwei Generationen wiederholen, so verliert ein Volk den Glauben an die parlamentarische Demokratie, aber auch auf die Dauer den Glauben an eine absolute Regierungsgewalt. Die politische Explosion kommt dann, wenn eine Regierung versucht, nunmehr endgültig eine stabile Währung zu schaffen, wie es Necker versuchte, mit dem Ergebnis, daß die politische Macht in Frankreich in die Hände von Revolutionären geriet ...

(1) Tübingen 1955. (2) Vom 28. November 1923.

17. Dezember 1949, Hartland, H. B. an Heinz Pentzlin

... Ihre politischen Ausführungen haben mich wie immer sehr interessiert. Daß die Mehrzahl der Wähler nicht so glücklich ist in bezug auf das heutige Parteiwesen, ist sicher. Aber ich muß die Frage erheben: Waren sie es je in Deutschland? ... Ich kann nur immer wieder darauf hinweisen, daß in allen Demokratien nur eine Minderheit der Wähler im allgemeinen immer wieder für ihre alten Parteien stimmen; den Entscheid geben die „schwimmenden" Stimmen der Wähler, die einmal rechts, einmal links stimmen. Daher ist es sehr schwer, eine einleuchtende Theorie des parl[amentarischen] Systems zu geben, da die unsicheren Leute den Ausschlag geben . . . Im Mai 1924 ging die Masse der schwebenden Stimmen zu den radikalen Parteien rechts und links; Dezember 1924 gingen diese Stimmen zu den gemäßigten Parteien. Die Schwierigkeit in Deutschland wird immer sein, daß das deutsche Volk eben eine so außerordentliche Begabung für abstraktes Denken hat und daher sich nicht zurechtfindet in dem parl[amentarischen] System, während man sich in anderen Völkern manchmal zynisch mit den Dingen abfindet . . .

4. April 1951, Lowell House, H. B. an Günther Joël

. . . Ich bin Ihnen aufrichtig zu Dank verpflichtet für Ihre wertvollen Bemühungen, mir Material zu verschaffen für die Beantwortung der Fragen von Judge Rand vom Supreme Court of Canada[1] . . . Sehr lebhafte Bedenken habe ich, Richter Rand auf das Buch *Justiz und Verfassung*[2] aufmerksam zu machen, nachdem ich eine Reihe der Aufsätze gelesen habe. Ich sehe zu meinem Schrecken, daß man in Deutschland noch zu sehr in der Verteidigungsstellung ist und daß, wie immer in unserer Geschichte, prinzipielle Streitigkeiten über nichtwesentliche Dinge ausgefochten werden in einer Form, die im Auslande den Eindruck erwecken muß, als ob wir in der Justiz immer hinter andern Nationen hergehinkt wären[3] . . . Man soll doch nicht glauben, daß die Besetzung der Richterstellen selbst beim Supreme Court unbeeinflußt von Parteiabsichten vor sich geht . . . Chief Justice John Marshall[4], nebenbei bemerkt, war längere Zeit gleichzeitig Mitglied des Kabinetts, genauso wie der Lord Chancellor in England gleichzeitig Mitglied des Kabinetts ist, also Parteimitglied, und Vorsitzender des höchsten Gerichtes . . . (Wenn man doch endlich lernen würde, daß Montesquieus Vorstellung der Teilung der Gewalten in keinem Lande so wenig eine Realität gewesen ist wie in England.) . . .
Marshall war der Mann, der trotz wütendster Anfeindung von seiten des Kongresses, der einzelnen Staaten und eines Präsidenten der amerikanischen Verfassung einen sicheren Rechtsboden gegeben hat. Er war einer der wenigen Richter [seiner Zeit], die überhaupt etwas Rechtsstu-

dium betrieben haben. Man gebrauchte für das Studium schottische Textbücher, die auf den Gedankengängen von Pufendorf[5], Althusius[6] und einer Reihe von hervorragenden Rechtsgelehrten an der Universität Leiden beruhten . . . Aus dem kleinen Buch von Lord Macmillan[7], *Law and Other Things*, werden die Herren ersehen können, welche Bedeutung die Tatsache, daß die schottischen Richter in kontinentalen Rechtsprinzipien bewandert waren, für die ganze neuere englische Rechtsentwicklung gehabt hat . . . Das „common law" hat eben keine Prinzipien; deswegen kann man alles mit ihm anfangen, je nach Bedarf . . . Daß das „common law" überhaupt keine Sicherheit gegenüber der Verwaltung gibt, . . . können die Herren am besten aus zwei Büchern von C. K. Allen[8], *Law and Orders* und *Bureaucracy Triumphant*, sehen.

In diesem Zusammenhange möchte ich die Herren vor allem darauf aufmerksam machen, daß in den meisten Ländern seit 1930 das Notverordnungsrecht bei weitem die normale parlamentarische Gesetzgebung an Häufigkeit und Bedeutung übertrifft . . . Ferner besteht bei den englischen Notverordnungen, genauso wie bei uns später in der Nazizeit, kein Unterschied mehr zwischen einem Gesetz und einer reinen Verwaltungsmaßnahme. In unseren Notverordnungen, zum großen Teil dank Ihrem Herrn Vater, waren klare Gesetzesbestimmungen enthalten, die die Möglichkeiten der Interpretation in nachfolgenden administrativen Ausführungsbestimmungen begrenzten . . . Was würden die Verfasser *[Justiz und Verfassung]* sagen zu dem Verfahren, das zweimal in den letzten Monaten von Präsident Auriol angewendet worden ist: nämlich gesetzgeberische Maßnahmen, für die man keine Mehrheit im Parlament finden würde, auf Grund eines Décrèt-loi Napoleons III. von 1867 als Gesetze zu verkünden . . .?

Weiß denn keiner der Professoren in Deutschland, daß die Begeisterung in der ganzen Welt für den Entwurf des Codex Fredericianus so groß war, daß Necker, dessen Vater in Küstrin geboren war, eine Kommission von Rechtsgelehrten einsetzte, die nach dem Muster des friderizianischen Entwurfs ein einheitliches bürgerliches Gesetzbuch für ganz Frankreich schaffen sollte als Ersatz für die verschiedenen Gewohnheitsrechte. Diese Kommission hat ihre Arbeit während der Revolution durch einzelne Mitglieder weitergeführt, die die Grundlage des Code Napoléon war, der sich allerdings vom Codex Fredericianus in vielen Punkten unterschied: er verbot Koalitionen von Arbeitgebern und von Arbeitnehmern . . . Weiß denn niemand, daß die Schotten, als ihr Verzweiflungskampf gegen die Assimilierung an das englische „common law" Ende des 18. Jahrhunderts seinen Höhepunkt erreichte, den Entwurf des Codex Fredericianus in englischer Übersetzung veröffentlichten mit dem Aufdruck: „A Code Based on Reason and Tradition"? . . . Ich bin auch erstaunt, daß in einem Aufsatze in _Justiz und Verfassung_ die Bedeutung des kanonischen Rechtes für die Zeit, in der die alte Schöffengerichtsbarkeit zerfiel, vor der „Rezeption" des römischen Rechtes, nicht völlig erkannt wird . . . In meiner Heimat wurden schon im 13. Jahrhundert nur solche Männer Mitglieder des Domkapitels, das einer der drei Stände war im Landtag, die in Bologna Rechtsstudien gemacht hatten. Sie waren Kleriker, aber keine Priester, und hatten die Aufgabe, während eines „sedis vacans" anstelle des Bischofs die Regierung zu führen. Sie haben auch ungefähr um die gleiche Zeit, als die viel mißverstandene und idealisierte „Magna Charta" in England erlassen wurde, schon ein wirkliches parlamentarisches System eingeführt: Durch einen einstimmigen Beschluß der drei Stände des Landtages wurde ein Vertreter dem Bischof in sein Haus gesetzt, ohne dessen Zustimmung er keinen Regierungsakt unternehmen oder einen Pfennig aus öffentlichen Kassen ausgeben konnte. Weshalb hebt man nicht solche Dinge in Deutschland hervor? . . .

(1) Ivan Cleveland Rand, Justice of Supreme Court of Canada 1943–1959. (2) Sonderveröffentlichung des _Zentral-Justizblatts für die britische Zone_, Hamburg 1948. (3) H. B. hatte am 4. März 1948 an Fritz Kern geschrieben: *„Ich werde allmählich Propagandist für die Überlegenheit unserer Rechts- und Verfassungsbegriffe über die Begriffe anderer Nationen . . . Es gibt nur einen Weg zum Verständnis der Geschichte des eigenen Landes: Erstens muß man rechtliche, verfassungsmäßige, wirtschaftliche und theoretische Einflüsse gleichzeitig betrachten; zweitens muß man dieselbe Gesamtheit von Faktoren in der Entwicklung anderer Länder sehr sorgfältig für jede Epoche vergleichen." (4) 1755–1835, wurde 1799 Kongreßmitglied, 1800 Außenminister, 1801–1835 Chief Justice. (5) Samuel Pufendorf (1632–1694), war ein Vertreter des Vorrangs des Naturrechts, veröffentlichte 1672 in Lund, Schweden, die staatsrechtlich-politische Abhandlung _De iure naturae et gentium_. Zu H. B.'s großer Zufriedenheit wurde Pufendorfs Einfluß auf die Verfassung des Staates Massachusetts klar herausgearbeitet in Perry Miller, _The New England Mind_, Cambridge, Massachusetts, 1953. (6) Johannes Althusius (1557–1638) trat in seiner Gesellschaftslehre insbesondere für das Prinzip der Volkssouveränität ein. (7) Hugh Pattison Baron Macmillan, _Law and Other Things_, Cambridge 1937. (8) Carleton Kemp Allen, _Bureaucracy Triumphant_, London 1931; _Law and Orders_, London 1945.

10. April 1951, Lowell House, H. B. an Günther Joël

. . . Ich habe immer gefragt, weshalb das Ansehen der deutschen Richter nicht so groß ist wie das der englischen Richter. Das liegt im wesentlichen daran, daß alle Schwurgerichtsverhandlungen vor Richtern [aus London] stattfinden müssen, heute noch genauso wie im Mittelalter, die zu den Schwurgerichtssitzungen in den verschiedenen „counties" herumreisen. Sie waren die stärksten und dauerhaftesten Vertreter der Zentralgewalt, während die Sheriffs und Lord Lieutenants in verschiedenen Epochen weniger oder mehr Macht hatten . . . Wenn der Richter in die Hauptstadt einer Grafschaft kommt zu einer Schwurgerichtssitzung, so muß heute wie früher der Sheriff für einen feierlichen Empfang, beste Unterbringung und für Speisen und Getränke sorgen. Durch diese Bedingungen und die mittelalterliche Tracht hat der Richter naturgemäß das größte Ansehen. Er kommt nicht, wie ein kontinentaler Richter, in den gesellschaftlichen Verkehr der kleineren und mittleren Städte hinein . . . Dazu kommt, daß Ankläger wie Verteidiger vor den Richtern große Angst haben. Ich habe es bei Gerichtssitzungen in London erlebt, daß der Richter einen Verteidiger, der aus dem traditionellen leisen Sprechen für einige Minuten in einen lauteren, emphatischen Ton verfiel, unterbrach mit der Bemerkung: „Ich bin noch nicht taub und liebe daher das Schreien nicht." Der Effekt war ein solcher, daß die anderen Verteidiger . . . ihn sofort zwangen, sich hinzusetzen, weil sie der Auffassung waren, daß er von diesem Richter „erledigt" sei. Dazu kommt die Strafgewalt des Richters . . .
Sicherlich wurde bei der Vorbereitung der Nürnberger Prozesse nie erwähnt, daß bei uns der Richter die Pflicht hat, über den Parteien zu stehen und sich nicht darauf zu beschränken, was im Kreuzverhör der Verteidiger und Ankläger festgestellt wird. Darin liegt der wesentliche Unterschied zwischen unseren und den angelsächsischen Gerichten. Wäre es sonst möglich gewesen, daß bei der Verhandlung gegen Admiral Raeder die Dokumente, die beweisen, daß die Alliierten alles vorbereitet hatten, um ungefähr um dieselbe Zeit Norwegen zu besetzen, als Material von den Richtern von vornherein abgelehnt worden sind? Die Emigranten haben auch unsere Verwaltungsgerichtsbarkeit mit allen Mitteln herabgesetzt. Es ist mir wenigstens gelungen zu verhindern, daß die Beseitigung der Verwaltungsgerichte ein Punkt der alliierten Vereinbarungen wurde . . .
Bei den englischen Gerichten liegt bei Beleidigungsklagen die Beweislast

beim Beleidiger. Wenn wir das bei uns hätten rechtzeitig einführen können, so wäre die Bekämpfung der Nazi-Agitation sehr viel leichter gewesen. Bei uns hatten die Gerichte die Tradition, bei Beleidigungsklagen gegen Mitglieder der Regierung eine überobjektive Haltung einzunehmen. Das ging in der Weimarer Republik allmählich so weit, daß ein Gericht in Schleswig-Holstein einen Nazi freisprach, der behauptet hatte, daß mein Kollege, Finanzminister Dietrich, Steuern hinterzogen habe, und gegen den Dietrich eine Klage erhob. Das Gericht sprach den Beleidiger frei mit der Begründung, daß es im öffentlichen Interesse liege, wenn solche Gerüchte von jemandem öffentlich ausgesprochen würden . . .

Nun komme ich zu dem Bildungsgang und der Auswahl der Richter. Darüber habe ich mich mit Ihrem Vater öfters unterhalten. Ich war immer begeistert für das englische System, daß die Richter aus der Zahl der King's Counsels genommen werden, nachdem sie eine Reihe von Jahren mit der größten Ehrenhaftigkeit vor den obersten Gerichten Plädoyers geführt haben. Die Ernennung zum King's Counsel bedeutet an sich schon eine Anerkennung. Die Hoffnung, einmal zu den obersten Richtern zu gehören, trägt wesentlich dazu bei, daß diese Counsels in ihrer ganzen Tätigkeit vor den Gerichten bemüht sind, die Tradition der Gerichte in bezug auf Würde und Ehrenhaftigkeit aufrechtzuerhalten. Dabei verdienen sie gleichzeitig sehr viel Geld . . . Natürlich hat mich Ihr Herr Vater davon überzeugt, daß man eine solche Methode bei uns nicht auf einmal einführen könne, aber er stimmte mit mir völlig überein, daß man einen Weg finden müsse, um das Benehmen eines Teils der Anwälte vor Gericht anständiger zu machen und solche Fälle zu vermeiden wie den des Berliner Rechtsanwalts Alsberg, der Mitglied einer der beiden Gangsterorganisationen in Berlin im Jahre 1928 geworden war. Außerdem sind die Gehälter unserer deutschen Richter verhältnismäßig so niedrig, daß sie keine Anziehungskraft haben für angesehene und erfolgreiche Anwälte. Immerhin ist es bei uns zum Teil wenigstens so, daß Assessoren, die sich für die Richterlaufbahn entscheiden, es doch aus einem gewissen früh gefühlten und erkannten Berufsethos heraus tun. Das ist ein großer Vorteil, den man nicht leicht von der Hand weisen sollte . . . Was die Mitgliedschaft der Richter in Parlamenten angeht, so muß ich noch einmal darauf hinweisen, daß die Richter sehr wertvoll waren, daß man das aber keineswegs auch von allen Rechtsanwälten sagen konnte, die als Mitglieder der Parlamente wohl mehr als die Angehörigen anderer Stände diesen leidenschaftlichen und giftigen Ton in die Debatten hineingebracht haben, der so sehr dazu beigetragen hat, das Ansehen unserer Parlamente im Volke zu unterminieren . . .

8. Februar 1947, Lowell House, H. B. an Helmut Hauser

. . . Politik ist nicht allein eine Sache des Glaubens und des Idealismus. Es gehört große Erfahrung in der Gesetzgebung und Verwaltung dazu, ferner Takt und ungeheuer viel Geduld und, wenn man überhaupt noch moralische Werte anerkennt, noch viel mehr Entsagung. Man muß immer arbeiten, als ob man sein eigener Erbe sei. Alle großen Dinge, die Bestand gehabt haben, sind in der Politik von Männern begonnen, die ein großes Ideal klar vor Augen hatten, sich aber bewußt wurden, daß es ihnen selbst nur vergönnt sein würde, einen kleinen Schritt vorwärts zur Verwirklichung ihrer Ideale zu machen . . . Sobald man anfängt zu glauben, daß man alles in einer Generation schaffen könnte und womöglich durch eine einzige Persönlichkeit, so beginnt schon im Keime das totalitäre Denken . . .

Das war die Tragik einer rein idealistischen Jugendbewegung nach dem letzten Kriege . . . Wenn ich an die Tage des März und April 1933 zurückdenke, so war das Traurigste, daß in allen Parteien ein großer Teil der ganz jungen Leute, die im Parlament vertreten waren, überhaupt keinen Widerstand gegen die Nazis leisteten, während die Massen ihrer Anhänger im Lande wohl bereit waren, weiterzukämpfen . . . Die jungen Leute Ihrer Generation müssen sich für die politische Arbeit schulen, das heißt, die unendlich schweren wirtschaftlichen und sozialen Probleme in allen Einzelheiten auf ihre praktische Lösung hin studieren, getragen von einem tiefen christlichen Geiste der Verantwortung und Selbstverleugnung . . . Stehen Sie nicht abseits. Kritik ist immer nur wertvoll, wenn sie nicht aus einer isolierten Stellung ohne praktische Mitarbeit und Verantwortung erfolgt, sondern aus einem brüderlichen Geiste gemeinsamer Arbeit . . . Es ist immer in der Geschichte die Aufgabe der Jugend, dafür zu sorgen, daß eine ältere Generation nicht müde wird in dem Kampfe für die Verwirklichung gemeinsamer Ideale . . .

29. Oktober 1947, Lowell House, H. B. an Dorothee Dovifat[1]

... Diesmal muß alles getan werden, um zu verhüten, daß der Idealismus von jungen Leuten wieder für politische Machtziele einzelner Männer oder Gruppen ausgenützt wird ... Ebenso nötig ist es, daß die Jugend etwas lernt, was ihr bei uns wegen der außergewöhnlich hohen Veranlagung zum abstrakten, idealen Denken leicht immer wieder verlorengegangen ist: daß Politik, wenn sie etwas für die Dauer aufbauen soll, eine langsam fließende Bewegung ist, daß sie auf Kompromissen aufgebaut sein muß, und endlich, daß man sehr viel Wissen und reiche Erfahrung haben muß, um etwas Aufbauendes und Bleibendes zu schaffen. Die falsche hist[orische] und populäre Darstellung von Bismarck und Friedrich dem Gr[oßen] – nach ihrem Tode – hat leider zu einer völligen Verkennung ihrer Leistungen und Unterschätzung ihrer Schwierigkeiten geführt ... Wenn man mehr die unendlichen Schwierigkeiten, die Stunden ihrer Verzweiflung, die nie aussetzende Pflichttreue und verzehrende Arbeit betont hätte, so wäre bei uns der Weg der Geschichte, soweit er von uns abhängig sein konnte, sicher ein anderer gewesen ...

(1) Tochter von Prof. Dr. Emil Dovifat.

Nachwort[*]

Heinrich Brünings Schriften erweisen ihn als außergewöhnlichen Beobachter und Miterlebenden der Geschichte seiner Zeit, und die Ereignisse, denen seine Aufmerksamkeit galt, stehen an der Spitze derjenigen, die zu verstehen uns nottut.

Brüning war weit mehr an die Tat gewöhnt als andere Denker und weit mehr im Denken und Lernen geübt als andere Praktiker. Er war nie zu sehr ins Handeln verstrickt, um nicht das ganze Verständnis, das aus Wissen erwächst, mit einzubringen, und er vergrub sich nie so sehr in die Gelehrsamkeit, daß er den Lauf der Ereignisse aus den Augen verloren hätte. Einige Menschen fanden ihn zu Lebzeiten nicht leicht zu begreifen. Er hatte Freunde, mit denen er sich über Politik oder Wirtschaft, Krieg oder Religion unterhielt, aber nur mit wenigen konnte er über alle diese Themen sprechen. Nur zu leicht dachte und redete Brüning in logischen Beziehungen, denen wenige Menschen zu folgen vermochten. Mit Vorliebe ging er ein Problem in der Weise an, wie es heute die Unternehmensforschung macht, und bezog sämtliche Faktoren ein, die die Ereignisse beeinflußten.

Die Geschichte kennt andere Männer, die ein tiefgreifendes Verständnis für die großen Augenblicke ihrer Zeit besaßen, deren Einsichten aber nur von wenigen gewürdigt wurden und vielen anderen verwirrend schienen. Manche von ihnen, die mit dem größten Scharfblick für die Ereignisse begabt waren, übten letzten Endes doch nur geringen wirksamen Einfluß aus. Im England des 17. Jahrhunderts sah der Earl of Strafford klarer als alle seine Zeitgenossen und empfahl, das englische Staatswesen „gründlich" zu revidieren und die Macht des Volkes und des Parlaments und die notwendigen Hoheitsrechte der Krone aufeinander abzustimmen. Kurze Zeit war er der Lieblingsminister des Königs; dann wurde er von Parlamentsmitgliedern und anderen Ratgebern des Königs verurteilt und enthauptet. Um in der Regierung Großes zu vollbringen, muß man von vielen Elementen des politischen Systems

---

[*] Mit freundlicher Genehmigung des Autors gekürzte Fassung einer längeren Studie über H. B.

verstanden und unterstützt werden, und eine der Lektionen, die die
Geschichte lehrt, ist, daß ein Volk und seine Führungsschicht blind sein
kann gegenüber dem, was in einer gegebenen Situation das wichtigste
wäre und was einige wenige Persönlichkeiten unmißverständlich eingesehen haben.

Die Einsichten solcher einzelner sind ungewöhnlich. Manchmal ist es
diesen Menschen unmöglich, ihre Erkenntnisse den Zeitgenossen nahezubringen. Selbst wenn sie Beifall erhalten und in hohe Ämter berufen
werden, sind solche Männer mehr oder weniger Außenseiter, als solche
aber um so objektivere Beobachter.

Die Aufzeichnungen, die Brüning hinterließ, sind nicht so systematisch,
wie sie hätten sein können. Dafür gibt es viele Gründe, die mit Brüning
selbst zusammenhängen, mit seiner westfälischen Herkunft, mit seiner
vielseitigen Erziehung und umfassenden Bildung, mit den außergewöhnlichen Beobachtungsposten, von denen aus er die Ereignisse verfolgte.
Sie haben auch mit Deutschland, seiner geliebten Heimat, zu tun, mit
den Belastungen und Spannungen der Stellung Deutschlands in der
Welt zu einer Zeit umwälzender Neuerungen und mörderischer Konflikte, mit der sehr realen Bewußtseinskluft zwischen ihm und vielen
seiner Zeitgenossen.

Brünings Verständnis für die deutsche Politik hatte tiefe geschichtliche
Wurzeln, doch gleichzeitig verhielt er sich kritisch gegenüber Historikern und Politologen, denn die einen vertraten zu oft die Ansicht,
Dokumente seien eine Anleitung zum Handeln, die anderen sahen darin
einen vollständigen und vertrauenswürdigen Bericht über das Geschehen. Seit Beginn unseres Jahrhunderts erwarb er sich ein sehr fundiertes
Wissen über die politische und wirtschaftliche Geschichte, das in seiner
Gründlichkeit durchaus gelehrtenhaft war und sich von dem vom Zufall
bestimmten Gedächtnis der meisten Politiker unterscheidet. Von 1905
an las er regelmäßig den Londoner *Economist* und stellte sogar die Überlegung an, daß die Laufbahn eines Mitarbeiters des *Economist,* der sowohl Analytiker und Kritiker als auch Reporter war, sich zwischen den
Welten der Gelehrsamkeit und der Politik vollziehe und möglicherweise
für ihn selbst erstrebenswert wäre.

Bis zum Jahr 1934 war er schon so tief wie nur möglich in vier Erfah-
rungsbereiche eingedrungen, die geeignet sind, einen Menschen zum
Verständnis seiner Zeit zu führen. In seinen Studentenjahren hatte er
sich eine breite Wissensgrundlage und scharfes Denkvermögen erworben. Als Angehöriger einer Elitetruppe besaß er fast vierjährige Fronter-

fahrung. In den Jahren nach dem Ersten Weltkrieg hatte er an der Wiederherstellung der gesellschaftlichen Struktur der deutschen Republik mitgearbeitet, eine Tätigkeit, die in der Teilnahme an der Widerstandsbewegung im Ruhrgebiet gipfelte. Nach 1924 wurde er mit den Gegebenheiten des Reichstags und der Partei, von 1930 bis 1932 mit denjenigen des Kabinetts und des Kanzleramts vertraut.

In den Jahren seines Frontdienstes bewahrte sich Brüning den forschenden Geist, die Interessen und Einstellungen, die in seinen Universitätsjahren so deutlich hervorgetreten waren. Nach dem Krieg, vor allem im Jahr 1923, brachten ihn seine Aufgaben in Verbindung mit den führenden deutschen Militärs, und er erwarb ein Verständnis für die militärische Bedeutung von Taktik, Strategie und Logistik, wie es nur wenige Menschen, die keine Berufssoldaten sind, zu erlangen vermögen. Gewisse eigene Kriegserlebnisse und solche, die er aus den Berichten anderer kannte, schärften sein Gespür für kritische Zeitpunkte oder Scheidewege der Geschichte und machten ihm bewußt, wie erfolglos jeder Versuch bleiben muß, Ereignisse klar ins Blickfeld zu bekommen, ohne auf wichtige Einzelfaktoren zu achten. Er war bei der Einnahme von Albert Ende März 1918 dabei und erkannte eindeutig, daß diejenigen, die das militärische Vorgehen leiteten, keine Ahnung hatten, was an der Front eigentlich vorging. Er kannte einige ähnliche Vorkommnisse in Willisens Laufbahn: Ein Mann beurteilte einen kritischen Zeitpunkt scharfblickend und richtig, während andere, auch die Kommandierenden, nicht von ihren vorgefaßten Meinungen abließen. Er wußte nur zu gut, wie solche Vorfälle in der Geschichtsschreibung verfälscht werden, weil der Historiker entscheidende Einzelheiten übersieht und die Beteiligten von eigennützigen Motiven geleitet werden.

Der bewußte, konzentrierte Blick auf das entscheidende Detail als Grundlage einer kritischen Analyse und die kritische Erkenntnis der Realitäten prägten Brünings ganze Bildung. Von ihm kann man sagen, er habe sich selbst gebildet und den Schlüssel der Erkenntnis bei den objektivsten Lehrern gesucht. Ein aufschlußreiches Beispiel dafür, wie er das Wesentliche erkannte, war sein enger Kontakt zu einem irischen Flüchtling im Jahr 1923. Dieser Kontakt war zufällig zustande gekommen. Der lebenskluge und scharfsichtige Ire las regelmäßig die großen europäischen Zeitungen und konnte den Unterschied zwischen einem ernst zu nehmenden Hinweis auf das politische Vorgehen einer Regierung und einem bloßen Versuchsballon oder gar einem absichtlich irreführenden Bericht förmlich riechen. Später erzählte Brüning schmunzelnd, wie er sich die Fähigkeiten des Flüchtlings aneignete. Brüning besaß einen reichen Kenntnisschatz, aber Wissen allein macht das Denken nicht aus. Das Denken stützt sich auf Wahrheiten und Werte, und für diese Seite der Geistigkeit eines Menschen finden sich Anzeichen in seinen Sympathien und Antipathien. Brüning war vor allem anderen Patriot. Dies trat stets deutlich zutage. Es zeigt sich unübersehbar in den Briefen, in denen er immer wieder den Unterschied zwischen der Opposition gegen Hitler und der Verurteilung des deutschen Volkes erläuterte. Unwandelbar waren auch seine tiefe Religiosität, sein Glaube und seine Demut. Er betrachtete die Religion als Bestandteil der Gesellschaft und Kultur, auf denen sich Politik und Staat aufbauen; für ihn bestand hier ein deutlicher funktioneller Zusammenhang. Klar bewußt war ihm die grundlegende Bedeutung der Religion, losgelöst von theologischer Spekulation. In seinem vielbenutzten Meßbuch ist die Seite mit den Texten „Wer ist mein Nächster?" und „Der Buchstabe tötet, aber der Geist macht lebendig" fast ganz abgegriffen. Brüning liebte Orte, an denen er sich mit Natur und Geschichte in Übereinstimmung fühlte. Er liebte seine Heimatstadt Münster mit ihren historischen Denkmälern, er liebte die westfälische Landschaft, später lernte er die Berge seines Wahlkreises in Schlesien lieben. Er war ungewöhnlich wetterfühlig, und seine Stimmung schien manchmal mit dem Barometer zu steigen und zu fallen. Alle Orte, die Brüning reizvoll fand, spiegelten in ihrer Gestaltung das Wesen der Bewohner wider. Von seinem ersten Besuch im Jahr 1935 an fühlte sich der westfälische Katholik zu jenen Seiten der Szenerie Neu-Englands hingezogen, aus denen der alte puritanische Geist sprach: Selbstbeherrschung, Genügsamkeit, Schlichtheit und Ausgewogenheit der Bauweise. Als ein junger Student, der von Max Webers Buch *Die protestantische Ethik und der Geist des Kapitalismus* tief beeindruckt war, Brüning nach seiner Meinung dazu fragte, versicherte er lächelnd, Weber kenne eben die norddeutschen Katholiken nicht, die genauso sparsam wirtschafteten wie jeder Lutheraner oder Presbyterianer.

Brüning vertrat eine strenge Amts- oder Pflichtauffassung und hatte Achtung vor den Notwendigkeiten der Amtsführung. Er sprach selten von „Pflicht", aber alle seine Handlungen zeugen von Pflichtgefühl; er schätzte es besonders an Männern, die er bewunderte, wie Willisen, Gutsche, Dietrich und Bülow. Pflichtgefühl bedeutete für ihn, daß der Mensch nach der Rolle streben sollte, in der er am meisten leisten kann, daß er aber auch die Last einer ihm übertragenen Aufgabe auf sich nehmen sollte, ohne nach Ruhm oder Geld zu trachten. Diese Auffassung teilten auch sein Bruder Hermann und seine Schwester Maria. Dienst war für Brüning der öffentliche Dienst. Dies wiederum setzte Achtung vor dem politischen System oder dem Staat und vor den Prinzipien voraus, die ein Staatswesen lebensfähig und stabil machen. Wer dem Staat auf irgendeinem Posten dient, muß sich mit Politik befassen, und die Politik ist ein höchst dynamischer und scheinbar ungeordneter Tätigkeitsbereich. Das politische Leben ist reich an Männern mit festem Willen und nicht ganz so festen Grundsätzen, mit unterschiedlichem, oft geringem Kenntnisstand. Sie schätzen und suchen Reichtum, Macht und Publizität. Sie vermengen Eigennützigkeit und Förderung anderer Sonderinteressen mit dem Staatsdienst; dabei halten sich die einen noch innerhalb der Grenzen von Recht und Sitte, während andere sie überschreiten. Wenn die Mehrzahl bis zu einem gewissen Grad zuverlässig ist und sich in schwierigen Zeiten um vertrauenswürdige Männer schart, bricht das System nicht zusammen. Das politische Leben in Europa zwischen den beiden Weltkriegen war ein Spiel unbeständiger Bündnisse und Koalitionen zwischen Antagonisten, die teilweise achtbar, teilweise aber auch unehrlich, ja kriminell waren. Wie es jeder Politiker tun muß, nahm Brüning das Spiel, die Verdorbenheit weniger, die Unzuverlässigkeit vieler und die Sonderinteressen der meisten, als Gegebenheit hin. Er wußte, daß sich jede große Leistung aus vielen Einzelfaktoren zusammensetzt und daß die Männer, die mit diesen Einzelfaktoren umzugehen verstehen, ihre Rolle in der Entwicklung spielen müssen, wie fragwürdig ihre Motive auch sein mögen. Er war duldsam gegenüber den von normaler Selbstsucht beherrschten Menschen, deren besondere Fähigkeiten vielleicht wichtig waren, aber er wandte sich scharf gegen diejenigen, die unter dem Deckmantel erhabener Rechtschaffenheit ihre eigensüchtigen Interessen verfolgten. In seinen Augen verdoppelte derjenige, der sich mit seiner Moral brüstete, die Schuld einer egoistischen oder verantwortungslosen Tat. All das muß erwähnt werden, nicht weil diese Haltung unter Politikern ungewöhnlich wäre, sondern weil vielen Menschen seiner Generation und noch viel mehr heute diese Auffassung des politischen Lebens fremd ist.

Politik ein Spiel zu nennen, ist nicht zynisch. Wie die Volkswirtschaft trägt auch die Politik die Merkmale eines Großgefüges, das durch das verworrene Verhalten der kleinen Teilchen mehr oder weniger unübersehbar wird. Dies nennt der Wissenschaftler probabilistisch oder stochastisch. Die Beurteilungsmaßstäbe bei einem solchen Spiel werden von dem gesetzt, was man heute Spieltheorie nennt und was von Neumann und Morgenstern erstmals mathematisch ausgedrückt wurde. Das Verhalten der Spieler, auch der freundschaftlich gesonnenen, ist nicht völlig berechenbar, und manche feindlich eingestellten Spieler durchbrechen ebenfalls die Regeln. Zu Brünings Zeit glich die Politik einem Schachturnier, bei dem ein Spieler mit mehreren Partnern gleichzeitig verschiedene Spiele austrägt, wobei die Öffentlichkeit, die viele Züge gar nicht sehen kann, als Schiedsrichter fungiert. Dies läßt die Politik natürlich abenteuerlich werden, und Abenteuer ist ein Synonym für jenes Element der Wahrscheinlichkeit, das ein Spiel kennzeichnet.

Hauptzweck des politischen Systems ist es, die Erfordernisse des öffentlichen Wohls zu formulieren und zu erfüllen. Da über den Begriff des öffentlichen Wohls weithin Uneinigkeit herrscht, ist die erste Aufgabe, genügend Macht zusammenzufassen, um überhaupt eine Entscheidung durchzusetzen. Das ist das Ziel der Politik als Spiel. Für einen Konservativen dürfen Gewinnen und Siegen nicht die einzigen Kriterien eines guten Spiels sein. Wird das politische Spiel nur auf Gewinn angelegt, so ist es theoretisch ein „Nullsummenspiel"; es kann und soll aber selbstverständlich ein „Plussummenspiel" mit positiven Ergebnissen sein. Ein guter Konservativer strebt danach, den Plussummencharakter des Spiels zu stärken und nicht lediglich das zu gewinnen, was ein anderer verlieren muß. Wenn das Urteilsvermögen bei den öffentlichen Einrichtungen und vor allem beim Volk nachläßt, entartet das Spiel.

Brüning, ein Mann von Bildung und Grundsätzen, ließ es sich angelegen sein, das Spiel nicht einfach mitzumachen, sondern ein gutes Spiel zu spielen und die Spielregeln zu verbessern. Seine Spielprinzipien lassen sich aus seinen Handlungen ableiten, aus den Standpunkten, die er in realen Situationen einnahm, und aus den Erklärungen, die er in seinen Memoiren, seinen Vorlesungen und seinen Briefen hinterließ. Er faßte sie nicht zu Lehrsätzen zusammen. Man findet unter ihnen Mißtrauen gegenüber seichtem Theoretisieren, Abscheu vor Irreführung und Korruption, Betonung der jeweiligen Verantwortung jeder gesellschaftlichen Rolle, Sorge um die Wahrung der Grundlage ethischer Überzeugungen im Volk, Bewußtsein von der Wichtigkeit der Umstände für die reale Bedeutung der Gesetzgebung und Argwohn gegenüber einer parteiischen und programmatischen Gesetzgebung, Aufmerksamkeit für die Feinstruktur oder das Detail einer Situation. Diese und ähnliche Grundsätze galten ihm für die Kunst der Politik als ebenso wesentlich wie Wettstreit um Macht oder Einfluß. Das Prinzipienge-

füge, an dem er unerschütterlich festhielt, war so umfassend, daß viele
Persönlichkeiten der Politik es weder begreifen noch übernehmen konnten, und die Unkenntnis dieser Grundsätze trug dazu bei, daß es vielen
seiner Zeitgenossen schwerfiel, Verständnis für einige seiner Handlungen
aufzubringen.

Brüning vertrat stets die Ansicht, man könne das Spiel zwar nach Regeln der Geschicklichkeit oder der Taktik führen, aber nicht nach einer
starr vorhergeplanten Strategie. Er sagte, die Theorie wirke lähmend,
und um etwas zu vollbringen, müsse man die Realitäten und Kompromisse des Parteilebens akzeptieren. Eines seiner beliebtesten Beispiele für
übermäßige Planung war die Umwandlung von Schlieffens Grundkon-
zeption in jenen umfangreichen, bis in alle Einzelheiten festgelegten
Plan, der 1914 fehlschlug. Der Politiker muß lernen, Kompromisse zu
schließen, die auf die Dauer keinen Schaden bringen, und sie genau
gegen ihre möglichen günstigen Folgen abzuwägen. Das ist die Aus-
übung einer Kunst. Brüning wußte, wie wichtig es ist, das Muster des
menschlichen Wollens in das notwendige Machtgefüge einzuweben,
ohne gegen Prinzipien zu verstoßen. Dies war für ihn der Sinn von
Verantwortung und Dienst. Mit „Auffassung" bezeichnete er ein Ge-
dankengebäude, das es dem Staatsmann ermöglicht, ständig wechselnde
Situationen konstruktiv zu bewältigen und das Sozialgefüge für die
Zukunft zu bewahren. Das Wort „Prinzip" verwendete er für bleibende
Regeln, die jedoch nicht in allen Fällen starr angewandt werden können, weil reale Gegebenheiten mehrere, nicht immer parallel verlau-
fende Prinzipien erfordern. „Theorie" nannte er eine enge, übertrieben
rationalistische Ansicht, die zu extremer Planung und zu ihrem Gegen-
stück, der negativen Kritik, führt. Aus dem fortwährenden Tun lebendi-
ger Menschen ergeben sich – wie bei einem guten Bühnenstück – un-
geahnte Möglichkeiten. Hermann Ullmann sagte einmal lobend von
Brüning, er verstehe „die Kunst, die Tatsachen möglichst unverfälscht
sich auswirken zu lassen". Natürlich bezieht dies sich auf die großen
Ziele, die geduldig und unablässig über lange Zeitspannen hinweg
verfolgt werden müssen.

Brüning war überzeugt, daß das nationale und internationale politische
Leben wie auch das wirtschaftliche Leben nicht erfolgreich geführt
werden könne ohne feste ethische Gesetze, da die Verletzung dieser
Gesetze unaufhaltsam zu echten Katastrophen führe. Seine Vorstellungen von einem guten Staatswesen sind von tiefer Achtung vor der Legalität eines stark konstitutionell gebundenen Systems geprägt, doch war

dies für ihn kein Ziel an sich. Die konstitutionelle Legalität entspricht der Gesamtheit der politischen Spielregeln; das politische Spiel bricht wie jedes andere Spiel zusammen, wenn die Regeln mißachtet oder aufgehoben werden. Der Staat muß konstitutionell sein, weil ihm große Aufgaben der öffentlichen Ordnung und Wohlfahrt obliegen und weil seine Handlungen die gesamte Wirtschaft und Sicherheit des Volkes beeinflussen. Die Ordnung im Staat setzt Legalität voraus, und die Legalität muß auf ethischer Grundlage beruhen. Ordnung im Staat verlangt aber auch den reibungslosen Ablauf aller gesellschaftlichen, wirtschaftlichen, politischen und militärischen Funktionen. Für Brüning bestand kein Widerspruch zwischen ethischen und praktischen Erfordernissen: An ihrer gemeinsamen Oberfläche liegt die Verantwortung. Er hielt es nicht für richtig, Stellung zu nehmen, ohne die spezifische Verantwortung der Sache und den Personen gegenüber zu kennen. In seiner Vorstellung gab es klar umrissene Regeln für die verschiedenen Rollen des öffentlichen Lebens, vom Staatsbeamten über das Parteimitglied, den Wahlbeisitzer und den Kabinettsminister bis hin zum Berichterstatter. Auch als Emigrant enthielt sich Brüning gewissenhaft jedes konkreten Ratschlags an die Verantwortlichen in Großbritannien und den Vereinigten Staaten, bis er im November 1939 Empfehlungen aussprechen konnte, weil sich in Deutschland Männer gefunden hatten, die imstande waren, Verantwortung auf sich zu nehmen.

Nach Brünings Auffassung mußten politische Maßnahmen auch nach der großen Vielfalt von Wirkungen, die in ihnen beschlossen lagen, beurteilt werden, und er wußte, daß es zwar Probleme gibt, die durch eine angemessene Gesetzgebung gelöst werden, daß aber auch viele Gesetze unter großem Beifall erlassen werden, die nur eine geringe oder überhaupt keine reale Wirkung zeitigen. Manche Gesetze haben fast keine unmittelbare Wirkung, setzen jedoch die Entwicklung von Verhältnissen in Gang, die eine Grundlage für künftigen Fortschritt bilden. Einige Gesetze erfüllen einen zeitlich begrenzten Zweck. Andere schaffen in der Volkswirtschaft oder der Bürokratie neue Sonderinteressen und werden über ihre Zweckmäßigkeit hinaus verlängert. Manche Ziele lassen sich nicht auf einmal, sondern nur Schritt für Schritt verwirklichen. Aus solchen praktischen Gründen widersetzte sich Brüning gelegentlich Maßnahmen, deren Befürwortung man von ihm erwartet hatte, oder unterstützte Maßnahmen, von denen man befürchtet hatte, er werde sie ablehnen. Im Handeln wandte er seine Aufmerksamkeit den kritischen Punkten zu, an denen auch geringfügige Faktoren die Ereignisse in die eine oder andere Richtung zu lenken vermögen, und er ließ es sich stets angelegen sein, politische Trümpfe für die Zukunft in der Hand zu behalten. Zu diesen zählte er den Charakter der Menschen einer Nation, den Instinkt und das gesunde Urteilsvermögen des Volkes, die Kontinuität in der Erfahrung der Führungskräfte und das gegenseitige Vertrauen zwischen Mitgliedern verschiedener Parteien und Angehörigen verschiedener Nationen. Der fördernde Einfluß auf diese Faktoren war für ihn ein Kriterium für den Wert einer politischen Tat.

Solche Grundsätze müssen allerdings an einem realen Ort und zu einer realen Zeit angewandt werden. Für Brüning gehörten das politische System der Weimarer Republik und die Stellung Deutschlands unter den anderen Völkern zu den vorgegebenen Verhältnissen, ebenso aber auch die starken geistigen, ethischen und gesellschaftlichen Faktoren, die die politische Unordnung der ganzen Welt im zweiten Viertel unseres Jahrhunderts beeinflußten.

Wie war Brüning zum deutschen politischen System eingestellt? Er war selbstverständlich konservativer Demokrat. Er war sich völlig im klaren über die Stärke und Schwäche der inoffiziellen und der offiziellen Institutionen, der Parteien und der ihnen zugrunde liegenden, ineinander verflochtenen Interessen und Meinungen. Hoch schätzte er die einflußreiche Rolle einiger im Schatten stehender Männer ein, die nicht nach Ruhm und Reichtum trachteten, ja, er spielte eine solche Rolle selbst sehr gut, ehe er in den Reichstag kam. Obwohl er wußte, daß der politische Führer in der Öffentlichkeit Anhänger braucht, strebte er außerhalb seines Wahlkreises nicht nach einer solchen Anhängerschaft, bis er Reichskanzler wurde, und dann mehr für den Präsidenten als für sich selbst. Da der Kanzler für jeden Fehlschlag verantwortlich gemacht werden konnte, war Brüning der Ansicht, die Stellung des Staatsoberhaupts müsse entsprechend gestärkt werden. Eine Monarchie, die ein annehmbares Staatsoberhaupt stellte, führte seiner Meinung nach zu einer verantwortungsbewußten demokratischen Regierung. Obwohl er sich der unberechenbaren ideologischen Schwankungen wohl bewußt war und den Augenblicksstimmungen im Volk mißtraute, hegte er großes Vertrauen zu dem im Grunde vorhandenen nüchternen Verstand der Menschen, der sich auswirkte, wenn sie nicht unter emotionellem Druck standen. Die Pflicht des politischen Führers gegenüber der Öffentlichkeit entsprach für ihn der Aufgabe eines Stabsoffiziers gegenüber seinem Kommandeur: stets die Grundlagen für ein zutreffendes Urteil bereitstellen. Bei den Wahlen sollten die Wähler möglichst unmit-

telbar mit den Tatsachen konfrontiert werden, so wie Geschworene mit
der Beweisführung eines Prozesses konfrontiert werden. Seine Befürchtungen für die Demokratie betrafen Situationen, in denen sehr verwik-
kelte und verwirrende internationale, wirtschaftliche und gesellschaft-
liche Probleme zusammentreffen und gegenseitiges Mißtrauen säen
zwischen dem Volk und den Politikern und schließlich das Selbstver-
trauen der Öffentlichkeit untergraben.

Unter welchem politischen System auch immer – Deutschland stand
mitten im Wirkungsfeld von Spannungen und Einflüssen, wie sie in der
Geschichte sehr ungewöhnlich sind. Seine geographische Lage setzte es
sehr starken Wirkungen der Faktoren seiner äußeren Umgebung aus.
Die zunehmende Diskrepanz zwischen den technischen Mitteln der
Kriegführung und der gebietsmäßigen Begrenzung Europas wirkte sich
auf Deutschland am offenkundigsten und unmittelbarsten aus. Dazuhin
war Deutschland als besiegtes Land an Verträge gebunden, die die
Sieger des Ersten Weltkriegs diktiert hatten. Deutschland reagierte auch
empfindlicher auf Schwankungen der wirtschaftlichen und finanziellen
Weltverhältnisse. Während die Deutschen, wenn sie nicht behindert
wurden, überragende Fähigkeiten besaßen, war die Kluft zwischen
Möglichkeit und Gelegenheit in Deutschland am tiefsten. Die Weimarer
Verfassung legte, wie es 1919 unvermeidlich war, großen Nachdruck auf
die Praxis und noch viel mehr auf den Anschein der Demokratie. Das
Verhältniswahlrecht bedeutete für den neuen Reichstag eine schwerwiegende Schwäche; jeder politischen Fraktion, die sich ein Minimum an
Stimmen sichern konnte, wurden Sitze, Gehälter, Eisenbahnvergünsti-
gungen und damit die wirtschaftlichen Voraussetzungen einer organisierten politischen Existenz gewährt. Jeder Versuch, eine Regierung zu
bilden, mußte damit beginnen, daß eine Koalition zuwege gebracht
wurde. Eine Koalition zusammenzustellen bedeutete, daß man 51 Prozent des gesamten Reichstags aus der Zahl der Reichstagsmitglieder, die
nicht in offener Opposition zur Republik standen, vereinigen mußte. Als
Brüning Reichskanzler wurde, betrug der Teil des Reichstags, der für
die Unterstützung einer Regierung möglicherweise gewonnen werden
konnte, weniger als 87 Prozent. Eine Mehrheit mußte 59 Prozent der
Mitglieder der staatstreuen Parteien umfassen. Dies erforderte einen
sehr breiten Spielraum für Kompromisse. Nach den Wahlen vom September 1930 sank der potentiell für eine verfassungsmäßige Regierung zur Verfügung stehende Teil auf 68 Prozent. Viele Leute gaben Brüning die Schuld an dem „Fehler" der Wahlen von 1930; sie

sagen aber nicht, was sich ereignet hätte, wenn die Wahlen verschoben worden wären, bis die Reichstagsperiode im Jahr 1932 am Tiefpunkt der wirtschaftlichen Depression endete.

Nicht nur Deutschlands geschichtliche Situation, sondern auch die allgemeine weltgeschichtliche Lage war nur wenigen Zeitgenossen verständlich, und sie werden auch heute noch nicht ganz begriffen. Viele Ereignisse traten in den vergangenen 60 Jahren wie Stürme oder Explosionen unerwartet ein; sie ließen stets die Bedeutung von Faktoren zutage treten, die unberücksichtigt geblieben waren. Inmitten dieser Ereignisse vertrat Brüning die Überzeugung, daß die Religion den einzig verfügbaren Schatz einer gewissen sittlichen und gesellschaftlichen Weisheit bereithalte; wenn irgendwo, so fanden sich in der Religion die Achtung vor der Natur, die Berücksichtigung der Grenzen des Menschen und das Bemühen, dagegen anzukämpfen, daß die Gesellschaft durch individuelle oder kollektive Interessen zugrunde gerichtet wurde. Die Religion stellt eine mögliche Grundlage für individuelle Rechte und konstitutionelle Prinzipien dar. Die heutige Soziologie und Psychologie erheben den Anspruch, eine andere Basis zu errichten. Nach Brünings Ansicht vermag nur die Religion die konstitutionelle Demokratie zu stützen, während die andere Basis allenfalls zu Freiheit ohne Verantwortung führt. In einer von Materialismus und Individualismus beherrschten Zeit machten progressive Politiker den materiellen Profit ihrer Anhänger zur Grundlage ihrer Macht, während konservative Politiker zu bloßen Verteidigern der Sonderinteressen wurden. Der große Mangel des Materialismus bestand darin, daß er nicht imstande war, die Prinzipien aufzustellen, die notwendig sind, wenn die Leute einen Maßstab für erreichbare Ziele haben sollen und wenn der individuelle Charakter in jedem Verantwortungsbereich gewahrt werden soll. Eine Demokratie, die auf materiellen Interessen und Gewinnen aufbaut, ist gefährdet; Brüning schrieb sogar, sie sei „nicht mehr zu retten".

Sehr stark empfand Brüning den Sog des modernen Rationalismus in seinen verschiedenen Formen, die alle den Verlust jener Prinzipien, deren Träger die Religion ist, widerspiegeln und zu oberflächlichem Urteil, engstirniger Sicht, Zügellosigkeit in der Jagd nach Vorteilen und utopischen Erwartungen führen. Die Geschäftswelt übersah wie die akademische Welt die Wurzeln all dieser Erscheinungen in der Krise der modernen Physik und Philosophie. In einem Buch, das Brüning mit Anteilnahme und großer Zustimmung las (*The Unity of Philosophical*

Experience, zuerst eine Vorlesungsreihe an der Harvard University im
Jahr 1936), beschrieb Etienne Gilson den modernen Rationalismus als
veraltetes Gedankensystem, das ersetzt werden müsse; aber die Gelehr-
ten und Wissenschaftler fuhren fort, „immer mehr über immer weniger"
zu wissen. Das intellektuelle Leben mit seinem Eklektizismus, seinem
Liberalismus und seiner Tendenz zur Abkapselung der Einzelgebiete
war selten reger als in der Zeit zwischen den beiden Weltkriegen, und
selten übte es geringeren Einfluß aus. Die Fakultäten wurden einerseits
technischer und andererseits idealistischer, aufgeschlossener gegenüber
dem Individualismus, Sozialismus, Romantizismus und Pazifismus, und
damit verschärften sie die Entfremdung der gebildeten Jugend von den
„Establishments", die nun einmal die Angelegenheiten der Menschheit
wahrnehmen, sei es zum Bösen oder zum Guten. Der technologische
Fortschritt vollzog sich in Riesenschritten, doch der Einflußbereich der
nationalen politischen Institutionen blieb gleich oder verringerte sich
sogar nach 1918. Wie im alten Griechenland klaffte ein Abgrund zwischen der Kapazität des Lebens und der mangelnden Kapazität der
Institutionen. Niemand vermochte bis jetzt die Wirkungsweisen der
Mechanismen zu klären, auf Grund deren Frustrationen auf der Gesamtebene der Gesellschaft und Wirtschaft sich auch auf der Ebene
individueller Neigungen und Tendenzen auswirken. Viele geschichtliche
Beispiele lassen erkennen, daß es, wenn die wichtigen Institutionen
hinter den neuen Verhältnissen zurückbleiben, zu einer um sich greifen-
den Entfremdung, einem Rückgang des Pflichtgefühls, einer Zunahme
der Selbstsucht und zu organisierten, radikalen Massenbewegungen der
Linken und der Rechten kommt und daß die ersten tastenden Versuche
eines einzelnen Staates, eine umfassendere Ordnung zu begründen, den
Krieg hervorrufen. Die Geschichte legt zumindest den Gedanken nahe,
daß solche Mechanismen, die dem modernen Rationalismus zuwider-
laufen und ihm unbekannt sind, bei den historischen Veränderungen
auf der Gesamtebene der Gesellschaft und Politik am Werk sind. Man
kann diese Auffassung für sinnlos oder für sinnvoll halten. Wird sie ernst
genommen, so wirft sie ein Licht auf die Rolle Deutschlands in der
ersten Hälfte unseres Jahrhunderts.
Man kann sagen, daß Brüning den letzten Versuch wagte, ein zusam-
menhängendes Gefüge von Maßnahmen anzuwenden, die die Tendenz
zu zunehmender nationaler Autarkie umgekehrt hätten, und daß er
knapp besiegt wurde, als seine Amtszeit abbrach. Brüning glaubte, daß
es möglich sei, tragfähige Grundlagen für das Vertrauen unter den

Völkern zu schaffen, und daß man die Situation vom Juli 1914 mit staatsmännischer Kunst hätte vermeiden können. Diese Überzeugung teilten auch andere Staatsmänner in der Zeit zwischen den beiden Weltkriegen, wenngleich viele nur den unmittelbaren Vorteil ihrer eigenen Nation im Auge hatten. Um Erfolg zu haben, hätte Brüning von mehreren Ländern entsprechende politische Unterstützung erhalten müssen, und im Jahr 1932 erkannten nur sehr wenige die Dringlichkeit der Lage.

Nach dem Krieg beschäftigte die deutsche Einheit Brünings Denken und Fühlen so stark wie kaum etwas anderes in seinem Leben. Er war sich natürlich im klaren über die Hindernisse, die durch die alliierten Abkommen von Jalta und Potsdam geschaffen worden waren. Seine Vorstellungen stützten sich jedoch auf zwei wichtige Gesichtspunkte, von deren Zuverlässigkeit er überzeugt war, wenn sie auch anderen weniger gesichert erschienen. Die eine Tatsache war für ihn, daß die Vereinigten Staaten in ihrem eigenen Interesse zur Verteidigung Westeuropas unter allen Umständen gezwungen waren; die andere, daß die Sowjetunion keinen Krieg anfangen würde. Er maß einer formellen Souveränität oder bestimmten deutschen Grenzen keinen absoluten Wert bei, vertrat aber die Ansicht, man solle nicht auf Ansprüche verzichten, außer wenn sich dadurch ein anders nicht zu erzielender, bedeutenderer Vorteil ergeben würde. Er hielt es für sehr wichtig, die Möglichkeiten einer Einigung Deutschlands äußerst gründlich zu erforschen, ehe weitere Entwicklungen alle Pläne auf unbestimmte Zeit zunichte machten, und dieser Untersuchung gegenüber anderen, ihrem möglichen Erfolg zuwiderlaufenden Maßnahmen den Vorrang zu geben. Dies betrachtete er als etwas, was die Besatzungsmächte, denen es an Verständnis für die vielen komplizierten, sachlichen Erwägungen fehlte, nicht allein bewerkstelligen konnten, und das mittels Verhandlungen unter den Deutschen und zwischen den Deutschen und allen Besatzungsmächten gefördert werden mußte. In den Jahren 1952 und 1953 stellte er bei einigen russischen Vertretern Anzeichen für eine Bereitschaft zur Wiedervereinigung auf einer möglicherweise annehmbaren Grundlage fest, und gleichzeitig stieß er in England und Frankreich auf eine ähnliche Bereitschaft. Einige der größeren politischen Maßnahmen jener Jahre bezeichnete er in ihrem Inhalt, ihrer Zeitplanung und ihrer Durchführungsweise als sehr nachteilig, da umfassendere Möglichkeiten noch nicht ausgeschöpft waren. Manche Schritte, die man für geeignet hielt, die Russen zur Vernunft zu bringen, waren selbst kaum vernünftig untermauert und zeitigten eine gegenteilige Wirkung. Später begrüßte er Empfehlungen von Eden, Rapacki oder Kennan zur Einschränkung der Streitkräfte an der Elbegrenze. Bei alledem standen ihm die geographischen und politischen Tatsachen in allen Einzelheiten vor Augen; er hatte eine klare Vorstellung von den diplomatischen und anderen Wegen, die die Wahrscheinlichkeit bargen, zu den besten Ergebnissen, die überhaupt zu erzielen waren, zu führen. Die Unmöglichkeit, die Verantwortlichen zu veranlassen, daß sie dem intensiven Streben nach der deutschen Wiedervereinigung den Vorrang einräumten, weist in mancher Beziehung Parallelen zu der Situation der deutschen Generäle Hitler gegenüber auf – eine nüchterne Einschätzung der Erfolgsaussichten einschließlich echter Sicherheiten gegen widrige Auswirkungen konnte denjenigen in den verschiedenen Ländern, die die Initiative ergreifen mußten, nicht mit genügender Deutlichkeit nahegebracht werden. Wie Brüning bemerkte, ist es leichter, Alternativen zur offiziellen Politik zu sehen, als Persönlichkeiten zu finden, die imstande sind, sie in die Tat umzusetzen. Es gibt Zeiten und Situationen, die denjenigen, die sich auf sie einzustellen vermögen, bedeutende Möglichkeiten eröffnen, entweder um etwas Neues hervorzubringen oder um etwas zu erhalten, das sonst der Zerstörung preisgegeben wäre. Diese Möglichkeiten richten sich nach dem Anpassungsvermögen, und manchmal scheint eher eine Mutation als eine Adaptation erforderlich zu sein. Zwischen 1930 und 1940 schienen die Kabinette, Kanzleien und Parlamente der Welt unfähig zu sein, sich auf die Tatsache von Hitlers Aufstieg einzustellen; 1945 waren sie in vielerlei Beziehung so festgefahren, daß eine Neuorientierung, die ein wiedervereinigtes Deutschland ermöglicht hätte, fast ausgeschlossen war. Brünings Bemühungen in persönlichen Gesprächen und Briefen, der Einheit Deutschlands als vorrangig wichtiger Bedingung für eine dauerhafte Regelung Anerkennung zu verschaffen, änderten den Lauf der Ereignisse nicht. Seine tiefe Enttäuschung darüber ist in seinen Briefen der frühen fünfziger Jahre zu erkennen. Wäre dieser Versuch von einem Mann mit großer Ausdauer jedoch nicht unternommen worden, so könnten wir die Macht der dagegen wirkenden Faktoren nicht so gut abschätzen. Jede Situation, in der eine von vielen Vorzügen gekennzeichnete Auffassung mißachtet wird, enthält aufschlußreiche Lektionen.

Brünings Glaube daran, daß genaue Berichte die Lektionen der Geschichte vermitteln könnten, scheint 1934 und 1935, als er seine *Memoiren* diktierte, stärker gewesen zu sein als in späteren Jahren, aber er ließ nie in seiner Aufmerksamkeit und seinem Interesse für Aufschlüsse über ihm unverständliche Begebenheiten nach. Zugunsten der Lernwilligen betonte er „die Notwendigkeit, der Zukunft einen genauen Eindruck zu vermitteln". Im Blick auf Memoiren im allgemeinen äußerte er den Vorbehalt, daß ein Staatsmann bei einem politischen Schritt mehr bedenkt, als er zu einem späteren Zeitpunkt in allen Einzelheiten darlegen kann. Aus seiner eigenen Erfahrung heraus wußte er nur zu gut, wie statt eines genauen ein ungenauer Bericht zustande kommt. Er mußte erleben, daß es ihm auch mit größter Anstrengung nicht immer gelang, anderen Menschen ein wichtiges Urteil nahezubringen. Er und viele seiner Bekannten erlebten es immer wieder, daß sie falsch zitiert und daß ihre Aussagen zu Propagandazwecken mißbraucht wurden.

So gut wie ausgefeilte Memoiren bringen auch Briefe und Notizen Brünings Gefühle zum Ausdruck, teils in Antworten auf falsch gestellte Fragen, teils in Zurechtweisungen der Urheber nicht stichhaltiger Aussagen, gelegentlich einem vertrauenswürdigen Freund gegenüber in der Klage über seine Enttäuschungen, dann wieder in der Abwehr gegen Menschen, die ihn nicht begriffen und ihn in eine Richtung drängen wollten, die er ihrer Ansicht nach einschlagen sollte. Manche Briefe zeigen, wie er ein Körnchen Weisheit, das er wie ein Goldklümpchen im Sand fand, aufhob und nie mehr vergaß. Insgesamt berichten die Briefe, die aus einer viel größeren, schweren Kummer widerspiegelnden Zahl ausgewählt sind, vom Zerfall der ihm bekannten Welt.

Brüning war aber im Grunde nicht pessimistisch. Daß viele seiner Briefe an bekümmerte Menschen in schwieriger Lage gerichtet sind, verdunkelt vielleicht die zentrale Tatsache, daß keine noch so große Enttäuschung je seinen Glauben an die Zukunft erschüttern konnte. Seine nie nachlassende Wachsamkeit gegenüber Hindernissen und Gefahren und sein intensives Streben nach einer besseren Lösung der öffentlichen Probleme entsprachen seiner zuversichtlichen Überzeugung, daß es möglich sein müsse, die öffentlichen Aufgaben gut zu erfüllen. Sein Glaube an die Menschen befähigte ihn stets, die Hoffnungen und Sorgen anderer ernst zu nehmen. Am Ende seines Lebens konnte er mit großer Wahrhaftigkeit sagen: „Etwas habe ich erreicht: Ich habe niemanden verachtet."

Wolfeboro, New Hampshire   *George Pettee*
Juli 1974

Register

Die Seitenzahlen, auf denen die Namen von Briefempfängern und Briefschreibern vorkommen, werden durch Kursivschrift hervorgehoben. Namen, die nicht bereits in dem Band *Briefe und Gespräche 1934–1945* erwähnt und dort erläutert worden sind, werden an der Stelle erklärt, an der sie zum erstenmal im Text vorkommen.

Die Bleistiftzeichnung vorne im Buch stammt von Ilse Bischoff und ist heute im Besitz des Hegge-Kollegs, Bochum.